本书出版得到

国家重点文物保护专项补助经费资助

沅陵窑头发掘报告

——战国至汉代城址及墓葬（上）

湖南省文物考古研究所 编著

文物出版社

北京·2015

封面设计：周小玮
责任印制：陈 杰
责任校对：李 薇
责任编辑：张庆玲

图书在版编目（CIP）数据

沅陵窑头发掘报告：战国至汉代城址及墓葬／湖南省文物
考古研究所编著．—北京：文物出版社，2015.1
 ISBN 978－7－5010－4120－6

Ⅰ．①沅…　Ⅱ．①湖…　Ⅲ．①古城遗址（考古）-发掘
报告－沅陵县－战国时代～汉代②墓群－考古－发掘报告－
沅陵县－战国时代～汉代　Ⅳ．①K878.35②K878.85

中国版本图书馆 CIP 数据核字（2014）第 245713 号

沅陵窑头发掘报告

——战国至汉代城址及墓葬

湖南省文物考古研究所　编著

*

文 物 出 版 社 出 版 发 行
北京市东直门内北小街 2 号楼
http：//www.wenwu.com
E-mail：web@wenwu.com
北京鹏润伟业印刷有限公司印刷
新 华 书 店 经 销
889×1194　1/16　印张：55.25
2015 年 1 月第 1 版　2015 年 1 月第 1 次印刷
ISBN 978－7－5010－4120－6　（全二册）定价：640.00 元

Excavation Report of the Yaotou Site in Yuanling:

the Walled City and the Cemetery of the Warring States to Han period

(I)

(with an English abstract)

Edited by

Hunan Provincial Institute of Archaeology and Cultural Relics

Cultural Relics Press

Beijing · 2015

目　次

表 格 目 次

插 图 目 次

彩 版 目 次

图 版 目 次

序　言

　　沅陵窑头古城一带的抢救性考古发掘，是五强溪水电站工程建设中文物保护工作最为重要的一环。这一工作大致从上个世纪 50 年代起就开始了，真正的田野发掘则主要集中在 1990～1992 年这几年。随后，2002～2003 年对城址及外围墓葬也做过发掘工作，不过规模并不大。

　　尽管做了这些工作，但对于一座城址和周边墓地的考古来说，还是很有限的。这些有限的工作提供了关于战国秦汉时期沅水中游窑头古城及其周边遗存的相关信息。这些信息，对于了解那个时期的湘西边陲社会与文化却是有着非同寻常的意义。

　　窑头古城坐南朝北，北面临河，是沅水中游一带面积相对大一点的河谷阶地，它的对岸是南溪河，窑头古城的下游 10 千米处，则是酉水与沅水的交汇处，酉水直达湘西腹地，并与鄂、渝、黔山水相连。这样的地理位置使得窑头古城在古代具有重要的战略地位，在文献史料中，有关窑头古城为"秦黔中郡故址"的记载早已成为一桩历史公案。

　　就考古发现的情况而言，窑头古城的始建年代基本可以定在战国中期，不过，作为聚落，其年代还要早一些，或许要到战国早期。这个古城的延续时间则由战国晚期、秦朝而到了西汉，至于何时废弃，报告给出了汉初的判断，但还只是判断，无法成为定论。关于窑头古城的年代、性质、结构布局及其历史变迁，很多问题还没有解决，将来还需要做更多的工作。

　　由于考古发掘的面积或地点所限，古城内秦汉时期遗存的最晚堆积尚不清楚，所以单从古城现有的发掘来推断古城的废弃年代，目前还缺乏证据。古城周边的墓葬，报告给出了详细的分期，随葬日用陶器墓葬的年代从战国早期延续到秦代，之间没有缺环；随葬仿铜陶礼器的墓葬分为六大组，其年代序列为：战国中期前段（一组）、战国中期后段（二组）、战国晚期早段（三组）、战国晚期中段（四组）、战国晚期晚段（秦统一之前，五组）、秦代（六组），也没有缺环。但是，汉墓的分期却只有西汉中期、西汉晚期和新莽时期三个阶段，唯独缺少西汉早期的墓葬。而从古城遗址的发掘来看，城内是有西汉早期遗存的。由于考古发掘的偶然性，可能导致西汉早期的墓葬没有发现和发掘，但这座古城何时废弃，仍然没有确凿证据。西汉早期，长沙王吴臣之子吴阳封为沅陵侯，时间是公元前 187 年，吴阳在位 25 年而于公元前 162 年去世，埋于沅水与酉水交汇处沅水左岸的虎溪山，这个位置距窑头古城有 10 千米，为现沅陵县城关所在。沅陵侯历三代而亡，时间是景帝中元五年即公元前 145 年，这个年代依然是西汉早期。西汉早期的县治与沅陵侯府是什么关系，还不得而知。关于黔中郡的问题，就目前的考古成果而言，窑头古城与楚、秦黔中郡治的关系尚没有证据，因而也无法得出结论，看来所谓黔中郡之谜暂时还不会揭开。文献史料的弊端其实与考古资料一样，都是零星而不完整的。即使如《史记》这样的文献，也有不少抵牾和谬漏，何况《水经注》及其更晚的文献。显然，从窑头古城的考古还无法论证楚、秦黔中郡之历史真实性，就像无法从《史记》来判断所谓黔中郡的历史真实性一样。

撇开这个问题不谈，窑头古城及其墓葬的考古收获还是具有重要意义的，它提供了了解战国秦汉那段风云激荡的岁月许多真实的情况。从古城及墓葬的排序来看，与沅水流域其他同类遗存一样，再一次证明了楚国对湘西边陲的开发，是始于战国早期，而大规模地建城和实施行政管理，则是在战国中期。目前在沅水和澧水流域，发现了不少战国秦汉时期的古城，与澧水下游不一样的是，沅水流域和澧水上游，自楚国开发以来，就一直是楚国西南的重要地理单元，而且楚国在灭亡之前仍然有效地管理着这片地域。战国晚期，秦楚之间战争频繁，沅水流域自然是处在一个重要的地理位置上，所以战国晚期的考古遗存中出现了一些秦文化的因素，不管史书如何记载，这个时期秦、楚在湘西沅水流域一带定然有了实质性的接触，而这种接触，从具一定数量的兵器来看，显然是有战争发生的。本报告对战国晚期墓葬的排序和随葬品组合和形态上也清楚地显示了秦文化的出现和变化的过程，为困扰多年的湖南楚墓、尤其是战国晚期至秦代时期墓葬的断代和性质的认定提供了一杆标尺，这样的成果为正确认识战国秦、楚之际历史变迁提供了重要的考古学证据。

窑头考古的成果还提供了一种历史大视野，即认识由华夏边缘到华夏内陆所具有的动态历史过程，认识多民族文化融合与变迁的动态历史过程。商周时期的沅水流域，即使受到中原文化的影响，但也只是文化因素的某些传播而已，中原商周王朝是没有对这里行使管理权的。五代后晋天福五年《复溪州铜柱记》中说这里"牂牁接境，盘瓠遗风，因六子以分居，入五溪而聚族，上古以之要服……"。正是楚国对这片地域实施了开发，设立郡县，在行政上实施有效管理，才将其成功纳入国家序列。及至秦朝，这里是洞庭郡的辖区，中央朝廷对它的管理可谓不遗余力，从龙山里耶秦简的内容上即可知晓当时管理的细密与严明。西汉时期更是实施王朝国政的重要地区，沅陵侯吴阳墓的考古发掘成果即可印证这一点，西汉时期这里不仅是武陵郡的辖区，同时也在长沙国的势力范围之内，长沙王墓出土了一批关于沅陵以及有关沅水一带县级行政单位的器物，也证明了国家权力对这个区域的有效管理。凭借着这样的行政手段，进而促使了这个地域在文化和族群的变迁，促成了土著族群与外来人群的融合。这个融合的过程，显然是从战国开始的。窑头的墓葬中，确实出土了一些与楚文化不太一样的器物，比如宽格扁茎短剑就与楚式剑判然有别，随葬这种器物的墓多为覆斗形墓坑，有的仅随葬一两件兵器，或共存单件的陶罐、盂、豆等，也与楚式器物不一样，这批墓葬还大致具有相对集中的墓区。对于这批墓葬的族属，到底是濮？苗蛮？还是百越的一支？它与后来的五溪蛮是否有关系？还一时无法断定。无论如何，楚文化和非楚文化在这里接触乃至共处却是不争的事实。及至后来，秦文化因素涌现，到西汉时期，又被典型的汉文化所取代，由这些考古的实物，折射出这个地域由边陲到内陆的过程，由着这样的过程，要服之地湘西迈上了多元一体的中国化历史进程。

这一进程，却在东汉时期发生了变化，由此而引出了这个地区长达十数个世纪的曲折转型。而要探讨这样一个过程的历史，需要我们在湘西武陵山地区开展长期的考古工作。

是为序。

郭伟民

2014 年 10 月 7 日

综 述

第一章　地理位置、地貌与历史沿革

第一节　地理位置及地貌

　　沅陵县坐落在湖南省西北部，属怀化市所辖行政县，位于怀化市北部。东北与常德市的桃源县接壤；东南与益阳市的安化县，怀化市的溆浦县为邻；南与湘西自治州的泸溪县，怀化市的辰溪县毗连；西与湘西自治州的古丈、永顺二县交界；西北则与张家界市相接。地理坐标：北纬28°04′48″~29°04′26″，东经110°05′31″~111°06′27″。

　　沅陵县城位于县境中南部的沅水北岸，沅水支流——酉水于县西溪子口注入沅水。窑头古城和古墓群所在的太常乡窑头村北距县城约10千米（图一）。

　　沅陵县地处武陵山与雪峰山之间的沅水中下游地带，属湘西山区。这里山岭起伏，溪流如织，地形比较复杂。沅水由西南入境，横贯全县，并将其分为南、北两部分。南、北多高山，中间为沅水谷地。沅水之北属武陵山脉，由北向南倾斜，为沅、澧二水之分脉。沅水以南属雪峰山脉，地势由南、北山岭向沅水倾斜，南部凸起，东、西稍低，中间陷落，构成沿河谷地。

　　沅水发源于贵州东南部，有南、北二源，南源龙头江，源出贵州都匀县的云雾山鸡冠岭；北源重安江，源出贵州麻江县平越间的大山，又称诸梁江。两源在螃蟹上汊河口汇合，称清水江，为上游。东流至湖南怀化市的黔城镇后称沅水，黔城至沅陵为中游。沅水于沅陵以上基本呈西南—东北流向，而于沅陵县中部折向东奔，为下游，于常德市的汉寿县以东汇入洞庭湖。

　　沅陵县城紧傍沅水，西北有酉水来汇，县城便位于沅、酉二水交汇处北岸的三角地带（彩版一，1）。

　　窑头古城和墓群位于沅陵县太常乡的窑头村和木马岭村，而以窑头村为主。由于地势的原因，沅水在这里先是呈西南—东北流向，至磨盘山对岸与蓝溪相汇，而后折向北流，行约300米后再折向西北，使得沅水在窑头地段形成了一个牛轭湾。因这里沿河一带多宋元时期的陶窑，故"窑头"由此得名。窑头实处于沅水中、下游的过渡地带（图二；彩版一，2）。

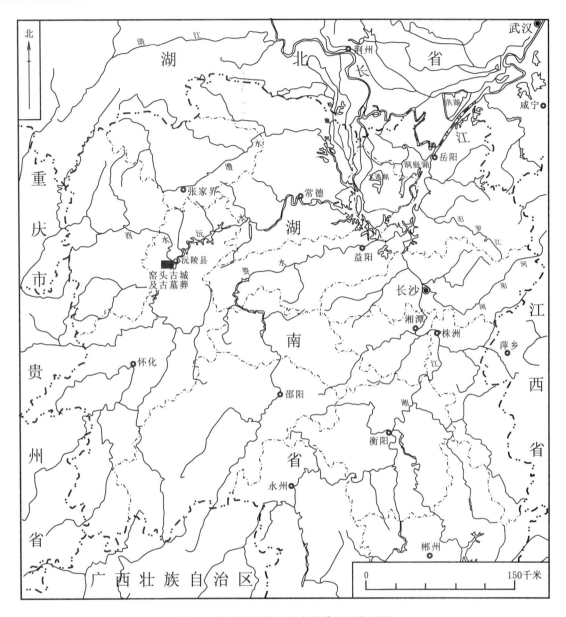

图一　窑头古城遗址及古墓葬地理位置图

第二节　历史沿革

　　沅陵古属苗蛮之区，化外之地，这里民族杂处，民风淳朴而彪悍。所谓"边蛮之俗，世乱则先叛，治则后服"①。同时不可否认，沅陵历史悠远，文化绚烂。从旧石器时代以迄历史时期，古

---

　　① （清）席绍葆、谢鸣谦等：《辰州府志》卷一《沿革考》，第20页，岳麓书社，2010年。

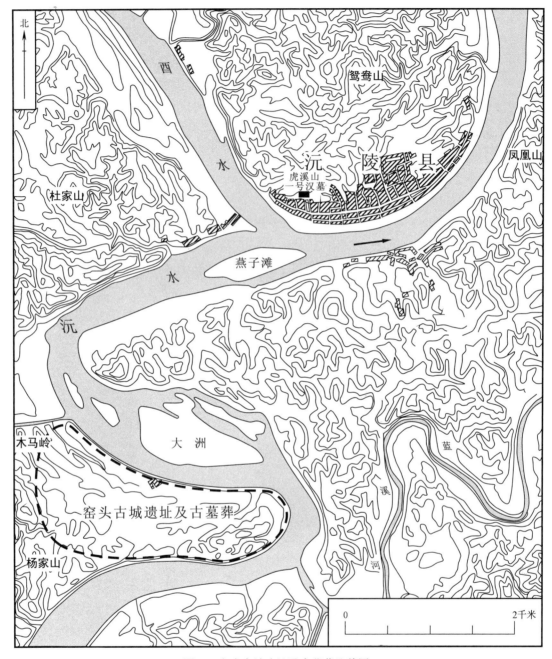

图二　窑头古城遗址及古墓葬地貌图

文化遗址、古墓葬比比皆是。

　　先秦以前，有关沅陵乃至湘西北一带历史的文献记载阙如。据传，夏禹定九州。九州之名，《尚书·禹贡》作：冀、兖、青、徐、杨、荆、豫、梁、雍。《汉书·地理志》谓："昔在黄帝，作舟车以济不通，旁行天下，方制万里，画野分州，得百里之国万区。……尧遭洪水，怀山襄陵，天下分绝，为十二州，使禹治之。水土既平，更制九州，列五服，任土作贡。……荆及衡阳惟荆州。"颜师古注："北据荆山，南及衡山之阳也。"[①] 如然，则今天的两湖地区多属荆州之域，

―――――――――――

① （汉）班固撰，（唐）颜师古注：《汉书》卷二十八上《地理志》，第1523、1529页，中华书局，1964年。

沅陵自在其中。楚有黔中郡。《史记·秦本纪》：昭王二十七年（前 280 年）"使司马错发陇西，因蜀攻楚黔中，拔之"。据文献考证和对考古资料研究形成的共识，黔中郡管辖范围应包括今洞庭湖以西至重庆市东南及贵州省东北部的广大地区。其郡治当即在今湘西北一带，具体位置尚无定论。如此，沅水中下游一带则正处黔中郡的辖区之内，且与郡治邻近。秦统一后，分天下为三十六郡，其中即有"黔中"。《水经·沅水注》也说："至三十年（前 277 年），秦又取楚巫、黔及江南地，以为黔中郡。"① 说明秦的黔中郡是保留了楚的黔中郡，其辖区即以沅水流域为主。

秦设"黔中郡"本已成定论，然而由于 21 世纪初湘西里耶秦简的喷井而出，使这一"定论"发生改变。只因秦简中频繁出现"洞庭郡"一名，却断无"黔中郡"；而"洞庭郡"所辖范围又与黔中郡惊人吻合，这无异于给学术界制造了一场大海啸②。据推断，应是秦改楚"黔中郡"为"洞庭郡"。而太史公可能对这一名称的更替未能了然，毕竟秦祚太过短促。

据《汉书》，高祖五年（前 202 年），改秦黔中郡（实为洞庭郡）为武陵郡，置沅陵县③。于是学界都将沅陵设治定在高祖五年。其实在里耶秦简中即已频繁出现"沅陵"一名，为"洞庭郡"的属县，而且其位置也就在今沅陵境内。在已出版的《里耶秦简》〔壹〕中，所收简 2552 枚中有"沅陵"地名的简就有 18 枚（详"附录一"）。可见至迟秦代沅陵即已设治。

新莽时改沅陵县为沅陆县，属建平郡，莽亡复故。三国时，先属蜀，后隶吴。陈太建七年（575 年），置沅陵郡，治沅陵县。隋开皇九年（589 年），改置辰州，治沅陵。大业二年（606 年），复为沅陵郡。唐以后迄于新中国成立之初，沅陵历为郡、州、路、府、行署、县治所，其间更迭频仍，变化无常。1952 年，沅陵为县至今④。

---

① （汉）司马迁撰：《史记》卷六《秦始皇本纪》，第 239 页，中华书局，1963 年。（北魏）郦道元：《水经注》卷三十七《沅水》，第六册第 73 页，商务印书馆，1929 年。
② 湖南省文物考古研究所：《里耶发掘报告》，岳麓书社，2007 年。
③ （汉）班固撰，（唐）颜师古注：《汉书》卷二十八上《地理志》，第 1594 页，中华书局，1964 年。
④ 沅陵县地方志编纂委员会：《沅陵县志·建置》，中国社会出版社，1993 年。（清）席绍葆、谢鸣谦等：《辰州府志》卷一《沿革考》，第 20 页，岳麓书社，2010 年。

第二章　勘探发掘及资料整理情况

第一节　勘探发掘经过

沅陵窑头的考古工作，始于 20 世纪 50 年代。从 50 年代到 70 年代，为配合五强溪水电站的工程建设，省博物馆对库区进行了文物考古调查，窑头古城即在那时被发现。80 年代全省开展的文物普查，进一步确认了这一发现。后其被定为省级文物保护单位。

对窑头古城及古墓葬进行系统的调查、钻探以及抢救性发掘是在 20 世纪 90 年代初。1990 年，为配合五强溪水电站的工程建设，我所决定对窑头古城进行全面勘探。此项工作由湖北省沙市博物馆文必贵先生负责。主要方法是用探铲钻探，采取正方向布孔，行、孔间距为 5 米或 10 米。另外在南城墙开了 2 米 ×10 米探沟一条以解剖城墙。这次钻探和试掘的主要收获是对城墙的结构有了初步了解。

1990 至 1992 年，每年的 10 至 12 月对水库淹没区内和因移民建房受影响的墓葬进行了抢救发掘。三年时间内共发掘战国中、晚期及秦汉时期墓葬 240 座，加上 2003 年发掘的大洋山 1 号墓（M1301），总共 241 座墓。所发掘墓葬共分九个小区。从钻探的情况来看，已发掘墓葬只占墓葬总数的小部分。

2002 年 4 月，受湖南省文物局的委托，我所再次对窑头古城进行全面的调查钻探，并选择几个部位作了试掘，共在窑头古城内开探沟和探方 5 个。本年度的工作主要是为 2003 年的发掘做准备。在城址调查钻探方面，进一步弄清了城壕和城墙的范围、走向、保存情况，以及遗址周围大、中型墓葬的分布情况。该城坐南朝北，南部地势较高，城中部分地势略低，北部临河地段略高于城中。几个试掘的部位分别是南城墙、南城壕、2 号夯土台基（台Ⅱ）和城中生活区。城墙的保存情况，以南城墙保存较好，其次是西城墙，东城墙被挖毁，没有发现北城墙，北边是否原来就没有墙或者有墙但已被水冲掉不得而知。另外在距该城址东南约 300 米处的窑头村二组牌楼山，新发现一处与窑头古城年代一致的遗址。遗址内发现大量战国、秦汉时期的鬲、盆、豆、罐及绳纹瓦片，并发现两处存有下水道设施的地点，文化堆积厚约 30～50 厘米，最厚处达 1 米以上。遗址大体呈方形，总面积接近 5000 平方米。墓葬勘探方面，发现了磨盘山和大洋山两处规模较大的墓地，并认为大洋山 1 号墓是这一带规模最大的东周墓葬，拟于 2003 年进行发掘。

　　2003 年 9 至 10 月，我所再一次对窑头古城进行全面测绘和试掘，同时发掘大洋山 1 号墓（M1301）。本年度城址发掘共开探方（或探沟）17 个（条），发掘面积共 230 平方米，是历年发掘规模最大的一次。其中 T7 为城壕解剖沟；T10 为发掘城壕内地层；T11、T12 为解剖城壕内坡；T8、T17 则是解剖城墙；其余探方（或探沟）为选择性发掘城内外地层及遗迹。本次发掘共发现遗迹 10 处，其中水沟 1 条、灰沟 2 条、灰坑 2 个、水井 2 口、砾石路 1 条及砾石面 2 处（图三；图版一、二）。

　　参加历次调查、勘探和发掘的人员有：郭伟民（领队）、胡建军、向桃初、郑元日、胡德兴、尹检顺、张春龙、顾海滨、张双北、吴仕林、李德生、文必贵、张该能、严华平、谌龙、向开旺、张涛、夏湘军、陈勇、郑启连、向文江、杨良家、廉清浪。

第二节　资料整理情况

　　窑头古城遗址及墓葬的勘探发掘工作前后持续达 13 年之久。2003 年以后至现在，再未进行发掘。在这期间完成了所有出土陶器的修复工作。对其中 M1016 进行了报道，并就 M1016 出土的一枚铭文砝码撰写了研究文章①。资料的系统整理和发掘报告的编写从 2012 年 8 月开始，这项工作由谭远辉负责完成。首先整理 241 座墓葬资料，由于墓葬出土器物分存于三处（一部分在本所内，一部分在石门考古工作站，还有很大一部分在沅陵县博物馆），因而整理工作有一定难度，至 2012 年底，完成了分散于各处的器物的绘图、制卡、花纹拓片及照相工作。2013 年上半年，由于谭远辉协助整理临澧杉龙岗新石器时代遗址、道水流域旧石器时代遗址及沅陵虎溪山 1 号汉墓资料，故窑头资料整理工作暂停。2013 年下半年整理工作继续进行，至 2014 年初结束。

　　在资料整理过程中，我们根据系统整理的要求对原始资料进行了必要的整合，如 2003 年遗址发掘探方原编为：T1～T13、东 G1～东 G3、西 G1 共 17 个单位，现统一编为 T1～T17，东 G1～东 G3、西 G1 分别编为 T14～T17。其一是为了叙述的便利和避免概念混淆；其二是因为多数以"T"为代号的探方也是狭长的探沟，用两种代号区分不合理。其他年份的发掘资料不变。1990 至 1992 年发掘的墓葬原则上遵从原始编号，均取四位数；2003 年发掘的大洋山 1 号墓根据这一编号法则而编为"M1301"。

　　由于受制于客观条件，报告尚存在一些缺憾。如墓葬器物的组合照，只有一少部分墓葬照了

---

　　① 湖南省文物考古研究所、沅陵县文物管理所：《湖南沅陵木马岭战国墓发掘简报》。郭伟民：《沅陵楚墓新近出土铭文砝码小识》，《考古》1994 年第 8 期。

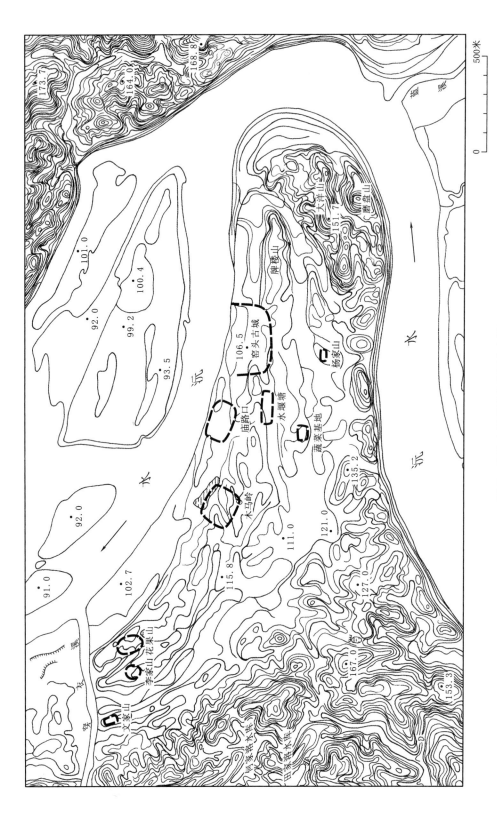

图三　窑头古城遗址及墓区分布图

组合照，而且还不完全，大多只有陶器，而大多数墓葬的出土器物都无法照组合照。这是因为器物分存于三处，同一座墓的器物多不在一处，而汇聚到一处照相也不可能。再如遗址和墓葬发掘的现场照片较少，城址部分的资料也不够完善。

本报告与之前有关该城址和墓地的报道在客观表述方面存有的差异处当以本报告为准，而学术见解则毋需求同。

第一部分
窑头古城遗址

第一章　探方地层及遗迹、遗物

窑头古城曾进行了四次发掘，其中1990年开长10米、宽2米探沟1条；1991年开长、宽各10米探方1个；2002年开探方和探沟6个（条），发掘面积约210平方米；2003年开探方和探沟17个（条），发掘面积约230平方米。历年发掘总面积约560平方米。历年所开探方和探沟除02T4位于牌楼山另一处东周遗址外，其余均位于窑头古城遗址范围内。共计在窑头城址内开探方和探沟24个（条），发掘面积535平方米（图四）。

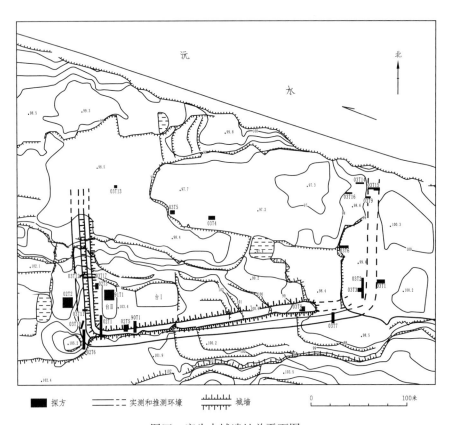

图四　窑头古城遗址总平面图

共发现遗迹 19 处（城墙和城壕除外），其中夯土台基 2 处、排水管道 2 处、水井 2 处、水沟 1 处、灰坑及灰沟 9 处、砾石路 1 处、砾石面 2 处。

本节主要选取 2003 年发掘的典型探方和遗迹单位进行介绍，因该年度发掘规模最大，遗迹较丰富，记录也较详细，较能体现窑头古城的基本面貌。出土遗物主要为板瓦和筒瓦，部分为瓦当。陶器较少，器形主要为鬲、盂、豆、罐、盆等，其中 T8 无采集标本（表一）。同时也将 1990 年发掘探沟（90T1）和 1991 年发掘探方（91T1）以及 2002 年发掘的两个探方（02T3、02T5）加以介绍。因各年份探方及遗迹均分别编号，本报告不拟改变原始编号，仅在探方及遗迹单位前冠以年份。除城墙和城壕外，遗迹一般附于探方中叙述，部分遗迹在本节中单独叙述。

表一 窑头古城遗址 2003 年出土器物统计表 单位：片

单位		板瓦	筒瓦	瓦当	陶鬲	陶罐	陶盆	陶豆	其他	小计	
T1	4 层	17	10							27	81
	5 层	5	3			1		1		10	
	6 层	7	7		5	10	4	11		44	
T2	4 层	5	5		1					11	115
	5 层	23	14	3	5	12	4	3		64	
	7 层	7			1			2		10	
	8 层	5	9	5	2	5	2	1	陶瓮 1	30	
T3	5 层							1	陶鼎 1	2	3
	6 层					1				1	
T4	4 层	6						2		8	93
	5 层	38	23	6	7	4		3	铜印 1，铁臿 1、镢 1，陶网坠 1	85	
T5	4 层	26	15							41	735
	5 层	22	7		1			1		31	
	6 层	5	4						陶网坠 1	10	
	7 层	8								8	
	8a 层	6	1		1			1		9	
	8b 层	4	2					1		7	
	9 层	165	59	4	3	5	1	15		252	
	10 层	44	12	1		2		8		67	
	11 层	86	29	5	1			6		127	
	12 层	19	17	2		1		2		41	
	13 层	83	26	3		4	1	4		121	
	14 层	13	6					2		21	

续表一

单位		板瓦	筒瓦	瓦当	陶鬲	陶罐	陶盆	陶豆	其他	小计	
T6	5层	4								4	25
	6层	11	3		2	2	2			20	
	壕沟					1				1	
T7	4层	1				5		1		7	170
	6层	18			1	3		1		23	
	7层	36	4					1		41	
	8层	16	6			3		1		26	
	9层	18	7		2			2		29	
	12层	18	18	1	2			5		44	
T9	3层	4	4	1	1	1		1		12	12
T10	9层	46	14	1	1			1		63	63
T11	7层	30	11					1		42	51
	8层	5	3			1				9	
T12	5层	20	8					4		32	32
G1		6	2		5	2	1	2		18	18
H1						1				1	1
合　计		827	329	32	41	64	15	84	7	1399	
%		59.11	23.52	2.29	2.93	4.57	1.07	6	0.5	100	

一　90T1

（一）地层堆积

90T1 位于城址西南部的城墙上，正南北方向布方，南北长 10、东西宽 2 米，面积为 20 平方米。探方内堆积分为六大层八小层，堆积南厚北薄，总厚 128 厘米。以东壁南段为例，其堆积状况如下（图五）：

第 1 层：农耕土层，厚 20 厘米。

第 2 层：位于南端薄薄的一层。灰褐色土，厚 5 厘米。无包含物。

第 3a 层：位于南端，坡状堆积，南厚北薄。黄褐色土，厚 0～60 厘米。含较多东周时期陶片、瓦等。

第 3b 层：褐色土，厚 8～36 厘米。含东周时期陶片、瓦等。

第 4a 层：城墙夯土层，坡状堆积，中腰被 3b 层隔断。橙红色土，厚 0～28 厘米。包含物主要为瓦片，极少陶片。

第 4b 层：城墙夯土层，坡状堆积，下薄上厚。红褐色土，厚 14～58 厘米。包含物同 4b 层。

第 4c 层：城墙夯土层，堆积状况和 4b 层同，向北延伸更远。红色土，厚 10～68 厘米。包含

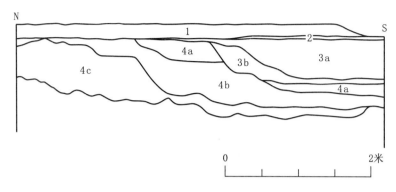

图五　90T1 东壁南段剖面图

物同 4a 层。

　　第 4 层的三个小层都是城墙夯土。由北向南呈坡状堆积。南坡上部叠压着东周地层。地表城墙墙体被夷平。

　　第 5 层：分布于探沟北部。黄褐色土夹较多红烧土和木炭，厚 0～20 厘米。含少量东周瓦片及陶器残片。

　　第 5 层下为生土层。

　　探方内除城墙外没有其他遗迹。

　　（二）遗物

　　本方中出土遗物较多，除瓦片外，陶器有盆、鬲、罐、豆等，部分器物较为完整。遗物主要出于第 3a 层。

　　鬲

　　标本 90T1③a：4，小口，折沿微卷，颈微弧。斜肩，弧腹较浅，圜底较平。宽裆较平，高柱足微内斜。通体饰竖粗绳纹，肩部抹刮三周弦纹。口径 19.4、腹径 29、高 29.4 厘米（图六，3；图版三，1、2）。

　　标本 90T1③a：10，小口，斜折宽沿，方唇，束颈。斜肩，弧腹较深，圜底。宽裆微凸，柱状足下端残。通体饰粗竖绳纹，肩部抹刮两周弦纹。口径 22、腹径 31.6、残高 22 厘米（图六，2；彩版二，1；图版三，3）。

　　盆

　　标本 90T1③a：5，折沿微坠，短束颈。弧腹较深，底残。腹、底饰交错粗绳纹。口径 45.8、残高 19.2 厘米（图六，1；彩版二，2；图版三，4）。

　　高领罐

　　标本 90T1③a：3，宽折沿略斜，高弧领。溜肩，球形腹，圜底微凹。领以下饰竖向粗绳纹，肩部抹刮三周宽弦纹。口径 21、腹径 31.2、高 32.4 厘米（图六，5；彩版二，3；图版四，1）。

　　标本 90T1③a：22，折沿微坠，领较矮。溜肩，鼓腹，腹以下残。上腹饰三周竖向横断绳纹，领部抹有竖绳纹。口径 19.2、腹径 31.2、残高 17.4 厘米（图六，6；图版四，2）。

　　豆

　　标本 90T1③a：18，敞口，斜壁盘，外壁下部有折，弧形矮细柄，圈足残。口径 15.4、残高

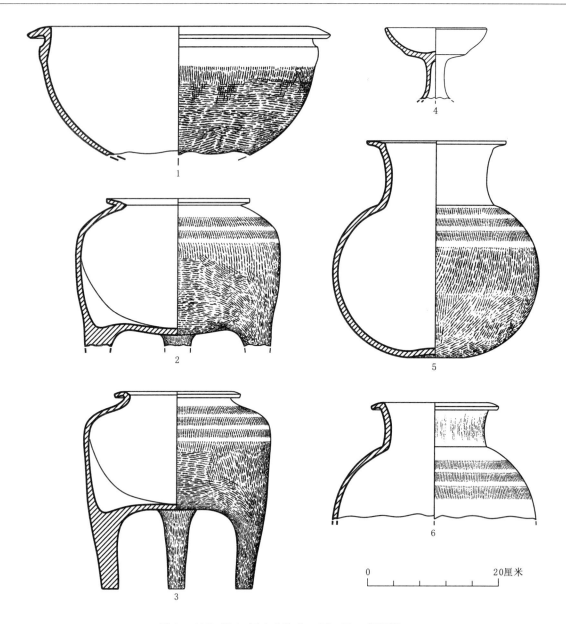

图六　90T1 第 3a 层出土陶盆、鬲、豆、高领罐
1. 盆（5）　2、3. 鬲（10、4）　4. 豆（18）　5、6. 高领罐（3、22）

10.6 厘米（图六，4；图版四，3）。

二　91T1

探方位于城址西南角台Ⅱ上，东南方向距 90T1 约 50 米。正南北方向布方，长、宽均为 10 米，面积为 100 平方米。该探方发掘资料遗失，堆积情况不明。探方中有两个灰坑，灰坑形态不明。其中 H2 中出土部分较有特色的陶器。有盆、三足盘、双耳罐、高领罐等。

盆

标本 91H2：7，平折沿，口微敛，深弧腹，底残。腹饰交错粗绳纹。口径 56、残高 20.8 厘米（图七，1）。

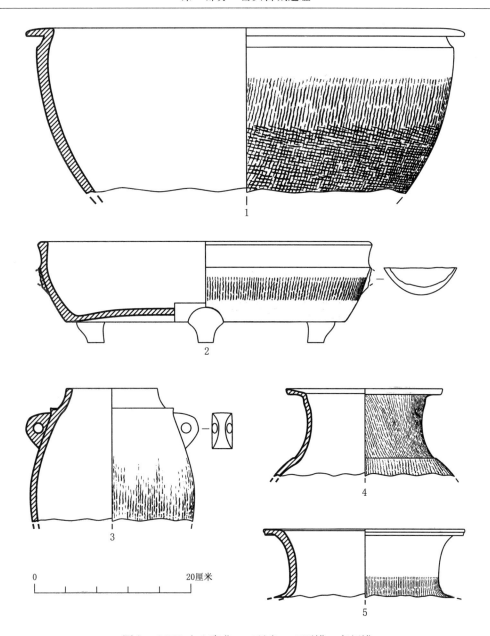

图七　91H2 出土陶盆、三足盘、双耳罐、高领罐
1. 盆（H2：7）　2. 三足盘（H2：4）　3. 双耳罐（H2：1）　4、5. 高领罐（H2：6、10）

三足盘

标本 91H2：4，敞口较直，方唇，略有颈。斜壁，浅平盘，大平底微凹。底边等列三款足，上腹有对称宽耳，残。腹有一周竖绳纹。口径 42.6、高 12.7 厘米（图七，2；彩版二，4；图版四，4）。

双耳罐

标本 91H2：1，弇口，方唇，外壁有窄凸肩承盖，盖失。筒形弧腹，腹下部残。上腹有对称双环耳，腹有竖绳纹。口径 11.4、腹径 20.8、残高 16.7 厘米（图七，3；彩版三，1；图版五，1、2）。

高领罐

标本 91H2：6，斜折沿，高弧领，溜肩，肩以下残。领、肩饰竖粗绳纹。口径 20.2、残高 11 厘米（图七，4；图版五，3）。

标本 91H2：10，平折沿，敞口，领以下残。领下部饰竖绳纹。口径 26、残高 8.6 厘米（图七，5；图版五，4）。

三　02T3

（一）地层堆积

探方位于城址西南部，紧贴西城墙，正南北方向布方，南北长 5、东西宽 2 米，面积为 10 平方米。探方内堆积分为七层，方内有灰坑 2 个，总厚 180 厘米（图八）。

第 1 层：农耕土层，厚 20 厘米。

第 2 层：晚期扰乱层。灰褐色土，厚 5 ～ 15 厘米。含宋元至明清时期青花瓷片等。

第 3 层：黄褐色土，很薄，约 5 厘米。为晚期扰乱层，包含物较少。内出 1 件铁镢。

第 4 层：酱褐色土，内含较多铁锰颗粒，厚 5 ～ 15 厘米。极少包含物。

第 5 层：灰色土，土质疏松，厚 20 ～ 40 厘米。包含物有较多瓦片和陶片，陶片的器形有鬲、罐、盆、钵、豆等，时代为东周至汉代。

以上 1 ～ 5 层均为水平地层，其中 1 ～ 4 层为晚期地层，第 5 层为汉代地层。在第 5 层下有两个灰坑（H2 和 H3）。

第 6 层：黄褐色土，该层较厚，土质较紧密，厚 14 ～ 58 厘米。包含物为战国时期的瓦片和陶片，还出有 1 件铁臿。

第 7 层：堆积由南向北呈坡状倾斜。黄灰色土，土质疏松，厚 0 ～ 60 厘米。包含物大体同第 6 层。

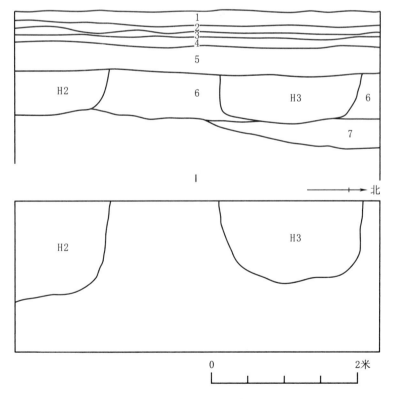

图八　02T3 平面及西壁剖面图

第6层和第7层为东周地层。

（二）遗迹

在本方中发现灰坑2处，为H2和H3，均开口于第5层下，打破第6层。

1. 02H2

位于探方西南角，一部分伸入探方壁。浅褐色土。坑壁呈釜底形。发掘部分长、宽相当，约130~135、深60厘米。坑内有少量瓦片和陶片。

2. 02H3

位于探方北端西侧，一部分伸入探方壁。浅褐色土。坑壁一侧较直，一侧较缓。发掘部分长195、宽110、深65厘米。坑内有少量瓦片和陶片。

（三）遗物

本方及灰坑中出土遗物很散碎，有板瓦、筒瓦及瓦当；陶器有鬲、盆、罐、豆等，还有少量铁器和石器。

陶鬲

标本02T3⑥：31，口沿残片。宽平沿，束颈，上腹壁外斜，腹饰竖绳纹（图九，1）。

标本02T3⑤：12，残柱状鬲足，绳纹（图九，7）。

陶盆，均为口沿残片。

标本02T3⑤：17，平折沿，短弧颈，弧壁较直。腹有竖绳纹（图九，2）。

标本02T3⑦：3，平沿，敛口，束颈，腹壁深直。腹有竖绳纹（图九，3）。

标本02T3⑤：20，窄平沿内凸，斜弧壁，上腹一周弦纹，下腹饰斜细绳纹（图九，10）。

标本02T3⑥：29，平沿，敛口，束颈，腹壁深直。腹有竖绳纹（图九，8）。

陶高领罐，均为口沿残片。

标本02T3⑥：30，平折沿，高弧领（图九，4）。

标本02T3⑥：39，斜折沿，领较直（图九，5）。

陶豆

标本02T3⑥：48，豆盘。浅弧壁盘（图九，6）。

标本02T3⑦：26，豆柄。柱状细高柄，盖状圈足较小（图九，9）。

石铲

标本02T3⑦：30，石铲上部残段，有对钻穿孔（图九，11）。

铁臿

标本02T3⑥：57，"凹"字形銎口残，凹弧形宽刃。刃宽11厘米（图九，12）。

铁镢

标本02T3③：1，长方体，直銎。长13.2、宽6、銎厚3.6厘米（图九，13）。

四　02T5

（一）地层堆积

02T5位于城址西南角南城墙的内坡，正南北向布方。南北长4、东西宽3米，面积为12平方米。探方内堆积分为四层：

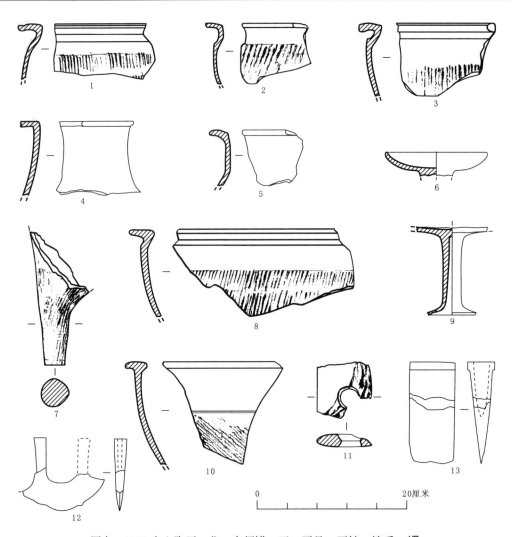

图九　02T3 出土陶鬲、盆、高领罐、豆、鬲足，石铲，铁耑、镢
1. 陶鬲（T3⑥:31）　　2、3、8、10. 陶盆（T3⑤:17、T3⑦:3、T3⑥:29、T3⑤:20）　4、5. 陶高领罐（T3⑥:30、T3⑥:39）
6、9. 陶豆（T3⑥:48、T3⑦:26）　7. 陶鬲足　（T3⑤:12）　11. 石铲（T3⑦:30）　12. 铁耑（T3⑥:57）　13. 铁镢（T3③:1）

第 1 层：表土层，厚 0 ~ 25 厘米。

第 2 层：扰土层，厚 0 ~ 10 厘米。

第 3 层：橙红色土，厚 0 ~ 25 厘米。为墙体倒塌土。

第 4 层：浅红色土，厚 10 ~ 50 厘米。

地层中包含物极少，在第 4 层下发现一管道遗迹。

（二）遗迹

在本方内发现一条排水管道（02G1）。由筒瓦套合排列而成，有大、小两种形态的瓦，大瓦长 47、宽 34 厘米，小瓦长 36、宽 14 厘米。管道两端损毁，中间保存较好，残长 310 厘米（图一〇）。

五　03T1

（一）地层堆积

03T1 位于城址东南部城壕外，为东西向沟状探方。长 6、宽 2 米，面积为 12 平方米。探方内

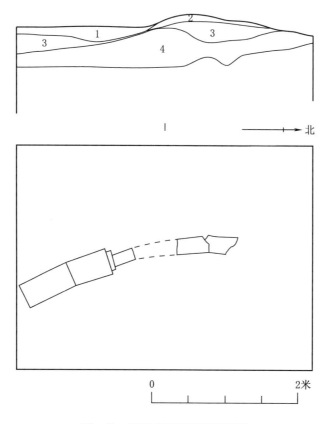

图一〇　02T5平面及西壁剖面图

堆积分为七层（图一一）：

第1层：耕土层。灰黑色土，厚20～25厘米。

第2层：明清地层。黄色土层较薄、较纯，厚5～10厘米。含少量青花瓷片。

第3层：含大量铁锰结核土，厚5～15厘米。无包含物。

第4层：灰黑色土夹少量红烧土颗粒，厚67～80厘米。含东周至秦汉时期瓦片。

第5层：浅灰土夹黄土颗粒，厚0～40厘米。含东周时期瓦片及少量陶器残片。

第6层：浅灰白土夹块状结核，厚15～60厘米。含东周时期瓦片，陶鬲、罐、盆、豆等残片。

第7层：浅灰白淤积土层，厚0～30厘米。基本不见包含物。

（二）遗迹

在本方内发现水沟一条（03G1）。03G1开口于第7层下，打破生土层。方向与03T1方向基本一致，横向贯通T1两端。灰黑色填土，仅一层。沟口宽80、底宽50、深34～68厘米。03G1西高东低，代表水流方向（图一二）。

（三）遗物

探方内瓦及陶片均残碎较甚，03G1中有部分鬲、盆、罐、豆残片等。

鬲，均大口。

标本03G1：7，平折沿，沿面饰两周弦纹，短直颈，弧腹以下残。腹饰竖粗绳纹。口径40.8

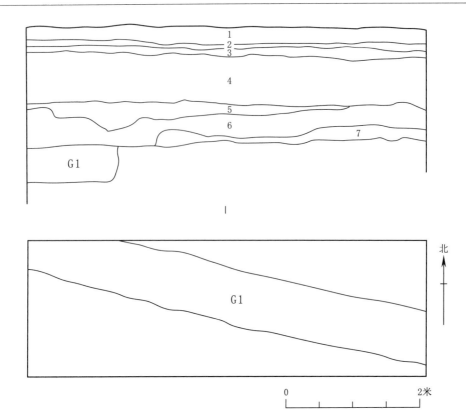

图一一　03T1 平面及北壁剖面图

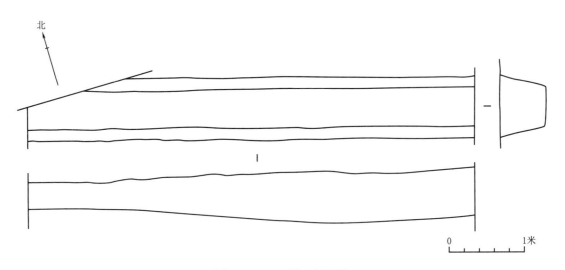

图一二　03G1 平、剖面图

厘米（图一三，1）。

　　标本 03G1∶5，沿微凹，短弧颈。口径 42 厘米（图一三，2）。

　　标本 03G1∶12，宽平折沿，短直颈（图一三，5）。

　　标本 03G1∶9，柱状鬲足，竖绳纹（图一三，6）。

　　盆

　　标本 03G1∶11，斜折沿，短斜颈，窄肩，弧腹。口径 21.6、残高 7.2 厘米（图一三，3）。

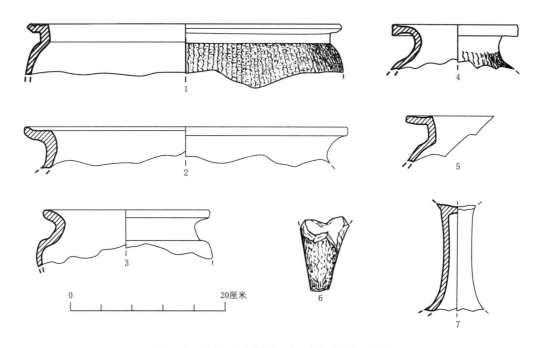

图一三　03G1 出土陶鬲、盆、罐、鬲足、豆柄

1、2、5. 鬲（G1∶7、G1∶5、G1∶12）　3. 盆（G1∶11）　4. 罐（G1∶10）　6. 鬲足（G1∶9）　7. 豆柄（G1∶3）

罐

标本 03G1∶10，弧折沿，厚方唇，短弧颈，斜肩有绳纹。口径 16.4 厘米（图一三，4）。

豆柄

标本 03G1∶3，高弧柄。圈足残（图一三，7）。

六　03T2、03T3

（一）地层堆积

03T2 和 03T3 位于 03T1 的西侧，应是东南城墙的位置，但此处城墙被挖毁。03T2 为一条南北向的狭长探沟。长 20、宽 2 米，面积为 40 平方米。03T3 位于 03T2 西侧中段，为 03T2 扩方，长、宽各 4 米，面积为 16 平方米。探方内堆积分为八层，以 03T2 东壁为例（图一四），其堆积状况如下：

第 1 层：耕土层。灰色土松软，厚 15～25 厘米。

第 2 层：明清地层。黄色土较薄、较纯，厚 5～15 厘米。含少量青花瓷片。

第 3 层：含大量铁锰结核土，厚 5～15 厘米。无包含物。

第 4 层：灰黑色土夹少量红烧土颗粒，厚 0～55 厘米。含极少东周至秦汉时期瓦片。

第 5 层：铁锰结核土层板结，厚 0～95 厘米。含东周时期瓦片及陶罐等残片。

第 6 层：浅灰白土夹结核颗粒，厚 0～75 厘米。几无包含物。

第 7 层：浅红色土层较纯净、紧密，为人工夯筑土台。厚 0～110 厘米。包含物较少，偶见东周时期瓦片等。

第 8 层：浅灰白淤积土层，厚 0～65 厘米。含东周时期瓦片，陶鬲、罐、盆、豆等残片。

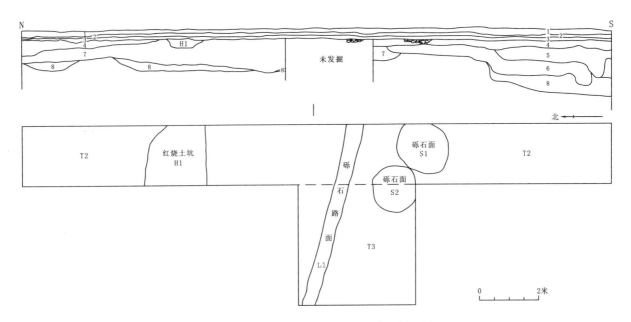

图一四　03T2、03T3 平面及 03T2 东壁剖面图

（二）遗迹

在本方中发现遗迹 4 处，均开口于第 3 层下，为第 4 层面上遗迹。其中灰坑 1 个（03H1），砾石路 1 条（03L1）及砾石面 2 处（03S1、03S2）。为了弄清 03L1、03S1 和 03S2 的性质及分布情况，在 03T2 的西侧进行了扩方，扩方编为 03T3。03L1 和 03S2 有一部分在 03T3 中。

1. 03H1

位于 03T2 的北部，开口于第 3 层下，打破第 4 层。为红烧土坑。两端进入 03T2 的东、西两壁，长度不明。口宽 125～210、底宽 70～130、深约 40 厘米。坑内堆填大量红烧土及瓦片（图一五）。

2. 03L1

东西向跨 03T2、03T3 两方，开口于第 3 层下，为第 4 层面上遗迹。发掘长 200、宽约 50、厚 15～20 厘米。路面用直径约 5～8 厘米的卵石铺就，路面平整。

3. 03S1

位于 03T2 内，开口于第 3 层下，为第 4 层面上用砾石铺成的圆形遗迹。直径为 170～190 厘米，砾径和厚度大致同 L1。

4. 03S2

跨 03T2、03T3 两方，开口于第 3 层下，亦为第 4 层面上用砾石铺成的圆形遗迹。较 03S1 略小，但更圆，直径 155 厘米。余同 03S1。

（三）遗物

本方中出土有较完整的板瓦、筒瓦及云纹、素面瓦当；陶器有盆、折肩平底罐、高领罐、矮领罐、大口鬲、小口鬲、瓮、细高豆柄等。

陶鬲

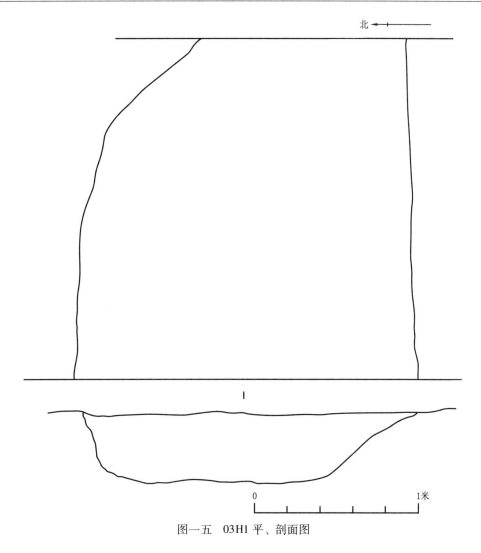

图一五 03H1 平、剖面图

标本 03T2⑦:1，大口，短平折沿，沿面有凹槽。短弧颈，腹残。腹有竖粗绳纹。口径 36.5 厘米（图一六，7）。

陶盆

标本 03T2⑤:7，斜折沿，沿边有一周凹沟。弧腹壁残。素面。口径 27.6、残高 5.6 厘米（图一六，6）。

标本 03T2⑧:2，敛口，平折沿。深弧腹，凹圜底。颈部有三周凹圈，腹、底饰粗绳纹。口径 43.2、高 20.8 厘米（图一六，9；图版五，5）。

陶罐

标本 03T2④:1，宽斜折沿，束颈，斜肩残。肩以下有绳纹。口径 30 厘米（图一六，1）。

标本 03T2⑤:3，平折沿，沿边微翘，矮领斜直，斜肩残。肩以下有绳纹。口径 22 厘米（图一六，5）。

标本 03T2⑤:8，肩以上残。斜折肩，斜直腹，平底。折肩处饰两周瓦楞状弦纹。肩宽 32、残高 20 厘米（图一六，2）。

标本 03T2⑤:11，平折沿，高直领残。口径 19.2 厘米（图一六，4）。

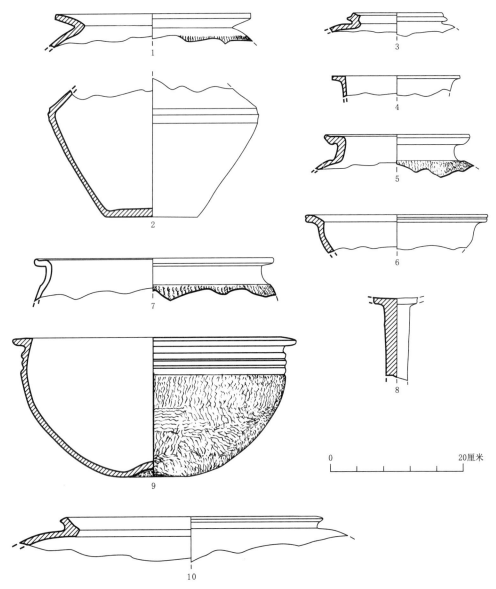

图一六　03T2 出土陶罐、瓮、盆、豆柄（1. 第4层；2~6. 第5层；7、8. 第7层；9、10. 第8层）
　　1、2、4、5. 罐（1、8、11、3）　3、10. 瓮（10、7）　6、9. 盆（7、2）　7. 鬲（1）　8. 豆柄（3）

陶瓮

标本03T2⑤：10，小口，矮领，唇内外凸，肩微耸，残。口径13.2厘米（图一六，3）。

标本03T2⑧：7，斜折短沿，方唇，束颈，耸肩。残。口径40.4厘米（图一六，10）。

陶豆柄

标本03T2⑦：3，细柱状柄。残（图一六，8）。

板瓦

标本03T2⑤：12，较宽大，面有粗绳纹。残。残长24.8、残宽23厘米（图一七，1；彩版三，2；图版五，6）。

筒瓦

标本03T2⑧：3，断面呈半圆形，一端略高有搭榫肩。面有纵向粗绳纹，内部有横向瓦楞状

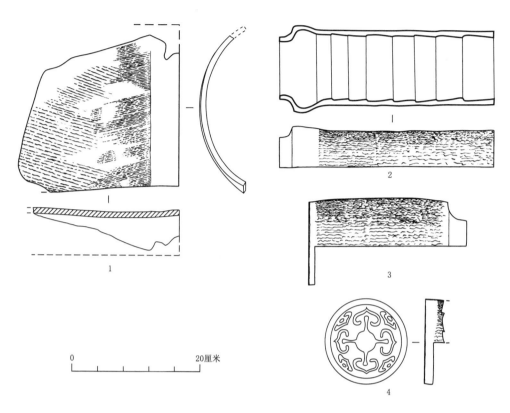

图一七　03T2 出土板瓦、筒瓦、瓦当（1. 第 5 层；2～4. 第 8 层）
1. 板瓦（12）　2. 筒瓦（3）　3、4. 瓦当（4、6）

槽。长 34、身宽 11.6、身高 5.6 厘米（图一七，2）。

瓦当

标本 03T2⑧：4，瓦身作筒瓦形，一端有搭榫肩，另一端为圆形素面瓦当。面上有纵向粗绳纹。长 25.2、瓦高 7.2、瓦当直径 12.8 厘米（图一七，3）。

标本 03T2⑧：6，瓦残，瓦当保存完好。窄素缘内为四出柿蒂形纹，柿蒂间上部补缀半菱形纹。瓦当直径 13.2 厘米（图一七，4）。

七　03T4

（一）地层堆积

03T4 位于城址中部，东西长 6、南北宽 4 米，面积为 24 平方米。探方内堆积分为六层，以北壁为例，其堆积状况如下（图一八）：

第 1 层：耕土层。灰黑色土松软，厚 15～20 厘米。

第 2 层：明清扰乱层。灰黄色土板结，较薄，厚 5～10 厘米。含东周至明清的陶片、青花瓷片等。

第 3 层：明清扰乱层。灰褐色土，较厚，厚 25～65 厘米。

第 4 层：黄色土较纯净，厚 0～55 厘米。含极少瓦、陶片等。

第 5 层：草木灰夹大量红烧土颗粒，土质酥松，厚 0～25 厘米。含东周时期瓦片，陶鬲、罐、盆、豆等残片及砺石、铁铧犁、**镢**以及一枚“元陵”铜印章。

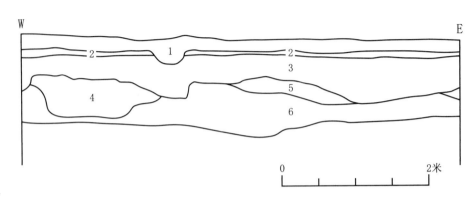

图一八　03T4 北壁剖面图

第 6 层：黄土夹铁锰结核颗粒，厚 0~70 厘米。几无包含物。

在本方中未发现遗迹。

（二）遗物

遗物主要出于第 5 层。以瓦为主，有板瓦、筒瓦、瓦当，瓦当有"S"形瓦当、云纹瓦当和素面瓦当；陶器有鬲、盆、罐、豆及网坠等；另还出有铁铧犁、钁、砺石。尤为重要的是在本方第 5 层出土了一枚刻有"元陵"二字的铜印章。

陶鬲

标本 03T4⑤：25，平折沿，沿边微翘，矮直颈，窄肩微耸。腹有竖粗绳纹。口径 22.8 厘米（图一九，1）。

标本 03T4⑤：13，柱状鬲足，有绳纹（图一九，5）。

陶盆

标本 03T4⑤：20，折沿外翻，短束颈（图一九，2）。

标本 03T4⑤：15，平折沿，弧颈，颈有细竖绳纹（图一九，3）。

陶瓮

标本 03T4⑤：26，弇口，弧形卷沿（图一九，4）。

陶豆柄

标本 03T4⑤：23，细高柱状柄，喇叭状圈足较小。柄高 12.4 厘米（图一九，6）。

标本 03T4⑤：12，矮柱柄，喇叭形圈足。柄高 9 厘米（图一九，7）。

陶网坠

标本 03T4⑤：8，长圆形，断面呈凹腰形。长 6、宽 3.8、厚 2.8 厘米（图二〇，8）。

筒瓦

标本 03T4⑤：14，一端有搭榫肩，面上有纵向粗绳纹。残。残长 29.6 厘米（图二〇，1）。

瓦当

标本 03T4⑤：6，瓦残，瓦当完整。缘内中间有两道纵棱，纵棱两侧竖向各有两个正、反"S"形纹。瓦当直径 12 厘米（图二〇，5）。

标本 03T4⑤：17，瓦及瓦当均残。平当面上残存两个卷云纹（图二〇，7）。

标本 03T4⑤：21，瓦残，瓦当完整。为圆形素面瓦当。瓦当直径 13.6 厘米（图二〇，6）。

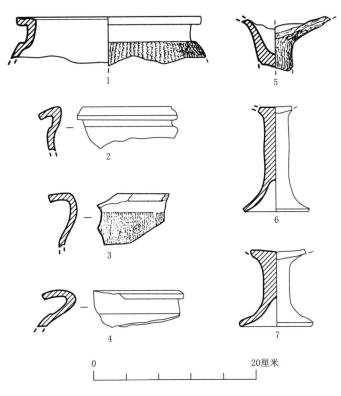

图一九 03T4 第 5 层出土陶鬲、盆、瓮、鬲足、豆柄

1. 鬲（25）   2、3. 盆（20、15）   4. 瓮（26）   5. 鬲足（13）   6、7. 豆柄（23、12）

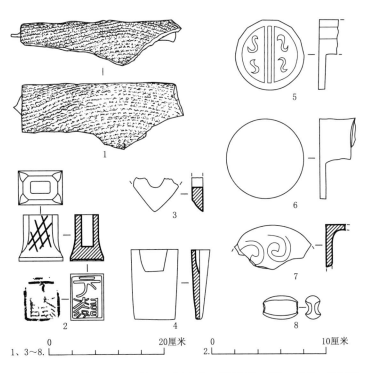

图二〇 03T4 第 5 层出土筒瓦，铜印章，铁铧犁、钁，瓦当，陶网坠

1. 筒瓦（14）   2. 铜印章（5）   3. 铁铧犁（3）   4. 铁钁（10）   5～7. 瓦当（6、21、17）   8. 陶网坠（8）

铜印章

03T4⑤:5，印体略呈长方柱体，四角截角，上部中空。印面呈矩形，竖向有"元陵"二字阳文，字略有残损。此印为范铸，两侧有合范痕，两面铸有菱形纹。印面长3.8、宽2.9、印高3.9厘米（图二〇，2；彩版三，3~5；图版六，1~3）。

铁铧犁

03T4⑤:3，残存犁尖，中有凹口（图二〇，3）。

铁镢

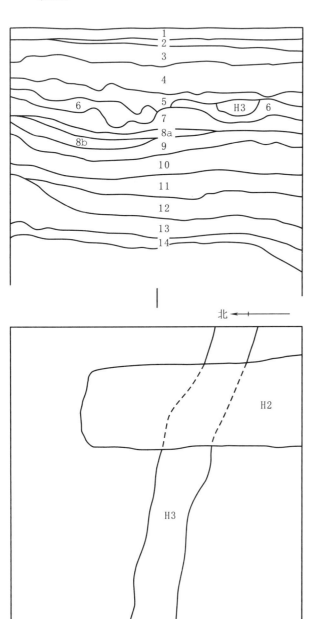

北 ←

图二一 03T5平面及东壁剖面图

03T4⑤:10，略呈梯形，方形直銎。长12、銎宽8.4、銎厚3.2厘米（图二〇，4）。

八 03T5

（一）地层堆积

03T5位于城址中部偏西，东距03T4约50米。03T5长、宽各4米，面积为16平方米。探方内堆积分为十四大层十五小层（第8层分a、b两小层）（图二一）：

第1层：耕土层。灰色土，厚15厘米。

第2层：明清扰乱层。黄褐色土，厚5~15厘米。含东周至明清的陶片、青花瓷片等。

第3层：宋元时期扰乱层。灰白色土，厚15~25厘米。含有东周至宋元时期陶片、瓦、青瓷片、硬陶片等。

第4层：宋元时期扰乱层。黑褐色土，厚20~40厘米。包含物与第3层同。

第5层：黄色土，厚0~35厘米。含东周至汉代的瓦片，陶器残片以及铜箭镞等。

第6层：红色土，厚0~30厘米。含少量瓦片、陶片。

第7层：灰黄色土，厚10~30厘米。含少量东周至汉代的瓦片，陶器残片以及铜箭镞等。

第8a层：黄色土夹较多炭末，厚0~10厘米。含东周至汉代的瓦片，陶器残片。

第8b层：黄褐色土夹少量炭末，厚0~15厘米。包含物与第8a层同。

以上第5~8层为汉代文化层。

第9层：黑褐色土夹炭末，厚15~20厘米。含大量东周时期板瓦、筒瓦、瓦当，陶鬲、罐、盆、豆、瓮等残片以及铜箭镞、残铁器等。

第 10 层：黄色土，厚 25 ~ 45 厘米。包含物与第 9 层同。

第 11 层：灰黄色土较纯净、紧密，厚 15 ~ 35 厘米。含大量东周陶片。

第 12 层：灰白色土夹黄土，厚 0 ~ 40 厘米。含大量东周陶片。

第 13 层：灰白色土夹铁锰颗粒，厚 20 ~ 65 厘米。含大量东周时期板瓦、筒瓦、瓦当、陶鬲、罐、盆、豆、瓮等残片。

第 14 层：灰白色膏泥，厚 5 ~ 30 厘米。包含物极少。

以上第 9 ~ 14 层为东周文化层。

（二）遗迹

在第 4 层下和第 5 层下各发现灰沟一条（03H2、03H3）。

1. 03H2

开口于第 4 层下，打破第 5 层。沟状，呈南北走向，南端伸入探方壁。发掘长度为 300、宽 120、深 10 ~ 20 厘米。03H2 中填黑色草木灰土，内含红烧土及陶片。

2. 03H3

开口于第 5 层下，打破第 6 层。沟状，呈东西走向，两端伸入探方壁。发掘长度为 400、宽 60 ~ 80、深 10 ~ 20 厘米。03H3 中填黑色草木灰土，内含陶片、瓦、铜箭镞及砾石等。

（三）遗物

本方中出土遗物最多，所出遗物的数量超过出土遗物总数的一半。主要为瓦，有板瓦、筒瓦和云纹瓦当。陶器有盆、鬲、高领罐、豆及网坠等。

陶盆

标本 03T5⑤：4，平折沿微坠，深弧腹较直，底残。素面。口径 42、残高 15.6 厘米（图二二，1）。

标本 03T5⑨：9，平沿微弧，口微敛，短束颈，弧腹残。腹有竖粗绳纹，上腹饰一周弦纹。口径 32 厘米（图二二，6）。

标本 03T5⑬：2，平折沿，圆唇，口较直，深弧腹，圜底内凹。颈以下三周饰瓦楞状弦纹。腹、底饰交错粗绳纹。口径 49.6、高 20.6 厘米（图二二，10）。

陶高领罐

标本 03T5⑤：8，折沿，高弧领，圆肩，鼓腹，底残。领以下饰竖绳纹，领部绳纹抹去，肩部两周宽抹刮弦纹。口径 20.8、腹径 30、残高 25.4 厘米（图二二，2；图版六，4）。

标本 03T5⑨：1，直口，领、肩圆转，肩以下残。肩有竖粗绳纹。领有瓦楞状弦纹。口径 15.2 厘米（图二二，5）。

标本 03T5⑨：4，口部形态大致同 03T5⑤：8，残。口径 24 厘米（图二二，3）。

陶瓮

标本 03T5⑨：5，厚折沿，弇口，束颈，宽斜肩残。肩部有竖粗绳纹。口径 32 厘米（图二二，7）。

陶豆

标本 03T5⑨：11，豆柄。矮弧形柄，喇叭形小圈足，柄外壁呈波浪状凹弧。柄高 9.2 厘米（图二二，8）。

标本 03T5⑩：1，豆盘。敞口，弧壁盘。口径 14.4 厘米（图二二，9）。

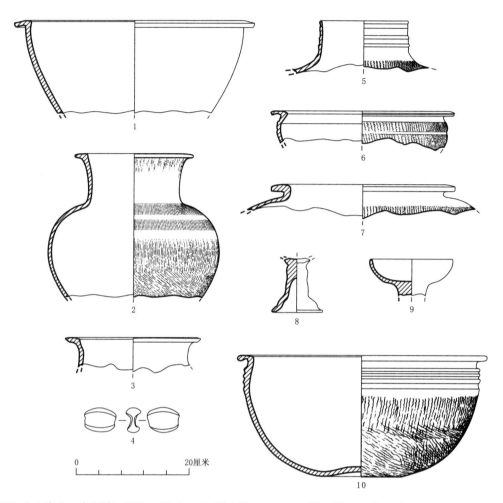

图二二　03T5 出土陶盆、高领罐、网坠、豆（1、2. 第 5 层；3、5~8. 第 9 层；4. 第 6 层；9. 第 10 层；10. 第 13 层）
　　　　1、6、10. 盆（4、9、2）　2、3、5. 高领罐（8、4、1）　4. 网坠（3）　7. 瓮（5）　8、9. 豆（11、1）

陶网坠

标本 03T5⑥：3，略呈长圆形，断面呈凹腰形。长 5.6、宽 4.2、厚 2.8 厘米（图二二，4）。

筒瓦

标本 03T5⑤：2，身较短，断面半圆形，平面呈长方形，一端有搭榫肩，面上及榫肩均有粗绳纹。长 22.2、宽 12.8、高 7 厘米（图二三，1；彩版三，6；图版六，5）。

标本 03T5⑦：1，平面长方形，断面半圆形，无榫肩。面饰粗绳纹。长 25.2、宽 13.2、高 7 厘米（图二三，2；图版七，1）。

标本 03T5⑨：8，形态同 03T5⑦：1 而较宽。长 22.2、宽 15、高 7.4 厘米（图二三，3；图版七，2）。

瓦当

标本 03T5⑨：2，瓦残，瓦当完整。缘内有一周凹圈，圈内中间有一道纵向界隔，两侧有竖向正、反各两个"S"形纹。瓦当直径 12.8 厘米（图二三，4；彩版三，7；图版七，3）。

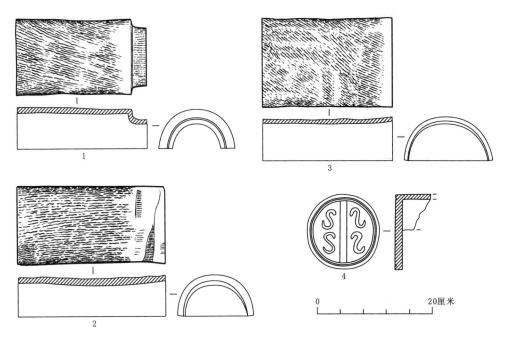

图二三　03T5 出土陶筒瓦、瓦当（1. 第 5 层；2. 第 7 层；3、4. 第 9 层）

1 ~ 3. 筒瓦（2、1、8）　4. 瓦当（2）

九　03T6

03T6 位于城址东端，为沟状探方。03T6 长 8、宽 2 米，面积为 16 平方米。探方内堆积分为六层（图二四）：

第 1 层：耕土层。灰色土，厚 5 ~ 20 厘米。

第 2 层：明清地层。铁锰结核土较薄，厚 5 ~ 10 厘米。含少量青花瓷片。

第 3 层：灰色土，厚 0 ~ 45 厘米。包含物少。第 3 层下有一自然沟槽，沟内有三层堆积。

第 4 层：红黄色土夹红烧土颗粒，厚 0 ~ 70 厘米。含东周时期瓦、陶片等。

第 5 层：黄色夯筑土，土质纯，结构紧密，厚 10 ~ 60 厘米。包含物少。

第 6 层：灰白色淤积土，厚 0 ~ 70 厘米。含极少东周时期瓦片，陶鬲、罐、盆、豆等残片。

在第 1 层下发现晚期水井一口（03J2）。03J2 开口于第 1 层下，打破生土。直径 130 厘米左右，深度不清。

本方中遗物少且残碎太甚。

一〇　03T7

03T7 位于城址南城壕东端，南北向横跨城壕，为沟状探方。03T7 长 10、宽 2 米，面积为 20 平方米。探方内堆积分为十三层，以东壁为例，其堆积状况如下（图二五）：

第 1 层：耕土层。灰黑色土，厚 15 ~ 25 厘米。

第 2 层：现代扰乱层。黄褐色土紧密，厚 5 ~ 10 厘米。包含物较杂。

第 3 层：灰褐色土，厚 10 ~ 30 厘米。包含物少。

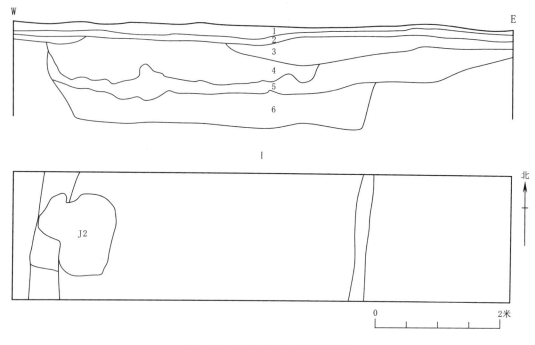

图二四　03T6 平面及北壁剖面图

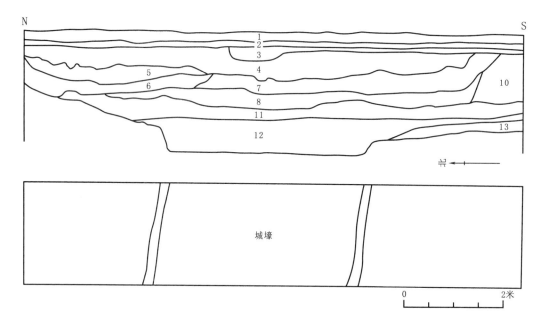

图二五　03T7 平面及东壁剖面图

第4层：褐色土夹红烧土颗粒，厚20～55厘米。含东周时期瓦、陶片等。

第5层：灰黄色土，厚0～35厘米。包含物少。

第6层：灰褐色土夹草木灰及红烧土颗粒，厚0～30厘米。含东周时期瓦、陶片等。

第7层：灰黄色土，厚0～45厘米。含东周时期瓦、陶片等。

第8层：灰黄色土夹草木灰，土质松软，厚0～25厘米。含东周时期瓦、陶片等。该层在北壁不见。

第9层：灰色膏泥夹细小河流砾石，厚0~35厘米。含少量陶片。

第10层：灰褐色土，厚0~95厘米。

第11层：黄色土夹细小河流砾石，厚0~40厘米。

第12层：灰白色淤积土，为城壕内堆积，厚0~75厘米。含东周时期瓦片，陶鬲、罐、盆、豆等残片。

第13层：灰褐色土夹大量铁锰颗粒，土质板结，厚0~20厘米。含少量绳纹陶片。

03T7中未发现城壕以外的其他遗迹。

本方中遗物较少且残碎太甚。

一一　03T8

03T8位于城址东南角城墙位置，探方平面呈曲尺形。通长5.2、通宽4米，面积为14.64平方米。探方内堆积分为四层，以西壁为例，其堆积状况如下（图二六）：

第1层：村民挖池塘堆填土，土色驳杂，厚20~30厘米。

第2层：耕土层。灰黑色土，厚5~15厘米。

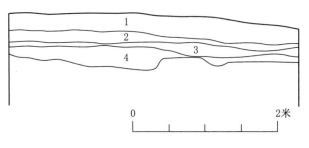

图二六　03T8西壁剖面图

第3层：灰黄色土，经夯筑，厚0~15厘米。含绳纹瓦片。

第4层：浅红色土很纯净，夯筑紧密，厚10~30厘米。

第3、4两层为残存的城墙筑土。

T8中未发现城墙以外的其他遗迹。

本方中除瓦外无陶器。

一二　03T10

（一）地层堆积

03T10位于城址西南角壕沟内，为西南—东北向沟状探方，方向为北偏东20°。03T10长8、宽1.5米，面积为12平方米。探方内堆积分为九层，以西壁为例，其堆积状况如下（图二七）：

第1层：耕土层。灰褐色土，厚10~25厘米。

第2层：黄灰色沙性土，厚15~20厘米。

第3层：灰褐色土夹铁锰颗粒，厚0~40厘米。

第2、3两层均含极少量的宋元以后硬陶片、瓷片及瓦片等，为现代扰乱层。

第4层：黄灰色土，厚0~25厘米。无包含物。

第5层：红褐色土较纯净，厚0~20厘米。无包含物。

第4、5两层西壁不见。

第6层：褐色土，厚0~35厘米。无包含物。

第7层：红色土较纯净，厚0~100厘米。无包含物。

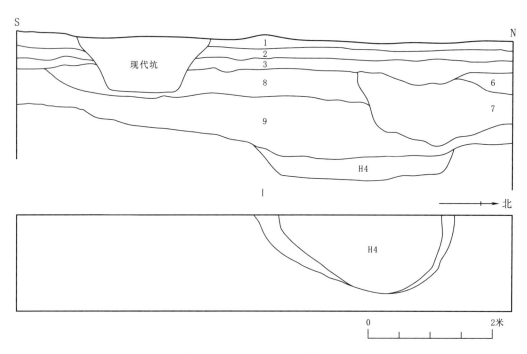

图二七　03T10平面及西壁剖面图

第8层：红色五花土，厚35～45厘米。含少量陶片。

第9层：黄褐色土，厚10～90厘米。含大量东周时期陶片。

（二）遗迹

在第9层下有一灰坑（03H4）。03H4开口于第9层下，打破生土，北半边伸入探方壁。红褐色填土。直径约320、深30厘米。内含大量东周时期陶、瓦片等。

本方遗物主要为瓦，陶片不辨器形。

一三　03T11

03T11位于城址西南角，开在壕沟内坡上，为东西向沟状探方。03T11长5、宽1.5米，面积为7.5平方米。探方内堆积分为八层，以北壁为例，其堆积状况如下（图二八）：

第1层：耕土层。灰褐色土，厚15～20厘米。

第2层：近代扰乱层。黄灰色土，厚10～15厘米。

第3层：黄褐色土较纯净，土质板结，厚5～10厘米。含明清时期青花瓷片等。

第4层：黄灰色土夹大量铁锰颗粒，厚10～35厘米。含宋元时期硬陶片、瓷片及瓦片等。

第5层：铁红褐色土，有水浸层理，厚0～40厘米。含汉至宋元时期砖瓦、陶瓷片等，为宋元扰乱层。

第6a层：褐色土，厚0～75厘米。含大量东汉时期墓砖，砖有平板砖、带榫砖等，应为一座被破坏的墓葬。

第6b层：黄色土较松软，厚0～45厘米。含少量东汉墓砖。

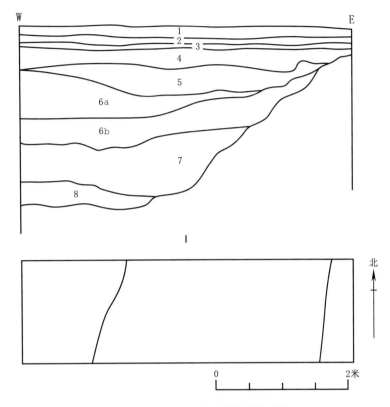

图二八 03T11 平面及北壁剖面图

第7层：黄灰色土，厚0～90厘米。含大量西汉时期陶片、板瓦、筒瓦等。

第8层：灰白色淤积土，厚0～35厘米。含少量东周时期陶鬲、罐、豆残片及瓦砾等。

第5～8层为壕沟内堆积。

本方内除城壕外无其他遗迹。

遗物与03T10情况相同，主要为瓦，陶片不辨器形。

一四 03T12

03T12位于城址西端，开在壕沟内坡上，为东西向沟状探方。长5、宽1米，面积为5平方米。探方内堆积分为六层，以北壁为例，其堆积状况如下（图二九）：

第1层：耕土层。黑褐色土，厚0～15厘米。该层在北壁被推毁。

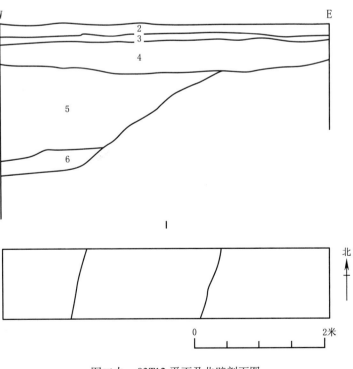

图二九 03T12 平面及北壁剖面图

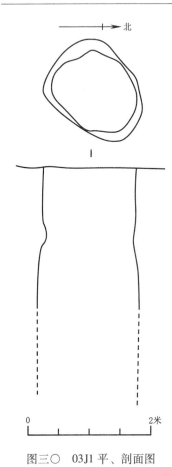

图三○　03J1 平、剖面图

第 2 层：近代扰乱层。黄灰色土，厚 15～20 厘米。

第 3 层：明清扰乱层。黄褐色土较纯净，厚 5～15 厘米。

第 4 层：明清扰乱层。褐色土夹大量铁锰颗粒，厚 30～50 厘米。

第 5 层：灰褐色沙性土，土质松软，厚 0～145 厘米。含东周时期陶片、瓦片等。

第 6 层：黄褐色土，厚 0～35 厘米。含东周时期陶鬲、罐、豆残片及瓦砾等。

第 5、6 两层为壕沟内堆积。

本方内除城壕外无其他遗迹。

出土遗物少而残碎。

一五　03T13

03T13 位于城址西南部，主要为发掘水井（03J1）所开。长 2.5、宽 2 米，面积为 5 平方米。

03J1 平面大致呈圆形，直径 160～170 厘米。直壁。发掘深度为 220 厘米，实际深度不清（图三○）。井内填土为黄灰色，内含绳纹陶片等。由于记录不详，开口层位及时代不清。

第二章　城址概貌及年代

第一节　城址布局

城坐南朝北，南部地势较高，城中部分地势略低，北部临河地段略高于城中。城址呈不规则长方形，分布范围东西长约 320 米，南北宽约 250 米，面积约 80000 平方米（图四）。

钻探中发现城内有两座夯土台基。呈东西向并列，1 号台基（台Ⅰ）在东，2 号台基（台Ⅱ）在西。台Ⅰ略呈矩形，夯土范围东西长约 44、南北宽约 24 米，面积约 1056 平方米。保存夯土厚 0.2～1.1 米，以黄褐色夯土为主，内含战国至汉代陶、瓦片。台Ⅱ呈长条形，夯土范围南北长约 38、东西宽约 17 米，面积约 646 平方米。保存夯土最厚为 50 厘米，土色呈黄褐色，土质略紧，夯迹可辨，同样含战国至汉代陶、瓦片。

在台Ⅰ南部，发现不规则圆形遗迹三处，土色呈红褐，有烧结迹象，内含战国绳纹陶片和草木灰。可能是某种作坊遗迹。

试掘主要围绕城墙和城壕展开，另外在城中生活区也进行了小面积试掘。

1991 年在台Ⅱ上开 10 米×10 米探方一个（91T1），揭开表土层以后即露出了文化层和夯土层，以及打破夯土层的遗迹现象。由于工作停留在夯土台这个层面，相关的层位未能确知，但通过局部解剖可以了解其大概。从地层关系来看，其堆积情况大致如下：最先是在原生土上夯筑黄土台，原来高的地方夯土较薄，低的地方夯土较厚，夯筑而成的黄土台面较为平整，战国建筑即在此土台上建造，建房之前似有基槽，但没有发现柱洞，估计是采取埋地梁的形式。其倒塌堆积仅是一些散乱的残破瓦砾。目前露头的是建筑物的地面，在这个面上至少有两处用火遗迹。从基槽所构成的建筑单元来看，在大的房屋内至少还可分两个小的单元。而这种建筑的大开间可能要在 100 平方米以上，由此可推断其等级较高，应是衙署一类的地方。

另外在城中的居民生活区开 4 米×4 米探方一个（03T5），发现了两处灰坑，包含物有大量绳纹瓦片以及陶鬲、盂、豆、罐、缸等器物的残片。

在对古城进行钻探和试掘的同时，也特别注意对城的外围进行调查，以考察城外是否还有其他相关聚落分布，结果是在城南和城东南发现了重要迹象。在城南 100 米处有文化层，其年代应为战国末期，面积较小，没有作过多的工作。在城东南约 300 米的城外，位于窑头二组的牌楼山，发现了大面积文化堆积，钻探表明在近 5000 平方米的范围内，有密集的绳纹瓦片堆积，在一处农田的剖面上还有厚达 1 米的夯土遗迹，在这个地方还发现了管道设施，可能是作为排水之用。毫无疑问这是一处与古城有重要关系的聚落，其功能与作用尚待进一步详查。

第二节　城墙

90T1、02T1、02T5、03T8、03T17 中发现城墙夯土层（图四）。

城墙在现地表保存较差，多被夷为平地。比较而言，以南城墙保存较好，仅东段一小截被毁，残长约 236 米；其次是西城墙，南段尚存，残长约 124 米，西城墙北段被一东西向冲沟切断。东城墙已被破坏，北边是否原来就没有墙或者有墙但已被水冲掉不得而知。从试掘的情况来看，城墙利用了原来的自然地势，也就是在原始土岗的外坡筑城，由于土岗外坡之下即是自然冲沟，这为筑城和开挖城壕提供了方便。据发掘记录称，南城墙在筑城之前确有基槽，槽宽 1.5～3 米不等，深仅在 0.2 米左右，槽内还铺垫了不少陶片。在有的部位，还预先埋设了陶管，这种陶管似为特制，打破生土，管外围盖板瓦以起保护作用。城墙即在此基础上起建。从保存的情况来看，城墙分墙身和护坡，城墙面宽 4～8 米不等，高度尚存 0.5～1.5 米；护坡长约 4 米，墙体由网纹红土夯筑而成，土质紧密，有夯层迹象，夯层厚约 5 厘米，可见挤压面和方形夯窝。城墙的外坡之上覆盖了较厚的宋元时期的堆积，估计原来的护坡已被破坏，内坡一侧则有战国时期的陶片以及绳纹瓦片。

第三节　城壕

02T6、03T7、03T10、03T11、03T12 中发现城壕（图四）。

南城壕保存完好，通长约 310 米；西城壕北段与西城墙平齐位置被一东西向冲沟切断，南段尚存，残长约 133 米。城壕系在原来的自然冲沟中挖成，城壕紧靠城墙外坡的坡脚。城壕开口宽约 8、底宽约 4、壕沟深 1～1.5 米，沟底距现存城墙顶面相对垂直高度约 2～3 米。

第四节　城址年代

　　史载汉高祖五年，置沅陵县。而里耶出土秦代简牍表明至迟自秦就有沅陵县（详"附录一"）。且考古资料表明，沅陵有治远早于秦而到东周时期。在窑头古城中发现的遗迹和遗物以及其周边的墓葬表明，窑头古城的年代最早可到战国中期。如 03T2 及 03T5 早期地层所出盆、瓮、罐等与纪南城松柏区 30 号建筑基址晚期遗物接近，属战国中期[1]。而 90T1③a 层，91H2，03T2④、⑤层以及 03T4 第⑤层等晚期地层和遗迹中所出柱足鬲、盆、折肩罐、三足盘、双耳罐以及铁镢、铧犁等则应为战国晚期至秦汉时期遗物。卷云纹、柿蒂纹和"S"纹瓦当属秦至汉初瓦当特征[2]。尤其是 03T4 出土一枚"元陵"印章，据张春龙先生观察分析，此印应为一枚烙马印，其上方中空位置装木柄。其字体具有秦至汉初风格，决非战国楚印。准上所述，则窑头古城的始建年代应为战国中期，而延续使用至汉初。

附考：《水经注·沅水》中所见沅陵县治的变迁

　　沅水又东，迳沅陵县北。汉故顷侯吴阳之邑也，王莽改曰沅陆县，北枕沅水。

　　沅水又东，迳县故治北。移县治，县之旧城，置都尉府。因冈傍阿，势尽川陆，临沅对酉，二川之交会也[3]。

　　郦道元在这段话中说到两处沅陵县治，一为"沅陵县"，一为"县故治"。前者为郦道元所处时代的沅陵县治，后者为以前的沅陵县治。沅水由西向东流，当时的县治处在县故治的上流，而两处县治都在沅水的南面。这样，这两处县治都与今之县城无关，因今县城在沅水北面。今县城以外沅陵境内沅水两岸可以明确的古代城址只发现一处，即窑头古城。可以肯定，郦道元笔下的两处沅陵县治之一便是这座古城。窑头古城的位置从绝对意义上讲应在沅水北岸，但因其处在沅水大回环的河湾内，南、北都为沅水，而其城址北面紧临沅水，因而沅水也是从县城北面经过。那么，另一座县城在哪里？是在窑头之上还是在窑头之下？如在窑头之上，则窑头便是"县故治"；如在窑头之下，则窑头便是"沅陵县"。1993 年新编《沅陵县志》认为，"县故治"应即窑头古城，而"沅陵县"则在窑头往上沅水拐弯处沅水南侧的蓝溪口[4]。这样新旧县治的直线距离不足 2 千米。在第二次文物普查中确实在蓝溪口发现一处较大型的战国至汉代的遗址。

---

① 湖北省博物馆：《楚都纪南城的勘查与发掘·下》，《考古学报》1982 年第 4 期。
② 徐锡台、楼宇栋、魏效祖：《周秦汉瓦当》，文物出版社，1988 年。
③ （北魏）郦道元：《水经注》卷三十七，第六册第 72 页，商务印书馆，1929 年。
④ 沅陵县地方志编纂委员会：《沅陵县志》第 66 页，中国社会出版社，1993 年。

　　蓝溪口遗址　　〔苦藤铺乡蓝溪口村南·战国、汉〕　　面积约7万平方米。文化堆积厚约0.8～2.2米，暴露有建筑遗迹及汉代砖瓦窑。采集有战国时期的泥质褐陶、泥质黑陶、泥质灰陶残片，其纹饰有绳纹、米字纹、方格纹，器形有鬲、罐、豆等。另采集有汉代的筒瓦、板瓦、青砖及编织纹陶罐残片①。

　　这段描述虽没有说明其为城址，但如此大面积的遗址在丘岗地区只有城址可以匹配。这处遗址现也淹没于水下。但这是否就是当时的沅陵县城还是存有疑问。乾隆《辰州府志》称："沅陵县故城在今县治之南岸。"② 乾隆时沅陵县城即为20世纪80年代五强溪水库蓄水前的沅陵县城，水库蓄水后县城后退到山上，但对应沅水的位置基本未变。如然，则"沅陵县故城在今县治之南岸"与郦道元所称"临沅对酉"相吻合。如在蓝溪口或窑头，距酉水都还较远，则只"临沅"而不"对酉"。如另一县城在今县城南岸，则《水经注》中两句话当做如下解读："沅水又东，迳沅陵县北。……北枕沅水"。此沅陵县治即郦道元所处年代（? ～527年）南朝前期的沅陵县治。其位置应该就是今天的窑头古城。沅陵侯吴阳的侯府也建于此③。这样，窑头古城从汉以来就经历了两次兴废。第一次废止在汉初，后于南朝时期再次为沅陵县治。但城中没有发现南朝地层及遗物，可能已被后代所扰乱破坏。其后"沅水又东，迳县故治北。移县治，县之旧城，置都尉府"。这里所谓的县故治，就在"今县治之南岸"。但在县南岸却没有发现相应的城址或大型遗址。是否文物普查有遗漏抑或文献错简，则无从考究。

---

① 国家文物局主编：《中国文物地图集·湖南分册》第438页，湖南地图出版社，1997年。

② （清·乾隆）《辰州府志》第七卷第134页，岳麓书社，2010年。

③ 汉沅陵顷侯吴阳葬于今县城西部的虎溪山，其墓葬已于1999年发掘，出内有"吴阳"印一方。湖南省文物考古研究所等：《沅陵虎溪山一号汉墓发掘简报》，《文物》2003年第1期。

第二部分
战国至秦代墓葬

第一章　墓葬分布

此处包括战国至汉代所有墓葬的分布情况。

历年发掘墓葬主要分布在窑头一带沅水河曲地带的台地上，分布范围西起沅水支流穿衣溪南侧的文家山，东至大洋山；南起沅水北岸与磨盘山平齐的沿岸一线，北抵穿衣溪。分布范围东西长约 3000、南北宽约 1600 米，面积约 480 万平方米（图三；彩版四；彩版五，1；图版八、九）。

自 1990 至 1992 年的三个年头里，共在窑头范围内水库淹没区和迁建区清理战国至汉代墓葬 241 座。除 22 座墓葬因各种原因未出土随葬器物而时代不明外，其余 219 座墓中有战国至秦代墓葬 175 座、汉墓 44 座。这些墓葬共分布于九个墓区，其中大洋山墓区仅 M1301 一座墓（详"墓葬一五四"），此处无须赘述。下面按从西到东次序对八个主要墓区的墓葬分布情况逐一介绍如下。

一　文家山墓区

文家山为一大致呈南北走向的狭长山包。共清理墓葬 7 座，为 M1047～M1053。1990 年冬季清理。墓葬纵向排列三组，每组并列 2～3 座墓葬。方向较一致，均为北向略偏西，在 330°～345°之间。墓葬类型以普通长方形宽坑为主，随葬器物以二套或一套仿铜陶礼器为主，规格略高。时代亦大致接近，为战国晚期至秦代（图三、三一）。

二　李家山墓区

李家山位于文家山东侧，与文家山相隔一条冲沟，亦为一大致呈南北走向的狭长山包。共清理墓葬 26 座，分布范围南北长约 85、东西宽约 60 米。为 M1003、M1004、M1006、M1008～M1010、M1012、M1013、M1015、M1016、M1020～M1022、M1025～M1027、M1030、M1033～M1036、M1043、M1055～M1058。1990 年冬季清理。墓葬在山头前沿的顶部沿山的走向分布，北部墓葬较南部墓葬稀疏且分布范围较窄。墓向以东南—西北方向为多。墓葬大小相间，随葬仿铜陶礼

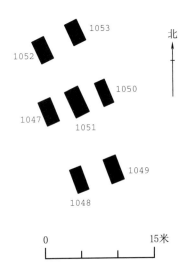

图三一　文家山墓区墓葬分布图

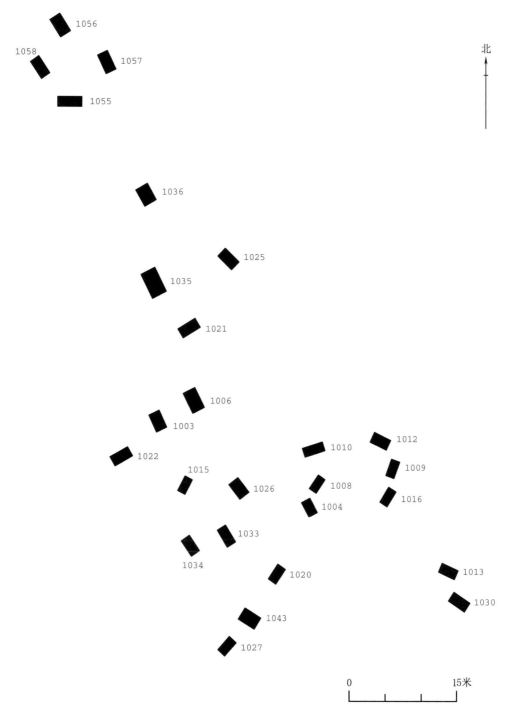

图三二　李家山墓区墓葬分布图

器与随葬日用陶器的墓错杂分布。该墓区墓葬均为战国至秦代墓葬（图三、三二）。

三　花果山墓区

花果山位于李家山东侧，为与文家山和李家山东西并列的山包，其间以冲沟相隔，方向一致。清理墓葬54座，另有位于花果山与李家山之间的五座墓葬并入该墓区，共59座，分布范围长、宽均约 120 米。为 M1001、M1002、M1005、M1007、M1011、M1014、M1017 ~ M1019、
M1023、M1024、M1028、M1029、M1031、M1032、M1037 ~ M1042、M1044 ~ M1046、M1054、
M1059 ~ M1092。其中 1990 年冬季清理 25 座，1991 年冬季清理 34 座。其中八座为空墓，余均为
战国至秦代墓葬。墓葬顺山势呈南北向狭长分布，墓葬方向也多与山势走向一致，多为东南—西
北方向。与李家山墓区分布情况相反，南部墓葬较北部墓葬稀疏且分布范围较窄。墓葬大小相间
（图三、三三）。

四　木马岭墓区

　　木马岭位于文家山、李家山和花果山三墓区的东南部，北至窑头农场，南至莲蓬塘。该墓区
墓葬分布较为分散，分布范围南北长约 190、东西宽约 160 米。墓区东南部的墓葬方向以东西向
为主。该墓区清理的墓葬最多，共 78 座，为 M1103 ~ M1106、M1119、M1127 ~ M1199。除八座墓

图三三　花果山墓区墓葬分布图

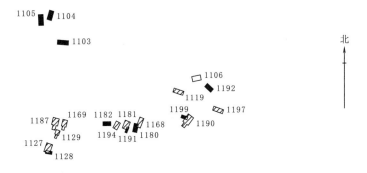

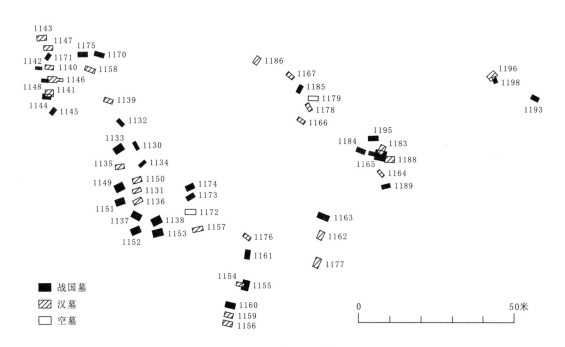

图三四　木马岭墓区墓葬分布图

为1990年冬清理外，其余均为1991年冬清理。该墓区也是汉墓最为集中的墓区，为36座，占汉墓总数（44座）的82%。战国至秦代墓葬为39座，还有3座为空墓。共有九组墓葬间有打破关系，均为汉墓打破战国墓葬。其中八组为一对一打破，一组为二对一打破，即两座汉墓打破一座战国墓（图三、三四）。

五　庙路口墓区

庙路口墓区北临沅水，南与木马岭墓区相连，墓呈东西走向分布。分布范围东西长约190米，南北宽约75米。共清理墓葬47座，为 M1101、M1102、M1107～M1116、M1118、M1120、

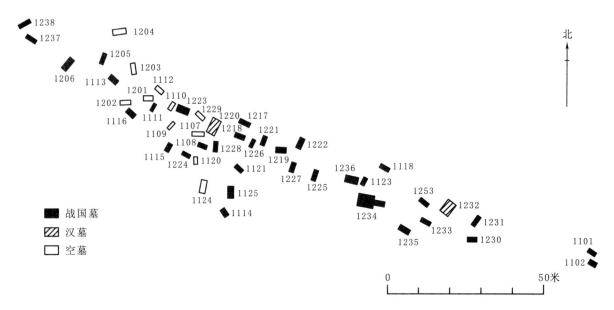

图三五　庙路口墓区墓葬分布图

M1121、M1123~M1125、M1201~M1206、M1217~M1238、M1253。其中1990年冬清理18座，1992年冬清理29座。主要为战国至秦代墓葬，共34座；汉墓2座；空墓11座（图三、三五）。

六　水堰塘墓区

位于庙路口墓区以南，由两个小墓区组成，分别为桐皮包和水堰塘，均在窑头村五组范围。两墓区东西方向紧邻，其中桐皮包墓区只有三座墓，故合于水堰塘墓区。墓葬呈东西方向分布。1992年清理墓葬13座，为M1207~M1216、M1246、M1251、M1254。其中战国墓至秦代墓9座，汉墓4座。战国墓以随葬仿铜陶礼器的宽坑墓为主（图三、三六）。

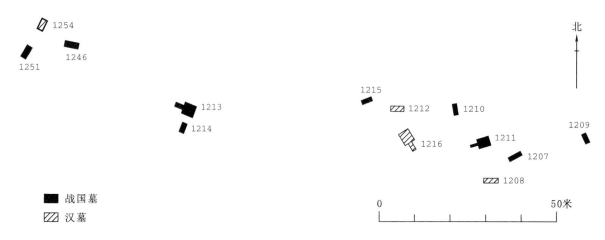

图三六　水堰塘墓区墓葬分布图

七　蔬菜基地墓区

位于水堰塘墓区以南。1992年清理墓葬5座，为M1247~M1250、M1252。其中战国墓3座，

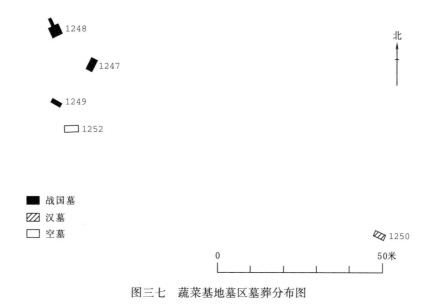

图三七　蔬菜基地墓区墓葬分布图

汉墓和空墓各 1 座（图三、三七）。

八　杨家山墓区

位于水堰塘墓区以东。1992 年清理墓葬 5 座，为 M1239、M1242 ~ M1245。其中战国墓 4 座，汉墓 1 座。汉墓打破一座战国墓（图三、三八）。

从以上墓葬的分布情况看，西部的三个墓区（文家山、李家山、花果山）全为战国至秦代墓葬，没有汉墓；北、东部的庙路口至杨家山墓区汉墓也较少，只有零星分布；汉墓主要分布在中部的木马岭墓区，该墓区清理的汉墓超过汉墓总数的四分之三。汉墓没有专属墓地，而与战国至秦代墓杂处。有四分之一的汉墓打破战国至秦代墓，而战国至秦代墓之间没有相互打破关系，汉墓与汉墓之间也没有打破关系。

有打破关系的墓葬共十组：

1. M1127（汉）——→M1128（战国）
2. M1181（汉）——→M1191（战国）
3. M1168（汉）——→M1180（战国）
4. M1190（汉）——→M1199（战国）
5. M1146（汉）——→M1148（战国）
6. M1141（汉）——→M1144（战国）
7. M1196（汉）——→M1198（战国）
8. M1154（汉）——→M1155（战国）
9. M1183、M1188（汉）——→M1165（战国）
10. M1242（汉）——→M1243（战国）

图三八　杨家山墓区墓葬分布图

第二章　墓葬概述

第一节　墓葬形制

一　墓坑类型

本报告收入战国至秦代墓葬 175 座（含一座带竖穴墓道的偏洞室空墓）。墓葬的形态、结构复杂多样，按墓坑的宽狭可分作 A 型（宽坑）、B 型（窄坑）和 C 型（狭长坑）三型，偏洞室墓为特殊结构形态。墓坑的宽狭与墓主的身份、等级、时代都有着密切关系。但墓坑的宽狭不是绝对的，为了后文墓葬分类理论的确立，我们对墓坑的尺寸按三种宽度标准进行了区分。我们参照《沅水下游楚墓》的分型标准，并根据实际情况作了一些调整。这个标准是以墓底的宽度尺寸为依据，其标准为：

宽坑：墓底宽度在 140 厘米（不含 140 厘米）以上；

窄坑：墓底宽度在 85 厘米（不含 85 厘米）至 140 厘米（含 140 厘米）之间；

狭长坑：墓底宽度在 85 厘米（含 85 厘米）以下。

如果墓底两端的尺寸有差异，则取中间值。

在分型的基础上，根据墓葬结构的差异，三型墓又分为八式，其中 V、Ⅵ、Ⅷ 三式又各有三亚式，共十四式（表二）。

（一）A 型（宽坑墓）

104 座。该型墓数量最多，接近总数的 60% 。墓坑最宽的墓为 M1053，墓底宽度为 270 厘米。A 型墓一般口大底小呈覆斗形，墓壁倾斜度有的较大，有的较小；有的墓上部倾斜，与椁顶平齐位置以下垂直；有的则均匀下斜；也有墓壁垂直的；还有极个别口小底大的墓，如 M1053。A 型墓的结构有八式。

Ⅰ式　普通长方形墓

78 座。该式墓为宽坑墓的基本形态，没有任何附加结构。占宽坑墓的 75% 。

表二　　　　　　　　　　　　　　　　　墓葬形制统计表

型	式	特　征	墓　葬	墓数	%	
A 型 （宽坑， 104 座）	I	普通长方形	1004、1007、1009、1010、1013、1014、 1015、1016、1017、1021、1023、1025、 1030、1037、1048、1050、1051、1052、 1053、1056、1057、1059、1066、1068、 1073、1076、1078、1083、1084、1085、 1103、1104、1105、1108、1115、1116、 1121、1123、1125、1132、1137、1138、 1142、1144、1148、1149、1151、1152、 1155、1160、1161、1170、1173、1175、 1182、1185、1192、1193、1195、1198、 1199、1207、1210、1214、1215、1227、 1231、1233、1236、1237、1238、1243、 1244、1246、1247、1249、1251、1253	78	44.57	59.43
	II	斜坡墓道	1012、1020、1027、1033、1034、1045、 1086、1211、1213、1248	10	5.71	
	III	斜坡墓道，台阶	1035、1036、1153、1165、1234、 1245、1301	7	4	
	IV	台阶	1133、1171	2	1.14	
	Va	平行二层台	1118	1	0.57	
	Vb	封闭二层台	1189	1	0.57	
	VIa	高头龛	1040、1058、1061、1087	4	2.29	
	VII	高边龛	1022	1	0.57	
B 型 （窄坑， 47 座）	I	普通长方形	1003、1011、1018、1019、1032、1044、 1046、1047、1049、1055、1064、1065、 1067、1070、1071、1072、1077、1080、 1090、1091、1102、1111、1113、1128、 1174、1184、1206、1222、1225、1230	30	17.14	26.86
	Va	平行二层台	1039	1	0.57	
	Vb	封闭二层台	1069	1	0.57	
	Vc	一端二层台	1006	1	0.57	
	VIa	高头龛	1001、1026、1028、1029、1041、1075、 1079、1130、1180、1191、1205	11	6.29	
	VIb	并列双高头龛	1043	1	0.57	
	VIc	平头龛	1062	1	0.57	
	VII	高边龛	1042	1	0.57	

续表二

型	式	特 征	墓 葬	墓数	%	
C 型 （狭 长坑， 23 座）	I	普通长方形	1114、1209	2	1.14	13.14
	Vb	封闭二层台	1219	1	0.57	
	VIa	高头龛	1081、1134、1145、1163、1239	5	2.86	
	VIc	平头龛	1217、1218、1221、1224、1226、1228	6	3.43	
	VIIIa	高头龛，二层台	1002	1	0.57	
	VIIIb	平头龛，二层台	1008、　　1031、　　1060、　　1082、　　1089、 1101、1235	7	4	
	VIIIc	头、足龛，二层台	1223	1	0.57	
偏洞室墓			1054（空墓）	1	0.57	
合　计				175	100	

II 式　带斜坡墓道的墓

10 座。加上 III 式的 7 座，共有带斜坡墓道的墓 17 座。其中有 3 座坡度不明，坡度明确的有 14 座。墓道坡度以 30°左右为多，坡度最大的墓为 M1020，坡度为 35°；坡度最小的墓为 M1301，坡度仅为 10°。

III 式　带墓道、台阶的墓

7 座。均为斜坡墓道，有一至三级台阶。台阶距墓口深度一般在 100 厘米以内，四周均有台阶，位于墓道一端的台阶被切断。

IV 式　带单一台阶的墓

2 座。台阶的形态和 III 式中的台阶相同，因无墓道切断台阶，台阶呈封闭状态。

Va 式　带平行二层台的墓

1 座（M1118）。二层台位于墓坑两侧。二层台两端都不抵墓坑两端，距两端墓壁尚有 50～66 厘米距离，这与通常的平行二层台有别。

Vb 式　带封闭二层台的墓

1 座（M1189）。二层台很低，距墓底高仅 10 厘米，这也与窄坑墓和狭长坑墓中较高的封闭二层台有别。

VIa 式　带高头龛的墓

4 座。头龛底高于墓底，或称"悬龛"、"吊龛"。有的只比墓底略高，有的高出许多。

VII 式　带高边龛的墓

1 座（1022）。龛位于墓坑一侧壁。

（二）B 型（窄坑墓）

47 座。B 型墓较 A 型墓少一倍有余。B 型墓墓壁普遍较 A 型墓墓壁直。其结构有八式。

I 式　普通长方形墓

30 座。I 式墓也是窄坑墓中的基本形态，占窄坑墓的 63%。

窄坑墓中无 II、III、IV 式。

Ⅴa式 带平行二层台的墓

1座（M1039）。墓坑两侧有通壁二层台。

Ⅴb式 带封闭二层台的墓

1座（M1069）。墓坑四周都有二层台。该墓有两级封闭二层台，第一级较窄，第二级较宽。

Ⅴc式 带一端二层台的墓

1座（M1006）。二层台仅设于墓坑足端。

在A型墓和B型墓中带二层台的墓都少。

Ⅵa式 带高头龛的墓

11座。高头龛在A、B两型墓中是壁龛墓的主要形态，头龛位于墓底的中间部位，龛底距墓底的高度一般为50～100厘米。

Ⅵb式 带并列双高头龛的墓

1座（M1043）。墓坑头端有并列的一大一小两个龛，龛较低，距墓底仅16～18厘米。

Ⅵc式 带平头龛的墓

1座（M1062）。龛底与墓底平。

Ⅶ式 带高边龛的墓

1座（M1042）。

壁龛墓在窄坑墓中是仅次于普通长方形墓的墓葬形态，其比例远高于宽坑墓。

（三）C型（狭长坑墓）

23座。C型墓的数量只有B型墓的一半。A、B、C三型墓的数量成倍递减。C型墓墓壁陡直，长、宽比例大，3∶1或者更大。墓坑最窄的52厘米（M1226）。其结构有七式。

Ⅰ式 普通长方形墓

2座。普通长方形墓在狭长坑墓中的数量锐减。

Ⅴb式 带封闭二层台的墓

1座（M1219）。在狭长坑墓中带单一二层台的墓已很少，二层台多与壁龛共存。

Ⅵa式 带高头龛的墓

5座。

Ⅵc式 带平头龛的墓

6座。

Ⅷa式 带高头龛，二层台

1座（M1002）。封闭二层台，龛底与二层台台面平。

Ⅷb式 带平头龛，二层台

7座。二层台除M1008一座为半封闭形态外，其余均为全封闭形态。M1008因头龛顶部的高度超过二层台台面的高度，故头端没有二层台。

Ⅷc式 带头、足龛，二层台

1座（M1223）。两端墓壁都有龛，龛底均与墓底平；封闭二层台。奇怪的是头、足龛内均不放随葬品。

在狭长坑墓中，真正的普通长方形墓已极少，多带二层台和壁龛，而带壁龛的墓更占到

87%。二层台几乎全为封闭形态；壁龛中以平头龛为主，高头龛居次，这和A、B两型墓中以高头龛为主有着显著区别。有迹象表明，二层台有替代椁室的功用。

（四）偏洞室墓（M1054）

这是一座形态特殊的墓葬，不宜归入上述三型墓中，该墓具有秦人墓的典型特征。在竖井式墓道底部的一侧挖一与墓道平行的洞室，尺寸略小于墓道。惜墓中未见随葬品。

二　墓坑方向

墓坑方向一般是指墓主的头向，但墓中人骨架均不存，葬具也腐朽殆尽，头向的确定主要参照墓道朝向、头龛位置以及随葬品所在位置、放置方法等因素而定。战国至秦代墓中，方向基本明确的墓有173座，只有一座墓因原始记录的缺失而方向不明，一座偏洞室墓因无随葬品而只能列出墓葬的朝向。墓葬分八个方向，顺时针依次为：北、东北、东、东南、南、西南、西、西北，每个方向45°。北向不自零度始，而是向西、向东两边平分角度，因而北向自338°开始，其他方向依此类推（表三）。

由表中统计情况看，墓葬头向的规律性不是很强。总体而言，朝向南半部的多于朝向北半部的。

表三　　　　　　　　　　　墓葬方向统计表　　　　　　　　　　单位：座

方　向	A型墓	B型墓	C型墓	偏洞室墓	合计	%
北（338°~22°）	5	4			9	5.14
东北（23°~67°）	4	2	2		8	4.57
东（68°~112°）	20	4	9		33	18.85
东南（113°~157°）	9	13	3		25	14.29
南（158°~202°）	18	5	4		27	15.43
西南（203°~247°）	15	9	3		27	15.43
西（248°~292°）	17	3	1		21	12
西北（293°~337°）	15	7	1		23	13.14
东北—西南				1	1	0.57
方向不清	1				1	0.57
合　计	104	47	23	1	175	
%	59.43	26.86	13.14	0.57		100

三　墓道

带墓道的墓除一座竖井式墓道偏洞室墓（M1054）外，其余都是带斜坡墓道的墓，共17座。带斜坡墓道的墓都是随葬仿铜陶礼器的宽坑（A型）墓。

有两座墓的墓道坡度不明，其余15座墓有10座墓的墓道坡度为27°~32°；坡度为18°~23°

的墓 3 座；坡度为 35°的墓 1 座（M1020）；坡度为 10°的墓 1 座（M1301）。

墓道多设于墓坑一端的正中，只极个别墓的墓道略偏向一侧。墓道所处方向没有规律性，八个方向中除东北方向没有外，其余七个方向都有，其中正北向 1 座，正东向 3 座，东南向 3 座，正南向 1 座，西南向 4 座，正西向 3 座，西北向 2 座。

墓道口的宽度一般为 130 ~ 150 厘米。墓道口最宽的为 M1301，宽 360 厘米；最窄的为 M1153，宽 106 厘米。

墓道下端距墓底的高度一般为 130 ~ 200 厘米，墓道下端距墓底最高的为 M1030，高 250 厘米；最低的为 M1153，高 120 厘米。

四　台阶

和带墓道的墓一样，台阶只存在于宽坑（A 型）墓中，共 9 座。台阶多与墓道共存，单一的台阶墓只有 2 座。台阶位于墓口以下 100 厘米左右，宽度多为 50 ~ 100 厘米。墓坑四周均有台阶，与墓道共存的墓墓道一端的台阶被切断。

五　二层台

有二层台的墓共 15 座。二层台多设于随葬日用陶器组合的狭长坑（C 型）墓中，占二层台墓数的 66.67%；宽坑（A 型）墓和窄坑（B 型）墓较少。

二层台的形态有平行式、半封闭式、封闭式和一端二层台。平行式为墓坑两侧设二层台；半封闭式为墓坑两侧及一端（足端）设二层台，头端有龛；封闭式则是墓坑周壁均有二层台；一端二层台是仅设于墓坑足端。半封闭式和一端二层台的墓各仅有 1 座；平行式二层台的墓有两座；其余 11 座墓均为封闭式二层台，其中一座墓（M1069）有两级封闭式二层台。封闭式二层台占所有二层台墓数的 73.33%（表四）。

表四		二层台形态统计表			单位：座
形　态	A 型墓	B 型墓	C 型墓	合　　计	%
平　行	1	1		2	13.33
半封闭			1	1	6.67
封　闭	1	1	9	11	73.33
一　端		1		1	6.67
合　计	2	3	10	15	
%	13.33	20	66.67		100

关于二层台的高度统计，因其中一座墓（M1069）有两级二层台，故按 16 座墓统计高度。二层台的高度以 42 ~ 65 厘米居多；二层台最高的为 C 型墓中的 M1219，高 97 厘米；最低的为 A 型墓中的 M1189，高仅 10 厘米。M1069 中有两级二层台，第一级距墓底高 77 厘米，第二级距墓底高 57 厘米（表五）。

表五　　　　　　　　　　　　　二层台高度统计表　　　　　　　　　　　単位：座

高　　度	A 型墓	B 型墓	C 型墓	合　　计	%
42～65 厘米		3	9	12	75
77～97 厘米	1	1	1	3	18.75
10 厘米	1			1	6.25
合　　计	2	4	10	16	
%	12.5	25	62.5		100

六　壁龛

壁龛的分布较二层台要广，各类墓中均有，但还是以狭长坑（C 型）墓出现的几率为高，在 23 座狭长坑墓中有 20 座墓都有壁龛，约占狭长坑墓总数的 87%。

壁龛以头龛为主，占壁龛墓总数的 92.31%。头龛有平头龛和高头龛两种形态。平头龛即龛底与墓底平的头龛；高头龛即龛底高于墓底的头龛。在高头龛中还有一座并列双高头龛的墓（M1043）。在 A、B 两型墓中以高头龛为主；C 型墓中则以平头龛为主，高头龛不到平头龛的一半。除头龛以外，还有少量的边龛和头、足双龛（表六）。

表六　　　　　　　　　　　　　壁龛统计表　　　　　　　　　　　　単位：座

龛　类		A 型墓	B 型墓	C 型墓	合　计	%	
头龛	平头龛		1	13	14	35.9	92.31
	高头龛	4	12	6	22	56.41	
高边龛		1	1		2	5.13	
头、足龛				1	1	2.56	
合　　计		5	14	20	39		
%		12.82	35.9	51.28		100	

表七　　　　　　　　　　二层台、壁龛共存情况统计表　　　　　　　　単位：座

墓　类	A 型墓	B 型墓	C 型墓	合　计	%
单一二层台墓	2	3	1	6	13.33
单一壁龛墓	5	14	11	30	66.67
两项共存墓			9	9	20
合　　计	7	17	21	45	100

高龛（包括高头龛和高边龛）的龛底距墓底的高度一般在 50～100 厘米之间，龛底最高的一座墓（M1058）高度为 120 厘米；龛底最低的一座墓（M1163）高度仅 6 厘米。

壁龛常与二层台共存一墓，但在窑头墓地只发生在狭长坑（C 型）墓中，而且绝大多数都是平头龛与二层台共存，只有一座墓（M1002）是高头龛与二层台共存。共存的二层台除一座

（M1008）因龛顶超过二层台的高度而为半封闭形外，其余都是全封闭的二层台。由于部分墓葬上部破坏的缘故，可能有部分墓的二层台或高头龛被毁。现有两种结构共存的墓葬9座，共存现象占所有这三种结构墓的20%（表七）。

七　封土及填土

保存有封土堆的墓很少，只有M1036和M1234两座墓，两墓都是带斜坡墓道和一级台阶的宽坑（A型）墓。封土残高100～120厘米，底径600～700厘米。封土一般取自附近地表或地层中，分层夯筑。

墓坑中填土一般为五花土或洗砂土，都是从本坑中挖出的土经捣碎后回填，部分墓填土较粗较杂。一般来说，宽坑墓和部分窄坑墓填土较为考究，填土经挑选、捣碎，并且分层夯实；而大多数狭长坑墓的填土颜色驳杂，未经夯筑。极少数墓的墓底填有较薄的青膏泥或白膏泥。

第二节　葬具、葬式及随葬品分布

一　葬具

这批墓葬中基本没有葬具保存下来，只极个别墓葬中残留有部分棺椁底板、枕木，还有部分墓中可见棺椁腐烂后的板灰痕迹。有的墓虽然不见葬具残痕，但墓底两端有枕木沟。从这些迹象判断，A、B两型墓中绝大多数都是有椁有棺的。有迹象表明，二层台有替代椁室的功用：在一座窄坑（B型）墓M1039中，平行二层台的两端有对应的竖槽，可能是卡住椁木挡板的结构，墓底两端还有枕木沟，二层台应为替代椁侧板所设，两端嵌入挡板，下置底板、枕木，分出头厢和棺厢（或木棺置于一端，留出头厢空间），二层台上放盖板即成椁室。如此，则所有平行二层台和封闭二层台都可认为是一种简易的椁室。

二　葬式

所有墓葬中均无人骨架残留，因而其葬式无从得知。从以往的墓葬资料看，楚墓中的人骨架基本上都是仰身直肢葬，而秦人墓中则流行屈肢葬，如陕西陇县店子秦墓中的偏洞室墓M33等墓就是仰身屈肢葬式[1]。窑头墓葬中也有这样的偏洞室秦人墓，但因无人骨架保存，是否为屈肢葬不得而知。

三　随葬品分布

在A、B两型墓中，许多墓的随葬品沿墓底的一端和一侧呈曲尺形放置，这应是椁室墓的头厢和边厢位置。如果是随葬仿铜陶礼器和铜兵器的墓，一般情况下，陶器放置于头端，兵器则放

---

[1]　陕西省考古研究所：《陇县店子秦墓》第12页，三秦出版社，1998年。

置于边侧。在有墓道的墓中，随葬品多位于墓道一端。只有一座墓（M1245）的随葬品与墓道分处于墓坑的两端。多数 B 型墓和 C 型墓中随葬器物都置于墓底一端（头端），这应是单棺墓或只有头厢和棺厢的椁室墓。在带壁龛的墓中，随葬器物一般置于壁龛中；也有壁龛和墓底都有随葬品的；只有一座带头、足双龛的墓中两个龛内都不放随葬品，而将随葬品放置于墓底头端。

第三节　墓葬分类

根据随葬品组合及墓葬规模等方面因素，可将这些墓葬划分为三大组五大类九小类。三大组即为三种基本组合：A 组墓以仿铜陶礼器为主；B 组墓以日用陶器为主；C 组墓以铜兵器为主。其中 A 组墓根据随葬仿铜陶礼器套数的多寡又分甲、乙、丙三大类。甲类为随葬四套仿铜陶礼器的墓；乙类为随葬二套仿铜陶礼器的墓；丙类为随葬一套仿铜陶礼器的墓；丁类为 B 组墓。其中 A 组的甲、乙两类墓及 C 组墓只有宽坑（A 型）一种，丙、丁两类墓则三种宽度尺寸都有，故我们又对丙、丁两类墓根据墓坑的宽狭各分为Ⅰ、Ⅱ、Ⅲ三小类（表八）。三小类墓与墓坑类型的对应关系是：Ⅰ小类对应 A 型墓，Ⅱ小类对应 B 型墓，Ⅲ小类对应 C 型墓（表九）。

表八　　　　　　　　　　　　　墓葬分类统计总表

组别	类别	分类标准	墓　　　葬	墓数	%	墓数	%
A 组	甲	随葬 4 套仿铜陶礼器为主的宽坑墓	1016、1234、1236、1301	4	2.29	101	57.71
	乙	随葬 2 套仿铜陶礼器为主的宽坑墓	1009、1014、1017、1020、1022、1027、1034、1035、1036、1050、1051、1052、1053、1057、1058、1066、1083、1086、1123、1138、1151、1152、1165、1195、1210、1213、1215、1243、1245、1248、1253	31	17.71		
	丙Ⅰ	随葬 1 套仿铜陶礼器为主的宽坑墓	1004、1007、1010、1013、1023、1025、1030、1037、1045、1048、1056、1061、1073、1076、1078、1084、1087、1104、1105、1115、1116、1118、1121、1125、1142、1161、1173、1182、1185、1192、1193、1198、1207、1211、1214、1227、1231、1237、1244、1247	40	22.86		
	丙Ⅱ	随葬 1 套仿铜陶礼器为主的窄坑墓	1001、1003、1006、1019、1026、1028、1029、1032、1039、1044、1047、1049、1067、1069、1071、1075、1080、1090、1091、1102、1184、1222、1225、1230	24	13.71		
	丙Ⅲ	随葬 1 套仿铜陶礼器为主的狭长坑墓	1082、1219	2	1.14		

续表八

组别	类别	分类标准	墓 葬	墓数	%	墓数	%
B 组	丁Ⅰ	随葬日用陶器为主的宽坑墓	1012、1015、1021、1040、1059、1068、1085、1103、1108、1132、1149、1155、1170、1238、1251	15	8.57	58	33.14
	丁Ⅱ	随葬日用陶器为主的窄坑墓	1002、1011、1018、1041、1042、1043、1046、1055、1062、1065、1070、1072、1077、1079、1111、1113、1128、1130、1174、1180、1191、1205、1206	23	13.14		
	丁Ⅲ	随葬日用陶器为主的狭长坑墓	1008、1031、1060、1081、1089、1101、1114、1134、1145、1163、1209、1217、1218、1221、1223、1224、1226、1228、1235、1239	20	11.43		
C 组		随葬铜兵器为主的墓	1133、1137、1144、1148、1153、1160、1171、1175、1189、1199、1246、1249			12	6.86
其 他			1033、1054、1064、1233			4	2.29
合 计						175	100

表九　　　　　　　　　楚墓形制分类统计表　　　　　　　　单位：座

型	式	A 组					B 组			C 组	其他	合计	%
		甲	乙	丙Ⅰ	丙Ⅱ	丙Ⅲ	丁Ⅰ	丁Ⅱ	丁Ⅲ				
A 型	Ⅰ	2	19	35			14			8	1	79	45.14
	Ⅱ		6	2							1	9	5.14
	Ⅲ	2	4								1	7	4
	Ⅳ									2		2	1.14
	Ⅴa			1								1	0.57
	Ⅴb									1		1	0.57
	Ⅵa		1	2			1					4	2.29
	Ⅶ		1									1	0.57
B 型	Ⅰ			16				13		1		30	17.14
	Ⅴa			1								1	0.57
	Ⅴb				1							1	0.57
	Ⅴc			1								1	0.57
	Ⅵa			5				6				11	6.29
	Ⅵb							1				1	0.57
	Ⅵc							1				1	0.57
	Ⅶ							1				1	0.57

续表九

型	式	A 组					B 组			C 组	其他	合计	%
		甲	乙	丙Ⅰ	丙Ⅱ	丙Ⅲ	丁Ⅰ	丁Ⅱ	丁Ⅲ				
C 型	Ⅰ								2			2	1.14
	Ⅴb				1							1	0.57
	Ⅵa								5			5	2.86
	Ⅵc								6			6	3.43
	Ⅷa							1				1	0.57
	Ⅷb					1			6			7	4
	Ⅷc								1			1	0.57
偏洞室墓											1	1	0.57
合　计		4	31	40	24	2	15	23	20	12	4	175	100%

第三章　墓葬资料

战国至秦代墓葬共175座，其中21座墓葬的随葬器物或被盗殆尽，或有随葬品而未见实物，墓葬形制也较单一，墓葬登记表足以反映其面貌，因而对这些墓葬不做详细介绍。这21座墓葬分别是：M1045，M1064，M1070，M1072，M1076，M1091，M1104，M1111，M1113，M1121，M1125，M1132，M1142，M1185，M1192，M1207，M1209，M1214，M1215，M1225，M1231。除此以外的154座墓葬按墓号顺序逐一介绍。

墓葬一　M1001

一　墓葬形制（B型Ⅵa式）

窄长方形土坑竖穴带高头龛。方向320°。头龛位于墓坑西北端墓壁中部，龛底距墓底60厘米，龛宽40、深16、高44厘米。左侧墓壁倾斜，余三方垂直。墓口长270、宽130厘米，墓底长270、宽110厘米，墓深295厘米。随葬器物置于龛内。葬具及人骨架不存。墓中填五花土。墓口以上有厚约45厘米的表土（图三九）。

二　出土器物（A组丙Ⅱ类）

7件。为仿铜陶礼器，主要为灰陶。

1. 鼎　1件。

M1001:2，高子母口微敛，窄凹肩承盖。扁弧腹，大平底。上腹有一周凸棱，下腹削棱。蹄形足直立，足断面呈六边形。小方附耳直立。耳、足穿透器壁。弧形深盖。盖面有两周凸圈，第一周凸圈上等列三个扁纽，第二周凸圈较小如圈状捉手。口径13.8、通宽18.6、通高18.6厘米（图四〇，1）。

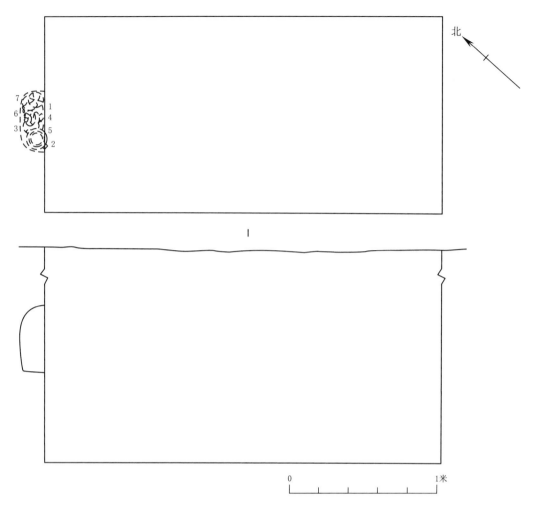

图三九　M1001 平、剖面及随葬器物分布图

1、3. 陶豆　2. 陶鼎　4. 陶匕　5. 陶匜　6. 陶壶　7. 陶敦

2. 壶　1件。

M1001：6，敞口，长颈较直，斜肩，肩、腹有折，腹壁斜直，圜底。圈足外撇，边缘微翘。上腹饰一周弦纹。肩有对称鼻纽衔环。斜面浅盖，高子母口直立微弧。口径9.2、腹径17.6、通高32.4厘米（图四〇，2）。

3. 敦　1件。

M1001：7，身、盖等大，足、纽同形，身、盖相合略呈球形。敞口，浅弧壁，圜底、顶。简化兽形矮足、纽。身、盖各饰两周弦纹。口径15.4、通高18.8厘米（图四〇，3）。

4. 匜　1件。未修复，形态不明。

5. 匕　1件。

M1001：4，敞口，斜壁，平底。两侧束腰。不见柄。直径8.6～8.8、高2.2厘米（图四〇，6）。

6. 高柄豆　1件。

M1001：1，口微敛，弧壁盘，细高柱柄，喇叭形圈足。足沿内饰一周弦纹。口径15.2、高17.8厘米（图四〇，4）。

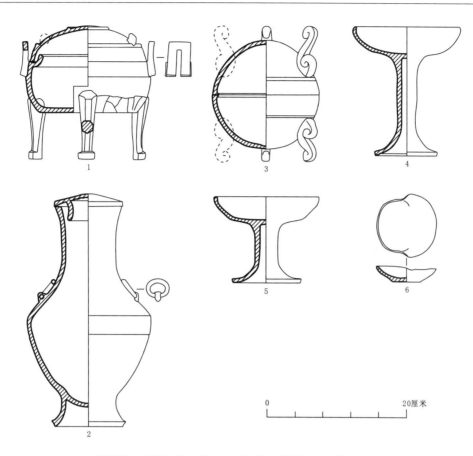

图四〇　M1001 出土陶鼎、壶、敦、高柄豆、矮柄豆、匕

1. 鼎（2）　2. 壶（6）　3. 敦（7）　4. 高柄豆（1）　5. 矮柄豆（3）　6. 匕（4）

7. 矮柄豆　1 件。

M1001：3，口较直，弧壁盘有折，矮柱柄，喇叭形圈足低平。口径 15、高 12 厘米（图四〇，5）。

墓葬二　M1002

一　墓葬形制（C 型 Ⅷa 式）

狭长形土坑竖穴带高头龛及封闭二层台。方向 210°。头龛位于墓坑西南端墓壁中部，龛底与二层台台面平。龛底距墓底高 54 厘米，龛宽 62、深 36、高 30～34 厘米。封闭形二层台高 54、宽 20 厘米。墓壁垂直，墓口长 246、宽 126 厘米，墓底长 206、宽 86 厘米，墓深 210 厘米。随葬器物置于头龛内。葬具及人骨架不存。墓中填五花土（图四一）。

二　出土器物（B 组丁 Ⅱ 类）

3 件。为日用陶器，灰陶或黑衣灰陶。

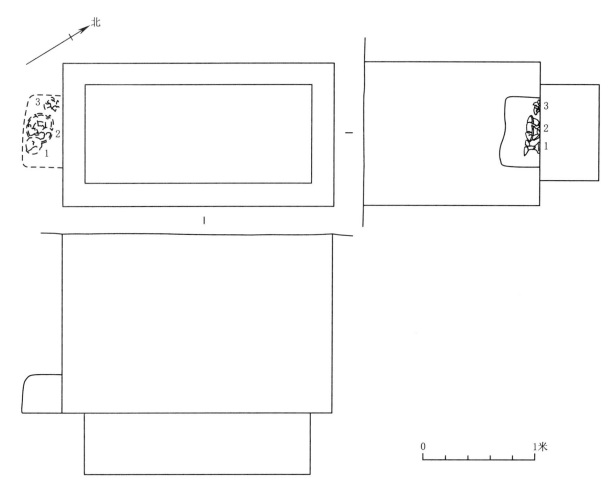

图四一　M1002 平、剖面及随葬器物分布图
1、3. 陶豆　2. 陶盂

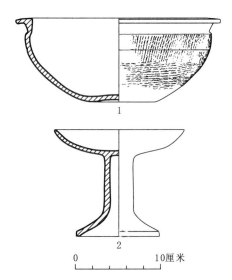

1. 盂　1件。

M1002：2，直口，宽平折沿微坠，短颈，斜弧壁，圜底微凹。上腹饰竖粗绳纹，下腹饰横绳纹，上腹饰一周弦纹。口径 23.8、高 9.6 厘米（图四二，1）。

2. 矮柄豆　2件，形态相同。

标本 M1002：1，敞口，浅弧壁盘，矮柱柄，喇叭形圈足折转。口径 15.2、高 12 厘米（图四二，2）。

图四二　M1002 出土陶盂、矮柄豆
1. 盂（2）　2. 矮柄豆（1）

墓葬三　M1003

一　墓葬形制（B 型 I 式）

普通窄长方形土坑竖穴。方向 338°。墓壁两端垂直，两侧略斜。墓口长 284、宽 128 厘米，墓底长 280、头端宽 128、足端宽 116 厘米，墓深 245 厘米。随葬器物位于墓底头端。葬具及人骨架不存。墓中填五花土（图四三）。

二　出土器物（A 组丙 II 类）

7 件。除铜砝码 2 枚（以 1 件计）外，余为陶器。

（一）陶器

6 件。为仿铜陶礼器，灰陶或红褐陶。

1. 鼎　1 件。

M1003：7，仅残存鼎足，蹄形足高挑。

2. 壶　1 件。

M1003：1，敞口较直，方唇，弧颈细长，溜肩，鼓腹，圜底。高圈足外斜。颈至腹饰五周弦纹。浅弧盖，高子母口直立。口径 9.2、腹径 18、通高 34.8 厘米（图四四，1）。

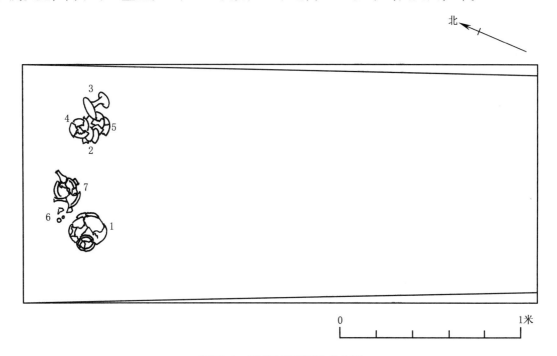

北

0　　　　　　　　　　　　1米

图四三　M1003 随葬器物分布图

1. 陶壶　2~4. 陶豆　5. 陶敦　6. 铜砝码　7. 陶鼎

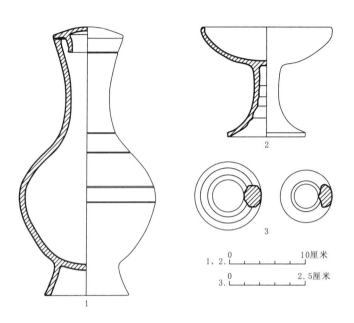

图四四　M1003 出土陶壶、矮柄豆，铜砝码
1. 陶壶（1）　2. 陶矮柄豆（3）　3. 铜砝码（6）

3. 敦　1 件。

M1003：5，残碎不能修复，形态不清。

4. 矮柄豆　3 件。形态相同。

标本 M1003：3，口微敛，弧壁盘较深，矮弧形柄，喇叭形圈足较高。口径 17.8、高 14.2 厘米（图四四，2）。

（二）铜砝码

2 枚（以 1 件计）。M1003：6，翠绿色，平面圆形，断面呈梨形。一大一小，小者残甚。大者外径为 2.25、好径 1 厘米，重 8.8 克；小者外径为 1.7、好径 0.8 厘米，残重 1.1 克（图四四，3）。

墓葬四　M1004

一　墓葬形制（A 型 I 式）

普通宽长方形土坑竖穴。方向 324°。墓壁略斜，墓口长 300、宽 150 厘米，墓底长 280、宽 145 厘米，墓深 355 厘米。随葬器物位于墓底头端。葬具及人骨架不存。墓中填五花土（图四五）。

二　出土器物（A 组丙 I 类）

6 件。包括陶器 5 件、铜器 1 件。

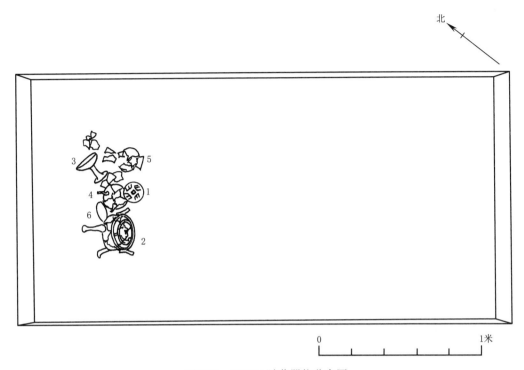

图四五　M1004 随葬器物分布图
1. 铜镜　2. 陶鼎　3、6. 陶豆　4. 陶敦　5. 陶壶

（一）陶器

5 件。为仿铜陶礼器，灰陶。

1. 鼎　1 件。

M1004：2，高子母口内敛，窄肩承盖。弧腹较深直，大平底。腹有一周凸箍。足残。方附耳外侈。弓弧形盖。盖面两周凸圈，盖顶环纽残。口径 17.6、通宽 25.4、残高 14.2 厘米（图四六，1）。

2. 壶　1 件。

M1004：5，敞口较直，方唇，粗长弧颈折转，溜肩，鼓腹，底较平。喇叭形高圈足。肩部鼻纽衔环残。颈至腹饰六周弦纹。浅弧盖，子母口直立。盖面三个简化兽纽已残。口径 14、腹径 20、通高 34.4 厘米（图四六，4）。

3. 敦　1 件。

M1004：4，身、盖等大，足、纽同形，身、盖相合略呈橄榄形。敞口，弧壁，圜底、顶。足、纽残，足、纽穿透器壁。身、盖各饰两周弦纹。口径 19.4、残高 17.4 厘米（图四六，2）。

4. 矮柄豆　2 件。形态相同。

标本 M1004：3，敞口，弧壁盘，矮弧形柄，喇叭形圈足较小。口径 15.6、高 12.1 厘米（图四六，3）。

（二）铜镜

1 件。M1004：1，黑色。三弦纽，双框方纽座，三角形窄素缘。主题纹饰为底边与纽座平行的四个右斜的"山"字纹；纽座四角及"山"字纹间各有一叶片纹，两叶片之间以绚索状带纹相连，共八叶片纹；主纹饰下满饰羽状地纹。直径 11.65、缘厚 0.35 厘米（图四六，5）。

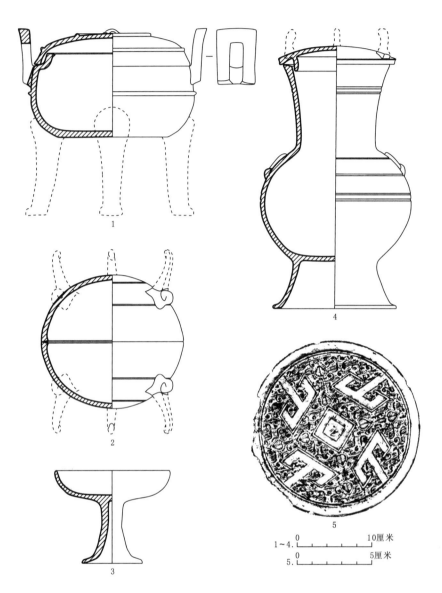

图四六　M1004 出土陶鼎、敦、矮柄豆、壶，铜镜
1. 陶鼎（2）　2. 陶敦（4）　3. 陶矮柄豆（3）　4. 陶壶（5）　5. 铜镜（1）

墓葬五　M1006

一　墓葬形制（B 型 Vc 式）

窄长方形土坑竖穴，一端有二层台。方向 345°。只墓坑足端有二层台，其他三方无。二层台高 52、宽 12 厘米。另头端底部壁边有一内凹仅约 5 厘米的浅龛，如是有意为之的壁龛则无任何

意义，是否为土层崩塌所致。墓坑头端略宽，墓壁垂直。墓口长 250、头端宽 100、足端宽 95 厘米，墓底长 238 厘米，宽与墓口同，墓深 240 厘米。随葬器物位于墓底头端。葬具及人骨架不存。墓中填洗砂土。墓口以上有厚约 50 厘米的表土层（图四七）。

二　出土器物（A 组丙 II 类）

5 件。包括陶器 4 件、铜器 1 件。

（一）陶器

4 件。为仿铜陶礼器，灰陶或有黑衣（彩版五，2；图版一〇，1）。

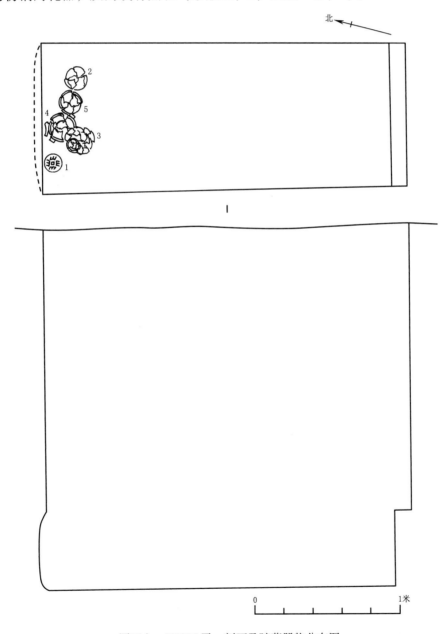

图四七　M1006 平、剖面及随葬器物分布图
1. 铜镜　2. 陶豆　3. 陶壶　4. 陶鼎　5. 陶簋

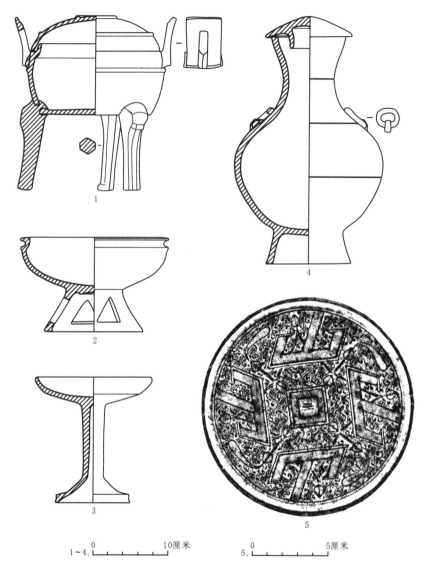

图四八　M1006 出土陶鼎、簋、高柄豆、壶，铜镜

1. 陶鼎（4）　2. 陶簋（5）　3. 陶高柄豆（2）　4. 陶壶（3）　5. 铜镜（1）

1. 鼎　1件。

M1006:4，高子母口较直，窄肩承盖。弧腹较直，大平底。上腹有一周凸箍。蹄形足直立，足断面呈六边形。方附耳外张，其中一耳与一足在一条垂直线上，耳根穿透器壁。弓弧形盖，盖面有两周凸圈。口径14.8、通宽21.2、通高22厘米（图四八，1）。

2. 壶　1件。

M1006:3，敞口，弧颈微束，溜肩，鼓腹，圜底。高圈足略外撇。颈、肩、腹各饰一周弦纹，肩有对称鼻纽衔环。斗笠形盖，高子母口。口径9.6、腹径19.2、通高31.6厘米（图四八，4）。

3. 簋　1件。

M1006:5，短折沿微坠，短束颈，弧腹较浅，圜底，高圈足外张。圈足上等列四个三角形大镂孔。口径19.6、高12厘米（图四八，2）。

4. 高柄豆　1件。

M1006：2，敞口，弧壁浅盘，细高柱柄，喇叭形圈足边缘直折。口径15.2、高16厘米（图四八，3）。

（二）铜镜

1件。M1006：1，黑色。三弦纽，方纽座，窄素缘。主题纹饰为底边与纽座平行的四个右斜的"山"字纹；纽座四角及"山"字纹间各有一叶片纹，两叶片之间以绹索状带纹相连，"山"字左胁也有一叶片纹，共十二叶片纹；"山"字之间靠缘边有一向右横置的竹叶形纹；主纹饰下满饰羽状地纹。直径14、缘厚0.4厘米（图四八，5）。

墓葬六　M1007

一　墓葬形制（A型Ⅰ式）

普通宽长方形土坑竖穴。220°。墓壁两端垂直，两侧略斜。墓口长320、宽182厘米，墓底长320、宽158厘米，墓深370厘米。随葬器物中陶器位于墓底头端，另有铜镜和铜带钩出于距墓底约50厘米的填土中。葬具及人骨架不存。墓中填洗砂土（图四九）。

二　出土器物（A组丙Ⅰ类）

7件。包括陶器5件、铜器2件。

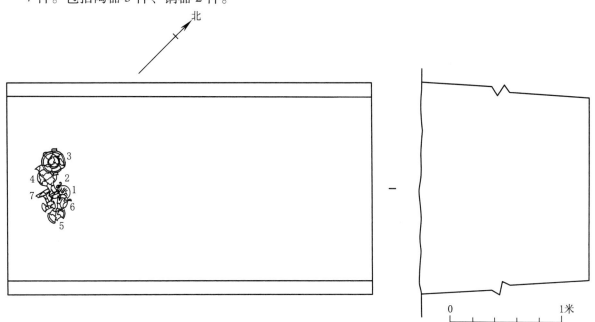

图四九　M1007平、剖面及随葬器物分布图
1. 铜镜　2. 铜带钩　3. 陶鼎　4. 陶壶　5、7. 陶豆　6. 陶敦

（一）陶器

5 件。为仿铜陶礼器，黑衣灰陶或灰陶（彩版六，1；图版一〇，2）。

1. 鼎　1 件。

M1007：3，子母口内敛，窄凹肩承盖。扁弧腹，大平底。上腹有一周凸箍。蹄形足直立，足断面呈不规则六边形。大方附耳略外张，耳孔呈"回"字形，耳根穿透器壁。弓弧形盖边缘较直，盖面有两周凸圈，第一周凸圈上等列三个兽纽。口径 15.6、通宽 22.6、通高 25.2 厘米（图五〇，1）。

2. 壶　1 件。

M1007：4，敞口，长弧颈，圆肩，弧腹。高圈足外撇。颈至腹饰六周弦纹，肩有对称鼻纽衔环。颈、肩有红彩，脱落。弓弧形盖，子母口。盖边有三个抽象兽纽，盖面饰三周弦纹。口径 13.2、腹径 17.6、通高 35.6 厘米（图五〇，2）。

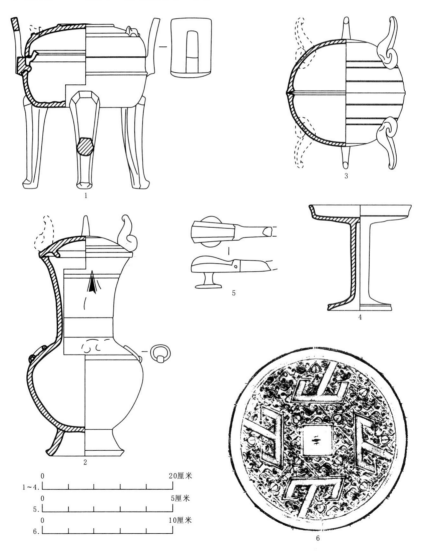

图五〇　M1007 出土陶鼎、壶、敦、高柄豆，铜带钩、镜
1. 陶鼎（3）　2. 陶壶（4）　3. 陶敦（6）　4. 陶高柄豆（7）　5. 铜带钩（2）　6. 铜镜（1）

3. 敦　1 件。

M1007：6，身、盖等大，足、纽同形，身、盖相合略呈橄榄形。敞口，唇内外皆凸，弧壁，圜底、顶。简化兽形足、纽。身、盖各饰四周弦纹。白彩脱落。口径 17.8、通高 22.4 厘米（图五〇，3）。

4. 高柄豆　2 件。形态相同。

标本 M1007：7，敞口微侈，斜折壁浅平盘，细高柱柄，盖状圈足，边缘直折。盘折壁处饰一周弦纹，圈足转折处有一周凸棱。口径 15.3、高 15.5 厘米（图五〇，4）。

（二）铜器

2 件。镜和带钩各 1 件。

1. 镜　1 件。

M1007：1，镜背黑色，正面银白色。三弦纽，方纽座，三角形高缘。主题纹饰为底边与纽座平行的四个右斜的“山”字纹；纽座四角及“山”字纹间各有一叶片纹，两叶片之间以绹索状带纹相连，“山”字左胁也有一叶片纹，共十二叶片纹；主纹饰下满饰变形凤鸟纹和羽状地纹。直径 13.5、缘厚 0.55 厘米（图五〇，6）。

2. 带钩　1 件。

M1007：2，绿色。钩首已残。后部较宽，平面略呈梯形，下有圆扣。残长 3 厘米（图五〇，5）。

墓葬七　M1008

一　墓葬形制（C 型Ⅷb 式）

狭长形土坑竖穴带平头龛及半封闭二层台。方向 225°。头龛位于墓坑西南端墓壁下部，龛底与墓底平。龛由两端向墓壁内弧形凹进，外窄内宽。外部宽度与墓底宽度同，内宽 90、深 40、外高 72、内高 50 厘米。二层台只两侧壁和足端存在，头端因头龛上口的高度高于二层台，故无二层台。二层台高 60、宽 16～20 厘米。墓壁垂直，墓口长 255、宽 110 厘米，墓底长 235、宽 76 厘米，墓深 294 厘米。随葬器物置于头龛内。葬具及人骨架不存。墓中填洗砂土。墓口以上有厚约 30 厘米表土（图五一）。

二　出土器物（B 组丁Ⅲ类）

3 件。为日用陶器，灰陶。

1. 双耳罐　1 件。

M1008：2，敞口，高弧领，斜肩，弧腹较直，凹圜底。肩有对称双耳。领、肩及上腹各饰两周弦纹。口径 10.9、腹径 16.8、高 19.7 厘米（图五二，1）。

2. 盂　1 件。

M1008：1，直口，折沿微坠，短颈，弧壁较浅，平底圆转。素面。口径 21.5、高 6.2 厘米（图五二，2）。

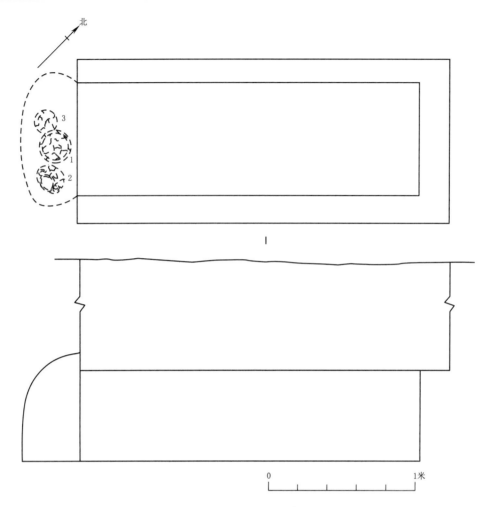

图五一　M1008 平、剖面及随葬器物分布图
1. 陶盂　2. 陶罐　3. 陶豆

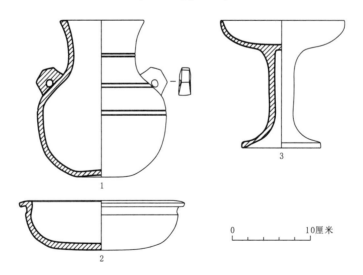

图五二　M1008 出土陶双耳罐、盂、高柄豆
1. 双耳罐（2）　2. 盂（1）　3. 高柄豆（3）

3. 高柄豆　1 件。

M1008：3，敞口，弧壁盘，柱柄略弧，喇叭形圈足。口径 15.8、高 16 厘米（图五二，3）。

墓葬八　M1009

一　墓葬形制（A 型 I 式）

普通宽长方形土坑竖穴。方向 220°。墓壁垂直，长 286、宽 150、深 340 厘米。随葬器物位于墓底头端。另在填土中出土铁臿 2 件。葬具及人骨架不存。墓中填五花土（图五三）。

二　出土器物（A 组乙类）

11 件。包括陶器 9 件、铁工具（臿）2 件。

（一）陶器

9 件。为仿铜陶礼器，黑衣灰陶或红褐陶，器身有彩绘图案。

1. 鼎　2 件。形制、大小相同。

标本 M1009：3，子母口内敛，窄凹肩承盖。上腹直，下腹弧收，小平底。腹中有一周凸箍。蹄形足细挑高直，足断面呈七边形。方附耳微张。弓弧形，盖面饰两周凸圈，第一周凸圈上等列三个简化兽纽。器腹中部、器耳及盖涂白彩，白彩上施红彩。脱落殆尽。口径 15.6、通宽 23.5、通高 27 厘米（图五四，1）。

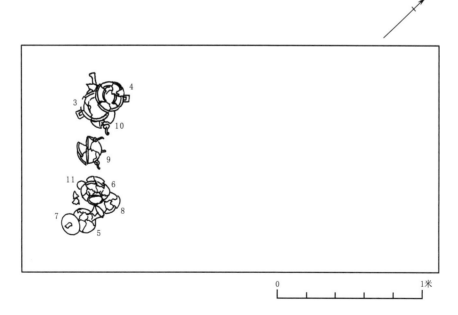

图五三　M1009 随葬器物分布图

1、2. 铁臿（填土中出）　3、4. 陶鼎　5、6. 陶壶　7、8. 陶豆　9、10. 陶敦　11. 陶勺

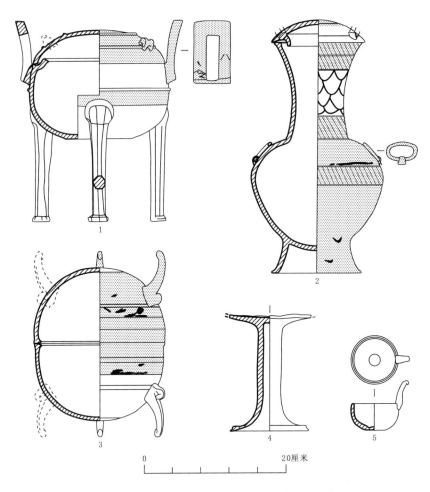

图五四　M1009 出土陶鼎、壶、敦、高柄豆、勺
1. 鼎（3）　2. 壶（5）　3. 敦（9）　4. 高柄豆（7）　5. 勺（11）

2. 壶　2 件。形制、大小相同。

标本 M1009：5，敞口，弧颈细长，圆肩，弧腹，圜底。高圈足外撇。颈至腹饰五周弦纹。肩有对称鼻纽衔环。弧形高盖，子母口。盖面饰两周弦纹及三个纽，纽残。器身除颈部一圈无白彩外，余都有白彩；另口外、颈及腹部白彩下施三圈黑衣，颈中部饰一圈红彩鱼鳞纹；腹及圈足上也有红彩，脱落殆尽。盖面亦有白彩，脱落。口径 12.3、腹径 18.2、通高 34.4 厘米（图五四，2）。

3. 敦　2 件。形制、大小相同。

标本 M1009：9，身、盖等大，足、纽同形。身、盖相合呈椭球形。直口，唇内外皆凸，深弧壁，圜底、顶。简化兽形高足、纽。器身口部白彩上再绘红彩；盖中部及纽施白彩，白彩上绘红彩。红彩脱落殆尽。口径 18.4、通高 25.2 厘米（图五四，3）。

4. 勺　1 件。

M1009：11，直口，弧壁较深，平底。口部一侧有圆柄，柄尾端外卷。口径 6.2、通宽 8、通高 6.6 厘米（图五四，5）。

5. 高柄豆　2 件。形制相同。均残。

标本 M1009：7，盘残。细高柱柄，喇叭状圈足低平。残高 15.6 厘米（图五四，4）。

（二）铁舌

2 件。未见实物。

墓葬九　M1010

一　墓葬形制（A 型 I 式）

普通宽长方形土坑竖穴。方向不明。墓壁略斜，两侧斜度大于两端。墓口长 320、宽 200 厘米，墓底长 300、宽 150 厘米，墓深 380 厘米。随葬器物呈曲尺形分布于墓底头端和一侧。葬具及人骨架不存。墓中填五花土（图五五）。

二　出土器物（A 组丙 I 类）

8 件。包括陶器 5 件、铜兵器 3 件。

（一）陶器

5 件。为仿铜陶礼器，灰陶或有黑衣。

1. 鼎　1 件。

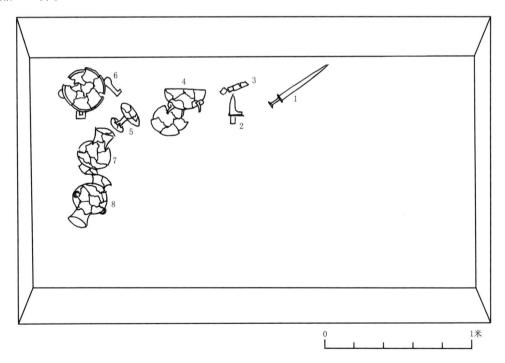

图五五　M1010 随葬器物分布图

1、3. 铜剑　2. 铜戈　4. 陶敦　5. 陶豆　6. 陶鼎　7、8. 陶壶

M1010：6，子母口内敛，窄凹肩承盖。弧腹较浅，圜底。上腹有一周凸箍。蹄形足直立，足断面呈七边形。方附耳微侈。耳孔呈"回"字形。耳、足穿透器壁。弧形高盖，盖面有两周凸圈，盖顶有鼻纽衔环。口径19.6、通宽28、通高24.2厘米（图五六，2）。

2. 壶　2件。形制、大小相同。

标本M1010：7，敞口，弧颈较粗，溜肩，鼓腹，平底。高圈足外撇。肩有对称鼻纽衔环。颈至下腹饰九周弦纹，口部、颈、腹各施一道黑色宽带，宽带上再施白彩。弓弧形盖，高子母口。盖边有纽，已残。口径12.2、腹径20.2、通高35.8厘米（图五六，4）。

3. 敦　1件。

M1010：4，身、盖等大，足、纽同形，足较纽略大。身、盖相合呈球形。直口，唇内外皆凸，弧壁，圜底、顶。简化兽形足、纽。上下口部、底、顶以及足、纽先涂一层黑衣，黑衣上绘白彩。口径21.4、通高26厘米（图五六，3）。

4. 矮柄豆　1件。

M1010：5，敞口，浅弧壁盘，矮柱柄，喇叭形圈足平伸呈璧形。口径15.2、高14厘米（图五六，5）。

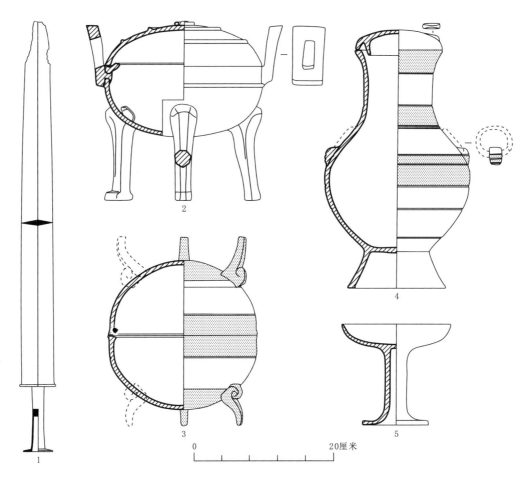

图五六　M1010出土铜剑，陶鼎、敦、壶、矮柄豆
1. 铜剑（1）　2. 陶鼎（6）　3. 陶敦（4）　4. 陶壶（7）　5. 陶矮柄豆（5）

（二）铜器

3 件。为兵器。

1. 剑　2 件。

M1010：1，灰绿色。璧形首，圆茎前实后空，"一"字形格。剑身菱形脊，前锋残。长 59.5 厘米（图五六，1）。

M1010：3，剑身残段 5 节。青灰色。可能是有意为之。

2. 戈　1 件。

M1010：2，残甚。灰绿色。直援，直内，援菱形脊，长方内上一穿。胡残，存两穿。援、内残通长 20.2，胡残高 5.6 厘米。

墓葬一〇　M1011

一　墓葬形制（B 型 I 式）

普通窄长方形土坑竖穴。方向 126°。墓上部被破坏。墓底头端有一条枕木沟，枕木沟两端伸入墓壁约 10 厘米，两壁形成高 30 厘米的三角形浅槽。枕木沟宽 24、深 2 厘米。墓壁口小底大，墓口长 270、宽 110 厘米，墓底长 290、宽 125 厘米，墓残深 240 厘米。随葬器物位于墓底头端。葬具及人骨架不存。墓中填五花土（图五七）。

二　出土器物（B 组丁 II 类）

4 件。为日用陶器，灰陶。

1. 高领罐　1 件。

M1011：4，平折沿，粗高领略斜，圆肩，鼓腹，底残。上腹饰横断竖粗绳纹，下腹饰交错粗绳纹。口径 16.2、腹径 21、残高 19 厘米（图五八，1）。

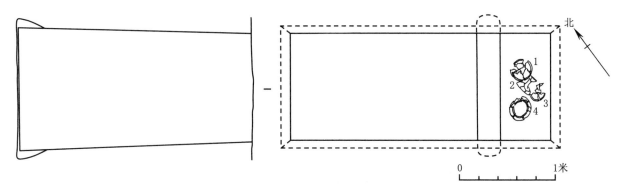

图五七　M1011 平、剖面及随葬器物分布图

1. 陶盂　2、3. 陶豆　4. 陶罐

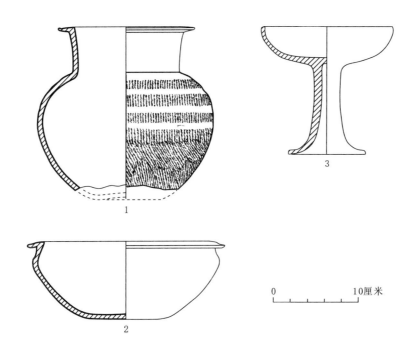

图五八　M1011 出土陶高领罐、盂、矮柄豆
1. 高领罐（4）　2. 盂（1）　3. 矮柄豆（2）

2. 盂　1 件。

M1011:1，敛口，折沿略坠，短斜颈，斜直壁，平底圆转。素面。口径 23.6、高 9 厘米（图五八，2）。

3. 矮柄豆　2 件。形制、大小相同。

标本 M1011:2，口较直，弧壁盘较深，矮弧形柄，喇叭形圈足低平。口径 15.6、高 14.8 厘米（图五八，3）。

墓葬一一　M1012

一　墓葬形制（A 型 II 式）

宽长方形土坑竖穴带斜坡墓道。方向 307°。墓道位于墓室西北端中间，坡度 30°。墓道口长约 580、宽 160 厘米，墓道下端距墓口深 350、距墓底高 160 厘米。墓坑两端底部各有两个对应的向墓壁掘进的浅槽，槽宽 30、深 10、高 40 厘米。墓室壁略斜，墓口长 327、宽 236 厘米，墓底长 307、宽 204 厘米，墓深 510 厘米。墓盗扰严重，头端有一不规则圆形盗洞，洞径 60 ~ 68 厘米。墓中散布陶器碎片。葬具及人骨架不存。墓中填洗砂土（图五九）。

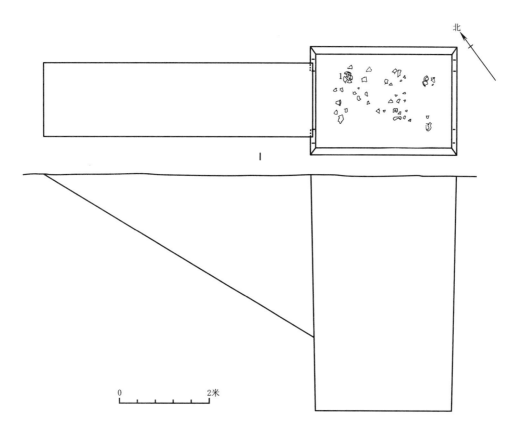

图五九　M1012 平、剖面及随葬器物分布图
1. 陶豆

二　出土器物（B 组丁 I 类）

陶矮柄豆　1 件。

M1012：1，口微敛，弧壁平盘，矮弧形柄，喇叭形圈足边缘
向内斜折。口径 16.4、高 13 厘米（图六〇）。

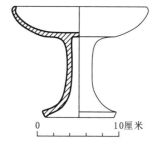

图六〇　M1012 出土陶矮柄豆
（M1012：1）

墓葬一二　M1013

一　墓葬形制（A 型 I 式）

普通宽长方形土坑竖穴。方向 285°。墓底两端各有一条枕木沟，沟宽 26、深 10 厘米。墓壁略
斜，墓口长 320、宽 165 厘米，墓底长 286、宽 146 厘米，墓深 255 厘米。随葬器物中陶器位于墓
底头端，一件铜带钩位于腰部。葬具及人骨架不存。墓中填五花土（图六一）。

图六一　M1013 平、剖面及随葬器物分布图
1. 陶敦　2. 陶鼎　3. 陶豆　4. 陶壶　5. 铜带钩

二　出土器物（A 组丙 I 类）

5 件。包括陶器 4 件、铜器 1 件。

（一）陶器

4 件。为仿铜陶礼器，灰陶或有黑衣。

1. 鼎　1 件。

M1013：2，子母口内敛，斜方唇，窄凹肩承盖。扁弧腹，大平底。上腹有一周凸箍。蹄形高足直立，足断面呈八边形。大方附耳略外侈，耳孔呈"回"字形。弧形深盖，盖面有两周凸圈，盖顶鼻纽衔环。盖有白彩。口径 16.8、通宽 23.2、通高 26.2 厘米（图六二，1）。

2. 壶　1 件。

M1013：4，敞口，长颈较直，圆肩，颈、肩礐折，圆腹，圈底。高圈足外撇较甚。颈至肩饰

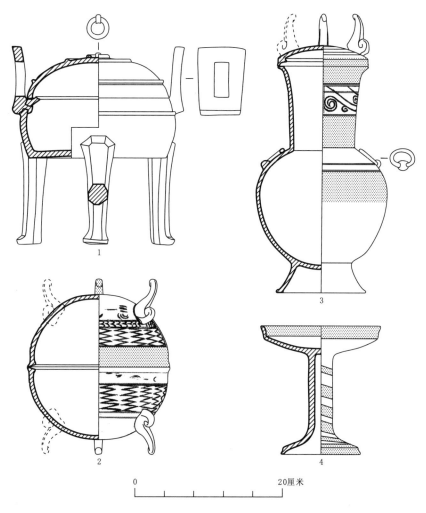

图六二　M1013出土陶鼎、敦、壶、高柄豆
1. 鼎（2）　2. 敦（1）　3. 壶（4）　4. 高柄豆（3）

五周弦纹。肩部有对称鼻纽衔环。弧形浅盖，边缘斜折，内壁边缘凸起一圈，呈子母口状。盖面有三个简化兽形高纽。颈及上腹施三圈白彩，白彩间绘红彩，脱落殆尽。盖边亦有一圈白彩。口径12.4、腹径18、通高37厘米（图六二，3）。

3. 敦　1件。

M1013：1，身、盖等大，足、纽同形。身、盖相合呈球形。直口，唇内外皆凸，圆弧壁，圜底、顶。身、盖各饰三周弦纹。简化兽形足、纽。身、盖绘白彩宽带纹和红彩折曲纹、弧形纹等，多脱落。口径19.4、通高23.2厘米（图六二，2）。

4. 高柄豆　1件。

M1013：3，敞口微侈，斜折壁浅盘，高柱柄，盖状圈足边缘斜折。口内外及豆柄、圈足上先涂黑衣，黑衣上施白彩；口内外及圈足上白彩呈宽带状，豆柄上白彩呈螺旋状。口径16.4、高17厘米（图六二，4）。

（二）铜带钩

1件。M1013：5，灰绿色。琵琶形。扣及首残。

墓葬一三　M1014

一　墓葬形制（A 型 I 式）

普通宽长方形土坑竖穴。方向 220°。墓壁略斜，头端较足端略宽。墓口长 290、头端宽 180、足端宽 175 厘米，墓底长 280、头端宽 170、足端宽 165 厘米，墓深 220 厘米。随葬器物靠墓底头端一侧放置，一件玉璧置于头端正中。器物应是放置于椁室的头厢和边厢。葬具及人骨架不存。墓中填五花土（图六三）。

二　出土器物（A 组乙类）

18 件。包括陶器 14 件、铜器 3 件、玻璃器 1 件（彩版六，2；图版一一，1）。

（一）陶器

14 件。为仿铜陶礼器，灰陶或有黑衣，多有彩绘。

1. 鼎　2 件。形制、大小相同。

标本 M1014：5，子母口内敛，窄肩承盖。扁弧腹，平底。上腹有一周凸箍。蹄形足细挑外

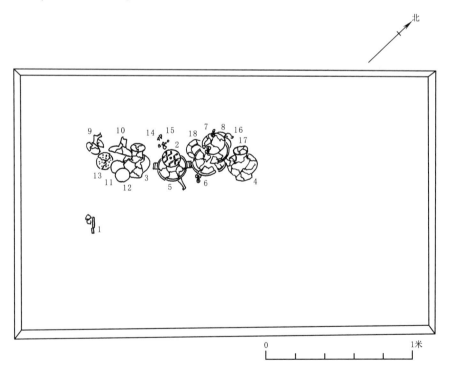

图六三　M1014 随葬器物分布图

1. 玻璃璧　2. 铜镜　3、4. 陶壶　5、6. 陶鼎　7、8. 陶敦　9、10、16、17. 陶豆　11、12. 陶盘
13. 陶熏　14. 铜铃形器　15. 铜璜形器　18. 陶罐

撇，足断面呈梯形。方附耳略外张，耳孔呈"回"字形。弓弧形浅盖，盖顶较平，盖面白彩。口径 15.6、通宽 22.4、通高 19.5 厘米（图六四，1）。

2. 壶 2 件。形制、大小相同。

标本 M1014：4，直口略呈盘状，长弧颈，斜肩，弧腹，腹近底弧折呈假圈足状，平底。肩有对称鼻纽衔环。颈及腹有白彩宽带，口至腹部并有红彩绘鱼鳞纹、三角纹等，大多脱落。浅平盖，子母口。口径 11.4、腹径 19.4、通高 31 厘米（图六四，4）。

3. 敦 2 件。形制、大小相同。

标本 M1014：8，身、盖等大，足、纽同形，身、盖相合呈橄榄形。敞口，浅弧壁，圜底、顶较平。简化兽形足、纽。盖口外饰红彩三角纹三组，盖面上部至盖顶及盖纽白彩。彩绘多脱落。口径 16.7、通高 18.2 厘米（图六四，2）。

4. 熏 1 件。

M1014：13，矮子母口，窄肩承盖，壁呈三段转折，小圈足喇叭形外撇，足沿略上翘。浅弧盖边缘直折，盖面有凹、凸圈各一周，并交替戳圆形和三角形镂孔。口径 9.8、通高 10.2 厘米（图六四，9）。

5. 盘 2 件。形态略异。

M1014：11，敞口，平折沿，浅弧壁，平底略呈矮假圈足状。盘内有红彩脱落。口径 12.5、高

图六四 M1014 出土陶鼎、敦、高领罐、壶、盘、矮柄豆、熏

1. 鼎（5） 2. 敦（8） 3. 高领罐（18） 4. 壶（4） 5、6. 盘（11、12） 7、8. 矮柄豆（10、16） 9. 熏（13）

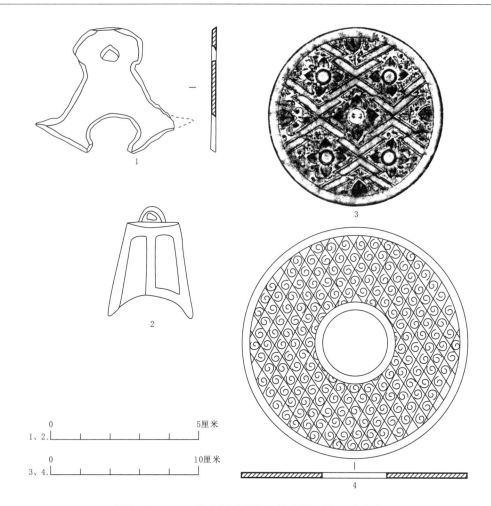

图六五　M1014 出土铜璜形器、铃形器、镜，玻璃璧
1. 铜璜形器（15）　2. 铜铃形器（14）　3. 铜镜（2）　4. 玻璃璧（1）

4.6 厘米（图六四，5）。

M1014：12，口微敛，平折沿，浅折壁，平底。盘内有红彩脱落。口径 12、高 2 厘米（图六四，6）。

6. 高领罐　1 件。

M1014：18，口微侈，唇微凸，高弧领，颈有折，窄圆肩，斜弧腹，小平底微凹。素面。口径 10、腹径 14.2、高 17 厘米（图六四，3）。

7. 矮柄豆　4 件。形态基本一致。口微敛，喇叭形圈足边缘微翘。

标本 M1014：10，弧壁盘略有折，矮柱柄中腰微鼓。口径 15.2、高 14.2 厘米（图六四，7）。

标本 M1014：16，斜壁盘较深，矮柱柄。口径 16.8、高 13 厘米（图六四，8）。

（二）铜器

3 件。

1. 镜　1 件。

M1014：2，背面为青色，正面为银白色，三弦纽，花叶纹纽座，窄素缘。主题纹饰为方连菱形纹；菱形纹空间靠缘边等列四个叶片纹，中间部位为四叶片的团花纹；主纹饰下为羽状地纹。

直径 11.75、缘厚 0.3 厘米（图六五，3）。

2. 璜形器　4 枚（以 1 件计）。

M1014：15，器形简略变形，上为纽，下弧形，两侧有脚。高 4.1、宽 4.9、厚 0.15 厘米（图六五，1；图版一一，2）。

3. 铃形器　4 枚（以 1 件计）。

M1014：14，双面透孔，以茎相连。上为环纽，于部呈梭形。均残。高 3.6、于宽 2.9、厚 1.2 厘米（图六五，2；图版一一，3）。

（三）玻璃璧

1 件。M1014：1，粉白色。双面均有纹饰，纹饰相同。肉、好有廓，廓内刻菱形网格，网格内刻涡纹。肉径 15、好径 4.4、厚 0.35 厘米（图六五，4；图版一一，4）。

墓葬一四　M1015

一　墓葬形制（A 型 I 式）

普通宽长方形土坑竖穴。方向 236°。墓壁略斜，两侧斜度大于两端。由外部土层挤压致两侧壁中部向内弧曲。墓口长 300、宽 180 厘米，墓底长 292、宽 146 厘米，墓深 290 厘米。一件陶罐位于墓底头端。葬具及人骨架不存。墓中填五花土。墓口以上有厚约 20 厘米表土（图六六）。

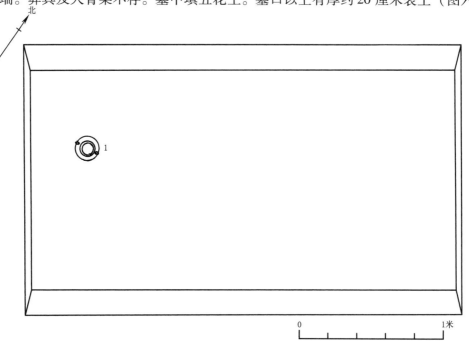

图六六　M1015 随葬器物分布图
1. 陶壶

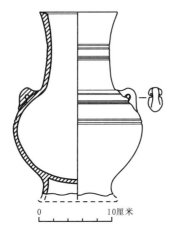

图六七　M1015 出土陶双耳壶（M1015∶1）

二　出土器物（B 组丁 I 类）

陶双耳壶　1 件。

M1015∶1，敞口，方唇，沿内斜，粗长弧颈，颈有折，溜肩，鼓腹，圜底，圈足略外撇，足沿残。肩有对称双耳。颈至腹饰九周弦纹，下腹饰斜绳纹。口径 10.6、腹径 17.6、残高 24.6 厘米（图六七）。

墓葬一五　M1016

一　墓葬形制（A 型 I 式）

普通宽长方形土坑竖穴。方向 230°。墓壁垂直，修整光滑，长 320、宽 180、深 500 厘米。随葬器物位于墓底头端，横置一条。另在填土中出土铁工具两件，为镬和臿。其中镬出于距地表 310 厘米填土中，臿出于距地表 460 厘米填土中。葬具及人骨架不存。但尚可辨棺椁朽痕，应为一椁一棺，椁有头厢，随葬器物置于头厢内。填土为五花土，为本坑土回填，填土夯筑紧密（图六八）。

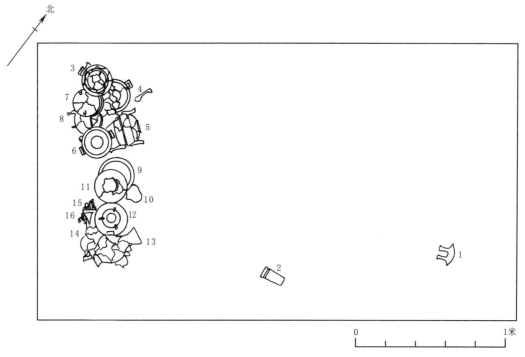

图六八　M1016 随葬器物分布图

1. 铁臿　2. 铁镬　3～6. 陶鼎　7、8. 陶敦　9. 陶盘　10. 陶匜　11～14. 陶壶　15. 铜砝码　16. 乳丁形铜器

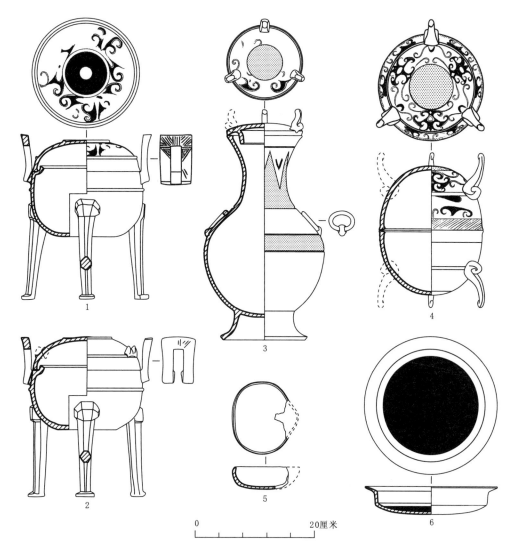

图六九　M1016 出土陶鼎、壶、敦、匜、盘
1、2. 鼎（5、4）　3. 壶（11）　4. 敦（7）　5. 匜（10）　6. 盘（9）

二　出土器物（A 组甲类）

40 件。包括陶器 12 件、铜器 26 件（砝码一套 5 枚，按 1 件计）、铁器 2 件（彩版七，1；图版一二，1）。

（一）陶器

12 件。为仿铜陶礼器，黑衣灰陶或红褐陶。器身有彩绘图案，脱落殆尽。

1. 鼎　4 件。形态、大小相同（图版一三，1）。

标本 M1016:5，子母口内敛，窄肩承盖。深直腹，下腹弧收，平底。上腹有一周凸箍。蹄形足高挑直立，足断面呈八边形。足根穿透器壁。方附耳微侈。器耳上有红、白相间彩绘。弧形隆盖，盖面有两周凸圈。口径 15.6、通宽 21.8、通高 26.8 厘米（图六九，1）。

标本 M1016:4，盖面第一周凸圈上等列三个简化卧兽纽。彩绘脱落。余同 M1016:5。口径

15.6、通宽22、通高26.4厘米（图六九，2）。

2. 壶　4件。形制、大小相同（图版一三，2）。

标本M1016：11，敞口，弧颈，溜肩，鼓腹，圜底。高圈足外撇较甚。颈至腹饰五周弦纹，肩有对称铺首衔环。浅弧盖，高子母口直立，盖边有三个简化兽纽。壶颈有黑白彩蕉叶纹，盖有红彩勾云纹，脱落殆尽。口径12.4、腹径20、通高37.8厘米（图六九，3）。

3. 敦　2件。形制、大小相同（图版一三，3）。

标本M1016：7，身、盖等大，足、纽同形。身、盖相合呈椭球形。口较直，唇内外皆凸，深弧壁，圜底、顶。简化兽形高足、纽。身、盖各饰四周弦纹。盖有彩绘，口外饰一圈黑彩，顶部弦纹内涂白彩；黑、白彩内分上下各饰三组红、白相间彩绘图案。口径17.6、通高25.4厘米（图六九，4）。

4. 盘　1件。

M1016：9，敞口，宽斜折沿，直壁，圜底近平。内底髹红漆。口径22.4、高4.6厘米（图六九，6）。

5. 匜　1件。

M1016：10，流残。平面椭圆形，弧腹较深，底较平。器内外均有黄白相间彩绘，已脱落。最大口径11.4、高3.6厘米（图六九，5）。

（二）铜器

26件。

1. 砝码　一套，5枚（表一〇）。

M1016：15，按从小到大、从轻到重的顺序，其测量数据如表一〇。砝码颜色除第四枚为玄黑色外，其余皆鎏金，呈黄色。第五枚最大，一面刻有"分细益"三字（图七〇，4；彩版七，2、3）[①]。

表一〇　　　　　　　　　　　　M1016：15铜砝码登记表

序号	1	2	3	4	5
重量（克）	1	2.55	5.1	6.5	19.2
内径（厘米）	0.9	0.8	1.1	0.7	1.9
外径（厘米）	1.5	1.7	2.4	1.95	3.3

2. 乳丁形器　25枚。可能为铜器构件，但因铜器无法复原，因而未审为何物（图七〇，3）。

（三）铁器

2件。

1. 镢　1件。

M1016：2，口宽刃窄略呈梯形。双面刃，长方銎，銎口外有一道凸箍。长15.2、銎宽6.5、

① 郭伟民：《沅陵楚墓新近出土铭文砝码小识》；湖南省文物考古研究所、沅陵县文管所：《湖南沅陵木马岭战国墓发掘简报》，《考古》1994年第8期。

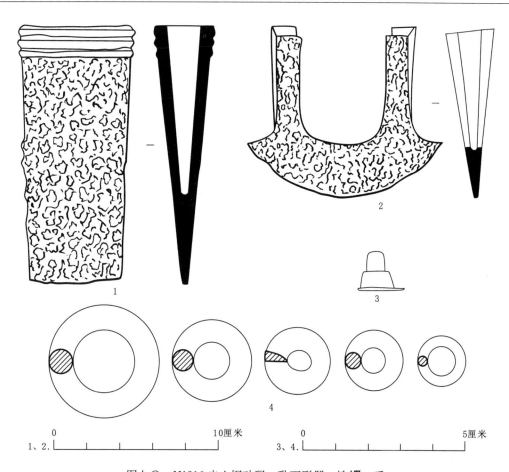

图七〇 M1016 出土铜砝码、乳丁形器，铁钁、舀
1. 铁钁（2） 2. 铁舀（1） 3. 铜乳丁形器（16） 4. 铜砝码（15）

厚 3.6 厘米（图七〇，1）。

2. 舀 1 件。

M1016∶1，凹口，大弧刃两侧上翘。高 10、刃宽 11.8 厘米（图七〇，2）。

墓葬一六 M1017

一 墓葬形制（A 型 I 式）

普通宽长方形土坑竖穴。方向 232°。墓上部被破坏。墓壁垂直，长 300、宽 160、深 190 厘米。随葬器物主要位于墓底头端，部分位于中间。葬具及人骨架不存。墓中填五花土（图七一）。

二 出土器物（A 组乙类）

7 件。为仿铜陶礼器，黑皮灰陶和红褐陶（图版一二，2）。

1. 鼎 2 件。形制、大小相同。

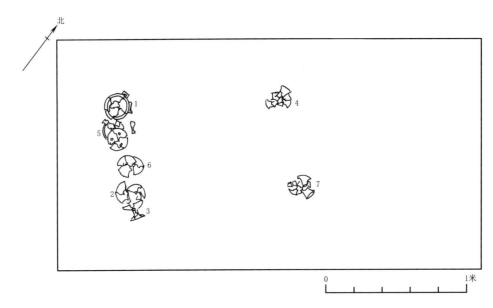

图七一　M1017 随葬器物分布图
1、5. 陶鼎　2、6. 陶敦　3. 陶豆　4、7. 陶壶

标本 M1017：5，子母口内敛，窄肩承盖。弧腹较直，平底。腹中有一周凸箍。蹄形足直立，足断面呈八边形。方附耳直立，其中一耳与一足在一条垂直线上。弓弧形深盖，盖面有两周凸圈，第一周凸圈上等列三个乳突纽，顶部凸圈高出顶面呈圈状捉手状。盖有红彩脱落。口径 13.6、通宽 18、通高 22.4 厘米（图七二，1）。

2. 壶　2 件。形制、大小相同。

标本 M1017：4，喇叭形敞口，细弧颈，溜肩，鼓腹，圜底。圈足外撇。颈至腹饰七周弦纹，肩有对称凹环。弧形浅盖，边缘斜折，盖面有一周凹圈。口径 8.6、腹径 17.2、通高 30.2 厘米（图七二，2）。

3. 敦　2 件。形制、大小相同。

标本 M1017：2，身、盖等大，身、盖相合呈椭球形。不见足、纽。身、盖各饰一周弦纹，有红色彩绘脱落。口径 15.8、通高 21.2 厘米（图七二，3）。

4. 矮柄豆　1 件。

M1017：3，敞口，弧壁，矮柱柄略弧，喇叭状圈足。口径 15.4、通高 13.4 厘米（图七二，4）。

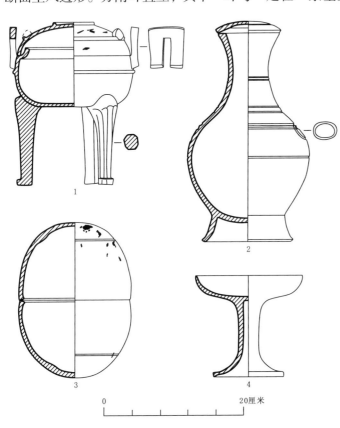

图七二　M1017 出土陶鼎、壶、敦、矮柄豆
1. 鼎（5）　2. 壶（4）　3. 敦（2）　4. 矮柄豆（3）

墓葬一七　M1018

一　墓葬形制（B 型 I 式）

普通窄长方形土坑竖穴。方向 140°。墓壁倾斜，墓口长 385、宽 250 厘米，墓底长 350、宽 125 厘米，深 125 厘米。随葬器物位于墓底头端。葬具及人骨架不存。墓中填五花土（图七三）。

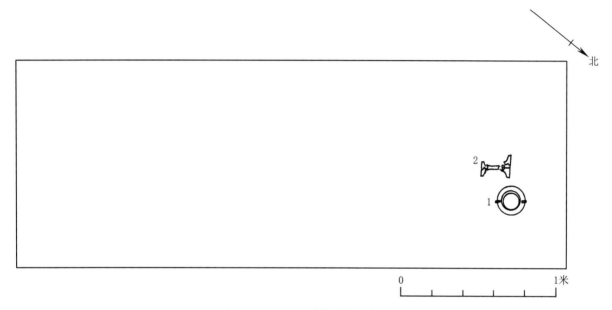

图七三　M1018 随葬器物分布图
1. 陶罐　2. 陶豆

二　出土器物（B 组丁 II 类）

2 件。为日用陶器。灰陶。

1. 双耳罐　1 件。

M1018：1，直口微敛，方唇，矮直领，斜肩，斜直腹，圜底微凹。肩有对称双耳。口径 11.8、腹径 17.6、高 12.4 厘米（图七四，1）。

2. 高柄豆　1 件。

M1018：2，口微侈，折壁浅盘，细高柱柄，喇叭形圈足，边缘呈台棱状斜折。口径 13.2、高 19 厘米（图七四，2）。

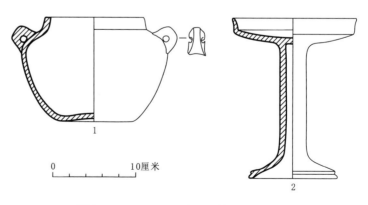

图七四　M1018 出土陶双耳罐、高柄豆
1. 双耳罐（1）　2. 高柄豆（2）

墓葬一八　　M1019

一　墓葬形制（B 型 I 式）

普通窄长方形土坑竖穴。方向 43°。墓壁垂直，长 314、宽 140、深 280 厘米。随葬器物位于墓底头端。葬具及人骨架不存。墓中填五花土（图七五）。

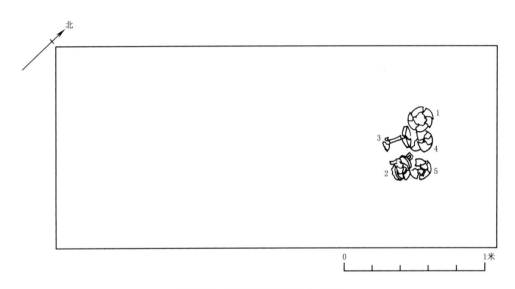

图七五　M1019 随葬器物分布图
1. 陶壶　2. 陶鼎　3、5. 陶豆　4. 陶敦

二　出土器物（A 组丙 II 类）

5 件。为仿铜陶礼器。灰陶或红陶（图版一四，1）。

1. 鼎　1 件。

M1019:2，子母口内敛，窄肩承盖。弧腹较直，平底。腹中有一周凸箍。蹄形足残，足断面呈八边形。大方附耳外侈。弧形深盖，盖面有两周凸圈，状如盒盖。口径 14.8、通宽 21.6、通高 17 厘米（图七六，2）。

2. 壶　1 件。

M1019:1，颈以上残。圆肩，鼓腹，圜底。高圈足外撇。肩、腹各饰一弦纹。腹径 18.6、残高 20.6 厘米（图七六，3）。

3. 敦　1 件。

M1019:4，身、盖不等大，身较盖深而直径略小。不见足、纽。身、盖各饰四周弦纹，盖有红、黑相间菱形彩绘，多脱落。口径 16.8～17.8、残高 20 厘米（图七六，1）。

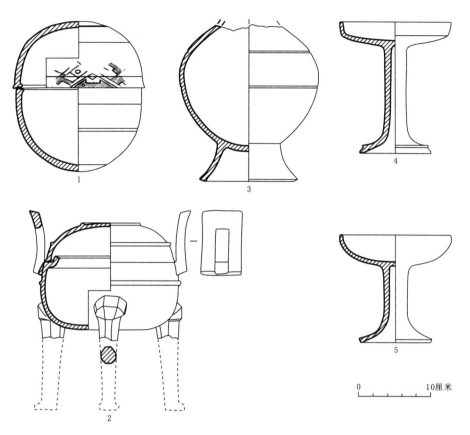

图七六　M1019 出土陶敦、鼎、壶、高柄豆、矮柄豆
1. 敦（4）　2. 鼎（2）　3. 壶（1）　4. 高柄豆（3）　5. 矮柄豆（5）

4. 高柄豆　1 件。

M1019：3，敞口较直，折壁平盘，细高柱柄，喇叭形圈足，边缘呈台棱状斜折。口径 15.2、高 17.3 厘米（图七六，4）。

5. 矮柄豆　1 件。

M1019：5，弧壁盘较深，矮柱柄，喇叭形圈足。口径 15.2、高 14.4 厘米（图七六，5）。

墓葬一九　M1020

一　墓葬形制（A 型 II 式）

宽长方形土坑竖穴带斜坡墓道。方向 220°。墓道位于墓室西南端中间，坡度 35°。墓道壁略斜，墓道口长 260、宽 154 厘米，墓道下端宽 140 厘米，墓道下端距墓口深 194、距墓底高 156 厘米。墓室上部墓壁略斜，两侧斜度较两端略大，墓道以下墓壁垂直。墓口长 340、宽 230 厘米，墓底长 315、头端宽 185、足端宽 200 厘米，墓深 350 厘米。随葬器物位于墓底头端。葬具及人骨

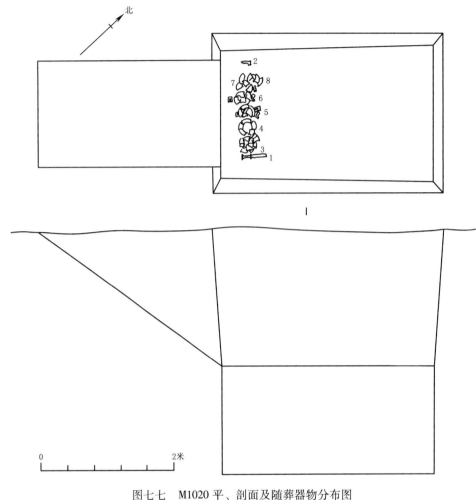

图七七　M1020 平、剖面及随葬器物分布图
1. 铜剑　2. 铜戈　3、4. 陶壶　5、6. 陶鼎　7、8. 陶敦

架不存。墓中填五花土（图七七）。

二　出土器物（A 组乙类）

9 件。其中陶器 7 件，铜兵器 2 件。

（一）陶器

7 件。为仿铜陶礼器。灰陶或红陶（图版一四，2）。

1. 鼎　3 件。形制、大小相同。

标本 M1020∶5，子母口微敛，斜窄肩承盖。半球形深腹，圜底。上腹有一周凸箍。蹄形足直立，足断面呈六边形。方附耳窄长，向外斜伸，耳孔呈"回"字形。下腹及底饰粗绳纹。弓弧形浅盖，盖面有两周凸圈，第一周凸圈上等列三个兽纽。盖顶鼻纽衔环。口径 20.8、通宽 32.2、通高 28.1 厘米（图七八，1）。

2. 双耳壶　2 件。形制、大小相同。

标本 M1020∶3，敞口，方唇，粗长弧颈，溜肩，鼓腹，凹圜底，圈足残。肩有对称方折桥形

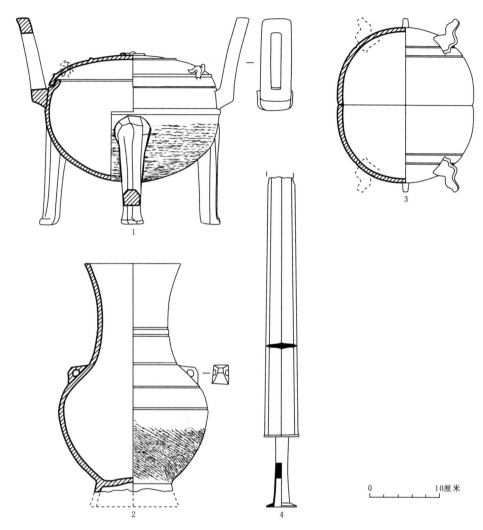

图七八　M1020 出土陶鼎、双耳壶、敦，铜剑
1. 陶鼎（5）　2. 陶双耳壶（3）　3. 陶敦（7）　4. 铜剑（1）

竖耳。颈至腹饰五周弦纹，下腹饰斜绳纹。口径 13.5、腹径 21.1、高 31 厘米（图七八，2）。

3. 敦　2 件。形制、大小相同。

标本 M1020：7，身、盖等大，足、纽同形。身、盖相合略呈椭球形。直口，弧壁，圜底、顶。简化兽形足、纽。身、盖各饰两周弦纹。口径 19、通高 23.6 厘米（图七八，3）。

（二）铜器

2 件。为兵器。

1. 剑　1 件。

M1020：1，银青色。质优。但剑断为四节，前锋不存。璧形首，圆茎前实后空，"一"字形格，剑身菱形脊。残长 45 厘米（图七八，4）。

2. 戈　1 件。

M1020：2，残甚，形态不明。

墓葬二〇　M1021

一　墓葬形制（A 型 I 式）

普通宽长方形土坑竖穴。方向 243°。墓壁略斜，墓口长 290、宽 160 厘米，墓底长 284、头端宽 142、足端宽 160 厘米，墓深 340 厘米。随葬器物位于墓底头端。葬具及人骨架不存。墓中填五花土（图七九）。

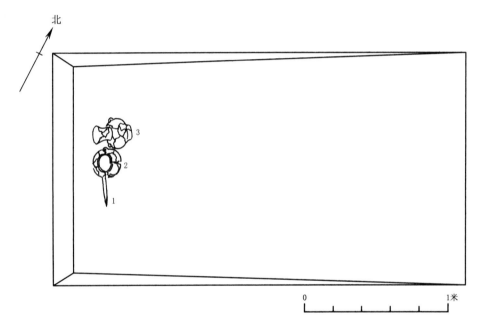

图七九　M1021 随葬器物分布图
1. 铜剑　2、3. 陶壶

二　出土器物（B 组丁 I 类）

3 件。其中陶器 2 件、铜器 1 件。

（一）陶双耳壶

2 件。形制、大小相同。黑衣灰陶。

标本 M1021:2，敞口，弧颈，圆肩，弧腹，下腹直折呈假圈足状，平底。肩有对称双耳。素面。口径 13.2、腹径 21.4、高 26.8 厘米（图八〇，2）。

（二）铜剑

1 件。M1021:1，灰绿色。璧形首，圆空茎首端有陶塞，"一"字形格，剑身菱形脊。刃及前锋残甚，茎亦残断。残长 48.6 厘米（图八〇，1）。

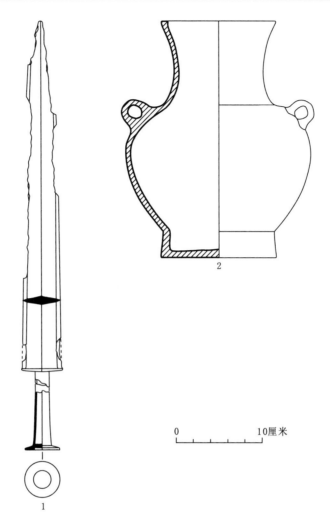

图八〇 M1021 出土铜剑，陶双耳壶
1. 铜剑（1） 2. 陶双耳壶（2）

墓葬二一 M1022

一 墓葬形制（A 型Ⅶ式）

宽长方形土坑竖穴带高边龛。方向 55°。边龛位于墓坑右侧壁。龛底距墓底高 97 厘米，龛宽 90、深 24、高 40 厘米。墓口头端较足端略宽，墓两端垂直，两侧略斜。墓口长 300、头端宽 170、足端宽 160 厘米，墓底长 300、宽 154 厘米，墓深 305 厘米。随葬器物大多位于墓底头端，一件陶壶置于龛内。葬具及人骨架不存。墓中填五花土（图八一）。

二 出土器物（A 组乙类）

6 件。其中陶器 5 件、铜剑 1 件。

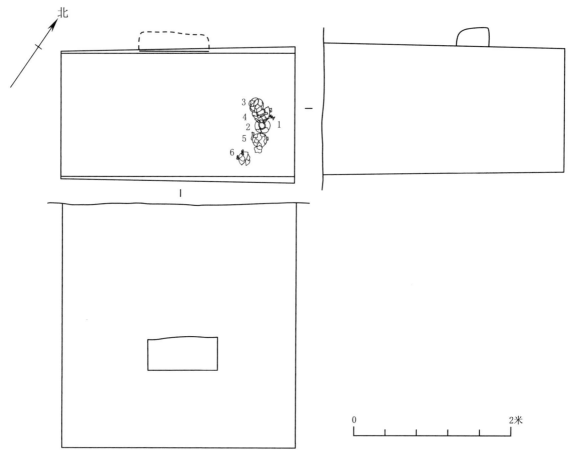

图八一　M1022 平、剖面及随葬器物分布图
1. 铜剑　2、3. 陶壶　4、5. 陶鼎　6. 陶敦

（一）陶器

5 件。为仿铜陶礼器，黑衣红褐陶（图版一五，1）。

1. 鼎　2 件。形制、大小相同。

标本 M1022∶4，子母口内敛，斜窄肩承盖。扁弧腹，大平底。腹部呈台棱状转折。高蹄形足下端外撇，足断面呈八边形。耳残。耳、足穿透器壁。弧形高盖，盖面有两周凸圈，第一周凸圈上等列三个较具象的卧兽纽。盖顶鼻纽衔环。口径 16.8、残宽 21.8、残高 25.4 厘米（图八二，1）。

2. 壶　2 件。形制、大小相同。

标本 M1022∶3，敞口，唇内凸，长弧颈，圆肩，长鼓腹，圜底。高圈足外撇，足沿外翘。颈至腹饰五周弦纹。通体绳纹抹去。口径 13.4、腹径 19、高 33.4 厘米（图八二，3）。

3. 敦　1 件。

M1022∶6，身、盖等大，足、纽同形，身、盖相合略呈橄榄形。口微敛，唇内外皆凸，弧壁，圜底、顶。简化兽形足、纽。身、盖各饰四周弦纹。口径 19.2、通高 25.6 厘米（图八二，2）。

（二）铜剑

1 件。M1022∶1，墨绿色。喇叭形首，圆实茎上有双箍，“凹”字形格。剑身菱形脊。长 54 厘米（图八二，4）。

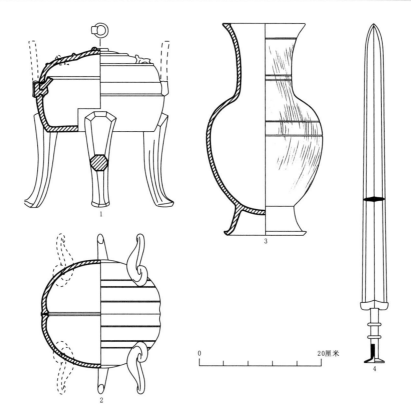

图八二　M1022 出土陶鼎、敦、壶，铜剑

1. 陶鼎（4）　2. 陶敦（6）　3. 陶壶（3）　4. 铜剑（1）

墓葬二二　　M1023

一　墓葬形制（A 型 I 式）

普通宽长方形土坑竖穴。方向 230°。墓上部被破坏。墓壁略斜，墓口长 300、宽 160 厘米，墓底长 280、宽 142 厘米，墓残深 280 厘米。随葬器物位于墓底头端。葬具及人骨架不存。墓中填五花土（图八三）。

二　出土器物（A 组丙 I 类）

4 件。为仿铜陶礼器，黑衣红褐陶（图版一五，2）。

1. 鼎　1 件。

M1023：3，高子母口内敛，凹肩承盖。扁鼓腹，大平底微凹。腹中有一周凸箍。蹄形足直立，足断面呈八边形。方附耳直立微弧，耳孔呈"回"字形。耳、足穿透器壁。弧形隆盖，盖面有两周凸圈，盖顶鼻纽衔环。口径 16.8、通宽 23.2、通高 26.2 厘米（图八四，1）。

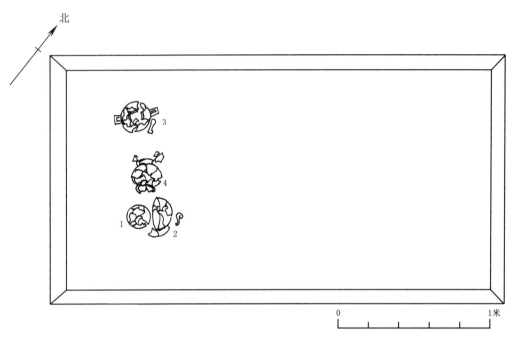

图八三　M1023 随葬器物分布图
1. 陶豆　2. 陶敦　3. 陶鼎　4. 陶壶

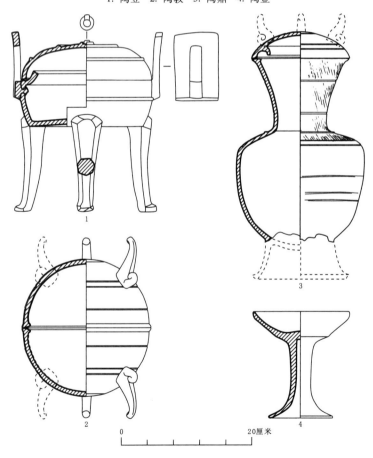

图八四　M1023 出土陶鼎、敦、壶、高柄豆
1. 鼎（3）　2. 敦（2）　3. 壶（4）　4. 高柄豆（1）

2. 壶　1 件。

M1023：4，喇叭形敞口，唇内凸，斜长弧颈折转，斜肩，深弧腹，底及圈足残。颈至腹饰八周弦纹，颈、肩有绳纹抹去。弧形高盖，子母口。盖面饰三周弦纹，盖边有三个抽象兽纽。口径 14.6、腹径 19.4、残高 31.2 厘米（图八四，3）。

3. 敦　1 件。

M1023：2，身、盖等大，足、纽同形，身、盖相合略呈球形。唇内外皆凸，弧壁，圜底、顶。简化兽形足、纽直立。身、盖各饰四周弦纹。口径 19.8、通高 26.8 厘米（图八四，2）。

4. 高柄豆　1 件。

M1023：1，敞口，斜直壁盘，高柱柄，喇叭形圈足。口径 14.6、高 15.6 厘米（图八四，4）。

墓葬二三　M1025

一　墓葬形制（A 型 I 式）

普通宽长方形土坑竖穴。方向 315°。墓壁略斜，墓口长 330、宽 210 厘米，墓底长 300、宽 160 厘米，墓深 420 厘米。随葬器物主要位于墓底头端。另在距墓底深约 60 厘米的填土中出土一柄铁剑，铁剑紧贴墓壁左侧放置。葬具及人骨架不存。墓底填有厚 90～120 厘米的黏土夹卵石，其上填五花土（图八五）。

二　出土器物（A 组丙 I 类）

5 件。其中陶器 3 件，铜器和铁器各 1 件（图版一六，1）。

（一）陶器

3 件。灰陶。

1. 鼎　1 件。

M1025：5，子母口内敛，窄肩承盖。上腹外斜，下腹弧收，圜底。上腹有一周凸箍。

图八五　M1025 平、剖面及随葬器物分布图
1. 铁剑　2. 铜剑　3. 陶壶　4. 陶盂　5. 陶鼎

蹄形足直立微曲，方附耳微侈。弓弧形盖浅平，盖面有两周凸圈，盖顶有一鼻纽。口径18.6、通宽25.5、通高25厘米（图八六，1）。

2. 壶　1件。

M1025：3，喇叭形敞口，长弧颈折转，溜肩，鼓腹，底较平。高圈足外斜，足沿微翘。颈饰一周弦纹，肩有两周弦纹及对称扁纽。弧形盖，高子母口。盖边饰两周弦纹，弦纹上有纽，已残。盖面有彩，脱落。口径12.4、腹径20.6、残高35.6厘米（图八六，3）。

3. 盂　1件。

M1025：4，直口，平折沿微坠，短直颈，斜直壁，平底。素面。口径20.8、高7.7厘米（图八六，2）。

（二）铜剑

1件。M1025：2，灰绿色。璧形首，圆空茎残。"一"字形格。剑身菱形脊。刃缘崩缺。复原长约50厘米（图八六，4）。

（三）铁剑

1件。M1025：1，剑身狭长，锈蚀严重，首、茎、格形态不清。剑身菱形脊。残长87厘米。

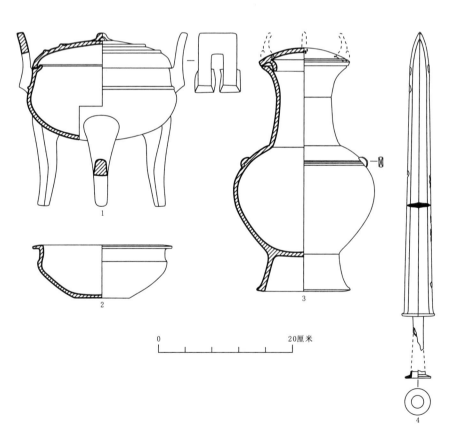

图八六　M1025出土陶鼎、盂、壶，铜剑

1. 陶鼎（5）　2. 陶盂（4）　3. 陶壶（3）　4. 铜剑（2）

墓葬二四 M1026

一 墓葬形制（B型Ⅵa式）

窄长方形土坑竖穴带高头龛。方向150°。头龛位于墓坑东南端墓壁中部，正面呈拱门形，断面呈三角形。龛底距墓底高74厘米，龛宽96、深52、高106厘米。墓壁垂直，长250、宽120、深300厘米。随葬器物置于头龛内。葬具及人骨架不存。墓中填五花土（图八七）。

二 出土器物（A组丙Ⅱ类）

5件。为仿铜陶礼器。灰陶或红褐陶（图版一六，2）。

1. 鼎 1件。

M1026:2，子母口微敛，窄凹肩承盖。扁直腹略外斜，大平底。上腹有一周凸箍。蹄形足外撇、细挑，足断面呈六边形。方附耳外侈。弧形盖顶面较平，边缘斜弧折。盖面有两周凸圈，顶部凸圈高出顶面呈圈状捉手状，第一周凸圈上等列三个乳突形纽。口径14.8、通宽22.5、通高18.4厘米（图八八，1）。

2. 壶 1件。

M1026:1，敞口较直，弧颈，宽斜肩，弧腹，圜底近平。圈足外撇。肩部有对称鼻纽衔环。弧形厚盖，子母口小而直。口径9.8、腹径19.8、通高29.8厘米（图八八，2）。

3. 敦 1件。

M1026:4，身、盖等大，足、纽同形，身、盖相合呈橄榄形。直口微敛，弧壁，圜底、顶。简化兽形矮足、纽直立。口径15.8、通高22.8厘米（图八八，3）。

4. 勺 1件。

M1026:5，敛口，弧壁，平底。下部削棱。柄残。口径2、残高4厘米（图八八，5）。

5. 矮柄豆 1件。

M1026:3，口较直，弧壁盘，矮柱柄，喇叭形高圈足折转。口径16、高16厘米（图八八，4）。

墓葬二五 M1027

一 墓葬形制（A型Ⅱ式）

宽长方形土坑竖穴带斜坡墓道。方向225°。墓道位于墓室西南端中间。墓道因未发掘，形态不清。从墓壁上测得墓道口宽130厘米，墓道下端距墓口深310、距墓底高140厘米。墓室壁垂直，

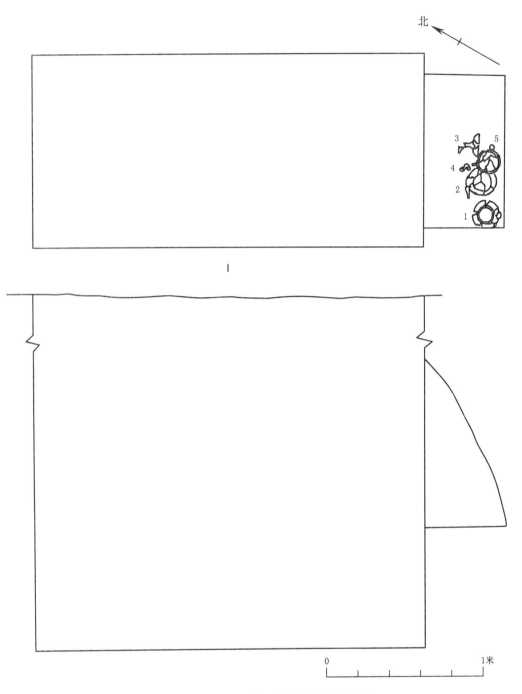

图八七　M1026平、剖面及随葬器物分布图
1. 陶壶　2. 陶鼎　3. 陶豆　4. 陶敦　5. 陶勺

长326、宽190、深450厘米。随葬器物中陶器位于墓底头端，铜兵器位于头端左侧，呈曲尺形分布。葬具已朽殆尽，仅头端左侧残存一块椁底板，铜兵器置其上。人骨架不存。墓底中部有一薄层白膏泥。白膏泥分布范围长约248、宽约130、厚仅约1厘米。其上填五花土（图八九）。

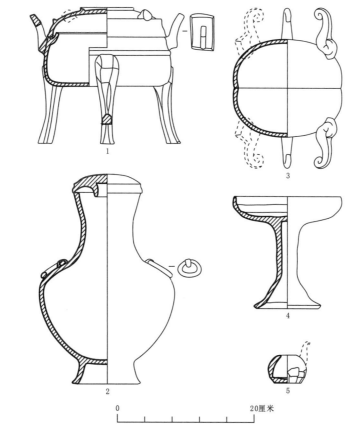

图八八　M1026 出土陶鼎、壶、敦、矮柄豆、勺
1. 鼎（2）　2. 壶（1）　3. 敦（4）　4. 矮柄豆（3）　5. 勺（5）

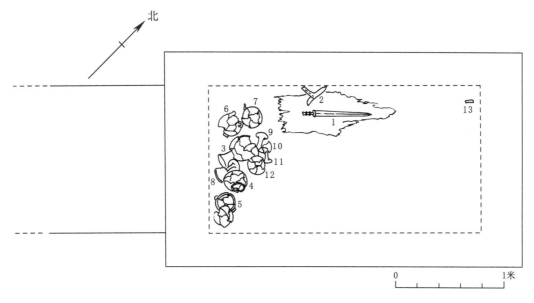

图八九　M1027 随葬器物分布图
1. 铜剑　2. 铜戈　3、4. 陶壶　5、6. 陶鼎　7、8. 陶敦　9～12. 陶豆　13. 铜戈镈

二　出土器物（A 组乙类）

13 件。其中陶器 10 件，铜器 3 件。

（一）陶器

10 件。为仿铜陶礼器。灰陶或红褐陶，或有黑衣。

1. 鼎　2 件。形制、大小相同。

标本 M1027：5，子母口内敛，凹肩承盖。扁弧腹，底边有折，圜底近平。腹中有一周凸箍，蹄形足直立，足断面呈七边形。方附耳外张。弓弧形盖，盖面有两周凸圈，盖顶鼻纽衔环。器盖下部和器身上腹部涂白彩。口径 18.6、通宽 25.8、通高 27.4 厘米（图九○，1）。

2. 壶　2 件。形制、大小相同。

标本 M1027：3，喇叭形敞口，颈较直，溜肩，弧腹，圜底。高圈足外撇，足沿微翘。肩部有对称鼻纽衔环。颈至腹饰四周弦纹。口、颈及上腹部涂白彩。口径 13.2、腹径 20.6、通高 34 厘

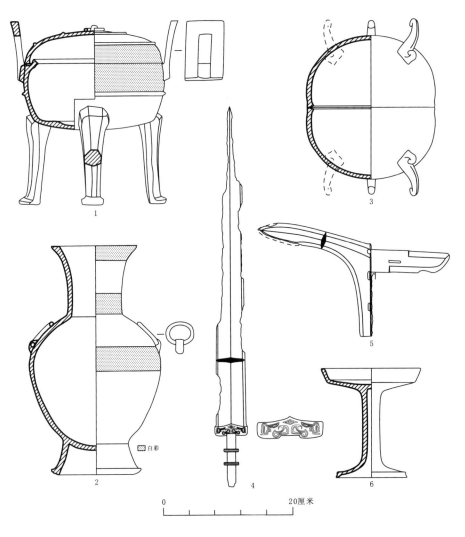

□白彩

0　　　　　　　　　　　20厘米

图九○　M1027 出土陶鼎、壶、敦、高柄豆，铜剑、戈

1. 陶鼎（5）　2. 陶壶（3）　3. 陶敦（7）　4. 铜剑（1）　5. 铜戈（2）　6. 陶高柄豆（9）

米（图九〇，2）。

3. 敦　2件。形制、大小相同。

标本M1027∶7，身、盖等大，足、纽同形，身、盖相合呈球形。直口，圆弧壁，圜底、顶。简化兽形矮足、纽。口径19.6、通高25.6厘米（图九〇，3）。

4. 高柄豆　4件。形制、大小相同。

标本M1027∶9，敞口，斜折壁平盘，细高柱柄，喇叭形圈足较宽而低平，边缘斜折。口径15.4、高16.2厘米（图九〇，6）。

（二）铜器

3件。为兵器。

1. 剑　1件。

M1027∶1，灰黑色。首残，圆实茎上有双箍，箍上铸有三周凹槽，原应有镶嵌物，脱落。"凹"字形格双面铸有菱形纹和变形鸟纹，原也应有镶嵌物，亦脱落。剑身菱形脊，刃及前锋残。残长57厘米（图九〇，4）。

2. 戈　1件。

M1027∶2，灰绿色。昂援，菱形脊，斜刃缘；直内后部三方有刃，内上一长方穿；长胡，阑侧三穿。援、内通长29.5、胡高13.8厘米（图九〇，5）。

3. 戈镦　1件。

M1027∶13，灰黑色。残，仅存镦尾。镦尾呈亚腰形。残高8.6厘米。

墓葬二六　　M1028

一　墓葬形制（B型Ⅵa式）

窄长方形土坑竖穴带高头龛。方向206°。头龛位于墓坑西南端墓壁中部，龛底距墓底高100厘米，龛宽70、深40、高72厘米。墓壁略斜，墓口长278、宽147厘米，墓底长246、宽125厘米，墓深234厘米。随葬器物置于头龛内。葬具及人骨架不存。墓中填五花土（图九一）。

二　出土器物（A组丙Ⅱ类）

6件。为仿铜陶礼器。灰、灰褐或红褐陶（彩版八，1；图版一七，1）。

1. 鼎　1件。

M1028∶1，子母口微敛，窄肩承盖。直腹微弧，圜底近平。腹中有一周凸箍，蹄形足或直立或略外撇，足断面呈八边形。方附耳外张。弧形高盖，盖面有两周凸圈；第一周凸圈上等列三个具象的羊形纽，盖顶鼻纽衔环。口径17.4、通宽24.4、通高24.8厘米（图九二，1）。

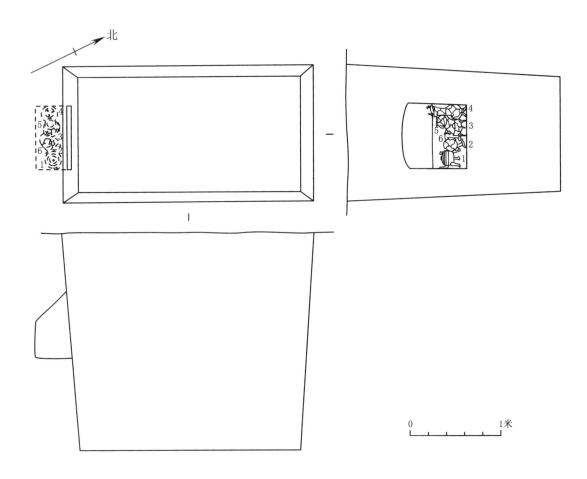

图九一　M1028 平、剖面及随葬器物分布图
1. 陶鼎　2、6. 陶豆　3. 陶敦　4. 陶壶　5. 陶罐

2. 壶　1 件。

M1028：4，敞口，唇内凸，颈较直，有折。溜肩，圆腹，圈底。高圈足外撇，足沿残。肩
部有对称鼻纽衔环。颈及腹各饰两周弦纹，口部有斜绳纹抹去。弓弧形浅盖，子母口。盖面饰
两周弦纹，盖边有三个简化兽形高纽，略残。口径 13.5、腹径 18.5、复原通高 36.4 厘米（图
九二，2）。

3. 敦　1 件。

M1028：3，身、盖等大，足、纽同形，身、盖相合大致呈球形。直口，唇内外皆凸，弧壁，圈底、
顶。简化兽形足、纽。身饰三周弦纹，盖饰四周弦纹。口径 19.8、通高 23.6 厘米（图九二，4）。

4. 束颈罐　1 件。

M1028：5，弇口，平折宽沿略斜，束颈，斜肩，圆弧腹，圈底。肩、腹、底无分界。腹、底
饰粗绳纹。口径 12.6、腹径 16.8、高 12.7 厘米（图九二，3）。

5. 高柄豆　2 件，形制、大小相同。

标本 M1028：2，敞口，斜折壁浅平盘，细高柱柄中腰微鼓，盖状圈足，边缘呈台棱状斜折。
口径 15.2、高 17.8 厘米（图九二，5）。

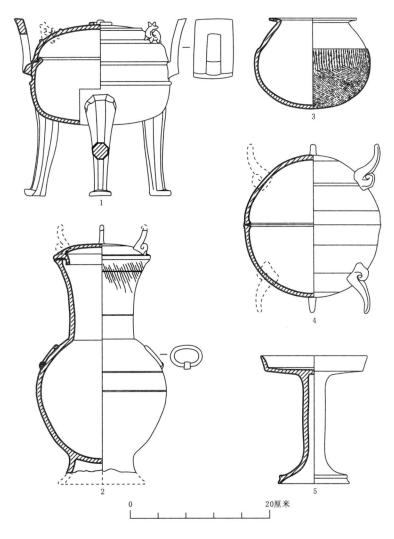

图九二　M1028 出土陶鼎、壶、束颈罐、敦、高柄豆

1. 鼎（1）　　2. 壶（4）　　3. 束颈罐（5）　　4. 敦（3）　　5. 高柄豆（2）

墓葬二七　　M1029

一　墓葬形制（B 型 VIa 式）

　　窄长方形土坑竖穴带高头龛。方向 148°。头龛位于墓坑东南端墓壁中部，龛底距墓底高 96 厘米，龛宽 66、深 34、高 56 厘米。墓壁略斜，墓口长 310、宽 145 厘米，墓底长 280、宽 132 厘米，墓深 258 厘米。随葬器物中一件陶壶和一件陶豆置于龛内，其余置于墓底头端。葬具及人骨架不存。墓中填五花土（图九三）。

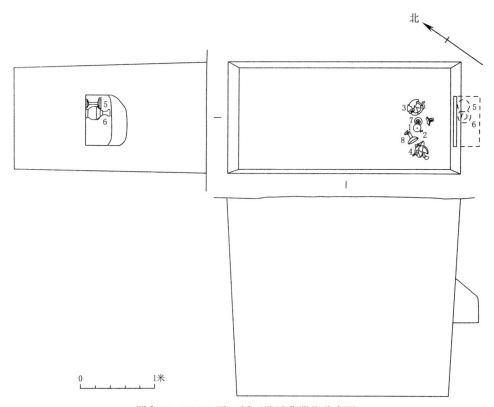

图九三　M1029平、剖面及随葬器物分布图
1. 铜镜　2. 铜带钩　3. 陶鼎　4. 陶敦　5、8. 陶豆　6. 陶壶　7. 陶熏

二　出土器物（A组丙Ⅱ类）

8件。其中陶器6件，铜器2件。

（一）陶器

6件。为仿铜陶礼器。黑衣灰陶或红褐陶。

1. 鼎　1件。

M1029：3，子母口直立，窄肩承盖。扁鼓腹，底内凹。中腹有一周凸箍。柱状足直立，足断面
呈八边形。方附耳直立。弧形盖边缘较直，顶面较平。盖面有两周凸圈，顶部凸圈高出顶面呈圈状
捉手状，第一周凸圈上等列三个凹腰形立纽。口径16.4、通宽22、通高21厘米（图九四，1）。

2. 壶　1件。

M1029：6，盂形口，细弧颈，溜肩，鼓腹，圜底近平。圈足外撇。颈、肩饰三周弦纹，肩有
对称鼻纽衔环。口径9.2、腹径18、高29.3厘米（图九四，2）。

3. 敦　1件。

M1029：4，身、盖等大，足、纽同形。身、盖相合呈椭球形。口微敛，唇内凸，深弧壁，圜底、
顶。下腹及顶部各有一周弦纹。简化兽形矮足、纽。口径16.6、通高26.8厘米（图九四，3）。

4. 熏　1件。

M1029：7，高子母口直立，窄肩承盖，弧折壁，矮圈足。腹有一周凸圈，凸圈上下各饰一周
圆圈纹。折壁盖，盖顶有圈状捉手。盖面及顶均有大小不一的三角形镂孔。口径6、通高8.6厘

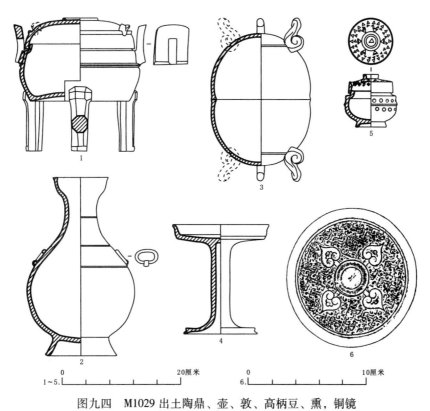

图九四　M1029 出土陶鼎、壶、敦、高柄豆、熏，铜镜

1. 陶鼎（3）　2. 陶壶（6）　3. 陶敦（4）　4. 陶高柄豆（5）　5. 陶熏（7）　6. 铜镜（1）

米（图九四，5）。

5. 高柄豆　2件。形制、大小相同。

标本 M1029∶5，敞口微侈，折壁浅平盘，高柱柄，盖状圈足较宽而低平，边缘呈台棱状斜折。口径16、高18厘米（图九四，4）。

（二）铜器

2件。妆饰器镜和带钩各1件。

1. 镜　1件。

M1029∶1，深绿色。三弦纽，圆纽座，凹缘。纽座外一周栉齿纹，栉齿纹弦纹边圈外等距离伸出四枝带茎叶片纹；叶片纹外满饰变形凤鸟纹地纹。直径11.2、缘厚0.3厘米（图九四，6）。

2. 带钩　1件。

M1029∶2，残甚，形态不明。

墓葬二八　M1030

一　墓葬形制（A 型 I 式）

普通宽长方形土坑竖穴。方向295°。墓壁倾斜，修整光滑。墓口长350、宽200厘米，墓底

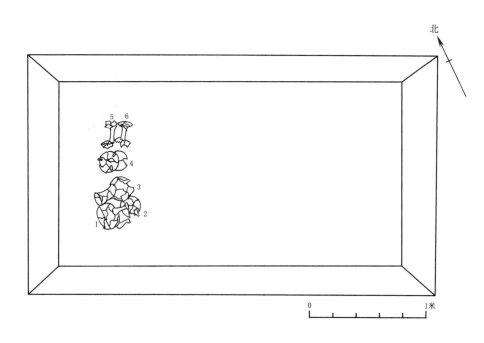

图九五　M1030 随葬器物分布图
1. 陶鼎　2、5、6. 陶豆　3. 陶壶　4. 陶敦

长 295、宽 155 厘米，墓深 345 厘米。随葬器物位于墓底头端。葬具及人骨架不存。墓中填五花土。墓口以上有厚 25～30 厘米表土（图九五）。

二　出土器物（A 组丙 I 类）

6 件。为仿铜陶礼器。灰陶或黄灰陶。

1. 鼎　1 件。

M1030：1，子母口内敛，窄肩承盖。扁弧腹，圜底近平。上腹呈台棱状突出，蹄足直立，足断面呈不规则多边形。耳残。弓弧形浅盖，盖顶近平，边缘弧折。盖面有一周凸圈，凸圈上等列三个乳突纽。口径 16、通宽 20.4、通高 23 厘米（图九六，1）。

2. 壶　1 件。

M1030：3，未修复，形态不明。

3. 敦　1 件。

M1030：4，身、盖等大，足、纽同形，身、盖相合略呈橄榄形。直口微敛，浅弧壁，圜底、顶。简化兽形矮足、纽外撇。口径 18.8、通高 20 厘米（图九六，2）。

4. 高柄豆　2 件。未修复，形态不明。

5. 矮柄豆　1 件。

M1030：2，敞口，斜直壁盘，底边平折，矮柱柄，喇叭形圈足低平。口径 12.6、高 12.6 厘米（图九六，3）。

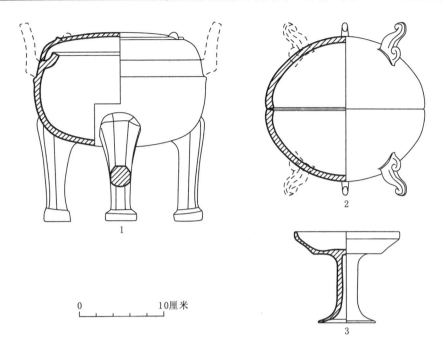

图九六　M1030 出土陶鼎、敦、矮柄豆
1. 鼎（1）　　2. 敦（4）　　3 矮柄豆（2）

墓葬二九　　M1031

一　墓葬形制（C 型Ⅷb 式）

狭长形土坑竖穴带平头龛及封闭二层台。方向 122°。墓上部被破坏。头龛位于墓坑东南端墓壁下部。龛顶略弧，龛横断面呈截角长方形，龛底与墓底平。龛宽同墓底宽，龛深 20、高 44 厘米。二层台高 54 厘米，宽度各方均不相同，右侧宽 45、左侧宽 20、头端宽 8、足端宽 22 厘米。墓壁垂直，墓口长 240、宽 125 厘米，墓底长 210、宽 60 厘米，墓残深 130 厘米。随葬器物置于头龛内。葬具及人骨架不存。墓中填五花土（图九七）。

二　出土器物（B 组丁Ⅲ类）

2 件。为日用陶器（图版一七，2）。

1. 高领罐　1 件。

M1031：2，直口，宽平折沿，高直领，溜肩，弧腹，平底。腹及底饰斜粗绳纹。口径 16、腹径 21.6、高 20.4 厘米（图九八，1）。

2. 盂　1 件。

M1031：1，平折沿，短颈，弧壁，底残。口径 22.6、残高 4.3 厘米（图九八，2）。

北

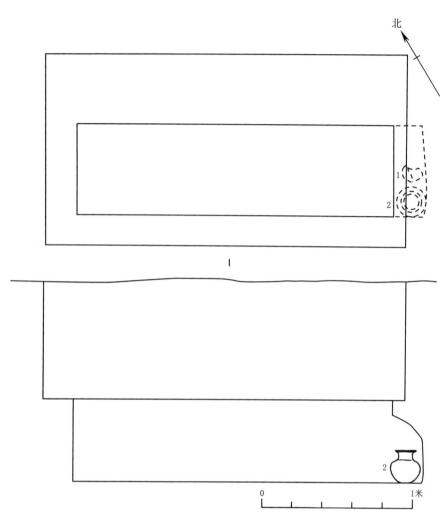

图九七　M1031 平、剖面及随葬器物分布图
1. 陶盂　2. 陶罐

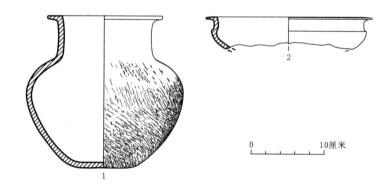

图九八　M1031 出土陶高领罐、盂
1. 高领罐（2）　　2. 盂（1）

墓葬三〇 M1032

一 墓葬形制（B 型 I 式）

普通窄长方形土坑竖穴。方向 120°。墓上部被破坏。墓壁略斜，两侧斜度较两端大。墓口长 300、宽 180 厘米，墓底长 290、宽 130 厘米，墓残深 260 厘米。随葬器物位于墓底头端。葬具及人骨架不存。墓中填五花土（图九九）。

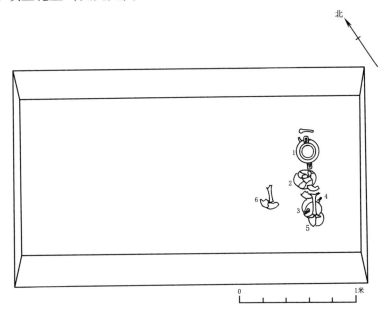

图九九 M1032 随葬器物分布图

1. 陶鼎 2. 陶壶 3. 陶敦 4~6. 陶豆

二 出土器物（A 组丙 II 类）

6 件。为仿铜陶礼器。黑衣灰陶。

1. 鼎 1 件。

M1032∶1，高子母口内敛，窄肩承盖。深弧腹，圜底近平。中腹有一周凸箍，蹄形足直立，足断面呈不规则多边形。大方附耳外张。弓弧形盖，盖面有两周凸圈；第一周凸圈上等列三个简化卧兽形纽。口径 18.4、通宽 27.8、通高 26.2 厘米（图一〇〇，1）。

2. 壶 1 件。

M1032∶2，敞口，粗弧颈，圆肩，弧腹，圜底近平。高圈足外撇。颈及上腹各饰两周弦纹，腹有对称鼻纽衔环。弧形浅盖，子母口。口径 11.4、腹径 18.2、高 30.4 厘米（图一〇〇，2）。

3. 敦 1 件。

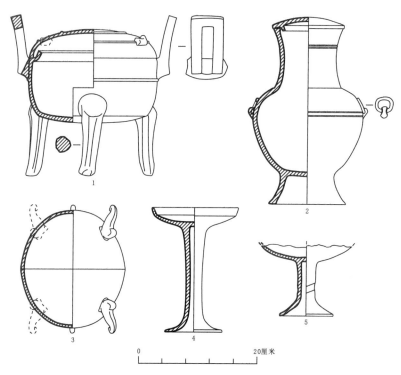

图一○○　M1032 出土陶鼎、壶、敦、高柄豆、矮柄豆

1. 鼎（1）　2. 壶（2）　3. 敦（3）　4. 高柄豆（4）　5. 矮柄豆（5）

M1032：3，身、盖等大，足、纽同形。身、盖相合呈椭球形。口微敞，弧壁，圜底、顶。简化兽形矮足、纽。口径 17.6、通高 20.8 厘米（图一○○，3）。

4. 高柄豆　2 件，形态相同。

标本 M1032：4，敞口，斜折壁浅盘，细高柱柄，喇叭形圈足低平。口径 14.4、高 20.2 厘米（图一○○，4）。

5. 矮柄豆　1 件。

M1032：5，口残。弧壁，矮柱柄，喇叭状圈足。残高 11.4 厘米（图一○○，5）。

墓葬三一　M1033

一　墓葬形制（A 型 II 式）

宽长方形土坑竖穴带斜坡墓道。方向 152°。墓道位于墓室东南端中间，坡度 23°。墓道壁略斜，墓道口长约 580、宽 150 厘米，墓道下端宽 140 厘米，墓道下端距墓口深 250、距墓底高 145 厘米。墓室两侧墓壁倾斜，两端近乎垂直。墓口长 300、宽 240 厘米，墓底长 285、宽 168 厘米，墓深 395 厘米。随葬器物位于头端及左侧，呈曲尺形分布，应为椁室的头厢和边厢位置。葬具及人骨架不存。墓内填土呈黄灰色，土松软，未经夯筑。墓底铺有一层砾石礜和膏泥层（图一○一、一○二）。

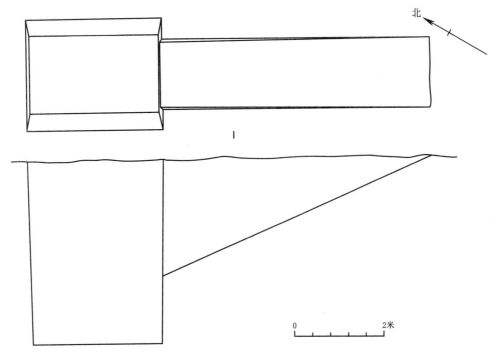

图一〇一 M1033 平、剖面图

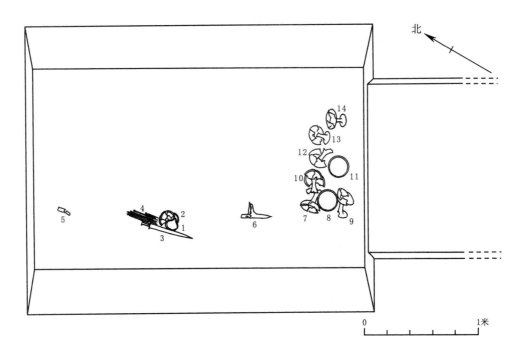

图一〇二 M1033 随葬器物分布图

1. 陶匜 2. 陶盘 3. 铜剑 4. 铜箭镞 5. 铜戈镈 6. 铜戈 7～14. 陶豆

二 出土器物（其他类）

14 件。其中陶器 10 件，铜兵器 4 件（箭镞以 1 件计）。

（一）陶器

10件。灰陶。

1. 盘　1件。

M1033：2，敞口，平沿微外凸呈折沿状，弧壁，圈底较平。盘内有红彩脱落。口径22、高4.2厘米（图一〇三，1）。

2. 匜　1件。

M1033：1，平面呈不规则圆形，壁较直，圈底。口部一侧内瘪为扣手，对应一侧捏小圆流。口径13.1~13.6、高4.8厘米（图一〇三，2）。

3. 高柄豆　8件。形制相同。

标本M1033：8，敞口，折壁浅盘，高柱柄，盖状圈足略有折。口径16、高16.6厘米（图一〇三，3）。

（二）铜器

4件。为兵器。

1. 剑　1件。

M1033：3，深绿色。首残。圆空茎，"一"字形格，剑身菱形脊。刃缘崩缺。残长44.7厘米（图一〇三，6）。

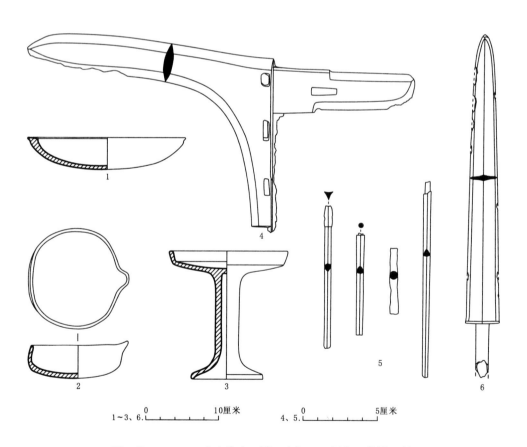

图一〇三　M1033出土陶盘、匜、高柄豆，铜戈、箭镞、剑

1. 陶盘（2）　2. 陶匜（1）　3. 陶高柄豆（8）　4. 铜戈（6）　5. 铜箭镞（4）　6. 铜剑（3）

2. 戈 1件。

M1033：6，墨绿色。直援，梭形脊，斜刃缘；直内后三方有刃，内中有一长穿；胡较短，阑侧三穿。援、内残通长 26.3、胡高 11.3 厘米（图一〇三，4）。

3. 戈镈 1件。残甚，形态不明。

4. 镞 约 10 支（以 1 件计）。

M1033：4，青绿色。三角镞头已残，三角形长铤，均残，多为铜铤，个别为铁铤。残长 4.4～12.8 厘米（图一〇三，5）。

墓葬三二 M1034

一 墓葬形制（A 型 II 式）

宽长方形土坑竖穴带斜坡墓道。方向 150°。墓道位于墓室南端中间，坡度 30°。墓道壁略斜，墓道口长 480、宽 148 厘米，墓道下端宽 145 厘米，下端距墓口深 315、距墓底高 135 厘米。墓室壁略斜，几近垂直。墓口长 310、宽 195 厘米，墓底长 300、宽 175 厘米，墓深 450 厘米。随葬器物位于墓底头端。葬具及人骨架不存。墓中填土为本坑土回填，红色黏土中夹杂砂砾石。墓口以上有厚约 50 厘米表土（图一〇四、一〇五）。

二 出土器物（A 组乙类）

9 件。其中陶器 6 件，铜器、玉器和玻璃器各 1 件。

（一）陶器

6 件。为仿铜陶礼器。灰陶或红灰陶（图版一八，1）。

1. 鼎 2件。形制、大小相同。

标本 M1034：2，子母口较高较直，窄凹肩承盖。扁弧腹较直，大平底微凹。中腹有一周凸箍。蹄形足直立，足断面呈七边形。方附耳微侈。弧形隆盖，盖面有两周凸圈。第一周凸圈上等列三个卧兽纽，盖顶、边及鼎身上腹施白彩。口径 15、通宽 23.2、通高 25.1 厘米（图一〇六，1）。

2. 壶 2件。形制、大小相同。

标本 M1034：5，喇叭形敞口，长弧颈，圆肩，弧腹，圜底。圈足外撇，足沿微翘。颈、肩各饰两周弦纹。肩有对称鼻纽衔环。弓弧形盖，子母口。盖上有纽，已残。有白彩脱落。口径 14.3、腹径 19.2、残高 33.5 厘米（图一〇六，3）。

3. 敦 2件。形制、大小相同。

标本 M1034：6，身、盖等大，足、纽同形。身、盖相合呈椭球形。直口，弧壁，圜底、顶。简化兽形高足、纽。身、盖各饰四周弦纹，弦纹间涂黑衣，黑衣上施白彩。口径 19、通高 27.6 厘米（图一〇六，2）。

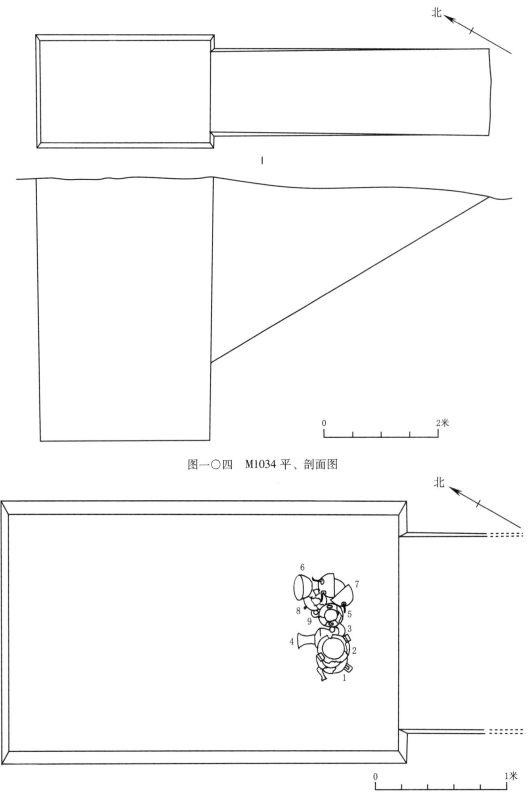

北

图一〇四　M1034 平、剖面图

0　　　　　　　　2米

北

图一〇五　M1034 随葬器物分布图

1、2. 陶鼎　3. 铜镜　4、5. 陶壶　6、7. 陶敦　8. 玻璃珠　9. 玉璧

0　　　　　　　　1米

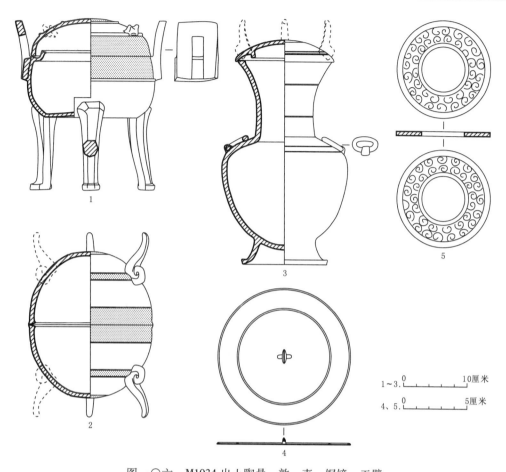

图一〇六　M1034 出土陶鼎、敦、壶，铜镜，玉璧
1. 陶鼎（2）　2. 陶敦（6）　3. 陶壶（5）　4. 铜镜（3）　5. 玉璧（9）

（二）铜镜

1 件。M1034：3，青色。体轻薄。窄鼻纽，无纽座，缘略凸起。缘内饰一周凸弦纹。直径 10.25、缘厚 0.15 厘米（图一〇六，4）。

（三）玉璧

1 件。M1034：9，墨绿色。双面肉、好均有深廓，廓内刻涡纹。肉径 7.3、好径 3.4、厚 0.3 厘米（图一〇六，5；图版一七，3）。

（四）玻璃珠

1 枚。残甚。

墓葬三三　M1035

一　墓葬形制（A 型 III 式）

宽长方形土坑竖穴带斜坡墓道及一级台阶。方向 344°。墓道位于墓室北端中间，坡度 30°。

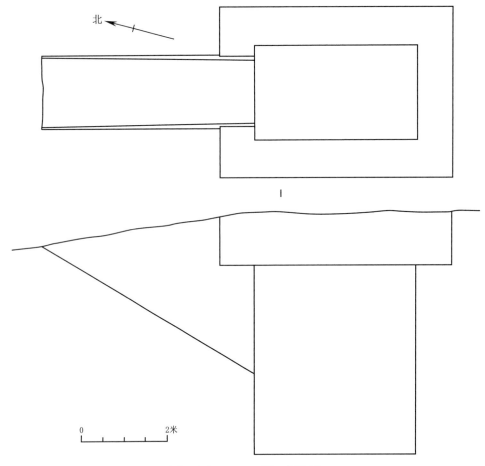

图一〇七　M1035 平、剖面图

墓道壁略斜，墓道口长 408、宽 164 厘米，墓道下端宽 140 厘米，墓道下端距墓口深 360、距墓底高 180 厘米。台阶距墓口深 120、距墓底高 420 厘米，台阶宽 80 厘米。四周均有台阶，北端中间被墓道切断。墓室壁垂直，只台阶以下两侧的墓壁略斜。墓口长 530、宽 380 厘米，台阶内侧长 370、宽 220 厘米，墓底长 370、宽 210 厘米，墓通深 540 厘米。随葬器物呈曲尺形分布于墓底头端和左侧，应是椁室的头厢和边厢位置。葬具及人骨架不存。墓中填土为本坑土回填，为网纹土夹较多砂砾。墓口以上有厚约 20 厘米表土（图一〇七、一〇八）。

二　出土器物（A 组乙类）

12 件。其中陶器 8 件，铜兵器 4 件。

（一）陶器

8 件。为仿铜陶礼器。灰陶或红灰陶（图版一八，2）。

1. 鼎　2 件。形制、大小相同。

标本 M1035：9，子母口微敛，窄肩承盖。扁直腹微弧，大平底。腹中有一周凸箍。蹄形高足直立，足断面呈八边形。大方附耳外张。中、上腹施黑衣白彩，并有红彩弦纹和卷云纹，红彩脱落。弧形盖，盖面有两周凸圈，第一周凸圈上等列三个具象的兽纽。口径 17、通宽 26.4、通高 25.7 厘米（图一〇九，1）。

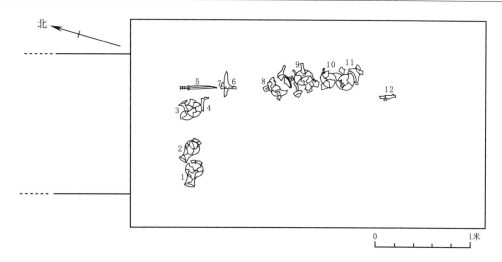

图一〇八 M1035 随葬器物分布图

1、2. 陶壶 3、4. 陶豆 5. 铜剑 6. 铜戈 7. 铜戈龠 8、9. 陶鼎 10、11. 陶敦 12. 铜戈镦

2. 壶 2件。形制、大小相同。

标本 M1035：1，敞口斜直，长弧颈，溜肩，鼓腹，圜底。高圈足外撇较甚。腹部有对称鼻纽衔环。颈、肩、腹各饰两周弦纹。弓弧形盖，子母口直立。盖边及盖顶均有纽，已残。颈、上腹及盖有黑衣白彩宽带或面，并有红彩脱落。口径 11.2、腹径 18.9、通高 28 厘米（图一〇九，2）。

3. 敦 2件。形制、大小相同。

标本 M1035：11，仅存一半。直口，弧壁，圜底。简化兽形矮足。下腹饰一周弦纹。口外饰一圈黑衣白彩宽带和红彩弦纹；腹部亦有红彩，脱落。口径 18.8、高 11.2 厘米（图一〇九，3）。

4. 高柄豆 2件。形制、大小相同。

标本 M1035：4，敞口，折壁浅盘，高柱柄，盖状圈足低平。豆柄呈螺旋状盘筑。口径 16、高 18 厘米（图一〇九，4）。

（二）铜器

4件。为兵器，其中戈镦与戈龠为戈的附件。

1. 剑 1件。

M1035：5，墨绿色。首残，圆实茎上有双箍，"凹"字形格。剑身菱形脊，前锋残，剑身残留有剑鞘印痕。残长 56 厘米（图一〇九，8）。

2. 戈 1件。

M1035：6，翠绿色。直援，梭形脊，斜刃缘；直内下方及尾部有刃，内中有一锥形长穿；胡较短，阑侧三穿。援、内残通长 24.4、胡高 10.2 厘米（图一〇九，7）。

3. 戈镦 1件。

M1035：12，青绿色。上方呈不规则菱形，中腰有简化鸟形箍，镦底呈凹腰形。镦上满饰卷云纹，或有错金银脱落。长 14.2 厘米（图一〇九，5）。

4. 戈龠 1件。

M1035：7，墨绿色。作眠鸟形，上有错金、银的卷云纹。长 4.5、宽 2.3、高 1.65 厘米（图一〇九，6）。

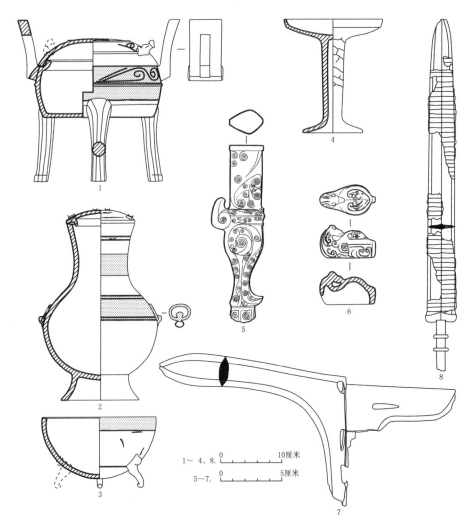

图一〇九　M1035 出土陶鼎、壶、敦、高柄豆，铜戈镎、戈龠、戈、剑

1. 陶鼎（9）　　2. 陶壶（1）　　3. 陶敦（11）　　4. 陶高柄豆（4）　　5. 铜戈镎（12）　　6. 铜戈龠（7）

7. 铜戈（6）　　8. 铜剑（5）

墓葬三四　　M1036

一　墓葬形制（A 型Ⅲ式）

　　宽长方形土坑竖穴带斜坡墓道及一级台阶。方向 325°。墓道位于墓室北端中间，坡度 28°。墓道壁垂直，墓道口长 630、宽 152 厘米，墓道下端距墓口深 558、距墓底高 176 厘米。台阶位于墓口以下 84 厘米处，距墓底高 650 厘米；台阶两端宽 76、两侧宽 106 厘米。四周均有台阶，北端中部被墓道切断。墓道以上墓壁倾斜，墓道以下墓壁垂直。墓口长 540、宽 460 厘米，台阶内侧

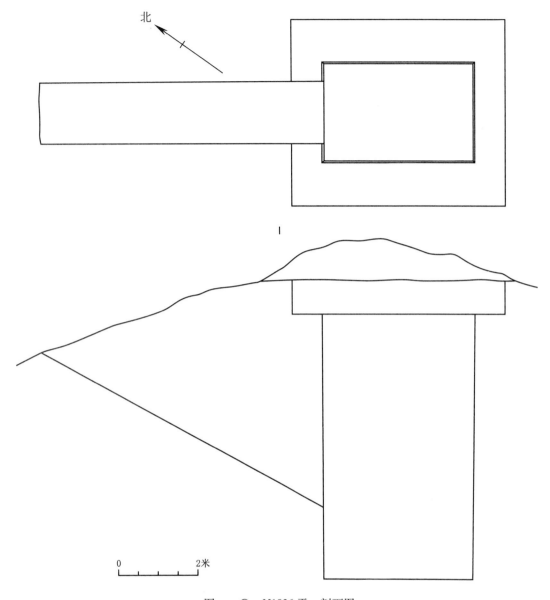

图一一〇　M1036平、剖面图

长388、宽248厘米，墓底长380、宽240厘米，墓通深734厘米。随葬器物沿墓底头端和一侧呈曲尺形排列，应为椁室的头厢和边厢位置。葬具及人骨架不存。墓中填土为本坑土回填，填土经夯筑。墓上残留有封土堆，封土堆残高约100厘米；封土底径600～700厘米。封土亦经夯筑（图一一〇、一一一）。

二　出土器物（A组乙类）

14件。除一件铁臿外均为陶器。

（一）陶器

13件。为仿铜陶礼器。黑衣灰陶或红褐陶（图版一九，1）。

1. 鼎　2件。形态略有差异，一方耳，一环耳。

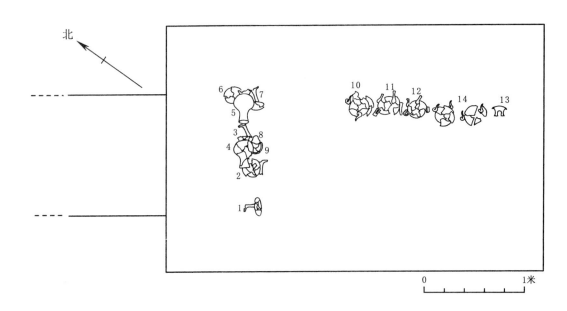

图一一一　M1036随葬器物分布图

1~3、6、7.陶豆　4、5.陶壶　8.陶匜　9.陶盘　10、14.陶敦　11、12.陶鼎　13.铁舀

M1036:11，子母口内敛，窄肩承盖。扁弧腹，大平底。腹中有一周凸箍。蹄形足直立，足断面呈八边形。大方附耳外张。弓弧盖，盖面有两周凸圈。第一周凸圈上等列三个简化兽纽，盖顶鼻纽衔环。上腹及盖边施白彩，脱落。口径18.4、通宽29.8、通高29.5厘米（图一一二，1）。

M1036:12，子母口微敛，窄凹肩承盖。圆腹，圜底。上腹有一周凸箍。蹄形足直立，足断面呈七边形。环形附耳外侈，耳根穿透器壁。弧形盖边缘较直，盖面有两周凸圈，第一周凸圈上等列三个简化兽纽，盖顶鼻纽衔环。红、白彩脱落。口径12.1、通宽20.2、通高16.4厘米（图一一二，2）。

2. 壶　2件。形制、大小相同。

标本M1036:4，敞口，弧颈较粗，溜肩，鼓腹，平底。高圈足外撇。颈部有对称鼻纽衔环。颈至腹饰七周弦纹，口部、颈、腹各施一道白色宽带，白彩间及下腹未涂白彩处绘红彩，多脱落。弧形浅盖，矮子母口。盖边有三个扁立纽。盖面绘花瓣状红彩，脱落。口径11.9、腹径20.2、通高33.6厘米（图一一二，4）。

3. 敦　2件。形制、大小相同。

标本M1036:10，身、盖等大，足、纽同形。身、盖相合呈球形。敞口，唇内外皆凸，弧壁，圜底、顶。简化兽形足、纽。身、盖均有彩绘，脱落殆尽。口径22.2、通高24.8厘米（图一一二，3）。

4. 盘　1件。

M1036:9，敞口，斜折沿，折壁，小平底。口径22、高4.8厘米（图一一二，5）。

5. 匜　1件。

M1036:8，敛口，弧壁，圜底。口部一侧内瘪为扣手，对应一侧捏方流。口外及器内有白彩。

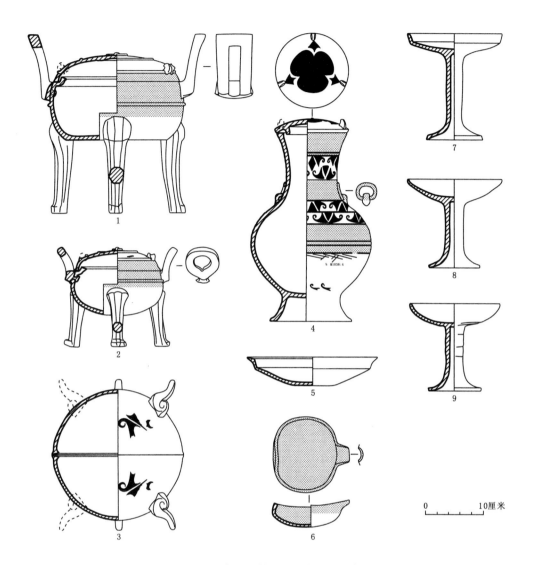

图一一二　M1036 出土陶鼎、敦、壶、盘、匜、高柄豆、矮柄豆

1、2. 鼎（11、12）　3. 敦（10）　4. 壶（4）　5. 盘（9）　6. 匜（8）　7、8. 高柄豆（2、3）　9. 矮柄豆（1）

口径 12.5~12.6、高 4.6 厘米（图一一二，6）。

6. 高柄豆　2 件。

M1036:2，敞口，斜折壁浅盘，细高柱柄，喇叭形圈足低平，边缘斜折。口径 16、高 17.6 厘米（图一一二，7）。

M1036:3，敞口，斜壁盘，矮柱柄，喇叭形圈足。口径 16、高 14.6 厘米（图一一二，8）。

7. 矮柄豆　3 件，形态相同。

标本 M1036:1，敞口，弧壁盘，矮柱柄略凹弧，喇叭形圈足低平。口径 15.2、高 14.4 厘米（图一一二，9）。

（二）铁臿

1 件。形态不明。

墓葬三五　　M1037

一　墓葬形制（A 型 I 式）

普通宽长方形土坑竖穴。方向 258°。墓坑长、宽差别较小。墓壁垂直，长 280、宽 215、深 308 厘米。随葬器物位于墓底中间偏一侧位置，纵向一列。器物下墓底并有一条纵向浅槽，槽宽约 20、深约 5 厘米。另在距地表深约 70 厘米处的填土中出有铁臿 1 件。葬具及人骨架不存。墓底铺有一层白膏泥，厚约 2 厘米。其上填筑五花土（图一一三）。

二　出土器物（A 组丙 I 类）

7 件。除一件铁臿外均为陶器。

（一）陶器

6 件。为仿铜陶礼器。黑衣灰陶。

1. 鼎　1 件。

M1037：6，子母口内敛，窄凹肩承盖。弧腹深直，大平底。腹中有一周凸箍。蹄形高足外撇，

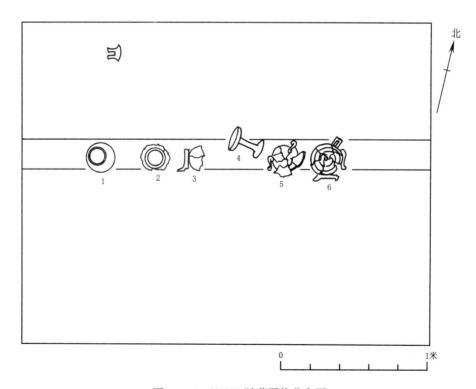

图一一三　M1037 随葬器物分布图

1. 陶罐　2. 陶壶　3、4. 陶豆　5. 陶敦　6. 陶鼎　7. 铁臿

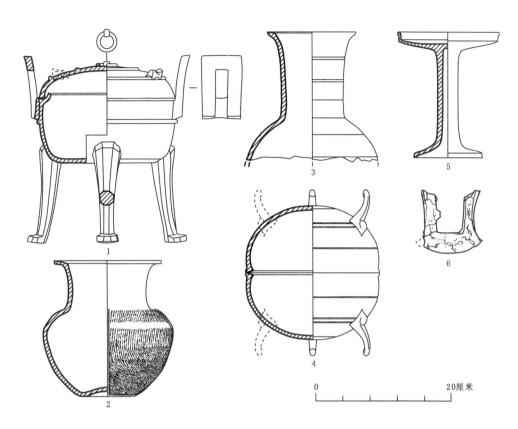

图一一四　M1037 出土陶鼎、高领罐、壶、敦、高柄豆，铁臿
1. 陶鼎（6）　2. 陶高领罐（1）　3. 陶壶（2）　4. 陶敦（5）　5. 陶高柄豆（4）　6. 铁臿（7）

足断面呈八边形。大方附耳外侈。弓弧盖，盖面有两周凸圈。第一周凸圈上等列三个卧兽纽，盖
顶鼻纽衔环。口径 17、通宽 24、通高 26.6 厘米（图一一四，1）。

　　2. 壶　1 件。

　　M1037：2，敞口，长弧颈较直，圆肩，肩以下残。颈至肩饰八周弦纹，口径 12.8、残高 18.2
厘米（图一一四，3）。

　　3. 敦　1 件。

　　M1037：5，身、盖等大，足、纽同形。身、盖相合略呈球形。直口，唇内凸，弧壁，圜底、
顶。简化兽形足、纽。身、盖各饰四周弦纹。口径 19.8、通高 23.6 厘米（图一一四，4）。

　　4. 高领罐　1 件。

　　M1037：1，宽斜折沿，高弧领，斜肩，弧腹，凹圜底。上腹饰横断竖粗绳纹，下腹饰交错绳
纹。口径 15.6、腹径 18.8、高 19.3 厘米（图一一四，2）。

　　5. 高柄豆　2 件。形制、大小相同。

　　标本 M1037：4，直口微侈，折壁浅平盘，细高柱柄，喇叭形圈足较低平。口径 15、高 17.9
厘米（图一一四，5）。

　　（二）铁臿

　　1 件。M1037：7，凹口，大弧刃两侧上翘。残甚。高 9、残宽 9 厘米（图一一四，6）。

墓葬三六　　M1039

一　墓葬形制（B型Va式）

　　窄长方形土坑竖穴带平行二层台。方向314°。二层台位于墓坑两侧，高65、宽10厘米。二层台两端有对应的竖槽，可能是卡住椁木挡板的结构，槽宽17~18厘米，深与二层台宽度同，为10厘米。墓底两端有枕木沟，沟宽18~20、深8厘米。墓坑头端略宽，墓壁垂直。墓口长285、头端宽135、足端宽130厘米，墓底长285、头端宽115、足端宽110厘米，墓通深250厘米。随葬器物位于墓底头端。葬具及人骨架不存。从墓坑结构和随葬品位置判断。该墓应有椁室，椁分头厢和棺厢。二层台应为替代椁侧板所设，两端嵌入挡板，下置底板、枕木，分出头厢和棺厢（或木棺置于一端，留出头厢空间），二层台上放盖板即成椁室。墓中填五花土（图一一五）。

二　出土器物（A组丙II类）

　　7件。其中陶器4件，其他3件。

　　（一）陶器

　　4件。为仿铜陶礼器。黑衣灰陶或红褐陶。

　　1. 鼎　1件。

　　M1039：4，子母口内敛，窄肩承盖。弧腹呈扁鼓形，大平底微凹。腹有一周凸箍。足残，足断面呈八边形。厚方附耳外张。耳、足穿透器壁。弓弧盖，盖面有两周凸圈，盖顶有一圆纽。口径16.5、通宽26.8、残高17.2厘米（图一一六，1）。

　　2. 双耳壶　1件。

　　M1039：6，敞口，粗弧颈，斜肩略折，弧腹，圜底，圈足略外斜。肩有对称环耳。颈、肩饰三周弦纹。颈部有红、白相间彩绘及白色圈带、点彩。口径10.8、腹径18、高27.8厘米（图一一六，2）。

　　3. 簋　1件。

　　M1039：5，口微侈，平沿，口外凹弧，深弧腹，圜底，喇叭状圈足。圈足上有上下交错的三角形镂孔，上、下各四个。有白衣，脱落。口径20.2、高15.2厘米（图一一六，3）。

　　4. 高柄豆　1件。

　　M1039：3，豆盘残。细高柱柄，喇叭形圈足。残高17.2厘米（图一一六，4）。

　　（二）铜器

　　2件。

　　1. 戈　1件。

　　M1039：2，灰绿色。昂援，梭形脊，斜刃缘，前锋略残；直内三方有刃，中后部有一圭形

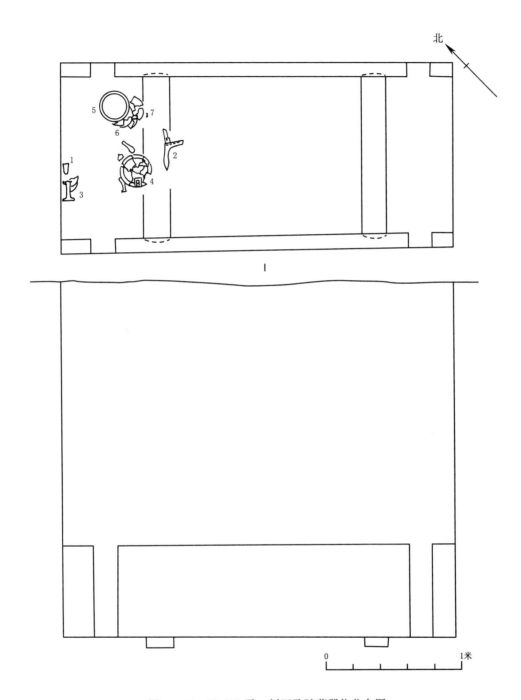

图一一五　M1039 平、剖面及随葬器物分布图
1. 铁铲　2. 铜戈　3. 陶豆　4. 陶鼎　5. 陶簋　6. 陶壶　7. 铜带钩

穿；长胡，阑侧四穿。援、内残通长 26.9、胡高 12.2 厘米（图一一六，5）。

2. 带钩　1 件。残甚。

（三）铁铲

1 件。残甚，形态不明。

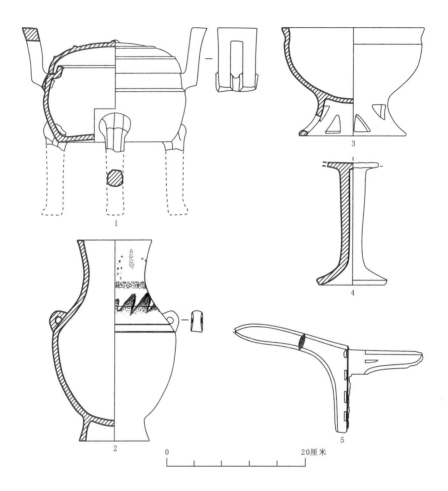

图一一六　M1039 出土陶鼎、双耳壶、簋、高柄豆，铜戈
1. 陶鼎（4）　2. 陶双耳壶（6）　3. 陶簋（5）　4. 陶高柄豆（3）　5. 铜戈（2）

墓葬三七　M1040

一　墓葬形制（A 型 VIa 式）

宽长方形土坑竖穴带高头龛。方向 205°。墓上部被破坏。头龛位于墓坑西南端墓壁中部，龛呈弧顶拱门。龛底距墓底高 92 厘米，龛宽 72、深 26、高 60 厘米。墓壁略斜，不光滑。墓口长320、宽195 厘米，墓底长 285、宽 165 厘米，墓残深 232 厘米。随葬器物置于头龛内。墓中填黄褐色五花土（图一一七）。

二　出土器物（B 组丁 I 类）

5 件。为日用陶器。灰陶或红褐陶（彩版八，2；图版一九，2）。

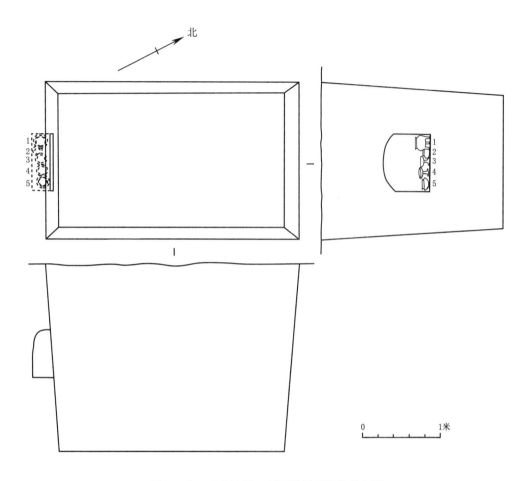

图一一七　M1040 平、剖面及随葬器物分布图
1. 陶鬲　2. 陶罐　3、4. 陶豆　5. 陶盂

1. 鬲　1 件。

M1040：1，弇口，斜折沿，溜肩，深弧腹，圜底，柱状足直立。颈以下饰粗绳纹，肩以下饰粗绳纹，上腹抹刮三周弦纹。口径 17.6、腹径 25、高 24.8 厘米（图一一八，1）。

2. 矮领罐　1 件。

M1040：2，直口，方唇，矮领，圆肩，弧腹，圜底微凹。上腹饰两周弦纹。口径 11.1、腹径 17、高 11 厘米（图一一八，2）。

3. 盂　1 件。

M1040：5，直口，折沿略外翻，短颈，斜直壁，平底。素面。口径 20.4、高 7 厘米（图一一八，3）。

4. 矮柄豆　2 件。

M1040：3，敞口，浅弧壁盘，矮柱柄有凸箍及弦纹两周，喇叭形圈足。口径 16、高 14 厘米（图一一八，5）。

M1040：4，弧壁盘较深，矮柱柄，喇叭形圈足低平。口径 15.2、高 14.2 厘米（图一一八，4）。

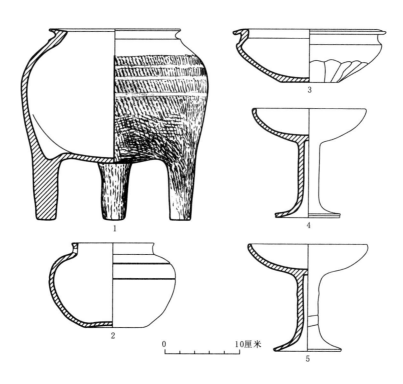

图一一八　M1040 出土陶鬲、矮领罐、盂、矮柄豆
1. 鬲（1）　2. 矮领罐（2）　3. 盂（5）　4、5. 矮柄豆（4、3）

墓葬三八　M1041

一　墓葬形制（B 型Ⅵa 式）

窄长方形土坑竖穴带高头龛。方向317°。头龛位于墓坑西北端墓壁中部，龛呈弧顶长方形。龛底距墓底高90厘米，龛宽60、深40、高50厘米。墓壁略斜，未经修整，墓底头端略高。墓口长270、宽150厘米，墓底长245、宽130厘米，墓深250厘米。随葬器物置于龛内。葬具及人骨架不存。墓中填黄灰色黏土，较松软，未经夯筑。墓口以上有厚约20厘米表土（图一一九）。

二　出土器物（B 组丁Ⅱ类）

2件。为日用陶器。灰陶。

1. 鬲　1件。

M1041:1，敛口，斜折沿，短束颈，斜圆肩，弧腹，圜底，宽裆，柱状足直立。肩以下饰粗绳纹，腹抹刮三周弦纹。口径20.6、腹径29.4、高27厘米（图一二〇，1）。

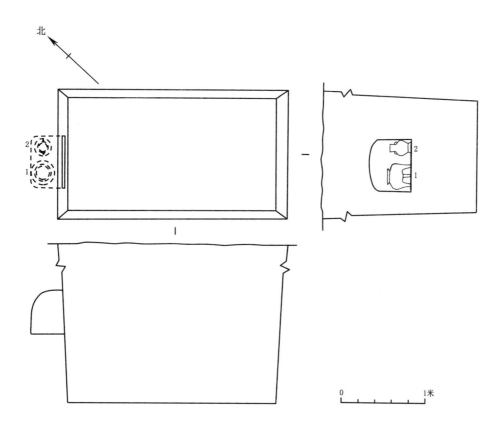

图一一九　M1041 平、剖面及随葬器物分布图
1. 陶鬲　2. 陶壶

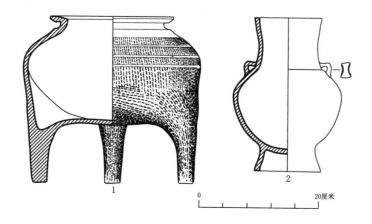

图一二〇　M1041 出土陶鬲、双耳壶
1. 鬲（1）　2. 双耳壶（2）

2. 双耳壶　1 件。

M1041：2，口较直，方唇，粗直颈微弧曲，颈有折，斜肩弧折，弧腹，圜底，高圈足外斜。肩有对称双耳。口径 11.5、腹径 18.2、高 24.8 厘米（图一二〇，2）。

墓葬三九　　M1042

一　墓葬形制（B 型Ⅶ式）

窄长方形土坑竖穴带高边龛。方向 116°。边龛位于墓坑东北侧墓壁中部，龛正面呈长方形，横断面略呈三角形。龛底距墓底高 30 厘米，龛宽 66、深 24、高 48 厘米。墓壁略斜，墓口长 255、宽 130 厘米，墓底长 235、宽 115 厘米，墓深 210 厘米。随葬器物置于边龛内。葬具及人骨架不存。填黄灰色黏土，纯净而松软，未经夯筑。墓口以上有厚约 15 厘米的表土（图一二一）。

二　出土器物（B 组丁Ⅱ类）

2 件。为日用陶器。灰陶和黑衣灰陶。

1. 双耳壶　1 件。

M1042：1，敞口，唇微凸，长弧颈，圆肩，圆弧腹，圜底，圈足外撇，足沿残。肩有对称双耳。颈、肩各饰两周弦纹。口径 11、腹径 18、残高 23 厘米（图一二二，1）。

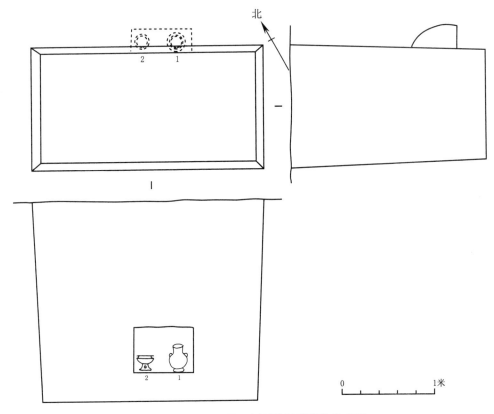

图一二一　M1042 平、剖面及随葬器物分布图
1. 陶壶　2. 陶簋

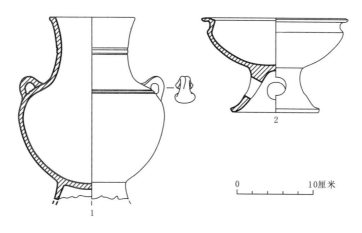

图一二二　M1042 出土陶双耳壶、簋
1. 双耳壶（1）　2. 簋（2）

2. 簋　1件。

M1042：2，敛口，平折沿微弧，短束颈，弧腹较浅，圜底，喇叭形高圈足。圈足上等列四个圆形镂孔。口径 19、高 12 厘米（图一二二，2）。

墓葬四〇　M1043

一　墓葬形制（B 型 VIb 式）

窄长方形土坑竖穴带并列双高头龛。方向 290°。墓上部被破坏。头龛位于墓坑西端墓壁下部，双龛并列，左龛大于右龛。左龛底距墓底高 16 厘米；龛宽 54、深 26、高 34 厘米。右龛底距墓底高 18 厘米；龛宽 42、深 24、高 25 厘米。墓坑左壁较右壁略长，头端较足端略宽，平面呈不平行梯形。墓壁略斜，现墓口左壁长 250、右壁长 240、头端宽 150、足端宽 140 厘米，墓底左壁长 240、右壁长 230、头端宽 140、足端宽 130 厘米，墓残深 150 厘米。随葬器物置于头龛内，其中左龛内 2 件、右龛内 1 件。葬具及人骨架不存。墓中填黄灰色黏土，较纯净。填土松软，未经夯筑。墓口以上有厚约 60 厘米的表土（图一二三）。

二　出土器物（B 组丁 II 类）

3 件。为日用陶器。灰陶。

1. 鬲　1件。

M1043：1，敛口，斜折沿，短颈，斜圆肩，弧腹，圜底较平，裆较宽，柱状足直立。肩以下饰粗绳纹，腹抹刮两周弦纹。口径 18.4、腹径 28、高 25.6 厘米（图一二四，1）。

2. 矮领罐　1件。

M1043：2，直口，矮领，溜肩，鼓腹，平底微凹。肩及上腹饰四周弦纹。口径 9、腹径 14、

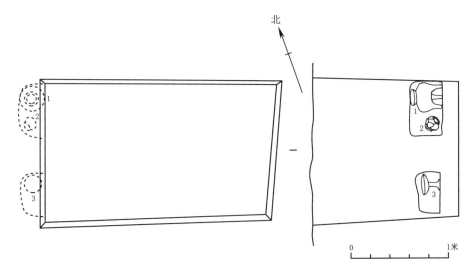

图一二三　M1043 平、剖面及随葬器物分布图
1. 陶鬲　2. 陶罐　3. 陶豆

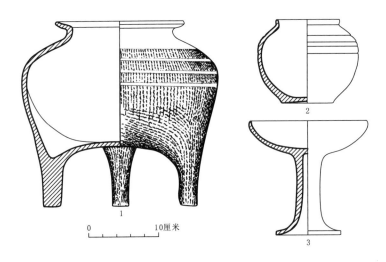

图一二四　M1043 出土陶鬲、矮领罐、矮柄豆
1. 鬲（1）　2. 矮领罐（2）　3. 矮柄豆（3）

高 11.4 厘米（图一二四，2）。

3. 矮柄豆　1 件。

M1043：3，敞口，弧壁盘，矮柱柄，喇叭状圈足。口径 16.4、高 15.6 厘米（图一二四，3）。

墓葬四一　M1044

一　墓葬形制（B 型 I 式）

普通窄长方形土坑竖穴。方向 320°。墓壁略斜，两端较两侧斜度略大。墓口长 255、宽 130

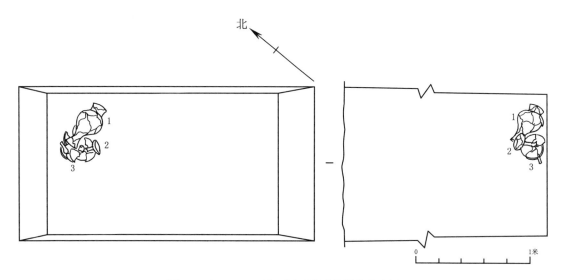

图一二五　M1044 平、剖面及随葬器物分布图
1. 陶壶　2. 陶豆　3. 陶鼎

厘米，墓底长 200、宽 120 厘米，墓深 270 厘米。随葬器物位于墓底头端。葬具及人骨架不存。灰褐色填土内含较多河沙和小砾石。墓口以上有厚约 20 厘米的表土（图一二五；图版二〇，1）。

二　出土器物（A 组丙 II 类）

3 件。均为陶器。

1. 鼎　1 件。未修复，形态不明。

2. 壶　1 件。

M1044：1，喇叭形敞口，弧颈细长，溜肩，鼓腹，圜底近平。高圈足外撇。颈至腹饰五周弦纹，肩有对称鼻纽衔环。弧形浅盖，高子母口直立。口径 10.1、腹径 17.6、通高 32.5 厘米（图一二六，1）。

3. 高柄豆　1 件。

M1044：2，敞口，弧壁盘，细高柱柄，圈足残。口径 15、残高 14 厘米（图一二六，2）。

墓葬四二　M1046

一　墓葬形制（B 型 I 式）

普通窄长方形土坑竖穴。方向 219°。墓上部被破坏。墓壁垂直，修整光滑。墓长 300、宽 135、残深 180 厘米。随葬器物位于墓底头端。葬具及人骨架不存。墓中填五花土，为本坑土回填。现墓口以上有厚约 20 厘米的表土（图一二七）。

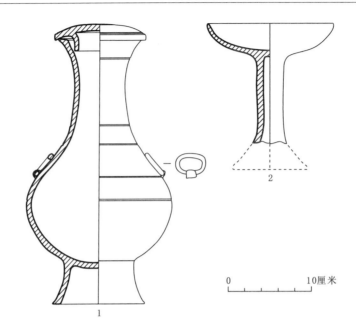

图一二六　M1044 出土陶壶、高柄豆
1. 壶（1）　　2. 高柄豆（2）

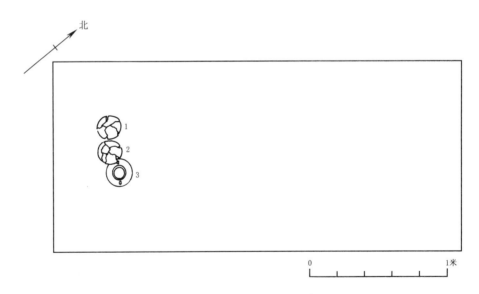

图一二七　M1046 随葬器物分布图
1、2. 陶豆　　3. 陶罐

二　出土器物（B 组丁Ⅱ类）

3 件。均为陶器（图版二〇，2）。

1. 双耳罐　1 件。

M1046：3，敞口，高弧领，斜肩，斜弧腹，平底，底边圆转。肩有对称双立耳。领至肩饰三组弦纹，每组两道；领有绳纹抹去。口径 11.4、腹径 18.6、高 18.7 厘米（图一二八，1）。

图一二八　M1046 出土陶双耳罐、高柄豆
1. 双耳罐（3）　　2、3. 高柄豆（1、2）

2. 高柄豆　2 件。形态有别。

M1046：1，口残，折壁盘，底较平，细高柱柄，喇叭形圈足边缘斜折。残高 14 厘米（图一二八，2）。

M1046：2，敞口，弧壁盘，细高柱柄，圈足残。口径 15、残高 12 厘米（图一二八，3）。

墓葬四三　M1047

一　墓葬形制（B 型 I 式）

普通窄长方形土坑竖穴。方向 338°。墓壁垂直，铲修光滑。墓长 262、宽 110、深 230 厘米。随葬器物位于墓底头端。葬具及人骨架不存。填土为本坑掘出的网纹红土经捣碎后回填，填土夯实（图一二九）。

二　出土器物（A 组丙 II 类）

2 件。陶器和铜器各 1 件。

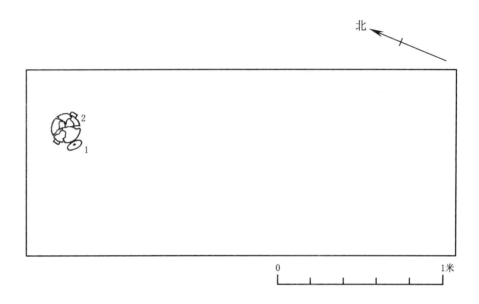

图一二九　M1047 随葬器物分布图
1. 铜镜　2. 陶鼎

（一）陶鼎

1 件。M1047∶2，子母口较高，窄肩承盖。腹斜直，中腰凹弧，下腹斜折。棱柱状足直立，断面呈六边形。方附耳外侈，耳为平板状，其中一耳与一足在一条垂直线上。弓弧形素盖浅平。盖及器上腹涂有朱砂，脱落。口径 12.6、通宽 19.2、通高 16.8 厘米（图一三〇，1）。

（二）铜镜

1 件。M1047∶1，黑色，三弦纽，圆纽座，窄素缘。纽座外有两周装饰纹带，第一周为云纹，第二周为叶脉纹；主题纹饰为图案化的变形龙凤纹，或称蟠螭纹；羽状地纹。直径 11.65、缘厚 0.45 厘米（图一三〇，2）。

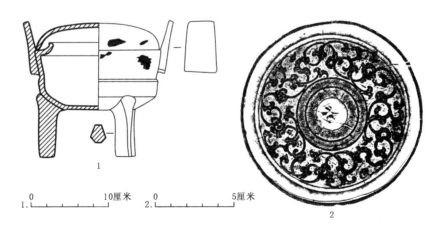

图一三〇　M1047 出土陶鼎，铜镜
1. 陶鼎（2）　2. 铜镜（1）

墓葬四四　M1048

一　墓葬形制（A 型 I 式）

普通宽长方形土坑竖穴。方向 338°。墓壁略斜，墓口长 270、宽 165 厘米，墓底长 264、宽 155 厘米，墓深 230 厘米。随葬器物位于墓底头端。葬具及人骨架不存。墓中填浅黄色土中带白色泥点，为本坑土回填，填土经夯筑。墓口以上有厚约 15 厘米的表土（图一三一）。

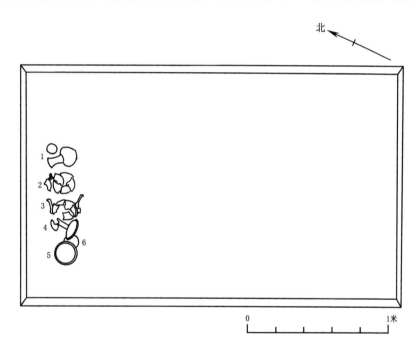

图一三一　M1048 随葬器物分布图
1. 陶壶　2. 陶敦　3. 陶鼎　4、5. 陶豆　6. 陶盘

二　出土器物（A 组丙 I 类）

6 件。为仿铜陶礼器，灰陶（图版二一，1）。

1. 鼎　1 件。

M1048：3，高子母口微敛，窄肩承盖。浅弧壁，平底。足细挑，足下部残。方附耳外张，耳孔呈"回"字形。盖失。口径 17、通宽 22.6、残高 15.7 厘米（图一三二，1）。

2. 壶　1 件。

M1048：1，喇叭形口，颈细长，斜肩，扁鼓腹，大平底微凹。浅弧盖略有子母口。口径 9.2、腹径 17.2、通高 24 厘米（图一三二，3）。

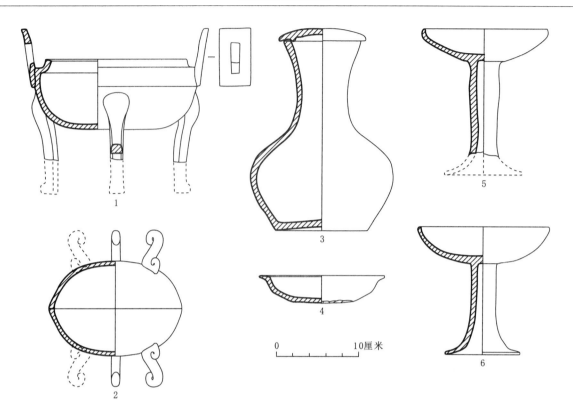

图一三二　M1048 出土陶鼎、敦、壶、盘、高柄豆、矮柄豆
1. 鼎（3）　2. 敦（2）　3. 壶（1）　4. 盘（6）　5. 高柄豆（4）　6. 矮柄豆（5）

3. 敦　1件。

M1048：2，身、盖等大，足、纽同形，身、盖相合呈橄榄形。敞口，浅弧壁，圜底、顶较平。简化兽形矮足、纽较直。口径16.1、通高18.4厘米（图一三二，2）。

4. 盘　1件。

M1048：6，敞口，平折沿，弧壁，平底微凸，底边有削棱。口径15、高3.3厘米（图一三二，4）。

5. 高柄豆　1件。

M1048：4，口微敛，斜壁盘，细高柱柄，圈足残。口径15、残高15厘米（图一三二，5）。

6. 矮柄豆　1件。

M1048：5，敞口，弧壁盘较深，矮柱柄略高，喇叭形圈足。口径15.7、高15厘米（图一三二，6）。

墓葬四五　M1049

一　墓葬形制（B型I式）

普通窄长方形土坑竖穴。方向341°。墓壁垂直，稍修整。墓长265、宽123、深275厘米。随葬器物位于墓底头端。葬具及人骨架不存。填土为本坑掘出的网纹红土捣碎后回填，夯筑不紧

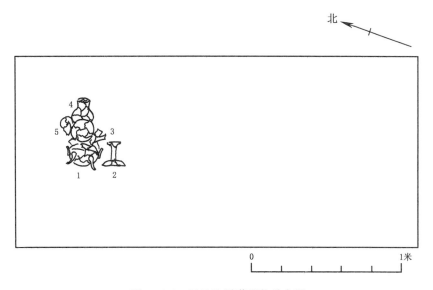

图一三三　M1049 随葬器物分布图
1. 陶鼎　2、3. 陶豆　4. 陶壶　5. 陶盘

密。墓口以上有厚约 10 厘米的表土（图一三三）。

二　出土器物（A 组丙 II 类）

5 件。为仿铜陶礼器，灰陶（图版二一，2）。

1. 鼎　1 件。

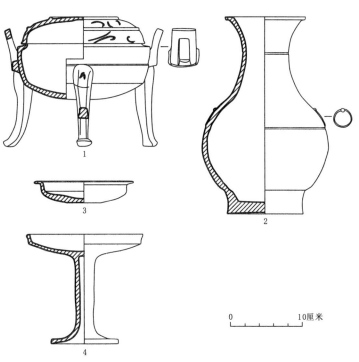

图一三四　M1049 出土陶鼎、壶、盘、高柄豆
1. 鼎（1）　2. 壶（4）　3. 盘（5）　4. 高柄豆（3）

M1049：1，敛口，肩略凹。上腹较直，略斜弧，下腹折收，腹中部呈台棱状转折，圜底较平。蹄形足外撇较甚，足断面略呈梯形。方附耳外张。盘状弧盖，盖面有两周凸圈。身、盖有红彩脱落。口径 19.6、通宽 21.6、通高 17.7 厘米（图一三四，1）。

2．壶　1 件。

M1049：4，喇叭形敞口，长弧颈，溜肩，圆腹近底弧折呈假圈足状，平底。颈、腹各饰一周弦纹，肩有对称鼻纽衔环。口径 11.2、腹径 17.4、高 26.4 厘米（图一三四，2）。

3．盘　1 件。

M1049：5，口较直，平折沿，浅折壁，平底。口径 13.6、高 3 厘米（图一三四，3）。

4．高柄豆　2 件。形态相同。

标本 M1049：3，敞口，斜折壁浅盘，细高柱柄，喇叭形圈足低平，边缘直折。口径 16、高 14.7 厘米（图一三四，4）。

墓葬四六　M1050

一　墓葬形制（A 型 I 式）

普通宽长方形土坑竖穴。方向 332°。墓壁垂直，长 306、宽 196、深 350 厘米。墓底两端各有一条枕木沟，沟宽 30~34、深约 5 厘米。随葬器物主要位于墓底北端和东侧，南端有 1 件铜剑，西侧有 1 件铁夯锤。葬具及人骨架不存。但从随葬器物的分布情况分析，该墓应有椁，椁分头厢、足厢、两边厢和棺厢。在棺厢的位置可见朱漆残痕。墓中填洗砂土（图一三五）。

二　出土器物（A 组乙类）

31 件。其中陶器 17 件，铜器及其他 14 件（砝码 6 枚以 1 件计）。

（一）陶器

17 件。为仿铜陶礼器，有灰陶、黄灰陶和红褐陶，或有黑衣（彩版九，1；图版二二，1）。

1．鼎　2 件。形制、大小相同。

标本 M1050：11，高子母口，窄肩承盖。弧腹深直，平底。蹄形足直立，足断面呈七边形。上腹有一周凸箍。方附耳微侈。弓弧盖，盖面有两周凸圈。口径 16.4、通宽 22.4、通高 24.3 厘米（图一三六，1）。

2．壶　2 件。形制、大小相同（图版二二，2）。

标本 M1050：13，浅盘状口，弧颈细长，溜肩，鼓腹，圜底。圈足外撇较甚。颈至腹饰四周弦纹，肩有对称鼻纽衔环。斗笠形盖，高子母口，盖面饰两周弦纹。器身及盖通施白色底彩，白彩上绘红彩。颈部饰红彩三角纹和对向卷云纹。腹部红彩脱落。口径 9.8、腹径 17.8、通高 32.4 厘米（图一三六，2）。

3．敦　2 件。形态略有别。

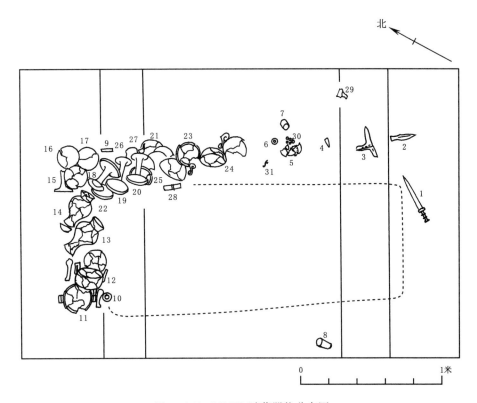

图一三五　M1050 随葬器物分布图

1. 铜剑　2. 铜矛　3. 铜戈　4. 铜剑尖　5. 残铜器　6. 玉环　7、8. 铁夯锤　9. 铜矛镦　10. 玻璃璧　11、12. 陶鼎　13、14. 陶壶　15～22. 陶豆　23、24. 陶敦　25. 陶盘　26. 陶匜　27. 陶勺　28. 铜戈镈　29. 铁块　30. 铜砝码　31. 铜带钩

M1050：23，身、盖等大，足、纽同形。身、盖相合呈椭球形。直口，深弧壁，圜底、顶。简化兽形高足、纽。身、盖各饰四周弦纹。器身口部有白彩宽带。口径17.6、通高25.2厘米（图一三六，3）。

M1050：24，身、盖等大，相合呈椭球形。直口，深弧壁，圜底、顶。简化兽形足，无纽。口径16.8、通高19.6厘米（图一三六，4）。

4. 盘　1件。未修复，形态不明。

5. 匜　1件。

M1050：26，平面呈弧边圆角方形。直口，上壁直，下壁弧收，平底，底边圆转。口部一侧略内瘪为扣手，对应一侧捏平口流。口径14.3～14.5、高3.6厘米（图一三六，5）。

6. 勺　1件。

M1050：27，敛口，扁腹壁，小平底。口部一侧斜伸出圆柱形柄。口径4、通宽8、通高10.8厘米（图一三六，6）。

7. 高柄豆　6件。形制、大小基本相同。

标本M1050：17，敞口，折壁浅平盘，细高柱柄，盖状圈足。口径16、高17厘米（图一三六，8）。

8. 矮柄豆　2件。形态有异。

M1050：21，敞口，弧壁盘较宽，矮弧形柄，喇叭形圈足。口径18、高13.6厘米（图一三六，7）。

M1050：20，盘较浅，柱状柄较细，圈足残。口径15.2、通高14.4厘米。

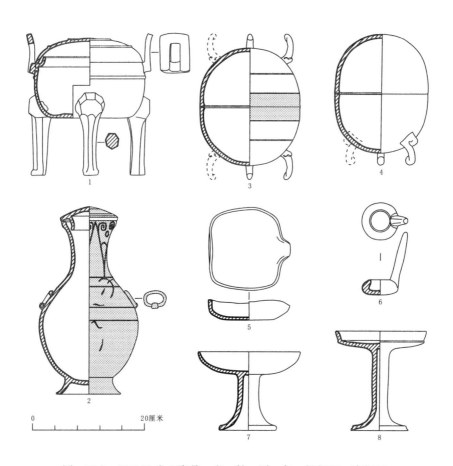

图一三六　M1050 出土陶鼎、壶、敦、匜、勺、矮柄豆、高柄豆

1. 鼎（11）　2. 壶（13）　3、4. 敦（23、24）　5. 匜（26）　6. 勺（27）　7. 矮柄豆（21）　8. 高柄豆（17）

（二）铜器

9件。有兵器和带钩等。

1. 剑　2件。

标本 M1050：1，墨绿色。首残，圆实茎上有双箍，"凹"字形格。剑身菱形脊。残长 65.2 厘米（图一三七，1）。

另1件残甚。

2. 戈　1件。

M1050：3，深绿色。昂援前部略下弧，菱形脊，斜刃缘，断面呈有折棱的菱形；直内较窄，内后有刃，内上一囊形穿；长胡，阑侧四穿，略残。援、内残通长 24.2、胡高 11.2 厘米（图一三七，2）。

3. 戈镈　1件。

M1050：28，深绿色。直筒形，上部有三道凸箍，断面略呈圭形。长 12.4 厘米（图一三七，3）。

4. 矛　1件。残甚，形态不明。

5. 矛镦　1件。残甚。形态不明。

6. 砝码　6枚（以1件计）（表一一）。

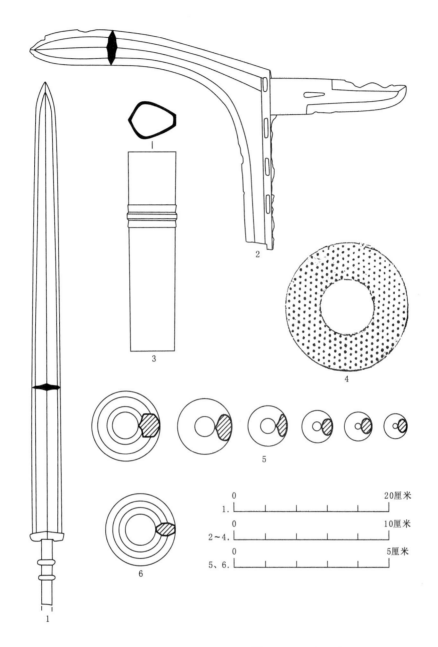

图一三七　M1050 出土铜剑、戈、戈镈、砝码，玻璃璧，玉环
1. 铜剑（1）　　2. 铜戈（3）　　3. 铜戈镈（28）　　4. 玻璃璧（10）　　5. 铜砝码（30）　　6. 玉环（6）

M1050：30，墨绿色。平面圆形，断面呈椭圆形或柿蒂形。从小到大外径为 0.8～2.2、好径 0.2～0.95 厘米，重 0.5～8.9 克，共重 22.8 克（图一三七，5）。

7. 带钩　1 件。

M1050：31，残甚，形态不明。

8. 残铜器　1 件。残甚，器形不明。

（三）铁器

3 件。其中夯锤 2 件，铁块 1 件。均残甚，形态不明。

表一一　　　　　　　　　　　　　M1050∶30 铜砝码登记表　　　　　　　　长度：厘米　重量：克

墓号：器号	数量	序号	颜色	外径	内径	厚度	重量	总重	备注
M1050∶30	6	1	墨绿	0.8	0.2	0.4	0.5	22.8	
		2		0.85	0.2	0.45	3.2		两枚砝码粘连一起，无法分开
		3		1	0.3	0.45			
		4		1.3	0.45	0.65	3.2		
		5		1.75	0.65	0.8	7		
		6		2.2	0.95	0.7	8.9		

（四）玉环

1件。M1050∶6，奶黄色。圆环形，茎断面呈八边形。肉径2.2、好径0.95、厚0.4厘米（图一三七，6）。

（五）玻璃璧

1件。M1050∶10，奶黄色。无廓，正面饰谷纹。肉径8.2、好径3.35、厚0.25厘米（图一三七，4）。

墓葬四七　M1051

一　墓葬形制（A型I式）

普通宽长方形土坑竖穴。方向330°。墓壁垂直，长325、宽220、深435厘米。随葬器物位于墓底一侧。器物内侧有棺木红色漆痕，因而随葬器物应是置于椁室边厢内。葬具及人骨架不存。墓中填洗砂土。墓口以上有厚约50厘米的表土（图一三八）。

二　出土器物（A组乙类）

11件。为仿铜陶礼器，灰陶（图版二三，1）。

1. 鼎　2件。形态略有差异。

M1051∶3，子母口内敛，窄肩承盖。扁弧腹，平底微凹。上腹呈台棱状转折。蹄形足高挑直立，足断面呈梯形。方附耳直立。腹隐见竖粗绳纹。弧形隆盖。口径13.6、通宽18.8、通高21.4厘米（图一三九，1）。

M1051∶4，腹中有一周凸箍。蹄形足高挑略外撇，足断面呈半圆形。盖面饰三周弦纹。口径14.7、通宽19.4、通高20.5厘米（图一三九，2）。

2. 壶　2件。形制、大小相同。

标本M1051∶2，喇叭形敞口，弧颈细长，颈中腰残。溜肩，鼓腹，圜底。高圈足外撇较甚。颈部有红、白彩三角纹，上腹饰一周白彩宽带。碟状浅盖，盖面饰一周弦纹及三个纽饰，纽饰

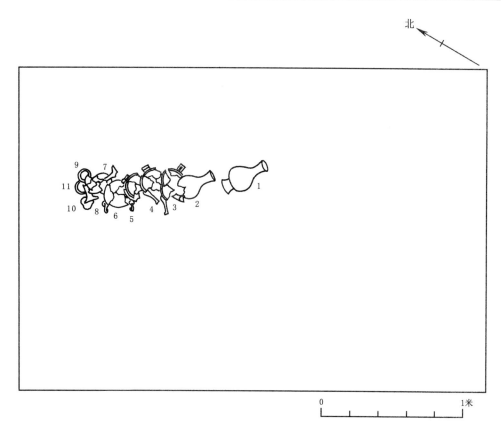

图一三八　M1051 随葬器物分布图

1、2. 陶壶　3、4. 陶鼎　5、6. 陶敦　7、8. 陶豆　9. 陶盘　10. 陶匜　11. 陶熏

残。口径 12、腹径 18.6、复原通高 32.3 厘米（图一三九，3）。

3. 敦　2 件。形态各异。

M1051：5，身、盖等大，足、纽同形，身、盖相合略呈橄榄形。敞口，浅弧壁，圜底、顶。简化兽形足、纽外撇。口外有黑衣白彩。口径 17.2、通高 14.2 厘米（图一三九，4）。

M1051：6，器身较盖深，足、纽同形。敞口，弧壁，圜底、顶。简化兽形足、纽。口径 16.5、通高 22.8 厘米（图一三九，5）。

4. 熏　1 件。

M1051：11，矮子母口内敛，窄肩承盖，折壁，喇叭形圈足略残。盖残。口径 10、残高 8 厘米（图一三九，6）。

5. 盘　1 件。

M1051：9，直口，平折沿，弧壁上部较直，平底，底边圆转。口径 16.8、高 3.4 厘米（图一三九，7）。

6. 匜　1 件。

M1051：10，平面呈弧边圆角方形。敞口，弧壁，平底，底边圆转有削棱。口部一侧捏尖嘴短流，无内癭扣手。匜内壁及底有红彩柿蒂纹。口径 13.8～14、高 3.6 厘米（图一三九，8）。

7. 高柄豆　2 件。形态各异。

M1051：7，敞口，斜折壁浅弧盘，高柱柄。圈足残。口径 15.8、残高 13.8 厘米（图一三九，9）。

图一三九　M1051 出土陶鼎、壶、敦、熏、盘、匜、高柄豆

1、2. 鼎（3、4）　3. 壶（2）　4、5. 敦（5、6）　6. 熏（11）　7. 盘（9）　8. 匜（10）　9、10. 高柄豆（7、8）

M1051：8，壁弧折，圈足亦残。口径 15.4、残高 14.8 厘米（图一三九，10）。

墓葬四八　　M1052

一　墓葬形制（A 型 I 式）

普通宽长方形土坑竖穴。方向 345°。墓壁几近垂直，墓口长 285、宽 200 厘米，墓底长 282、宽 198 厘米，墓深 450 厘米。随葬器物沿墓底一侧放置一条，铜兵器靠头端放置，陶器靠足端放

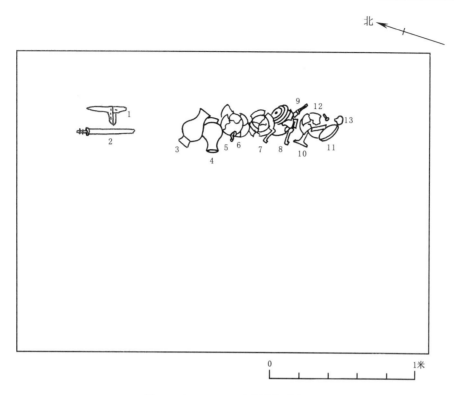

图一四〇　M1052 随葬器物分布图

1. 铜戈　2. 铜剑　3、4. 陶壶　5、6. 陶敦　7、8. 陶鼎　9. 铜戈镈　10、11. 陶豆　12. 陶斗　13. 陶匜

置。葬具及人骨架不存。墓中填五花土（图一四〇）。

二　出土器物（A 组乙类）

13 件。其中陶器 10 件，铜兵器 3 件。

（一）陶器

10 件。为仿铜陶礼器，黑衣灰陶或红陶、褐陶（彩版九，2；图版二三，2）。

1. 鼎　2 件。形制、大小相同。

标本 M1052：7，子母口内敛，窄凹肩承盖。弧腹扁直，大平底。中腹有一周凸箍。蹄形足直立，足断面呈八边形。窄长方附耳微侈。弧形隆盖，盖面有两周凸圈，第一周凸圈上等列三个不规则圆纽。口径 13.6、通宽 18.8、通高 20.3 厘米（图一四一，1）。

2. 壶　2 件。形制、大小相同。

标本 M1052：3，敞口，弧颈较细，溜肩，鼓腹，平底。高圈足外撇。肩部有对称鼻纽衔环。颈部有黑衣白彩三角纹，腹饰一周黑衣白彩宽带，器身有红彩脱落。口径 10、腹径 17.8、高 29.3 厘米（图一四一，3）。

3. 敦　2 件。形制、大小相同。

标本 M1052：6，身、盖等大，足、纽同形，身、盖相合略呈扁球形。敞口，唇内勾，弧壁，圜底、顶。简化兽形足、纽。身、盖各饰两周弦纹。身、盖及足、纽均施白彩。口径 16.2、通高 21 厘米（图一四一，2）。

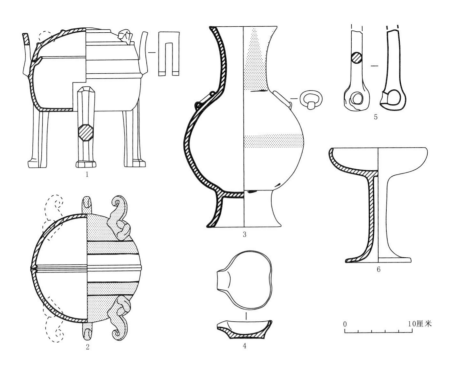

图一四一　M1052 出土陶鼎、敦、壶、匜、斗、高柄豆

1. 鼎（7）　　2. 敦（6）　　3. 壶（3）　　4. 匜（13）　　5. 斗（12）　　6. 高柄豆（11）

4. 匜　1件。

M1052：13，平面略呈椭圆形。敞口，弧壁，平底微凹。窄径一侧捏平口方流，一侧略内瘪为扣手。口径8.2～8.6、高2.6厘米（图一四一，4）。

5. 斗　1件。

M1052：12，圆柱形长柄略残，斗略呈圆形，斗一面有小口。通体白彩。残高11.6厘米。

6. 高柄豆　2件。形制、大小相同（图一四一，5）。

标本 M1052：11，口微敛，弧壁盘，细高柱柄，喇叭形圈足低平。口径13.6、高16.6厘米（图一四一，6）。

（二）铜器

3件。为兵器。

1. 剑　1件。

M1052：2，墨绿色。首残，圆实茎上有双箍，“凹”字形格。剑身菱形脊，前锋残，剑身残留有剑鞘印痕。残长56.5厘米（图一四二，1）。

2. 戈　1件。

M1052：1，墨绿色。直援，平脊微弧；内较短，内后段有刃，内上有一长穿；长胡，阑侧有三穿。援、内通长24，胡高12.5厘米（图一四二，3）。

3. 戈镈　1件。

M1052：9，翠绿色。体狭长，上宽下窄，上部有一宽箍，器身满刻菱形或卷云纹浅槽，浅槽内错金银，銎及镈脚略残。残长16.6厘米（图一四二，2）。

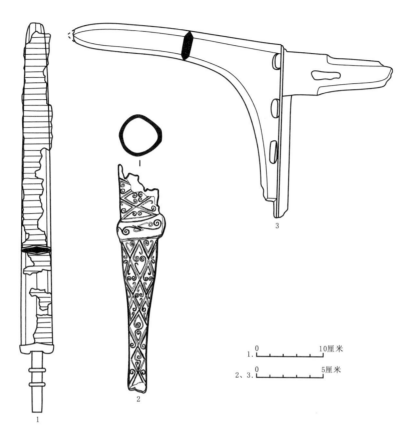

图一四二　M1052 出土铜剑、戈镈、戈

1. 剑（2）　　2. 戈镈（9）　　3. 戈（1）

墓葬四九　M1053

一　墓葬形制（A 型 I 式）

普通宽长方形土坑竖穴。方向 335°。墓坑口小底大，墓口长 370、宽 230 厘米，墓底长 390、宽 270 厘米，墓深 430 厘米。随葬器物位于头端及头部左侧。墓底残存两块椁底板，底板纵列，底板残长 260、残宽 86、厚 5 厘米。随葬器物应位于椁室的头厢和边厢。墓底铺有一层白膏泥，分布范围长约 320、宽约 180 厘米，白膏泥厚约 3 厘米。墓中填五花土（图一四三、一四四）。

二　出土器物（A 组乙类）

15 件。其中陶器 12 件，铜兵器 3 件。

（一）陶器

12 件。为仿铜陶礼器，黑衣灰陶或灰褐陶、黄褐陶。

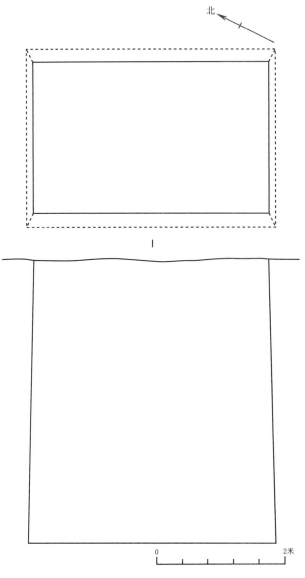

图一四三　M1053 平、剖面图

1. 鼎　2 件。形制、大小相同。

标本 M1053:4，高子母口，窄肩承盖。腹深直，平底。蹄形足直立，足断面呈七边形。上腹有一周凸箍。方附耳外张。隆盖边缘斜折，盖面有两周凸圈，盖顶鼻纽衔环。通体黑衣，上腹、盖下部及顶部在黑衣上施白彩，脱落。口径 17.2、通宽 24.8、通高 26.4 厘米（图一四五，1）。

2. 壶　2 件。形制、大小相同。

标本 M1053:10，敞口，粗弧颈，溜肩，圆腹，圜底。圈足略外撇。颈、肩各饰两周弦纹。肩有对称鼻纽衔环。弓弧形盖，高子母口直立。颈及上腹黑衣上绘白彩，颈绘三角纹，上腹绘圈带纹；盖内外均有黑衣。口径 10.9、腹径 22、通高 30.1 厘米（图一四五，5）。

3. 敦　2 件。形制、大小相同。

标本 M1053:1，身、盖等大，足、纽同形。身、盖相合呈椭球形。直口微敛，唇外凸，深弧壁，圜底、顶。简化兽形高足、纽。器身饰三周弦纹。口外有一圈白彩，白彩下有一道红彩。口径

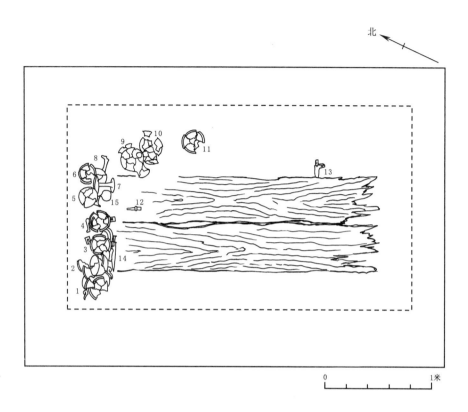

图一四四　M1053 随葬器物分布图

1、2. 陶敦　3、4. 陶鼎　5~8. 陶豆　9、10. 陶壶　11. 陶盘　12. 铜戈镈　13. 铜戈　14. 铜剑　15. 陶匜

19.8、通高 31.8 厘米（图一四五，2）。

4. 盘　1件。

M1053:11，直口，宽平折沿，上壁直，下壁折弧收，小平底。口径 28.6、高 6.6 厘米（图一四五，3）。

5. 匜　1件。

M1053:15，直口，弧壁，圜底。平面略呈弧角弧边方形，一侧有流，已残。器内壁红彩脱落。口径 14.6、高 4.6 厘米（图一四五，7）。

6. 高柄豆　4件。形制、大小相同。

标本 M1053:8，敞口，折壁浅盘，细高柱柄，喇叭形圈足低平，边缘斜折。口径 15.6、高 17.8 厘米（图一四五，6）。

（二）铜器

3件。为兵器。

1. 剑　1件。

M1053:14，墨绿色。璧形首，圆茎前实后空，"一"字形格。剑身菱形脊，剑身残留有剑鞘印痕。长 53.6 厘米（图一四五，4）。

2. 戈　1件。

M1053:13，墨绿色。质地较好，但仅残存内及胡部下段。内后部一圆穿，前部一圭形穿。

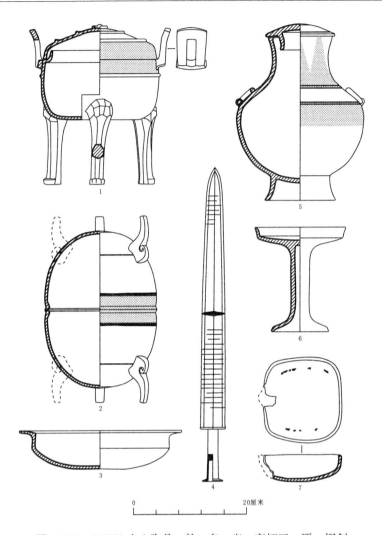

图一四五　M1053 出土陶鼎、敦、盘、壶、高柄豆、匜，铜剑

1. 陶鼎（4）　2. 陶敦（1）　3. 陶盘（11）　4. 铜剑（14）　5. 陶壶（10）　6. 陶高柄豆（8）　7. 陶匜（15）

3. 戈镈

1 件。残甚，形态不明。

墓葬五〇　M1054

该墓为南方罕见的偏洞室墓。参考方向 37°。为窄长方形竖穴土圹（墓道）洞室墓。墓道底部的一侧边开一狭长形洞室，洞室与竖穴土圹（墓道）平行而较之略短略窄。墓东北—西南朝向。墓上部已毁。墓壁垂直，竖穴土圹（墓道）长 275、宽 100、残深 145 厘米。洞室长 210、宽 80、洞高 80 厘米。墓中不见随葬品，葬具及人骨架不存。墓中填五花土，为本坑土回填，经夯筑。墓口以上有厚约 15 厘米的表土（图一四六）。

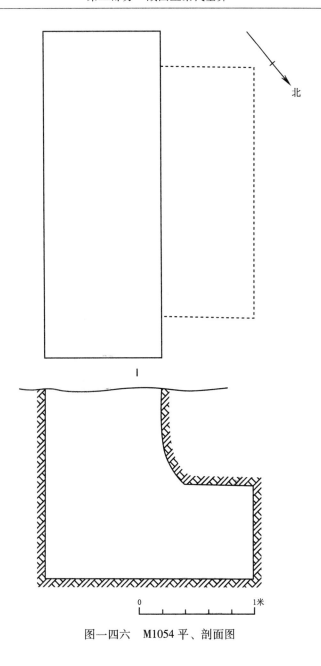

图一四六　M1054 平、剖面图

墓葬五一　M1055

一　墓葬形制（B 型 I 式）

普通窄长方形土坑竖穴。方向 270°。墓被挖毁殆尽。墓长 200、宽 114、残深 40 厘米。随葬器物位于墓底头端。葬具及人骨架不存。墓中填洗砂土（图一四七）。

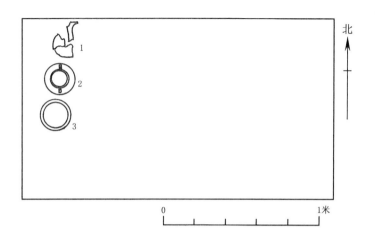

图一四七　M1055 随葬器物分布图
1. 陶豆　2. 陶壶　3. 陶盆

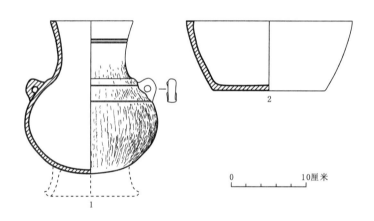

图一四八　M1055 出土陶双耳壶、盆
1. 双耳壶（2）　2. 盆（3）

二　出土器物（B 组丁 II 类）

3 件。为日用陶器。灰陶。

1. 双耳壶　1 件。

M1055：2，敞口，粗弧颈，溜肩，鼓腹，圜底。圈足残。颈、肩各饰两周弦纹及对称环耳。器身有竖粗绳纹。口径 11、腹径 18、残高 20 厘米（图一四八，1）。

2. 盆　1 件。

M1055：3，敞口，方唇，斜直壁较深，大平底。口径 22.2、高 9.2 厘米（图一四八，2）。

3. 矮柄豆　1 件。

M1055：1，残豆柄及圈足。矮柱柄，喇叭形圈足低平。残高 10.6 厘米。

墓葬五二 M1056

一 墓葬形制（A 型 I 式）

普通宽长方形土坑竖穴。方向 335°。墓底头端宽足端窄，平面呈梯形。墓壁略斜，墓口长 320、宽 172 厘米，墓底长 306、头端宽 160、足端宽 140 厘米，墓深 365 厘米。随葬器物置于墓底头端。葬具及人骨架不存。墓中填土为本坑土回填。墓口以上有厚约 50 厘米的表土（图一四九）。

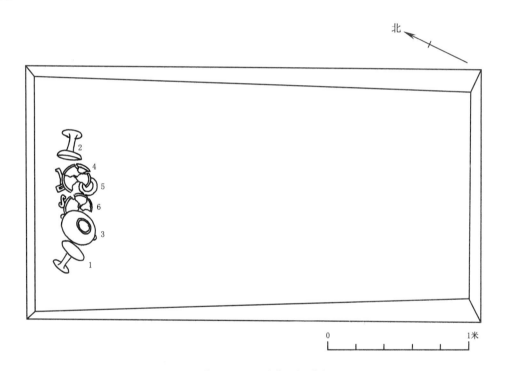

图一四九　M1056 随葬器物分布图
1、2. 陶豆　3. 陶壶　4. 陶鼎　5. 铜镜　6. 陶敦

二 出土器物（A 组丙 I 类）

6 件。其中陶器 5 件，铜镜 1 件。

（一）陶器

5 件。为仿铜陶礼器。灰陶（图版二四，1）。

1. 鼎　1 件。

M1056：4，高子母口，窄肩承盖。腹较浅，上腹较直，下腹斜收，平底。腹中有一周凸箍。蹄形足高挑直立，足断面略呈梯形。大方附耳直立。口径 13.8、通宽 19.2、通高 22 厘米（图一

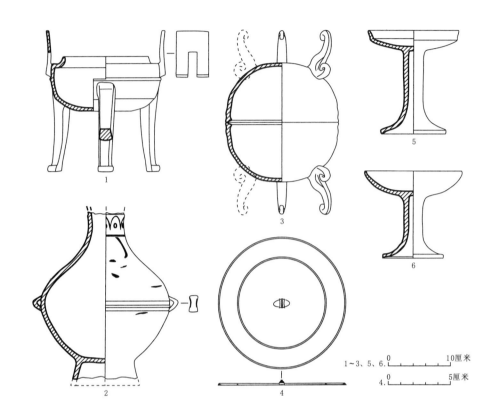

图一五〇　M1056 出土陶鼎、壶、敦、高柄豆、矮柄豆，铜镜

1. 陶鼎（4）　2. 陶壶（3）　3. 陶敦（6）　4. 铜镜（5）　5. 陶高柄豆（2）　6. 陶矮柄豆（1）

五〇，1）。

2. 壶　1 件。

M1056：3，口残，细弧颈，溜肩，中腹凸鼓，下腹斜收，平底。高圈足外撇。足下端略残。中腹有两周瓦楞状宽弦纹及对称双系，颈有弦纹。颈至腹有红彩，脱落殆尽。腹径 21、残高 26 厘米（图一五〇，2）。

3. 敦　1 件。

M1056：6，身、盖等大，足、纽同形。身、盖相合呈球形。直口，圆弧壁，圜底、顶。简化兽形高足、纽。口径 18、通高 28.8 厘米（图一五〇，3）。

4. 高柄豆　1 件。

M1056：2，敞口，斜折壁浅盘，细高柱柄，喇叭形圈足较宽，边缘向内斜折。口径 14.4、高 16.2 厘米（图一五〇，5）。

5. 矮柄豆　1 件。

M1056：1，敞口，弧壁盘，矮柱柄，喇叭形圈足较宽。口径 15.6、高 13.6 厘米（图一五〇，6）。

（二）铜镜

1 件。M1056：5，黑色。体轻薄。三弦纽，无纽座，三角形窄素缘。背面饰一周凸弦纹。直径 10.3、缘厚 0.15 厘米（图一五〇，4）。

墓葬五三　M1057

一　墓葬形制（A 型 I 式）

普通宽长方形土坑竖穴。方向160°。墓壁垂直，长300、宽180、深440厘米。随葬器物位于墓底一侧。葬具及人骨架不存。墓中填洗砂土。墓口以上有厚约20厘米的表土（图一五一）。

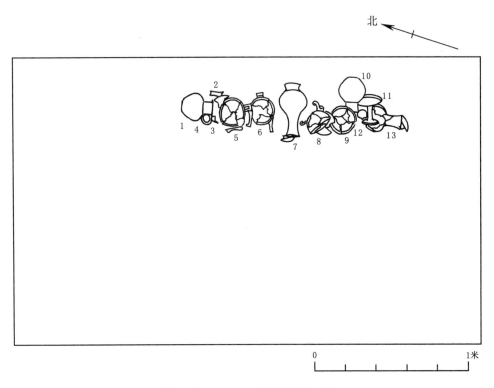

图一五一　M1057 随葬器物分布图
1、10. 陶罐　2、11. 陶豆　3. 陶勺　4. 陶盘　5、6. 陶鼎　7、13. 陶壶　8、9. 陶敦　12. 陶匜

二　出土器物（A 组乙类）

13件。为仿铜陶礼器，灰陶、黄灰陶和黑衣红陶（图版二四，2）。

1. 鼎　2件。形制、大小相同。

标本M1057：6，子母口内敛，窄凹肩承盖。扁弧腹，大平底。中腹呈台棱状转折。口外及转折处有弦纹。底边有小棱。蹄形足直立，足断面呈八边形。方附耳直立。弧形高盖。盖面有两周凸圈，第一周凸圈上等列三个乳突纽。口径14.6、通宽19.8、通高19.4厘米（图一五二，1）。

2. 壶　2件。形制、大小相同。

标本M1057：7，敞口，长弧颈较直，溜肩，弧腹，圜底近平。高圈足外撇。肩有一周弦纹及

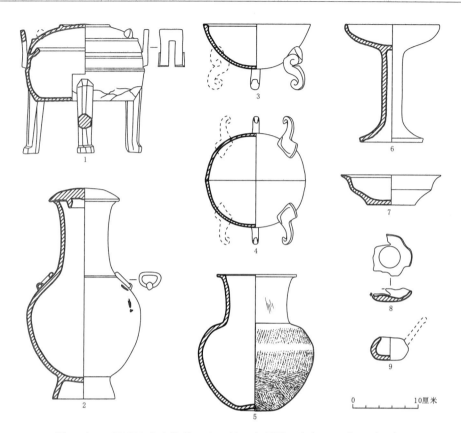

图一五二　M1057 出土陶鼎、壶、敦、高领罐、高柄豆、盘、匜、勺
1. 鼎（6）　2. 壶（7）　3、4. 敦（8、9）　5. 高领罐（10）　6. 高柄豆（11）　7. 盘（4）　8. 匜（12）　9. 勺（3）

对称鼻纽衔环。弧形浅盖，子母口直立。口径9.6、腹径17.5、通高31.5厘米（图一五二，2）。

　　3. 敦　2件。形态略异。

　　M1057：8，仅存一半。敞口，弧壁，圜底。简化兽形高足。口径16.4、高9.8厘米（图一五二，3）。

　　M1057：9，身、盖等大，足、纽同形。身、盖相合呈球形。口较直，弧壁较深，圜底、顶。简化兽形足、纽。口径15.4、通高19.2厘米（图一五二，4）。

　　4. 高领罐　2件。形制、大小相同。

　　标本M1057：10，敞口，平折沿，高弧领，圆肩，弧腹，凹圜底。上腹饰横断竖绳纹，下腹饰交错绳纹。口径12.2、腹径17.6、高20.2厘米（图一五二，5）。

　　5. 盘　1件。

　　M1057：4，敞口，斜折沿，斜折壁近底凹弧，平底。口径15.2、高4.6厘米（图一五二，7）。

　　6. 匜　1件。

　　M1057：12，残甚。高2.2厘米（图一五二，8）。

　　7. 勺　1件。

　　M1057：3，敛口，弧壁，平底。柄残。口径3.4、残高3.5厘米（图一五二，9）。

　　8. 高柄豆　1件。

　　M1057：11，敞口，弧壁盘较浅，高柱柄，喇叭形圈足。口径14.6、高17.6厘米（图一五二，6）。

　　9. 矮柄豆　1件。残豆柄。

墓葬五四　M1058

一　墓葬形制（A 型 VIa 式）

宽长方形土坑竖穴带高头龛。方向 345°。头龛位于墓坑北端墓壁中部。龛底距墓底高 120 厘米，龛宽 62、深 65、高 70 厘米。墓壁几近垂直，两侧略斜。墓口长 320、宽 200 厘米，墓底长 320、宽 180 厘米，墓深 390 厘米。随葬器物中一件陶瓮置于龛内，其余器物位于墓底头端和一侧，呈曲尺形分布。葬具及人骨架不存。从随葬器物分布位置判断，该墓应有椁，椁分头厢、边厢和棺厢。墓中填土为本坑土回填，红色黏土中夹杂较多砂砾。墓口以上有厚约 20 厘米的表土（图一五三）。

二　出土器物（A 组乙类）

14 件。其中陶器 11 件，其他 3 件。

（一）陶器

11 件。为仿铜陶礼器，灰陶、红陶或有黑衣（彩版一〇，1；图版二五，1）。

1. 鼎　2 件。形制、大小相同。

标本 M1058：8，高子母口，窄凹肩承盖。上弧较直，下腹弧收，平底微凹。上腹有一周凸箍。蹄形足纤细直立，足断面呈倒圭形。方附耳直立微侈，耳孔呈“回”字形。器身上腹有白彩。弓弧形盖，盖顶有一纽，残。口径 15.6、通宽 21、通高 18.3 厘米（图一五四，2）。

2. 壶　2 件。形制、大小相同。

标本 M1058：9，敞口，弧颈细长，宽斜肩，斜直腹，平底微弧。矮圈足较宽，略外撇。肩有

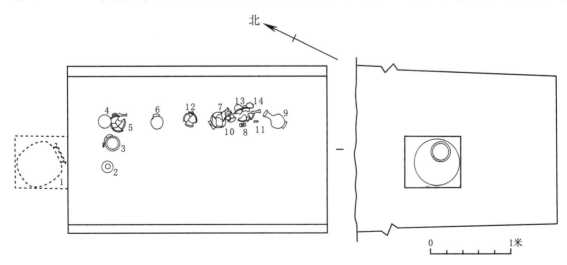

图一五三　M1058 平、剖面及随葬器物分布图
1. 陶瓮　2. 玉璧　3、12. 陶敦　4、6. 陶豆　5、8. 陶鼎　7、9. 陶壶　10. 残铜器　11. 铜戈镈　13. 陶盘　14. 陶匜

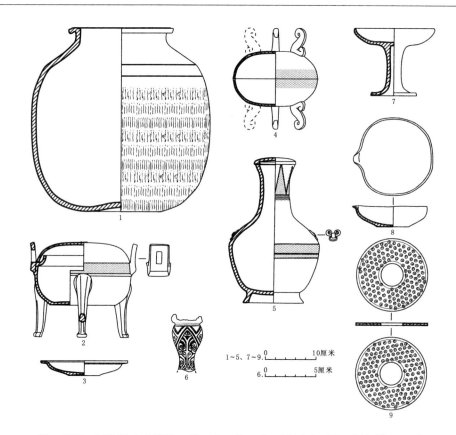

图一五四　M1058 出土陶瓮、鼎、盘、敦、壶、矮柄豆、匜，铜戈镡，玉璧

1. 陶瓮（1）　2. 陶鼎（8）　3. 陶盘（13）　4. 陶敦（3）　5. 陶壶（9）　6. 铜戈镡（11）
7. 陶矮柄豆（6）　8. 陶匜（14）　9. 玉璧（2）

对称简化铺首。颈有红、白彩的三角纹，腹饰一圈白彩圈带。口径 7.6、腹径 17.6、高 27.8 厘米（图一五四，5）。

3. 敦　2 件。形制、大小相同。

标本 M1058：3，身、盖等大，足、纽同形，身、盖相合呈橄榄形。敞口，浅弧壁，底、顶有小平面。简化兽形矮足、纽直立。口外饰一圈黑衣白彩宽带。口径 16.6、通高 19.6 厘米（图一五四，4）。

4. 盘　1 件。

M1058：13，敞口，平折沿略斜，浅弧壁近底微凹，平底微凹。口径 15.2、高 4.6 厘米（图一五四，3）。

5. 匜　1 件。

M1058：14，平面略呈圆形。直口，弧壁，平底。口部一侧捏小圆流，无内瘪扣手。口径 15.1 ~ 15.5、高 4 厘米（图一五四，8）。

6. 瓮　1 件。

M1058：1，直口，折沿微坠，矮直领，斜肩，弧腹深直，圜底内凹。肩饰两周弦纹，上腹饰横断竖粗绳纹。口径 20.4、腹径 35、高 35.4 厘米（图一五四，1）。

7. 矮柄豆　2 件。形制、大小相同。

标本 M1058：6，敞口，浅弧壁盘，矮柱柄，喇叭形圈足平伸呈璧形。口径 15.8、高 13 厘米（图一五四，7）。

（二）铜器

2 件。

1. 戈镦　1 件。

M1058：11，粉绿色。圆形，两端均残。上部束腰，镦下部满饰错银三角形卷云纹。残长 5.5 厘米（图一五四，6）。

2. 残铜器　1 件。残甚，器形不明。

（三）玉璧

1 件。M1058：2，灰绿色。双面肉、好均有廓，廓内刻涡纹。肉径 14、好径 4.35、厚 0.4 厘米（图一五四，9）。

墓葬五五　M1059

一　墓葬形制（A 型 I 式）

普通宽长方形土坑竖穴。方向 290°。墓上部已毁。墓壁垂直，长 250、宽 150、残深 160 厘米。随葬器物位于墓底头端一侧。葬具及人骨架不存。墓中填洗砂土，为本坑土回填（图一五五）。

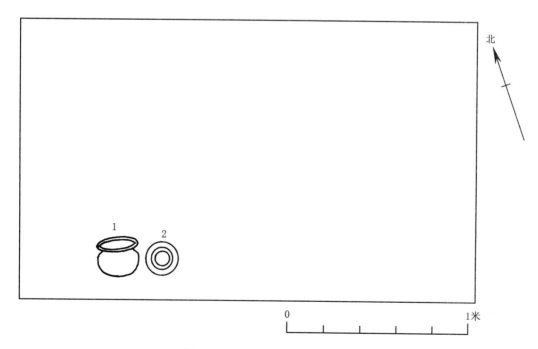

图一五五　M1059 随葬器物分布图
1. 陶盂　2. 陶罐

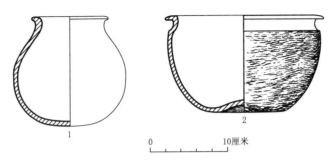

图一五六　M1059 出土陶束颈罐、盂
1. 束颈罐（2）　2. 盂（1）

二　出土器物（B 组丁 I 类）

2 件。为日用陶器。灰陶（图版二五，2）。

1. 束颈罐　1 件。

M1059：2，厚卷沿，束颈，溜肩，球形弧腹，圜底。口径 10、腹径 14.6、高 14 厘米（图一五六，1）。

2. 盂　1 件。

M1059：1，口微侈，折沿微坠，短弧颈，深弧壁，凹圜底。腹、底饰斜粗绳纹。口径 20.2、高 12.4 厘米（图一五六，2）。

墓葬五六　M1060

一　墓葬形制（C 型Ⅷb 式）

狭长形土坑竖穴带平头龛及封闭二层台。方向 108°。头龛位于墓坑东端墓壁下部，龛呈长方形。龛宽与墓底等宽，深 23、高 30 厘米。二层台距墓底高 60 厘米，一侧宽 28、另一侧宽 32、头端宽 36、足端宽 20 厘米。墓壁垂直，墓口长 255、宽 125 厘米，墓底长 199、宽 65 厘米，墓深 240 厘米。随葬器物置于头龛内。葬具及人骨架不存。墓中填五花土（图一五七）。

二　出土器物（B 组丁Ⅲ类）

4 件。均为陶器。

1. 高领罐　1 件。

M1060：4，敞口，高弧领，斜肩，斜弧腹较直，平底。领、肩各饰两周弦纹。口径 10.5、腹径 13.5、高 17 厘米（图一五八，2）。

2. 盂　1 件。

M1060：1，口微侈，折沿微坠，短弧颈，斜弧壁，凹圜底。颈及上腹隐见竖绳纹。口径 22、

图一五七　M1060平、剖面及随葬器物分布图
1. 陶盂　2、3. 陶豆　4. 陶罐

高9.4厘米（图一五八，1）。

　　3. 高柄豆　2件。形态略异。

　　M1060∶2，口微敛，斜壁盘微内瘪，口、底圆折，平底微凸，高柱柄，喇叭形圈足边缘平伸。口径15.6、高17.6厘米（图一五八，3）。

　　M1060∶3，敞口，斜直壁盘，平底微凸，高柱柄，喇叭形圈足。口径15.2、高16厘米（图一五八，4）。

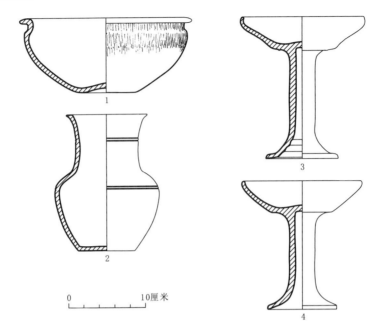

图一五八　M1060 出土陶盂、高领罐、高柄豆
1. 盂（1）　　2. 高领罐（4）　　3、4. 高柄豆（2、3）

墓葬五七　M1061

一　墓葬形制（A 型Ⅵa 式）

宽长方形土坑竖穴带高头龛。方向220°。头龛位于墓坑西南端墓壁中部，断面呈三角形。龛底距墓底高68厘米，龛宽76、深34、高54厘米。墓壁垂直，长300、宽150、深222厘米。随葬器物置于龛内。葬具及人骨架不存。墓中填五花土。墓口以上有厚约15厘米的表土（图一五九）。

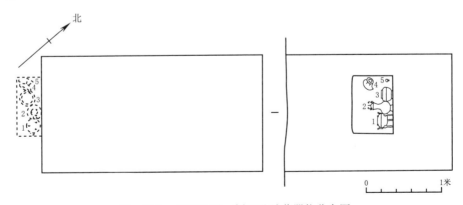

图一五九　M1061 平、剖面及随葬器物分布图
1. 陶鼎　2. 陶壶　3. 陶盒　4. 陶豆　5. 漆樽铜环

二 出土器物（A 组丙 I 类）

5 件。其中陶器 4 件，漆卮铜环 1 枚。

（一）陶器

4 件。为仿铜陶礼器，黑衣灰陶（彩版一〇，2；图版二六，1）。

1. 鼎 1 件。

M1061：1，矮子母口直立，窄肩承盖。扁折腹，平底。方棱柱状足直立。方附耳外侈，一耳为平板状，一耳中心有浅凹坑。弧形盖顶面较平，盖面有三个乳突纽。口径 15.2、通宽 21.8、通高 18.4 厘米（图一六〇，1）。

2. 壶 1 件。

M1061：2，敞口较直，弧颈，宽斜肩，弧腹，圜底。高圈足足沿略上翘。肩部有对称鼻纽衔环。腹部隐见绳纹颈至腹八周弦纹。斗笠状尖顶盖，高子母口。盖面饰两周弦纹，盖纽残。口径 10、腹径 20、通高 30.8 厘米（图一六〇，3）。

3. 盒 1 件。

M1061：3，子母口微敛，窄凹肩承盖，弧腹，平底。矮圈足略外撇。口径 17、高 11.6 厘米（图一六〇，2）。

4. 矮柄豆 1 件。

M1061：4，敞口，斜壁盘，矮弧柄较粗，喇叭形圈足。口径 14.8、高 11.8 厘米（图一六〇，4）。

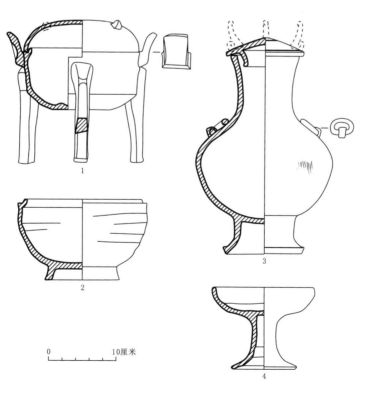

0   10厘米

图一六〇 M1061 出土陶鼎、盒、壶、矮柄豆

1. 鼎（1） 2. 盒（3） 3. 壶（2） 4. 矮柄豆（4）

（二）漆樽铜环

1 枚。已残。

墓葬五八　M1062

一　墓葬形制（**B 型Ⅵc 式**）

窄长方形土坑竖穴带平头龛。方向 307°。头龛位于墓坑西北端墓壁下部的适中位置，龛底与墓底平。龛宽 50、深 12、高 20 厘米。墓壁垂直，长 230、宽 90、深 170 厘米。随葬器物仅陶豆 1 件，置于龛内。葬具及人骨架不存。墓中填洗砂土。墓口以上有厚约 20 厘米的表土（图一六一）。

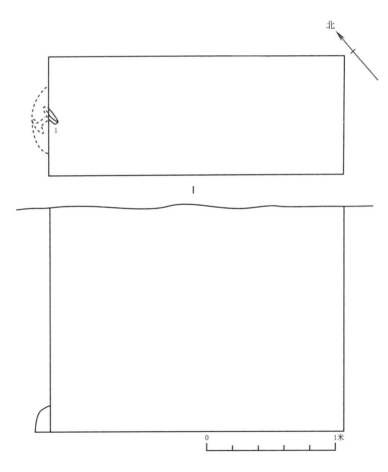

图一六一　M1062 平、剖面及随葬器物分布图
1. 陶豆

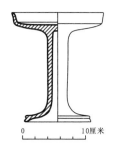

图一六二　M1062 出土陶高
柄豆（M1062：1）

二　出土器物（B 组丁 II 类）

陶高柄豆　1 件。

M1062：1，灰陶。敞口，折壁浅盘，高柱柄，盖状圈足低平，边缘呈台棱状斜折。口径 14.6、高 16.8 厘米（图一六二）。

墓葬五九　M1065

一　墓葬形制（B 型 I 式）

普通窄长方形土坑竖穴。方向 125°。墓壁垂直，长 284、宽 140、深 235 厘米。一件陶罐位于墓底头端，残甚，足端亦有几块陶片。有盗扰迹象。葬具及人骨架不存。墓中填五花土。墓口以上有厚约 10 厘米的表土（图一六三）。

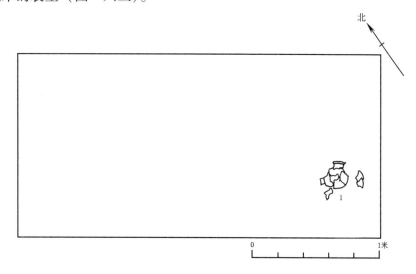

图一六三　M1065 随葬器物分布图
1. 陶罐

二　出土器物（B 组丁 II 类）

陶高领罐　1 件。

M1065：1，灰陶。侈口，方唇，弧领略矮，溜肩，椭圆腹，凹圜底。口径 10、腹径 15.6、高 18 厘米（图一六四）。

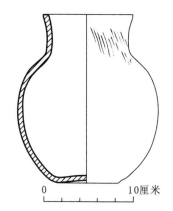

图一六四　M1065 出土陶高领罐（M1065：1）

墓葬六〇　M1066

一　墓葬形制（A 型 I 式）

普通窄长方形土坑竖穴。方向 295°。墓壁倾斜，两侧较两端斜度要大。墓口长 310、宽 220 厘米，墓底长 284、宽 144 厘米，墓深 440 厘米。随葬器物位于墓底头端及北侧，呈曲尺形分布，应是椁室的头厢和边厢位置。葬具及人骨架不存。墓中填洗砂土（图一六五）。

二　出土器物（A 组乙类）

15 件。其中陶器 9 件，铜、铁器 6 件。

（一）陶器

9 件。为仿铜陶礼器，灰陶或黑衣灰陶。

1. 鼎　2 件。未修复，形态不明。

2. 壶　2 件。形制、大小相同。

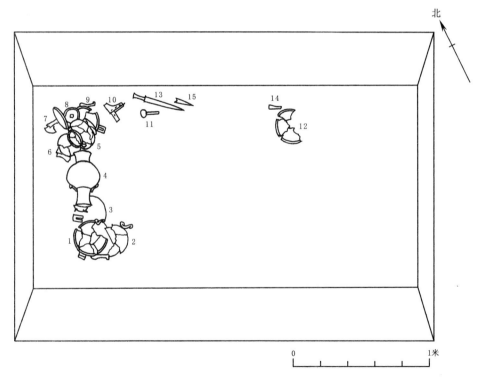

图一六五　M1066 随葬器物分布图

1、9. 陶鼎　2、3. 陶敦　4、5. 陶壶　6、7. 陶豆　8. 铜镜　10. 铜戈

11. 铁削　12. 陶盘　13、15. 铜剑　14. 铜戈镈

标本 M1066：5，敞口，粗长颈较直，圆肩，球形腹，圜底。高圈足外撇。颈及上腹饰六周弦纹。肩部有对称鼻纽衔环。弧形浅盖，子母口。盖边有三个扁立纽。口径 11.6、腹径 21、通高34.2 厘米（图一六六，1）。

3. 敦　2 件。形制、大小相同。

标本 M1066：2，身、盖等大，足、纽同形，足、纽外撇较甚。身、盖相合呈扁球形。敞口，浅弧壁，圜底、顶。简化兽形足、纽。口径 19.2、通高 21.2 厘米（图一六六，2）。

4. 盘　1 件。不见实物。

5. 高柄豆　2 件。形制、大小相同。

标本 M1066：7，口较直，弧折壁浅盘，平底，细高柱柄，喇叭形圈足。口径 15.2、高 16.2厘米（图一六六，3）。

（二）铜器

5 件。

1. 剑　2 件。

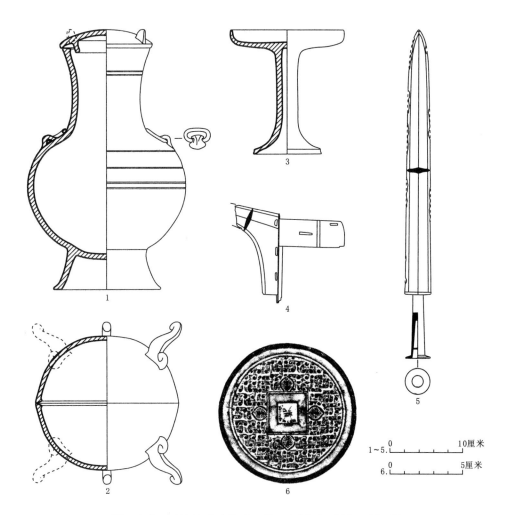

图一六六　M1066 出土陶壶、敦、高柄豆，铜戈、剑、镜

1. 陶壶（5）　2. 陶敦（2）　3. 陶高柄豆（7）　4. 铜戈（10）　5. 铜剑（13）　6. 铜镜（8）

M1066:13，灰绿色。壁形首，圆茎前实后空，后部有一塞，塞内空间填充棉麻物。"一"字形格。剑身菱形脊，刃崩残。长43厘米（图一六六，5）。

M1066:15，粉绿色。残剑身。残长23厘米。

2. 戈　1件。

M1066:10，墨绿色。昂援，菱形脊，前锋残；长方内上有两个长穿；长胡，阑侧三穿。援、内残通长14.8、胡高11.6厘米（图一六六，4）。

3. 戈镈　1件。形态不明。

4. 镜　1件。

M1066:8，黑色。三弦纽，方纽座，素缘较高，外平内凹。主题纹饰为纽座外每方各伸出一片花叶，花叶外及四周满饰勾连的虺形纹。直径9.4、缘厚0.4厘米（图一六六，6）。

（三）铁削

1件。残甚。

墓葬六一　　M1067

一　墓葬形制（B型I式）

普通窄长方形土坑竖穴。方向301°。墓壁略斜，墓口长340、宽160厘米，墓底长300、宽135厘米，墓深270厘米。随葬器物位于墓底头端。葬具及人骨架不存。墓中填洗砂土（图一六七）。

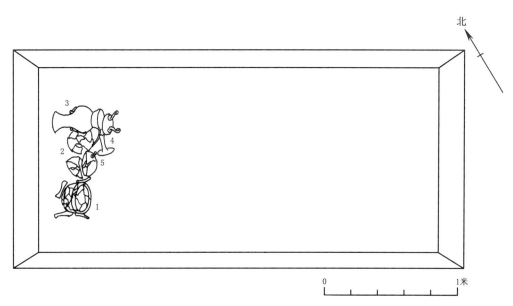

图一六七　M1067随葬器物分布图

1. 陶鼎　2. 陶敦　3. 陶壶　4、5. 陶豆

二 出土器物（A组丙Ⅱ类）

5件。均为陶器。灰陶或黄灰陶。

1. 鼎 1件。

M1067：1，高子母口，窄肩承盖。扁弧腹较直，大平底微凹。腹饰两周弦纹。蹄形足直立，断面呈八边形。方附耳直立。弧形盖，盖面饰两周弦纹，盖顶有鼻纽衔环。口径18.4、通宽25.2、通高25.2厘米（图一六八，1）。

2. 壶 1件。

M1067：3，敞口，粗弧颈，斜圆肩，弧腹，凸圈底。圈足外斜。肩部有对称鼻纽衔环。颈至腹饰六周弦纹。弧形盖，子母口直立。盖面饰两周弦纹及三个简化高兽纽。口径13、腹径20.6、通高35.5厘米（图一六八，3）。

3. 敦 1件。未修复，形态不明。

4. 高柄豆 2件。

标本M1067：5，敞口，折壁浅盘，高柱柄，喇叭形圈足。口径14.2、高14厘米（图一六八，2）。

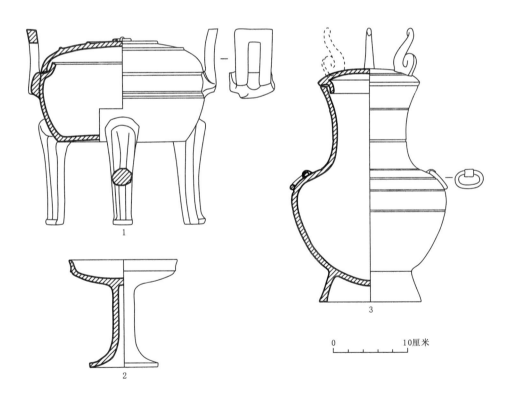

图一六八 M1067出土陶鼎、高柄豆、壶
1. 鼎（1） 2. 高柄豆（5） 3. 壶（3）

墓葬六二　M1068

一　墓葬形制（A 型 I 式）

普通宽长方形土坑竖穴。方向 40°。墓底两端各有一条枕木沟，沟宽 14～16、深约 5 厘米。墓壁垂直，长 280、宽 144、深 200 厘米。随葬器物位于墓底头端。葬具及人骨架不存。墓中填五花土，为本坑土回填。墓口以上有厚约 20 厘米的表土（图一六九）。

二　出土器物（B 组丁 I 类）

5 件。为日用陶器。黑衣灰陶或黄灰陶。

1. 双耳壶　1 件。

M1068：3，敞口，方唇，沿内斜，粗弧颈，斜肩，弧腹，圜底，高圈足较直。肩有对称高立耳。素面。口径 10.3、腹径 18、高 26.4 厘米（图一七〇，1）。

2. 盂　1 件。

M1068：1，直口，宽平折沿，短弧颈，斜弧壁较深，平底微凹。素面。口径 15.1、高 8.3 厘米（图一七〇，2）。

3. 高柄豆　3 件。两种形态。

M1068：2，直口略斜，折壁盘浅平，高柱柄，喇叭状圈足低平。口径 15、高 17 厘米。M1068：5 与之同（图一七〇，3）。

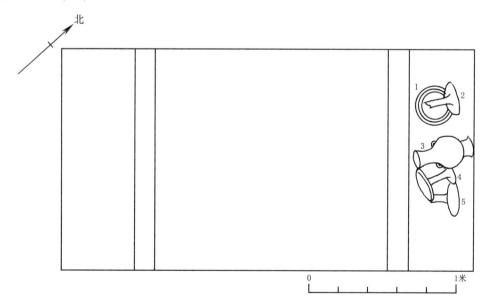

图一六九　M1068 随葬器物分布图
1. 陶盂　2、4、5. 陶豆　3. 陶壶

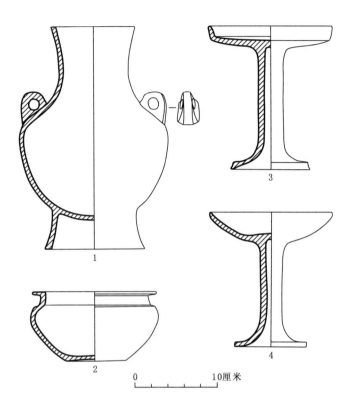

图一七〇 M1068 出土陶双耳壶、盂、高柄豆
1. 双耳壶（3） 2. 盂（1） 3、4. 高柄豆（2、4）

M1068：4，敞口，斜壁盘，细高柱柄，喇叭形圈足低平。口径 15、高 16 厘米（图一七〇，4）。

<h1 style="text-align:center">墓葬六三 M1069</h1>

一 墓葬形制（B 型 Vb 式）

窄长方形土坑竖穴带两级封闭二层台。方向 122°。二层台有两级，第一级很窄，距墓底高 77 厘米，两侧宽 5、头端宽 13、足端宽 6 厘米。第二级台阶较第一级台阶低 20 厘米，距墓底高 57 厘米；两侧较两端宽，两侧宽 30、头端宽 14、足端宽 16 厘米。墓做工考究，修整光滑，台阶平齐。墓壁略斜，墓口长 260、宽 210 厘米，第一级台阶外侧长 256、宽 204 厘米，墓底长 207、宽 134 厘米，墓通深 267 厘米。随葬器物位于墓底头端。葬具及人骨架不存。尚可辨棺椁灰痕，分布范围长约 190、宽约 85 厘米。椁有头厢和棺厢。填土为本坑掘出的网纹红土回填。墓上部被破坏。墓口以上有厚 10～20 厘米的表土（图一七一）。

图一七一　M1069 平、剖面及随葬器物分布图
1. 陶罐　2. 陶盂　3. 陶鼎　4. 陶敦　5、6. 陶豆

二　出土器物（A 组丙II类）

6 件。均为陶器。黑衣灰陶或红灰陶（图版二六，2）。

1. 鼎　1 件。

M1069：3，子母口微敛，窄凹肩承盖。扁弧腹，大平底微凹。腹有一周凸箍。蹄形足直立，足断面呈七边形。大方附耳微侈。耳、足穿透器壁。弧形盖，盖面有两周凸圈，盖顶有一乳突纽。口径 14、通宽 20.6、通高 20.2 厘米（图一七二，1）。

2. 敦　1 件。

M1069：4，仅存一半。敞口，内外凸唇，弧壁，圜底。简化兽形矮足，足略外撇。口径 18、高 9 厘米（图一七二，2）。

3. 高领罐　1 件。

M1069：1，直口微侈，宽平折沿微坠，高弧领，颈有折，窄圆肩，圆弧腹，平底微凹。领至肩饰五周弦纹。口径 12、腹径 13.2、高 16 厘米（图一七二，4）。

4. 盂　1 件。

M1069：2，口微敛，斜折沿，短颈，斜壁较浅，平底。素面。口径 19.2、高 5.4 厘米（图一七二，3）。

5. 高柄豆　2 件。均残，形态大致相同。

标本 M1069：5，口残，折壁浅盘，高柱柄，圈足残。残高 12.4 厘米（图一七二，5）。

墓葬六四　M1071

一　墓葬形制（B 型 I 式）

普通窄长方形土坑竖穴。方向 63°。墓口头端宽足端窄，平面略呈梯形。墓壁略斜，墓口长

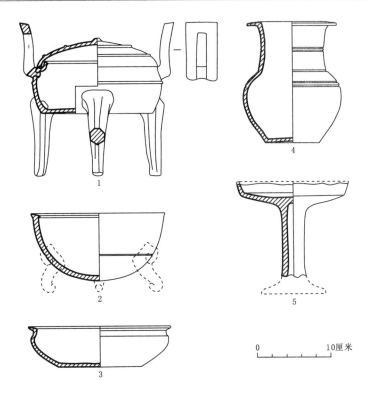

图一七二　M1069 出土陶鼎、敦、盂、高领罐、高柄豆
1. 鼎（3）　2. 敦（4）　3. 盂（2）　4. 高领罐（1）　5. 高柄豆（5）

320、头端宽185、足端宽175厘米，墓底长290、宽135厘米，墓深300厘米。随葬器物位于墓底头端。另在距墓口深约65厘米的填土中出土铁斧1件。葬具及人骨架不存。墓中填五花土，经夯筑。墓口以上有厚约20厘米的表土（图一七三）。

二　出土器物（A 组丙 II 类）

8件。其中陶器7件，铁器1件。

（一）陶器

7件。为仿铜陶礼器一套。黑衣灰陶（图版二七，1）。

1. 鼎　1件。未修复，形态不明。

2. 壶　1件。

M1071:5，喇叭形敞口，平沿，弧颈，圆肩，弧腹，圜底。高圈足外撇。肩有对称鼻纽衔环。颈至腹饰五周弦纹，颈、腹两周弦纹间施白衣，肩部红彩脱落。弓弧形盖，子母口。盖边饰三个卷曲纽饰。口径13.4、腹径18、通高29.7厘米（图一七四，1）。

3. 敦　1件。

M1071:6，身、盖等大，纽、足同形，身、盖相合呈球形。斜沿微凹弧，唇内凸，弧腹，圜底、顶。足、纽呈勾首卷尾抽象兽形。身、盖分别有两道和四道弦纹。口径17、通高24厘米（图一七四，2）。

4. 高柄豆　4件。形态大小接近。敞口，斜折壁盘，平底。细高柱柄，喇叭形圈足。

标本 M1071:1，柄中腰微鼓。口径14.3、高21.3厘米（图一七四，3）。

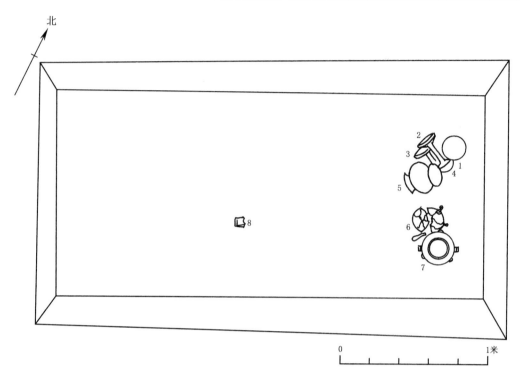

图一七三　M1071 随葬器物分布图
1~4. 陶豆　5. 陶壶　6. 陶敦　7. 陶鼎　8. 铁镢

标本 M1071∶2，喇叭形圈足折转。口径 14.5、高 20.6 厘米（图一七四，4）。

（二）铁镢

1 件。残甚。形态不明。

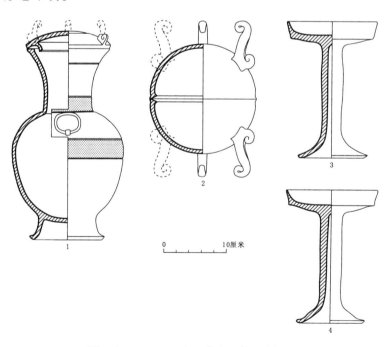

图一七四　M1071 出土陶壶、敦、高柄豆
1. 壶（5）　2. 敦（6）　3、4. 高柄豆（1、2）

墓葬六五 M1073

一 墓葬形制（A 型 I 式）

普通宽长方形土坑竖穴。方向132°。墓壁垂直，长320、宽145、深240厘米。随葬器物位于墓底头端。葬具及人骨架不存。墓中填五花土。墓口以上有厚10～20厘米的表土（图一七五）。

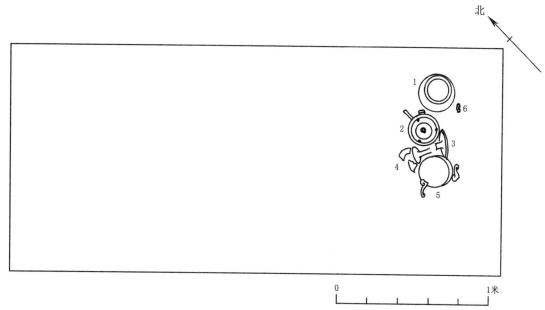

图一七五 M1073 随葬器物分布图
1. 陶壶 2. 陶鼎 3、4. 陶豆 5. 陶敦 6. 铜剑格

二 出土器物（A 组丙 I 类）

6件。其中陶器5件，铜器1件。

（一）陶器

5件。为仿铜陶礼器一套。灰陶（彩版一一，1；图版二七，2）。

1. 鼎 1件。

M1073：2，子母口内敛，窄肩承盖。上腹较直，下腹弧收，圜底。蹄足高直，足断面呈八边形。方附耳直立。腹有一周凸圈，凸圈至口部施白彩。弓弧形盖。盖面有两周凸圈。口径17.6、通宽21.6、通高26.4厘米（图一七六，1）。

2. 壶 1件。

M1073：1，敞口，平沿，长弧颈，宽圆肩，弧腹，圜底。高圈足外撇。足下部残。颈至腹有

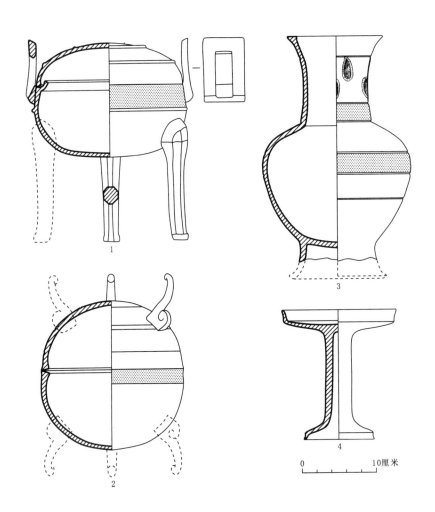

图一七六　M1073 出土陶鼎、敦、壶、高柄豆

1. 鼎（2）　2. 敦（5）　3. 壶（1）　4. 高柄豆（4）

六周弦纹。颈、腹弦纹间施白彩，颈中部饰红彩水珠纹镶白边。口径 12.8、腹径 20、复原通高约 32 厘米（图一七六，3）。

3. 敦　1件。

M1073：5，纽、足同形，身、盖略不等大，盖比身略矮。敛口，圆腹壁，圜底、顶。足、纽呈抽象长颈卧兽形，足残。器身口外涂白彩，盖有四周细弦纹。口径 19.5、通高 26.6 厘米（图一七六，2）。

4. 高柄豆　2件。形态相同。

标本 M1073：4，敞口，折壁盘，平底。细高柱柄，盖状圈足边缘斜折。口径 15.3、高 17.2 厘米（图一七六，4）。

（二）铜剑格

1件。"凹"字形格。残。

墓葬六六　　M1075

一　墓葬形制（B型Ⅵa式）

　　窄长方形土坑竖穴带高头龛。方向125°。头龛位于墓坑东南端墓壁中部，正面呈矩形，横断面呈三角形。龛底距墓底高68厘米，龛宽74、深30、高48厘米。墓壁垂直，长265、宽120、深205厘米。随葬器物置于头龛内。葬具及人骨架不存。墓中填五花土。墓口以上有厚约10厘米的表土（图一七七）。

图一七七　M1075 平、剖面及随葬器物分布图

1. 陶鼎　2. 陶敦　3. 陶豆　4. 陶壶

二　出土器物（A组丙Ⅱ类）

4件。均为陶器，鼎、敦、壶、豆各1件。均未修复。

墓葬六七　M1077

一　墓葬形制（B型Ⅰ式）

普通窄长方形土坑竖穴。方向225°。墓上部已被破坏。墓壁垂直，长290、宽115、深150厘米。随葬器物位于墓底头端。葬具及人骨架不存。墓中填洗砂土，填土略经夯打（图一七八）。

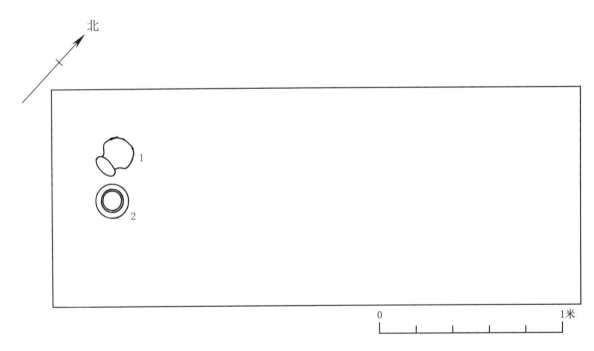

图一七八　M1077随葬器物分布图
1、2. 陶罐

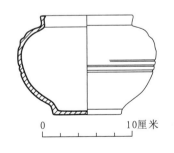

图一七九　M1077出土陶矮领罐（M1077:2）

二　出土器物（B组丁Ⅱ类）

2件。陶器。黄灰陶。

矮领罐　1件。

M1077:2，矮直领，圆肩，鼓腹，近底微凹曲，平底。腹有三周弦纹。口径10.3、腹径15.3、高10.6厘米（图一七九）。

另一件也是罐，未修复，形态不明。

墓葬六八　M1078

一　墓葬形制（A 型 I 式）

普通宽长方形土坑竖穴。方向 60°。墓壁几近垂直，墓口长 325、宽 180 厘米，墓底长 320、宽 160 厘米，墓深 325 厘米。随葬器物位于墓底头端。葬具及人骨架不存。墓中填洗砂土（图一八〇）。

二　出土器物（A 组丙 I 类）

5 件。为仿铜陶礼器。黑衣灰陶。

1. 鼎　1 件。

M1078：5，子母口，窄肩承盖。上腹较直，下腹弧收，小平底。蹄形足细挑，足断面呈七边形。大方附耳外撇。腹有一周凸圈。弧形高盖，盖面有两周凸圈，盖顶鼻纽衔环。盖面有红、白彩图案，已脱尽。口径 14.6、通宽 21.4、通高 24.3 厘米（图一八一，1）。

2. 壶　1 件。

M1078：4，敞口，弧颈细长，溜肩，鼓腹，圈底。高圈足外撇较甚。口至腹饰五周弦纹。中

图一八〇　M1078 随葬器物分布图

1、3. 陶豆　2. 陶敦　4. 陶壶　5. 陶鼎

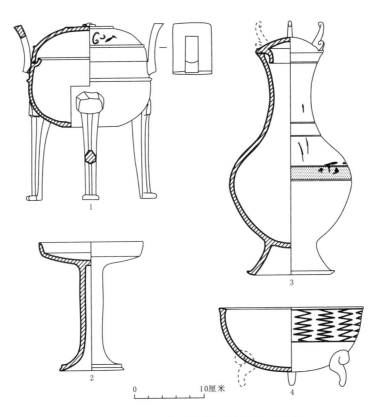

图一八一　M1078 出土陶鼎、高柄豆、壶、敦
1. 鼎（5）　2. 高柄豆（1）　3. 壶（4）　4. 敦（2）

腹饰一道白彩圈带，腹以上有红彩脱落。弓弧形盖，高子母口直立。盖边等列三个简化高兽纽。口径 9.2、腹径 17.2、通高 35.2 厘米（图一八一，3）。

　　3. 敦　1 件。

　　M1078:2，仅存一半，足亦残。口较直，沿内斜，弧壁，圜底。上腹红彩绘一周曲折纹。口径 20.4、残高 9 厘米（图一八一，4）。

　　4. 高柄豆　2 件，形态相同。

　　标本 M1078:1，敞口，折壁浅盘，高柱柄，喇叭状圈足，边缘呈台棱状斜伸。口径 15、高 17.8 厘米（图一八一，2）。

墓葬六九　　M1079

一　墓葬形制（B 型 Ⅵa 式）

　　窄长方形土坑竖穴带高头龛。方向 235°。头龛位于墓坑西南端墓壁的中部，龛呈长方形。龛底距墓底高 75 厘米，龛宽 61、深 26、高 35 厘米。墓壁垂直，长 260、宽 135、深 230 厘米。随葬

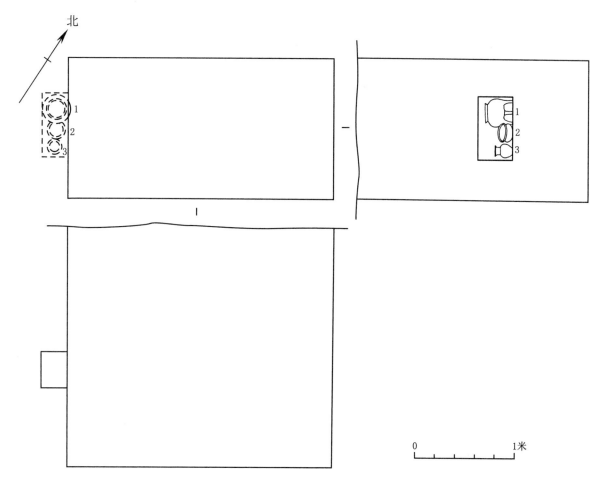

图一八二　M1079 平、剖面及随葬器物分布图
1. 陶鬲　2. 陶盂　3. 陶罐

器物置于龛内。葬具及人骨架不存。墓中填五花土，为本坑掘出的网纹红土捣碎后回填。墓口以上有厚 10～30 厘米的表土（图一八二）。

二　出土器物（B 组丁 II 类）

3 件。为日用陶器。黑衣灰陶、红陶（彩版一一，2；图版二八，1）。

1. 鬲　1 件。

M1079：1，敛口，斜折沿，束颈，溜肩，弧腹，圜底较平，裆较宽，柱状足直立。口沿以下通体饰粗绳纹，腹抹刮两周弦纹。口径 20.8、腹径 26.6、高 25 厘米（图一八三，1）。

2. 高领罐　1 件。

M1079：3，敞口，平折沿，高弧领，窄圆肩，斜弧腹，平底微凹。领、肩各饰两周弦纹。口径 11.9、腹径 14.6、高 16.2 厘米（图一八三，2）。

3. 盂　1 件。

M1079：2，直口，平折沿，短弧颈，斜弧壁较深，圜底微凹。素面。口径 19.4、高 8.4 厘米（图一八三，3）。

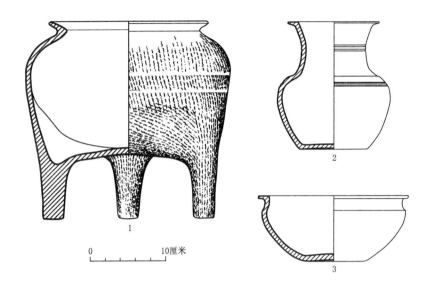

图一八三　M1079 出土陶鬲、高领罐、盂
1. 鬲（1）　2. 高领罐（3）　3. 盂（2）

墓葬七〇　M1080

一　墓葬形制（B 型 I 式）

普通窄长方形土坑竖穴。方向 240°。墓壁略斜，墓口长 310、宽 160 厘米，墓底长 290、宽 138 厘米，墓深 300 厘米。随葬器物位于墓底头端。葬具及人骨架不存。墓中填洗砂土（图一八四）。

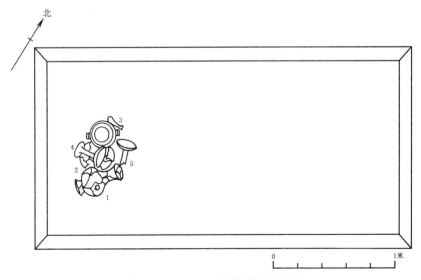

图一八四　M1080 随葬器物分布图
1. 陶壶　2. 陶敦　3. 陶鼎　4、5. 陶豆

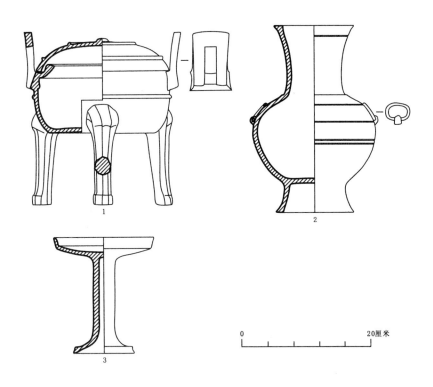

图一八五　M1080 出土陶鼎、壶、敦、高柄豆

1. 鼎（3）　2. 壶（1）　3. 高柄豆（4）

二　出土器物（A 组丙 II 类）

5 件。为仿铜陶礼器。黑衣灰陶、黄灰陶。

1. 鼎　1 件。

M1080：3，子母口内敛，厚方唇，窄凹肩承盖。扁弧腹，中腹有一周凸圈。大平底微凹。蹄形足直立，足断面呈八边形，大方附耳微侈，耳、足穿透器壁。弓弧形盖，盖面有两周凸圈，盖顶有一扁纽。盖面有红、白彩图案，已脱尽。口径 16.6、通宽 23.8、通高 26 厘米（图一八五，1）。

2. 壶　1 件。

M1080：1，敞口，长弧颈较粗，圆肩，弧腹，平底。高圈足外撇。口至腹饰五周弦纹。上腹有对称鼻纽衔环。口径 12.4、腹径 19、高 28.2 厘米（图一八五，2）。

3. 敦　1 件。未修复，形态不明。

4. 高柄豆　2 件。形态相同。

标本 M1080：4，敞口，折壁浅盘，高柱柄，喇叭状圈足，边缘呈台棱状斜伸。口径 15.4、高 17.4 厘米（图一八五，3）。

墓葬七一 M1081

一 墓葬形制 （C 型 VIa 式）

狭长形土坑竖穴带高头龛。方向 52°。墓上部被挖毁。头龛位于墓坑东北端。龛呈长方形。龛底距墓底高 16 厘米，龛宽 60、深 36、高 30 厘米。墓壁略斜，现墓口长 240、宽 90 厘米，墓底长 230、宽 80 厘米，墓残深 115 厘米。随葬器物置于头龛内。葬具及人骨架不存。墓中填五花土，为本坑掘出的网纹红土捣碎后回填。现墓口以上有厚 15～25 厘米的表土（图一八六）。

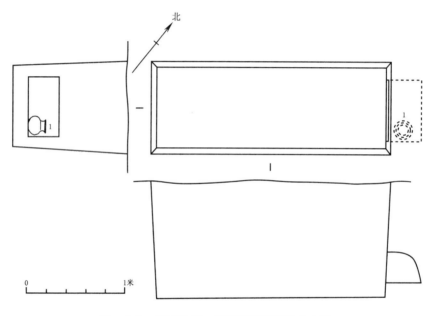

图一八六 M1081 平、剖面及随葬器物分布图
1. 陶罐

二 出土器物（B 组丁Ⅲ类）

陶高领罐 1 件。

M1081:1，黑衣灰陶。侈口，折沿微坠，高弧领，溜肩，鼓腹，凹圜底。上腹饰横断竖绳纹，下腹饰交错绳纹。口径 14.6、腹径 18.8、高 19.6 厘米（图一八七）。

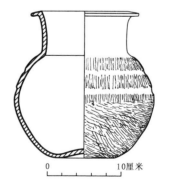

图一八七 M1081 出土陶高领罐（M1081:1）

墓葬七二　M1082

一　墓葬形制（C 型 VIIIb 式）

狭长形土坑竖穴带平头龛及封闭二层台。方向 130°。头龛位于墓坑东南端墓壁下部，龛底与墓底平。龛宽同墓底宽，龛深 26、高 46 厘米。封闭二层台高 60 厘米，两侧宽 25、头端宽 20、足端宽 15 厘米。墓壁垂直，墓口长 250、宽 120 厘米，墓底长 215、宽 70 厘米，墓通深 190 厘米。随葬器物多置于头龛内，距墓底约 30 厘米的一侧有陶豆残片。葬具及人骨架不存。填土为洗砂土。墓口以上有厚 5～30 厘米的表土（图一八八）。

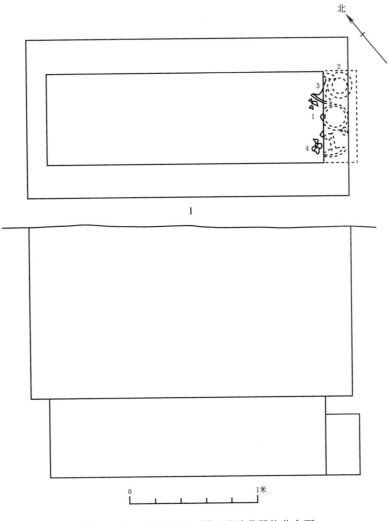

图一八八　M1082 平、剖面及随葬器物分布图
1. 陶鼎　2. 陶壶　3、4. 陶豆

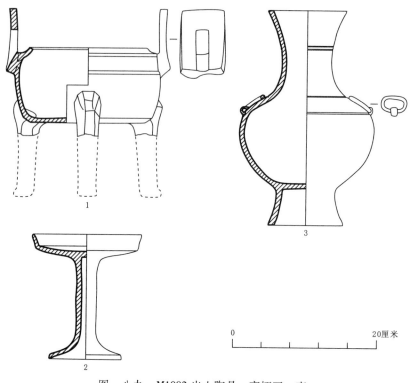

图一八九　M1082 出土陶鼎、高柄豆、壶

1. 鼎（1）　2. 高柄豆（3）　3. 壶（2）

二　出土器物（A 组丙Ⅲ类）

4 件。为仿铜陶礼器。黑衣灰陶、黄灰陶。

1. 鼎　1 件。

M1082：1，子母口内敛，窄肩承盖。扁直腹微弧，大平底。上腹有一周凸箍。蹄形足直立，足残。大方附耳直立，耳、足穿透器壁。盖失。口径 16.4、通宽 22、残高 17.2 厘米（图一八九，1）。

2. 壶　1 件。

M1082：2，喇叭形敞口，长弧颈，宽圆肩，圆腹，平底。高圈足略外撇。颈、肩各有两周弦纹，肩有对称鼻纽衔环。口径 10.8、腹径 18.5、高 29 厘米（图一八九，3）。

3. 高柄豆　2 件。

标本 M1082：3，敞口，折壁浅盘，细高柱柄，喇叭形圈足低平。口径 15.2、高 16.8 厘米（图一八九，2）。

墓葬七三　M1083

一　墓葬形制（A 型 I 式）

普通宽长方形土坑竖穴。方向 40°。墓壁略斜，墓口长 370、宽 200 厘米，墓底长 330、宽 182

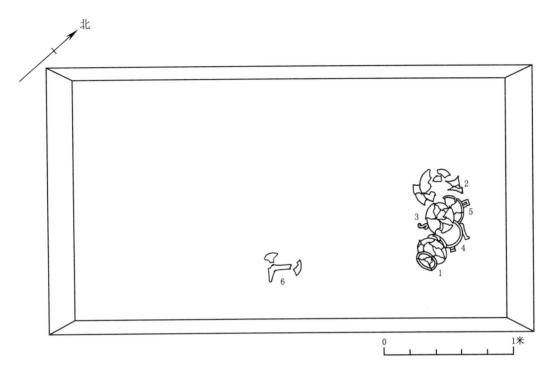

图一九○ M1083 随葬器物分布图
1、2. 陶壶 3. 陶敦 4、5. 陶鼎 6. 陶豆

厘米，墓深 400 厘米。随葬器物分布于墓底头端和一侧。葬具及人骨架不存。墓底有一层河沙，其上填红色黏土夹较多的小砾石。为本坑土回填（图一九○）。

二 出土器物（A组乙类）

6件。为仿铜陶礼器。红陶或红褐陶。

1. 鼎 2件。未修复，形态不明。

2. 壶 2件。形制、大小相同。

标本 M1083：1，喇叭形敞口，长弧颈较直，斜直宽肩，弧腹斜收，圜底近平。高圈足外撇较甚。颈至腹饰五周弦纹。肩有两个小纽，残。弧形浅盖，边缘直折，高子母口。盖面饰五周弦纹及三个简化卧兽纽。颈及上腹饰一圈黑衣白彩宽带，颈中部有红彩脱落。盖边有一圈白彩。口径 12.7、腹径 19、通高 32.6 厘米（图一九一，1）。

3. 敦 1件。

M1083：3，纽、足同形，身、盖等大。口较直，唇内凸，上腹斜直，下腹弧收，圜底、顶。简化兽形足、纽。腹饰四周弦纹。口径

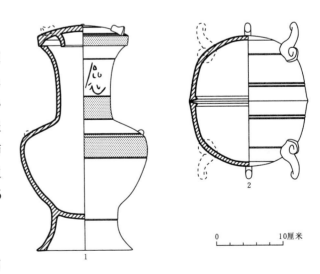

图一九一 M1083 出土陶壶、敦
1. 壶（1） 2. 敦（3）

17.6、通高 22.6 厘米（图一九一，2）。

4. 豆 1 件。残甚，形态不明。

墓葬七四 M1084

一 墓葬形制（A 型 I 式）

普通宽长方形土坑竖穴。方向 310°。墓壁略斜，墓口长 310、宽 165 厘米，墓底长 300、宽 145 厘米，墓深 330 厘米。随葬器物位于墓底头端。葬具及人骨架不存。墓中填洗砂土（图一九二）。

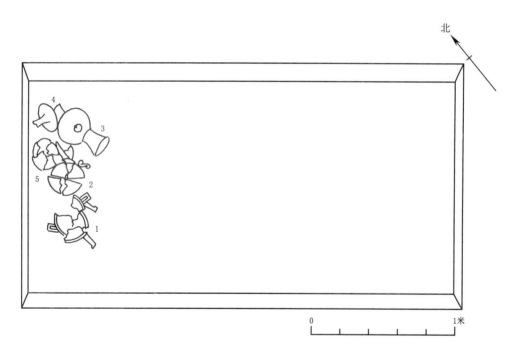

图一九二 M1084 随葬器物分布图
1. 陶鼎 2. 陶敦 3. 陶壶 4、5. 陶豆

二 出土器物（A 组丙 I 类）

5 件。为仿铜陶礼器。灰陶或黑皮红陶（图版二八，2）。

1. 鼎 1 件。

M1084：1，子母口内敛，窄肩承盖。弧腹扁直，平底。腹中有一周凸箍。蹄形足直立或略斜，足断面呈七边形。方附耳直立。弧形高盖，盖面有两周凸圈。口径 15.6、通宽 21.4、通高 24.2 厘米（图一九三，1）。

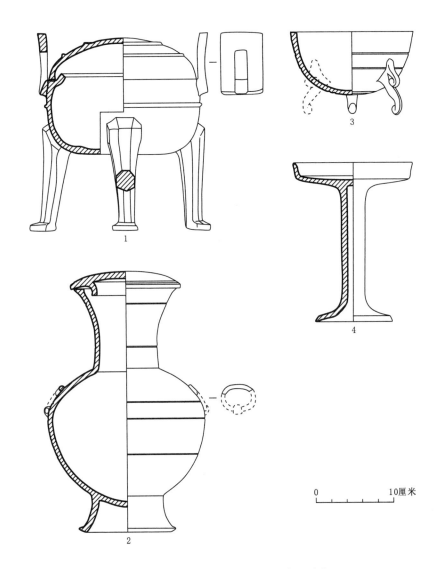

图一九三　M1084 出土陶鼎、壶、敦、高柄豆
1. 鼎（1）　2. 壶（3）　3. 敦（2）　4. 高柄豆（5）

2. 壶　1 件。

M1084:3，喇叭形敞口，弧颈有折，圆肩，弧腹，圜底。圈足外撇，足沿略上翘。口至腹饰五周弦纹。肩有对称鼻纽衔环，略残。浅弧盖，子母口直立。口径 13、腹径 19.8、通高 32.3 厘米（图一九三，2）。

3. 敦　1 件。

M1084:2，仅存一半。敞口，弧壁，圜底。腹饰四周弦纹。简化兽形足。口径 15.7、残高 10.1 厘米（图一九三，3）。

4. 高柄豆　2 件。形态相同。

标本 M1084:5，敞口，折壁浅平盘，细高柱柄，喇叭状圈足低平。口径 15.2、高 19.6 厘米（图一九三，4）。

墓葬七五　M1085

一　墓葬形制（A 型 I 式）

普通宽长方形土坑竖穴。方向 120°。墓上部被破坏。墓壁垂直，长 330、宽 152、深 230 厘米。随葬器物位于墓底头端。葬具及人骨架不存。墓中填洗砂土（图一九四）。

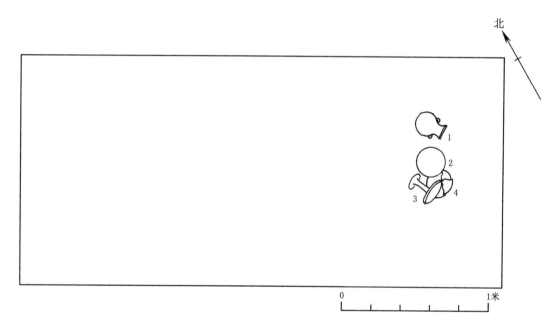

图一九四　M1085 随葬器物分布图
1. 陶罐　2. 陶簋　3、4. 陶豆

二　出土器物（B 组丁 I 类）

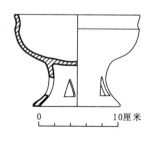

图一九五　M1085 出土陶簋
（M1085∶2）

4 件。为日用陶器。

1. 罐　1 件。未修复，形态不明。

2. 簋　1 件。

M1085∶2，灰陶。直口微弧，口外凹弧，弧腹，圜底，高圈足外撇。圈足周围有五个三角形镂孔。口径 15.4、高 11.4 厘米（图一九五）。

3. 豆　2 件。未修复，形态不明。

墓葬七六　M1086

一　墓葬形制（A 型 II 式）

宽长方形土坑竖穴带斜坡墓道。方向125°。墓道位于墓室东南端中间，坡度30°。墓道壁垂直，墓道口长490、宽140厘米，墓道下端距墓口深285、距墓底高165厘米。墓室壁两端垂直，两侧倾斜。墓口长320、宽240厘米，墓底长320、宽160厘米，墓深450厘米。随葬器物中陶器位于墓底头端，两侧各有一件残兵器。有盗扰迹象。葬具及人骨架不存。墓中填土为红色黏土夹较多砂砾石（图一九六、一九七）。

二　出土器物（A 组乙类）

10件。其中陶器8件，铜器2件。

（一）陶器

8件。为仿铜陶礼器，灰陶或黑衣灰陶。

1. 鼎　2件。未修复，形态不明。

2. 壶　2件。形制、大小相同。

标本M1086：4，敞口，粗长颈较直，圆肩，鼓腹，圜底。高圈足外撇较甚。颈及腹饰七周弦纹。口部、颈、腹施三道白色宽带，白带位于弦纹内；白带以红色窄带分隔，未施白彩部分有红

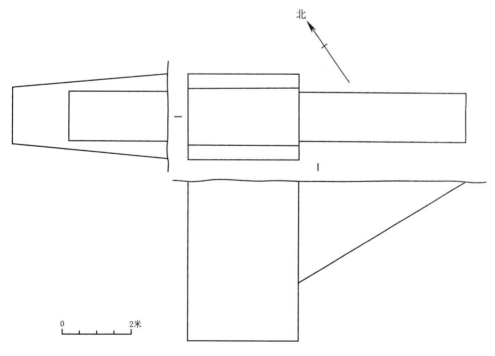

图一九六　M1086 平、剖面图

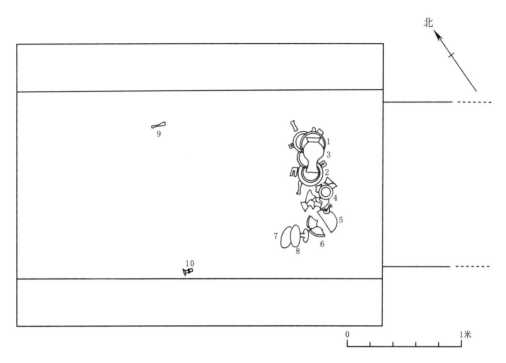

图一九七　M1086 随葬器物分布图

1、2. 陶鼎　3、4. 陶壶　5、6. 陶敦　7、8. 陶豆　9. 铜戈镈　10. 铜剑首

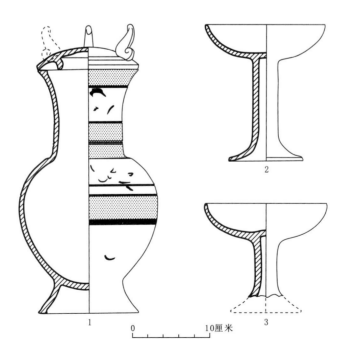

图一九八　M1086 出土陶壶、高柄豆、矮柄豆

1. 壶（4）　2. 高柄豆（7）　3. 矮柄豆（8）

色彩绘，脱落殆尽。弧形浅盖，子母口。盖面饰两周细弦纹及三个简化兽纽。口径 13、腹径 18、通高 35.6 厘米（图一九八，1）。

3. 敦 2件。未修复，形态不明。

4. 高柄豆 1件。

M1086：7，敞口，弧壁盘较深，高柱柄，喇叭形圈足。口径 15.4、高 17 厘米（图一九八，2）。

5. 矮柄豆 1件。

M1086：8，敞口，弧壁盘较深，矮弧柄。圈足残。口径 15.6、残高 11.6 厘米（图一九八，3）。

（二）铜器

2件。为兵器，残剑首和戈镦各1件。形态不明。

墓葬七七 M1087

一 墓葬形制（A 型 Ⅵa 式）

宽长方形土坑竖穴带高头龛。方向 135°。头龛位于墓坑东南端墓壁中部。龛底距墓底高 83 厘米，龛宽 50、深 44、高 35 厘米。墓壁略斜，墓口长 300、宽 190 厘米，墓底长 284、宽 170 厘米，墓深 290 厘米。随葬器物中一件陶罐置于头龛内，另有三件陶器位于墓底靠足端位置。葬具及人骨架不存。墓中填洗砂土（图一九九）。

二 出土器物（A 组丙 Ⅰ 类）

4 件。为仿铜陶礼器。

1. 鼎 1件。未修复，形态不明。

2. 壶 2件。形制、大小相同。

标本 M1087：4，敞口，长弧颈，溜肩，弧腹，平底。高圈足外撇。肩有对称鼻纽衔环。通体有白彩，白彩上施红彩，均脱落。口径 8.7、腹径 14.6、高 27.8 厘米（图二〇〇，1）。

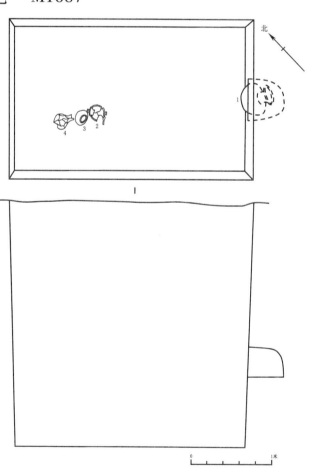

图一九九 M1087 平、剖面及随葬器物分布图
1. 陶罐 2. 陶鼎 3、4. 陶壶

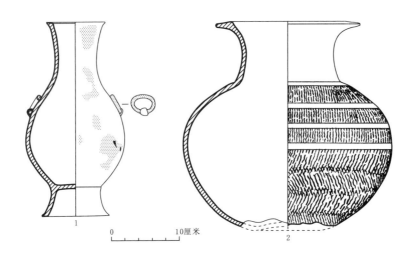

图二〇〇　M1087 出土陶壶、高领罐
1. 壶（4）　　2. 高领罐（1）

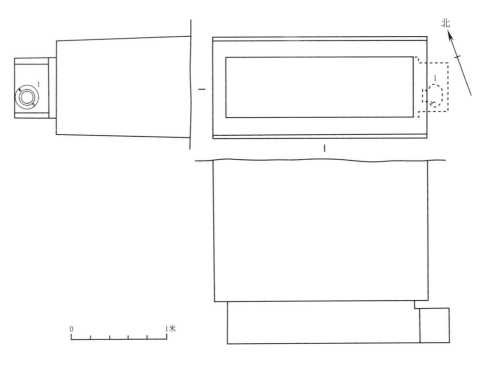

图二〇一　M1089 平、剖面及随葬器物分布图
1. 陶罐

3. 高领罐　1 件。

M1087：1，敞口，宽平折沿微坠，高弧领，溜肩，鼓腹，底残，应为凹圜底。上腹饰横断竖绳纹，下腹饰交错绳纹。口径 20.8、腹径 30、复原高 30 厘米（图二〇〇，2）。

墓葬七八 M1089

一 墓葬形制 （C 型Ⅷb 式）

狭长形土坑竖穴带平头龛及封闭二层台。方向 120°。头龛位于墓坑东南端墓壁下部，龛呈长方形，龛底与墓底平。龛口 5 厘米深处宽与墓底等宽，向内两侧各缩进 6 厘米；内宽 48、深 36、高 34 厘米。封闭二层台高 42、两侧宽 20、两端宽 14 厘米。二层台以上墓壁略斜，二层台以下墓壁垂直。墓口长 220、宽 100 厘米，二层台台面外侧长 214、宽 94 厘米，墓底长 192、宽 60 厘米，墓通深 182 厘米。随葬器物置于头龛内。葬具及人骨架不存。墓中填五花土，为本坑土回填。墓口以上有厚 10~30 厘米的表土（图二〇一）。

二 出土器物 （B 组丁Ⅲ类）

陶双耳罐 1 件。

M1089：1，灰陶。直口，凸唇，领较高较直，溜肩，扁鼓腹，小圈底微凹。上腹饰一周宽弦纹及对称双耳，耳残。口径 13.2、腹径 20.3、高 16.5 厘米（图二〇二）。

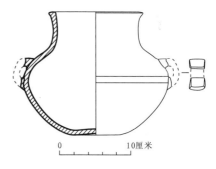

0   10厘米

图二〇二 M1089 出土陶双耳罐（M1089：1）

墓葬七九 M1090

一 墓葬形制 （B 型 I 式）

普通窄长方形土坑竖穴。方向 115°。墓壁垂直，长 300、宽 140、深 222 厘米。随葬器物位于墓底头端。葬具及人骨架不存。墓中填洗砂土，为本坑土回填（图二〇三）。

二 出土器物 （A 组丙Ⅱ类）

5 件。其中陶器 4 件，铜带钩 1 件。

（一）陶器

4 件。为仿铜陶礼器。黄灰陶或红灰陶。

1. 鼎 1 件。

M1090：2，高子母口直立，窄肩承盖。弧腹深直，平底。腹中有一周凸圈。锥形足直立，足断面呈

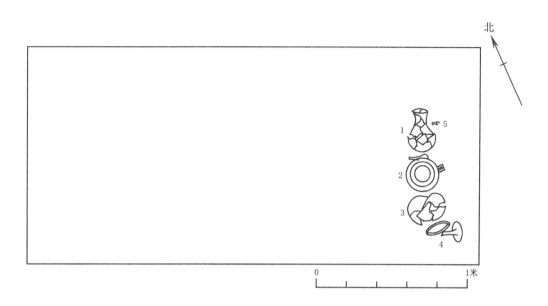

图二〇三　M1090 随葬器物分布图
1. 陶壶　2. 陶鼎　3. 陶敦　4. 陶豆　5. 铜带钩

六边形。耳残。弧形盖，盖面有两周凸圈。口径14.6、通宽18、通高22.4厘米（图二〇四，1）。

2. 壶　1件。未修复，形态不明。

3. 敦　1件。

M1090：3，上下等大。直口，唇内外凸，弧壁较深，圜底略尖凸。腹饰两周弦纹。不见足、纽，亦不见安装足、纽的痕迹。口径16、高19.6厘米（图二〇四，2）。

4. 豆　1件。未修复，形态不明。

（二）铜带钩

1件。残甚。

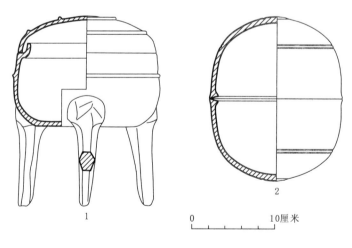

图二〇四　M1090 出土陶鼎、敦
1. 鼎（2）　2. 敦（3）

墓葬八〇　M1101

一　墓葬形制（C型Ⅷb式）

狭长形土坑竖穴带平头龛及封闭二层台。方向110°。头龛位于墓坑东端墓壁下部，龛底与墓底平。龛内呈弧形，龛宽同墓底宽，龛深14、高48厘米。二层台高58、宽14~16厘米。墓壁垂直，墓口长252、宽100厘米，墓底长222、宽68厘米，墓深142厘米。随葬器物置于头龛内。因龛较浅，并未完全没入龛内，一件陶壶倾倒于墓坑内。葬具及人骨架不存。墓中填洗砂土。墓口以上有厚约20厘米的表土（图二〇五）。

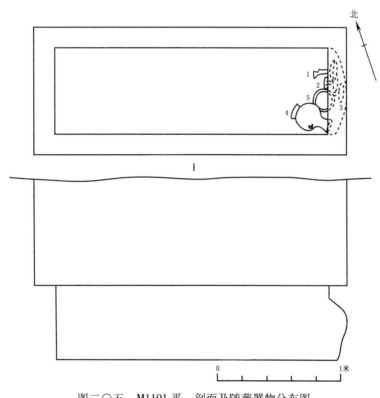

图二〇五　M1101平、剖面及随葬器物分布图
1~3. 陶豆　4. 陶壶　5. 陶盂

二　出土器物（B组丁Ⅲ类）

5件。均为日用陶器。灰陶。

1. 双耳壶　1件。

M1101：4，喇叭形敞口，弧颈，斜肩，弧腹，圜底，圈足残。肩有对称双耳。颈及上腹各饰一周弦纹。口径14、腹径21.8、残高27厘米（图二〇六，1）。

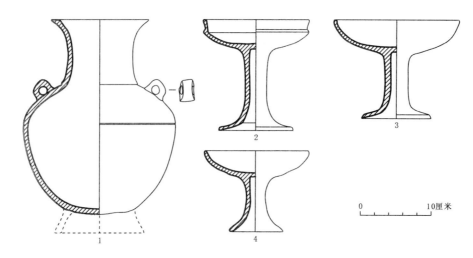

图二〇六　M1101 出土陶双耳壶、高柄豆、矮柄豆
1. 双耳壶（4）　2. 高柄豆（2）　3、4. 矮柄豆（1、3）

2. 盂　1 件。未修复，形态不明。

3. 高柄豆　1 件。

M1101：2，敞口较直，折壁盘，转折处向外突出，柱柄略弧，喇叭形圈足低平。口径 15、高 15.4 厘米（图二〇六，2）。

4. 矮柄豆　2 件。形态略异。

M1101：1，敞口，弧壁盘较深，矮柱柄，盖状圈足。口径 17.4、高 13.8 厘米（图二〇六，3）。

M1101：3，弧壁盘较浅，矮弧形柄，喇叭形圈足。口径 14.8、高 11.2 厘米（图二〇六，4）。

墓葬八一　M1102

一　墓葬形制（B 型 I 式）

普通窄长方形土坑竖穴。方向 110°。墓上部被破坏。墓壁垂直，长 298、宽 123、残深 170 厘米。随葬器物置于墓底头端。葬具及人骨架不存。墓中填五花土（图二〇七）。

二　出土器物（A 组丙 II 类）

5 件。其中陶器 4 件，铜器 1 件。

（一）陶器

4 件。为仿铜陶礼器（图版二九，1）。

1. 鼎　1 件。

M1102：4，高子母口直立，窄凹肩承盖。扁直腹微弧，大平底。腹中有一周凸箍。蹄形足残。小方附耳略外斜。弧形盖顶面微凹。盖面有两周凸圈，盖顶有扁长鼻纽。盖有红彩脱落。口径

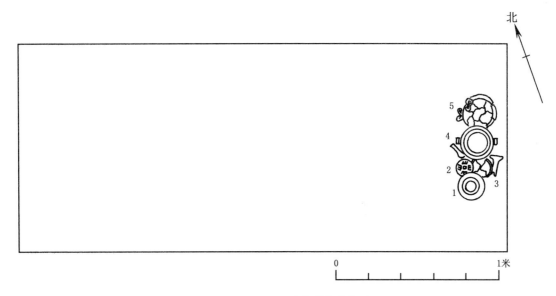

图二〇七 M1102 随葬器物分布图
1. 陶壶 2. 铜镜 3. 陶豆 4. 陶鼎 5. 陶敦

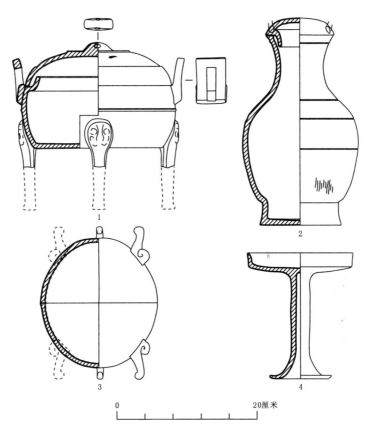

图二〇八 M1102 出土陶鼎、壶、敦、高柄豆
1. 鼎（4） 2. 壶（1） 3. 敦（5） 4. 高柄豆（3）

17.6、通宽 24.4、残高 17.4 厘米（图二〇八，1）。

2. 壶　1件。

M1102：1，敞口，弧颈，溜肩，弧腹深直，下腹向外略斜折呈假圈足状，平底。颈至腹饰四周弦纹，下腹隐见绳纹。弧形盖，高子母口。盖边等列三纽，纽残。口径 9.4、腹径 16.8、通高 29 厘米（图二〇八，2）。

3. 敦　1件。

M1102：5，足、纽同形，身、盖等大，身、盖相合呈椭圆形。口较直，弧腹较深，圜底、顶，简化兽形足、纽。口径 16.6、高 21.2 厘米（图二〇八，3）。

4. 高柄豆　1件。

M1102：3，直口微侈，斜折壁浅平盘，细高柱柄，喇叭形圈足低平，边缘微翘。口径 15.2、高 16.6 厘米（图二〇八，4）。

（二）铜镜

1件。M1102：2，黑色。三弦纽，双框方纽座，三角形窄素缘。主题纹饰为底边与纽座平行的四个左斜的"山"字纹；纽座四角及"山"字纹间各有一叶片纹，两叶片之间以绚索状带纹相连，"山"字右胁也有一叶片纹，共十二叶片纹；"山"字之间靠缘边有一向左横置的竹叶形纹；主纹饰下满饰涡纹及羽状地纹。直径约 13、缘厚 0.4 厘米。

墓葬八二　M1103

一　墓葬形制（A 型 I 式）

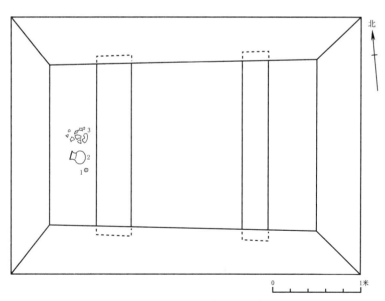

图二〇九　M1103 随葬器物分布图
1. 陶纺轮　2. 陶罐　3. 陶盂

普通宽长方形土坑竖穴。方向 275°。墓上部因烧砖取土挖毁。墓底两端各有一条枕木沟，沟宽 30~40、深约 10 厘米。沟两端伸入墓壁 8~10 厘米，伸入部分槽高约 30 厘米。墓壁倾斜，呈覆斗形。墓未经修整，墓壁不规则，不光滑。现墓口长 400、宽 285 厘米，墓底头端窄，足端宽，长 306、头端宽 176、足端宽 190 厘米，深 246 厘米。随葬器物位于墓底头端。葬具及人骨架不存。墓中填五花土（图二〇九）。

二 出土器物（B 组丁 I 类）

3 件。为日用陶器。

1. 高领罐 1 件。

M1103:2，敞口，凸唇，高弧领，溜肩，鼓腹，凹圜底。腹、底饰粗绳纹。口径 11.2、腹径 14.4、高 16.8 厘米（图二一〇）。

2. 盂 1 件。未修复，形态不明。

3. 纺轮 1 件。不见实物。

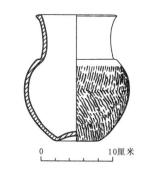

0   10厘米

图二一〇 M1103 出土陶高领罐
（M1103:2）

墓葬八三 M1105

一 墓葬形制（A 型 I 式）

普通宽长方形土坑竖穴。方向 360°。墓上部被挖毁。墓底两端各有一条枕木沟，沟宽 20~22、深 8 厘米。墓壁略斜，墓口长 350、宽 230 厘米，墓底长 320、宽 190 厘米，墓残深 260 厘米。随葬器物中陶器位于墓底头端，铜兵器位于一侧。葬具及人骨架不存，但可辨椁木灰痕，其分布范围长约 270、宽约 126 厘米。填土驳杂，未经夯筑（图二一一）。

二 出土器物（A 组丙 I 类）

7 件。其中陶器 5 件，铜器 2 件。

（一）陶器

5 件。为仿铜陶礼器。灰陶或黑衣灰陶（图版二九，2）。

1. 鼎 1 件。

M1105:4，高子母口，窄凹肩承盖。扁折腹，转折部位呈台棱状，平底内凹。蹄形足直立，足根穿透器壁，足断面呈五边形。方附耳微侈，耳孔呈"回"字形。弧形盖边缘较直，盖面有两周凸圈。通体施白彩，脱落。口径 17、通宽 23、通高 22.5 厘米（图二一二，1）。

2. 壶 1 件。

M1105:3，敞口较直，粗弧颈，圆肩，圆腹，底较平。矮圈足略内斜。上腹有对称鼻纽及一周弦纹。浅盖顶部略凸，边缘直折，子母口。盖边有三个扁立纽。口径 12.2、腹径 20、通高 29.3

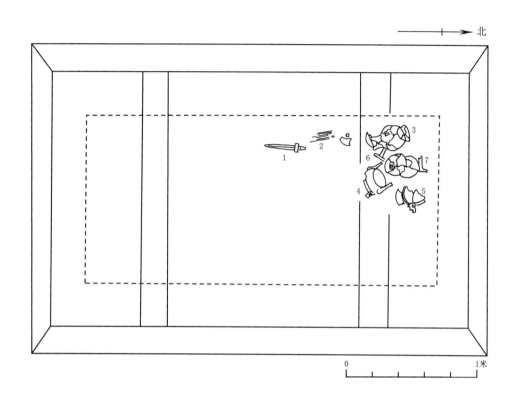

图二一一　M1105 随葬器物分布图

1. 铜剑　2. 铜箭镞　3. 陶壶　4. 陶鼎　5. 陶敦　6、7. 陶豆

厘米（图二一二，2）。

3. 敦　1件。

M1105：5，身、盖等大，足、纽同形。口微敛，弧壁，圜底、顶。简化兽形足、纽。身、盖各饰一周弦纹。盖满绘白彩，器身仅口部有一圈白彩，白彩下有黑衣。口径18.8、通高22.4厘米（图二一二，3）。

4. 矮柄豆　2件。形制、大小相同。

标本M1105：6，敞口，弧壁盘，矮柱柄，盖状圈足边缘斜折。口径14.8、高13.2厘米（图二一二，4）。

（二）铜器

2件。为兵器。

1. 剑　1件。

M1105：1，扁茎剑。粉绿色。茎前宽后窄，中间纵列两孔，面上有六道纵棱。茎与身之间有宽格，格内残存有夹缚木片；格双面各有五个重圈纹，边上有联珠纹。剑身菱形脊，两侧有血槽。斜刃缘崩残。残长26.5厘米（图二一二，6）。

2. 镞　4支（以1件计）。

M1105：2，两支为宽叶镞，中有圆脊，刃下又翼，一有短关，一无关；另两支为窄叶镞，均三菱形，一厚刃，一薄刃，薄刃镞有短圆关。长2.8～4.6厘米（图二一二，5）。

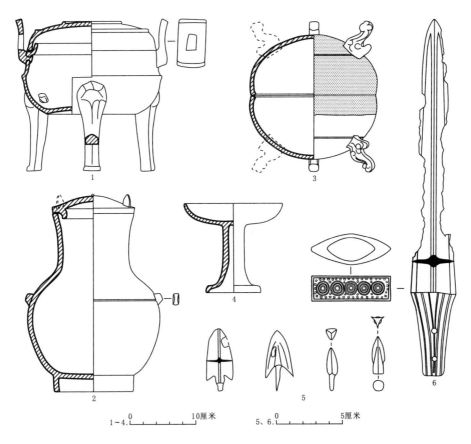

图二一二　M1105 出土陶鼎、壶、敦、矮柄豆，铜箭镞、剑

1. 陶鼎（4）　2. 陶壶（3）　3. 陶敦（5）　4. 陶矮柄豆（6）　5. 铜箭镞（2）　6. 铜剑（1）

墓葬八四　M1108

一　墓葬形制（A 型 I 式）

普通宽长方形土坑竖穴。方向 290°。墓壁垂直，长 283、宽 162、深 207 厘米。随葬器物除一件铜剑位于墓底一侧外，其余位于头端。葬具及人骨架不存。墓中填洗砂土。墓口以上有厚约 20 厘米的表土（图二一三）。

二　出土器物（B 组丁 I 类）

6 件。其中陶器 4 件，铜器 2 件。

（一）陶器

4 件。为日用陶器（彩版一一，3；图版三〇，1）。

1. 长颈罐　1 件。

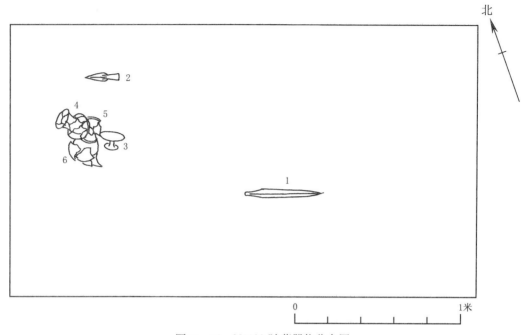

图二一三　M1108 随葬器物分布图
1. 铜剑　2. 铜矛　3、6. 陶豆　4. 陶罐　5. 陶盂

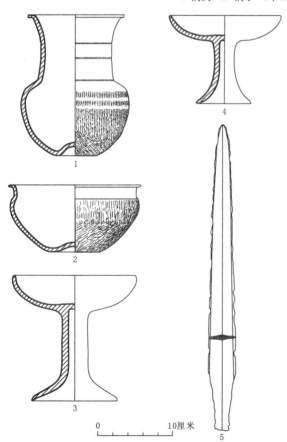

图二一四　M1108 出土陶长颈罐、盂、矮柄豆，铜剑
1. 陶长颈罐（4）　2. 陶盂（5）　3、4. 陶矮柄豆
（6、3）　5. 铜剑（1）

M1108：4，敞口，短折沿，粗长颈微弧，颈折转，窄斜肩，圆弧腹，凹圜底。颈饰三周弦纹，上腹饰横断竖绳纹，中、下腹及底为竖绳纹及斜绳纹。口径 12.6、腹径 14.2、高 18 厘米（图二一四，1）。

2. 盂　1 件。

M1108：5，侈口，窄平折沿，短弧颈，斜弧壁，凹圜底。腹、底饰粗绳纹。口径 17.4、高 8.6 厘米（图二一四，2）。

3. 矮柄豆　2 件。形态略异。

M1108：3，敞口，弧壁盘，矮弧形柄，喇叭形小圈足。口径 14.8、高 11.2 厘米（图二一四，4）。

M1108：6，敞口，弧壁盘较深，矮柱柄，喇叭形圈足较宽。口径 16、高 16 厘米（图二一四，3）。

（二）铜器

2 件。为兵器。

1. 剑　1 件。

M1108：1，扁茎剑。深绿色。茎与剑身为一体，截刃成茎，茎下端一孔残。剑身菱形脊，斜刃缘崩缺。残长 39.3 厘米（图二一四，5）。

　　2. 矛　1 件。

　　M1108：2，灰黑色。圆骹，骹后部呈圆形，前部六边形。两侧三连鼻。叶有棱脊，两侧有深血槽。残长 23.3 厘米。

墓葬八五　M1114

一　墓葬形制（C 型 I 式）

　　普通狭长形土坑竖穴。方向 335°。墓上部已被挖毁，墓一侧从上至下被切除一线。墓壁垂直，长 182、宽 60、残深 80 厘米。随葬器物位于墓底头端。右侧器物被破坏。葬具及人骨架不存。填土为洗砂土夹大量小砾石（图二一五）。

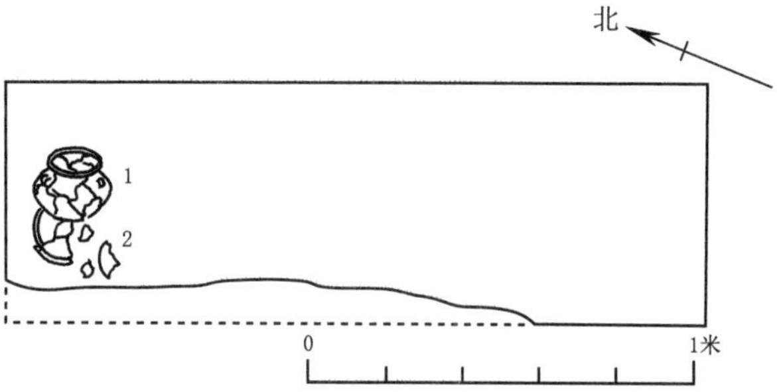

图二一五　M1114 随葬器物分布图
1. 陶壶　2. 陶盂

二　出土器物（B 组丁 III 类）

　　2 件。为日用陶器。灰陶（图版三〇，2）。

　　1. 双耳壶　1 件。

　　M1114：1，喇叭形敞口，弧颈较短，斜肩弧折，斜弧腹，圜底近平，高圈足外撇。肩有对称双耳。颈至肩饰五周弦纹。口径 12.3、腹径 18.4、高 24 厘米（图二一六，1）。

　　2. 盂　1 件。

　　M1114：2，平折沿，沿面微弧，短弧颈，弧壁，底残。口径 20、残高 7.2 厘米（图二一六，2）。

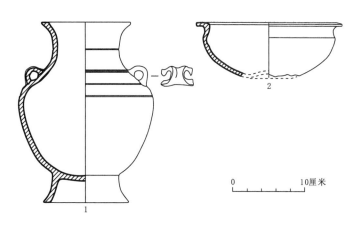

图二一六　M1114 出土陶双耳壶、盂
1. 双耳壶（1）　2. 盂（2）

墓葬八六　M1115

一　墓葬形制（A 型 I 式）

普通宽长方形土坑竖穴。方向35°。墓上部被破坏。墓壁垂直，长260、宽180、残深200厘米。随葬器物大都位于墓底头端，一件铜剑位于右侧壁。葬具及人骨架不存。墓中填五花土（图二一七）。

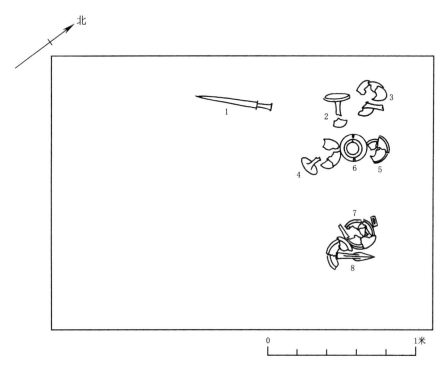

图二一七　M1115 随葬器物分布图
1. 铜剑　2~4. 陶豆　5. 陶敦　6. 陶壶　7. 陶鼎　8. 铜矛

二　出土器物（A 组丙 I 类）

8件。其中陶器6件，铜器2件。

（一）陶器

6件。为仿铜陶礼器。灰陶或红褐陶。

1. 鼎　1件。

M1115:7，子母口内敛，窄肩承盖。腹微外鼓，圆腹，圜底。棱柱状足，足断面呈截角四边形，窄长附耳微侈。耳、足穿透器壁。腹饰一周弦纹。弧形盖盖面较平，盖面有两周凸圈，盖顶凸圈高于盖面呈圈状捉手状。口径18.6、通宽25.5、通高25厘米（图二一八，1）。

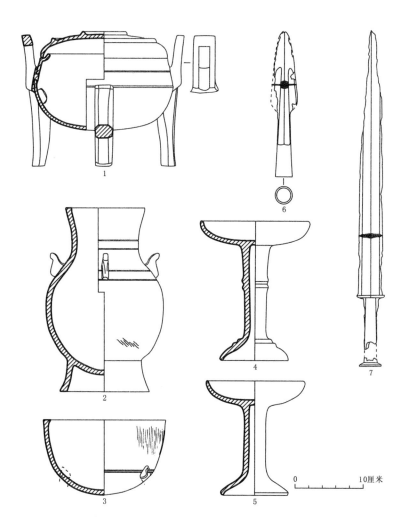

图二一八　M1115 出土陶鼎、壶、敦、高柄豆，铜矛、剑
1. 陶鼎（7）　2. 陶壶（6）　3. 陶敦（5）　4、5. 陶高柄豆（2、4）　6. 铜矛（8）　7. 铜剑（1）

2. 壶　1件。

M1115：6，敞口，粗弧颈，溜肩，鼓腹，圜底。高圈足略外撇。颈、肩各饰两周弦纹，肩部一周等列三个简化兽纽。下腹及底隐见绳纹。口径 11.5、腹径 16.8、残高 25.8 厘米（图二一八，2）。

3. 敦　1件。

M1115：5，仅存一半，足亦残。口较直，唇内凸，弧壁深直，圜底。上腹隐见竖绳纹，下腹饰两周弦纹。口径 17.6、残高 10.6 厘米（图二一八，3）。

4. 高柄豆　3件。形态略异。

M1115：2，敞口，弧壁盘浅平，高柱柄中腰两道凸箍，呈竹节状；盖状高圈足，圈足转折处也有两圈台棱状凸箍。口径 15.6、高 19.6 厘米（图二一八，4）。

M1115：4，柄及圈足无凸箍。口径 14.2、高 16 厘米。M1115：3 与 M1115：4 同（图二一八，5）。

（二）铜器

2件。为兵器。

1. 剑　1件。

M1115：1，深绿色。璧形首，圆空茎残。"一"字形格，剑身菱形脊，刃残甚。茎两侧有范铸锐边和毛刺，可见此剑应非实用器。残长47.4厘米（图二一八，7）。

2. 矛　1件。

M1115：8，绿色。圆骹残，骹口部圆形，前部呈双斜面脊直通前锋；矛叶前锋呈菱形，后部两侧有深血槽。叶略残。复原长20.6厘米（图二一八，6）。

墓葬八七　　M1116

一　墓葬形制（A型I式）

普通宽长方形土坑竖穴。方向300°。墓上部被破坏。墓底两端各有一条枕木沟，沟两端深入墓壁6～10厘米，沟宽20～26、深2～6厘米。墓壁略斜，墓口长334、宽180厘米；墓底长290、宽150厘米；墓残深230厘米。随葬器物位于墓底头端。葬具及人骨架不存。但因墓底有枕木沟，因而该墓应有椁室，局部尚可辨椁木灰痕。墓中填洗砂土（图二一九）。

二　出土器物（A组丙I类）

3件。为仿铜陶礼器。红灰陶或黑皮褐陶。

1. 鼎　1件。残甚。

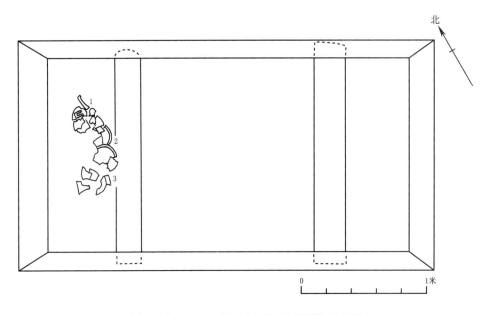

北

0　　　　　　　　　1米

图二一九　M1116平、剖面及随葬器物分布图
1. 陶鼎　2. 陶敦　3. 陶壶

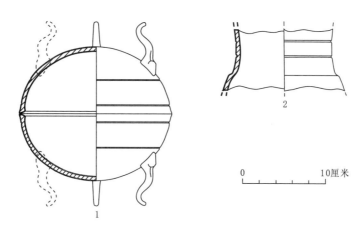

图二二〇 M1116 出土陶敦、壶
1. 陶敦（2） 2. 陶壶（3）

2. 壶 1件。

M1116：3，仅存颈部残片。颈有四周弦纹。残高7.2厘米（图二二〇，2）。

3. 敦 1件。

M1116：2，身、盖等大，纽、足同形，身、盖相合呈橄榄形。敞口，弧腹，圜底、顶。足、纽呈勾首卷尾抽象高兽形。口径18.2、通高21.6厘米（图二二〇，1）。

墓葬八八 M1118

一 墓葬形制（A型Va式）

宽长方形土坑竖穴带平行二层台。方向110°。二层台位于墓底两侧，但二层台两端都不抵墓坑两端，距两端墓壁尚有50~66厘米距离。二层台高80、一侧宽30、一侧宽40厘米。墓壁垂直，墓口长350、宽200厘米，墓底长350、两端宽200、中间宽130厘米，墓深360厘米。随葬器物位于墓底头端中间，位置与二层台头端平齐。葬具及人骨架不存。墓中填五花土（图二二一）。

二 出土器物（A组丙I类）

7件。其中陶器6件，铜器1件。

（一）陶器

6件。为仿铜陶礼器。灰陶或有黑衣。

1. 鼎 1件。

M1118：2，高子母口，窄肩承盖。扁直腹，大平底。上腹饰两周宽弦纹。蹄形足直立、细挑，足断面呈八边形，方附耳微侈，耳孔较窄，盖失。口径14.4、通宽19、高20厘米（图二

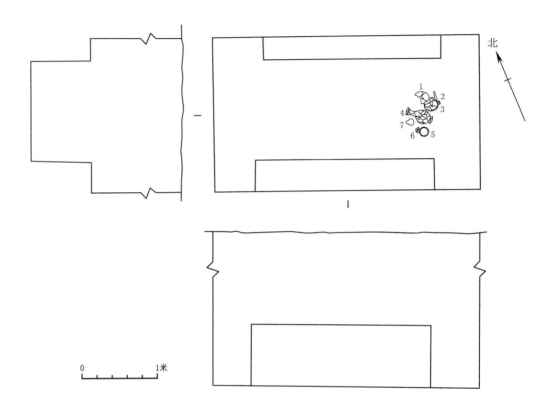

图二二一　M1118 平、剖面及随葬器物分布图
1. 陶敦　2. 陶鼎　3. 陶豆　4. 陶壶　5. 陶盘　6. 铜镜　7. 陶匜

二二，1）。

2. 壶　1件。

M1118:4，敞口较直，长弧颈，溜肩，圆腹，圜底近平。高圈足外撇。肩有一周弦纹及对称鼻纽衔环。斗笠形盖，高子母口。口径 9.8、腹径 16.6、通高 32.8 厘米（图二二二，2）。

3. 敦　1件。

M1118:1，身、盖等大，身、盖相合呈球形。口较直，圆弧壁，圜底、顶。足、纽不见。除口外一周外通施白彩，口外一圈红彩波折纹，腹亦有红彩，脱落。口径 15.8、通高 16.4 厘米（图二二二，3）。

4. 盘　1件。

M1118:5，直口，宽斜折沿，短颈，斜折壁近底微凹，平底。口径 15.2、高 4.6 厘米（图二二二，4）。

5. 匜　1件。

M1118:7，口微敛，弧壁，小平底微凹。一侧有宽圆流，另一侧扣手残。口径残宽 11.4 ~ 13.3、高 4.5 厘米（图二二二，5）。

6. 豆　1件。残豆柄及圈足。

（二）铜镜

1件。残甚，形态不明。

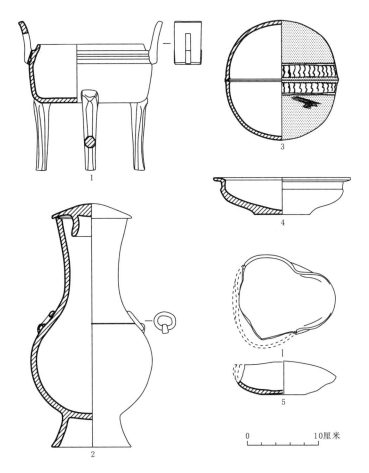

图二二二　M1118 出土陶鼎、壶、敦、盘、匜
1. 鼎（2）　2. 壶（4）　3. 敦（1）　4. 盘（5）　5. 匜（7）

墓葬八九　M1123

一　墓葬形制（A 型 I 式）

普通宽长方形土坑竖穴。方向 196°。墓坑头端宽足端窄，平面略呈梯形。墓壁略斜，墓口长
280、头端宽 180、足端宽 176 厘米，墓底长 270、头端宽 175、足端宽 160 厘米，墓深 280 厘米。
随葬器物位于墓底头端，横向摆放一列。葬具及人骨架不存。墓中填五花土（图二二三）。

二　出土器物（A 组乙类）

12 件。其中陶器 10 件，铜器 2 件。

（一）陶器

10 件。为仿铜陶礼器。灰陶或黑衣灰陶。

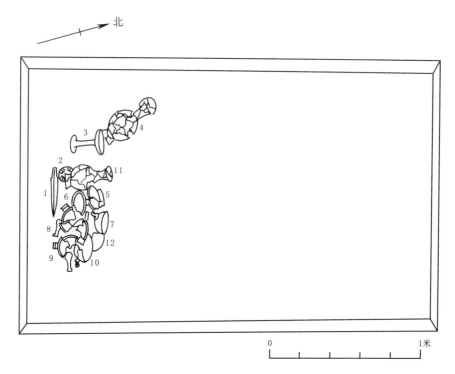

图二二三　M1123 平、剖面及随葬器物分布图

1. 铜剑　2. 铜镜　3、5、6、12. 陶豆　4、11. 陶壶　7、10. 陶敦　8、9. 陶鼎

1. 鼎　2 件。形制、大小相同。

标本 M1123:9，高子母口直立，窄肩承盖。弧腹深直，腹中有一周凸箍。平底，底边圆转。蹄形足直立，足断面呈六边形。方附耳外侈。弧形隆盖，盖面有两周凸圈，第一周凸圈上等列三个兽纽。盖顶鼻纽衔环。口径 16.6、通宽 23.2、通高 22.8 厘米（图二二四，1）。

2. 壶　2 件。形制、大小相同。

标本 M1123:11，浅盘状口，弧颈细长，溜肩，鼓腹，圜底。高圈足外撇较甚。肩及上腹饰三周弦纹，肩有对称鼻纽衔环。下腹有红彩脱落。斗笠形盖，高子母口直立。盖面饰两周弦纹，盖边等列三个简化兽纽。口径 9.8、腹径 17.6、通高 34.6 厘米（图二二四，2）。

3. 敦　2 件。形制、大小相同。

标本 M1123:10，身、盖等大，足、纽同形。身、盖相合呈椭球形。直口，口内可见朱砂痕，唇外凸，深弧壁，圜底、顶。简化兽形矮足、纽。口径 16.6、通高 22.6 厘米（图二二四，3）。

4. 高柄豆　4 件。

标本 M1123:3，敞口，斜折壁浅盘，高柱柄，喇叭形圈足。器身有红、白彩，脱落。口径 15.4、高 16 厘米（图二二四，4）。

标本 M1123:5，敞口，折壁浅盘，细高柱柄中腰微鼓，喇叭形圈足低平，边缘呈台棱状斜折。口径 15、高 18 厘米（图二二四，5）。

另两件与 M1123:5 同。

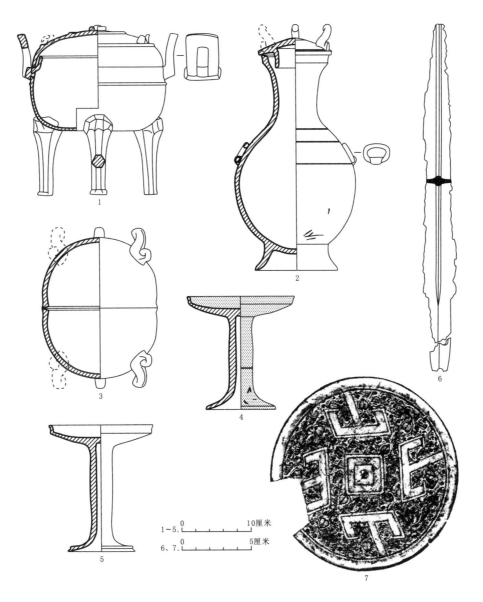

图二二四　M1123 出土陶鼎、壶、敦、高柄豆，铜剑、镜

1. 陶鼎（9）　2. 陶壶（11）　3. 陶敦（10）　4、5. 陶高柄豆（3、5）　6. 铜剑（1）　7. 铜镜（2）

（二）铜器

2 件。

1. 剑　1 件。

M1123：1，扁茎剑。双色，剑脊为翠绿色，余为绿色。茎与剑身为一体，茎中部一侧及下段中间各有一孔，均略残。剑身凸棱脊，两侧有血槽。刃及前锋残。残长 24.6 厘米（图二二四，6）。

2. 镜　1 件。

M1123：2，黑色。三弦纽，双框方纽座，三角形窄素缘。主题纹饰为底边与纽座平行的四个左斜的"山"字纹；纽座四角及"山"字纹间各有一叶片纹，两叶片之间以绚索状带纹相连，"山"字右胁也有一叶片纹，共十二叶片纹；"山"字之间靠缘边有一向左横置的竹叶形纹；主纹饰下满饰变形凤鸟纹及羽状地纹。直径 13.8、缘厚 0.4 厘米（图二二四，7）。

墓葬九○　M1128

一　墓葬形制（B 型 I 式）

普通窄长方形土坑竖穴。方向 105°。墓上部被挖毁。北半部又几乎被 M1127 挖毁（图二二五）。墓壁垂直，长 260、宽 100、残深 80 厘米。一件陶豆置于墓底头端。葬具及人骨架不存。墓中填五花土（图二二六）。

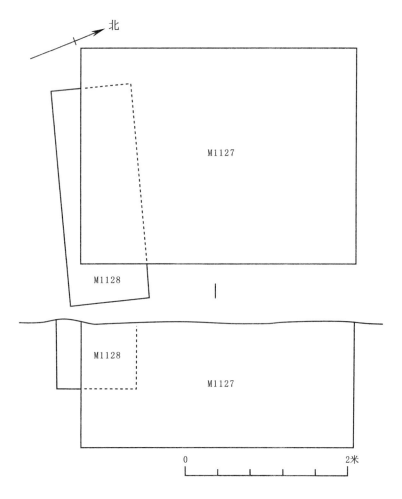

图二二五　M1127 与 M1128 打破关系图

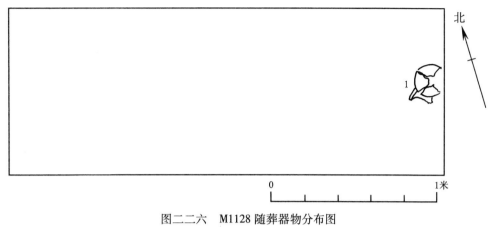

图二二六　M1128 随葬器物分布图
1. 陶豆

二　出土器物（B 组丁 II 类）

陶矮柄豆　1 件。

M1128：1，敞口，浅弧壁盘，矮弧形柄，盖状圈足低平。口径 13.4、高 12.4 厘米（图二二七）。

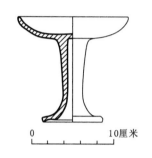

图二二七　M1128 出土陶矮柄豆
（M1128：1）

墓葬九一　M1130

一　墓葬形制（B 型 VIa 式）

窄长方形土坑竖穴带高头龛。方向 160°。墓上部被破坏。头龛位于墓坑南端墓壁中部，龛底距墓底高 58 厘米，龛宽 70、深 30、高 50 厘米，墓壁垂直，长 250、宽 140、深 170 厘米。随葬器物置于头龛内。葬具及人骨架不存。墓中填洗砂土，为本坑土回填（图二二八）。

二　出土器物（B 组丁 II 类）

3 件。为日用陶器。

盂 1 件，豆 2 件，形态不明。

墓葬九二　M1133

一　墓葬形制（A 型 IV 式）

宽长方形土坑竖穴带一级台阶。方向 75°。台阶位于墓口以下 30 厘米处，距墓底 310 厘米。呈封

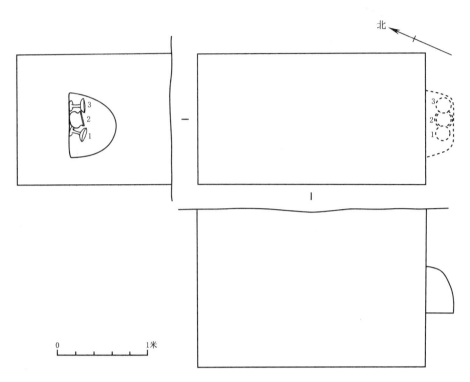

图二二八　M1130 平、剖面及随葬器物分布图
1、3. 陶豆　2. 陶盂

闭形，宽 50 厘米。墓底两端各有一条枕木沟，沟宽 24、深约 5 厘米。墓壁倾斜，呈覆斗形。墓口长 500、宽 440 厘米，台阶内侧墓坑长 380、宽 320 厘米，墓底长 290、宽 200 厘米，墓通深 340 厘米。随葬器物中铜剑位于墓底正中，剑首朝东；铜矛位于东端枕木沟中，銎部朝西。葬具及人骨架不存。墓中填五花土，为本坑掘出的土捣碎后回填。墓口以上有厚 10~25 厘米的表土（图二二九、二三〇）。

二　出土器物（C 组）

2 件。为铜兵器。

1. 剑　1 件。未见实物。随葬器物分布图显示为空首剑。
2. 矛　1 件。未见实物。

墓葬九三　M1134

一　墓葬形制（C 型 VIa 式）

狭长形土坑竖穴带高头龛。方向 65°。头龛位于墓坑东北端墓壁中部，龛底距墓底 50 厘米，龛宽 36、深 30、高 26 厘米。墓壁略斜，墓口长 220、宽 100 厘米，墓底长 200、宽 80 厘米，墓深

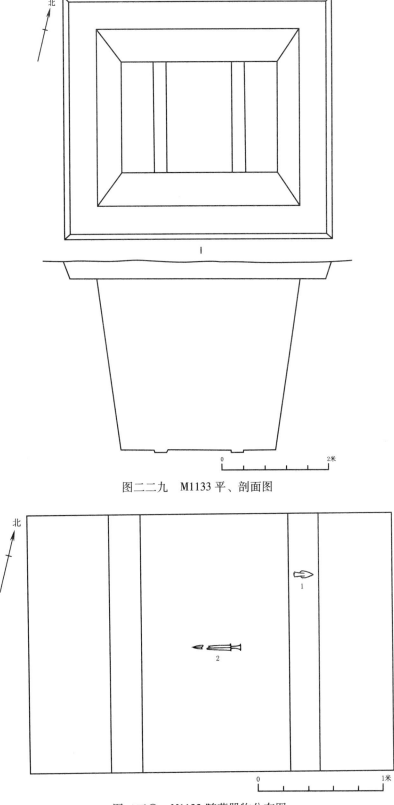

图二二九　M1133 平、剖面图

图二三〇　M1133 随葬器物分布图

1. 铜矛　2. 铜剑

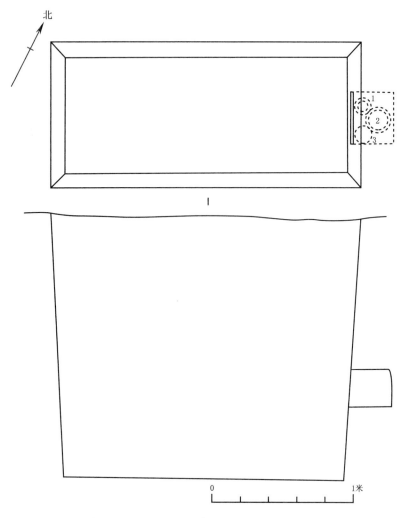

图二三一　M1134 平、剖面及随葬器物分布图
1. 陶罐　2. 陶盖豆　3. 陶盂

180 厘米。随葬器物置于头龛内。葬具及人骨架不存。墓中填五花土。墓口以上有厚约 20 厘米的表土（图二三一）。

二　出土器物（B 组丁Ⅲ类）

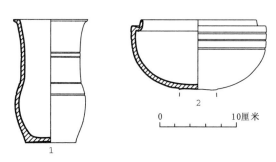

图二三二　M1134 出土陶长颈罐、盖豆
1. 长颈罐（1）　2. 盖豆（2）

3 件。为日用陶器。灰陶或黄陶。

1. 长颈罐　1 件。

M1134：1，敞口，短折沿，粗长颈微弧，弧腹，平底。颈至上腹饰四周弦纹。口径 9.4、腹径 9、高 15.2 厘米（图二三二，1）。

2. 盂　1 件。未修复，形态不明。

3. 盖豆　1 件。

M1134：2，子母口直立，窄凹肩承盖，深弧壁，圜底较平。肩以下饰三周弦纹。圈足残，盖失。口径14.8、高8.6厘米（图二三二，2）。

墓葬九四　M1137

一　墓葬形制（A 型 I 式）

普通宽长方形土坑竖穴。方向100°。墓底两端各有一条枕木沟，沟宽23、深约5厘米。墓壁倾斜，呈覆斗形。墓口长400、宽285厘米，墓底长295、宽165厘米，墓深245厘米。随葬器物位于墓底东端枕木沟两侧，为铜兵器。葬具及人骨架不存。依稀可辨棺椁灰痕，其范围长约276、宽约122厘米。墓中填洗砂土（图二三三）。

二　出土器物（C 组）

4件。为铜兵器。

1. 剑　2件。为扁茎短剑，形态有别。

M1137：1，灰绿色。茎与剑身一体，截刃成茎，茎后部中间有一圆孔。剑身菱形脊。长28厘米（图二三四，1）。

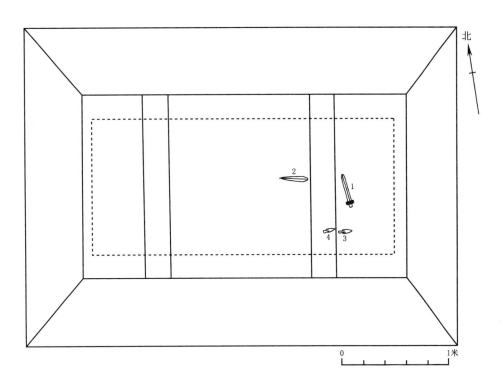

图二三三　M1137 随葬器物分布图
1、2. 铜剑　3、4. 铜矛

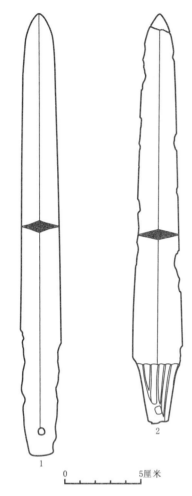

图二三四　M1137 出土铜剑
1. M1137:1　2. M1137:2

M1137:2，墨绿色。扁茎较短，茎后部有一方孔，茎两侧有五道竖棱。前锋略残。残长 25.2 厘米（图二三四，2）。

2. 矛　2 件。不见实物。

<h1 style="text-align:center">墓葬九五　M1138</h1>

一　墓葬形制（A 型 I 式）

普通宽长方形土坑竖穴。方向 252°。墓上部被破坏。墓底两端各有一条枕木沟，沟一端伸入墓壁 8 ~ 10 厘米，沟宽 20 ~ 24、深约 5 厘米。墓壁倾斜，呈覆斗形，两侧较两端斜度略大。墓口长 430、宽 340 厘米，墓底长 320、宽 200 厘米，墓深 300 厘米。随葬器物位于墓底头端。葬具及人骨架不存。尚可辨棺椁板灰痕，高约 110 厘米。墓中填洗砂土（图二三五）。

二　出土器物（A 组乙类）

8 件。为仿铜陶礼器。黑衣黄灰陶（图版三一，1）。

1. 鼎　2 件。形制、大小相同。

标本 M1138:6，高子母口直立，窄肩承盖。上腹较直微外斜，下腹弧收，圜底。腹中饰一周弦纹，蹄形足直立，足断面呈圆形。方附耳直立，耳、足穿透器壁。盘状盖，顶面较平。盖面有一周凸圈，盖顶有一扁立纽。口径 16.4、通宽 22.2、通高 21.4 厘米（图二三六，1）。

2. 壶　2 件。形制、大小相同。

标本 M1138:3，敞口较直，粗弧颈，圆肩，弧腹较直。矮圈足。上腹有对称鼻纽及一周弦纹。浅弧盖，边缘直折，子母口斜长。盖面有三个扁纽。口径 11.3、腹径 20、通高 28 厘米（图二三六，2）。

3. 敦　2 件。形制、大小相同。

标本 M1138:1，身、盖等大，足、纽同形，身、盖相合呈盒形。敛口，沿内斜，圆弧腹，圜底、顶。腹饰两周弦纹。兽形足、纽，足、纽穿透器壁。口径 18.6、通高 22 厘米（图二三六，3）。

4. 高柄豆　2 件。形态略异。

M1138:7，敞口，弧壁浅盘，细高柱柄，盖状圈足。口径 17.8、高 14.4 厘米（图二三六，4）。

M1138:8，弧壁盘较深，高柱柄。口径 12.4、高 14.6 厘米（图二三六，5）。

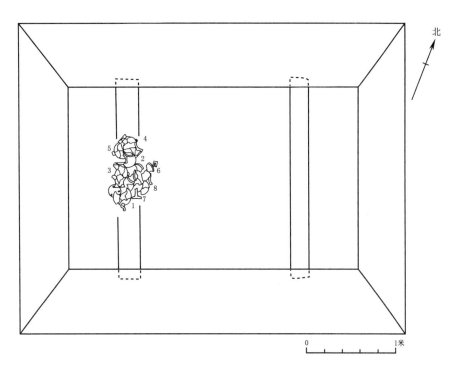

图二三五　M1138 随葬器物分布图

1、2. 陶敦　3、4. 陶壶　5、6. 陶鼎　7、8. 陶豆

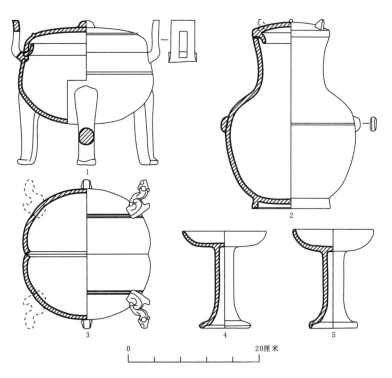

图二三六　M1138 出土陶鼎、壶、敦、高柄豆

1. 鼎（6）　2. 壶（3）　3. 敦（1）　4、5. 高柄豆（7、8）

墓葬九六　M1144

一　墓葬形制（A 型 I 式）

普通宽长方形土坑竖穴。方向 275°。该墓北侧被汉墓 M1141 所打破，但仅打破上部墓圹，尚未及底（图二三七）。墓壁倾斜，呈覆斗形。墓口长 420、宽 330 厘米，墓底长 275、宽 180 厘米，墓深 350 厘米。随葬器物位于墓底头端，以铜兵器为主，陶器有豆。葬具及人骨架不存。墓中填洗砂土（图二三八）。

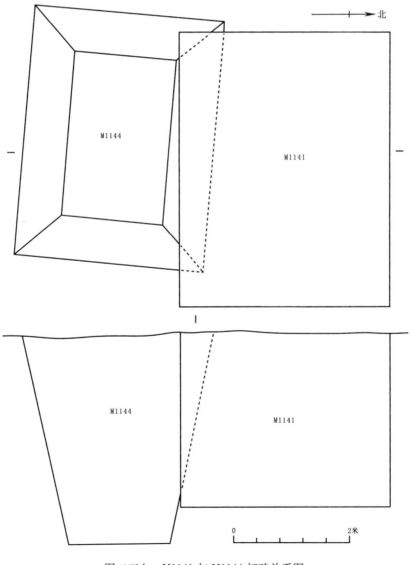

图二三七　M1141 与 M1144 打破关系图

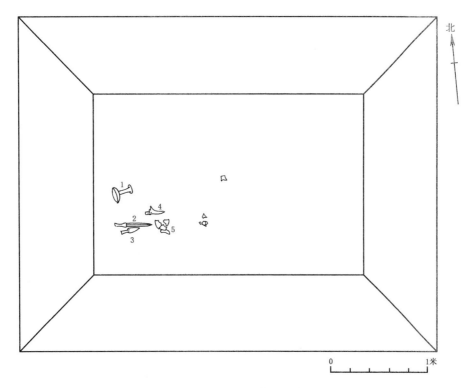

图二三八　M1144 随葬器物分布图
1、5. 陶豆　2. 铜剑　3. 铜矛　4. 铜戈

二　出土器物（C 组）

5 件。其中陶器 2 件，铜器 3 件。

（一）陶高柄豆

2 件。形态相同。

标本 M1144：1，灰陶。敞口，斜壁盘底边弧折，高柱柄，喇叭形小圈足。口径 12.4、高 14.6 厘米（图二三九，3）。

（二）铜器

3 件。为兵器。

1. 剑　1 件。

M1144：2，为扁茎短剑。剑身黑色，剑柄绿色。剑柄由宽格和柄组成，连为一体。宽格断面呈菱形，平面呈梯形，一面铸两排上下交错的三角凹纹，另一面铸涡纹。剑柄呈帚尾形，一面主要为三角凹纹，另一面上段为回纹，下段为涡纹。剑柄套在剑扁茎上，剑柄与扁茎上有一透孔。剑身菱形脊。通长 31.8 厘米（图二三九，1）。

2. 戈　1 件。

M1144：4，绿色。长援，援前部略下弧，弧形脊，断面呈梭形；长内，内上有一宽穿；胡下部残，可见三穿。援、内通长 25、胡高 8 厘米（图二三九，2）。

3. 矛　1 件。

M1144：3，粉绿色。圆骹，叶菱形脊。残甚。残长 12 厘米。

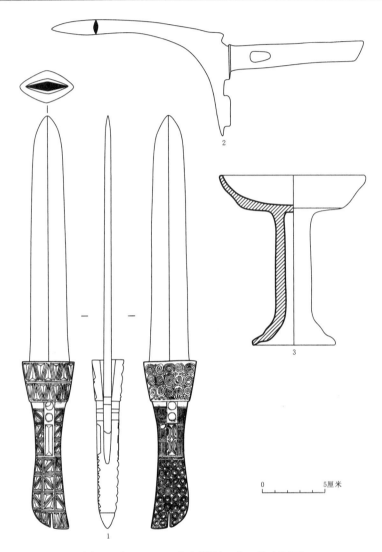

图二三九　M1144 出土铜剑、戈，陶高柄豆
1. 铜剑（2）　2. 铜戈（4）　3. 陶高柄豆（1）

墓葬九七　M1145

一　墓葬形制（C型VIa式）

狭长形土坑竖穴带高头龛。方向210°。头龛位于墓坑西南端墓壁中部。龛底距墓底高70厘米，龛宽36、深22、高24厘米。墓壁倾斜，分作两段，上段墓壁斜度较大，头龛以下墓壁斜度较小。墓口长300、宽150厘米，腰部长240、宽100厘米，墓底长220、宽80厘米，墓通深180厘米。随葬器物置于头龛内。葬具及人骨架不存。墓中填五花土。墓口以上有厚10~20厘米的表土（图二四〇）。

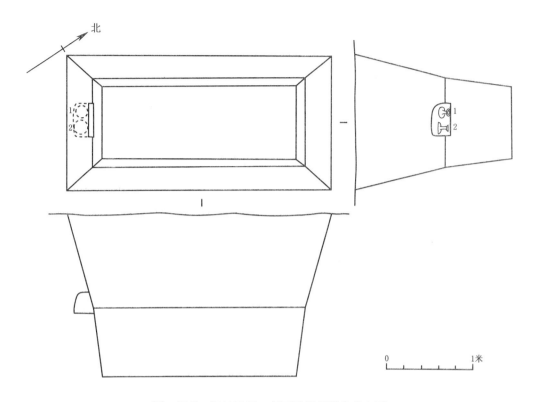

图二四〇　M1145 平、剖面及随葬器物分布图
1、2. 陶豆

二　出土器物（B 组丁Ⅲ类）

陶矮柄豆　2 件。形态略异。

M1145：1，敞口，弧壁盘，矮柱柄，喇叭形圈足。口径 12、高 11.4 厘米（图二四一，1）。

M1145：2，矮弧形柄。口径 12.6、高 12.4 厘米（图二四一，2）。

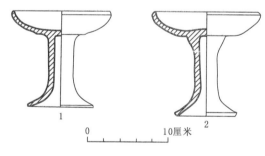

图二四一　M1145 出土陶矮柄豆
1. M1145：1　2. M1145：2

墓葬九八　M1148

一　墓葬形制（A 型 I 式）

普通宽长方形土坑竖穴。方向 275°。该墓足端被汉墓 M1146 打破，但尚未打穿墓底（图二四二）。墓壁垂直，长 270、宽 166、深 320 厘米。随葬器物有扁茎剑和矛各 1 件。剑位于墓底中部靠北侧，首端朝西，锋端朝东。矛位于西端靠北侧，锋端朝东。矛的位置可能有移动，因骹部朝西没有秘的空间。葬具及人骨架不存。墓中填洗砂土（图二四三）。

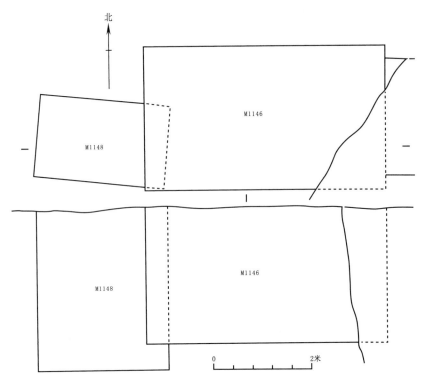

图二四二　M1146 与 M1148 打破关系图

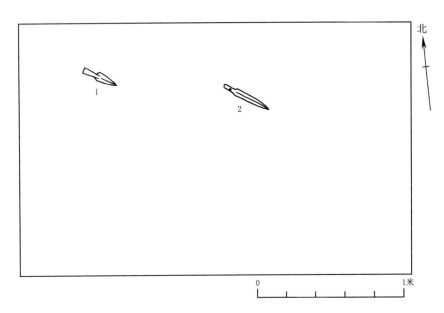

图二四三　M1148 随葬器物分布图
1. 铜矛　2. 铜剑

二　出土器物（C 组）

2 件。为铜兵器。

1. 剑　1 件。

M1148∶2，扁茎剑。黑色。茎较窄，有一卵形孔。剑身菱形脊，两侧有血槽，斜刃缘崩残。残长 23.4 厘米（图二四四）。

2. 矛　1 件。残甚，形态不明。

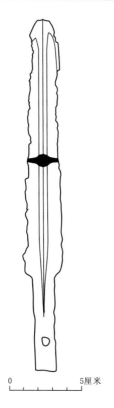

墓葬九九　M1149

一　墓葬形制（A 型 I 式）

普通宽长方形土坑竖穴。方向 70°。墓底两端各有一条枕木沟，沟宽 10、深 15 厘米。墓壁倾斜，呈覆斗形。墓口长 460、宽 340 厘米，墓底长 345、宽 194 厘米，墓深 330 厘米。随葬器物位于墓底头端。葬具及人骨架不存。因墓底有枕木沟，该墓应有椁室。墓中填洗砂土。墓口以上有厚约 20 厘米的表土（图二四五）。

二　出土器物（B 组丁 I 类）

陶矮领罐　1 件。

0　　　　　5厘米

图二四四　M1148 出土铜剑
（M1148∶2）

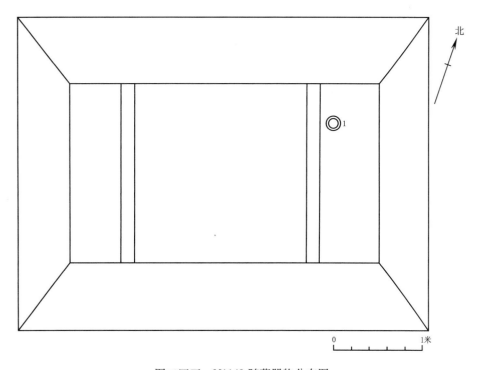

0　　　　　1米

图二四五　M1149 随葬器物分布图

1. 陶罐

M1149:1，灰陶。直口，短折沿，矮领略内斜，圆肩，鼓腹，凹圜底。肩部饰一周弦纹，腹、底饰粗绳纹。口径11.6、腹径17.2、高14厘米（图二四六）。

图二四六　M1149 出土陶矮领罐（M1149:1）

墓葬一〇〇　M1151

一　墓葬形制（A 型 I 式）

普通宽长方形土坑竖穴。方向264°。墓上部被破坏。墓底两端各有一条枕木沟，沟宽22、深约5厘米。墓壁倾斜，呈覆斗形。墓口长380、宽320厘米，墓底长295、宽180厘米，墓深280厘米。随葬器物位于墓底头端。葬具及人骨架不存。因墓底有枕木沟，因而该墓应有椁室。墓中填洗砂土（图二四七）。

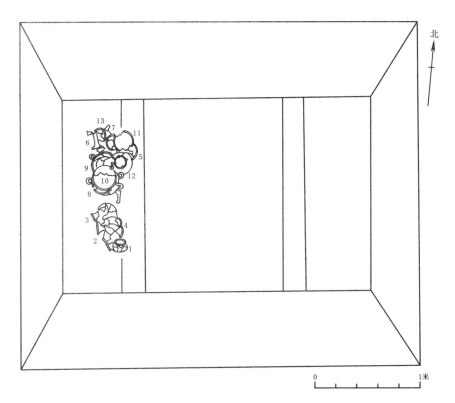

图二四七　M1151 随葬器物分布图

1~3. 陶罐　4~7. 陶豆　8、9. 陶鼎　10、11. 陶敦　12、13. 陶壶

二　出土器物（A 组乙类）

13 件。为仿铜陶礼器。

1. 鼎　2 件。形制、大小相同。

标本 M1151：9，高子母口微敛，窄凹肩承盖。弧腹扁直，大平底。蹄形足直立，足断面呈八边形。环形附耳微侈，耳、足穿透器壁。腹饰两周弦纹。弧形盖，盖顶较平。盖面有两周凸圈。口径 17.6、通宽 24.5、通高 22.8 厘米（图二四八，1）。

2. 壶　2 件。形制、大小相同。

标本 M1151：13，敞口，粗弧颈，溜肩，鼓腹，圈底。底及圈足残。颈部饰四周弦纹，中腹饰一周宽弦纹。腹有对称鼻纽衔环，环残。弧形盖，子母口，盖面有四周凹圈及四个简化兽纽。颈及上腹有红彩弦纹、仰覆莲瓣纹，多脱落。盖面凹圈内也有红彩。口径 11.3、腹径 18.2、残高 26.5 厘米（图二四八，2）。

3. 敦　2 件。未修复，形态不明。

4. 高领罐　1 件。

M1151：3，侈口，折沿微坠，高弧领，溜肩，鼓腹，凹圈底。器身满饰粗绳纹。口径 15.6、腹径 20.8、高 21 厘米（图二四八，3）。

5. 罐　2 件。未修复，形态不明。

6. 豆　4 件。未修复，形态不明。

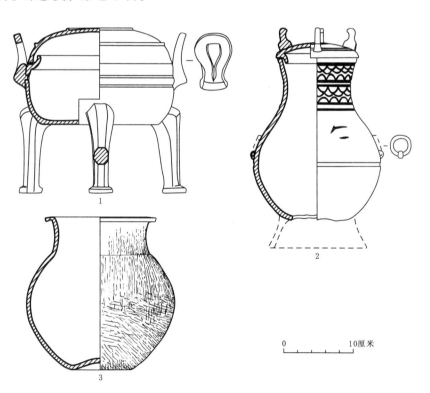

图二四八　M1151 出土陶鼎、壶、高领罐

1. 鼎（9）　2. 壶（13）　3. 高领罐（3）

墓葬一〇一　M1152

一　墓葬形制（A 型 I 式）

普通宽长方形土坑竖穴。方向 255°。墓底两端各有一条枕木沟，沟宽 20～22、深约 5 厘米。墓壁倾斜，呈覆斗形。墓口长 400、宽 310 厘米，墓底长 300、头端宽 200、足端宽 220 厘米，墓深 310 厘米。随葬器物大都位于头端，一件铜剑位于足端。葬具及人骨架不存。墓中填洗砂土（图二四九）。

二　出土器物（A 组乙类）

13 件。其中陶器 9 件，铜器 4 件。

（一）陶器

9 件。为仿铜陶礼器。

敦　2 件。均残。

标本 M1152：4，残存一半。敞口，弧壁，圜底。三蹄形足（纽）外撇。口径 16.5、高 11.2 厘米

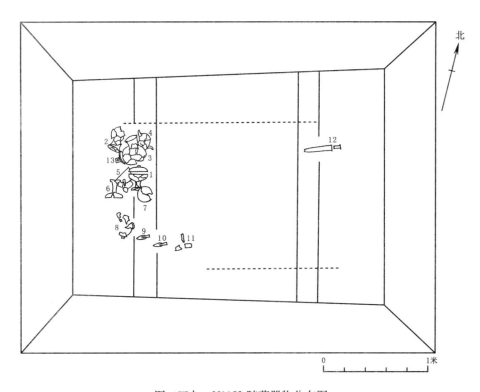

图二四九　M1152 随葬器物分布图

1、6、7. 陶豆　2、3. 陶壶　4、5. 陶敦　8、13. 陶鼎　9、10. 铜矛　11. 铜戈　12. 铜剑

（图二五〇，1）。

还有鼎、壶各2件，豆3件。未修复，形态不明。

（二）铜器

4件。为兵器。

1. 剑 1件。残甚。随葬器物分布图显示为空首剑。

2. 戈 1件。残甚。形态不明。

3. 矛 2件。形制、大小相同。

标本M1152:9，墨绿色。圆骹残。叶有菱形脊，两侧有深血槽。残长10厘米（图二五〇，2）。

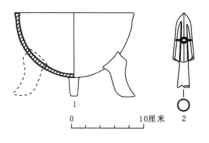

图二五〇 M1152出土陶敦，铜矛
1. 陶敦（4） 2. 铜矛（9）

墓葬一〇二 M1153

一 墓葬形制（A型Ⅲ式）

宽长方形土坑竖穴带斜坡墓道及一级台阶。方向85°。墓道位于墓室东端，坡度30°。墓道较窄，墓道壁垂直。墓道口长420、宽106厘米，墓道下端距地表296、距墓底120厘米。墓口以下有一级台阶，台阶距地表65、距墓底350厘米，台阶宽70厘米。四周均有台阶，东端中部被墓道切断。台阶以下墓壁上斜下直，两侧的斜度大于两端。墓口长570、宽540厘米，台阶内侧墓坑长430、宽400厘米，墓底长310、宽200厘米，墓通深416厘米。随葬器物靠近墓底头端，为3件铜兵器。葬具及人骨架不存。墓中填洗砂土（图二五一、二五二）。

二 出土器物（C组）

3件。为铜兵器。

1. 剑 2件。双箍剑和扁茎剑各1件。

M1153:1，双箍剑。剑首已残。残长44.2厘米（图二五三，2）。

M1153:2，扁茎短剑。粉绿色。残甚，仅残存剑格和剑茎两段。剑格及剑茎花纹繁缛，宽格平面呈梯形，横断面呈梭形，两侧铸云雷纹，中间铸三角纹和卷云纹。茎略呈椭圆形，前部两侧铸云雷纹及深方孔（未钻透），中间铸圆弧纹，后部铸乳突状重圈纹。剑身菱形脊，脊两侧亦有云雷纹。两面纹饰相同。残长约13.1厘米（图二五三，3）。

2. 矛 1件。

M1153:3，灰绿色。圆骹较长，叶亦狭长，骹对应叶的一面有一鼻，鼻呈兽首状；叶有凸棱脊，两侧有深血槽。叶前锋残。残长17.3厘米（图二五三，1）。

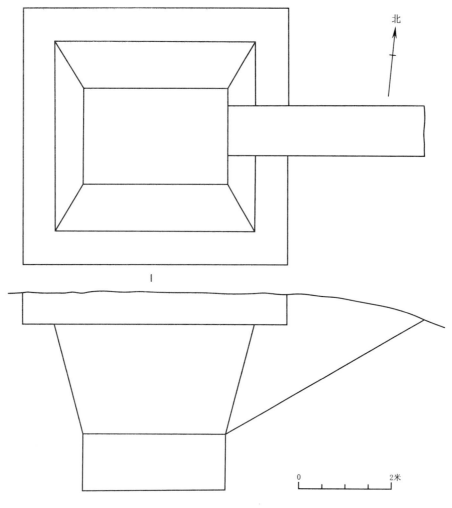

图二五一　M1153 平、剖面图

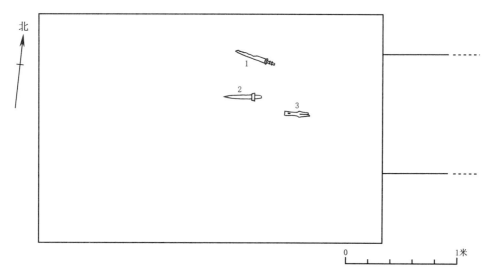

图二五二　M1153 随葬器物分布图
1、2. 铜剑　3. 铜矛

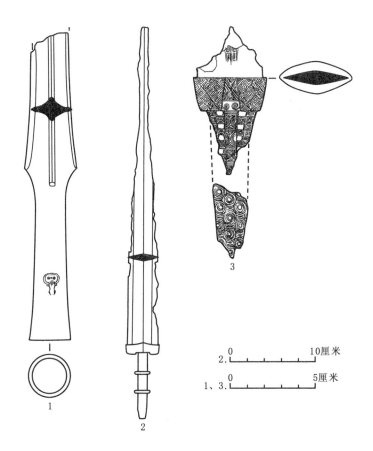

图二五三　M1153 出土铜矛、剑
1. 矛（3）　2、3. 剑（1、2）

墓葬一〇三　M1155

一　墓葬形制（A 型 I 式）

普通宽长方形土坑竖穴。方向 190°。墓口中腰被汉墓 M1154 打破，但尚未打穿墓底。M1154 墓底距该墓墓底尚有 150 厘米（图二五四）。墓壁倾斜，两端斜度较两侧大。墓口长 396、宽 250 厘米，墓底长 320、宽 194 厘米，墓深 300 厘米。随葬器物位于墓底头端。葬具及人骨架不存。墓中填洗砂土（图二五五）。

二　出土器物（B 组丁 I 类）

3 件。为日用陶器。灰陶。

1. 盂　1 件。

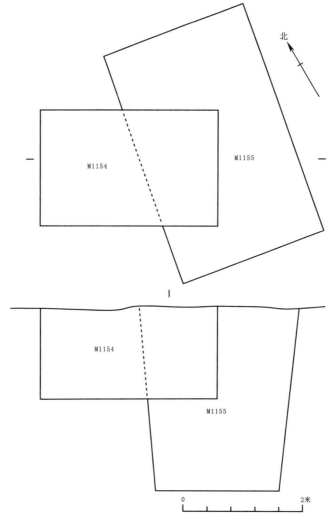

图二五四　M1154 与 M1155 打破关系图

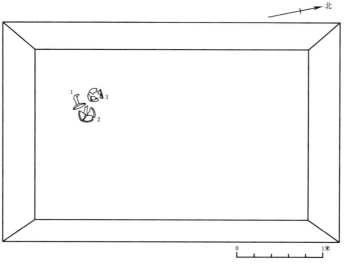

图二五五　M1155 随葬器物分布图

1、2. 陶豆　3. 陶盂

M1155：3，短折沿，短颈，窄肩，弧壁。底残。上腹饰一周弦纹，下腹饰横粗绳纹。口径 28、残高 9.5 厘米（图二五六）。

2. 豆　2 件。均残。形态不明。

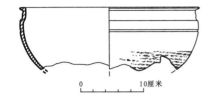

图二五六　M1155 出土陶盂（M1155：3）

墓葬一〇四　M1160

一　墓葬形制（A 型 I 式）

普通宽长方形土坑竖穴。方向 110°。墓壁略斜，墓口长 380、宽 220 厘米，墓底长 340、宽 190 厘米，墓深 210 厘米。随葬器物位于墓底中部略靠头端，为一件铜扁茎短剑和二件铜环。剑首端朝东，锋端朝西。葬具及人骨架不存。墓中填洗砂土，墓口以上有厚约 20 厘米表土（图二五七）。

二　出土器物（C 组）

2 件。为铜器。

1. 剑　1 件。

M1160：1，为扁茎短剑。暗绿色。菱形脊。茎宽扁，有凸棱脊，下方中间一孔残。茎与身之

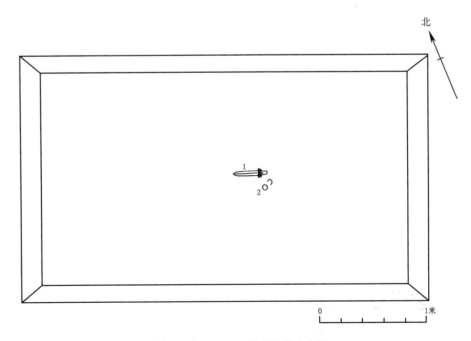

图二五七　M1160 随葬器物分布图
1. 铜剑　2. 铜环

间有活动宽格，格两面各饰两个重圈纹，重圈纹周围为联珠纹。
剑身菱形脊。残甚。残长 19.7 厘米（图二五八，1）。

2. 环　2 只（以 1 件计）。

M1160：2，大、小环各一只。绿色。圆茎。大环直径 5.5、茎
粗 0.5 厘米，小环直径 3.2、茎粗 0.45 厘米（图二五八，2、3）。

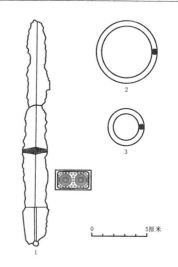

墓葬一〇五　M1161

图二五八　M1160 出土铜剑、环
1. 剑（1）　2、3. 环（2）

一　墓葬形制（A 型 I 式）

普通宽长方形土坑竖穴。方向 185°。墓上部被破坏。墓底两端
各有一条枕木沟，头端枕木沟宽 20、足端宽 36、深约 10 厘米。墓壁略斜，墓口长 330、宽 250 厘
米，墓底长 290、宽 200 厘米，深 210 厘米。随葬器物主要位于墓底头端，一件铜剑位于一侧。葬具
及人骨架不存。因墓底有枕木沟，应有椁室。墓中填五花土，为本坑土回填（图二五九）。

二　出土器物（A 组丙 I 类）

6 件。其中陶器 3 件，铜器 3 件。

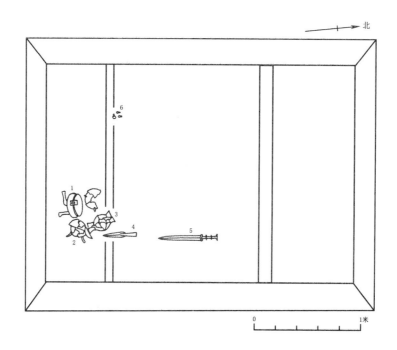

图二五九　M1161 随葬器物分布图
1. 陶鼎　2. 陶敦　3. 陶壶　4. 铜矛　5. 铜剑　6. 漆樽铜件

（一）陶器

3 件。为仿铜陶礼器。黑衣红灰陶。

1. 鼎　1 件。

M1161：1，子母口内敛，窄肩承盖。扁腹，圜底。蹄形足略外撇，足茎呈八边形。方附耳直立。下腹及底饰粗绳纹。盘状盖浅平。盖面有两周凸圈，第一周凸圈上等列三扁纽，盖顶有一高乳突纽。口径 16.4、通宽 23.3、通高 24.4 厘米（图二六〇，1）。

2. 壶　1 件。

M1161：3，敞口，粗弧颈，溜肩，鼓腹，平底。高圈足外撇。浅平盖，边缘直折，盖边有三个扁立纽。口径 10.8、腹径 16.4、通高 33.3 厘米（图二六〇，2）。

3. 敦　1 件。

M1161：2，身、盖等大，纽、足同形，身、盖相合呈球形。直口，方唇，圆腹，圜底、顶。足、纽呈扁方体弯曲。口径 16.9、通高 24 厘米（图二六〇，3）。

（二）铜器

3 件。有兵器和漆樽铜件。

1. 剑　1 件。

M1161：5，黑色。首残，圆实茎上有双箍，"凹"字形格。剑身菱形脊。残长 49.8 厘米（图二六〇，6）。

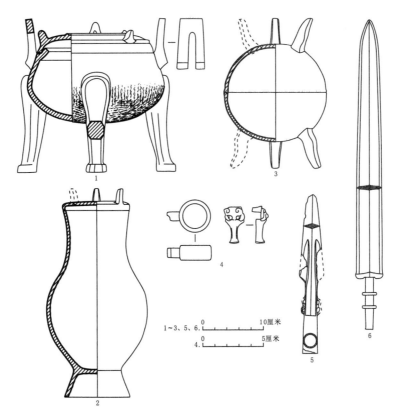

图二六〇　M1161 出土陶鼎、壶、敦、矛，漆樽铜件，铜剑
1. 陶鼎（1）　2. 陶壶（3）　3. 陶敦（2）　4. 漆樽铜件（6）　5. 铜矛（4）　6. 铜剑（5）

2. 矛　1件。

M1161：4，深绿色。骹銎部圆形，前部呈双斜面脊直通前锋，骹两侧有双连鼻，略残。叶前部呈菱形，后部两侧有深血槽。前锋及刃残。残长25.5厘米（图二六○，5）。

3. 漆樽铜件　1件（三足一鋬，共4小件）。

M1161：6，漆樽不存，残存有三蹄形铜足和一铜环形鋬。足高2.9厘米；环形鋬直径2.6厘米（图二六○，4）。

墓葬一○六　M1163

一　墓葬形制（C型Ⅵa式）

狭长形土坑竖穴带高头龛。方向280°。墓上部已平毁。头龛位于墓坑西端墓壁下部的适中位置，龛底距墓底高仅6厘米；龛宽38、深18、高20厘米。墓壁倾斜，现墓口长250、宽100厘米，墓底长210、宽85厘米，墓残深100厘米。随葬器物位于墓底头端，而头龛内无随葬器物。葬具及人骨架不存。墓中填洗砂土。现墓口以上有厚约20厘米的表土（图二六一）。

二　出土器物（B组丁Ⅲ类）

4件。为日用陶器。

罐1件、豆3件，均不见实物。

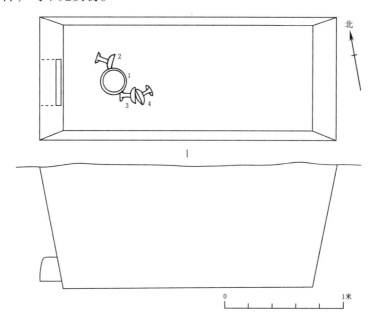

图二六一　M1163平、剖面及随葬器物分布图
1. 陶罐　2～4. 陶豆

墓葬一〇七 M1165

一 墓葬形制（A型III式）

宽长方形土坑竖穴带斜坡墓道及一级台阶。方向275°。该墓上部同时被两座汉墓（M1183、M1188）打破，但打破深度均未达到该墓底部，因而随葬品未被扰乱。其中M1183从北侧打破，深仅130厘米；M1188从东端打破，深260厘米。两墓未对M1165结构形成大的破坏（图二六二）。墓底两端各有一条枕木沟，沟宽16、深约8厘米。墓道位于墓室西端中间，坡度32°。墓道壁垂直，墓道口长340、宽150厘米，墓道下端距墓口270、距墓底210厘米。台阶距墓口100、距墓底380厘米，台阶两侧宽44、东端宽40、西端宽50厘米。四周均有台阶，西端中间被墓道切断。台阶以下至墓道下端墓壁略斜，墓道下端至墓底墓壁垂直。墓口长480、宽390厘米，台阶内侧长390、宽302厘米，墓底长340、宽230厘米，墓通深480厘米。墓底尚残存有椁室壁板、底板及枕木。枕木置于墓底两端的枕木沟内，枕木上纵向铺排四块椁底板，底板边缘架设壁板，两侧墙板和两端挡板各残留一块。椁室长290、宽150、残高50厘米。随葬器物位于椁底头端及左侧。人骨架不存。墓中填洗砂土（图二六三）。

二 出土器物（A组乙类）

20件。其中陶器11件，铜器9件。

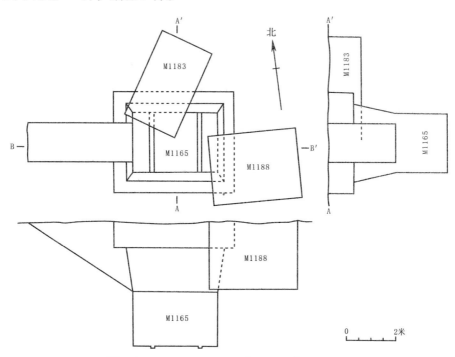

图二六二 M1183、M1188与M1165打破关系图

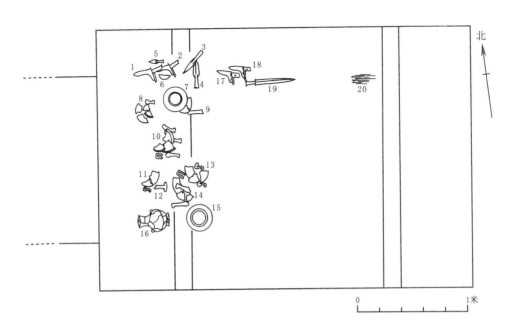

图二六三　M1165 随葬器物分布图

1、2、17、18. 铜戈　3～5. 铜矛　6. 陶器盖　7. 陶浴缶　8. 陶小口鼎　9、12. 陶豆　10、14. 陶鼎
11、13. 陶敦　15、16. 陶壶　19. 铜剑　20. 铜箭镞

（一）陶器

11 件。为仿铜陶礼器。黑皮黄褐陶。

1. 鼎　2 件。形态相同。仅残存足、耳。

2. 壶　2 件。形制、大小相同。

标本 M1165：15，敞口，弧颈，圆肩，鼓腹，圜底。矮圈足外撇。肩有一周弦纹及对称鼻纽。口径 13、腹径 27、高 35.8 厘米（图二六四，2）。

3. 敦　2 件。未修复，形态不明。

4. 小口鼎　1 件。

M1165：8，残足三只，因较同墓中大口鼎足小，故应为小口鼎或盉的足。

5. 浴缶　1 件。

M1165：7，矮直领，凹沿，圆肩，球形腹，圜底。矮圈足外撇。口径 12.4、腹径 27、高 21 厘米（图二六四，1）。

6. 器盖　1 件。

M1165：6，弧形隆盖。口径 12.8、高 3.6 厘米（图二六四，3）。

7. 高柄豆　2 件。形态相同。残存细高柱柄。

（二）铜器

9 件。为兵器。

1. 剑　1 件。

M1165：19，铁灰色。璧形首，圆锥柱形空茎，"一"字形格。剑身菱形脊。长 46.8 厘米（图二六四，4）。

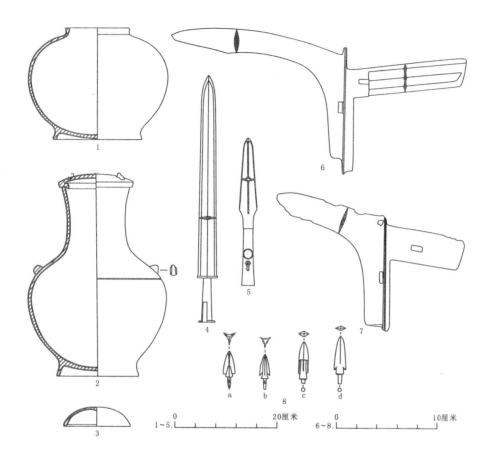

图二六四 M1165 出土陶浴缶、壶、器盖，铜剑、矛、戈、箭镞

1. 陶浴缶（7） 2. 陶壶（15） 3. 陶器盖（6） 4. 铜剑（19） 5. 铜矛（3） 6、7. 铜戈（1、17） 8. 铜箭镞（20）

2. 戈　4件。两种形态。均为明器。

M1165:1，铁灰色。长昂援，弧形脊，断面呈梭形；长内后翘，前部中间一穿，中、后部双面呈两道瓦楞状深槽；长胡，阑侧仅一穿。援、内通长29.3、胡高12厘米。M1165:2与M1165:1为同模所制（图二六四，6）。

M1165:17，铁灰色。质劣，轻薄，为明器。昂援，弧形脊，断面呈梭形；长方内上一长方穿；胡较短，阑侧二穿。援、内通长19.1、胡高11厘米。M1165:18与M1165:17为同模所制（图二六四，7）。

3. 矛　3件。形态相同。

标本M1165:3，灰黑色。体狭长。圆骹，骹对应叶的一面有一鼻。矛叶有凸棱脊，两侧有深血槽。长28厘米（图二六四，5）。

4. 镞　5支（以1件计）。

M1165:20，灰绿色。三枚为三角形镞头，短关，短铤，其中一枚刃下有翼；另两枚镞头较长，断面呈菱形，短关，长铤已残断，其中一枚刃下有翼。长3.3~4.5厘米（图二六四，8）。

墓葬一〇八　M1170

一　墓葬形制（A 型 I 式）

普通宽长方形土坑竖穴。方向 280°。墓上部被破坏。墓壁垂直，长 310、宽 196、深 265 厘米。随葬器物散布于头部及一侧。有盗扰迹象。葬具及人骨架不存。墓中填洗砂土（图二六五）。

二　出土器物（B 组丁 I 类）

7 件。其中陶器 4 件，其他 3 件。

（一）陶器

4 件。为日用陶器。

1. 高领罐　1 件。

M1170∶4，平折沿，方唇，粗弧领，溜肩，鼓腹较长，凹圜底。腹、底饰粗绳纹。口径 15、腹径 19、高 21.3 厘米（图二六六，1）。

2. 罐　2 件。未修复，形态不明。

3. 豆　1 件。未修复，形态不明。

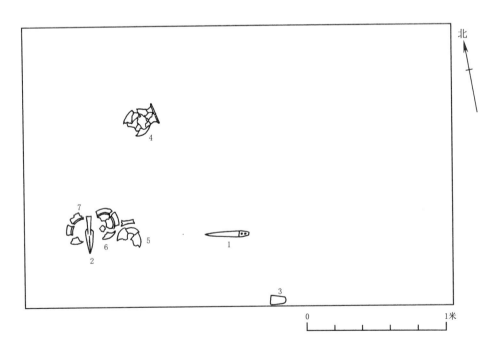

图二六五　M1170 随葬器物分布图
1. 铜剑　2. 铜矛　3. 石斧　4、6、7. 陶罐　5. 陶豆

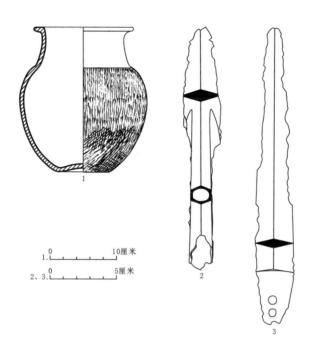

图二六六　M1170 出土陶高领罐，铜矛、剑

1. 陶高领罐（4）　　2. 铜矛（2）　　3. 铜剑（1）

（二）铜器

2 件。为铜兵器。

1. 剑　1 件。

M1170：1，扁茎剑。灰绿色。茎宽扁，与剑身相连，下部三孔。剑身菱形脊。残。残长 21.7 厘米（图二六六，3）。

2. 矛　1 件。

M1170：2，灰绿色。骹后部残，前部呈双斜面棱脊直达前锋，断面呈六边形。叶前锋呈菱形，后部有深血槽。骹两侧有鼻，已残，应为双连鼻或三连鼻。刃残甚。残长 17.8 厘米（图二六六，2）。

（三）石斧

1 件。不见实物。

墓葬一〇九　M1171

一　墓葬形制（A 型 IV 式）

竖穴宽坑带一级台阶。方向 200°。墓坑宽近正方形。由于墓壁倾斜度两侧大于两端，因而墓口的长大于宽，而墓底则宽大于长。台阶距墓口 100、距墓底 365 厘米，台阶宽 50 厘米。台阶以上墓壁垂直，台阶以下墓壁倾斜。墓口长 488、宽 450 厘米，台阶内侧墓坑长 388、宽 350 厘米，墓底长 243、宽 254 厘米，墓通深 465 厘米。随葬器物位于墓底西端靠南侧，为三件铜兵器。剑和戈均横置，剑锋和戈柲均向北端，因而判断该墓头端在南。东端还有较大空间。推测该墓可能为合葬墓，墓主之一有随葬品，另一墓主可能无随葬品。葬具及人骨架不存。墓中填洗砂土（图二六七、二六八）。

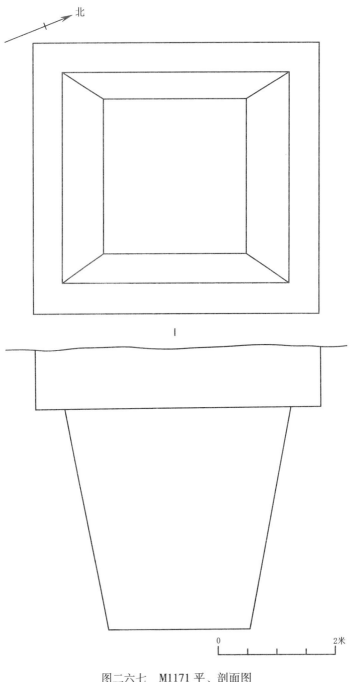

图二六七　M1171 平、剖面图

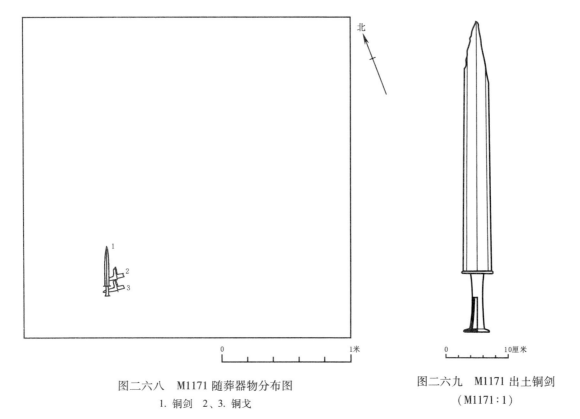

图二六八　M1171 随葬器物分布图
1. 铜剑　2、3. 铜戈

图二六九　M1171 出土铜剑
（M1171：1）

二　出土器物（C 组）

3 件。均为铜兵器。

1. 剑　1 件。

M1171：1，黑色。喇叭形首，弧形圆茎，"一"字形窄格。剑身较宽，菱形脊，前锋残。残长 47 厘米（图二六九）。

2. 戈　2 件。不见实物。

墓葬一一〇　M1173

一　墓葬形制（A 型 I 式）

普通宽长方形土坑竖穴。方向 70°。墓底两端各有一条枕木沟，沟宽 14、深约 5 厘米。墓壁垂直，长 275、宽 180、深 240 厘米。随葬器物中陶器位于墓底头端，一件铜剑位于腰部。葬具及人骨架不存。墓中填洗砂土（图二七〇）。

二　出土器物（A 组丙 I 类）

5 件。其中陶器 4 件，铜器 1 件。

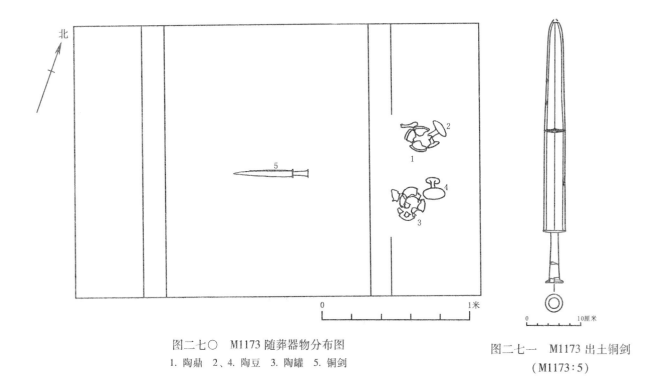

图二七〇　M1173 随葬器物分布图
1. 陶鼎　2、4. 陶豆　3. 陶罐　5. 铜剑

图二七一　M1173 出土铜剑
（M1173：5）

（一）陶器

4 件。鼎、罐各 1 件，豆 2 件，均未修复，形态不明。

（二）铜剑

1 件。M1173：5，灰黑色。璧形首，圆空茎残。"一"字形格，剑身菱形脊，锋端略残。复原长约 47 厘米（图二七一）。

墓葬一一一　M1174

一　墓葬形制（B 型 I 式）

普通窄长方形土坑竖穴。方向 80°。墓上部被破坏。墓壁垂直，长 220、宽 114、深 130 厘米。一件陶豆位于墓底头端。葬具及人骨架不存。墓中填洗砂土（图二七二）。

二　出土器物（B 组丁 II 类）

陶高柄豆　1 件。

M1174：1，敞口，弧壁盘。高柱柄，盖状圈足边缘内勾。口径 13.2、高 15.6 厘米（图二七三）。

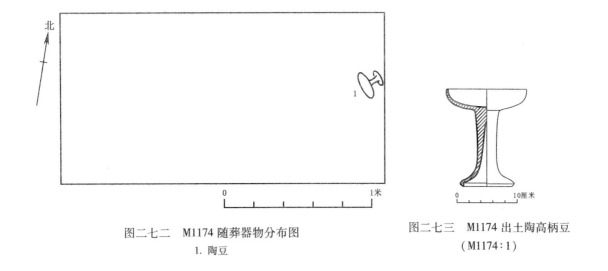

图二七二　M1174 随葬器物分布图
1. 陶豆

图二七三　M1174 出土陶高柄豆
（M1174∶1）

墓葬一一二　M1175

一　墓葬形制（A 型 I 式）

普通宽长方形土坑竖穴墓。方向 90°。墓底两端各有一条枕木沟，沟宽 15、深约 10 厘米。墓壁略斜，墓口长 410、宽 310 厘米，墓底长 320、宽 180 厘米，墓深 305 厘米。随葬器物位于墓底头端北侧，为一件双箍铜剑，剑首朝东，剑锋朝西，纵置。葬具及人骨架不存。墓中填洗砂土（图二七四）。

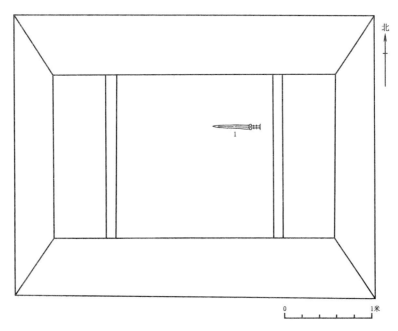

图二七四　M1175 随葬器物分布图
1. 铜剑

二　出土器物（C组）

铜剑　1件。

M1175∶1，青黑色。喇叭形首，圆实茎上有双箍，"凹"字形格。剑身菱形脊。长44.2厘米（图二七五）。

墓葬一一三　M1180

一　墓葬形制（B型Ⅵa式）

窄长方形土坑竖穴带高头龛。方向195°。墓东北角被汉墓M1168打破，但尚未打穿墓底（图二七六）。头龛位于墓坑南端墓壁中部，龛呈弧顶拱门形。龛底距墓底60厘米；龛宽52、深23、高40厘米。墓壁垂直，长240、宽102、深203厘米。墓中仅陶罐一件置于龛内。葬具及人骨架不存。墓中填洗砂土。墓口以上有厚约20厘米的表土（图二七七）。

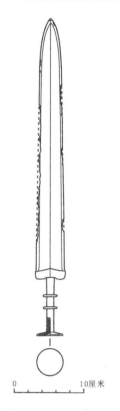

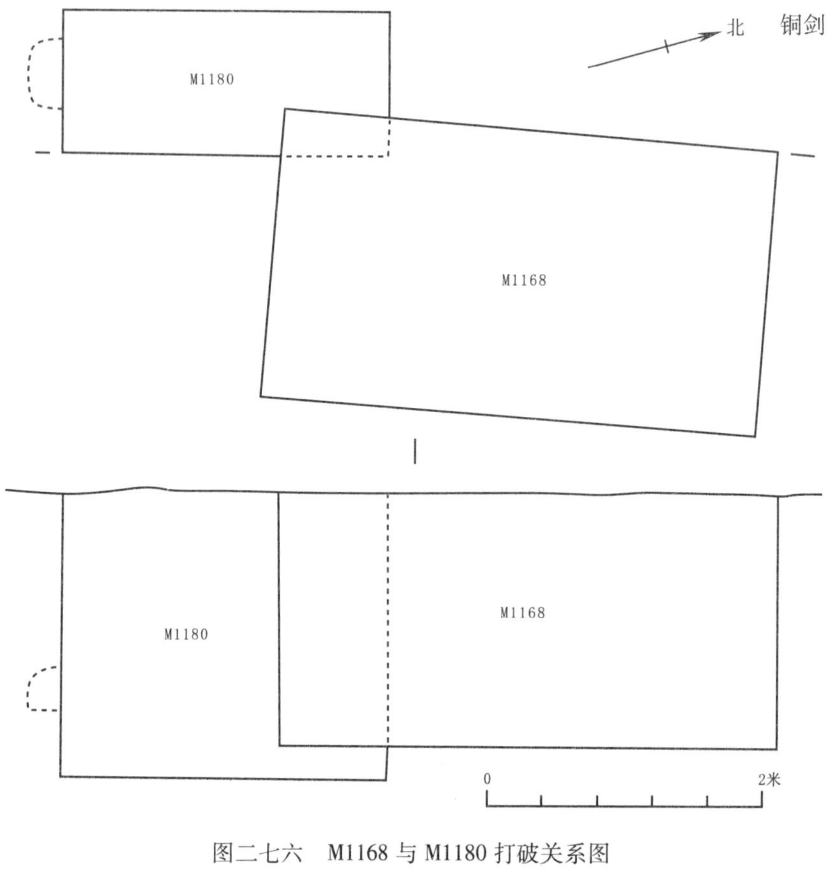

图二七五　M1175出土铜剑（M1175∶1）

图二七六　M1168与M1180打破关系图

图二七七　M1180 平、剖面及随葬器物分布图
1. 陶罐

二　出土器物（B 组丁 II 类）

陶高领罐　1 件。

M1180：1，灰陶。口残。高领较粗较直，溜肩，圆腹，凹圜底。领部饰三周弦纹，上腹饰竖绳纹，下腹饰斜绳纹，上腹绳纹间刮抹两道弦纹。腹径 17.5、残高 18.6 厘米（图二七八）。

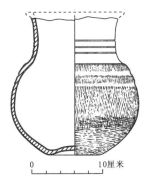

图二七八　M1180 出土陶高领罐
（M1180：1）

墓葬一一四 M1182

一 墓葬形制（A 型 I 式）

普通宽长方形土坑竖穴。方向 90°。墓底两端各有一条枕木沟，沟宽 20、深约 5 厘米。墓壁倾斜，呈覆斗形，两端墓壁较两侧略直。墓口长 430、宽 350 厘米，墓底长 325、宽 222 厘米，墓深 410 厘米。随葬器物多位于头端，横向一列；一件双箍铜剑纵向摆放于头端一侧。随葬品所在位置应为椁室的头厢和边厢。另在距墓底约 70 厘米处的填土中出土铁舌 1 件，葬具及人骨架不存。墓中填洗砂土（图二七九）。

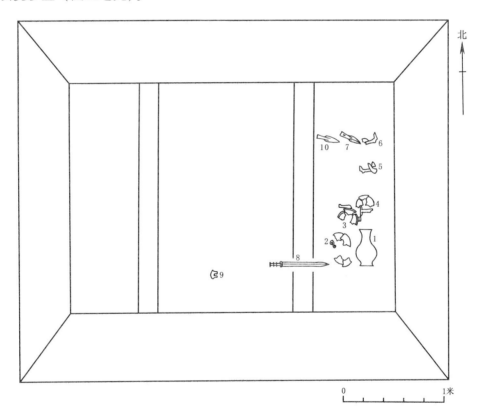

图二七九　M1182 随葬器物分布图
1. 陶壶　2. 陶敦　3. 陶鼎　4~6. 陶豆　7、10. 铜矛　8. 铜首铁剑　9. 铁舌

二 出土器物（A 组丙 I 类）

9 件。其中陶器 6 件，其他 4 件。

（一）陶器

6 件。为仿铜陶礼器，其中鼎、敦、壶各 1 件，豆 3 件，均未修复，形态不明。

（二）铜器和铁器

4 件。有兵器和工具。

1. 铜矛　2 件。形态各异。

M1182:7，深绿色。圆骹，骹对应叶的一面有一长鼻。矛叶前锋呈菱形，后部两侧有深血槽。叶及前锋略残。复原长14.4 厘米（图二八〇，3）。

M1182:10，骹前部有脊棱直通前锋，骹两侧有三连鼻，已残。叶前锋呈菱形，后部有深血槽。叶残甚。长 14.7 厘米（图二八〇，2）。

2. 铜首铁剑　1 件。

M1182:8，剑首为铜制，其余部位为铁制。璧形首，圆茎上有双箍，凹字形格，剑身菱形脊。剑身锈蚀严重。长 47 厘米（图二八〇，1）。

3. 铁臿　1 件。残甚。

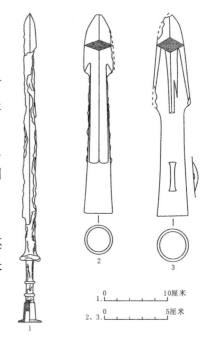

图二八〇　M1182 出土铜首铁剑，铜矛
1. 铜首铁剑（8）　2、3. 铜矛（10、7）

墓葬一一五　M1184

一　墓葬形制（B 型 I 式）

普通窄长方形土坑竖穴。方向 290°。墓壁垂直，长 284、宽 138、深 350 厘米。随葬器物中陶器位于墓底头端，一件铜戈位于墓底右侧。葬具及人骨架不存。墓中填洗砂土（图二八一）。

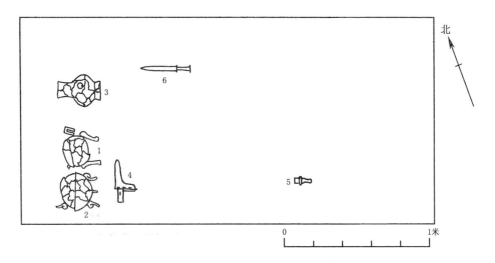

图二八一　M1184 随葬器物分布图
1. 陶鼎　2. 陶敦　3. 陶壶　4. 铜戈　5. 铜戈镈　6. 铜剑

二　出土器物（A 组丙 II 类）

6 件。其中陶器 3 件，铜器 3 件。

（一）陶器

3 件。为仿铜陶礼器。灰陶。

1. 鼎　1 件。

M1184：1，子母口内敛，窄肩承盖。斜弧腹，平底微弧。蹄形足直立或略外撇，足茎呈棱柱形。方附耳。腹饰一周弦纹。浅弧盖。盖面饰两周弦纹，每组有两道。第一组弦纹间等列三乳突纽，盖顶一扁纽。口径 15.6、通宽 22、通高 21.5 厘米（图二八二，1）。

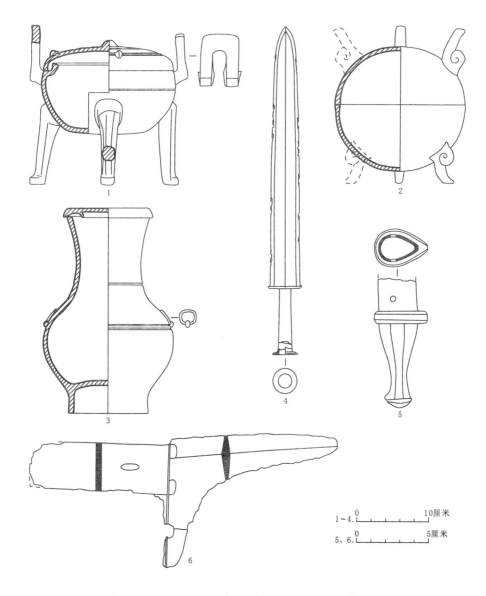

```
                                              1~4.  0          10厘米
                                                   └─┴─┴─┴─┴─┘
                                              5、6.  0         5厘米
                                                   └─┴─┴─┴─┴─┘
```

图二八二　M1184 出土陶鼎、敦、壶，铜剑、戈镈、戈

1. 陶鼎（1）　2. 陶敦（2）　3. 陶壶（3）　4. 铜剑（6）　5. 铜戈镈（5）　6. 铜戈（4）

2. 壶　1件。

M1184：3，敞口，弧颈，溜肩，鼓腹，圜底微凹。圈足直立。腹部弦纹以上有对称鼻纽衔环。颈、腹饰三周弦纹。浅平盖，子母口。口径11.7、腹径18.3、通高27.7厘米（图二八二，3）。

3. 敦　1件。

M1184：2，身、盖等大，纽、足同形，身、盖相合呈球形。直口，方唇，圆腹，圜底、顶。足、纽呈抽象卧兽形，昂首卷尾。口径18.1、通高21.2厘米（图二八二，2）。

（二）铜器

3件。为兵器。

1. 剑　1件。

M1184：6，墨绿色。璧形首，圆空茎残。"一"字形格，剑身菱形脊。复原长约44.5厘米（图二八二，4）。

2. 戈　1件。

M1184：4，灰黑色。直援，菱形脊；长方直内上一穿；短胡，阑侧三穿。援、内、胡均略残。援、内残通长21.6、胡残高8.6厘米（图二八二，6）。

3. 戈镈　1件。

M1184：5，灰绿色。銎残，横断面呈囊形，下部呈八边形，中有宽箍，镈底呈凹腰形。残长8.8厘米（图二八二，5）。

墓葬一一六　M1189

一　墓葬形制（A型Ⅴb式）

宽长方形土坑竖穴，底边有封闭形低台。方向87°。底边封闭形低台两侧较两端略宽，两侧宽约17、两端宽约6厘米，台高约10厘米。墓底两端各有一条枕木沟，沟宽16～18、深约10厘米。墓壁倾斜，呈覆斗形。墓口长430、宽370厘米，台面外侧长286、宽227厘米，墓底长274、宽193厘米，墓通深310厘米。随葬器物位于墓底头端枕木沟的南侧，可能是椁室南边厢的位置。葬具及人骨架不存。填土为本坑掘出的网纹红土回填（图二八三、二八四）。

二　出土器物（C组）

2件。为铜兵器。

1. 剑　1件。

M1189：1，为扁茎剑。不见实物。

2. 矛　1件。

M1189：2，深绿色。圆骹，矛叶有脊，前部呈菱形，后部有深血槽；骹两侧有一鼻，鼻及矛叶均残。残长15厘米（图二八五）。

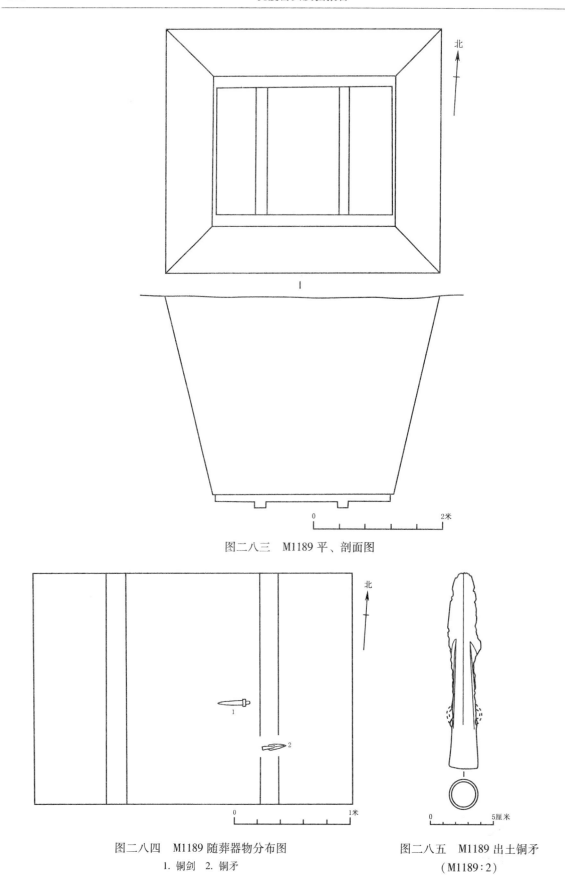

图二八三　M1189 平、剖面图

图二八四　M1189 随葬器物分布图
1. 铜剑　2. 铜矛

图二八五　M1189 出土铜矛
（M1189：2）

墓葬一一七　M1191

一　墓葬形制（B型Ⅵa式）

窄长方形土坑竖穴带高头龛。方向195°。墓上部被破坏。墓后部被汉墓M1181打破，而且打穿墓底，因而墓的长度不明（图二八六）。头龛位于墓坑南端墓壁中部，呈长方形。龛底距墓底70厘米，龛宽62、深46、高42厘米。墓壁垂直，残长88、宽94、深240厘米。随葬器物置于头龛内。葬具及人骨架不存。墓中填洗砂土（图二八七）。

二　出土器物（B组丁Ⅱ类）

3件。其中陶器2件，铜器1件。

（一）陶器

2件。为日用陶器。

1. 长颈罐　1件。

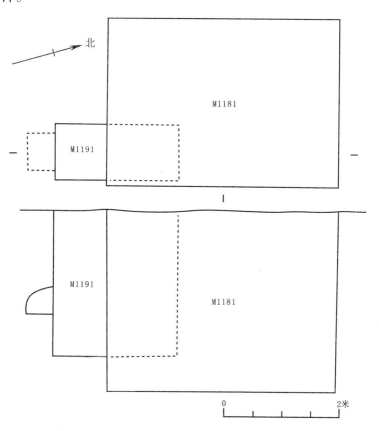

图二八六　M1181与M1191打破关系图

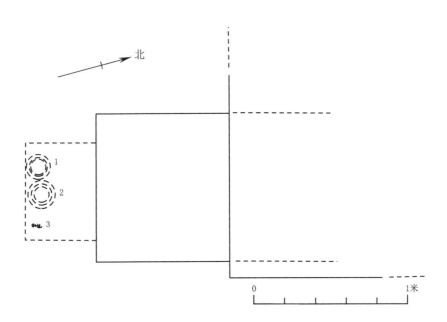

图二八七　M1191 随葬器物分布图
1. 陶罐　2. 陶盂　3. 铜带钩

M1191:1，喇叭形口，长颈，圆肩，鼓腹，凹圜底。颈部饰两周弦纹，肩饰一周弦纹，腹、底饰粗绳纹。口径 13、腹径 14.8、高 18.2 厘米（图二八八，1）。

2. 盂　1 件。

M1191:2，直口微敛，斜折沿，短弧颈，窄肩，弧壁斜收，凹圜底。腹、底饰粗绳纹。口径16、高 9 厘米（图二八八，2）。

（二）铜带钩

1 件。M1191:3，黑色。平面略呈琵琶形，前端呈鸭嘴形，后端下有圆扣。长 3.9 厘米（图二八八，3）。

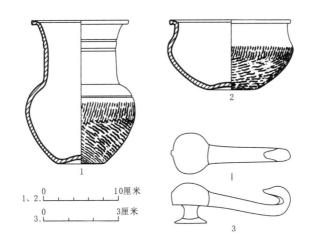

图二八八　M1191 出土陶长颈罐、盂，铜带钩
1. 陶长颈罐(1)　2. 陶盂(2)　3. 铜带钩(3)

墓葬一一八　M1193

一　墓葬形制（A 型 I 式）

普通宽长方形土坑竖穴。方向 280°。墓底两端各有一条枕木沟，沟宽 24、深 5 厘米。墓壁略斜，墓口长 310、宽 185 厘米，墓底长 300、宽 170 厘米，墓深 320 厘米。随葬器物位于墓底头端。葬具及人骨架不存。墓中填洗砂土。墓口以上有厚 20～60 厘米的表土（图二八九）。

二　出土器物（A 组丙 I 类）

7 件。其中陶器 3 件，铜器 4 件。

（一）陶器

3 件。为仿铜陶礼器。

鼎、敦、壶各 1 件，均未修复，形态不明。

（二）铜器

4 件。为兵器和工具。

1. 剑　1 件。

M1193：1，墨绿色。壁形首，圆弧形空茎，"一"字形格。剑身菱形脊，较薄。长 47.8 厘米（图二九〇，1）。

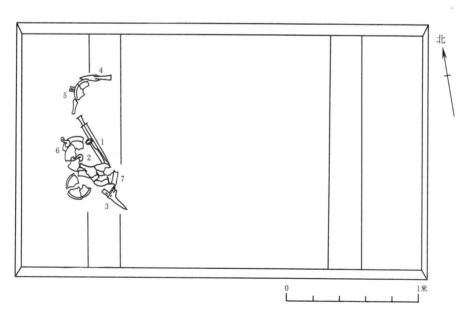

图二八九　M1193 随葬器物分布图
1. 铜剑　2. 铜削　3. 铜戈　4. 铜矛　5. 陶鼎　6. 陶敦　7. 陶壶

2. 戈　1 件。残甚，形态不明。

3. 矛　1 件。残甚，形态不明。

4. 削　1 件。

M1193：2，翠绿色。环首，窄长刃呈弧形，长柄断面略呈梯形，截刃成柄，柄一侧与削背连为一体。长 23.5 厘米（图二九〇，2）。

墓葬一一九　M1195

一　墓葬形制（A 型 I 式）

普通宽长方形土坑竖穴。方向 270°。墓底两端各有一条枕木沟，沟宽 18~20、深 5 厘米。墓壁倾斜，呈覆斗形。墓口长 400、宽 340 厘米，墓底长 310、宽 206 厘米，墓深 410 厘米。随葬器物置于墓底头端。葬具及人骨架已不存。墓中填洗砂土（图二九一）。

二　出土器物（A 组乙类）

12 件。其中陶器 8 件，铜器 4 件。

（一）陶器

8 件。为仿铜陶礼器。

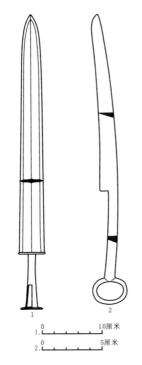

图二九〇　M1193 出土铜剑、削
1. 剑（1）　2. 削（2）

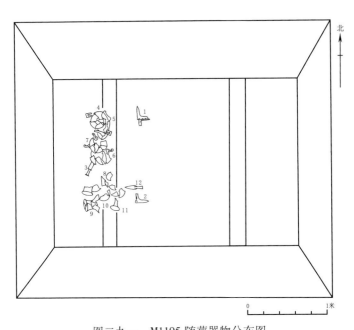

图二九一　M1195 随葬器物分布图
1、2. 铜戈　3. 铜剑　4、5. 陶鼎　6、7. 陶敦　8、9. 陶壶　10、11. 陶豆　12. 铜矛

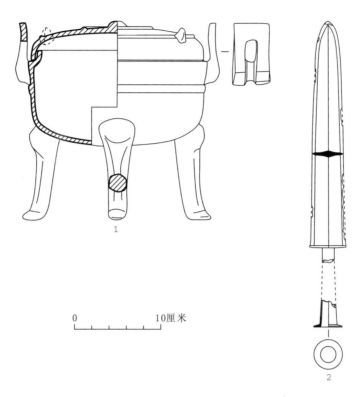

图二九二 M1195 出土陶鼎，铜剑
1. 陶鼎（5） 2. 铜剑（3）

鼎 2件。形制、大小相同。

标本 M1195：5，直口，方唇，窄肩承盖。直腹微弧，圜底较平，底边圆转。蹄形足直立。方附耳直立。腹中有一周凸箍。盘状浅盖，边缘直立。盖面有两周凸圈，第一周凸圈上等列三个扁纽，盖顶一扁纽。口径18.2、通宽23.2、通高22.4厘米（图二九二，1）。

另壶、敦、豆各2件，因残碎太甚，未能修复。

（二）铜器

4件。为兵器。

剑 1件。

M1195：3，黑色。璧形首，圆空茎残，"一"字形格。剑身较短，菱形脊，斜刃缘崩残。复原长34.4厘米（图二九二，2）。

还有戈2件和矛1件，残碎太甚，形态不明。

墓葬一二○ M1198

一 墓葬形制（A 型 I 式）

普通宽长方形土坑竖穴。方向163°。墓北端被汉墓 M1196 打破，但其深度尚未将墓底打穿

（图二九三）。墓底两端各有一条枕木沟，沟宽 14、深 5 厘米。墓壁略斜，墓口长（复原）310、宽 190 厘米，墓底长 300、宽 170 厘米，墓深 360 厘米。随葬器物中陶器位于墓底头端，一件铜剑位于左侧。葬具及人骨架不存。墓中填纯净的洗砂土。墓口以上有厚 20～30 厘米的表土（图二九四）。

二　出土器物（A 组丙 I 类）

6 件。其中陶器 5 件，铜器 1 件。

（一）陶器

5 件。为仿铜陶礼器。灰陶（图版三一，2）。

1. 鼎　1 件。

M1198：2，子母口内敛，窄肩承盖。弧腹，圜底。三足直立，足前面有削棱。方附耳外撇，

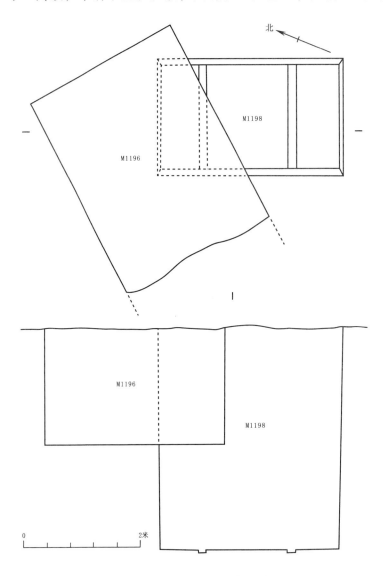

图二九三　M1196 与 M1198 打破关系图

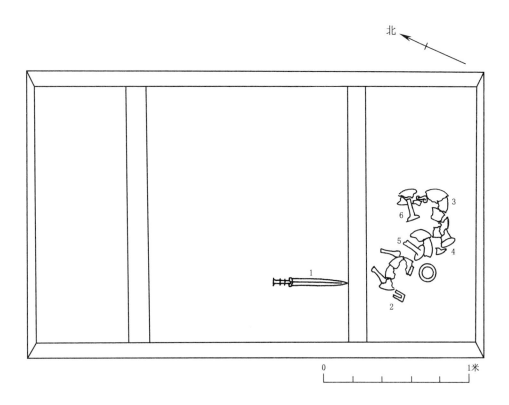

图二九四　M1198 随葬器物分布图

1. 铜剑　2. 陶鼎　3. 陶敦　4. 陶壶　5、6. 陶豆

封闭耳孔呈"回"字形。弓弧形盖。盖面有三个扁立纽，盖顶鼻纽衔环。口径 18.2、通宽 25.6、通高 22.8 厘米（图二九五，1）。

2. 壶　1件。

M1198:4，敞口，粗弧颈，圆肩，弧腹，圜底。矮圈足外撇。肩部对称有鼻纽衔环。浅平盖，子母口。盖面有四个扁立纽。口径 12.7、腹径 18、通高 28 厘米（图二九五，2）。

3. 敦　1件。

M1198:3，身、盖等大，纽、足同形。直口，方唇，弧腹，圜底、顶。扁足、纽呈两道弧曲。身、盖口部有对称大环耳。身、盖各有两周弦纹。口径 21、通宽 28、通高 23.7 厘米（图二九五，3）。

4. 高柄豆　2件。形态略异。

M1198:5，敞口，浅弧壁盘。高柱柄，盖状圈足。口径 12.8、高 17 厘米（图二九五，4）。

M1198:6，喇叭形圈足边缘微勾。口径 13.5、高 15.6 厘米（图二九五，5）。

（二）铜剑

1件。M1198:1，墨绿色。首残，圆柱形茎上有双箍，"凹"字形格。剑身有脊，断面呈菱形。前部残。残长 43.4 厘米（图二九五，6）。

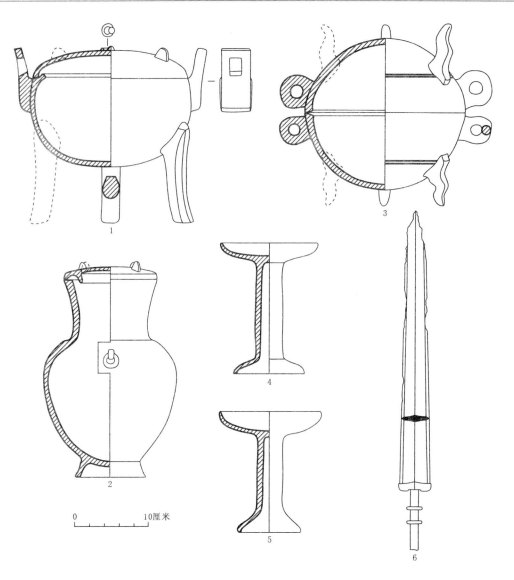

图二九五　M1198 出土陶鼎、壶、敦、高柄豆，铜剑
1. 陶鼎（2）　2. 陶壶（4）　3. 陶敦（3）　4、5. 陶高柄豆（5、6）　6. 铜剑（1）

墓葬一二一　M1199

一　墓葬形制（A 型 I 式）

普通宽长方形土坑竖穴。方向 99°。墓一端的上部被汉墓 M1190 打破，但其深度尚未达墓葬底部（图二九六）。墓底两端各有一条枕木沟，沟宽 20、深约 10 厘米。墓壁略斜，墓口长 300、宽 180 厘米，墓底长 270、宽 140 厘米，墓深 310 厘米。随葬器物位于墓底中部，为铜兵器剑和

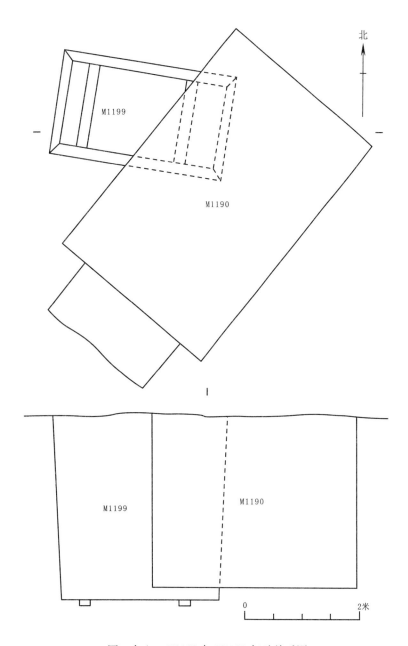

图二九六　M1190 与 M1199 打破关系图

矛。葬具及人骨架不存。墓中填洗砂土，土色较驳杂。墓口以上有厚 20～40 厘米的表土（图二九七）。

二　出土器物（C 组）

2 件。为铜兵器。

1. 剑　1 件。

M1199：2，为扁茎短剑。灰黑色。茎宽扁，与剑身相连，下部两孔。剑身菱形脊。残。残长 28.7 厘米（图二九八，1）。

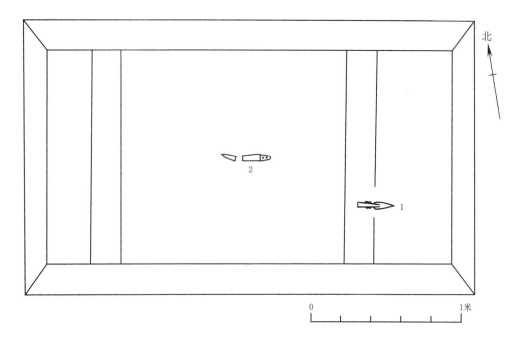

图二九七　M1199 随葬器物分布图

1. 铜矛　2. 铜剑

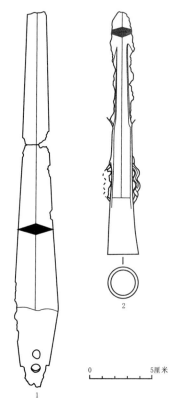

图二九八　M1199 出土铜剑、矛

1. 剑（2）　2. 矛（1）

2. 矛　1 件。

M1199：1，墨绿色。骹口部圆形，前部呈双斜面脊直通前锋，骹两侧有三连鼻；矛叶前锋呈菱形，后部两侧有深血槽。鼻及矛叶均残。残长 18.5 厘米（图二九八，2）。

墓葬一二二　M1205

一　墓葬形制（B 型 Ⅵa 式）

窄长方形土坑竖穴带高头龛。方向 210°。墓上部被破坏。头龛位于墓坑西南端墓壁的中部。龛底距墓底高 60 厘米，龛宽 62、深 30、高 34 厘米。墓壁垂直，长 250、宽 102、残深 100 厘米。随葬器物中陶器置于头龛内，一件铜剑位于墓底正中。葬具及人骨架不存。墓中填五花土，为本坑土回填，填土未夯筑。现墓口以上有厚约 30 厘米的表土（图二九九）。

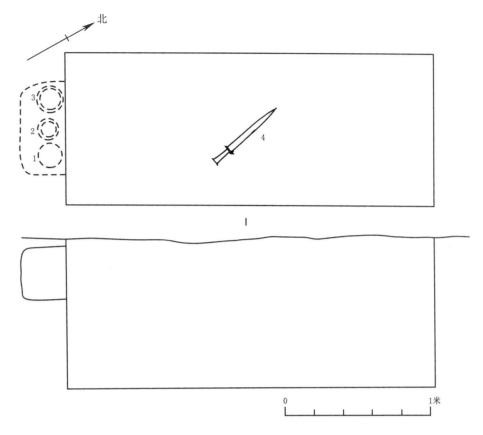

图二九九　M1205 平、剖面及随葬器物分布图
1. 陶豆　2. 陶罐　3. 陶盂　4. 铜剑

二　出土器物（B 组丁 II 类）

4 件。其中陶器 3 件，铜器 1 件。

（一）陶器

3 件。日用陶器。灰陶（图版三〇，3）。

1. 长颈罐　1 件。

M1205：2，口残。长颈，斜圆肩，弧腹，平底
微凹。腹径 14.6、残高 18.6 厘米（图三〇〇，1）。

2. 盂　1 件。

M1205：3，残。

3. 矮柄豆　1 件。

M1205：1，敞口，浅弧壁盘。矮柱柄，喇叭形
圈足。口径 13.3、高 12.4 厘米（图三〇〇，2）。

（二）铜剑

1 件。未见实物。随葬器物分布图显示为空
首剑。

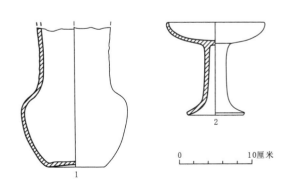

图三〇〇　M1205 出土陶长颈罐、矮柄豆
1. 长颈罐（2）　2. 矮柄豆（1）

墓葬一二三　　M1206

一　墓葬形制（B 型 I 式）

普通窄长方形土坑竖穴。方向 215°。墓上部被挖毁。墓壁垂直，长 270、宽 140、残深 70 厘米。随葬器物位于墓底头端。葬具及人骨架不存。墓中填五花土，为本坑掘出的网纹红土回填。现墓口以上有厚约 20 厘米的表土（图三〇一）。

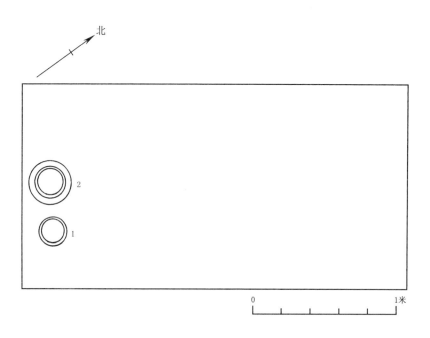

图三〇一　M1206 随葬器物分布图
1. 陶盂　2. 陶鬲

二　出土器物（B 组丁 II 类）

2 件。为日用陶器。

1. 鬲　1 件。

M1206：2，直口，平折沿，短颈，宽肩，扁弧腹，圜底较平，裆较宽，柱状足直立。肩以下饰粗绳纹。口径 17.2、腹径 24.8、高 21.4 厘米（图三〇二，1）。

2. 盂　1 件。

M1206：1，直口，窄折沿略外翻，短直颈，斜直壁近底微凹，平底。素面。口径 18.4、高 8 厘米（图三〇二，2）。

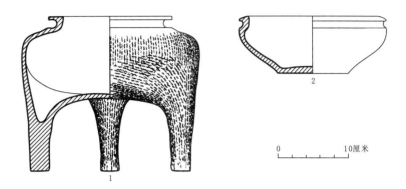

图三〇二 M1206 出土陶鬲、盂
1. 鬲（2） 2. 盂（1）

墓葬一二四 M1210

一 墓葬形制（A 型 I 式）

普通宽长方形土坑竖穴。方向 175°。墓底两端各有一条枕木沟，沟宽 12～14、深 5 厘米。墓壁垂直，长 310、宽 174、深 320 厘米。随葬器物位于墓底头端。葬具及人骨架不存。因墓底有枕木沟，因而该墓应有木椁。墓中填土为本坑掘出的网纹红土回填。墓口以上有厚约 30 厘米的表土（图三〇三）。

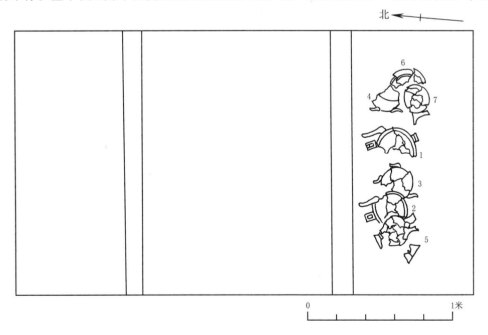

图三〇三 M1210 随葬器物分布图
1、2. 陶鼎 3、4. 陶敦 5、6. 陶壶 7. 陶豆

二　出土器物（A 组乙类）

7 件。为仿铜陶礼器。

鼎　2 件。形制、大小相同。

标本 M1210：2，子母口内敛，窄肩承盖。弧腹，圜底。三锥柱足足根有三个泥突。方附耳微张，封闭形耳孔呈 "回" 字形。口部饰一周弦纹，腹饰两周弦纹。盘状浅盖。盖面有两周凸圈，盖顶一扁纽。口径 19.4、通宽 24.8、通高 23.5 厘米（图三〇四）。

还有壶、敦各 2 件，豆 1 件均未修复，形态不明。

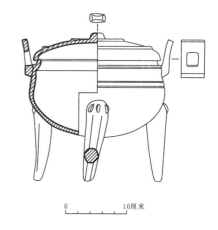

图三〇四　M1210 出土陶鼎（M1210：2）

墓葬一二五　　M1211

一　墓葬形制（A 型 II 式）

宽长方形土坑竖穴带斜坡墓道。方向 260°。墓道位于墓室西端，坡度 30°。墓道壁垂直，墓道口长 244、宽 130 厘米，墓道下端距墓口 180、距墓底 160 厘米。墓室壁倾斜，呈覆斗形。墓口长 470、宽 360 厘米，墓底长 310、宽 210 厘米，墓深 340 厘米。墓底残存有木椁底板及枕木。底板为 4 块，长 250、每块宽 24 ~ 32、厚 10 厘米。枕木置于墓底两端，嵌于下部枕木沟内。枕木长 210、宽 12、厚 8 厘米。枕木沟宽 12、深 5 厘米。随葬器物置于椁底板头厢位置，填土为本坑掘出的网纹红土回填，填土经夯筑。墓口以上有厚约 40 厘米的表土（图三〇五、三〇六）。

二　出土器物（A 组丙 I 类）

5 件。其中鼎 1 件，壶、豆各 2 件。均残甚，未修复，形态不明。

墓葬一二六　　M1213

一　墓葬形制（A 型 II 式）

宽长方形土坑竖穴带斜坡墓道。方向 275°。墓道位于墓室西端，坡度 32°。墓道壁垂直，墓道口长 285、宽 130 厘米，墓道下端距墓口 185、距墓底 198 厘米。墓底两端各有一条枕木沟，

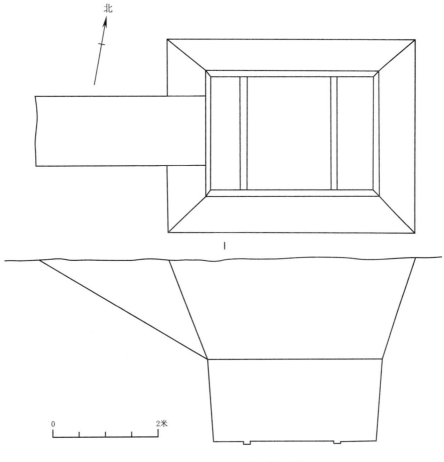

图三〇五　M1211 平、剖面图

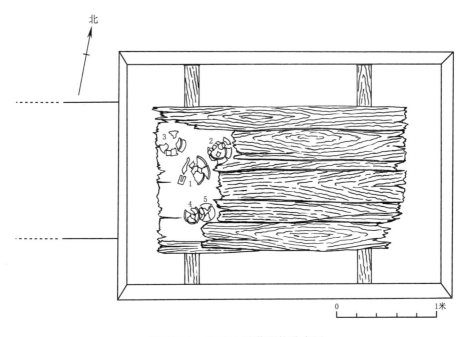

图三〇六　M1211 随葬器物分布图

1. 陶鼎　2、3. 陶壶　4、5. 陶豆

沟宽 24、深 10 厘米。墓室壁倾斜，两侧斜度较两端大。墓口长 390、宽 330 厘米，墓底长 330、宽 230 厘米，墓通深 400 厘米。随葬器物位于墓底头端。葬具及人骨架不存。因墓底较宽且有枕木沟，应有椁室。墓中填土为本坑掘出的网纹红土回填。墓口以上有厚约 40 厘米的表土（图三〇七、三〇八）。

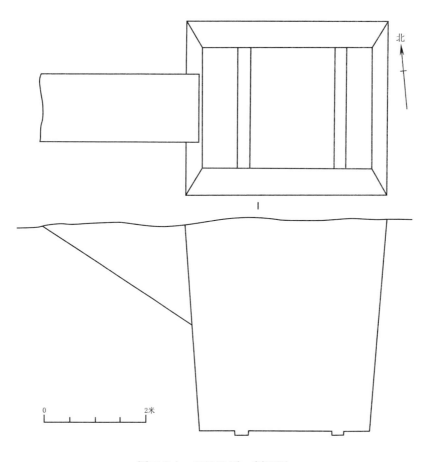

图三〇七　M1213 平、剖面图

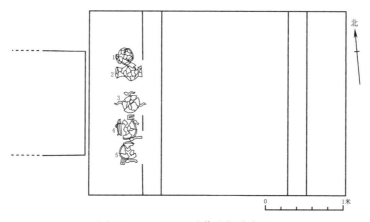

图三〇八　M1213 随葬器物分布图
1、2. 陶壶　3. 陶敦　4、5. 陶鼎

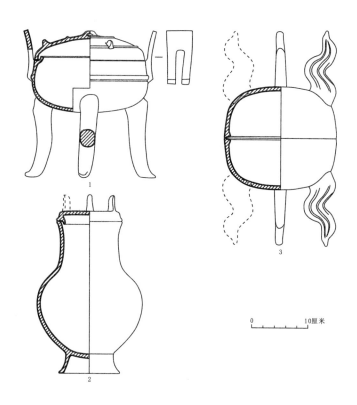

图三〇九　M1213 出土陶鼎、壶、敦
1. 鼎（4）　2. 壶（1）　3. 敦（3）

二　出土器物（A 组乙类）

5 件。为仿铜陶礼器。黑衣灰陶，有白彩。黑衣和白彩多已脱落。

1. 鼎　2 件。形制、大小相同。

标本 M1213：4，子母口内敛，窄肩承盖。直腹，圜底较平，底边圆转。柱状简化蹄足高挑。方附耳大张。腹中有一周凸箍间一周弦纹。拱弧形盖，边缘直立。盖面有两周凸圈，第一周凸圈上等列三个扁纽，盖顶一鼻纽。口径 17.2、通宽 23.2、通高 24.8 厘米（图三〇九，1）。

2. 壶　2 件。形制、大小相同。

标本 M1213：1，敞口，粗弧颈，圆肩，圆鼓腹，圜底。高圈足外撇。浅平盖，子母口。盖边有三个扁立纽。口径 11.4、腹径 18.4、通高 30.3 厘米（图三〇九，2）。

3. 敦　1 件。

M1213：3，身、盖等大，纽、足同形，身、盖相合呈盒形。直口，方唇微凹，弧腹，圜底、顶。足、纽呈马尾状弯曲。口径 19.8、通高 36 厘米（图三〇九，3）。

墓葬一二七　　M1217

一　墓葬形制（C型Ⅵc式）

狭长形土坑竖穴带平头龛。方向100°。墓上部已平毁。头龛位于墓坑东端墓壁下部的适中位置，龛底与墓底平。龛宽46、深26、高22厘米。墓壁垂直，长215、宽66、残深75厘米。随葬器物置于头龛内。葬具及人骨架不存。墓中填五花土，为本坑土回填。现墓口以上有厚约20厘米的表土（图三一〇；彩版一二，1；图版三二，1、2）。

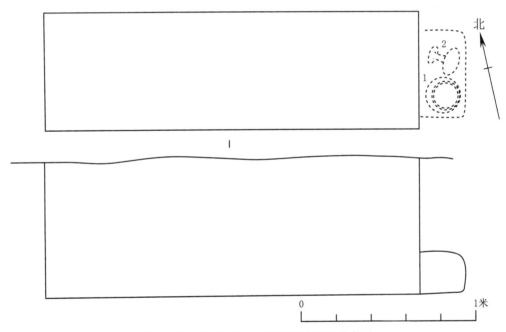

图三一〇　M1217平、剖面及随葬器物分布图
1. 陶盂　2. 陶豆

二　出土器物（B组丁Ⅲ类）

2件。为日用陶器。盂、豆各1件，未修复，形态不明。

墓葬一二八　　M1218

一　墓葬形制（C型Ⅵc式）

狭长形土坑竖穴带平头龛，方向95°。墓上部已毁。头龛位于墓坑东端墓壁下部的适中位置，

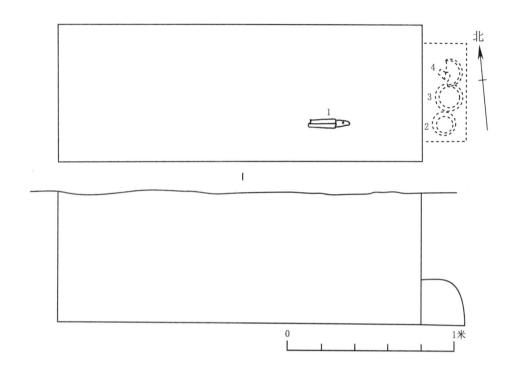

图三一一　M1218 平、剖面及随葬器物分布图
1. 铜剑　2. 陶罐　3、4. 陶豆

龛底与墓底平。龛宽 56、深 26、高 26 厘米。墓壁垂直，长 215、宽 80、残深 76 厘米。随葬器物中陶器置于头龛内，一件铜剑位于头端一侧。葬具及人骨架不存。墓中填五花土（图三一一；彩版一二，2；图版三二，3）。

二　出土器物（B 组丁Ⅲ类）

4 件。其中陶器 3 件，铜器 1 件。

（一）陶器

3 件。为日用陶器。

1. 高领罐　1 件。

M1218：2，敞口，平折沿，高弧领，溜肩，鼓腹，近底向下弧折呈假圈足状，平底。颈饰两周弦纹。口径 10.8、腹径 17.2、高 22.6 厘米（图三一二）。

2. 豆　2 件。残甚，形态不明。

（二）铜剑

1 件。未见实物。随葬器物分布图显示为扁茎剑。

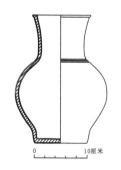

图三一二　M1218 出土陶高领罐
（M1218：2）

墓葬一二九　M1219

一　墓葬形制（C型Vb式）

　　狭长形土坑竖穴带封闭二层台。方向90°。二层台高97厘米，台面两侧及足端均宽36、头端宽20厘米。墓壁垂直，墓口长290、宽145厘米，墓底长234、宽73厘米，墓深290厘米。随葬器物位于墓底头端。葬具及人骨架不存。墓中填五花土（图三一三；彩版一二，3；图版三三，1、2）。

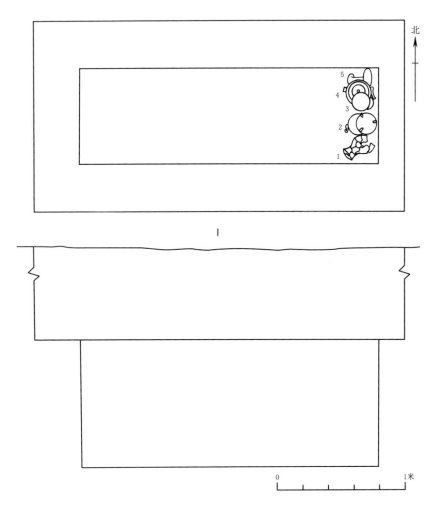

图三一三　M1219平、剖面及随葬器物分布图
1. 陶壶　2. 陶敦　3、5. 陶豆　4. 陶鼎

二　出土器物（A组丙Ⅲ类）

　　5件。为仿铜陶礼器。陶鼎、壶、敦各1件，陶豆2件。均未修复，形态不明。

墓葬一三〇　M1221

一　墓葬形制（C型Ⅵc式）

狭长形土坑竖穴带平头龛。方向200°。墓推毁殆尽。头龛位于墓坑南端墓壁下部的适中位置，龛底与墓底平。龛宽40、深22、高22厘米。墓壁垂直，长180、宽60、残深50厘米。头龛内置一件陶豆。另有一件矮领罐碎片出于墓底足端，似是下葬时有意为之。葬具及人骨架不存。墓中填五花土（图三一四）。

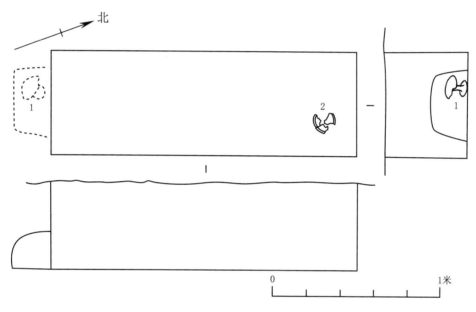

图三一四　M1221平、剖面及随葬器物分布图
1. 陶豆　2. 陶矮颈罐

二　出土器物（B组丁Ⅲ类）

2件。为日用陶器。

陶矮领罐　1件。

M1221:2，直口微敛，方唇，圆肩，弧腹，大平底。颈部有对称圆孔。口径10.6、腹径16、高10厘米（图三一五，1）。

陶矮柄豆　1件。

M1221:1，敞口，弧壁盘，矮弧形柄，喇叭形圈足。口径13.6、高10.7厘米（图三一五，2）。

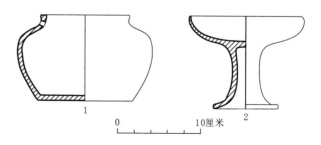

图三一五　M1221出土陶矮领罐、矮柄豆
1. 矮领罐(2)　2. 矮柄豆(1)

墓葬一三一   M1222

一 墓葬形制（B 型 I 式）

普通窄长方形土坑竖穴。方向 200°。墓上部被破坏。墓壁两侧垂直，两端略斜。墓口长 278、宽 140 厘米，墓底长 275、宽 140 厘米，墓残深 220 厘米。随葬器物位于墓底头端。葬具及人骨架不存。墓中填五花土（图三一六）。

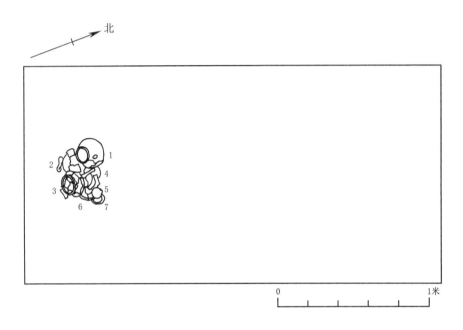

图三一六   M1222 随葬器物分布图

1. 陶壶   2. 陶敦   3. 陶鼎   4. 陶豆   5、7. 陶匜   6. 陶盘

二 出土器物（A 组丙 II 类）

7 件。为仿铜陶礼器（图版三四，1）。

1. 鼎   1 件。

M1222：3，子母口内敛，窄肩承盖。斜折壁，小平底。蹄足略内聚，断面为方茎。耳残。腹有一周凸箍。弓弧形盖。盖面有两周凸圈。口径 15.5、通宽 19.6、通高 20.2 厘米（图三一七，1）。

2. 壶   1 件。

M1222：1，敞口，弧颈较细长，斜肩，弧腹，圜底。圈足外撇。肩有对称鼻纽衔环。浅弧盖，边缘方折，高子母口。口径 9.4、腹径 20、通高 33.7 厘米（图三一七，2）。

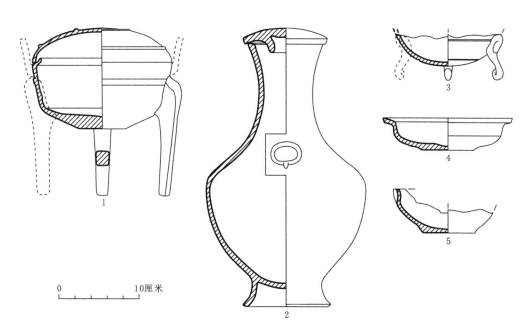

0　　　　　10厘米

图三一七　M1222 出土陶鼎、壶、敦、盘、匜
1. 鼎（3）　2. 壶（1）　3. 敦（2）　4. 盘（6）　5. 匜（7）

3. 敦　1件。

M1222：2，残。底部残片及残足。圜底，足呈抽象兽形。残高 3.4 厘米（图三一七，3）。

4. 盘　1件。

M1222：6，斜折沿，折壁，平底。口径 16.2、高 3.9 厘米（图三一七，4）。

5. 匜　2件。形态相同。

标本 M1222：7，敞口，圆唇，弧壁，平底。流残。高 5.4 厘米（图三一七，5）。

6. 豆　1件。

M1222：4，残甚，器形不明。

墓葬一三二　M1223

一　墓葬形制（C 型Ⅷc 式）

狭长形土坑竖穴带头、足龛及封闭二层台。方向 95°。墓上部被挖毁。墓坑两端墓壁均有龛，均为龛底与墓底平的平龛。头龛较宽，偏向墓壁一侧。龛宽 20、深 22、高 30 厘米，足龛较窄，位于墓壁下部的适中位置。龛外宽 34、内宽 22、深 18、高 20 厘米。二层台高 56、宽 18～32 厘米。墓壁垂直，墓口长 266、宽 120 厘米，墓底长 220、宽 70 厘米，墓通深 180 厘米。随葬器物位于墓底头端，头、足龛内均无随葬品。葬具及人骨架不存。墓中填洗砂土，填土较松软，未经夯筑（图三一八）。

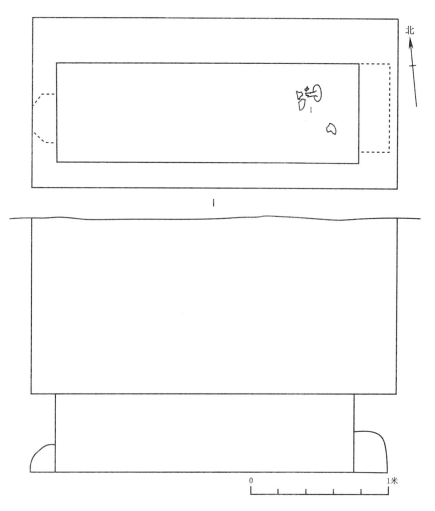

图三一八　M1223 平、剖面及随葬器物分布图
1. 陶豆

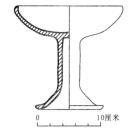

图三一九　M1223 出土陶
矮柄豆（M1223:1）

二　出土器物（B 组丁Ⅲ类）

陶矮柄豆　1 件。

M1223:1，黑衣灰陶。口微敛，弧壁盘较深，矮柱状柄，喇叭形圈足边缘微翘。口径 16.4、高 15.8 厘米（图三一九）。

墓葬一三三　M1224

一　墓葬形制（C 型Ⅵc 式）

狭长形土坑竖穴带平头龛。方向 110°。墓上部已破坏。头龛位于墓坑东端墓壁下部的适中位

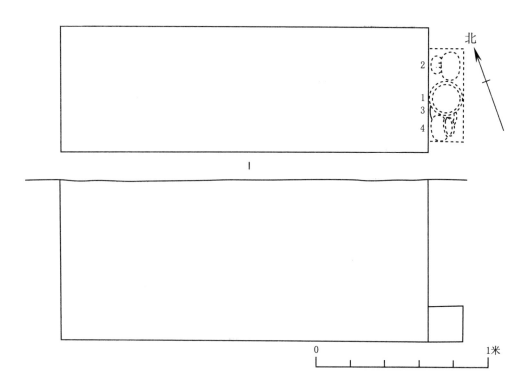

图三二〇 M1224 平、剖面及随葬器物分布图
1、4. 陶罐 2. 陶盂 3. 陶豆

置，龛底与墓底平。龛宽 52、深 20、高 20 厘米。墓壁垂直，长 210、宽 70、残深 90 厘米。随葬器物置于头龛内。葬具及人骨架不存。墓中填五花土（图三二〇）。

二 出土器物（B 组丁Ⅲ类）

4 件。为日用陶器。

高领罐 1 件。

M1224：1，直口，凸唇，直领微弧，窄圆肩，斜弧腹，近底弧折，平底微凹。素面。口径 9.9、腹径 14.2、高 16.3 厘米（图三二一，2）。

矮领罐 1 件。

M1224：4，直口，方唇，斜肩，弧腹斜直，平底微凹。颈部有对称圆孔。口径 10.4、腹径 15.2、高 9.4 厘米（图三二一，1）。

盂、豆各 1 件，残甚，形态不明。

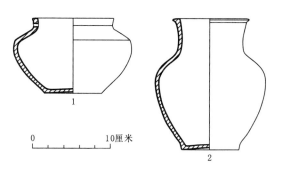

图三二一 M1224 出土陶矮领罐、高领罐
1. 矮领罐（4） 2. 高领罐（1）

墓葬一三四　M1226

一　墓葬形制（C 型 Ⅵc 式）

狭长形土坑竖穴带平头龛。方向 200°。墓上部已挖毁。头龛位于墓坑南端墓壁下部的适中位置。龛宽 40、深 18、高 40 厘米。墓壁垂直，长 154、宽 52、残深 100 厘米。随葬器物置于头龛内。由于头龛较窄较浅，三件器物摞在一起，器物也未完全没入龛中。葬具及人骨架不存。墓中填五花土，为本坑土回填。现墓口以上有厚约 44 厘米的表土（图三二二）。

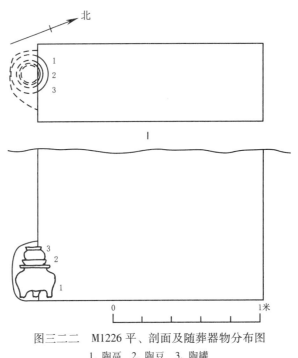

图三二二　M1226 平、剖面及随葬器物分布图
1. 陶鬲　2. 陶豆　3. 陶罐

二　出土器物（B 组丁Ⅲ类）

3 件。为日用陶器。

鬲　1 件。

M1226：1，直口，卷沿，短颈，宽圆肩，弧腹，圜底较平，裆较宽，柱状足直立，足残。颈以下饰粗绳纹，肩饰两周凹弦纹。口径 21.4、腹径 34.2、高 22.4 厘米（图三二三）。

另有罐、豆各 1 件，残甚，形态不明。

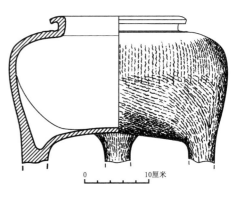

图三二三　M1226 出土陶鬲（M1226：1）

墓葬一三五　M1227

一　墓葬形制（A 型 I 式）

普通宽长方形土坑竖穴。方向 200°。墓壁垂直，长 296、宽 162、深 245 厘米。随葬器物位于墓底头端。葬具及人骨架不存。墓中填五花土（图三二四）。

二　出土器物（A 组丙 I 类）

7 件。为仿铜陶礼器。灰陶或黑皮红褐陶（图版三四，2）。

1. 鼎　1 件。

M1227：5，子母口，窄肩承盖。弧腹深直，平底，底边圆转。蹄形高足直立，足断面呈六边形。方附耳微张。钵状高盖。盖面有两周凸圈，盖顶有鼻纽衔环。口径 15.4、通宽 21.2、通高 25.6 厘米（图三二五，1）。

2. 壶　1 件。

M1227：3，敞口，斜折沿，长弧颈，斜折肩，弧腹，圜底。高圈足外撇。肩有对称鼻纽衔环。颈、肩、腹各饰一周弦纹。盘状盖，高子母口。盖面饰四周弦纹。口径 12.1、腹径 17.8、通高

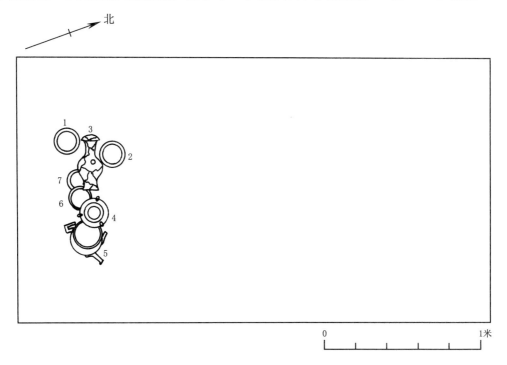

北

图三二四　M1227 随葬器物分布图

1、2、6、7. 陶豆　3. 陶壶　4. 陶敦　5. 陶鼎

30.7 厘米（图三二五，2）。

　　3. 敦　1件。

　　M1227：4，身、盖等大，纽、足略不同形，身、盖相合呈椭球形。斜平沿，唇外凸，圆腹，圜底、顶。足、纽呈简化兽形，足较纽略高。身、盖各有三周弦纹。口径 16.9、通高 21.2 厘米（图三二五，3）。

　　4. 高柄豆　3件。形态相同。

　　标本 M1227：1，敞口，壁微内弧，浅折壁平盘。高柱柄上端略粗，浅盖状圈足边缘斜折。口径 15.7、高 18.8 厘米（图三二五，4）。

　　5. 矮柄豆　1件。

　　M1227：6，敞口，弧壁盘较深，底边平折。矮束腰柄，喇叭形圈足残。口径 14.4、高 11.2 厘米（图三二五，5）。

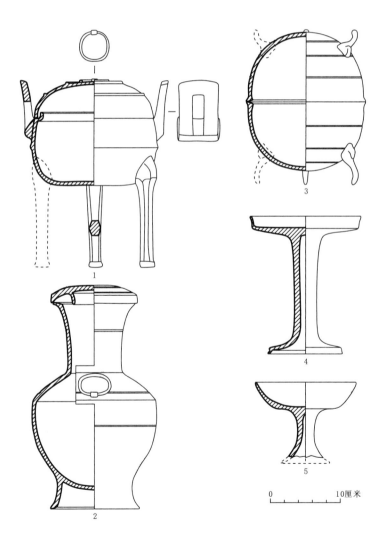

图三二五　M1227 出土陶鼎、壶、敦、高柄豆、矮柄豆
1. 鼎（5）　2. 壶（3）　3. 敦（4）　4. 高柄豆（1）　5. 矮柄豆（6）

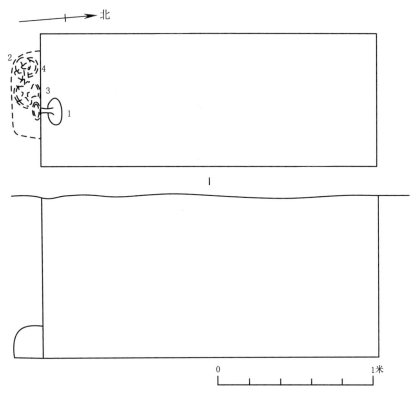

图三二六　M1228 平、剖面及随葬器物分布图
1、2. 陶豆　3. 陶盂　4. 陶罐

墓葬一三六　M1228

一　墓葬形制（C 型 VIc 式）

狭长形土坑竖穴带平头龛。方向 185°。墓上部被挖毁。头龛位于墓坑南端墓壁下部的适中位置，龛底与墓底平。龛外宽 54、内宽 44、深 18、高 20 厘米。墓壁垂直，长 215、宽 82、残深 100 厘米。随葬器物置于头龛内，一件陶豆倾倒于墓坑内。葬具及人骨架不存。墓中填五花土。现墓口以上有厚约 20 厘米的表土（图三二六）。

二　出土器物（B 组丁III类）

4 件。为日用陶器。灰陶（图版三五，1）。

1. 高领罐　1 件。

M1228:4，喇叭形敞口，折沿微坠，粗弧领，斜肩，弧腹，平底微凹。领、肩各饰一周弦纹。口径 11.2、腹径 12、高 14 厘米（图三二七，3）。

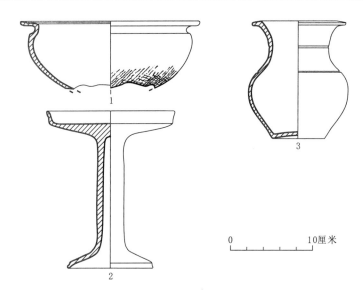

图三二七　M1228 出土陶盂、高柄豆、高领罐
1. 盂（3）　2. 高柄豆（1）　3. 高领罐（4）

2. 盂　1 件。

M1228：3，宽折沿，沿面饰一周弦纹。短弧颈，窄肩，弧壁。底残。下腹饰中绳纹。口径 22、残高 8 厘米（图三二七，1）。

3. 高柄豆　2 件。形制、大小相同。

标本 M1228：1，敞口，浅折壁平盘。细高柱柄，喇叭形圈足边缘斜折。口径 15.6、高 18.6 厘米（图三二七，2）。

墓葬一三七　M1230

一　墓葬形制（B 型 I 式）

普通窄长方形土坑竖穴。方向 92°。墓壁垂直，长 280、宽 130、深 230 厘米。随葬器物位于墓底头端。葬具及人骨架不存。墓中填洗砂土（图三二八）。

二　出土器物（A 组丙 II 类）

5 件。为仿铜陶礼器。红灰陶（图版三五，2）。

1. 鼎　1 件。

M1230：3，子母口内敛，窄肩承盖。扁腹微弧，大平底。足及耳残。钵形深盖。盖面有两周凸圈，第一周凸圈上等列三个乳突纽。口径 14、复原通高 19.2 厘米（图三二九，1）。

2. 壶　1 件。

M1230：2，敞口，长弧颈，斜折肩，弧腹，平底。圈足较直。肩有对称鼻纽衔环。拱弧形高

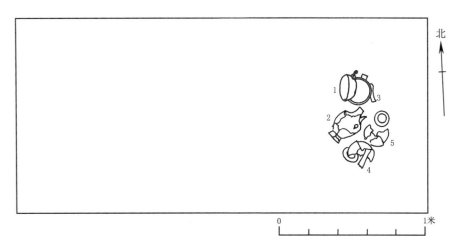

图三二八　M1230 随葬器物分布图

1. 陶敦　2. 陶壶　3. 陶鼎　4、5. 陶豆

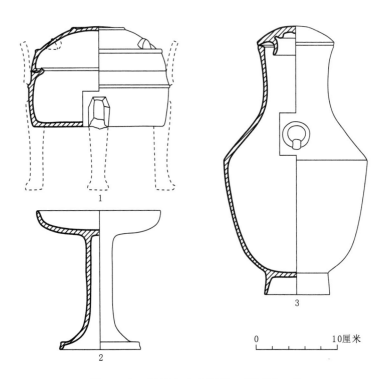

图三二九　M1230 出土陶鼎、高柄豆、壶

1. 鼎（3）　2. 高柄豆（4）　3. 壶（2）

盖，高子母口。口径 9.2、腹径 17.6、通高 31.7 厘米（图三二九，3）。

3. 敦　1 件。未修复，形态不明。

4. 高柄豆　2 件。形制、大小相同。

标本 M1230∶4，敞口，浅弧壁盘。高柱柄，喇叭形圈足边缘斜折呈盖状。口径 15、高 16.6 厘米（图三二九，2）。

墓葬一三八　M1233

一　墓葬形制（A 型 I 式）

普通宽长方形土坑竖穴。方向 103°。墓底两端各有一条枕木沟，沟宽 14～17、深约 5 厘米。墓壁垂直，长 300、宽 154、深 290 厘米。一件铜镜位于墓底头端中部。葬具及人骨架不存。墓中填洗砂土（图三三〇）。

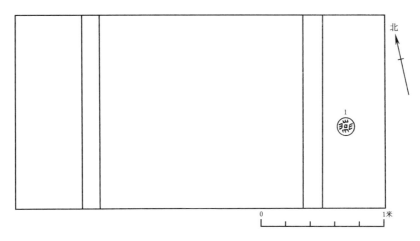

图三三〇　M1233 随葬器物分布图
1. 铜镜

二　出土器物（其他）

铜镜　1 件。

M1233：1，为十二花叶四竹叶羽状地四山纹镜。亮黑色。三弦纽，方纽座，窄素缘。主题纹饰为底边与纽座平行的四个左斜的"山"字纹；纽座四角及"山"字纹间各有一叶片纹，两叶片之间以绚索状带纹相连，"山"字右胁也有一叶片纹，共十二叶片纹；"山"字之间靠缘边有一向左横置的竹叶形纹；主纹饰下满饰涡纹及羽状地纹。直径 13.8、缘厚 0.4 厘米（图版三五，3）。

墓葬一三九　M1234

一　墓葬形制（A 型 III 式）

宽长方形土坑竖穴带斜坡墓道及一级台阶。方向 93°。墓道位于墓室东端，坡度 28°。墓道壁略斜，墓道口长 500、宽 265 厘米，墓道下端宽 120 厘米，墓道下端距墓口 400、距墓底 130 厘米。台阶位于墓口以下 130 厘米处，距墓底 400 厘米，台阶宽 80 厘米。四周均有台阶，东端中部被墓道切断。台阶以下至墓道下端的墓壁倾斜，呈覆斗形，墓道下端至墓底的墓壁垂直。墓壁修整光滑。墓口长 680、宽 540 厘米，台阶内侧墓坑长 520、宽 380 厘米，墓底长 330、宽 200 厘米，墓通深 530 厘米。随葬器物沿头端和右侧呈曲尺形分布。葬具和人骨架不存，但尚可辨葬具朽痕。椁有头厢、边厢和棺厢，随葬器物摆放于头厢和边厢位置。墓底垫有厚约 5 厘米的白膏泥，其上夯筑纯净的五花土。墓口以上残存有高约 120 厘米的封土，封土底径 600 厘米左右。封土用五花土夯筑（图三三一、三三二）。

二 出土器物（A 组甲类）

16 件。其中陶器 14 件，铜器 2 件。

（一）陶器

14 件。仿铜陶礼器。黑皮黄褐陶或红灰陶（彩版一三，1；图版三六，1）。

1. 鼎 4 件。形制、大小相同（图版三六，2）。

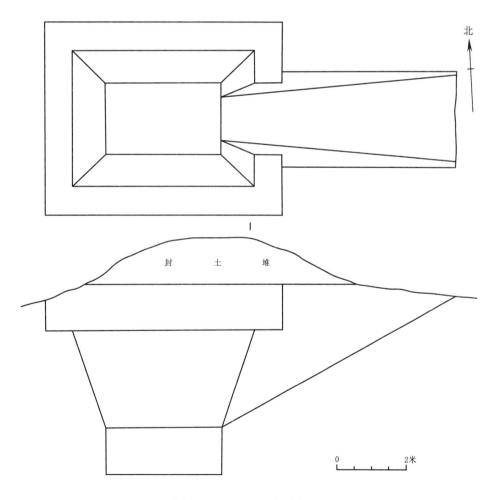

图三三一 M1234 平、剖面图

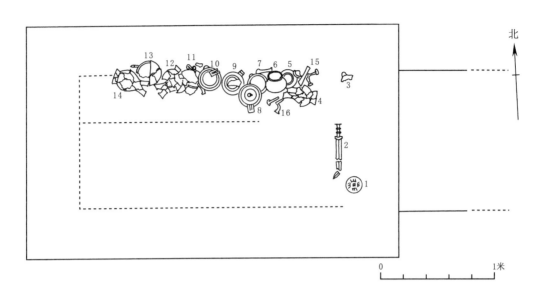

图三三二　M1234 随葬器物分布图

1. 铜镜　2. 铜剑　3. 陶匜　4、6、12、14. 陶壶　5. 陶盘　7～10. 陶鼎　11、13. 陶敦　15、16. 陶灯擎

标本 M1234：9，子母口内敛，窄肩承盖。扁弧腹，大平底微凹。高蹄足直立。方附耳略内斜。足、耳以榫卯穿透器壁。腹有一周凸圈。弧形浅盖边缘圆折。盖顶有一周凹圈。口径 16、通宽 24.4、通高 24.4 厘米（图三三三，1）。

2. 壶　4 件。形制大致相同，大小略异。各 2 件（图版三七，1）。

标本 M1234：14，敞口，细长弧颈，溜肩，圆腹，圜底。高圈足外撇。肩有对称圆孔，孔内插环耳。腹有两周弦纹。器身施黑衣、白彩，多已脱落。弓弧形盖，子母口。盖顶有一扁纽。口径 9.7、腹径 19.5、通高 36.2 厘米。M1234：12 与之同（图三三三，2）。

标本 M1234：4，较 M1234：14 颈略短，腹较圆。圈足残。肩至腹有四组弦纹，每组两周。环耳失。口径 9.5、腹径 18.2、复原通高 32.2 厘米。M1234：6 与之同（图三三三，3）。

3. 敦　2 件。形制、大小相同。

标本 M1234：13，身、盖等大，纽、足同形，身、盖相合呈椭球形。敞口，唇微凸，圆腹，圜底、顶。足、纽呈勾首卷尾抽象兽形。盖有三周弦纹。口径 18.2、通高 25 厘米（图三三三，4）。

4. 盘　1 件。残甚，形态不明。

5. 匜　1 件。残甚，形态不明。

6. 灯擎　2 件。形制、大小相同。

标本 M1234：16，高柱状灯柱上伸出四支灯盏擎臂，灯盏残。灯柱下有灯座，亦残。上部宽 26.4、残高 30 厘米（图三三三，5）。

（二）铜器

2 件。剑和镜各 1 件。

1. 剑　1 件。未见实物。随葬器物分布图显示为双箍剑。

2. 镜　1 件。未见实物。随葬器物分布图显示为四"山"镜。

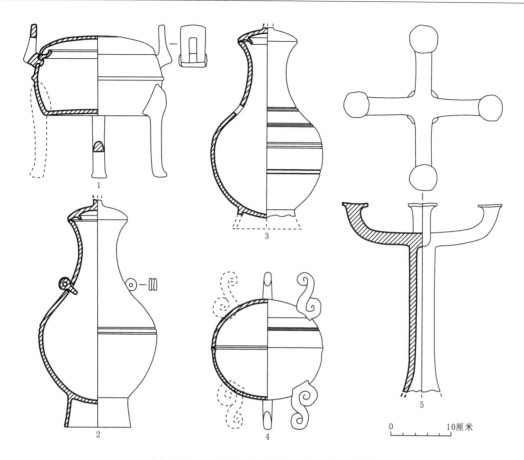

图三三三　M1234 出土陶鼎、壶、敦、灯擎

1. 鼎（9）　2、3. 壶（14、4）　4. 敦（13）　5. 灯擎（16）

墓葬一四〇　M1235

一　墓葬形制（C 型Ⅷb 式）

狭长形土坑竖穴带平头龛及封闭二层台。方向 110°。头龛位于墓坑东端墓壁下部，呈长方形，龛底与墓底平。龛宽与墓底同宽，龛深 38、高 46 厘米。二层台高 58、头端宽 14、余三方宽 20 厘米。墓壁垂直，墓口长 240、宽 100 厘米，墓底长 206、宽 60 厘米，墓通深 258 厘米。随葬器物中陶器置于头龛内，铜剑格及至剑具置于墓坑内。葬具及人骨架不存。墓中填五花土。墓口以上有厚约 30 厘米的表土（图三三四）。

二　出土器物（B 组丁Ⅲ类）

5 件。其中陶器 3 件，铜器和滑石器各 1 件（彩版一三，2；图版三七，2）。

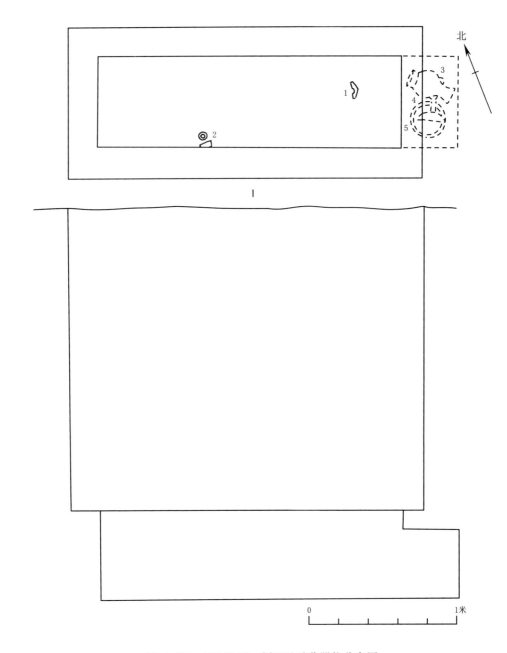

图三三四　M1235 平、剖面及随葬器物分布图
1. 铜剑格　2. 滑石剑具　3. 陶壶　4. 陶豆　5. 陶盂

（一）陶器

3 件。为日用陶器。灰陶或青灰陶。

1. 双耳壶　1 件。

M1235：3，喇叭形敞口，弧颈，宽圆肩，圆弧腹，凹圜底，矮圈足外撇。肩有对称方折耳。颈至肩饰三周弦纹。口径 12.4、腹径 23.2、高 28.5 厘米（图三三五，1）。

2. 盂　1 件。

M1235：5，平折沿微卷，短弧颈，窄肩，弧壁，平底。口径 20.6、高 8.3 厘米（图三三

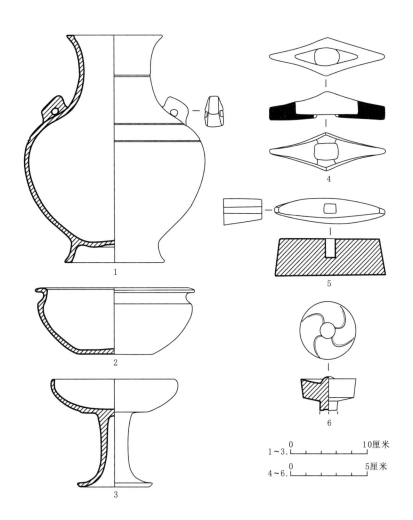

图三三五　M1235 出土陶双耳壶、盂、矮柄豆，铜剑格，滑石剑具
1. 陶双耳壶（3）　2. 陶盂（5）　3. 陶矮柄豆（4）　4. 铜剑格（1）　5、6. 滑石剑具（2）

五，2）。

3. 矮柄豆　1 件。

M1235：4，直口，圆唇，弧壁盘，底边平折。矮柱柄，喇叭形圈足。口径 16、高 13.5 厘米（图三三五，3）。

（二）铜剑格

1 件。M1235：1，"凹"字形格。长 7.5、宽 2.4 厘米（图三三五，4）。

（三）滑石剑具

剑首、剑珥各 1 件（合以 1 件计）。M1235：2，滑石剑首中心突起半球形，半球周围刻风车纹。剑珥长 7.2、高 2.5 厘米，剑首茎略残。直径 3.6、残长 2 厘米（图三三五，5、6）。

墓葬一四一　M1236

一　墓葬形制（A型I式）

普通宽长方形土坑竖穴，方向100°。墓壁垂直，长305、宽216、深470厘米。随葬器物中一件铜镜位于墓底头端正中，陶器则靠南壁一侧摆放。葬具及人骨架不存。从随葬器物摆放位置推断，该墓应有椁室。墓中填五花土（图三三六）。

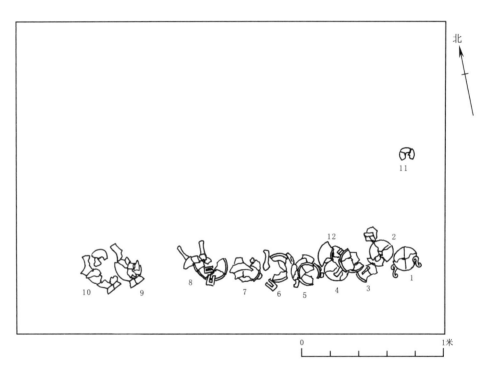

图三三六　M1236 随葬器物分布图
1. 陶敦　2~4、12. 陶豆　5~8. 陶鼎　9、10. 陶壶　11. 铜镜

二　出土器物（A组甲类）

12件。其中陶器11件，铜器1件（图版三八，1）。

（一）陶器

11件。为仿铜陶礼器，黑皮黄灰陶。

1. 鼎　4件。形制、大小相同（图版三八，2）。

标本M1236:5，高子母口内敛，窄肩承盖。上腹直，下腹斜收，腹较深，平底。蹄足直立，足断面呈六边形。方附耳略外张。钵形深盖。盖面有两周凸圈，第一周凸圈上等列三个马鞍形纽。口径16.4、通宽22.4、通高23.8厘米（图三三七，1）。

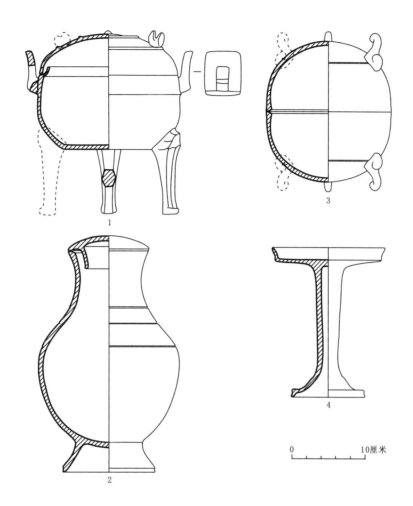

图三三七 M1236 出土陶鼎、壶、敦、高柄豆
1. 鼎（5） 2. 壶（9） 3. 敦（1） 4. 高柄豆（2）

2. 壶 2 件。形制、大小相同。

标本 M1236：9，敞口，粗弧颈，溜肩，圆腹，圜底。高圈足外撇较甚。肩至上腹饰三周弦纹。弓弧盖有长子母口。口径 10.8、腹径 19、通高 29 厘米（图三三七，2）。

3. 敦 1 件。

M1236：1，身、盖等大，纽、足同形，身、盖相合呈球形。唇微凸，圆腹，圜底、顶。足、纽呈勾首卷尾抽象兽形。口径 17.1、通高 20.8 厘米（图三三七，3）。

4. 高柄豆 4 件。形制、大小相同。

标本 M1236：2，敞口，浅折壁盘，平底。细高柄上端略粗，喇叭状圈足边缘斜折。口径 15.4、高 19.6 厘米（图三三七，4）。

（二）铜镜

1 件。残甚，形态不明。

墓葬一四二　　M1237

一　墓葬形制（A 型 I 式）

普通宽长方形土坑竖穴。方向 290°。墓上部被破坏。墓壁垂直，长 275、宽 160、深 200 厘米。随葬器物位于头端。葬具及人骨架不存。墓中填洗砂土，填土中含有卵石，为本坑掘出的土回填。墓口以上有厚约 20 厘米表土（图三三八）。

二　出土器物（A 组丙 I 类）

4 件。其中陶器 3 件，铜器 1 件。

（一）陶器

3 件。为仿铜陶礼器一套。黑皮黄褐陶（图版三九，1）。

1. 鼎　1 件。

M1237:2，敛口，窄肩承盖。弧腹，圜底。蹄足直立。方附耳微张。拱弧形盖。盖面有一周凸圈及三个扁纽。口径 16.1、通宽 24.8、通高 22 厘米（图三三九，1）。

2. 壶　1 件。

M1237:4，敞口，弧颈，溜肩，鼓腹。腹以下残。肩部对称扁纽。颈至腹有五周弦纹。口径

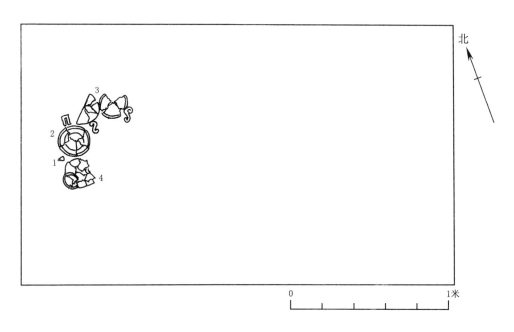

图三三八　M1237 随葬器物分布图

1. 铜铃形器　2. 陶鼎　3. 陶敦　4. 陶壶

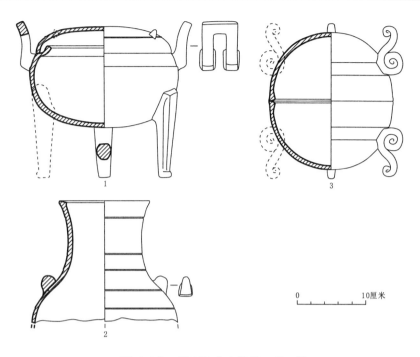

图三三九　M1237 出土陶鼎、壶、敦

1. 鼎（2）　2. 壶（4）　3. 敦（3）

13、残高 17 厘米（图三三九，2）。

3. 敦　1 件。

M1237：3，身、盖等大，纽、足同形，身、盖相合呈球形。唇微凸，圆腹，圜底、顶。足、纽呈勾首卷尾抽象兽形。腹饰两周弦纹。口径 18、通高 21.6 厘米（图三三九，3）。

（二）铜铃形器

1 件。残甚。

墓葬一四三　M1238

一　墓葬形制（A 型 I 式）

普通宽长方形土坑竖穴。方向 70°。墓上部被破坏。墓壁垂直，长 275、宽 155、深 190 厘米。随葬器物位于墓底头端。葬具及人骨架不存。墓中填洗砂土（图三四〇）。

二　出土器物（B 组丁 I 类）

3 件。为日用陶器。灰陶（彩版一四，1；图版三九，2）。

1. 长颈罐　1 件。

M1238：1，斜折沿，长颈，溜肩，圆腹，凹圜底。腹饰粗绳纹。口径 13、腹径 15.4、高 20.1

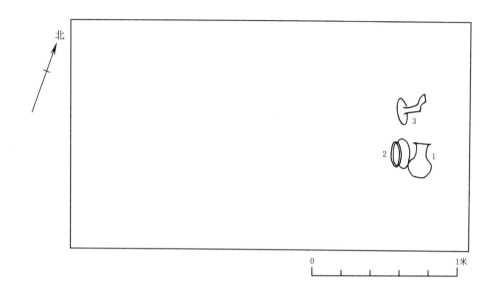

图三四〇　M1238 随葬器物分布图

1. 陶罐　2. 陶盂　3. 陶豆

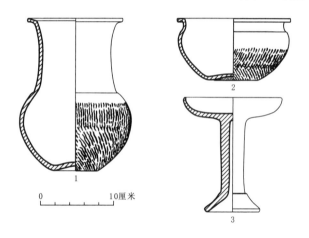

图三四一　M1238 出土陶长颈罐、盂、高柄豆

1. 长颈罐（1）　2. 盂（2）　3. 高柄豆（3）

厘米（图三四一，1）。

2. 盂　1件。

M1238:2，平折沿，短弧颈，窄圆肩，弧壁，凹圜底。腹、底饰粗绳纹。口径15.7、高8.2厘米（图三四一，2）。

3. 高柄豆　1件。

M1238:3，敞口较直，弧壁盘。高柱状柄，盖状圈足较小。口径13.4、高15.5厘米（图三四一，3）。

墓葬一四四　M1239

一　墓葬形制（C型Ⅵa式）

狭长形土坑竖穴带高头龛。方向100°。墓上部已被推毁。头龛位于墓坑东端墓壁中部。龛底距墓底高60厘米，龛宽60、深18、高20厘米。墓壁垂直，长187、宽75、残深85厘米。随葬器物置于头龛内。葬具及人骨架不存。墓中填洗砂土（图三四二）。

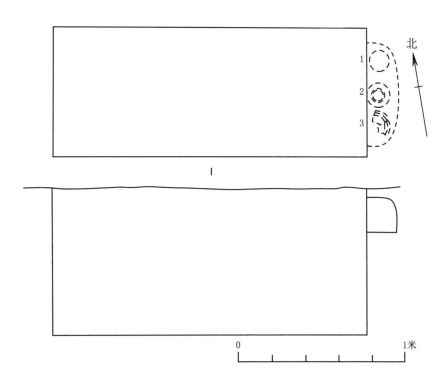

图三四二　M1239 平、剖面及随葬器物分布图
1. 陶豆　2. 陶罐　3. 陶盂

二　出土器物（B 组丁Ⅲ类）

3 件。为日用陶器。灰陶（图版三九，3）。

1. 高领罐　1 件。

M1239：2，口残。粗弧领，溜肩，鼓腹，平底。肩部饰两周弦纹。腹径 15.2、残高 12 厘米（图三四三，1）。

2. 盂　1 件。残甚，形态不明。

3. 高柄豆　1 件。

M1239：1，豆盘残。细高柱柄，喇叭形圈足。残高 13.6 厘米（图三四三，2）。

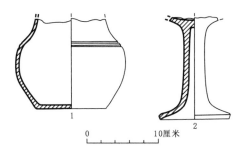

图三四三　M1239 出土陶高领罐、高柄豆
1. 高领罐（2）　2. 高柄豆（1）

墓葬一四五　M1243

一　墓葬形制（A 型 I 式）

普通宽长方形土坑竖穴。方向 185°。墓上部已挖毁。墓坑西半部被汉墓 M1242 打破。但因

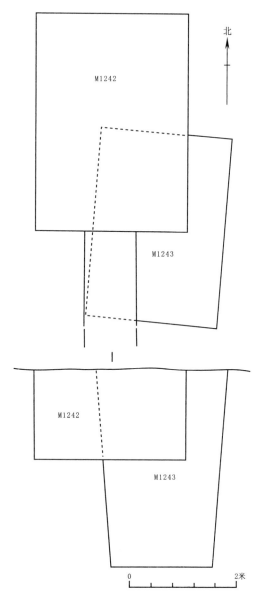

图三四四　M1242 与 M1243 打破关系图

M1242 深仅 160 厘米，距该墓墓底尚有一定高度，因而该墓随葬器物未被扰乱（图三四四）。墓壁略斜，现墓口长 340、宽 245 厘米，墓底长 284、宽 190 厘米，墓深 350 厘米。随葬器物中陶器位于墓底头端，兵器位于两侧及腰部。葬具及人骨架不存。墓中填洗砂土（图三四五）。

二　出土器物（A 组乙类）

12 件。其中陶器 8 件，铜器 4 件（图版四〇，1）。

（一）陶器

8 件。为仿铜陶礼器。黑衣灰陶，有白彩。黑衣和白彩多已脱落。

1. 鼎　2 件。形制、大小相同。

标本 M1243：6，高子母口内敛，窄肩承盖。上腹斜直，下腹弧收，圜底。蹄足直立。方附耳直立，封闭耳孔呈"回"字形。下腹饰两周弦纹。弧形盖口部残。盖面应有两周凸圈。盖顶有一扁纽。口径 20.4、通宽 26、通高 25.4 厘米（图三四六，1）。

2. 壶　1 件。

M1243：4，敞口，长弧颈，溜肩，圆腹，圜底。矮圈足外撇。上腹饰两周弦纹。弧盖面斜直，边缘直折，长子母口。盖边有三个高立纽。口径 11.3、腹径 21.8、通高 35.2 厘米（图三四六，4）。

3. 敦　1 件。

M1243：5，仅存一半。直口，方唇，弧腹，圜底、顶。足、纽呈抽象兽形。腹饰一周弦纹。口径 19.1、高 9.6 厘米（图三四六，2）。

4. 浴缶　1 件。

M1243：1，直口，圆唇，矮领，圆肩，鼓腹，圜底较平。矮圈足。肩有一周弦纹及对称双系，系残。口径 10.6、腹径 22.3、高 20.3 厘米（图三四六，3）。

5. 钵　1 件。

M1243：12，直口，方唇，弧壁，平底。口径 14、高 5.5 厘米（图三四六，6）。

6. 高柄豆　2 件。形态相同。

标本 M1243：2，敞口，浅弧壁盘。高柱柄，盖状圈足较小，边缘弧折。口径 14.2、高 18.5 厘米（图三四六，5）。另一件略小。

（二）铜器

4 件。为兵器。

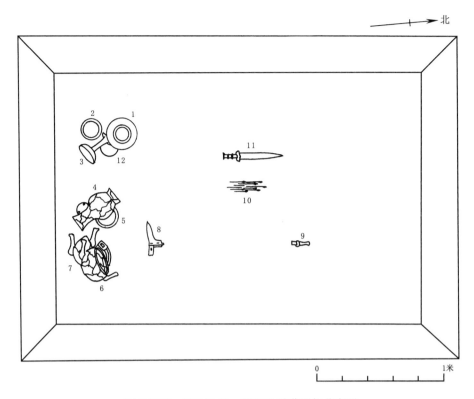

图三四五　M1243 平、剖面及随葬器物分布图

1. 陶浴缶　2、3. 陶豆　4. 陶壶　5. 陶敦　6、7. 陶鼎　8. 铜戈　9. 铜戈鐏　10. 铜箭镞　11. 铜剑　12. 陶钵

1. 剑　1 件。不见实物。随葬器物分布图显示为双箍剑。

2. 戈　1 件。

M1243：8，残甚。直援，直内，内前部中间有一穿孔。长胡三穿，残存二穿。援、内残长 19.4、胡残高 5.7 厘米。

3. 戈鐏　1 件。

M1243：9，銎部残。銎下部一面有一椭圆形小孔。抽象鸟形宽箍。鐏部呈亚腰形，上粗下细，断面呈八边形。残长 11.7 厘米（图三四六，7）。

4. 箭镞　5 支（以 1 件计）。

M1243：10，三角形镞头，长关前部呈三角茎，后端圆茎。圆铤已残。

墓葬一四六　M1244

一　墓葬形制（A 型 I 式）

普通宽长方形土坑竖穴墓。方向 165°。墓壁垂直，长 330、宽 210、深 270 厘米。随葬器物主要位于墓底头端。葬具及人骨架不存。墓中填洗砂土（图三四七）。

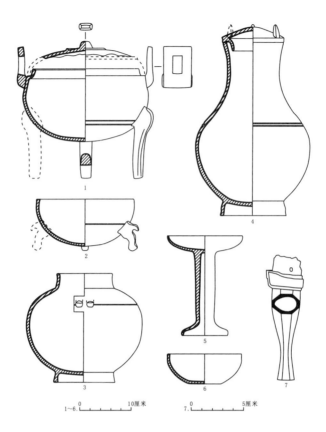

图三四六　M1243 出土陶鼎、敦、浴缶、壶、高柄豆、钵，铜戈镦

1. 陶鼎（6）　2. 陶敦（5）　3. 陶浴缶（1）　4. 陶壶（4）　5. 陶高柄豆（2）　6. 陶钵（12）　7. 铜戈镦（9）

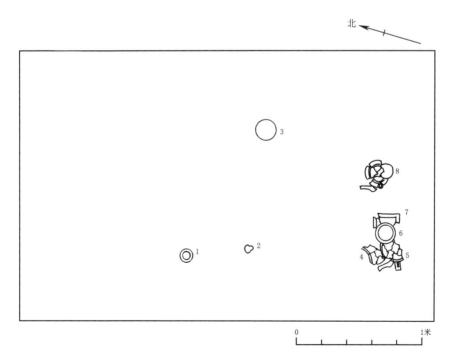

图三四七　M1244 随葬器物分布图

1、9、10. 铜轴套　2. 陶匕　3. 陶豆　4. 陶壶　5. 陶鼎　6. 陶盘　7. 陶簠　8. 陶小口鼎

二　出土器物（A 组丙 I 类）

10 件。其中陶器 7 件，铜器 3 件（图版四〇，2）。

（一）陶器

7 件。仿铜陶礼器。黑皮红褐陶。

1. 鼎　1 件。

M1244：5，口微敛，斜平沿，口外一周凸圈以承盖。弧腹深直，圜底较平。蹄足较直，足背有竖槽。大附耳外侈。腹有四周凹凸相间弦纹。上腹有鲜红彩绘，已脱落。盖失。口径 19.2、通宽 24.8、通高 28.2 厘米（图三四八，1）。

图三四八　M1244 出土陶鼎、簋、壶、小口鼎、盘、高柄豆，铜轴套
1. 陶鼎（5）　2. 陶簋（7）　3. 陶壶（4）　4. 陶小口鼎（8）　5. 陶盘（6）　6. 陶高柄豆（3）　7. 铜轴套（1）

2. 壶　1件。

M1244：4，直口，方唇，长颈微弧，斜肩。肩以下残。口及肩部各有三周弦纹，弦纹间朱绘重叠菱形纹及弦纹内填朱彩；肩部亦有朱绘弧形纹及麻点纹。口径10.4、残高14.6厘米（图三四八，3）。

3. 簠　1件。

M1244：7，仅有残片，为簠的一角。斜壁，瓦形足。残长14.2、高9.4厘米（图三四八，2）。

4. 小口鼎　1件。

M1244：8，小口内敛，沿内斜，矮领，宽圆肩，扁鼓腹，圜底。蹄形足足背有竖槽。环形耳外张。上腹饰两周弦纹。肩部有朱绘图案，脱落殆尽。折壁盘状浅盖。盖面有三个扁纽。盖有朱绘弦纹及图案，已脱落。口径10、通宽19.2、通高20.8厘米（图三四八，4）。

5. 盘　1件。

M1244：6，宽平折沿，折壁浅壁，小平底。口径19.2、高3.4厘米（图三四八，5）。

6. 匕　1件。仅残存匕柄。

7. 高柄豆　1件。

M1244：3，敞口，浅弧壁盘。细高柱柄残。口径14、残高5.8厘米（图三四八，6）。

（二）铜轴套

3件。M1244：1，圆形。上下平，边缘直，中间有孔，内空。双面各刻四只凤鸟纹。凤鸟纹原应有镶嵌物，或金或银，已脱落不存。边缘铸一周勾连回纹，纹内有三角齿状地纹。回纹上下回互，两个一组，一圈共六组半。直径10.3、孔径3.2、高3厘米（图三四八，7；彩版一四，2、3）。M1244：9、M1244：10与之相同（彩版一五，1、2）。

墓葬一四七　　M1245

一　墓葬形制（A型Ⅲ式）

宽长方形土坑竖穴，带斜坡墓道及一级台阶。方向177°。墓道位于墓室南端中间，坡度20°。墓道壁垂直，墓道口长650、宽150厘米。墓道下端距墓口深310、距墓底高160厘米。台阶距墓口深100、距墓底高370厘米。四周均有台阶，南端中间被墓道切断。台阶宽度四边各不相同，东侧宽45、西侧宽50、南端宽30、北端宽40厘米。台阶以上墓壁垂直，台阶以下墓壁略斜，墓壁两侧较两端斜度略大。墓口长440、宽375厘米，台阶内侧长370、宽280厘米，墓底长320、宽200厘米，墓通深470厘米。墓底两端各有一条枕木沟，沟宽18、深约2厘米。随葬器物位于墓底北端。该墓方向较为特殊，墓道与随葬品方向不一致，分处墓室两端。应以随葬品所处方向定其头向，则该墓墓道位于墓的足端。葬具及人骨架不存。墓中填洗砂土（图三四九、三五〇）。

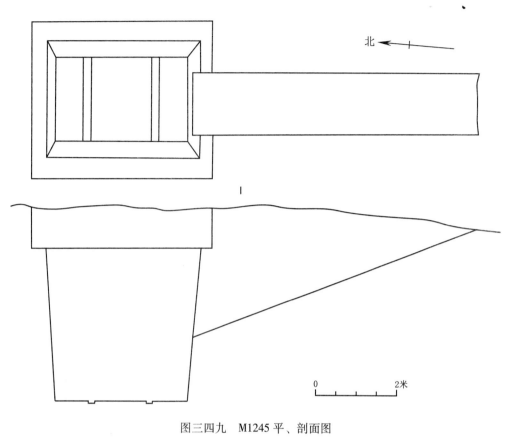

图三四九　M1245 平、剖面图

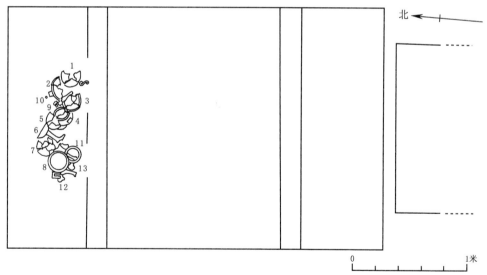

图三五〇　M1245 随葬器物分布图

1、3. 陶敦　2、8. 陶鼎　4、7. 陶壶　5、6. 陶豆　9. 残铜器　10. 玻璃珠　11. 陶盘　12. 陶匜　13. 陶匕

二　出土器物（A 组乙类）

13 件。陶器 11 件，铜器和玻璃器各 1 件。

（一）陶器

11 件。仿铜陶礼器。黑衣黄褐陶，白彩。黑衣和白彩多已脱落（图版四一，1）。

1. 鼎　2 件。形制相同。一件残。

标本 M1245：8，盖失。子母口直立，窄肩承盖。上腹直，下腹折收，平底微弧。蹄足微外撇。大附耳微侈。腹中有一周凸圈。口径 19、通宽 26、通高 26.6 厘米（图三五一，1）。

2. 壶　2 件。形制、大小相同。

标本 M1245：7，敞口，弧颈，斜肩，弧腹，凹圜底。肩有对称铺首衔环。口至上腹饰七周弦纹。弓弧形盖，边缘直折，子母口。盖面有三个高锥状纽。口径 10.8、腹径 21.6、通高 32.4 厘米（图三五一，2）。

3. 敦　2 件。均残。

4. 盘　1 件。

M1245：11，斜折沿，浅弧壁，平底。口径 19、高 2.4 厘米（图三五一，4）。

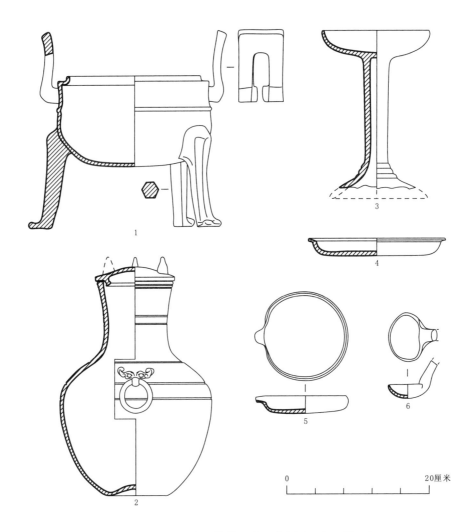

图三五一　M1245 出土陶鼎、壶、高柄豆、盘、匜、匕
1. 鼎（8）　2. 壶（7）　3. 高柄豆（6）　4. 盘（11）　5. 匜（12）　6. 匕（13）

5. 匜　1件。

M1245:12，碟状。口微敛，弧壁，平底微凹。一侧有流。口径12、高2.5厘米（图三五一，5）。

6. 匕　1件。

M1245:13，斜柄残，椭圆形匕。口径4.6~6.8、残高5厘米（图三五一，6）。

7. 高柄豆　2件。形态相同。

标本M1245:6，敞口，弧壁。高柱柄，圈足残。柄与圈足交界处有三道台棱状凸箍。口径15、残高21.6厘米（图三五一，3）。

（二）铜器

1件。残甚，器形不明。

（三）玻璃珠

1件。已残。

墓葬一四八　M1246

一　墓葬形制（A型I式）

普通宽长方形土坑竖穴。方向95°。墓壁垂直，长260、宽200、深330厘米。随葬器物中铜剑位于墓底中部，铜矛和一陶罐位于墓底头端。葬具及人骨架不存。墓中填洗砂土（图三五二）。

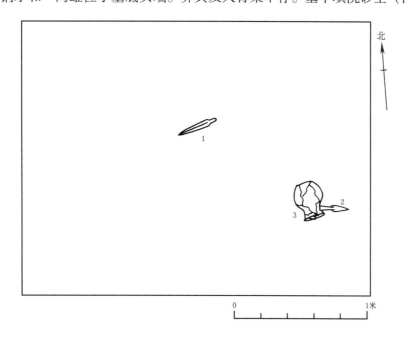

图三五二　M1246随葬器物分布图

1. 铜剑　2. 铜矛　3. 陶罐

二　出土器物（C 组）

3 件。其中陶器 1 件，铜器 2 件。

（一）陶器

高领罐　1 件。

M1246：3，折沿，三角形唇，高弧领较粗，圆肩，弧腹，凹圜底。腹饰粗绳纹，上腹绳纹间刮抹三道弦纹。口径 15.6、腹径 18、高 20 厘米（图三五三）。

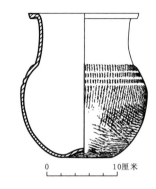

图三五三　M1246 出土陶高领罐（M1246：3）

（二）铜器

2 件。为兵器。

1. 剑　1 件。不见实物。随葬器物分布图显示为扁茎短剑。

2. 矛　1 件。不见实物。

墓葬一四九　M1247

一　墓葬形制（A 型 I 式）

普通宽长方形土坑竖穴。方向 200°。墓上部被破坏。墓壁倾斜，呈覆斗形。墓口长 390、宽 350 厘米，墓底长 295、宽 190 厘米，墓深 250 厘米。随葬器物位于墓底头端。葬具及人骨架不存。墓中填洗砂土（图三五四）。

二　出土器物（A 组丙 I 类）

5 件。为仿铜陶礼器。黑衣灰陶，白彩，多已脱落（图版四一，2）。

1. 鼎　1 件。

M1247：3，盖失。子母口，窄肩承盖。弧腹较直，圜底。蹄形足残。大方附耳微侈。腹饰三周弦纹。口径 16、通宽 21.6、通高 15.5 厘米（图三五五，1）。

2. 壶　1 件。

M1247：1，敞口，弧颈，溜肩，鼓腹，平底。矮圈足外撇。腹部有对称简化铺首衔环。器身饰六周弦纹。颈、肩转折处和中腹两周弦纹间涂白彩，白彩脱落。浅弧盖，矮子母口。盖面饰三个扁立纽。口径 11.2、腹径 21.8、通高 32.8 厘米（图三五五，2）。

3. 敦　1 件。

M1247：5，身、盖等大，纽、足同形，身、盖相合呈球形。方唇内外微凸，弧壁较直，圜底、顶。足、纽呈抽象兽形，已残。口径 18、复原通高 24.6 厘米（图三五五，3）。

4. 高柄豆　2 件。形态相同。

标本 M1247：2，敞口，弧壁，浅盘。细高柱状柄，喇叭形圈足边缘微勾。口径 13.6、高 16 厘米（图三五五，4）。

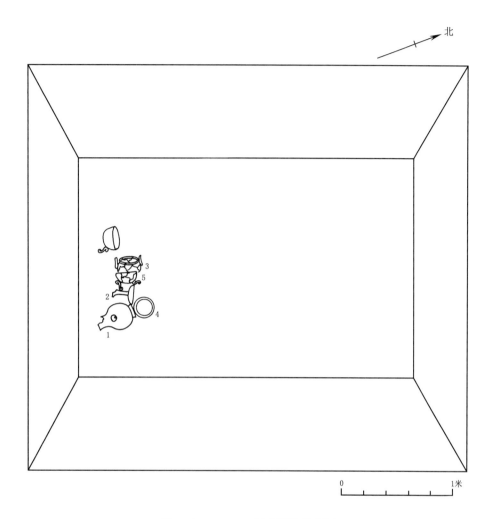

北

0　　　　　　　　　1米

图三五四　M1247 随葬器物分布图
1. 陶壶　2、4. 陶豆　3. 陶鼎　5. 陶敦

墓葬一五〇　M1248

一　墓葬形制（A 型 II 式）

宽长方形土坑竖穴带斜坡墓道。方向 335°。墓道位于墓室西北端中间，坡度 18°。墓道壁垂直，墓道口长 300、宽 138 厘米，墓道下端距墓口深 160、距墓底高 190 厘米。墓室壁垂直，长 380、宽 240、深 350 厘米。随葬器物位于墓底头端，葬具及人骨架不存。墓中填洗砂土（图三五六、三五七）。

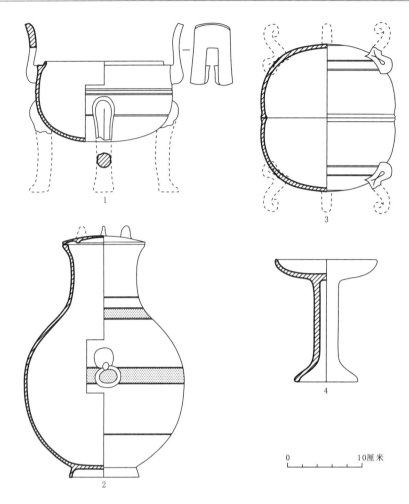

图三五五　M1247 出土陶鼎、壶、敦、高柄豆

1. 鼎（3）　2. 陶壶（1）　3. 敦（5）　4. 高柄豆（2）

二　出土器物（A 组乙类）

15 件。其中陶器 10 件，铜器 5 件（图版四一，3）。

（一）陶器

10 件。为仿铜陶礼器。青灰陶或灰褐陶。

1. 鼎　2 件。残甚，未修复。形态不明。

2. 壶　2 件。形制、大小相同。

标本 M1248：5，敞口，弧颈，溜肩，鼓腹，平底。矮圈足外撇。上腹饰两周弦纹。浅盘状盖，边缘直折，子母口。盖边有三个扁立纽。口径 12、腹径 23.2、通高 32.6 厘米（图三五八，1）。

3. 簠　1 件。

M1248：12，残存一半，身或盖。平面长方形。敞口，方唇，直壁，平底微凹。底四角有曲尺形瓦足。口径 23、高 8.8 厘米（图三五八，4）。

4. 敦　2 件。其中 1 件残。

标本 M1248：1，身大盖小，纽、足同形。敛口，唇内凸，圆腹，圜底、顶。足、纽呈抽象立

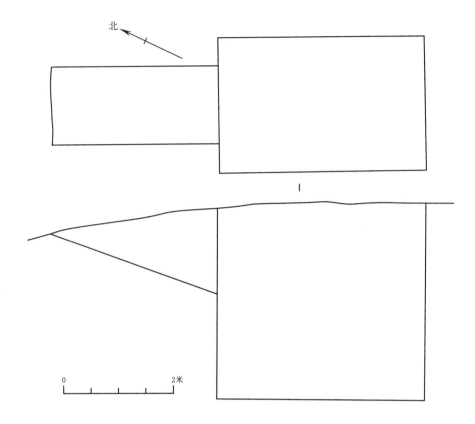

图三五六 M1248 平、剖面图

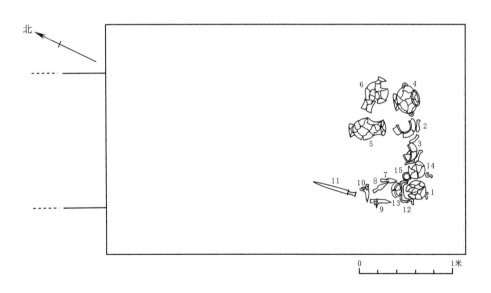

图三五七 M1248 随葬器物分布图

1、14. 陶敦 2、3. 陶鼎 4. 陶浴缶 5、6. 陶壶 7、8. 铜矛 9、10. 铜戈 11. 铜剑 12. 陶簠 13. 陶小口鼎 15. 陶匜

兽形。身、盖各有一周弦纹。口径 19.8~20.8、通高 23 厘米（图三五八，2）。

5. 浴缶 1件。

M1248:4，敛口，平沿，矮领，圆肩，鼓腹微坠，圜底。矮圈足较直。肩有对称双耳衔环。

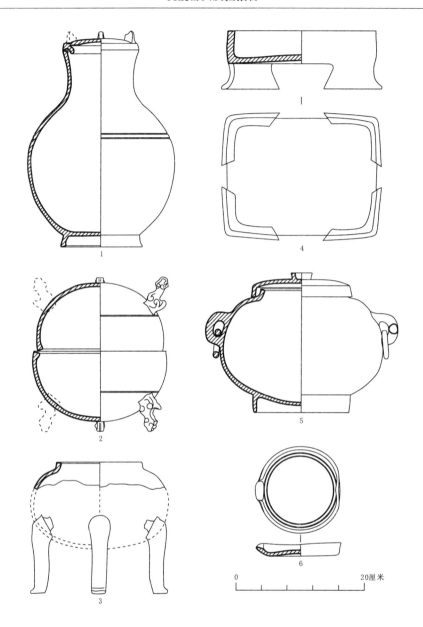

图三五八　M1248 出土陶壶、敦、小口鼎、簠、浴缶、匜
1. 壶（5）　2. 敦（1）　3. 小口鼎（13）　4. 簠（12）　5. 浴缶（4）　6. 匜（15）

盘状盖浅平。盖顶一圈状捉手。口径 12.8、腹径 25.4、通高 21 厘米（图三五八，5）。

6. 小口鼎　1 件。

M1248：13，口部残片及蹄形足。耳残。口径 13.4、复原高约 20 厘米（图三五八，3）。

7. 匜　1 件。

M1248：15，圆盘状。底内凹。口部一侧内瘪为扣手，对应一侧捏流。内底边缘饰两周弦纹。口径 13.2、高 2 厘米（图三五八，6）。

（二）铜器

5 件。为兵器。

1. 剑　1 件。

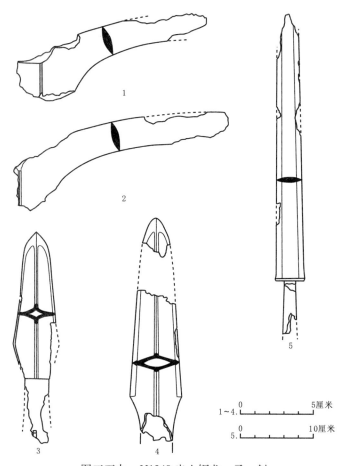

图三五九　M1248 出土铜戈、矛、剑
1、2. 戈（9、10）　3、4. 矛（8、7）　5. 剑（11）

M1248:11，残甚。梭形脊。"一"字形格，喇叭形首中空。残长 42.4 厘米（图三五九，5）。

2. 戈　2件。为完全相同的一对，可能为双戈戟之戈。

M1248:9，援、内、胡均残。残长 12.8 厘米（图三五九，1）。

M1248:10，昂援较长而窄，援断面呈梭形。胡及内均残。残长 14.1 厘米（图三五九，2）。

3. 矛　2件。

M1248:7，残甚。矛叶菱形，中空直达前锋。中有凸棱脊，刃缘两侧亦突出。圆骹残。残长 14.8 厘米（图三五九，4）。

M1248:8，骹残。骹前粗后细，圆形，中空直达前锋。骹前部对应矛叶的一面有一鼻，鼻残。矛叶高棱脊，断面呈菱形。残长 14 厘米（图三五九，3）。

墓葬一五一　　M1249

一　墓葬形制（A 型 I 式）

普通宽长方形土坑竖穴。方向 100°。墓底两端各有一条枕木沟，沟宽约 20、深 1～3 厘

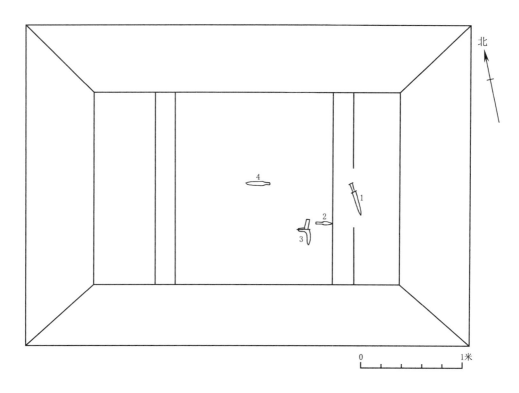

图三六〇　M1249 随葬器物分布图
1、4. 铜剑　2. 铜矛　3. 铜戈

米。墓壁倾斜，墓口长 440、宽 310 厘米，墓底长 300、宽 185 厘米，墓深 320 厘米。随葬器物多位于墓底头端，一件铜扁茎剑位于墓底正中。葬具及人骨架不存。墓中填洗砂土（图三六〇）。

二　出土器物（C 组）

4 件。为铜兵器。

1. 剑　2 件。形态各异。

M1249：4，为扁茎短剑。残甚，身、茎均残。剑身菱形脊。茎宽扁，双面铸有竖棱。残长 10.4 厘米（图三六一，2）。

M1249：1，残甚。剑身菱形脊。"一"字形格，圆形实茎。残长 38.4 厘米（图三六一，3）。

2. 戈　1 件。

M1249：3，残甚。援上扬，菱形脊。内后翘，前部中间一"T"形方孔，后部双面三道瓦楞形凹槽。胡残。援、内残长 26.5、胡残高 8.1 厘米（图三六一，1）。

3. 矛　1 件。

M1249：2，骹及矛头后部均残，仅前锋保存尚好。前锋菱形脊，中空直达前锋。中脊两侧有深血槽。

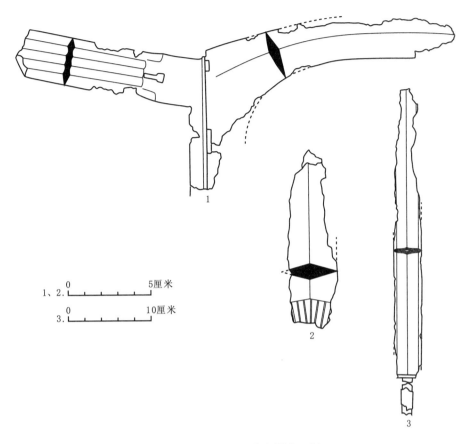

图三六一　M1249 出土铜戈、剑

1. 戈（3）　　2、3. 剑（4、1）

墓葬一五二　M1251

一　墓葬形制（A 型 I 式）

普通宽长方形土坑竖穴。方向195°。墓壁垂直，长280、宽170、深340厘米。随葬器物位于墓底头端。葬具及人骨架不存。墓中填洗砂土，为本坑土回填。墓口以上有厚约 20 厘米表土（图三六二）。

二　出土器物（B 组丁 I 类）

4 件。为日用陶器。灰陶（图版四二，1）。

1. 长颈罐　1 件。

M1251：1，敞口，斜折沿，长颈，圆肩，弧腹，凹圜底。肩饰一周弦纹，弦纹以下饰交错粗绳纹。口径12.2、腹径14.4、高18.4厘米（图三六三，2）。

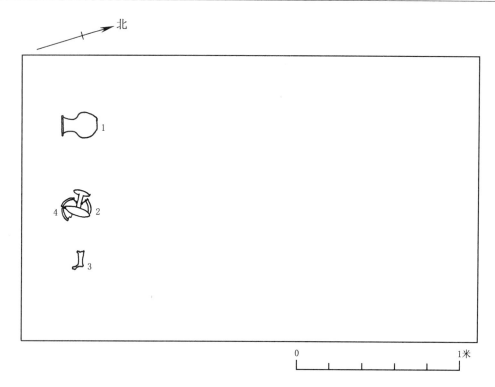

图三六二　M1251 随葬器物分布图
1. 陶罐　2、3. 陶豆　4. 陶盂

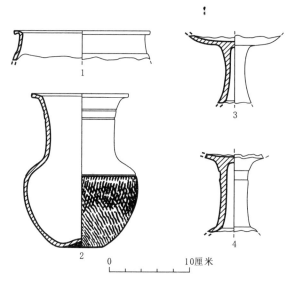

图三六三　M1251 出土陶盂、长颈罐、矮柄豆
1. 盂（4）　2. 长颈罐（1）　3、4. 矮柄豆（2、3）

2. 盂　1 件。

M1251:4，仅存口部残片。折沿微卷，斜直颈。颈以下残。口径 15、残高 3.5 厘米（图三六三，1）。

3. 矮柄豆　2 件。

M1251:2，盘及圈足残。矮细腰柄。残高 8 厘米（图三六三，3）。

M1251：3，盘及圈足残。矮柱状柄。柄上部有一周凹槽。残高 9.2 厘米（图三六三，4）。

墓葬一五三　M1253

一　墓葬形制（A 型 I 式）

普通宽长方形土坑竖穴。方向 295°。墓壁垂直，长 260、宽 180、深 330 厘米。随葬器物沿墓底北侧分布。葬具及人骨架不存。墓中填洗砂土（图三六四）。

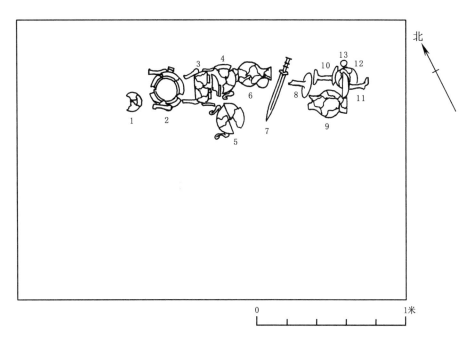

图三六四　M1253 随葬器物分布图

1. 铜镜　2、3. 陶鼎　4、5. 陶敦　6、9. 陶壶　7. 铜剑　8、10～12. 陶豆　13. 陶匕

二　出土器物（A 组乙类）

13 件。其中陶器 11 件，铜器 2 件。

（一）陶器

11 件。仿铜陶礼器。灰陶或黄灰陶（图版四二，2）。

1. 鼎　2 件。形制、大小相同。

标本 M1253：3，子母口内敛，窄肩承盖。扁弧腹较直，大平底。蹄足直立，足断面呈八边形。方附耳微张。弓弧形盖。盖面有两周凸圈，第一周凸圈上等列三个卧纽。口径 14.1、通宽 19.7、通高 20 厘米（图三六五，1）。

2. 壶　2 件。形制、大小相同。

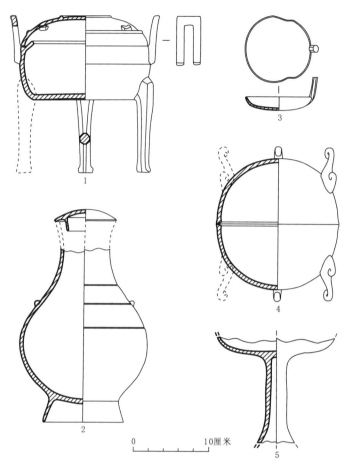

图三六五　M1253 出土陶鼎、壶、匕、敦、高柄豆
1. 鼎（3）　2. 壶（6）　3. 匕（13）　4. 敦（4）　5. 高柄豆（10）

标本 M1253：6，口残。弧颈，溜肩，鼓腹，圜底。圈足外撇。肩部有对称鼻纽。肩、腹饰三周弦纹。弓弧盖，长子母口。腹径 16.8、复原通高 27 厘米（图三六五，2）。

3. 敦　2 件。形制、大小相同。

标本 M1253：4，身、盖等大，纽、足同形，身、盖相合呈球形。敞口，圆腹，圜底、顶。足、纽呈勾首卷尾抽象兽形。口径 16.2、通高 19.6 厘米（图三六五，4）。

4. 匕　1 件。

M1253：13，匕呈盘状。两侧束腰。管状柄直立。略残。口径 8.6、残高 4.2 厘米（图三六五，3）。

5. 高柄豆　4 件。形制、大小相同。

标本 M1253：10，口残。敞口，弧壁，浅盘。高柱柄，圈座残。残高 13.2 厘米（图三六五，5）。

（二）铜器

2 件。剑和镜各 1 件。

1. 剑　1 件。不见实物。随葬器物分布图显示为双箍剑。

2. 镜　1 件。不见实物。

墓葬一五四 M1301

一 墓葬形制（A 型 III 式）

大洋山为一大致呈东西走向的小山冈，相对高度仅约 40 米。M1301 位于山冈的东部山顶（图三六六）。该墓是这一带规模最大的墓葬。其发掘具有主动性质，希望通过发掘该墓解决某些历史悬疑。但因墓被盗罄尽，未能如愿。

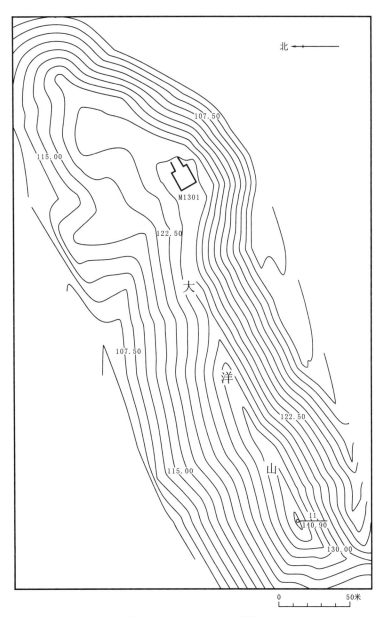

图三六六 M1301 地貌图

　　宽长方形土坑竖穴带斜坡墓道及三级台阶。方向80°。墓口以上残存有封土堆，封土堆边缘被挖毁，边缘较直，顶面较平，略呈圆台状。现存封土分四层，系从周围地表取土夯筑而成。封土土色较杂，有灰褐色、黄褐色、黑褐色几种，并搀杂了白灰等物，但含砂、石成分较少。封土残高约170、底径约1100～1300厘米。墓道位于墓室东端正中，坡度平缓，仅有10°。墓道前端被挖毁。墓道壁倾斜，现存墓道口长约970、宽290～360厘米，墓道底斜长约1260、下端宽210厘米。墓道下端距墓口深440、距墓底高175厘米。台阶从上至下分三级，四周均有台阶，东端中间被墓道切断。台阶面平壁略斜。第一级台阶高45～60、宽125厘米。第二级台阶高75、宽90～100厘米。第三级台阶高70厘米；宽度两侧和两端有差异，两端较宽，约100厘米；两侧前窄后宽，北侧宽60～70厘米，南侧宽70～85厘米。第三级台阶面距墓口深190～230厘米，距墓底高425厘米。墓壁倾斜，台阶以下略不规则。墓口长1360、宽1160厘米，第三级台阶内侧长660、宽460厘米，墓底长450、头端宽330、足端宽305厘米，墓深620，封土顶部至墓底通深790厘米。墓底两端各有一条枕木沟，沟宽35～40、深15厘米。墓底残存葬具灰痕，应为一椁一棺。墓严重被盗，墓中散布陶器碎片，碎片主要位于墓底头端的棺椁灰痕内，一件陶盘位于足端的棺椁灰痕内。人骨架不存。墓中填五花土，为本坑掘出的网纹红土经捣碎后回填（图三六七、三六八）。

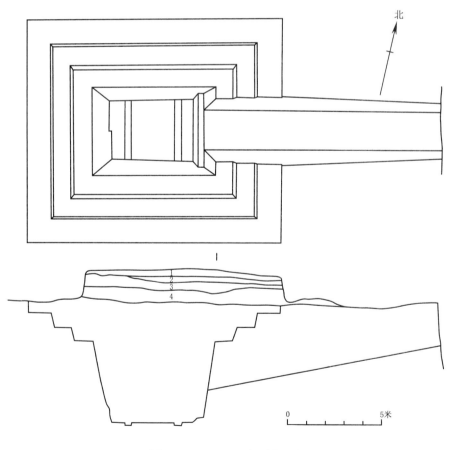

图三六七　M1301 平、剖面图

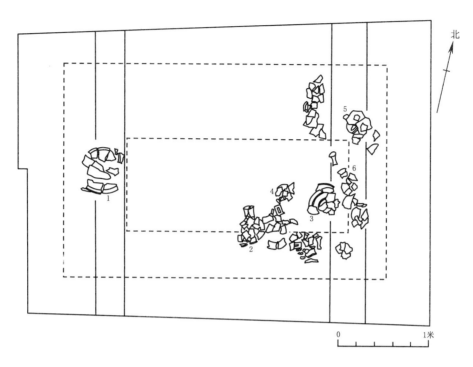

图三六八 M1301 随葬器物分布图
1. 陶盘 2. 陶壶 3、5、6. 陶鼎 4. 陶敦

二 出土器物（A组甲类）

因严重被盗，陶器碎片散布于墓底，从鼎、敦的耳、足、纽等残片分析，应为仿铜陶礼器四套。仅修复3件。灰陶，通体髹黑漆。

1. 鼎 修复1件。

标本 M1301：3，形体较大，仿铜气息较浓。口微敛，厚方唇，口外有一周凸箍承盖。深弧腹略外斜，圜底较平。上腹有一周凸箍，蹄形足或直立或略外撇，足断面呈八边形。大方附耳略外侈，耳孔呈"回"字形。耳、足穿透器壁。弓弧形盖，盖面有两周凸圈；第一周凸圈上等列三个具象的牛纽，盖顶鼻纽衔环。口径25.4、通宽34、通高33.9厘米（图三六九，1）。

2. 壶 修复1件。

标本 M1301：2，敞口，唇内凸，粗长弧颈，圆肩，弧腹，平底圆转。高圈足外撇。肩部有对称鼻纽衔环。颈至腹饰八周弦纹。弧形盖，盖口内凸略呈子母口状。盖面有一周凸圈，凸圈上有三个简化兽纽。口径13.8、腹径22、通高38.2厘米（图三六九，2）。

3. 敦 从残足、纽判断，至少有2件。因残甚，未能修复。

4. 盘 1件。

M1301：1，形体较大。平折沿，口较直，斜折壁，底微凹。口径45.6、高11厘米（图三六九，3）。

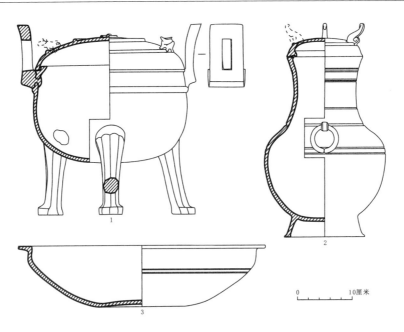

图三六九　M1301 出土陶鼎、壶、盘

1. 鼎（3）　2. 壶（2）　3. 盘（1）

第四章　出土器物型式分析

第一节　概述

　　在本报告所纳入的 175 座战国及秦代墓中，共出土器物 1021 件。按质地分有陶、铜、铁、玉、石、玻璃等，按组合类别及功用分有仿铜陶礼器、日用陶器、兵器、车马器、妆饰器、衡器、工具、丧葬用器等，除了残器按器形分则有 62 种（表一二）。

　　数字统计显示，出土品中以陶器为主，为仿铜陶礼器和日用陶器。以鼎、壶、敦、豆以及各种形态的罐数量较多；其次为铜器，主要为铜兵器；其他质地的器物数量较少。

　　在 1021 件出土器物中，有的残碎太甚，形态不明，有的未见实物。形态明确的只有 717 件，器形为 53 种。这其中有出土时即已朽残（如铜器、漆木器等）的因素，也有因器物分地存放，保管不善，部分器物的原始标签丢弃之后也未予转录，致使许多器物的原始编号不明或墓号混淆且无从查考。登记表中只能根据墓葬原始记录列出其名称。

　　在墓葬归属及形态明确的 717 件出土器物中，有陶器 586 件，29 种；铜器 118 件，16 种；铁器 5 件，3 种；玉、石、玻璃器 8 件，5 种。

　　本章只对数量较多，演变序列较为清晰的器形进行形态分析，而对数量较少和没有形态差异的器形不作形态描述。可进行型式划分的只有陶器和铜器两类中的部分器物以及玻璃璧，陶器有仿铜礼器鼎、壶、敦、簠、小口鼎、熏、盘、匜、勺、匕，日用陶器长颈罐、矮领罐、束颈罐、双耳罐、高领罐、双耳壶、鬲、簋、盂、高柄豆、矮柄豆；铜器有剑、戈、戈镦、矛、镜；还有玻璃璧。共 27 种。

表一二　　　　　　　　　　战国至秦墓出土器物统计表　　　　　　　　单位：件

质地	器类	器形	A 组					B 组			C 组	其他	小计	%	合计	%
			甲	乙	丙I	丙II	丙III	丁I	丁II	丁III						
陶器	仿铜礼器	鼎	16	62	40	24	2						144	31.79	453	44.37
		壶	14	61	37	20	2	1					135	29.8		
		敦	7	59	31	18	1						116	25.6		
		小口鼎		2	1								3	0.66		
		簠		1	1								2	0.44		
		盒			1								1	0.22		
		浴缶		3									3	0.66		
		熏		2		1							3	0.66		
		盘	3	10	4	2						1	20	4.42		
		匜	2	9	1	3						1	16	3.53		
		勺		3	1	1							5	1.1		
		匕		2	1	1							4	0.88		
		斗		1									1	0.22		
	日用陶器	长颈罐						3	2	1			6	1.69	355	34.76
		矮领罐						2	2	2			6	1.69		
		束颈罐			1			1					2	0.56		
		双耳罐							2	2			4	1.13		
		高领罐		4	2	1		2	5	7	1		22	6.2		
		双耳壶			2	1		4	3	3			13	3.66		
		鬲						1	4	1			6	1.69		
		簠			2			1	1				4	1.13		
		盂			1	1		8	9	12			31	8.73		
		盖豆								1			1	0.28		
		盆							1				1	0.28		
		钵		1									1	0.28		
		瓮		1									1	0.28		
		灯擎	2										2	0.56		
		器盖		1	1								2	0.56		
		高柄豆	4	46	27	26	2	6	5	8	2	8	134	37.75		
		矮柄豆		14	10	7		5	8	7			51	14.37		
		纺轮							1				1	0.28		
		残罐		2	1			4	3	2			12	3.38		
		残豆		11	19	3	2	5	7	8			55	15.49		
	残陶器			2									2		2	0.2
小计			48	295	183	112	9	44	52	54	3	10	810			79.33

续表一二

质地	器类	器形	A 组					B 组			C组	其他	小计	%	合计	%
			甲	乙	丙Ⅰ	丙Ⅱ	丙Ⅲ	丁Ⅰ	丁Ⅱ	丁Ⅲ						
铜器	兵器	剑	1	10	11	1		2	1	1	15	2	44	37.29	118	11.56
		剑格			1					1			2	1.69		
		戈		18	2	2					4	1	27	22.88		
		戈龠		1									1	0.85		
		戈镦		8		1						1	10	8.47		
		矛		10	7			2			10		29	24.58		
		矛镦		1									1	0.85		
		镞		2	1							1	4	3.39		
	其他	削			1								1	1.47	68	6.66
		镜	2	5	4	3						1	15	22.06		
		带钩		1	2	3			2				8	11.76		
		璜形器		1									1	1.47		
		轴套			3								3	4.41		
		环							1		2		3	4.41		
		铃形器		1	1								2	2.94		
		砝码	1	1		1							3	4.41		
		漆樽铜件			2								2	2.94		
		乳钉形器	25										25	36.76		
		残铜器		3	1							1	5	7.35		
		小计	29	62	36	11		4	4	2	31	7		186		18.22
铁器		剑		2									2	13.33	15	1.47
		臿	1	3	2								6	40		
		削		1									1	6.66		
		镤	1			1							2	13.33		
		夯锤		1									1	6.66		
		铲				1							1	6.66		
		残铁器		1						1			2	13.33		
		小 计	2	6	4	2				1				15		
玉石玻璃器		玉璧		2									2	20	10	0.99
		玉环		1									1	10		
		滑石剑具								1			1	10		
		石斧						1					1	10		
		石片							1				1	10		
		玻璃璧		2									2	20		
		玻璃珠		2									2	20		
		小计		7				1	1	1				10		
		合计	79	370	223	125	9	49	57	58	34	17		1021		100

注：小计中百分比为所在器类中的百分比；合计中百分比为在所有器物中的百分比。

第二节　部分陶器型式分析

一　鼎

形态明确的 105 件，主要依据鼎身腹、底等部位的差异分为七型。

A 型　1 件。

M1244:5，口微敛，斜平沿。口外有一周凸圈承盖，弧腹深直，圜底较平。蹄足较直，足背有竖槽。大附耳外侈。腹有四周凹凸相间弦纹。上腹有鲜红的彩绘，已脱落。盖失。口径 19.2、通宽 24.8、通高 28.2 厘米（图三七〇，1；彩版一六，1；图版四三，1）。

B 型　17 件。子母口，窄肩承盖，其他特征大致同 A 型。如弧腹较直，圜底较平。分四式。

Ⅰ式　4 件。又分二亚式。

Ⅰa 式　2 件。均出自 M1245。

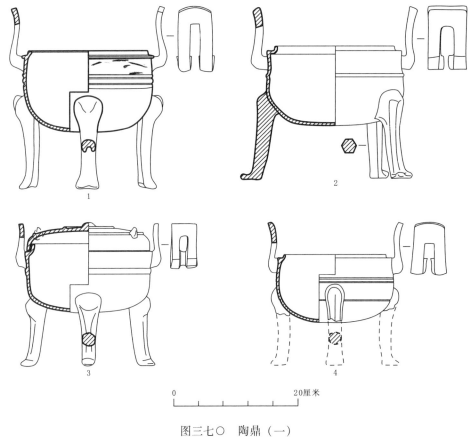

图三七〇　陶鼎（一）

1. A 型（M1244:5）　2. B 型Ⅰa 式（M1245:8）　3. B 型Ⅰb 式（M1195:5）　4. B 型Ⅱ式（M1247:3）

标本 M1245：8，子母口直立，上腹直，下腹折收。蹄足微外撇。大附耳微侈。腹中有一周凸圈。盖失。口径 19、通宽 26、通高 26.6 厘米（图三七〇，2；图版四三，2）。

Ⅰb 式　2 件。均出自 M1195。

标本 M1195：5，直口，方唇，直腹微弧，底边圆转。蹄形足直立。方附耳直立。腹中有一周凸圈。盘状浅盖边缘直立。盖面有两周凸圈，第一周凸圈上等列三个扁纽，盖顶有一扁纽。口径 18.2、通宽 23.2、通高 22.4 厘米（图三七〇，3；图版四三，3）。

Ⅱ式　1 件。

M1247：3，弧腹较直。蹄形足残。大方附耳微侈。腹饰三周弦纹。盖失。口径 16、通宽 21.6、通高 15.5 厘米（图三七〇，4；图版四三，4）。

Ⅲ式　9 件。子母口内敛，腹较Ⅱ式略浅，附耳耳根紧贴器壁，或外张或直立。

标本 M1028：1，直腹微弧。腹中有一周凸圈，蹄形足或直立或略外撇，足断面呈八边形。方附耳外张。弧形高盖，盖面有两周凸圈，第一周凸圈上等列三个具象的羊形纽，盖顶鼻纽衔环。口径 17.4、通宽 24.4、通高 24.8 厘米（图三七一，1；图版四四，1、2）。

标本 M1030：1，扁弧腹。上腹呈台棱状突出，蹄足直立，足断面呈不规则多边形。耳残。弓弧形浅盖，盖顶近平，边缘弧折。盖面有一周凸圈，凸圈上等列三个乳突纽。口径 16、通宽 20.4、通高 23 厘米（图三七一，3）。

标本 M1073：2，上腹较直，下腹弧收。蹄足高直，足断面呈八边形。方附耳直立。腹有一周凸圈，凸圈至口部施白彩。弓弧形盖。盖面有两周凸圈。口径 17.6、通宽 21.6、通高 26.4 厘米（图三七一，2）。

标本 M1213：4，直腹，底边圆转。柱状简化蹄足高挑。方附耳大张。腹中有一周凸圈间一周弦纹。拱弧形盖、边缘直立。盖面有两周凸圈，第一周凸圈上等列三个扁纽，盖顶一鼻纽。器表施白衣脱落。口径 17.2、通宽 23.2、通高 24.8 厘米（图三七一，4）。

标本 M1301：3，通体髹黑漆，形体较大，仿铜气息较浓。口微敛，厚方唇，口外一周凸箍承盖。深弧腹略外斜，圜底较平。上腹有一周凸箍，蹄形足或直立或略外撇，足断面呈八边形。大方附耳略外侈，耳孔呈"回"字形。耳、足穿透器壁。弓弧形盖，盖面有两周凸圈；第一周凸圈上等列三个具象的牛纽，盖顶鼻纽衔环。口径 25.4、通宽 34、通高 33.9 厘米（图三七一，5；彩版一六，2；图版四四，3）。

Ⅳ式　3 件。底边略有折，大附耳外张。

标本 M1027：5，子母口内敛，凹肩承盖。扁弧腹，底边有折。腹中有一周凸圈，蹄形足直立，足断面呈七边形。方附耳外张。弓弧形盖，盖面有两周凸圈，盖顶鼻纽衔环。器盖下部和器身上腹部涂白彩。口径 18.6、通宽 25.8、通高 27.4 厘米（图三七二，1；图版四四，4）。

标本 M1032：1，深弧腹，足断面呈不规则多边形。大方附耳外张。盖面第一周凸圈上等列三个简化卧兽形纽。余与 M1027：5 同。口径 18.4、通宽 27.8、通高 26.2 厘米（图三七二，2；图版四五，1）。

C 型　14 件。主要特征是子母口多内敛，窄肩承盖，弧腹，大圜底。根据腹部差异又可分二亚型。

Ca 型　10 件。腹略向外凸鼓。分四式。

Ⅰ式　7 件。腹略外弧，腹较深，附耳较小。

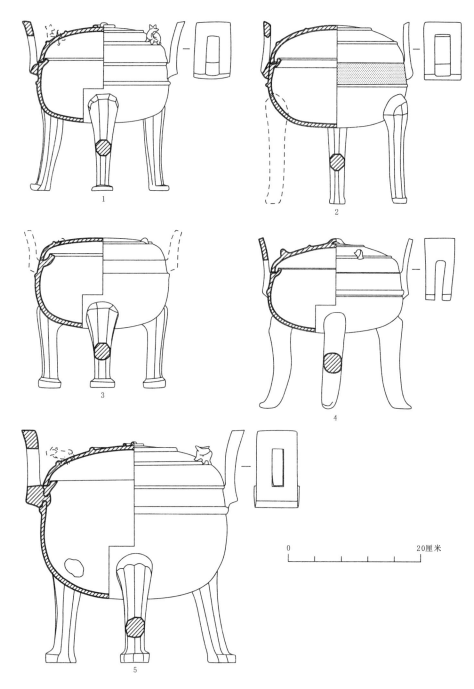

图三七一　陶鼎（二）

1~5. B 型Ⅲ式（M1028:1, M1073:2, M1030:1, M1213:4, M1301:3）

标本 M1138:6，高子母口直立，上腹较直微外斜，下腹弧收。腹中饰一周弦纹，蹄形足直立，足断面呈圆形。方附耳直立，耳、足穿透器壁。盘状盖，顶面较平。盖面有一周凸圈，盖顶有一扁立纽。口径 16.4、通宽 22.2、通高 21.4 厘米（图三七二，3；图版四五，2）。

标本 M1210:2，三锥柱足足根有三个泥突。方附耳微张，封闭形耳孔呈"回"字形。口部饰一周弦纹，腹饰两周弦纹。盘状浅盖。盖面有两周凸圈，盖顶有一扁纽。口径 19.4、通宽 24.8、通高23.5厘米（图三七二，4）。

　　标本 M1237：2，蹄足直立。方附耳微张。拱弧形盖。盖面有一周凸圈及三个扁纽。口径16.1、通宽24.8、通高22厘米（图三七二，5；图版四五，3）。

　　Ⅱ式　1件。

　　M1161：1，扁弧腹。蹄形足略外撇，足茎呈八边形。方附耳直立。下腹及底饰粗绳纹。盘状盖浅平。盖面有两周凸圈，第一周凸圈上等列三扁纽，盖顶有一高乳突纽。口径16.4、通宽23.3、通高24.4厘米（图三七二，6；图版四五，4）。

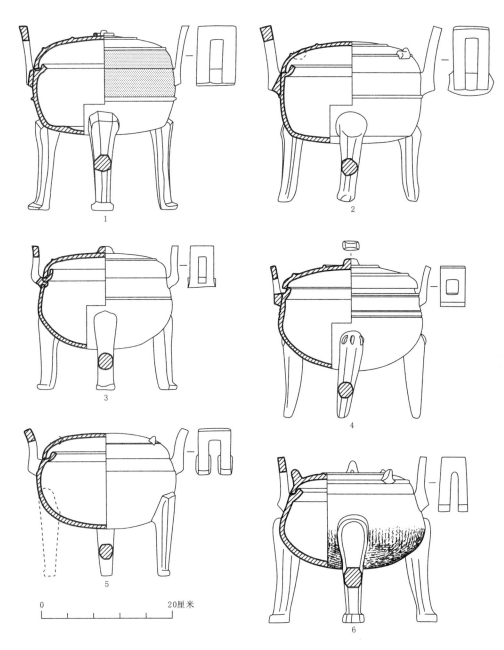

图三七二　陶鼎（三）

1、2. B 型Ⅳ式（M1027：5，M1032：1）　3~5. Ca 型Ⅰ式（M1138：6，M1210：2，M1237：2）　6. Ca 型Ⅱ式（M1161：1）

Ⅲ式　1件。

M1025：5，上腹外斜，下腹弧收。上腹有一周凸圈。蹄形足直立微曲，方附耳微侈。弓弧形盖浅平，盖面有两周凸圈，盖顶有一鼻纽。口径18.6、通宽25.5、通高25厘米（图三七三，1；图版四六，1）。

Ⅳ式　1件。

M1115：7，圆腹微外鼓。棱柱状足，足断面呈截角四边形。窄长附耳微侈。耳、足穿透器壁。腹饰一周弦纹。弧形盖盖面较平，盖面有两周凸圈，盖顶凸圈高于盖面似圈状捉手。口径18.6、通宽25.5、通高25厘米（图三七三，2；图版四六，2）。

Cb型　4件。圆弧腹。

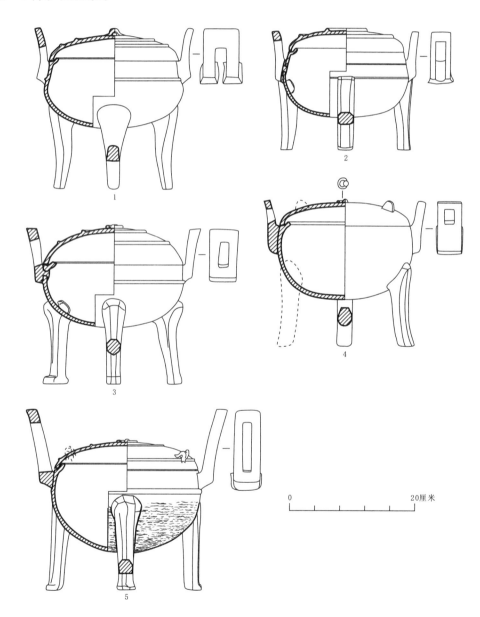

图三七三　陶鼎（四）

1. Ca型Ⅲ式（M1025：5）　2. Ca型Ⅳ式（M1115：7）　3～5. Cb型（M1010：6，M1198：2，M1020：5）

标本 M1010：6，窄凹肩承盖。弧腹较浅。上腹有一周凸箍。蹄形足直立，足断面呈七边形。方附耳微侈。耳孔呈"回"字形。耳、足穿透器壁。弧形高盖，盖面有两周凸圈，盖顶鼻纽衔环。口径 19.6、通宽 28、通高 24.2 厘米（图三七三，3；图版四六，3）。

标本 M1020：5，斜窄肩承盖。半球形深腹。上腹有一周凸圈。蹄形足直立，足断面呈六边形。方附耳窄长向外斜伸，耳孔呈"回"字形。下腹及底饰粗绳纹。弓弧形浅盖，盖面有两周凸圈，第一周凸圈上等列三个兽纽。盖顶鼻纽衔环。口径 20.8、通宽 32.2、通高 28.1 厘米（图三七三，5；图版四六，4）。

标本 M1198：2，三足直立，足前面有削棱。方附耳外撇，封闭耳孔呈"回"字形。弓弧形盖。盖面有三个扁立纽，盖顶鼻纽衔环。口径 18.2、通宽 25.6、通高 22.8 厘米（图三七三，4）。

D 型　41 件。主要特征是子母口，窄凹肩承盖。扁腹，大平底，底边折转。分六式。

Ⅰ式　1 件。

M1105：4，扁折腹，转折部位呈台棱状，平底内凹。蹄形足直立，足跟穿透器壁，足断面呈五边形。方附耳微侈，耳孔呈"回"字形。弧形盖边缘较直，盖面有两周凸圈。通体施白彩，脱落。口径 17、通宽 23、通高 22.5 厘米（图三七四，1；图版四七，1）。

Ⅱ式　2 件。均出自 M1053。

标本 M1053：4，腹深直。蹄形足直立，足断面呈七边形。上腹有一周凸圈。方附耳外张。隆盖边缘斜折，盖面有两周凸圈，盖顶鼻纽衔环。通体黑衣，上腹、盖下部及顶部在黑衣上施白彩，脱落。口径 17.2、通宽 24.8、通高 26.4 厘米（图三七四，2；图版四七，2）。

Ⅲ式　10 件。腹较Ⅱ式浅。

标本 M1034：2，扁弧腹较直，大平底微凹。中腹有一周凸圈。蹄形足直立，足断面呈七边形。方附耳微侈。弧形隆盖，盖面有两周凸圈。第一周凸圈上等列三个卧兽纽，盖顶、边及鼎身上腹施白彩。口径 15、通宽 23.2、通高 25.1 厘米（图三七四，4）。

标本 M1036：11，子母口内敛，扁弧腹。腹中有一周凸圈。蹄形足直立，足断面呈八边形。大方附耳外张。弓弧盖，盖面有两周凸圈。第一周凸圈上等列三个简化兽纽，盖顶鼻纽衔环。上腹及盖边施白彩，脱落。口径 18.4、通宽 29.8、通高 29.5 厘米（图三七四，3；图版四七，3）。

标本 M1050：11，弧腹深直。蹄形足直立，足断面呈七边形。上腹有一周凸圈。方附耳微侈。弓弧盖，盖面有两周凸圈。口径 16.4、通宽 22.4、通高 24.3 厘米（图三七四，5；图版四七，4）。

标本 M1080：3，子母口内敛，窄凹肩承盖。弧腹扁直，大平底微凹。中腹有一周凸箍。蹄形高足直立，足断面呈八边形。大方附耳微侈。耳、足穿透器壁。弓弧形盖，盖面有两周凸圈。盖顶有一扁纽。口径 16.6、通宽 23.8、通高 26 厘米（图三七四，6）。

Ⅳ式　7 件。腹更扁更浅，状如手鼓，底边磬折；大附耳或外张或直立；多棱边蹄形足略外撇。

标本 M1007：3，上腹有一周凸圈。蹄形足直立，足断面呈不规则六边形。大方附耳略外张，耳孔呈"回"字形，耳根穿透器壁。弓弧形盖边缘较直，盖面有两周凸圈，第一周凸圈上等列三个兽纽。口径 15.6、通宽 22.6、通高 25.2 厘米（图三七五，1；图版四八，1）。

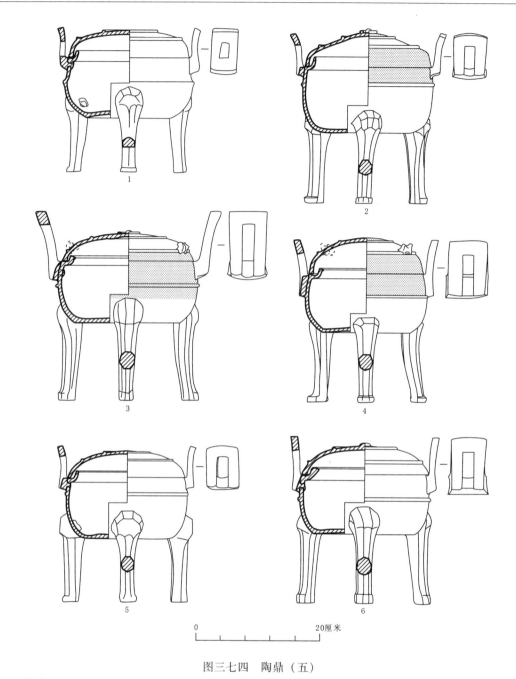

0　　　　　　　　　　　　20厘米

图三七四　陶鼎（五）

1. D 型 I 式（M1105：4）　　2. D 型 II 式（M1053：4）　　3~6. D 型 III 式（M1036：11，M1034：2，M1050：11，M1080：3）

　　标本 M1023：3，大平底微凹。腹中有一周凸箍。蹄形足直立，足断面呈八边形。方附耳直立微弧，耳孔呈"回"字形。耳、足穿透器壁。弧形隆盖，盖面有两周凸圈，盖顶鼻纽衔环。口径16.8、通宽23.2、通高26.2厘米（图三七五，2）。

　　标本 M1035：9，扁直腹微弧。腹中有一周凸箍。蹄形高足直立，足断面呈八边形。大方附耳外张。中、上腹施黑衣白彩，并有红彩弦纹和卷云纹，红彩脱落。弧形盖，盖面有两周凸圈，第一周凸圈上等列三个具象的兽纽。口径17、通宽26.4、通高25.7厘米（图三七五，3；图版四八，2）。

　　V式　6件。仿铜气息弱化，附耳变小，蹄形足变细挑。

　　标本 M1082：1，扁直腹微弧。上腹有一周凸圈。蹄形足直立，足残。大方附耳直立，耳、足穿透器壁。盖失。口径 16.4、通宽 22、残高 17.2 厘米（图三七五，4）。

　　标本 M1102：4，扁直腹微弧。腹中有一周凸圈。蹄形足残。小方附耳略外斜。弧形盖顶面微凹。盖面有两周凸圈，盖顶有扁长鼻纽。盖有红彩脱落。口径 17.6、通宽 24.4、残高 17.4 厘米（图三七五，5）。

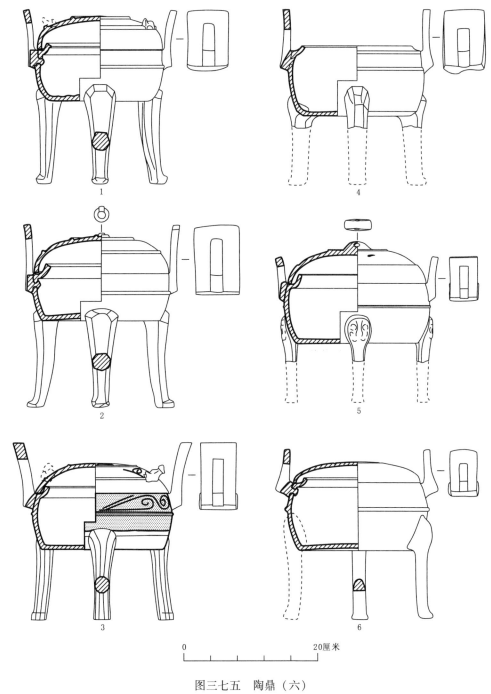

图三七五　陶鼎（六）

1～3. D 型 Ⅳ 式（M1007：3，M1023：3，M1035：9）　　4～6. D 型 Ⅴ 式（M1082：1，M1102：4，M1234：9）

　　标本 M1234∶9，扁弧腹，大平底微凹。高蹄足直立。方附耳略内斜。足、耳穿透器壁。腹有一周凸圈。弧形浅盖边缘圆折。盖顶有一周凹圈。口径 16、通宽 24.4、通高 24.4 厘米（图三七五，6；图版四八，3）。

　　Ⅵ式　15 件。仿铜气息进一步减弱，整器变小，足、耳更显矮小。

　　标本 M1006∶4，弧腹较直。上腹有一周凸圈。蹄形足直立，足断面呈六边形。方附耳外张，其中一耳与一足在一条垂直线上，耳根穿透器壁。弓弧形盖，盖面有两周凸圈。口径 14.8、通宽 21.2、通高 22 厘米（图三七六，1）。

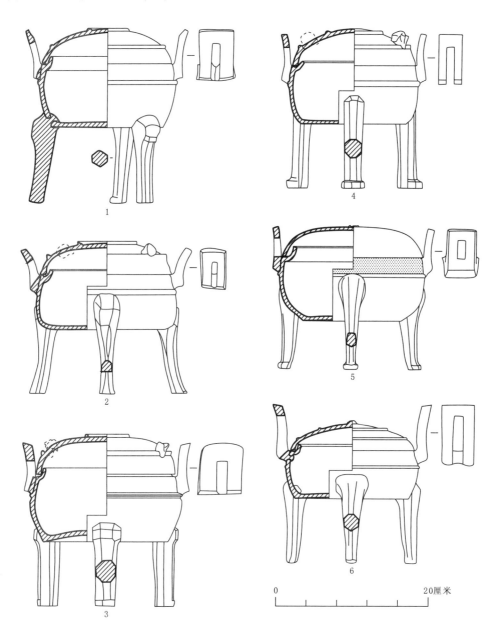

0　　　　　　　　　　　　　　20厘米

图三七六　陶鼎（七）

1～6. D 型Ⅵ式（M1006∶4、M1026∶2、M1029∶3、M1052∶7、M1058∶8、M1069∶3）

标本 M1026:2,扁直腹略外斜。上腹有一周凸圈。蹄形足外撇、细挑,足断面呈六边形。方附耳外侈。弧形盖顶面较平,边缘斜弧折。盖面有两周凸圈,顶部凸圈高出顶面呈圈状捉手状,第一周凸圈上等列三个乳突形纽。口径 14.8、通宽 22.5、通高 18.4 厘米(图三七六,2;图版四八,4)。

标本 M1029:3,扁鼓腹,底内凹。中腹有一周凸圈。柱状足直立,足断面呈八边形。方附耳直立。弧形盖边缘较直,顶面较平。盖面有两周凸圈,顶部凸圈高出顶面呈圈状捉手状,第一周凸圈上等列三个凹腰形立纽。口径 16.4、通宽 22、通高 21 厘米(图三七六,3;图版四九,1)。

标本 M1052:7,弧腹扁直。中腹有一周凸圈。蹄形足直立,足断面呈八边形。窄长方附耳微侈。弧形隆盖,盖面有两周凸圈,第一周凸圈上等列三个不规则圆纽。口径 13.6、通宽 18.8、通高 20.3 厘米(图三七六,4)。

标本 M1058:8,上弧较直,下腹弧收,平底微凹。上腹有一周凸圈。蹄形足纤细直立,足断面呈倒圭形。方附耳直立微侈,耳孔呈"回"字形。器身上腹有白彩。弓弧形盖,盖顶有一纽,残。口径 15.6、通宽 21、通高 18.3 厘米(图三七六,5)。

标本 M1069:3,扁弧腹,大平底微凹。腹有一周凸箍。蹄形足直立,足断面呈七边形。大方附耳微侈。耳、足穿透器壁。弧形盖,盖面有两周凸圈,盖顶有一乳突纽。口径 14、通宽 20.6、通高 20.2 厘米(图三七六,6)。

E 型 25 件。主要特征是弧腹,小平底,底边转折圆缓。分五式。

I 式 1 件。

M1184:1,子母口内敛,窄肩承盖。斜弧腹,平底微弧。蹄形足直立或略外撇,足茎呈菱柱形。方附耳。腹有一周弦纹。浅弧盖。盖面有两周弦纹,每组两道。第一组弦纹间等列三乳突纽,盖顶有一扁纽。口径 15.6、通宽 22、通高 21.5 厘米(图三七七,1;图版四九,2)。

II 式 1 件。

M1084:1,子母口内敛,窄肩承盖。弧腹扁直,平底。腹中有一周凸圈。蹄形足直立或略斜,足断面呈七边形。方附耳直立。弧形高盖,盖面有两周凸圈。口径 15.6、通宽 21.4、通高 24.2 厘米(图三七七,2;图版四九,3)。

III 式 13 件。子母口内敛,窄凹肩承盖。蹄形足细挑直立,足断面呈多棱边。分二亚式。

IIIa 式 9 件。腹较深,附耳外张。

标本 M1009:3,上腹直,下腹弧收。腹中有一周凸圈。蹄形足细挑高直,足断面呈七边形。方附耳微张。弓弧形,盖面有两周凸圈,第一周凸圈上等列三个简化兽纽。器腹中部、器耳及盖涂白彩,白彩上施红彩。脱落殆尽。口径 15.6、通宽 23.5、通高 27 厘米(图三七七,3)。

标本 M1016:5,深直腹,下腹弧收。上腹有一周凸圈。蹄形足高挑直立,足断面呈八边形。足根穿透器壁。方附耳微侈。器耳上有红、白相间彩绘。弧形隆盖,盖面有两周凸圈。口径 15.6、通宽 21.8、通高 26.8 厘米(图三七七,4;彩版一六,3、4;图版四九,4)。

IIIb 式 4 件。腹较 IIIa 式浅,耳较 IIIa 式小,且直立。

标本 M1017:5,弧腹较平。腹中有一周凸圈。蹄形足直立,足断面呈八边形。方附耳直立,其中一耳与一足在一条垂直线上。弓弧形深盖,盖面有两周凸圈,第一周凸圈上等列三个乳突纽,顶部凸圈高出顶面呈圈状捉手状。盖有红彩脱落。口径 13.6、通宽 18、通高 21.6 厘米(图

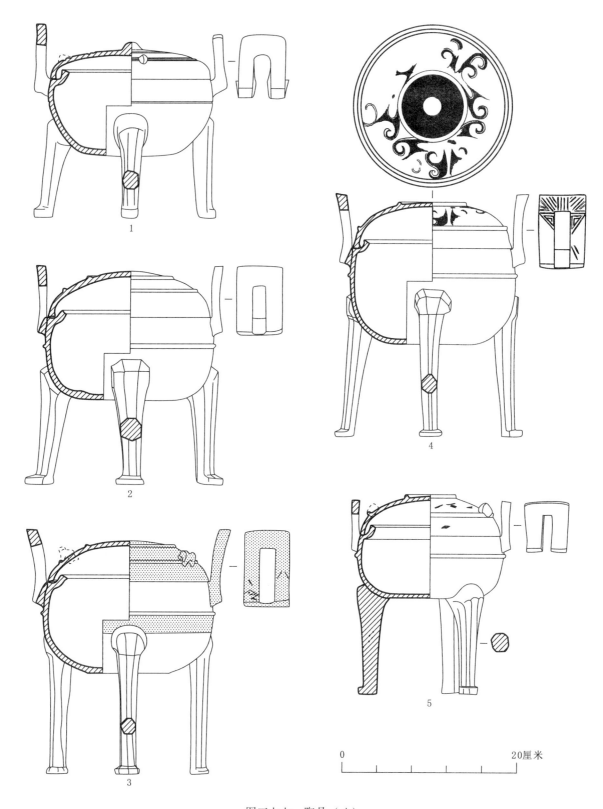

图三七七　陶鼎（八）

1. E 型 I 式（M1184:1）　　2. E 型 II 式（M1084:1）　　3、4. E 型 IIIa 式（M1009:3，M1016:5）　　5. E 型 IIIb 式（M1017:5）

三七七，5；图版五〇，1）。

标本 M1051:3，扁弧腹，平底微凹。上腹呈台棱状转折。蹄形足高挑直立，足断面呈梯形。方附耳直立。腹隐见竖粗绳纹。弧形隆盖。口径 13.6、通宽 18.8、通高 21.4 厘米（图三七八，1）。

标本 M1051:4，扁弧腹，平底微凹。腹中有一周凸圈。蹄形足高挑略外撇，足断面呈半圆形。方附耳直立。弓弧形盖，盖边较直。盖面饰三周弦纹。口径 14.7、通宽 19.4、通高 20.5 厘米（图三七八，2；图版五〇，2）。

Ⅳ式　7件。高子母口，窄肩承盖。足较Ⅲ式矮而粗壮，腹较深。

标本 M1123:9，弧腹深直，腹中有一周凸圈。平底，底边圆转。蹄形足直立，足断面呈六边

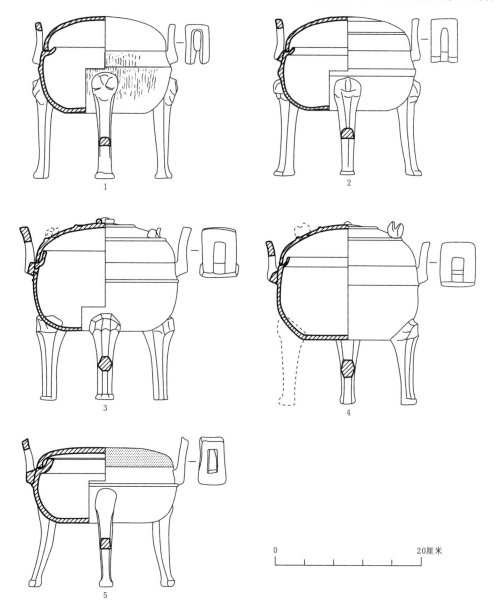

图三七八　陶鼎（九）

1、2. E 型Ⅲb 式（M1051:3，M1051:4）　3、4. E 型Ⅳ式（M1123:9，M1236:5）　5. E 型Ⅴ式（M1014:5）

形。方附耳外侈。弧形隆盖，盖面有两周凸圈，第一周凸圈上等列三个兽纽。盖顶鼻纽衔环。口径16.6、通宽23.2、通高22.8厘米（图三七八，3）。

标本M1236：5，上腹直，下腹斜收。蹄足直立，足断面呈六边形。方附耳略外张。钵形深盖。盖面有两周凸圈，第一周凸圈上等列三个马鞍形纽。口径16.4、通宽22.4、通高23.8厘米（图三七八，4；图版五〇，3）。

Ⅴ式　3件。整体变小。浅腹，足更细挑，耳孔多呈"回"字形。仿铜气息弱化。

标本M1014：5，子母口内敛，窄肩承盖。扁弧腹。上腹有一周凸圈。蹄形足细挑外撇，足断面呈梯形。方附耳略外张，耳孔呈"回"字形。弓弧形浅盖，盖顶较平，盖面白彩。口径15.6、通宽22.4、通高19.5厘米（图三七八，5；彩版一七，1；图版五〇，4）。

F型　3件。环耳鼎。环形附耳外侈，耳、足穿透器壁。分二式。

Ⅰ式　1件。

M1036：12，子母口微敛，窄凹肩承盖。圆腹，圜底。上腹有一周凸圈。蹄形足直立，足断面呈七边形。弧形盖边缘较直，盖面有两周凸圈，第一周凸圈上等列三个简化兽纽，盖顶有鼻纽衔环。红、白彩脱落。口径12.1、通宽20.2、通高16.4厘米（图三七九，1；图版五一，1）。

Ⅱ式　2件。均出自M1151。

标本M1151：9，高子母口微敛，窄凹肩承盖。弧腹扁直，大平底。蹄形足直立，足断面呈八边形。腹饰两周弦纹。弧形盖，盖顶较平。盖面有两周凸圈。口径17.6、通宽24.5、通高22.8厘米（图三七九，2；图版五一，2）。

G型　4件。主要特征是折壁，小平底，腹较浅而扁。足断面呈方菱形或梯形。分三式。

Ⅰ式　1件。

M1056：4，高子母口，窄肩承盖。腹较浅，上腹较直，下腹斜收，平底。腹中有一周凸箍。蹄形足高挑直立，足断面略呈梯形。大方附耳直立。口径13.8、通宽19.2、通高22厘米（图三七九，3；图版五一，3）。

Ⅱ式　2件。腹较Ⅰ式略深。

M1047：2，子母口较高，窄肩承盖。腹斜直，中腰凹弧，下腹斜折。棱柱状足直立，断面呈六边形。方附耳外侈，耳为平板状，其中一耳与一足在一条垂直线上。弓弧形素盖浅平。盖及器上腹涂有朱砂，脱落。口径12.6、通宽19.2、通高16.8厘米（图三七九，5）。

M1061：1，矮子母口直立，窄肩承盖。扁折腹。方棱柱状足直立。方附耳外侈，一耳为平板状，一耳中心有浅凹坑。弧形盖顶面较平，盖面有三个乳突纽。口径15.2、通宽21.8、通高18.4厘米（图三七九，4；图版五一，4）。

Ⅲ式　1件。腹又变浅，足外撇较甚。

M1049：1，敛口，肩略凹。上腹较直，略斜弧，下腹折收，腹中部呈台棱状转折。蹄形足外撇较甚，足断面略呈梯形。方附耳外张。盘状弧盖，盖面有两周凸圈。身、盖有红彩脱落。口径19.6、通宽21.6、通高17.7厘米（图三七九，6；彩版一七，2；图版五二，1）。

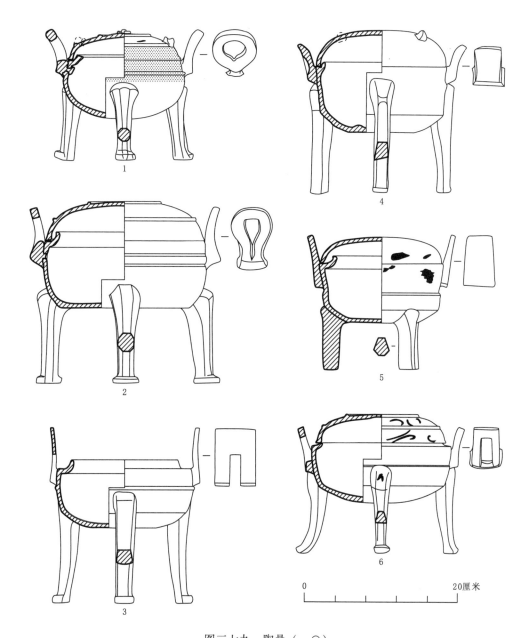

图三七九　陶鼎（一〇）

1. F 型 I 式（M1036：12）　2. F 型 II 式（M1151：9）　3. G 型 I 式（M1056：4）　4、5. G 型 II 式（M1061：1，M1047：2）　6. G 型 III 式（M1049：1）

二　壶

形态明确的有 108 件。根据各部位差异分八型。

A 型　3 件。主要特征是圈底内凹，粗颈较直。各部位转折圆缓，线条流畅。

标本 M1245：7，敞口，斜肩，弧腹。肩有对称铺首衔环。口至上腹饰七周弦纹。弓弧形盖边缘直折，子母口。盖面有三个高锥状纽。口径 10.8、腹径 21.6、通高 32.4 厘米（图三八〇，1；彩版一七，3；图版五二，2）。

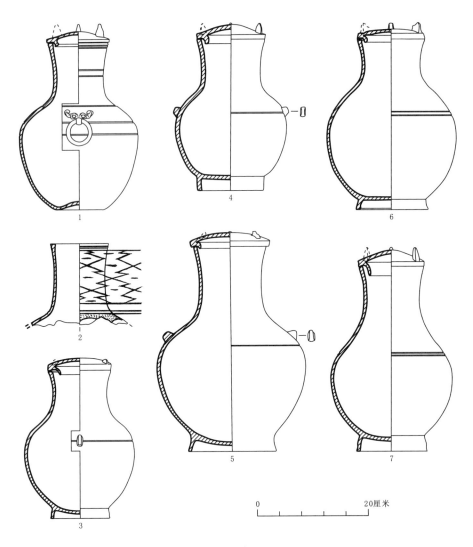

图三八〇　陶壶（一）

1、2. A 型（M1245∶7，M1244∶4）　3、4. B 型 I 式（M1138∶4，M1105∶3）　6. B 型 II 式
（M1248∶5）　5、7. B 型 III 式（M1165∶15，M1243∶4）

标本 M1244∶4，直口，方唇，长颈微弧，斜肩。肩以下残。口及肩部各饰三周弦纹，弦纹间朱绘重叠菱形纹及弦纹内填朱彩；肩部亦有朱绘弧形纹及麻点纹。口径 10.4、残高 14.6 厘米（图三八〇，2）。

B 型　10 件。主要特征是粗直颈，圆弧腹，矮圈足。分四式。

I 式　3 件。敞口较直，颈较短，圆肩，圆弧腹，底较平。上腹部有对称两个纽饰，为仿尊缶形态。

标本 M1105∶3，矮圈足略内斜。上腹有对称鼻纽及一周弦纹。浅盖顶部略凸，边缘直折，子母口。盖边有三个扁立纽。口径 12.2、腹径 20、通高 29.3 厘米（图三八〇，4；图版五二，3）。

标本 1138∶4，敞口较直，粗弧颈，圆肩，弧腹较直。矮圈足。上腹有对称鼻纽及一周弦纹。浅弧盖，边缘直折，子母口斜长。盖面有三个扁纽。口径 11.3、腹径 20、通高 28 厘米（图三八

○，3）。

Ⅱ式　2件。均出自 M1248。

标本 M1248：5，敞口，溜肩，鼓腹，平底。矮圈足外撇。上腹饰两周弦纹。浅盘状盖，边缘直折，子母口。盖边有三个扁立纽。口径 12、腹径 23.2、通高 32.6 厘米（图三八○，6；图版五二，4）。

Ⅲ式　4件。敞口，颈较长，略弧，圆肩，鼓腹，圜底。矮圈足外撇。

标本 M1165：15，肩有一周弦纹及对称鼻纽。口径 13、腹径 27、高 35.8 厘米（图三八○，5）。

标本 M1243：4，上腹饰两周弦纹。弧盖面斜直，边缘直折，长子母口。盖边有三个高立纽。口径 11.3、腹径 21.8、通高 35.2 厘米（图三八○，7；图版五三，1）。

Ⅳ式　1件。

M1247：1，敞口，弧颈，溜肩，鼓腹，平底，矮圈足外撇。腹部有对称简化铺首衔环。器身饰六周弦纹。颈、肩转折处和中腹饰两周弦纹间涂白彩，白彩脱落。浅弧盖，矮子母口。盖面有三个扁立纽。口径 11.2、腹径 21.8、通高 32.8 厘米（图三八一，1；图版五三，2）。

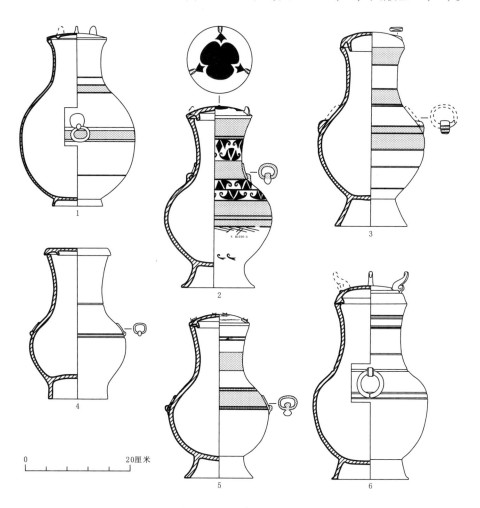

图三八一　陶壶（二）

1. B 型Ⅳ式（M1247：1）　2、3. C 型Ⅰa 式（M1036：4，M1010：7）　4. C 型Ⅰb 式（M1184：3）
5、6. C 型Ⅱ式（M1035：1，M1301：2）

C型　18件。主要特征是长弧颈，高圈足。各部位圆转。分四式。

Ⅰ式　5件。根据底部和圈足差异分二亚式。

Ⅰa式　4件。敞口，弧颈较粗，溜肩，鼓腹，平底，喇叭形圈足。

标本M1010:7，肩有对称鼻纽衔环。颈至下腹饰九周弦纹，口部、颈、腹各施一道黑色宽带，宽带上再施白彩。弓弧形盖，高子母口。盖边有纽，已残。口径12.2、腹径20.2、通高35.8厘米（图三八一，3）。

标本M1036:4，颈部有对称鼻纽衔环。颈至腹饰七周弦纹，口部、颈、腹各施一道白色宽带，白彩间及下腹未涂白彩处绘红彩，多脱落。弧形浅盖，矮子母口。盖边饰三个扁立纽。盖面绘花瓣状红彩，脱落。口径11.9、腹径20.2、通高33.6厘米（图三八一，2；图版五三，3）。

Ⅰb式　1件。

M1184:3，敞口，弧颈，溜肩，鼓腹，平底微凹。圈足较矮较直。腹部弦纹以上有对称鼻纽衔环。颈、腹饰三周弦纹。浅平盖，子母口。口径11.7、腹径18.3、通高27.7厘米（图三八一，4；图版五三，4）。

Ⅱ式　6件。颈略短，圜底。

标本M1035:1，敞口斜直，溜肩，鼓腹。高圈足外撇较甚。腹部有对称鼻纽衔环。颈、肩、腹各饰两周弦纹。弓弧形盖，子母口直立。盖边及盖顶均有纽，已残。颈、上腹及盖有黑衣白彩宽带，并有红彩脱落。口径11.2、腹径18.9、通高28厘米（图三八一，5）。

标本M1301:2，通体髹黑漆。敞口，唇内凸，圆肩，弧腹。高圈足外撇。肩部有对称鼻纽衔环。颈至腹饰八周弦纹。弧形盖，盖口内凸略呈子母口状。盖面有一周凸圈，凸圈上有三个简化兽纽。口径13.8、腹径22、通高38.2厘米（图三八一，6；彩版一七，4；图版五四，1）。

Ⅲ式　5件。敞口，颈较细长，喇叭形圈足较小，整体较细高。

标本M1052:3，溜肩，鼓腹，平底。肩部有对称鼻纽衔环。颈部有黑衣白彩三角纹，腹饰一周黑衣白彩宽带，器身有红彩脱落。口径10、腹径17.8、高29.3厘米（图三八二，1）。

标本M1057:7，长弧颈较直，溜肩，弧腹，圜底近平。肩有一周弦纹及对称鼻纽衔环。弧形浅盖，子母口直立。口径9.6、腹径17.5、通高31.5厘米（图三八二，2）。

标本M1118:4，敞口较直，长弧颈，溜肩，圆腹，圜底近平。高圈足外撇。肩有一周弦纹及对称鼻纽衔环。斗笠形盖，高子母口。口径9.8、腹径16.6、通高32.8厘米（图三八二，3；图版五四，2）。

Ⅳ式　2件。宽圆肩，小圈足。

M1026:1，敞口较直，弧颈，宽斜肩，弧腹，圜底近平。圈足外撇。肩部有对称鼻纽衔环。弧形厚盖，子母口小而直。口径9.8、腹径19.8、通高29.8厘米（图三八二，5）。

M1061:2，敞口较直，弧颈，宽斜肩，弧腹，圜底。高圈足足沿略上翘。肩部有对称鼻纽衔环。腹部隐见绳纹，颈至腹饰八周弦纹。斗笠状尖顶盖，高子母口。盖面饰两周弦纹，盖纽残。口径10、腹径20、通高30.8厘米（图三八二，4；图版五四，3）。

D型　30件。主要特征是喇叭口，粗长颈，高圈足，颈部折转。分四式。

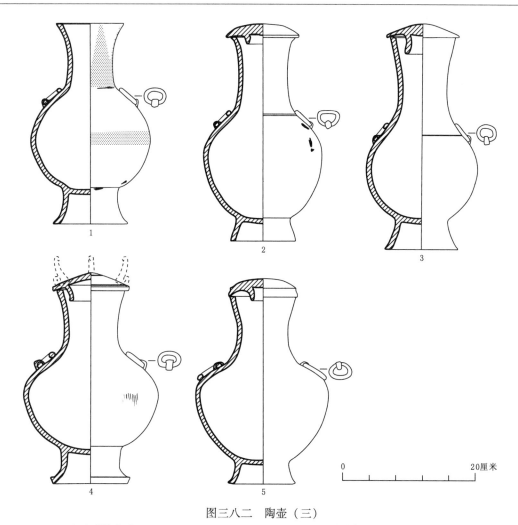

图三八二　陶壶（三）

1~3. C型Ⅲ式（M1052:3，M1057:7，M1118:4）　4、5. C型Ⅳ式（M1061:2，M1026:1）

Ⅰ式　3件。颈弧形折转，腹较宽。

标本 M1066:5，粗长颈较直，圆肩，球形腹，圜底。高圈足外撇。颈及上腹饰六周弦纹。肩部有对称鼻纽衔环。弧形浅盖，子母口。盖边有三个扁立纽。口径 11.6、腹径 21、通高 34.2 厘米（图三八三，1）。

标本 1067:3，粗弧颈，斜圆肩，弧腹，凸圜底。圈足外斜。肩部有对称鼻纽衔环。颈至腹饰六周弦纹。弧形盖，子母口直立。盖面饰两周弦纹及三个简化高兽纽。口径 13、腹径 20.6、通高 35.5 厘米（图三八三，2；图版五四，4）。

Ⅱ式　17件。颈有折，喇叭形高圈足。

标本 M1013:4，长颈较直，圆肩，颈肩磬折，圆腹，圜底。颈至肩饰五周弦纹。肩部有对称鼻纽衔环。弧形浅盖，边缘斜折，内壁边缘凸起一圈，呈子母口状。盖面有三个简化兽形高纽。颈及上腹施三圈白彩，白彩间绘红彩，脱落殆尽。盖边亦有一圈白彩。口径 12.4、腹径 18、通高 37 厘米（图三八三，3）。

标本 M1022:3，唇内凸，长弧颈，圆肩，长鼓腹，圜底。足沿外翘。颈至腹饰五周弦纹。通体绳纹抹去。口径 13.4、腹径 19、高 33.4 厘米（图三八三，4）。

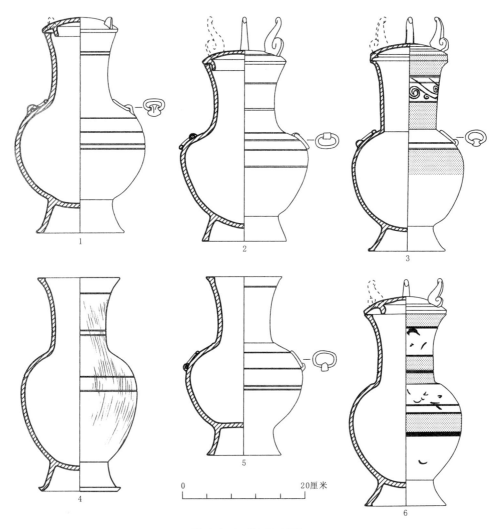

图三八三　陶壶（四）

1、2. D 型 I 式（M1066：5，M1067：3）　 3～6. D 型 II 式（M1013：4，M1022：3，M1080：1，M1086：4）

　　标本 M1080：1，长弧颈较粗，圆肩，弧腹，平底。高圈足外撇。口至腹饰五周弦纹。上腹有对称鼻纽衔环。口径 12.4、腹径 19、高 28.2 厘米（图三八三，5）。

　　标本 M1086：4，敞口，粗长颈较直，圆肩，鼓腹，圜底。颈及腹饰七周弦纹。口部、颈、腹饰三道白色宽带，白带位于弦纹内；白带以红色窄带分隔，未施白彩部分有红色彩绘，脱落殆尽。弧形浅盖，子母口。盖面饰两周细弦纹及三个简化兽纽。口径 13、腹径 18、通高 35.6 厘米（图三八三，6；图版五五，1）。

　　III 式　8 件。大喇叭口，长颈略束，颈、肩均有折。喇叭形高圈足。

　　标本 M1009：5，圆肩，弧腹，圜底。颈至腹饰五周弦纹。肩有对称鼻纽衔环。弧形高盖，子母口。盖面饰两周弦纹及三个纽，纽残。器身除颈部一圈无白彩外，余都有白彩；另口外、颈及腹部白彩下施三圈黑衣，颈中部饰一圈红彩鱼鳞纹；腹及圈足上也有红彩，脱落殆尽。盖面亦有白彩，脱落。口径 12.3、腹径 18.2、通高 34.4 厘米（图三八四，1；图版五五，3、4）。

　　标本 M1034：5，圆肩，弧腹，圜底。足沿微翘。颈、肩各饰两周弦纹。肩有对称鼻纽衔环。弓弧形盖，子母口。盖上有纽，已残。有白彩脱落。口径14.3、腹径19.2、残高33.5厘米（图三八四，2）。

标本M1083：1，长弧颈较直，斜直宽肩，弧腹斜收，圜底近平。颈至腹饰五周弦纹。肩有两个小纽，残。弧形浅盖，边缘直折，高子母口。盖面饰五周弦纹及三个简化卧兽纽。颈及上腹有一圈黑衣白彩宽带，颈中部有红彩脱落。盖边一圈白彩。口径12.7、腹径19、通高32.6厘米（图三八四，3）。

标本M1227：3，斜折肩，弧腹，圜底。肩有对称鼻纽衔环。颈、肩、腹各饰一周弦纹。盘状盖，高子母口。盖面饰四周弦纹。口径12.1、腹径17.8、通高30.7厘米（图三八四，4）。

Ⅳ式 2件。弧颈较直，折肩，斜腹较直，圈足较小。

M1001：6，圜底。圈足外弧，边缘微翘。上腹饰一周弦纹。肩有对称鼻纽衔环。斜面浅盖，高子母口直立微弧。口径9.2、腹径17.6、通高32.4厘米（图三八四，5；图版五五，2）。

M1230：2，平底。圈足略外撇。肩有对称鼻纽衔环。拱弧形高盖，高子母口。口径9.2、腹径17.6、通高31.7厘米（图三八四，6）。

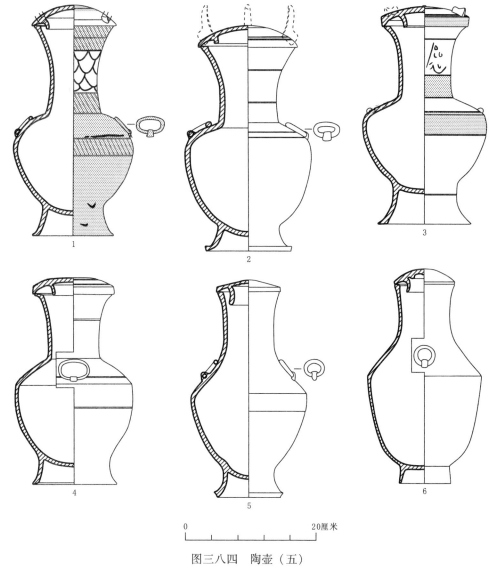

0　　　　　　　20厘米

图三八四 陶壶（五）

1~4.D型Ⅲ式（M1009：5，M1034：5，M1083：1，M1227：3）　5、6.D型Ⅳ式（M1001：6，M1230：2）

　　E 型　11 件。主要特征是弧颈粗短，圆弧腹，圈足外斜或呈喇叭状。分三式。

　　Ⅰ式　1 件。

　　M1198：4，敞口，粗弧颈，圆肩，弧腹，圜底。圈足外撇。肩部对称鼻纽衔环。浅平盖，子母口。盖面有四个扁立纽。口径 12.7、腹径 18、通高 28 厘米（图三八五，1；图版五六，1）。

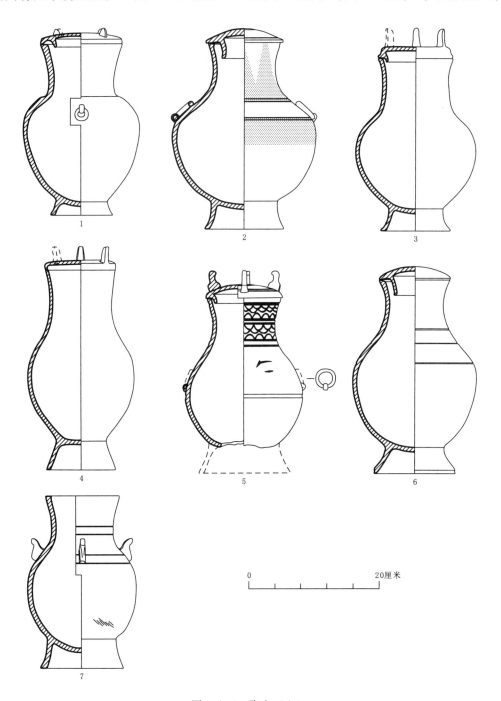

0　　　　　　　　　　　　　　20厘米

图三八五　陶壶（六）

1. E 型Ⅰ式（M1198：4）　　2. E 型Ⅱa 式（M1053：10）　　3、4. E 型Ⅱb 式（M1213：1，M1161：3）

5～7. E 型Ⅲ式（M1151：13，M1236：9，M1115：6）

Ⅱ式 5件。敞口，颈较直。分二亚式。

Ⅱa式 1件。

M1053：10，溜肩，圆腹。颈、肩各饰两周弦纹。肩有对称鼻纽衔环。弓弧形盖，高子母口直立。颈及上腹黑衣上绘白彩，颈绘三角纹，上腹绘圈带纹；盖内、外均有黑衣。口径10.9、腹径22、通高30.1厘米（图三八五，2）。

Ⅱb式 4件。

标本M1161：3，粗弧颈，溜肩，鼓腹，平底。高圈足外撇。浅平盖，边缘直折，盖边有三个扁立纽。口径10.8、腹径16.4、通高33.3厘米（图三八五，4；图版五六，2）。

标本M1213：1，颈较粗直。圈足外撇。圆肩，圆鼓腹。浅平盖，字母口。盖边有三个扁立纽。口径11.4、腹径18.4、通高30.3厘米（图三八五，3）。

Ⅲ式 5件。弧颈粗短略呈喇叭口，溜肩，鼓腹，圜底。

标本M1115：6，鼓腹，圜底。高圈足略外撇。颈、肩各饰两周弦纹，肩部一周等列三个简化兽纽。下腹及底隐见绳纹。口径11.5、腹径16.8、残高25.8厘米（图三八五，7；图版五六，3）。

标本M1151：13，底及圈足残。颈部饰四周弦纹，中腹饰一周宽弦纹。腹有对称鼻纽衔环，环残。弧形盖，子母口，盖面有四周凹圈及四个简化兽纽。颈及上腹有红彩弦纹、仰覆莲瓣纹，多脱落。盖面凹圈内也有红彩。口径11.3、腹径18.2、残高26.5厘米（图三八五，5）。

标本M1236：9，高圈足外撇较甚。肩至上腹饰三周弦纹。弓弧盖有长子母口。口径10.8、腹径19、通高29厘米（图三八五，6；图版五六，4）。

F型 31件。是壶中数量最多的形态。主要特征是喇叭口，颈较细长，圆弧腹，高圈足。分三式。

Ⅰ式 6件。长弧颈略粗，溜肩，鼓腹，圜底。高圈足外撇较甚。分二亚式。

Ⅰa式 4件。均出自M1016。

标本M1016：11，敞口。颈至腹饰五周弦纹，肩有对称铺首衔环。浅弧盖，高子母口直立，盖边有三个简化兽纽。器身及盖有红、白彩。口径12.4、腹径20、通高37.8厘米（图三八六，1；图版五七，1）。

Ⅰb式 2件。均出自M1050。

标本M1050：13，浅盘状口。颈至腹饰四周弦纹，肩有对称鼻纽衔环。斗笠形盖，高子母口，盖面饰两周弦纹。器身及盖通施白色底彩，白彩上绘红彩。颈部饰红彩三角纹和对向卷云纹。腹部红彩脱落。口径9.8、腹径17.8、通高32.4厘米（图三八六，2；图版五七，3、4）。

Ⅱ式 17件。颈略束，腹略外凸。分三亚式。

Ⅱa式 11件。喇叭口，束颈细长，溜肩，鼓腹，圜底，高圈足外撇。

标本M1017：4，颈至腹饰七周弦纹，肩有对称凹环。弧形浅盖，边缘斜折，盖面有一周凹圈。口径8.6、腹径17.2、通高30.2厘米（图三八六，3）。

标本M1044：1，圜底近平。颈至腹饰五周弦纹，肩有对称鼻纽衔环。弧形浅盖，高子母口直立。口径10.1、腹径17.6、通高32.5厘米（图三八六，4）。

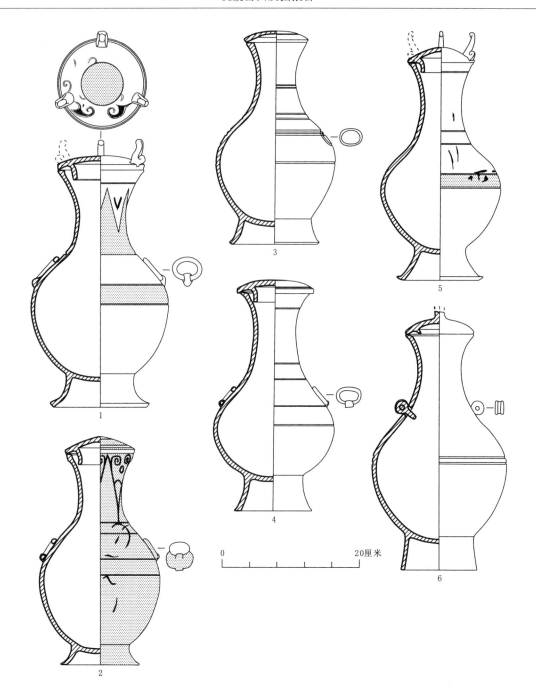

图三八六　陶壶（七）

1. F型Ⅰa式（M1016：11）　　2. F型Ⅰb式（M1050：13）　　3～6. F型Ⅱa式（M1017：4，M1044：1，M1078：4，M1234：14）

　　标本 M1078：4，口至腹饰五周弦纹。中腹饰一道白彩圈带，腹以上有红彩脱落。弓弧形盖，高子母口直立。盖边等列三个简化高兽纽。口径9.2、腹径17.2、通高35.2厘米（图三八六，5；图版五七，2）。

　　标本 M1234：14，肩有对称圆孔，孔内插环耳，环耳多失。腹有两周弦纹。器身施黑衣、白彩，多已脱落。弓弧形盖，子母口。盖顶有一扁纽。口径9.7、腹径19.5、通高36.2厘米（图三八六，6；彩版一八，1；图版五八，1）。

Ⅱb式　2件。均出自 M1123。

标本 M1123：11，浅盘状口，弧颈细长，溜肩，鼓腹，圜底。高圈足外撇较甚。肩及上腹饰三周弦纹，肩有对称鼻纽衔环。下腹有红彩脱落。斗笠形盖，高子母口直立。盖面饰两周弦纹，盖边等列三个简化兽纽。口径 9.8、腹径 17.6、通高 34.6 厘米（图三八七，1；图版五八，2）。

Ⅱc式　4件。束颈，斜肩较宽。

标本 M1006：3，敞口，弧颈微束，溜肩，鼓腹，圜底。高圈足略外撇。颈、肩、腹各饰一周弦纹，肩有对称鼻纽衔环。斗笠形盖，高子母口。口径 9.6、腹径 19.2、通高 31.6 厘米（图三八七，2；图版五八，3）。

标本 M1056：3，口残，细弧颈，溜肩，中腹凸鼓，下腹斜收，平底。高圈足外撇。足下端略残。中腹有两周瓦楞状宽弦纹及对称双系，颈有弦纹。颈至腹有红彩，脱落殆尽。腹径 21、残高 26 厘米（图三八七，3）。

标本 M1082：2，喇叭形敞口，长弧颈，宽圆肩，圆腹，平底。高圈足略外撇。颈、肩各饰有两周弦纹，肩有对称鼻纽衔环。口径 10.8、腹径 18.5、高 29 厘米（图三八七，4）。

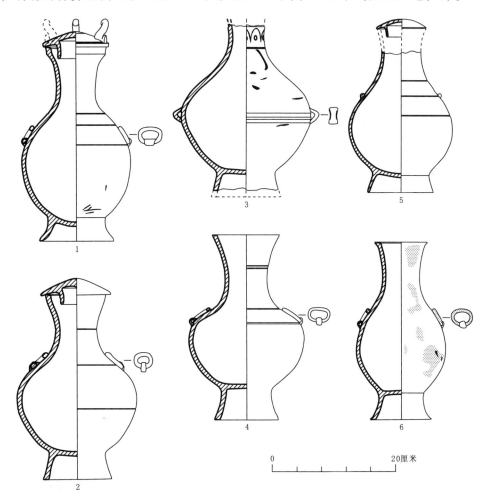

图三八七　陶壶（八）

1. F型Ⅱb式（M1123：11）　　2~4. F型Ⅱc式（M1006：3，M1056：3，M1082：2）　　5、6. F型Ⅲa式（M1253：6，M1087：4）

Ⅲ式　8件。束颈略短，仿铜气息明显减弱。分三亚式。

Ⅲa式　4件。圆腹微坠，高圈足外撇。

标本 M1087：4，溜肩，弧腹，平底。肩有对称鼻纽衔环。通体有白彩，白彩上施红彩，均脱落。口径8.7、腹径14.6、高27.8厘米（图三八七，6；图版五八，4）。

标本 M1253：6，口残。溜肩，鼓腹，圜底。肩部有对称鼻纽。肩、腹饰三周弦纹。弓弧盖，长子母口。腹径16.8、复原通高27厘米（图三八七，5）。

Ⅲb式　1件。

M1029：6，盂形口，细弧颈，溜肩，鼓腹，圜底近平。圈足外撇。颈、肩饰三周弦纹，肩有对称鼻纽衔环。口径9.2、腹径18、高29.3厘米（图三八八，1；彩版一八，2；图版五九，1）。

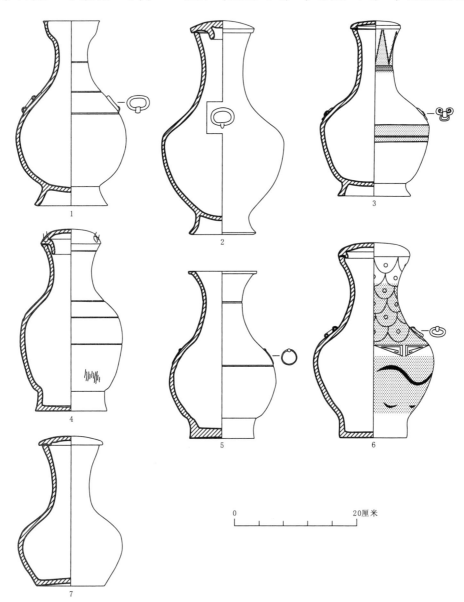

图三八八　陶壶（九）

1. F型Ⅲb式（M1029：6）　　2、3. F型Ⅲc式（M1222：1，M1058：9）　　4. G型Ⅰ式（M1102：1）

5. G型Ⅱa式（M1049：4）　　6. G型Ⅱb式（M1014：4）　　7. H型（M1048：1）

Ⅲc 式　3 件。斜肩较宽，略有折。

标本 M1058：9，宽斜肩，斜直腹，平底微弧。矮圈足较宽，略外撇。肩有对称简化铺首。颈有红、白彩的三角纹，腹饰一圈白彩圈带。口径 7.6、腹径 17.6、高 27.8 厘米（图三八八，3；图版五九，2）。

标本 M1222：1，斜肩，弧腹，圜底。圈足外撇。肩有对称鼻纽衔环。浅弧盖，边缘方折，高子母口。口径 9.4、腹径 20、通高 33.7 厘米（图三八八，2）。

G 型　4 件。主要特征是腹呈假圈足状。分二式。

Ⅰ式　1 件。

M1102：1，敞口，弧颈，溜肩，弧腹深直，下腹向外略斜折呈假圈足状，平底。颈至腹饰四周弦纹，下腹隐见绳纹。弧形盖，高子母口。盖边等列三纽，纽残。口径 9.4、腹径 16.8、通高 29 厘米（图三八八，4；图版五九，3）。

Ⅱ式　3 件。束颈较长，腹较宽。分二亚式。

Ⅱa 式　1 件。

M1049：4，喇叭形敞口，长弧颈，溜肩，圆腹近底弧折呈假圈足状，平底。颈、腹各饰一周弦纹，肩有对称鼻纽衔环。口径 11.2、腹径 17.4、高 26.4 厘米（图三八八，5）。

Ⅱb 式　2 件。均出自 M1014。

标本 M1014：4，直口略呈盘状，长弧颈，斜肩，弧腹，腹近底弧折呈假圈足状，平底。肩有对称鼻纽衔环。颈及腹有白彩宽带，口至腹部并有红彩绘鱼鳞纹、三角纹等，大多脱落。浅平盖，子母口。口径 11.4、腹径 19.4、通高 31 厘米（图三八八，6；图版五九，4）。

H 型　1 件。平底壶。

M1048：1，喇叭形口，颈细长，斜肩，扁鼓腹，大平底微凹。浅弧盖略有子母口。口径 9.2、腹径 17.2、通高 24 厘米（图三八八，7；彩版一八，3；图版六〇，1）。

三　敦

形态明确的 76 件。基本上都是身、盖等大，纽、足同形。主要依据纽、足的变化分四型。

A 型　6 件。主要特征是口微敛，弧壁略凸，圜底、顶。上下相合略呈椭圆形。纽、足呈较具象的卧兽形。

标本 M1105：5，身、盖各饰一周弦纹。盖满施白彩，器身仅口部有一圈白彩，白彩下有黑衣。口径 18.8、通高 22.4 厘米（图三八九，1；图版六〇，2）。

标本 M1138：1，身、盖相合呈盒形。腹饰两周弦纹。兽形足、纽，足、纽穿透器壁。口径 18.6、通高 22 厘米（图三八九，2）。

标本 M1243：5，仅存一半。直口，方唇。身、盖各饰一周弦纹。口径 19.1、高 9.6 厘米（图三八九，4）。

标本 M1248：1，身大盖小，足、纽同形。敛口，唇内凸。身、盖各饰有一周弦纹。口径 19.8～20.8、通高 23 厘米（图三八九，3；彩版一八，4）。

B 型　3 件。主要特征为唇微凸，圆腹，圜底、顶。纽、足呈勾首卷尾的抽象卧兽形。分二式。

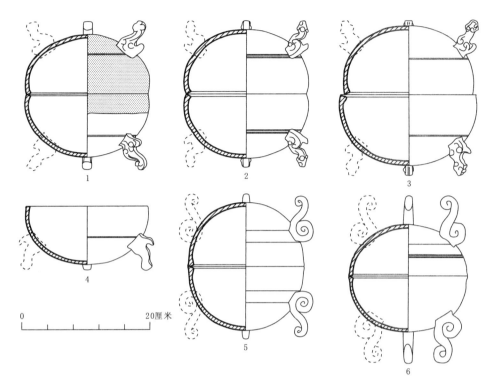

图三八九　陶敦（一）

1~4. A 型（M1105:5, M1138:1, M1248:1, M1243:5）　5. B 型 I 式（M1237:3）　6. B 型 II 式（M1234:13）

I 式　1 件。

M1237:3，身、盖相合呈球形。身、盖各饰两周弦纹。口径 18、通高 21.6 厘米（图三八九，5；图版六〇，3）。

II 式　2 件。均出自 M1234。纽、足间距较 I 式窄。

标本 M1234:13，身、盖相合呈椭球形。敞口。盖有三周弦纹。口径 18.2、通高 25 厘米（图三八九，6）。

C 型　7 件。主要特征是弧壁，圜底、顶，扁曲的纽、足，形态各异。因所处年代接近，不分式。

标本 M1020:7，身、盖相合呈球形。直口，足、纽略呈兽形。身、盖各饰两周弦纹。口径 19、通高 23.6 厘米（图三九〇，1）。M1020:8 与之同。

标本 M1152:4，残存一半，身或盖。敞口。三蹄形足（纽）外撇。口径 16.5、高 11.2 厘米（图三九〇，2）。

标本 M1161:2，身、盖相合呈球形。直口，方唇。足、纽呈扁方体弯曲。口径 16.9、通高 24 厘米（图三九〇，3）。

标本 M1198:3，身、盖相合呈橄榄形。敞口，方唇。扁足、纽呈两道弧曲。身、盖口部有对称大环耳。身、盖各有两周弦纹。口径 21、通宽 28、通高 23.7 厘米（图三九〇，5；图版六〇，4）。

标本 M1213:3，身、盖相合呈盒形。直口，方唇微凹。足、纽呈马尾状弯曲。口径 19.8、通高 36 厘米（图三九〇，4；图版六一，1）。

D 型　60 件。是敦中数量最多的形态。主要特征是勾首卷尾抽象兽形足、纽的"颈"较长，

"头"较小，而"身"较短，"头"、"身"卷曲幅度都较 B 型小，或不卷曲。根据器体的高矮又可分三亚型。

Da 型　18 件。身、盖的腹都较深，相合呈椭圆形。分四式。

Ⅰ式　2 件。均出自 M1053。

标本 M1053：1，直口微敛，唇外凸。器身饰三周弦纹。口外有一圈白彩，白彩下有一道红彩。口径 19.8、通高 31.8 厘米（图三九〇，6；图版六一，2）。

Ⅱ式　6 件。高纽、足，"头"略卷曲。

标本 M1016：7，口较直，唇内外皆凸，身、盖各饰四周弦纹。盖有彩绘，口外饰一圈黑彩，顶部弦纹内涂白彩；黑、白彩内分上、下各饰三组红、白相间的彩绘图案。口径 17.6、通高 25.4 厘米（图三九〇，7；彩版一九，1，2；图版六一，3）。

Ⅲ式　6 件。足、纽变细，变小。

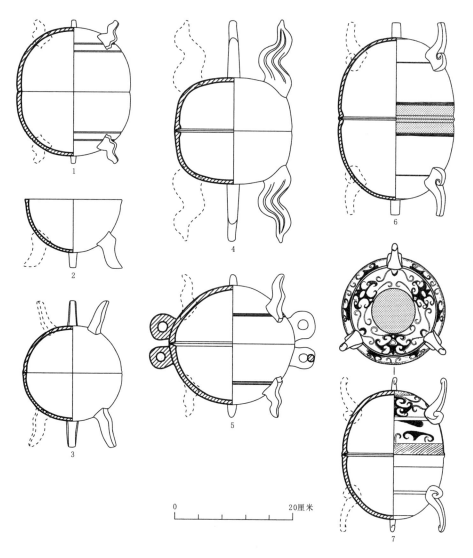

0　　　　　　　　20厘米

图三九〇　陶敦（二）

1~5. C 型（M1020：7，M1152：4，M1161：2，M1213：3，M1198：3）　6. Da 型Ⅰ式（M1053：1）　7. Da 型Ⅱ式（M1016：7）

　　标本 M1050：23，身、盖各饰四周弦纹。器身口部绘白彩宽带。口径 17.6、通高 25.2 厘米（图三九一，1；图版六一，4）。

　　标本 M1050：24，口径 16.8、通高 19.6 厘米（图三九一，2）。

　　标本 M1227：4，足、纽略不同形，足较纽略高。身、盖各有三周弦纹。口径 16.9、通高 21.2 厘米（图三九一，3）。

　　Ⅳ式　4 件。纽、足更短小，但较粗。

　　标本 M1029：4，口微敛，唇内凸。下腹及顶部各有一周弦纹。简化兽形矮足、纽。口径 16.6、通高 26.8 厘米（图三九一，4）。

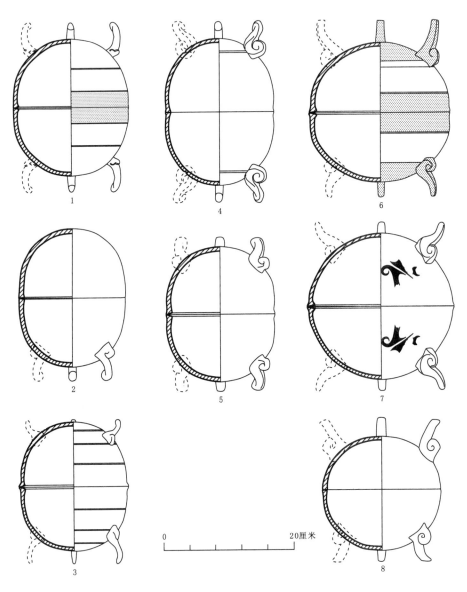

图三九一　陶敦（三）

1～3. Da 型Ⅲ式（M1050：23，M1050：24，M1227：4）　　4、5. Da 型Ⅳ式（M1029：4，M1123：10）
6～8. Db 型Ⅰ式（M1010：4，M1036：10，M1184：2）

标本 M1123：10，直口，口内可见朱砂痕，唇外凸。口径 16.6、通高 22.6 厘米（图三九一，5；图版六二，1）。

Db 型 26 件。身、盖各为半球形，相合呈球形。分四式。

Ⅰ式 4 件。抽象兽形纽、足较粗壮，方首。

标本 M1010：4，足较纽略大。直口，唇内外皆凸，上下口部、底、顶以及足、纽先涂一层黑衣，黑衣上绘白彩。口径 21.4、通高 26 厘米（图三九一，6；图版六二，2）。

标本 M1036：10，敞口，唇内外皆凸。身、盖均有彩绘，脱落殆尽。口径 22.2、通高 24.8 厘米（图三九一，7）。

标本 M1184：2，直口。口径 18.1、通高 21.2 厘米（图三九一，8）。

Ⅱ式 9 件。足、纽"头"部略卷曲。

标本 M1028：3，直口，唇内外皆凸。身饰三周弦纹，盖饰四周弦纹。口径 19.8、通高 23.6 厘米（图三九二，1；彩版一九，3；图版六二，3）。

标本 M1066：2，足、纽外撇较甚。身、盖相合呈扁球形。敞口，浅弧壁。口径 19.2、通高 21.2 厘米（图三九二，2）。

标本 M1073：5，盖比身略矮。敛口。足、纽呈抽象长颈卧兽形，足残。器身口外涂白衣，盖有四周细弦纹。口径 19.5、通高 26.6 厘米（图三九二，3）。

Ⅲ式 11 件。纽、足较Ⅱ式矮小。

标本 M1013：1，直口，唇内外皆凸。身、盖各饰三周弦纹。身、盖绘白彩宽带纹和红彩折曲纹、弧形纹等，多脱落。口径 19.4、通高 23.2 厘米（图三九二，4；图版六二，4）。

标本 M1051：6，器身较盖深。敞口。口径 16.5、通高 22.8 厘米（图三九二，5）。

标本 M1052：6，身、盖相合略呈扁球形。敞口，唇内勾。身、盖各饰两周弦纹。身、盖及足、纽均施白彩。口径 16.2、通高 21 厘米（图三九二，6）。

Ⅳ式 2 件。均出自 M1253。

标本 M1253：4，身、盖相合呈球形。口径 16.2、通高 19.6 厘米（图三九二，7）。

Dc 型 16 件。腹较浅，相合呈橄榄形。分三式。

Ⅰ式 4 件。纽、足较高。

标本 M1007：6，敞口，唇内外皆凸。身、盖各饰四周弦纹。白彩脱落。口径 17.8、通高 22.4 厘米（图三九二，8）。

标本 M1022：6，口微敛，唇内外皆凸。身、盖各饰四周弦纹。口径 19.2、通高 25.6 厘米（图三九二，9；图版六三，1）。

Ⅱ式 4 件。纽、足略小，外撇。

标本 M1030：4，直口微敛。口径 18.8、通高 20 厘米（图三九三，1；图版六三，2）。

标本 M1051：5，敞口。口外有黑衣白彩。口径 17.2、通高 14.2 厘米（图三九三，2；图版六三，3）。

Ⅲ式 8 件。腹更浅，圜底、顶较平。纽、足聚合、直立。

标本 M1014：8，敞口。盖口外有三组红彩三角纹，盖面上部至盖顶及纽施白彩。彩绘多脱落。口径 16.7、通高 18.2 厘米（图三九三，3；彩版一九，4；图版六三，4）。

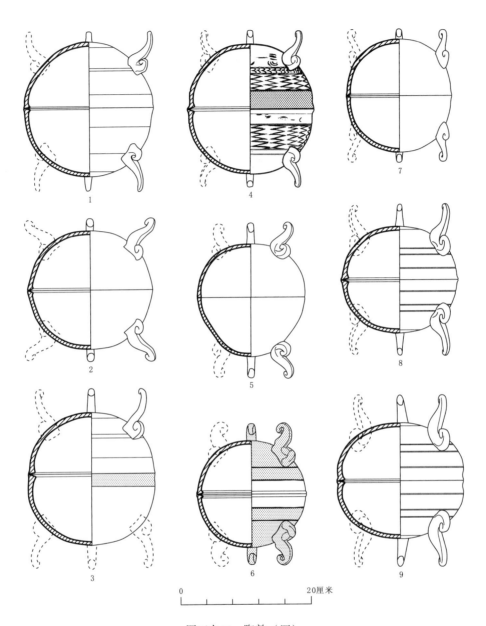

图三九二　陶敦（四）

1~3. Db 型 II 式（M1028：3，M1066：2，M1073：5）　　4~6. Db 型 III 式（M1013：1，M1051：6，M1052：6）
7. Db 型 IV 式（M1253：4）　　8、9. Dc 型 I 式（M1007：6，M1022：6）

标本 M1026：4，直口微敛。口径 15.8、通高 22.8 厘米（图三九三，4）。

标本 M1048：2，敞口。口径 16.1、通高 18.4 厘米（图三九三，5；图版六四，1）。

标本 M1058：3，敞口。口外有一圈黑衣白彩宽带。口径 16.6、通高 19.6 厘米（图三九三，6）。

四　簠

2 件。分二式。

I 式　M1244：7，残存簠的一角。斜壁，瓦形足。残长 14.2、高 9.4 厘米（图三九四，1；图版六四，2）。

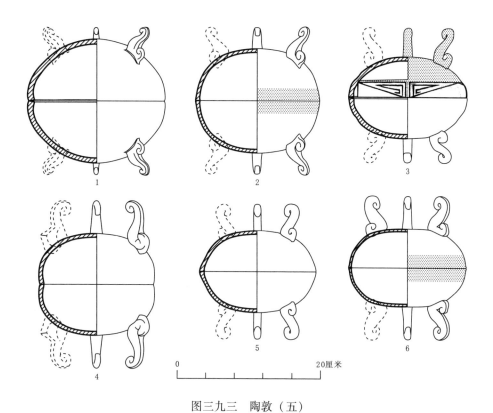

图三九三　陶敦（五）

1、2. Dc 型Ⅱ式（M1030：4，M1051：5）　3～6. Dc 型Ⅲ式（M1014：8，M1026：4，M1048：2，M1058：3）

Ⅱ式　M1248：12，残存一半，身或盖。平面长方形。敞口，方唇，直壁，平底微凹。底四角有曲尺形瓦足。口径23、高8.8厘米（图三九四，2；彩版二〇，1；图版六四，3）。

五　小口鼎

2件。分二式。

Ⅰ式　M1244：8，小口内敛，沿内斜，矮领，宽圆肩，扁鼓腹，圜底。蹄形足足背有竖槽。环形耳外张。上腹饰两周弦纹。肩部有朱绘图案，脱落殆尽。折壁盘状浅盖。盖面有三个扁纽。盖有朱绘弦纹及图案，脱落。口径10、通宽19.2、通高20.8厘米（图三九四，3；彩版二〇，2；图版六四，4）。

Ⅱ式　M1248：13，口部残片及蹄形足。耳残。口径13.4、复原高约20厘米（图三九四，4）。

六　熏

3件。分二型。

A型　2件。矮子母口，窄肩承盖，弧壁或折壁，喇叭形高圈足。分二式。

Ⅰ式　1件。

M1051：11，子母口内敛，折壁，圈足略残。盖残。口径10、残高8厘米（图三九四，5；图版六四，5）。

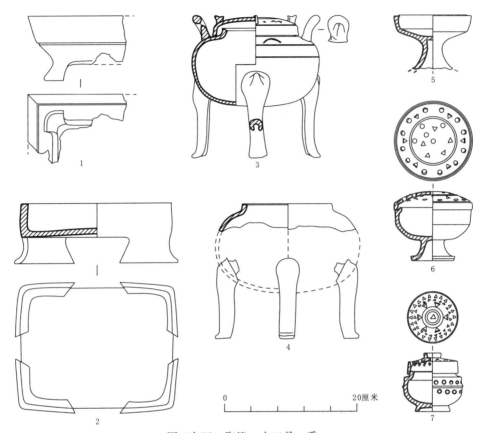

图三九四　陶簠、小口鼎、熏

1. I 式簠（M1244:7）　2. II 式簠（M1248:12）　3. I 式小口鼎（M1244:8）　4. II 式小口鼎（M1248:13）
5. A 型 I 式熏（M1051:11）　6. A 型 II 式熏（M1014:13）　7. B 型熏（M1029:7）

II 式　1 件。

M1014:13，矮子母口，壁呈三段转折，小圈足外撇，足沿略上翘。浅弧盖边缘直折，盖面有凹、凸圈各一周，并交替戳圆形和三角形镂孔。口径 9.8、通高 10.2 厘米（图三九四，6；彩版二〇，3；图版六五，1、2）。

B 型　1 件。

M1029:7，高子母口直立，窄肩承盖，弧折壁，矮圈足。腹有一周凸圈，凸圈上下各饰一周圆圈纹。折壁盖，盖顶有圈状捉手。盖面及顶均有大小不一的三角形镂孔。口径 10.4、通高 8.6 厘米（图三九四，7；图版六五，3、4）。

七　盘

17 件。分三型。

A 型　11 件。主要特征是折沿，折壁，小平底。分四式。

I 式　1 件。

M1244:6，直口，宽平折沿。口径 19.2、高 3.4 厘米（图三九五，1；图版六六，1）。

II 式　2 件。

M1036:9，敞口，斜折沿。口径 22、高 4.8 厘米（图三九五，2）。

M1301：1，形体较大。口较直，平折沿，斜折壁，底微凹。口径45.6、高11厘米（图三九五，3；彩版二〇，4；图版六六，2）。

Ⅲ式　1件。

M1057：4，敞口，斜折沿，斜折壁近底凹弧，平底。口径15.2、高4.6厘米（图三九五，4；图版六六，3）。

Ⅳ式　7件。分二亚式。

Ⅳa式　6件。折沿，浅折壁，平底。

标本M1014：12，口微敛，平折沿，盘内有红彩脱落。口径12、高2厘米（图三九五，5）。

标本M1049：5，口较直。口径13.6、高3厘米（图三九五，6）。

标本M1058：13，敞口，平折沿，平折沿略斜，浅弧壁近底微凹，平底微凹。口径15.2、高4.6厘米（图三九五，7）。

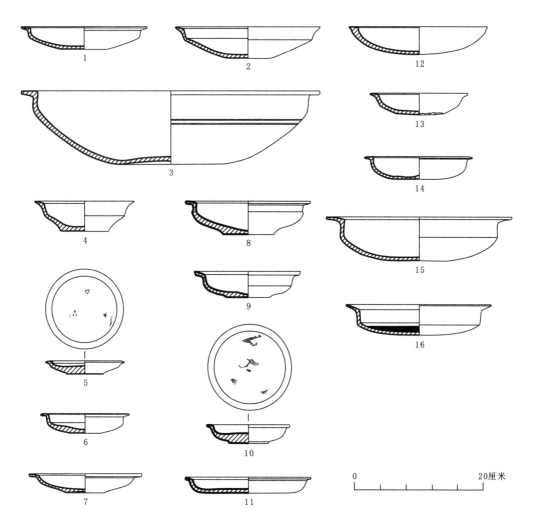

图三九五　陶盘

1. A型Ⅰ式（M1244：6）　2、3. A型Ⅱ式（M1036：9，M1301：1）　4. A型Ⅲ式（M1057：4）　5~9. A型Ⅳa式（M1014：12，M1049：5，M1058：13，M1118：5，M1222：6）　10. A型Ⅳb式（M1014：11）　11. B型Ⅰ式（M1245：11）　12. B型Ⅱ式（M1033：2）　13、14. B型Ⅲ式（M1048：6，M1051：9）　15. C型Ⅰ式（M1053：11）　16. C型Ⅱ式（M1016：9）

标本 M1118∶5，直口，宽斜折沿，短颈，斜折壁近底微凹。口径 15.2、高 4.6 厘米（图三九五，8）。

标本 M1222∶6，斜折沿。口径 16.2、高 3.9 厘米（图三九五，9）。

Ⅳb 式　1 件。

M1014∶11，敞口，平折沿，浅弧壁，平底略呈矮假圈足状。盘内有红彩脱落。口径 15.2、高 4.6 厘米（图三九五，10；图版六六，4）。

B 型　4 件。敞口，折沿，弧壁，圜底或平底。分三式。

Ⅰ 式　1 件。

M1245∶11，斜折沿，浅弧壁，平底。口径 19、高 2.4 厘米（图三九五，11；图版六六，5）。

Ⅱ 式　1 件。

M1033∶2，平沿微外凸呈折沿状，圜底较平。盘内有红彩脱落。口径 22、高 4.2 厘米（图三九五，12；图版六六，6）。

Ⅲ 式　2 件。

M1048∶6，平折沿，平底微凸，底边有削棱。口径 15、高 3.3 厘米（图三九五，13）。

M1051∶9，直口，平折沿，弧壁上部较直，平底，底边圆转。口径 16.8、高 3.4 厘米（图三九五，14；图版六七，1）。

C 型　2 件。分二式。

Ⅰ 式　1 件。

M1053∶11，直口，宽平折沿，上壁直，下壁折弧收，小平底。口径 28.6、高 6.6 厘米（图三九五，15；图版六七，2）。

Ⅱ 式　1 件。

M1016∶9，敞口，宽斜折沿，直壁，圜底近平。内底髹红漆。口径 22.4、高 4.6 厘米（图三九五，16；图版六七，3）。

八　匜

13 件。根据盘和底的形态分三型。

A 型　6 件。弧壁盘平面略呈圆形。分五式。

Ⅰ 式　1 件。

M1245∶12，碟状。口微敛，弧壁，平底微凹。一侧有流。口径 12、高 2.5 厘米（图三九六，1；图版六七，4）。

Ⅱ 式　1 件。

M1248∶15，圆盘状。底内凹。口部一侧内瘪为扣手，对应一侧捏流。内底边缘两周弦纹。口径 13.2、高 2 厘米（图三九六，2；图版六七，5）。

Ⅲ 式　1 件。

M1036∶8，敛口，弧壁，圜底。口部一侧内瘪为扣手，对应一侧捏方流。口外及器内有白彩。口径 12.5～12.6、高 4.6 厘米（图三九六，3；图版六七，6）。

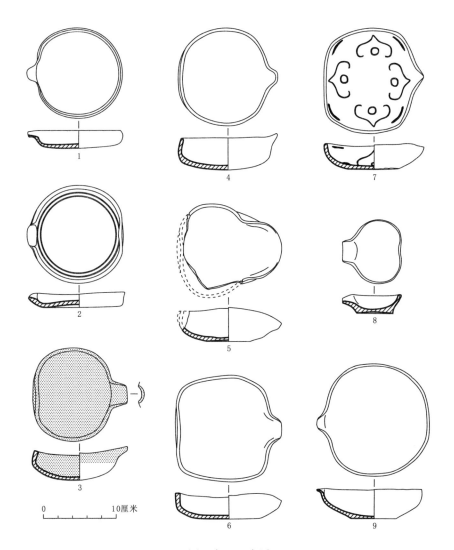

图三九六　陶匜

1. A 型 I 式（M1245：12）　2. A 型 II 式（M1248：15）　3. A 型 III 式（M1036：8）　4. A 型 IV 式（M1033：1）　5. A 型 V 式
（M1118：7）　6. B 型 I 式（M1050：26）　7. B 型 II 式（M1051：10）　8. C 型 I 式（M1052：13）　9. C 型 II 式（M1058：14）

IV式　2 件。

标本 M1033：1，平面呈不规则圆形，壁较直，圜底。口部一侧内瘪为扣手，对应一侧捏小圆流。口径 13.1～13.6、高 4.8 厘米（图三九六，4；图版六八，1）。

V式　1 件。

M1118：7，口微敛，弧壁，小平底微凹。一侧有宽圆流，另一侧扣手残。口径残宽 11.4～13.3、高 4.5 厘米（图三九六，5；图版六八，2）。

B 型　3 件。匜盘平面呈圆角方形。分二式。

I 式　2 件。

M1050：26，平面呈弧边圆角方形。直口，上壁直，下壁弧收，平底，底边圆转。口部一侧略内瘪为扣手，对应一侧捏平口流。口径 14.3～14.5、高 3.6 厘米（图三九六，6；图版六八，3）。

II 式　1 件。

M1051：10，平面呈弧边圆角方形。敞口，弧壁，平底，底边圆转有削棱。口部一侧捏尖嘴短流，无内瘪扣手。匜内壁及底有红彩柿蒂纹。口径 13.8 ~ 14、高 3.6 厘米（图三九六，7）。

C 型　4 件。弧壁，圆弧形盘，平底。分二式。

Ⅰ式　3 件。

标本 M1052：13，平面略呈椭圆形。敞口，弧壁，平底微凹。窄径一侧略内瘪为扣手，一侧捏平口方流。口径 8.2 ~ 8.6、高 2.6 厘米（图三九六，8；图版六八，4）。

Ⅱ式　1 件。

M1058：14，平面略呈圆形。直口，弧壁，平底。口部一侧捏小圆流，无内瘪扣手。口径 15.1 ~ 15.5、高 4 厘米（图三九六，9；图版六八，5）。

九　勺

形态明确的 5 件。分二型。

A 型　3 件。勺斗为敛口。分三式。

Ⅰ式　1 件。

M1050：27，扁腹壁，小平底。口部一侧斜伸出圆柱形柄。口径 4、通宽 8、通高 10.8 厘米（图三九七，1；图版六八，6）。

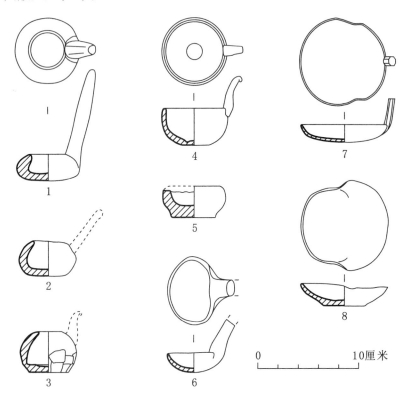

图三九七　陶勺、匕

1. A 型Ⅰ式勺（M1050：27）　2. A 型Ⅱ式勺（M1057：3）　3. A 型Ⅲ式勺（M1026：5）　4. B 型Ⅰ式勺（M1009：11）
5. B 型Ⅱ式勺（M1121：2）　6. A 型匕（M1245：13）　7. B 型匕（M1253：13）　8. C 型匕（M1001：4）

Ⅱ式 1件。

M1057：3，弧壁，平底。柄残。口径3.4、残高3.5厘米（图三九七，2）。

Ⅲ式 1件。

M1026：5，弧壁，平底。下部削棱。柄残。口径2、残高4厘米（图三九七，3；图版六九，1）。

B型 2件。勺斗为直口。分二式。

Ⅰ式 1件。

M1009：11，弧壁较深，平底。口部一侧有圆柄，柄尾端外卷。口径6.2、通宽8、通高6.6厘米（图三九七，4；图版六九，2）。

Ⅱ式 1件。

M1121：2，柄残，仅存勺斗。敛口，弧壁，平底。口径5.2、高3.1厘米（图三九七，5）。

一〇 匕

3件。分三型。

A型 1件。

M1245：13，斜柄残，椭圆形匕。口径4.6～6.8、残高5厘米（图三九七，6；图版六九，3）。

B型 1件。

M1253：13，匕呈盘状。两侧束腰。管状柄直立。略残。口径8.6、残高4.2厘米（图三九七，7；图版六九，4）。

C型 1件。

M1001：4，敞口，斜壁，平底。两侧束腰。不见柄。直径8.6～8.8、高2.2厘米（图三九七，8）。

一一 长颈罐

6件。分四式。

Ⅰ式 1件。

M1238：1，斜折沿，长颈，溜肩，圆腹，凹圜底。腹饰粗绳纹。口径13、腹径15.4、高20.1厘米（图三九八，1；彩版二一，1；图版七〇，1）。

Ⅱ式 3件。颈较Ⅰ式短，喇叭口。

M1108：4，短折沿，颈微弧，颈折转，窄斜肩，圆弧腹，凹圜底。颈饰三周弦纹，上腹饰横断竖绳纹，中、下腹及底为竖绳纹及斜绳纹。口径12.6、腹径14.2、高18厘米（图三九八，2；图版七〇，2）。

M1191：1，圆肩，鼓腹，凹圜底。颈部饰两周弦纹，肩饰一周弦纹，腹、底饰粗绳纹。口径13、腹径14.8、高18.2厘米（图三九八，3；彩版二一，2；图版七〇，3）。

M1251：1，斜折沿，圆肩，弧腹，凹圜底。肩饰一周弦纹，弦纹以下饰交错粗绳纹。口径12.2、腹径14.4、高18.4厘米（图三九八，4；图版七〇，4）。

Ⅲ式 1件。

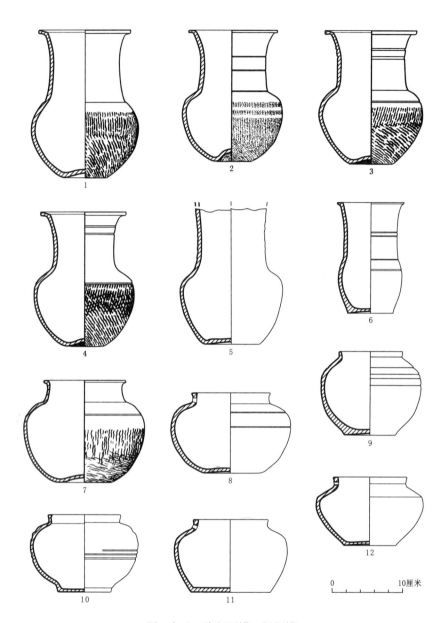

图三九八　陶长颈罐、矮领罐

1. Ⅰ式长颈罐（M1238:1）　2~4. Ⅱ式长颈罐（M1108:4，M1191:1，M1251:1）　5. Ⅲ式长颈罐（M1205:2）　6. Ⅳ式长颈罐
（M1134:1）　7. A型Ⅰ式矮领罐（M1149:1）　8. A型Ⅱ式矮领罐（M1040:2）　9. B型Ⅰ式矮领罐（M1043:2）　10. B型Ⅱ式
矮领罐（M1077:2）　11. B型Ⅲ式矮领罐（M1221:2）　12. B型Ⅳ式矮领罐（M1224:4）

M1205:2，口残。斜圆肩，弧腹，平底微凹。腹径14.6、残高18.6厘米（图三九八，5）。

Ⅳ式　1件。

M1134:1，短折沿，颈微弧，弧腹，平底。颈至上腹饰四周弦纹。口径9.4、腹径9、高15.2厘米（图三九八，6；彩版二一，3；图版七一，1）。

一二　矮领罐

6件。根据底部差异分二型。

A 型 2 件。主要特征是短折沿，圜底微凹。分二式。

Ⅰ式 1 件。

M1149：1，直口，领略内斜，圆肩，鼓腹。肩部饰一周弦纹，腹、底饰粗绳纹。口径 11.6、腹径 17.2、高 14 厘米（图三九八，7；图版七一，2）。

Ⅱ式 1 件。

M1040：2，直口，方唇，圆肩，弧腹。上腹饰两周弦纹。口径 11.1、腹径 17、高 11 厘米（图三九八，8；图版七一，3）。

B 型 4 件。主要特征是矮直领，平底。分四式。

Ⅰ式 1 件。

M1043：2，直口，溜肩，鼓腹，平底微凹。肩及上腹饰四周弦纹。口径 9、腹径 14、高 11.4 厘米（图三九八，9；图版七一，4）。

Ⅱ式 1 件。

M1077：2，矮直领，圆肩，鼓腹，近底微凹曲。腹有三周弦纹。口径 10.3、腹径 15.3、高 10.6 厘米（图三九八，10；彩版二一，4；图版七二，1）。

Ⅲ式 1 件。

M1221：2，直口微敛，方唇，圆肩，弧腹，大平底。颈部有对称圆孔。口径 10.6、腹径 16、高 10 厘米（图三九八，11）。

Ⅳ式 1 件。

M1224：4，直口，方唇，斜肩，弧腹斜直，平底微凹。颈部有对称圆孔。口径 10.4、腹径 15.2、高 9.4 厘米（图三九八，12；图版七二，2）。

一三 束颈罐

2 件。分二式。

Ⅰ式 1 件。

M1059：2，厚卷沿，溜肩，球形弧腹，圜底。口径 10、腹径 14.6、高 14 厘米（图三九九，1；图版七二，3）。

Ⅱ式 1 件。

M1028：5，畚口，平折宽沿略斜，斜肩，圆弧腹，圜底。肩、腹、底无分界。腹、底饰粗绳纹。口径 12.6、腹径 16.8、高 12.7 厘米（图三九九，2；彩版二二，1；图版七二，4）。

一四 双耳罐

4 件。根据领的高矮分二型。

A 型 3 件。高弧领。分三式。

Ⅰ式 1 件。

M1089：1，直口，凸唇，领较直，溜肩，扁鼓腹，小圜底微凹。上腹饰一周宽弦纹及对称双耳，耳残。口径 13.2、腹径 20.3、高 16.5 厘米（图三九九，3；彩版二二，2；图版七三，1）。

Ⅱ式 1 件。

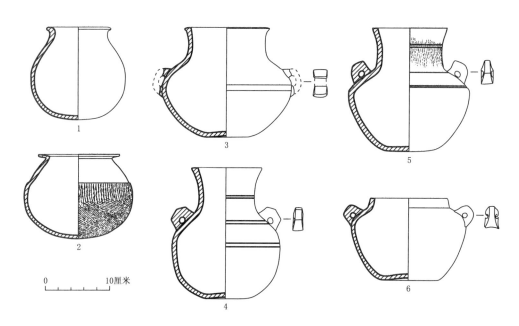

图三九九　陶束颈罐、双耳罐

1. Ⅰ式束颈罐（M1059∶2）　　2. Ⅱ式束颈罐（M1028∶5）　　3. A型Ⅰ式双耳罐（M1089∶1）　　4. A型Ⅱ式
双耳罐（M1008∶2）　　5. A型Ⅲ式双耳罐（M1046∶3）　　6. B型双耳罐（M1018∶1）

M1008∶2，敞口，斜肩，弧腹较直，凹圜底。肩有对称双耳。领、肩及上腹各饰两周弦纹。
口径10.9、腹径16.8、高19.7厘米（图三九九，4；彩版二二，3；图版七三，2）。

Ⅲ式　1件。

M1046∶3，敞口，斜肩，斜弧腹，平底，底边圆转。肩有对称双立耳。领至肩饰三组弦纹，
每组两道；领有绳纹抹去。口径11.4、腹径18.6、高18.7厘米（图三九九，5；图版七三，3）。

B型　1件。

M1018∶1，直口微敛，方唇，矮直领，斜肩，斜直腹，圜底微凹。肩有对称双耳。口径11.8、
腹径17.6、高12.4厘米（图三九九，6；图版七三，4）。

一五　高领罐

形态明确的20件。依据领、底及纹饰等差异分四型。

A型　11件。主要特征是圜底，腹饰粗绳纹。分五式。

Ⅰ式　1件。

M1103∶2，敞口，凸唇，高弧领，溜肩，鼓腹，凹圜底。腹、底饰粗绳纹。口径11.2、腹径
14.4、高16.8厘米（图四〇〇，1；图版七四，1）。

Ⅱ式　1件。

M1170∶4，平折沿，方唇，溜肩，鼓腹较长，凹圜底。腹、底饰粗绳纹。口径15、腹径19、
高21.3厘米（图四〇〇，2；彩版二二，4；图版七四，2）。

Ⅲ式　3件。粗弧领，平折沿，鼓腹。

标本M1180∶1，灰陶。口残。高领较粗较直，溜肩，圆腹，凹圜底。领部饰一周弦纹，上腹

饰竖绳纹，下腹饰斜绳纹，上腹绳纹间刮抹两道弦纹。腹径 17.5、残高 18.6 厘米（图四〇〇，3）。

标本 M1246：3，折沿，三角形唇，圆肩，凹圜底。腹饰粗绳纹，上腹绳纹间刮抹三道弦纹。口径 15.6、腹径 18、高 20 厘米（图四〇〇，4；图版七四，3）。

Ⅳ式　5 件。粗直领，平折沿或略坠，斜弧腹或凸鼓。

标本 M1037：1，敞口，宽斜折沿，高弧领，斜肩，弧腹，凹圜底。上腹饰粗横断竖绳纹，下腹饰交错绳纹。口径 15.6、腹径 18.8、高 19.3 厘米（图四〇〇，5；图版七四，4）。

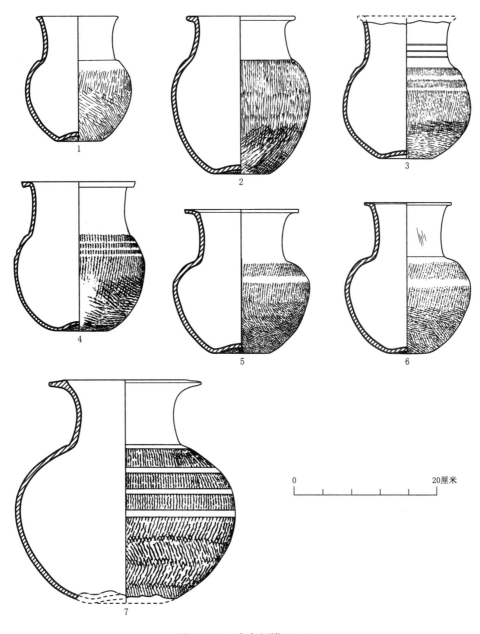

0　　　　　　　　　　　20厘米

图四〇〇　陶高领罐（一）

1. A 型Ⅰ式（M1103：2）　　2. A 型Ⅱ式（M1170：4）　　3、4. A 型Ⅲ式（M1180：1，M1246：3）
5、6. A 型Ⅳ式（M1037：1，M1057：10）　　7. A 型Ⅴ式（M1087：1）

　　标本 M1057：10，敞口，平折沿，圆肩，弧腹，凹圜底。上腹饰横断竖绳纹，下腹饰交错绳纹。口径 12.2、腹径 17.6、高 20.2 厘米（图四〇〇，6；图版七五，1）。

　　Ⅴ式　1 件。

　　M1087：1，敞口，宽平折沿微坠，高弧领，溜肩，鼓腹，底残，应为凹圜底。上腹饰横断竖绳纹，下腹饰交错绳纹。口径 20.8、腹径 30、复原高 30 厘米（图四〇〇，7；彩版二三，1；图版七五，2）。

　　B 型　5 件。主要特征是高弧领，圆肩，斜弧腹，平底。形体较小。分三式。

　　Ⅰ式　3 件。敞口，高弧领，斜肩，斜弧腹较直，平底。

　　标本 M1060：4，领、肩各饰两周弦纹。口径 10.5、腹径 13.5、高 17 厘米（图四〇一，1；图版七五，3）。

　　标本 M1079：3，平折沿。领、肩各饰两周弦纹。口径 11.9、腹径 14.6、高 16.2 厘米（图四〇一，2；图版七五，4）。

　　Ⅱ式　1 件。

　　M1228：4，折沿微坠，粗弧领，斜肩，平底微凹。领、肩各饰一周弦纹。口径 11.2、腹径 12、高 14 厘米（图四〇一，3；图版七六，1）。

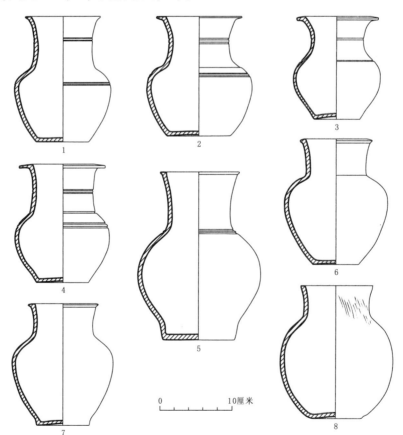

图四〇一　陶高领罐（二）
1、2. B 型Ⅰ式（M1060：4，M1079：3）　3. B 型Ⅱ式（M1228：4）　4. B 型Ⅲ式（M1069：1）
5. C 型Ⅰ式（M1218：2）　6、7. C 型Ⅱ式（M1014：18，M1224：1）　8. D 型（M1065：1）

Ⅲ式　1件。

M1069：1，直口微侈，宽平折沿微坠，高弧领，颈有折，窄圆肩，圆弧腹，平底微凹。领至肩饰五周弦纹。口径 12、腹径 13.2、高 16 厘米（图四〇一，4；图版七六，2）。

C 型　3件。弧颈，口略敞，弧腹较深，平底或略呈假圈足状。分二式。

Ⅰ式　1件。

M1218：2，平折沿，溜肩，鼓腹，近底向下弧折呈假圈足状，平底。颈饰两周弦纹。口径10.8、腹径 17.2、高 22.6 厘米（图四〇一，5；图版七六，3）。

Ⅱ式　2件。

M1014：18，口微侈，唇微凸，颈有折，窄圆肩，斜弧腹，小平底微凹。素面。口径 10、腹径14.2、高 17 厘米（图四〇一，6）。

M1224：1，凸唇，窄圆肩，斜弧腹，近底弧折，平底微凹。素面。口径 9.9、腹径 14.2、高16.3 厘米（图四〇一，7；图版七六，4）。

D 型　1件。

M1065：1，侈口，方唇，弧领略矮，溜肩，椭圆腹，凹圜底。口径 10、腹径 15.6、高 18 厘米（图四〇一，8；图版七七，1）。

一六　双耳壶

形态明确的有 13 件。肩部或上腹部有对称双耳，均无盖。盖器主要与日用陶器形成组合，极少与仿铜陶礼器形成组合，因而应属日用陶器系列，与仿铜陶礼器中的壶区分开。根据颈、底部差异分三型。

A 型　8件。主要特征是弧颈较长，口略敞，圈足外撇。分四式。

Ⅰ式　1件。长颈，圆腹。

M1041：2，口较直，方唇，粗直颈微弧曲，颈有折，斜肩弧折，弧腹，圜底，高圈足外斜。肩有对称双耳。口径 11.5、腹径 18.2、高 24.8 厘米（图四〇二，1；图版七七，2）。

Ⅱ式　1件。颈较Ⅰ式短，斜弧腹。

M1039：6，方唇，粗弧颈，斜肩略折，圜底，圈足略外斜。肩有对称双耳。颈部有红、白相间彩绘及白色圈带、点彩。口径 10.8、腹径 18、高 27.8 厘米（图四〇二，2；彩版二三，2；图版七七，3）。

Ⅲ式　4件。

标本 M1015：1，方唇，沿内斜，颈有折，溜肩，圜底，圈足略外撇，足沿残。肩有对称双耳。颈至腹饰九周弦纹，下腹饰斜绳纹。口径 10.6、腹径 17.6、高 24.6 厘米（图四〇二，3）。

标本 M1068：3，方唇，沿内斜，粗弧颈，斜肩，圜底，高圈足较直。肩有对称高立耳。素面。口径 10.3、腹径 18、高 26.4 厘米（图四〇二，4；彩版二三，3；图版七七，4）。

Ⅳ式　2件。圆肩，圆弧腹。

标本 M1042：1，敞口，唇微凸，长弧颈，圜底，圈足外撇，足沿残。肩有对称双耳。颈、肩各饰两周弦纹。口径 11、腹径 18、残高 23 厘米（图四〇二，5；图版七八，1）。

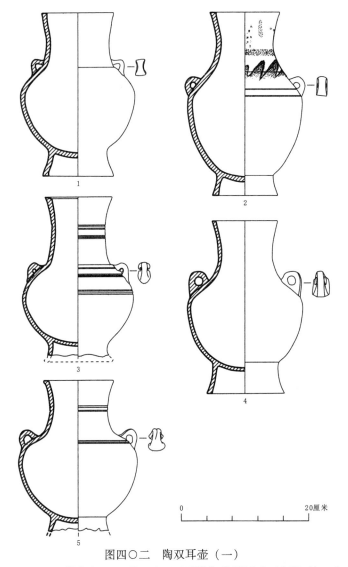

图四〇二　陶双耳壶（一）

1. A 型Ⅰ式（M1041：2）　 2. A 型Ⅱ式（M1039：6）　 3、4. A 型Ⅲ式（M1015：1，M1068：3）　 5. A 型Ⅳ式（M1042：1）

　　B 型　3 件。主要特征是弧颈较短，喇叭形敞口，肩较宽，圈足较矮。分二式。

　　Ⅰ式　1 件。

　　M1114：1，斜肩弧折，斜弧腹，圜底近平，圈足外撇。肩有对称双耳。颈至肩饰五周弦纹。口径 12.3、腹径 18.4、高 24 厘米（图四〇三，1；图版七八，2）。

　　Ⅱ式　2 件。

　　M1101：4，斜肩，弧腹，圜底，圈足残。肩有对称双耳。颈及上腹各饰一周弦纹。口径 14、腹径 21.8、残高 27 厘米（图四〇三，2）。

　　M1235：3，宽圆肩，圆弧腹，凹圜底，圈足外撇。肩有对称方折耳。颈至肩饰三周弦纹。口径 12.4、腹径 23.2、高 28.5 厘米（图四〇三，3；彩版二三，4；图版七八，3）。

　　C 型　2 件，均出自 M1021。

　　标本 M1021：2，敞口，弧颈，圆肩，弧腹，下腹直折呈假圈足状，平底。肩有对称双耳。素面。口径 13.2、腹径 21.4、高 26.8 厘米（图四〇三，4；图版七八，4）。

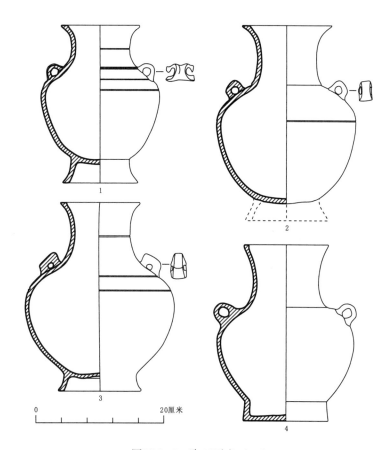

图四〇三 陶双耳壶（二）

1. B 型 I 式（M1114：1）　　2、3. B 型 II 式（M1101：4，M1235：3）　　4. C 型（M1021：2）

一七　鬲

6 件。分四式。

I 式　1 件。

M1079：1，敛口，溜肩，柱状足直立。口沿以下通体饰粗绳纹，腹两周抹刮弦纹。口径 20.8、腹径 26.6、高 25 厘米（图四〇四，1；图版七九，1）。

II 式　2 件。敛口，斜折沿，束颈，腹较深，底较平。

M1041：1，短束颈，斜圆肩，弧腹，圜底，宽裆，柱状足直立。肩以下饰粗绳纹，腹抹刮三周弦纹。口径 20.6、腹径 29.4、高 27 厘米（图四〇四，2；图版七九，2）。

M1043：1，斜圆肩，柱状足直立。肩以下饰粗绳纹，腹抹刮两周弦纹。口径 18.4、腹径 28、高 25.6 厘米（图四〇四，3；彩版二四，1；图版七九，3）。

III 式　1 件。

M1040：1，弇口，斜折沿，溜肩，深弧腹，圜底，柱状足直立。颈以下饰粗绳纹，肩以下饰粗绳纹，上腹抹刮三周弦纹。口径 17.6、腹径 25、高 24.8 厘米（图四〇四，4；图版七九，4）。

IV 式　2 件。平折沿，短颈，宽肩，浅腹，裆较宽。

M1206：2，直口，扁弧腹，圜底较平，柱状足直立。肩以下饰粗绳纹。口径 17.2、腹径

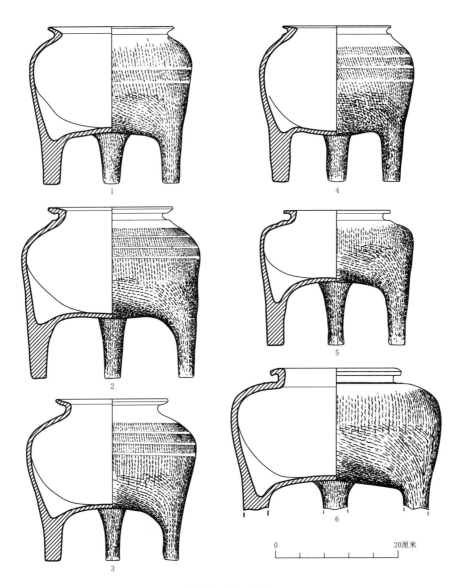

图四〇四　陶鬲

1. Ⅰ式（M1079：1）　 2、3. Ⅱ式（M1041：1，M1043：1）　 4. Ⅲ式（M1040：1）　 5、6. Ⅳ式（M1206：2，M1226：1）

24.8、高 21.4 厘米（图四〇四，5；彩版二四，2；图版八〇，1）。

M1226：1，直口，卷沿，宽圆肩，弧腹，圜底较平，柱状足直立，足残。颈以下饰粗绳纹，肩有两周凹弦纹。口径 21.4、腹径 34.2、高 22.4 厘米（图四〇四，6；图版八〇，2）。

一八　簋

形态明确的 4 件。分三式。

Ⅰ式　2 件。直口，弧壁较深。

M1039：5，口微侈，平沿，口外凹弧，圜底，喇叭状圈足。圈足上有上下交错的三角形镂孔，上下各有四个。有白衣，脱落。口径 20.2、高 15.2 厘米（图四〇五，1；彩版二四，3；图版八〇，3）。

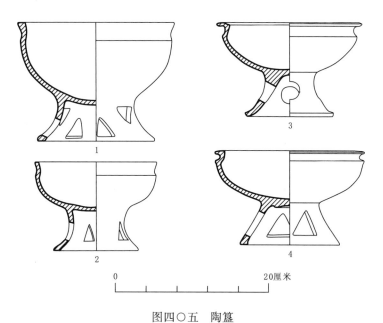

图四○五 陶簋

1、2. I式（M1039:5，M1085:2） 3. II式（M1042:2） 4. III式（M1006:5）

M1085:2，直口微弧，口外凹弧，圜底，高圈足外撇。圈足周围有五个三角形镂孔。口径15.4、高11.4厘米（图四○五，2；图版八○，4）。

II式 1件。平折沿，

M1042:2，敛口，平折沿微弧，束颈，腹较浅。圜底，喇叭形高圈足。圈足上等列四个圆形镂孔。口径19、高12厘米（图四○五，3；图版八一，1）。

III式 1件。

M1006:5，短折沿微坠，束颈，腹较浅。圜底，高圈足外张。圈足上等列四个三角形大镂孔。口径19.6、高12厘米（图四○五，4；彩版二四，4；图版八一，2）。

一九 盂

形态明确的20件。根据腹的深浅分二型。

A型 11件。腹较深，圜底。多有绳纹。分五式。

I式 1件。

M1059:1，口微侈，折沿微坠，短弧颈，深弧壁，凹圜底。腹、底饰斜粗绳纹。口径20.2、高12.4厘米（图四○六，1；彩版二五，1；图版八一，3）。

II式 5件。斜弧壁，腹较I式浅。分二亚式。

IIa式 2件。

标本M1238:2，平折沿，短弧颈，窄圆肩，弧壁，凹圜底。腹、底饰粗绳纹。口径15.7、高8.2厘米（图四○六，2；图版八一，4）。

IIb式 3件。形体较小。

标本M1108:5，侈口，窄平折沿，短弧颈，凹圜底。腹、底饰粗绳纹。口径17.4、高8.6厘米（图四○六，3；图版八一，5）。

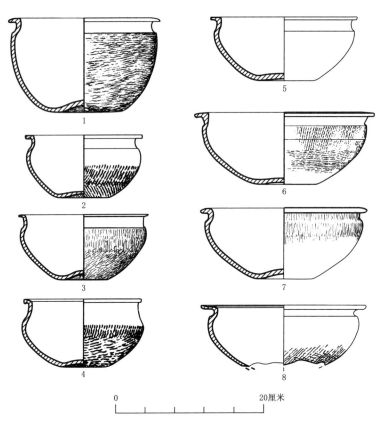

0　　　　　　　　　　　　　　　　　　20厘米

图四〇六　陶盂（一）

1. A型Ⅰ式（M1059：1）　　2. A型Ⅱa式（M1238：2）　　3、4. A型Ⅱb式（M1108：5，M1191：2）
5. A型Ⅲ式（M1079：2）　　6、7. A型Ⅳ式（M1002：2，M1060：1）　　8. A型Ⅴ式（M1228：3）

标本 M1191：2，直口微敛，斜折沿，短弧颈，窄肩，凹圜底。腹、底饰粗绳纹。口径16、高9厘米（图四〇六，4；图版八一，6）。

Ⅲ式　1件。

M1079：2，直口，平折沿，短弧颈，斜弧壁较深，圜底微凹。素面。口径19.4、高8.4厘米（图四〇六，5；图版八二，1）。

Ⅳ式　2件。束颈，斜壁，凹圜底。

M1002：2，直口，宽平折沿微坠。上腹饰竖粗绳纹和一周弦纹，下腹饰横绳纹。口径23.8、高9.6厘米（图四〇六，6；图版八二，2）。

M1060：1，口微侈，折沿微坠。颈及上腹隐见竖绳纹。口径22、高9.4厘米（图四〇六，7；图版八二，3）。

Ⅴ式　2件。

标本 M1228：3，宽折沿，沿面饰一周弦纹。短弧颈，窄肩，弧壁。底残。下腹饰中绳纹。口径22、残高8厘米（图四〇六，8；图版八二，4）。

B型　9件。平底。素面。分五式。

Ⅰ式　1件。

M1008：1，直口，折沿微坠，短颈，弧壁较浅，平底圆转。素面。口径21.5、高6.2厘米（图四○七，1；图版八二，5）。

Ⅱ式　1件。

M1011：1，敛口，折沿略坠，短斜颈，平底圆转。口径23.6、高9厘米（图四○七，2；图版八二，6）。

Ⅲ式　2件。折沿略外翻，斜直壁，平底较小。

M1040：5，直口，短颈。口径20.4、高7厘米（图四○七，3；图版八三，1）。

M1206：1，直口，短直颈，斜直壁近底微凹。口径18.4、高8厘米（图四○七，4；图版八三，2）。

Ⅳ式　3件。

M1025：4，直口，平折沿微坠，短直颈。口径20.8、高7.7厘米（图四○七，5；图版八三，3）。

M1068：1，直口，宽平折沿，短弧颈，斜弧壁较深，平底微凹。素面。口径15.1、高8.3厘米（图四○七，6；图版八三，4）。

M1235：5，平折沿微卷，短弧颈，窄肩。口径20.6、高8.3厘米（图四○七，7；彩版二五，2；图版八三，5）。

Ⅴ式　2件。

标本M1069：2，口微敛，斜折沿，短颈，斜壁较浅，平底。素面。口径19.2、高5.4厘米（图四○七，8；图版八三，6）。

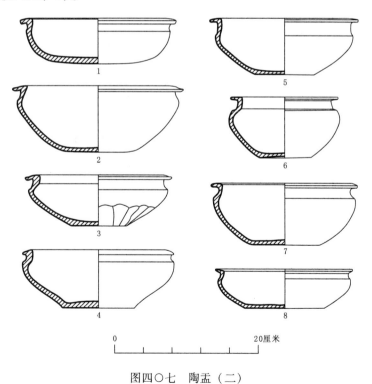

图四○七　陶盂（二）

1. B型Ⅰ式（M1008：1）　　2. B型Ⅱ式（M1011：1）　　3、4. B型Ⅲ式（M1040：5，M1206：1）

5～7. B型Ⅳ式（M1025：4，M1068：1，M1235：5）　　8. B型Ⅴ式（M1069：2）

二○　高柄豆

形态明确的 112 件。高柱柄，根据豆盘和圈足的差异分七型。

A 型　7 件。主要特征是弧壁盘，喇叭形圈足。分三式。

Ⅰ式　1 件。

M1238：3，敞口较直，圈足较小。口径 13.4、高 15.5 厘米（图四○八，1；图版八四，1）。

Ⅱ式　3 件。敞口，斜弧壁盘。

标本 M1057：11，盘较浅。口径 14.6、高 17.6 厘米（图四○八，2；图版八四，2）。

标本 M1086：7，盘较深。口径 15.4、高 17 厘米（图四○八，3）。

Ⅲ式　3 件。口微敛，圆弧壁，圈足较低平。

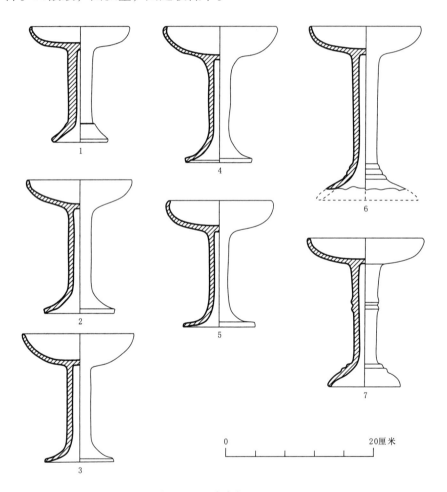

图四○八　陶高柄豆（一）

1. A 型Ⅰ式（M1238：3）　　2、3. A 型Ⅱ式（M1057：11，M1086：7）　　4、5. A 型Ⅲ式（M1001：1，
M1052：11）　　6. B 型Ⅰ式（M1245：6）　　7. B 型Ⅱ式（M1115：2）

标本 M1001：1，足沿内饰一周弦纹。口径 15.2、高 17.8 厘米（图四○八，4；图版八四，3）。

标本 M1052：11，圈足低平。口径 13.6、高 16.6 厘米（图四○八，5）。

B 型　2 件。主要特征是敞口，浅弧壁盘，圈足呈台棱状。分二式。

Ⅰ式　1 件。

M1245∶6，圈足残。柄与圈足交界处有三道台棱状凸箍。口径 15、残高 21.6 厘米（图四○八，6；图版八四，4）。

Ⅱ式　1 件。

M1115∶2，柄中腰有两道凸箍，呈竹节状；盖状高圈足，圈足转折处也有两圈台棱状凸箍。口径 15.6、高 19.6 厘米（图四○八，7；图版八五，1）。

C 型　19 件，主要特征是敞口，弧壁盘，盖状圈足。分四式。

Ⅰ式　4 件。圈足较小。分二亚式。

Ⅰa 式　2 件。同出于 M1138，略有差异。

M1138∶7，浅平盘。口径 12.8、高 14.4 厘米（图四○九，1；图版八五，2）。

M1138∶8，盘较深。口径 12.4、高 14.6 厘米（图四○九，2）。

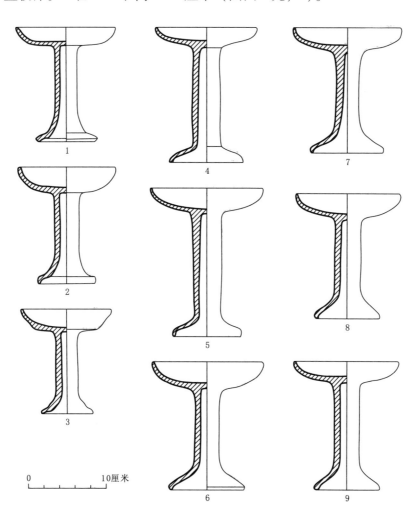

图四○九　陶高柄豆（二）

1、2. C 型 Ⅰa 式（M1138∶7，M1138∶8）　3. C 型 Ⅰb 式（M1144∶1）　4、5. C 型 Ⅱ式（M1198∶5，M1243∶2）　6～9. C 型 Ⅲ式（M1115∶4，M1142∶5，M1198∶6，M1247∶2）

Ⅰb式　2件。

标本 M1144：1，斜壁盘底边弧折，小圈足。口径 12.4、高 14.6 厘米（图四〇九，3）。

Ⅱ式　3件。浅盘，盖边有折。

标本 M1198：5，口径 12.8、高 17 厘米（图四〇九，4）。

标本 M1243：2，盖状圈足边缘弧折。口径 14.2、高 18.5 厘米（图四〇九，5；图版八五，3）。

Ⅲ式　9件。敞口，弧壁，浅盘，圈足弧形转折。

标本 M1115：4，口径 14.2、高 16 厘米（图四〇九，6）。

标本 M1142：5，口径 14、高 15.8 厘米（图四〇九，7）。

标本 M1198：6，圈足边缘微勾。口径 13.5、高 15.6 厘米（图四〇九，8）。

标本 M1247：2，圈足边缘微勾。口径 13.6、高 16 厘米（图四〇九，9；图版八五，4）。

Ⅳ式　3件。敞口，浅弧壁盘。喇叭形圈足，断面呈鹅头形。分二亚式。

Ⅳa式　1件。

M1006：2，圈足边缘直折。口径 15.2、高 16 厘米（图四一〇，1；图版八六，1）。

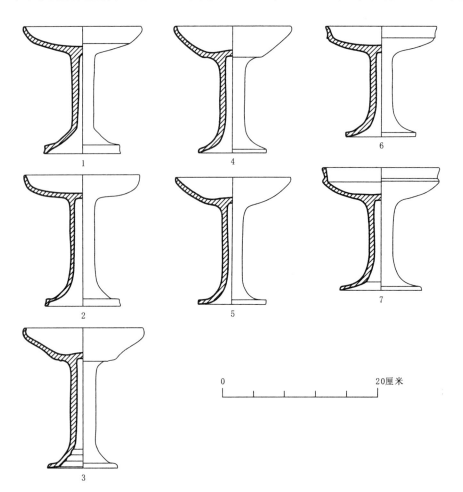

图四一〇　陶高柄豆（三）

1. C 型Ⅳa 式（M1006：2）　　2. C 型Ⅳb 式（M1230：4）　　3、4. D 型Ⅰ式（M1060：2，M1060：3）
5. D 型Ⅱ式（M1068：4）　　6. E 型Ⅰ式（M1067：5）　　7. E 型Ⅱ式（M1101：2）

Ⅳb 式　2 件。均出自 M1230。

标本 M1230：4，圈足边缘斜折呈盖状。口径 15、高 16.6 厘米（图四一〇，2）。

D 型　4 件。主要特征是斜直壁盘，喇叭状圈足。分二式。

Ⅰ式　3 件。盘外壁底部有折。

标本 M1060：2，口微敛，斜壁盘微内瘪，口、底圆折，平底微凸，圈足边缘平伸。口径 15.6、高 17.6 厘米（图四一〇，3）。

标本 M1060：3，敞口，平底微凸。口径 15.2、高 16 厘米（图四一〇，4；图版八六，2）。

Ⅱ式　1 件。

M1068：4，敞口，圈足低平。口径 15、高 16 厘米（图四一〇，5）。

E 型　17 件。折壁盘，喇叭状圈足，分四式。

Ⅰ式　2 件。

标本 M1067：5，敞口，折壁浅盘，喇叭形圈足。口径 14.2、高 14 厘米（图四一〇，6；图版八六，3）。

Ⅱ式　1 件。

M1101：2，敞口较直，盘转折处向外凸出，柱柄略弧，喇叭形圈足低平。口径 15、高 15.4 厘米（图四一〇，7；图版八六，4）。

Ⅲ式　11 件。敞口，斜折壁，喇叭形圈足较低。

标本 M1035：4，浅盘。豆柄呈螺旋状盘筑。口径 16、高 18 厘米（图四一一，1；图版八七，1）。

标本 M1071：1，细高柄中腰微鼓。口径 14.3、高 21.3 厘米（图四一一，2；图版八七，2）。

标本 M1123：3，高柱柄。器身有红、白彩，脱落。口径 15.4、高 16 厘米（图四一一，3）。

Ⅳ式　3 件。折壁，浅平盘，圈足低平，边缘微翘。

标本 M1049：3，斜折壁盘，圈足边缘直折。口径 16、高 14.7 厘米（图四一一，4；图版八七，3）。

标本 M1102：3，直口微侈，斜折壁盘。口径 15.2、高 16.6 厘米（图四一一，5）。

F 型　23 件。主要特征是敞口，折壁浅盘，盖状大圈足边缘低平。不分式。

标本 M1036：2，圈足边缘斜折。口径 16、高 17.6 厘米（图四一一，6）。

标本 M1037：4，直口微侈，口径 15、高 17.9 厘米（图四一一，7；图版八七，4）。

标本 M1053：8，圈足边缘斜折。口径 15.6、高 17.8 厘米（图四一一，8）。

标本 M1056：2，圈足较宽，边缘向内斜折。口径 14.4、高 16.2 厘米（图四一一，9）。

G 型　40 件。主要特征是折壁浅盘，盖状大圈足边缘斜折呈浅盘状。分三式。

Ⅰ式　10 件。敞口微侈，圈足边缘凹弧形转折。

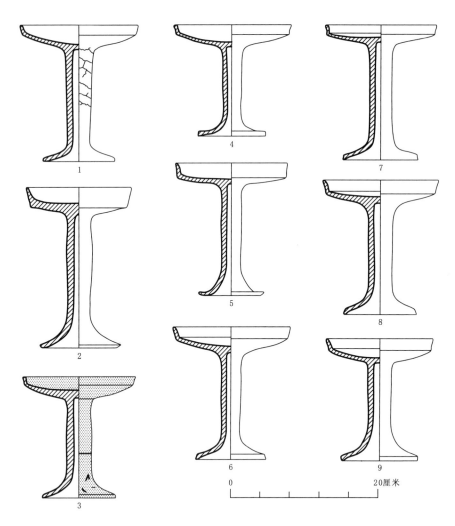

图四一一　陶高柄豆（四）

1～3. E 型Ⅲ式（M1035∶4，M1071∶1，M1123∶3）　4、5. E 型Ⅳ式（M1049∶3，M1102∶3）

6～9. F 型（M1036∶2，M1037∶4，M1053∶8，M1056∶2）

标本 M1013∶3，口内外及豆柄、圈足上先涂黑衣，黑衣上施白彩；口内外及圈足上白彩呈宽带状，豆柄上白彩呈螺旋状。口径 16.4、高 17 厘米（图四一二，1；图版八八，1）。

标本 M1227∶1，壁微内弧，柄上端略粗。口径 15.7、高 18.8 厘米（图四一二，2）。

Ⅱ式　28 件。敞口微侈，圈足低平，边缘斜弧折，断面呈鹅头形。

标本 M1019∶3，敞口较直，平盘。口径 15.2、高 17.3 厘米（图四一二，3；图版八八，2）。

标本 M1027∶9，口径 15.4、高 16.2 厘米（图四一二，4）。

标本 M1236∶2，柄上端略粗。口径 15.4、高 19.6 厘米（图四一二，5）。

Ⅲ式　2 件。同出于 M1029。

标本 M1029∶5，敞口微侈，折壁浅平盘，高柱柄，盖状圈足较宽而低平，边缘呈台棱状斜折。口径 16、高 18 厘米（图四一二，6；图版八八，3）。

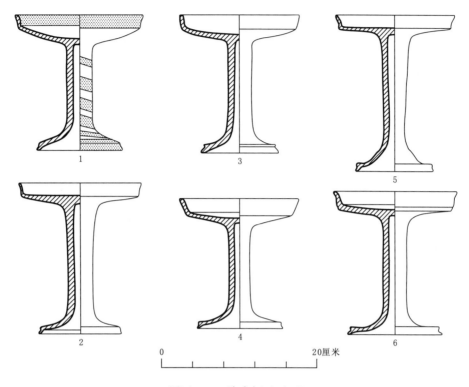

图四一二　陶高柄豆（五）

1、2. G 型 I 式（M1013∶3，M1227∶1）　3～5. G 型 II 式（M1019∶3，M1027∶9，M1236∶2）　6. G 型 III 式（M1029∶5）

二一　矮柄豆

形态明确的有 47 件。主要依据豆盘和圈足的差异分五型。

A 型　6 件。主要特征是敞口，弧壁盘，喇叭状小圈足。分三式。

I 式　1 件。

M1108∶3，矮弧形柄。口径 14.8、高 11.2 厘米（图四一三，1；图版八八，4）。

II 式　4 件。圈足略有折。

标本 M1205∶1，矮柱柄。口径 13.3、高 12.4 厘米（图四一三，2）。

标本 M1221∶1，矮弧形柄。口径 13.6、高 10.7 厘米（图四一三，3；图版八九，1）。

III 式　1 件。

M1101∶3，弧壁盘较浅，矮弧形柄。口径 14.8、高 11.2 厘米（图四一三，4；图版八九，2）。

B 型　30 件。主要特征是弧壁盘，喇叭状圈足较宽。分五式。

I 式　3 件。矮柱柄，圈足转折明显，呈漏斗形。分二亚式。

I a 式　1 件。

M1108∶6，敞口，盘较深。口径 16、高 16 厘米（图四一三，5；图版八九，3）。

I b 式　2 件。

标本 M1002∶1，敞口。浅弧壁盘，口径 15.2、高 12 厘米（图四一三，6）。

图四一三　陶矮柄豆（一）

1. A 型 I 式（M1108：3）　2、3. A 型 II 式（M1205：1，M1221：1）　4. A 型 III 式（M1101：3）　5. B 型 I a 式
（M1108：6）　6. B 型 I b 式（M1002：1）　7、8. B 型 II a 式（M1003：3，M1050：21）　9. B 型 II b 式（M1004：3）
10. B 型 III 式（M1235：4）　11. B 型 IV 式（M1048：5）　12. B 型 V 式（M1026：3）

II 式　15 件。圈足与柄呈圆弧形交接。分二亚式。

II a 式　13 件。圈足较大。

标本 M1003：3，口微敛，矮弧形柄，圈足较高。口径 17.8、高 14.2 厘米（图四一三，7；图
版八九，4）。

标本 M1050：21，敞口，盘较宽，矮弧形柄。口径 18、高 13.6 厘米（图四一三，8）。

II b 式　2 件。

标本 M1004：3，敞口，矮弧形柄，喇叭形圈足较小。口径 15.6、高 12.1 厘米（图四一三，
9）。

Ⅲ式　8件。盘壁较斜直，口微敛。

标本 M1235：4，直口，圆唇，矮柱柄。口径 16、高 13.5 厘米（图四一三，10；图版八九，5）。

Ⅳ式　2件。

标本 M1048：5，敞口，弧壁盘较深，矮柱柄略高，喇叭形圈足。口径 15.7、高 15 厘米（图四一三，11；图版八九，6）。

Ⅴ式　2件。

标本 M1026：3，口较直，弧壁盘，矮柱柄，喇叭形高圈足折转。口径 16、高 16 厘米（图四一三，12；图版九〇，1）。

C 型　3件。主要特征是浅弧壁盘，盖状小圈足。分二式。

Ⅰ式　2件。同出于 M1105。

标本 M1105：6，敞口，弧壁盘，矮柱柄，盖状圈足边缘斜折。口径 14.8、高 13.2 厘米（图四一四，1；图版九〇，2）。

Ⅱ式　1件。

M1128：1，敞口，浅弧壁盘，矮弧形柄，盖状圈足低平。口径 13.4、高 12.4 厘米（图四一四，2）。

D 型　6件。主要特征是弧壁盘，圈足低平。分二式。

Ⅰ式　4件。柱状柄。

标本 M1010：5，敞口，浅弧壁盘。口径 15.2、高 14 厘米（图四一四，3；图版九〇，3）。

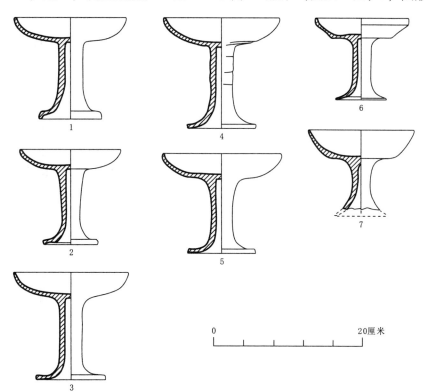

图四一四　陶矮柄豆（二）

1. C 型Ⅰ式（M1105：6）　2. C 型Ⅱ式（M1128：1）　3、4. D 型Ⅰ式（M1010：5，M1036：1）
5. D 型Ⅱ式（M1058：6）　6. E 型Ⅰ式（M1030：2）　7. E 型Ⅱ式（M1227：6）

标本 M1036：1，敞口，矮柱柄略凹弧。口径 15.2、高 14.4 厘米（图四一四，4）。

Ⅱ式　2件。均出自 M1058。

标本 M1058：6，敞口，浅弧壁盘，矮柱柄。口径 15.8、高 13 厘米（图四一四，5；图版九〇，4）。

E 型　2件。主要特征是敞口，斜直壁，折平底，喇叭形圈足。形体较小。分二式。

Ⅰ式　1件。

M1030：2，矮柱柄，圈足低平。口径 12.6、高 12.6 厘米（图四一四，6）。

Ⅱ式　1件。

M1227：6，盘较深。矮束腰柄，圈足残。口径 14.4、残高 10.4 厘米（图四一四，7）。

第三节　部分铜器及玻璃璧型式分析

一　铜剑

形态明确的 39 件。根据各部位差异分四型，不分式（表一三）。

A 型　12件。为扁茎短剑。分二亚型。

Aa 型　9件。剑身菱形脊。

M1108：1，深绿色。茎与剑身一体，截刃成茎，茎下端一孔残。刃缘崩缺。残长 39.3 厘米（图四一五，1；图版九一，1）。

M1137：1，灰绿色。茎与剑身一体，截刃成茎，茎后部中间有一圆孔。长 28 厘米（图四一五，2；图版九一，2）。

M1137：2，墨绿色。扁茎较短，茎后部有一方孔，茎两侧有五道竖棱。前锋略残。残长 25.2 厘米（图四一五，8；图版九一，3）。

M1144：2，剑身黑色，剑柄绿色。剑柄由宽格和柄组成，连为一体。宽格断面呈菱形，平面呈梯形，一面铸两排上下交错的三角凹纹，另一面铸涡纹。剑柄呈帚尾形，一面主要为三角凹纹，另一面上段为回纹，下段为涡纹。剑柄套在剑扁茎上，剑柄与扁茎上有一透孔。通长 31.8 厘米（图四一六；彩版二五，3、4；图版九一，4、5）。

表一三	铜剑登记表							单位：厘米
型式	主要特征	墓号：器号	颜色	通长	身长	茎长	身宽	脊形	备注
Aa	扁茎	M1108：1	深绿	残39.3	31.7	7.6	3.8	菱形	刃略残
Aa	扁茎	M1137：1	灰绿	28			2.6	菱形	
Aa	扁茎	M1137：2	墨绿	残25.2	21.4	3.8	3.2	菱形	刃及前锋略残
Aa	扁茎，宽格	M1144：2	黑	31.8	19.2	12.6	3.2	菱形	
Aa	扁茎，宽格	M1153：2	粉绿	残13.1			3.8	菱形	残甚

续表一三

型式	主要特征	墓号：器号	颜色	通长	身长	茎长	身宽	脊形	备注
Aa	扁茎，宽格	M1160：1	暗绿	残19.7	16.6	3.1	2.4	菱形	残甚
Aa	扁茎	M1170：1	灰绿	残21.7	18	3.7	3	菱形	刃残
Aa	扁茎	M1199：2	灰黑	残28.7	22.8	5.9	3.4	菱形	刃及前锋残
Aa	扁茎	M1249：4	绿	残10.4			3.4	菱形	残甚
Ab	扁茎，宽格	M1105：1	粉绿	残26.5	20.4	6.1	3.4	凸棱形	刃残
Ab	扁茎	M1123：1	绿	残24.6	19.4	5.2	2.6	凸棱形	双色，残
Ab	扁茎	M1148：2	黑	残23.4	17	6.4	3	凸棱形	刃及前锋残
B	空首，"一"字格	M1010：1	灰绿	残59.5	50.5	9	4.8	菱形	前锋略残
B	空首，"一"字格	M1020：1	银青	残45	35.4	9.6	4.6	菱形	前锋残
B	空首，"一"字格	M1021：1	灰绿	残48.6	40	8.6	4.4	菱形	残甚
B	空首，"一"字格	M1025：2	灰绿	50	41.2	8.8	4.2	菱形	残甚
B	空首，"一"字格	M1033：3	深绿	残44.7	38	6.7	4.4	菱形	刃及首残
B	空首，"一"字格	M1045：1	青黑	残52.8	44	8.8	4.4	菱形	断为五节
B	空首，"一"字格	M1053：14	墨绿	53.6	44.6	9	4.2	菱形	残存剑鞘
B	空首，"一"字格	M1066：13	灰绿	43	34.6	8.4	3.4	菱形	
B	空首，"一"字格	M1115：1	深绿	残47.4	38	9.4	3.6	菱形	刃及首残
B	空首，"一"字格	M1165：19	铁灰	46.8	38.4	8.4	3.6	菱形	
B	空首，"一"字格	M1171：1	黑	残47	38.2	8.8	4.4	菱形	前锋残
B	空首，"一"字格	M1173：5	灰黑	47	37.8	9.2	4	菱形	首残
B	空首，"一"字格	M1184：6	墨绿	44.5	35.3	9.2	4.2	菱形	刃及首残
B	空首，"一"字格	M1193：1	墨绿	47.8	38.8	9	4.2	菱形	
B	空首，"一"字格	M1195：3	黑	复原34.4	25.6	8.8	4.2	菱形	短身剑，残甚
B	空首，"一"字格	M1248：11	灰黑	残42.4	35.6		3.8	梭形	残甚
B	空首，"一"字格	M1249：1	灰绿	残38.4	34		3.4	菱形	残甚
C	双箍，"凹"字格	M1022：1	墨绿	54	45.2	8.8	4	菱形	
C	双箍，"凹"字格	M1027：1	灰黑	残57	49	8	4.8	菱形	残甚
C	双箍，"凹"字格	M1035：5	墨绿	残56	48	8	4.5	菱形	残存剑鞘，残
C	双箍，"凹"字格	M1050：1	墨绿	残65.2	57	8.2	4	菱形	首残
C	双箍，"凹"字格	M1052：2	墨绿	残56.5	47.5	9	4.6	菱形	残存剑鞘，残
C	双箍，"凹"字格	M1153：1	灰绿	残44.2	36.6	7.6	3.6	菱形	残甚
C	双箍，"凹"字格	M1161：5	黑	残49.8	41.4	8.4	4.4	菱形	首残
C	双箍，"凹"字格	M1175：1	青黑	44.2	35.8	8.4	4.2	菱形	刃略残
C	双箍，"凹"字格	M1198：1	墨绿	残43.4	38.8	8	4	菱形	前锋及首残
D	扁茎，"凹"字格	征集：1	绿	残37.3	28.9	8.4	3.8	菱形	残

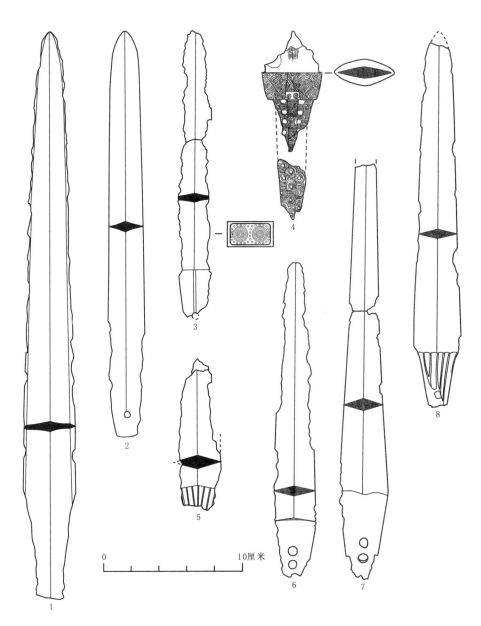

图四一五　Aa 型铜剑
1. M1108：1　2. M1137：1　3. M1160：1　4. M1153：2　5. M1249：4　6. M1170：1　7. M1199：2　8. M1137：2

　　M1153：2，粉绿色。残甚，仅残存剑格和剑茎两段。剑格及剑茎花纹繁缛，宽格平面呈梯形，断面呈菱形，两侧铸云雷纹，中间铸三角纹和卷云纹。茎略呈椭圆形，前部两侧铸云雷纹及深方孔（未钻透），中间铸圆弧纹，后部铸乳突状重圈纹。剑身菱形脊两侧亦有云雷纹。两面纹饰相同。残长约 13.1 厘米（图四一五，4）。

　　M1160：1，暗绿色。茎宽扁，茎有菱形脊，下方中间一孔残。茎与身之间有活动宽格，格两面各饰四个重圈纹，重圈纹周围为联珠纹。残甚。残长 19.7 厘米（图四一五，3）。

　　M1170：1，灰绿色。茎宽扁，与剑身相连，下部有三孔。残。残长 21.7 厘米（图四一五，6）。

M1199：2，灰黑色。茎宽扁，与剑身相连，下部有两孔。残。残长28.7厘米（图四一五，7；图版九一，6）。

M1249：4，绿色。身、茎均残。茎宽扁，双面铸有竖棱。残长10.4厘米（图四一五，5）。

Ab 型　3件。剑身凸棱脊，两侧有血槽。

M1105：1，粉绿色。茎前宽后窄，中间纵列两孔，面上有六道纵棱。茎与身之间有宽格，格内残存有夹缚木片；格双面各有五个重圈纹，边上有联珠纹。刃缘崩残。残长26.5厘米（图四一七，3）。

M1123：1，双色剑，剑脊为翠绿色，余为绿色。茎与剑身为一体，有凸棱脊，茎中部一侧及下段中间各有一孔，均略残。剑脊刃及前锋残。残长24.6厘米（图四一七，1）。

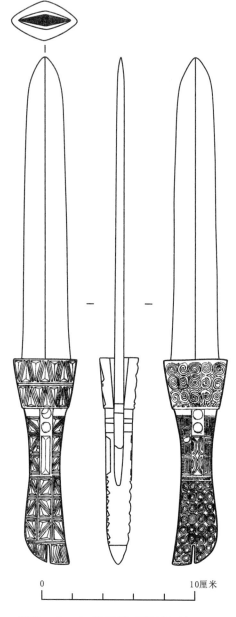

0　　　　　　　　　　10厘米

图四一六　Aa 型铜剑（M1144：2）

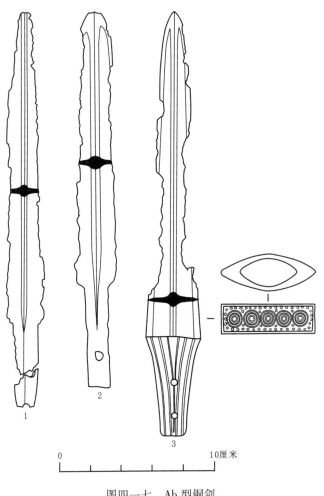

图四一七　Ab 型铜剑
1. M1123：1　2. M1148：2　3. M1105：1

　　M1148：2，黑色。茎较窄，有一卵形孔。刃缘崩残。残长 23.4 厘米（图四一七，2；图版九二，1）。

　　B 型　17 件。主要特征是圆空茎，璧形首，"一"字形窄格。剑身菱形脊。

　　标本 M1010：1，灰绿色。圆茎前实后空。前锋残。长 59.5 厘米（图四一八，1；图版九二，2）。

　　标本 M1045：1，青黑色。圆茎前实后空。残长 52.8 厘米（图四一八，2）。

　　标本 M1053：14，墨绿色。圆茎前实后空。剑身残留有剑鞘印痕。长 53.6 厘米（图四一八，3；彩版二五，5；图版九二，3）。

　　标本 M1066：13，灰绿色。圆茎前实后空，后部有一塞，塞内空间填充棉麻物。刃崩残。长 43 厘米（图四一八，4；图版九二，4）。

　　标本 M1165：19，铁灰色。圆锥柱形茎。长 46.8 厘米（图四一八，5；彩版二六，1；图版九二，5）。

　　标本 M1193：1，墨绿色。圆弧形茎，剑身较薄。长 47.8 厘米（图四一八，6；图版九二，6）。

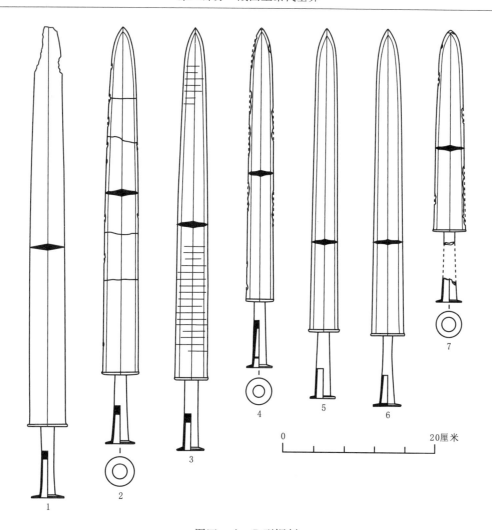

图四一八　B 型铜剑

1. M1010∶1　2. M1045∶1　3. M1053∶14　4. M1066∶13　5. M1165∶19　6. M1193∶1　7. M1195∶3

标本 M1195∶3，黑色。茎残，剑身较短，斜刃缘崩残。复原长 34.4 厘米（图四一八，7；图版九三，1）。

C 型　9 件。主要特征是圆实茎有双箍，喇叭形首，"凹"字形宽格。剑身菱形脊。

标本 M1022∶1，墨绿色。长 54 厘米（图四一九，1；彩版二六，2；图版九三，2）。

标本 M1027∶1，灰黑色。首残，箍上铸有三周凹槽，原应有镶嵌物，脱落。剑格双面铸有菱形纹和变形鸟纹，原也应有镶嵌物，亦脱落。刃及前锋残。残长 57 厘米（图四一九，6；图版九三，3、4）。

标本 M1035∶5，墨绿色。首及前锋残。剑身残留有剑鞘印痕。残长 56 厘米（图四一九，2；图版九三，5）。

标本 M1050∶1，墨绿色。首残。残长 65.2 厘米（图四一九，5；图版九三，6）。

标本 M1161∶5，黑色。首残。残长 49.8 厘米（图四一九，3；图版九四，1）。

标本 M1175∶1，青黑色。长 44.2 厘米（图四一九，4；图版九四，2）。

D 型　1 件。

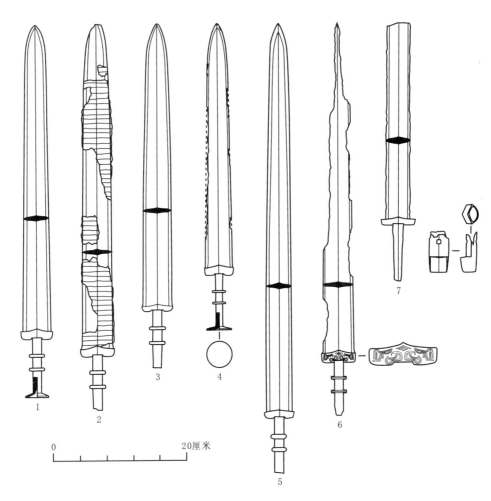

图四一九 C、D 型铜剑
1~6. C 型（M1022∶1，M1035∶5，M1161∶5，M1175∶1，M1050∶1，M1027∶1）   7. D 型（征集∶1）

　　征集∶1，该器为 1992 年于窑头征集的出土文物。绿色。窄扁茎，"凹"字形格。套箍中空，上部呈菱形，中脊两面各有一方孔，下部呈台状伸出。剑身菱形脊，前锋残。剑残长 37.3、套箍长 6 厘米（图四一九，7；彩版二六，3；图版九四，3）。

二　铜戈

　　形态明确的有 19 件。分四型，不分式（表一四）。

表一四　　　　　　　　　　　　　　　　铜戈登记表　　　　　　　　　　　　　单位：厘米

型式	主要特征	墓号∶器号	颜色	通长	援长	内长	胡高	脊形	备注
A	援、内均狭长	M1144∶4	绿	25	14.2	10.8	残 8	棱形	胡残
A	援、内均狭长	M1248∶9	灰绿		残 12.8			棱形	残甚
A	援、内均狭长	M1248∶10	灰绿		残 14.1			棱形	残甚
B	长援、内，内有瓦槽	M1165∶1	铁灰	29.3	17.2	12.1	12	棱形	

续表一四

型式	主要特征	墓号：器号	颜色	通长	援长	内长	胡高	脊形	备注
B	长援、内，内有瓦槽	M1165：2	铁灰	29.3	17.2	12.1	12	梭形	
B	长援、内，内有瓦槽	M1249：3	灰绿	残26.5	残15.3	11.2	残8.1	菱形	援、胡残
C	短援，长方宽内	M1010：2	灰绿	残20.2	12.2	8	残5.6	菱形	残甚
C	短援，长方宽内	M1053：13	墨绿						残甚
C	短援，长方宽内	M1066：10	墨绿	残14.8	残5.8	9	11.6	菱形	援残
C	短援，长方宽内	M1165：17	铁灰	19.1	11.1	8	11	梭形	略残
C	短援，长方宽内	M1165：18	铁灰	19.1	11.1	8	11	梭形	略残
C	短援，长方宽内	M1184：4	灰黑	残21.6	残11.8	9.8	残8.6	菱形	援、胡残
C	短援，长方宽内	M1243：8	灰绿	残19.4			残5.7	梭形	援、胡残
D	内有刃	M1027：2	灰绿	29.5	17.3	12.2	13.8	菱形	略残
D	内有刃	M1033：6	墨绿	26.3	16.7	9.6	11.3	梭形	略残
D	内有刃	M1035：6	翠绿	24.4	15.4	9	10.2	梭形	略残
D	内有刃	M1039：2	灰绿	26.9	16.1	10.8	12.2	梭形	略残
D	内有刃	M1050：3	深绿	24.2	15.2	9	11.2	菱形	略残
D	内有刃	M1052：1	墨绿	24	15.6	8.4	12.5	平脊	略残

A 型 3 件。主要特征是援、内均狭长，援为梭形脊。

M1144：4，绿色。援前部略下弧，内上有一宽穿；胡下部残，可见三穿。援、内通长25、胡高 8 厘米（图四二〇，1；图版九四，4）。

M1248：9、M1248：10，为完全相同的一对。昂援较长而窄，胡及内均残。残长 14.1 厘米（图四二〇，2、3；图版九四，5）。

B 型 3 件。主要特征是长援、长内均较 A 型宽，援为菱形脊或梭形脊。内双面有瓦沟形槽 2~3 道，上下有刃。

标本 M1165：1，铁灰色。昂援，梭形脊，内后翘，前部中间有一穿，中、后部双面呈两道瓦沟状深槽；长胡，阑侧仅一穿。援、内通长 29.3，胡高 12 厘米（图四二〇，4；图版九四，6）。

标本 M1249：3，灰绿色。残甚。援上扬，菱形脊。内后翘，前部中间有一"T"形方孔，后部双面各三道瓦沟形凹槽。胡残。援、内残长 26.5，胡残高 8.1 厘米（图四二〇，5；图版九五，1）。

C 型 7 件。主要特征是短援，长方形宽内。

标本 M1066：10，墨绿色。昂援，菱形脊，前锋残；内上有两个长穿；长胡，阑侧有三穿。援、内残通长 14.8、胡高 11.6 厘米（图四二〇，7；图版九五，2）。

标本 M1165：17，铁灰色。质劣，轻薄，为明器。昂援，梭形脊，内上有一长方穿；胡较短，阑侧有二穿。援、内通长 19.1，胡高 11 厘米。M1165：18 与该器为同模所制，内后残（图四二〇，8；图版九五，3）。

标本 M1184：4，灰黑色。直援，菱形脊，直内上有一穿；短胡，阑侧有三穿。援、内、胡均略残。援、内残通长 21.6、胡残高 8.6 厘米（图四二〇，6）。

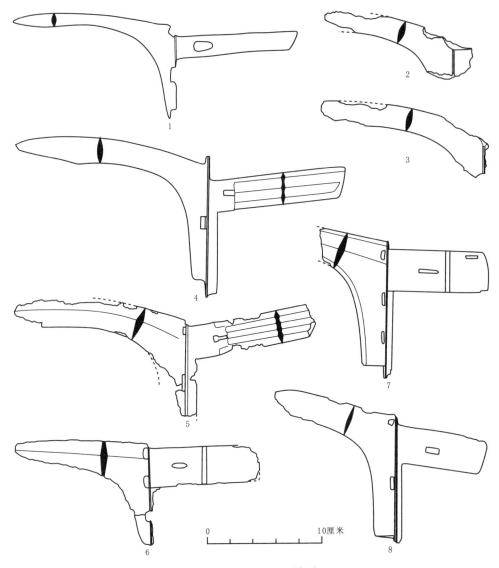

图四二○　A、B、C 型铜戈

1～3.A 型（M1144：4，M1248：9，M1248：10）　　4、5.B 型（M1165：1，M1249：3）　　6～8.C 型（M1184：4，M1066：10，M1165：17）

D 型　6 件。主要特征是直援或昂援较长，援脊为菱形或梭形；直内三方或两方有刃；长胡有 3～4 穿。

标本 M1033：6，墨绿色。直援，梭形脊，斜刃缘；直内后三方有刃，内中有一长穿；胡较短，阑侧有三穿。援、内残通长 26.3、胡高 11.3 厘米（图四二一，1；彩版二六，4；图版九五，4）。

标本 M1035：6，翠绿色。直援，梭形脊，斜刃缘；直内下方及尾部有刃，内中有一锥形长穿；胡较短，阑侧有三穿。援、内残通长 24.4、胡高 10.2 厘米（图四二一，2；图版九五，5）。

标本 M1039：2，灰绿色。昂援，梭形脊，斜刃缘，前锋略残；直内三方有刃，中后部有一圭形穿；长胡，阑侧有四穿。援、内残通长 26.9、胡高 12.2 厘米（图四二一，3；图版九五，6）。

标本 M1050：3，深绿色。昂援前部略下弧，菱形脊，斜刃缘，断面呈有折棱的菱形；直内较窄，内后有刃，内上有一囊形穿；长胡，阑侧有四穿，略残。援、内残通长 24.2、胡高 11.2 厘米（图四二一，4；彩版二六，5；图版九六，1）。

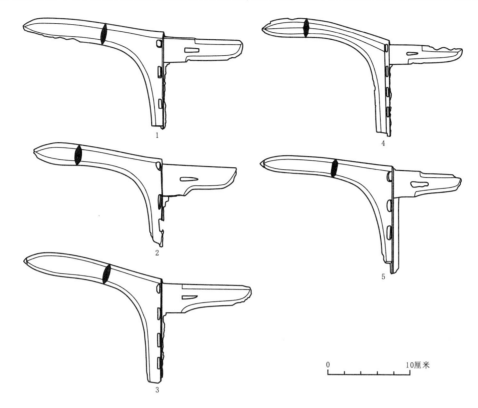

图四二一　D型铜戈
1. M1033：6　2. M1035：6　3. M1039：2　4. M1050：3　5. M1052：1

标本 M1052：1，墨绿色。直援，平脊微弧；内较短，内后段有刃，内上有一长穿；长胡，阑侧有三穿。援、内通长 24，胡高 12.5 厘米（图四二一，5；图版九六，2）。

三　铜戈镈

形态明确的 8 件。分三型，不分式（表一五）。

表一五　　　　　　　　　　　铜戈镈登记表　　　　　　　　　　　单位：厘米

型式	墓号：器号	颜色	形状	高	备注
A	M1027：13	灰黑	下部束腰八边形，有凸箍	残8.6	残甚
A	M1184：5	灰绿	下部束腰八边形，有凸箍	残8.8	銎残
A	M1243：9	灰绿	束腰八边形，有凸箍	残11.7	銎残，凸箍呈抽象鸟形
B	M1035：12	青绿	错金银，下部束腰，有凸箍	14.2	凸箍呈抽象鸟形
B	M1050：9	粉绿	下部束腰，有凸箍	残6.6	残甚
B	M1052：9	翠绿	错金银，下部束腰，有凸箍	残16.6	銎及脚残，体狭长
B	M1058：11	粉绿	错金银，下部束腰，有凸箍	残5.5	残甚
C	M1058：28	深绿	直筒形，三道凸箍	12.4	断面略呈圭形

A 型　3 件。下方呈八棱束腰形，上方有简化鸟形箍。

标本 M1184∶5，灰绿色。鋬残，横断面呈囊形，中有宽箍。残高 8.8 厘米（图四二二，1）。

标本 M1243∶9，灰绿色。鋬部残。鋬下部一面有一椭圆形小孔。抽象鸟形宽箍。残高 11.7 厘米（图四二二，2；图版九六，3）。

B 型　4 件。错金银纹。基本形态同 A 型。

标本 M1035∶12，青绿色。上方呈不规则菱形，中腰有简化鸟形箍，镈底呈凹腰形。镈上满饰卷云纹，或有错金银脱落。高 14.2 厘米（图四二二，3；图版九六，4）。

标本 M1052∶9，翠绿色。体狭长，上宽下窄，上部有一宽箍，器身满刻菱形或卷云纹浅槽，浅槽内错金银，鋬及镈脚略残。残高 16.6 厘米（图四二二，4；图版九六，5）。

标本 M1058∶11，粉绿色。圆形，两端均残。上部束腰，镈下部满饰错银三角形卷云纹。残高 5.5 厘米（图四二二，5；图版九六，6）。

C 型　1 件。直筒形。

M1050∶28，深绿色。上部有三道凸箍，断面略呈圭形。高 12.4 厘米（图四二二，6；图版九六，7）。

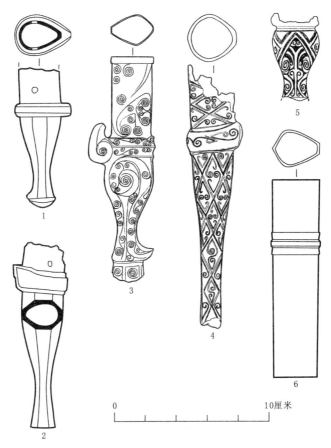

图四二二　铜戈镈

1、2. A 型（M1184∶5，M1243∶9）　3～5. B 型（M1035∶12，M1052∶9，M1058∶11）　6. C 型（M1050∶28）

四　铜矛

形态明确的有 19 件。分二型，不分式（表一六）。

A 型　11 件。叶前部呈菱形脊，后部两侧有深血槽。分二亚型。

Aa 型　7 件。骹前部对应矛叶两侧有 1～3 个鼻纽。

标本 M1161：4，深绿色。骹口部圆形，前部呈双斜面脊直通前锋，骹两侧有双连鼻。略残。残长 25.5 厘米（图四二三，1；图版九七，1）。

标本 M1189：2，深绿色。圆骹，骹两侧有一鼻，鼻及矛叶均残。残长 15 厘米（图四二三，2；图版九七，2）。

标本 M1199：1，墨绿色。骹口部圆形，前部呈双斜面脊直通前锋，骹两侧有三连鼻。鼻及矛叶均残。残长 18.5 厘米（图四二三，3；图版九七，3）。

Ab 型　4 件。骹两侧无鼻纽。

标本 M1115：8，绿色。圆骹残，骹口部圆形，前部呈双斜面脊直通前锋。叶略残。复原长 20.6 厘米（图四二三，4；图版九七，4）。

标本 M1152：9，墨绿色。圆骹残。残长 10 厘米（图四二三，5）。

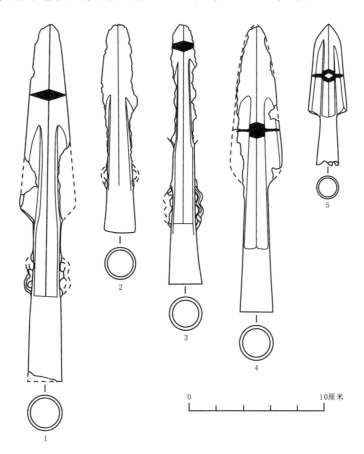

图四二三　A 型铜矛

1～3. Aa 型（M1161：4，M1189：2，M1199：1）　4、5. Ab 型（M1115：8，M1152：9）

表一六　　　　　　　　　　　　　铜矛登记表　　　　　　　　　　单位：厘米

型式	主要特征	墓号：器号	颜色	通长	叶长	骹长	脊形	备注
Aa	骹两侧有鼻，叶有血槽	M1108：2	灰黑	残23.3	残11.3	12	菱形	三连鼻，叶残
Aa	骹两侧有鼻，叶有血槽	M1161：4	深绿	残25.5	残14.1	11.4	菱形	双连鼻，残
Aa	骹两侧有鼻，叶有血槽	M1170：2	灰绿	残17.8			菱形	残甚
Aa	骹两侧有鼻，叶有血槽	M1182：10	深绿	残14.7			菱形	残甚
Aa	骹两侧有鼻，叶有血槽	M1185：5	灰黑	残17.4	残9.8	残7.6	菱形	残甚
Aa	骹两侧有鼻，叶有血槽	M1189：2	深绿	残15			菱形	单鼻，残甚
Aa	骹两侧有鼻，叶有血槽	M1199：1	墨绿	残18.5	8.7	9.8	菱形	三连鼻，残甚
Ab	骹侧无鼻，叶有血槽	M1115：8	绿	20.6	11.6	9	菱形	刃及前锋残
Ab	骹侧无鼻，叶有血槽	M1152：9	墨绿	残10	6.6	3.4	菱形	短叶，长骹残
Ab	骹侧无鼻，叶有血槽	M1152：10	灰绿	残11.8			菱形	残甚
Ab	骹侧无鼻，叶有血槽	M1249：2	灰绿				菱形	残甚
B	骹一面有鼻	M1153：3	灰绿	残17.3	残7.5	9.8	凸棱形	叶残
B	骹一面有鼻	M1165：3	灰黑	28	13.6	14.4	凸棱形	
B	骹一面有鼻	M1165：4	灰黑				凸棱形	同M1165：3，残
B	骹一面有鼻	M1182：7	深绿	复原14.4	7	7.4	凸棱形	短叶，略残
B	骹一面有鼻	M1214：2	粉绿	残18	10.6	残7.4	凸棱形	残
B	骹一面有鼻	M1215：2	灰黑	残11.7	残6.7	5	凸棱形	叶残
B	骹一面有鼻	M1248：7	青绿	残14.8			凸棱形	残甚
B	骹一面有鼻	M1248：8	青绿	残14	9.8	残4.2	凸棱形	残甚

B型　8件。矛叶为凸棱脊，圆骹下方对应矛叶的一面有一鼻。

标本M1153：3，灰绿色。圆骹较长，叶亦狭长，鼻呈兽首状，叶两侧有深血槽。叶前锋残。残长17.3厘米（图四二四，2；图版九七，5）。

标本M1165：3，灰黑色。体狭长。圆骹，叶两侧有深血槽。长28厘米（图四二四，1；图版九七，6）。

标本M1182：7，深绿色。圆骹，叶后部两侧有深血槽。叶及前锋略残。复原长14.4厘米（图四二四，3；图版九七，7）。

标本M1215：2，骹前粗后细，前部为圆形，后部为弧边方形，中空直达前锋。鼻残。叶前锋残。残长11.7厘米（图四二四，4；图版九七，8）。

标本M1248：8，骹残。骹前粗后细，圆形，中空直达前锋。鼻残。残长14厘米（图四二四，5；图版九七，9）。

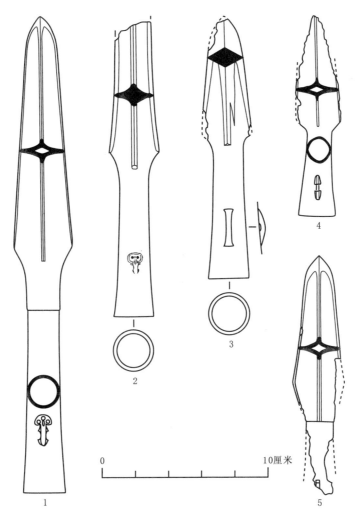

图四二四 B 型铜矛
1. M1165:3 2. M1153:3 3. M1182:7 4. M1215:2 5. M1248:8

五 铜镜

形态明确的 12 件。分四型（表一七）。

A 型 2 件。四叶纹镜。分二式。

Ⅰ式 1 件。

M1066:8，黑色。三弦纽，方纽座，素缘较高，外平内凹。主题纹饰为纽座外每方各伸出一片花叶，花叶外及四周满饰勾连的虺形纹。直径 9.4、缘厚 0.4 厘米（图四二五；彩版二七，1；图版九八，1）。

Ⅱ式 1 件。

M1029:1，深绿色。三弦纽，圆纽座，凹缘。纽座外有一周栉齿纹，栉齿纹弦纹边圈外等距离伸出四枝带茎叶片纹；叶片纹外满饰变形凤鸟纹地纹。直径 11.2、缘厚 0.3 厘米（图四二六；彩版二七，2；图版九八，2）。

B 型 6 件。四山纹镜。分二式。

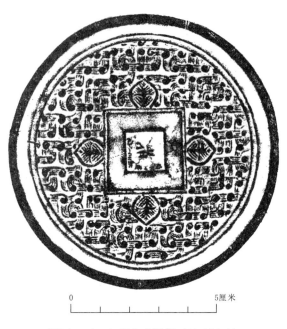

图四二五　A 型 I 式铜镜（M1066：8）

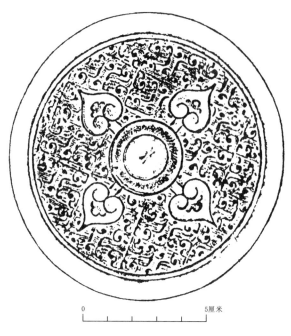

图四二六　A 型 II 式铜镜（M1029：1）

表一七　　　　　　　　　　　　　　　铜镜登记表　　　　　　　　　　　　单位：厘米

型式	墓号：器号	主题花纹	颜色	纽形	直径	缘厚	备注
A I	M1066：8	四叶纹	黑	三弦	9.4	0.4	
A II	M1029：1	带茎四叶纹	深绿	三弦	11.2	0.3	
B I	M1004：1	四山八叶纹，山字右斜	黑	三弦	11.65	0.35	略残
B I	M1007：1	四山十二叶纹，山字右斜	黑	三弦	13.5	0.55	略残
B II a	M1006：1	四山十二花叶四竹叶纹，山字右斜	黑	三弦	14	0.4	
B II b	M1102：2	四山十二花叶四竹叶纹，山字左斜	黑	三弦	13	0.4	残甚
B II b	M1123：2	四山十二花叶四竹叶纹，山字左斜	黑	三弦	13.8	0.4	略残
B II b	M1233：1	四山十二花叶四竹叶纹，山字左斜	灰黑	三弦	13.8	0.4	残甚
C	M1034：3	弦纹	青	鼻	10.25	0.15	略残
C	M1056：5	弦纹	黑	三弦	10.3	0.15	残甚
D	M1014：2	折叠菱形纹	青	三弦	11.7	0.3	
E	M1047：1	变形龙凤纹	黑	三弦	11.65	0.45	

　　I 式　2 件。四山花叶镜。

　　M1004：1，黑色。三弦纽，双框方纽座，三角形窄素缘。主题纹饰为底边与纽座平行的四个右斜的"山"字纹；纽座四角及"山"字纹间各有一叶片纹，两叶片之间以绹索状带纹相连，共八叶片纹；主纹饰下满饰羽状地纹。直径 11.65、缘厚 0.35 厘米（图四二七；图版九九，1）。

　　M1007：1，镜背黑色，正面银白色。三弦纽，方纽座，三角形高缘。主题纹饰为底边与纽座平行的四个右斜的"山"字纹；纽座四角及"山"字纹间各有一叶片纹，两叶片之间以绹索状带纹相连，"山"字左胁也有一叶片纹，共十二叶片纹；主纹饰下满饰变形凤鸟纹和羽状地纹。直径 13.5、缘厚 0.55 厘米（图四二八；图版九九，2）。

图四二七　B型I式铜镜（M1004：1）

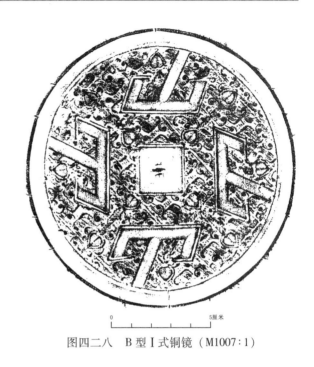

图四二八　B型I式铜镜（M1007：1）

II式　4件。为四山十二花叶四竹叶纹镜。分二亚式。

IIa式　1件。"山"字右斜。

M1006：1，黑色。三弦纽，方纽座，窄素缘。主题纹饰为底边与纽座平行的四个右斜的"山"字纹；纽座四角及"山"字纹间各有一叶片纹，两叶片之间以绚索状带纹相连，"山"字左胁也有一叶片纹，共十二叶片纹；"山"字之间靠缘边有一向右横置的竹叶形纹；主纹饰下满饰羽状地纹。直径14、缘厚0.4厘米（图四二九；彩版二八，1；图版一〇〇，1）。

IIb式　3件。"山"字左斜，形态相同。

标本M1123：2，黑色。三弦纽，双框方纽座，三角形窄素缘。主题纹饰为底边与纽座平行的四个左斜的"山"字纹；纽座四角及"山"字纹间各有一叶片纹，两叶片之间以绚索状带纹相连，"山"字右胁也有一叶片纹，共十二叶片纹；"山"字之间靠缘边有一向左横置的竹叶形纹；主纹饰下满饰变形凤鸟纹及羽状地纹。直径13.8、缘厚0.4厘米（图四三〇；图版一〇〇，2）。

C型　2件。弦纹镜。

M1034：3，青色。体轻薄。窄鼻纽，无纽座，缘略凸起。缘内有一周凸弦纹。直径10.25、缘厚0.15厘米（图四三一，1；图版一〇一，1）。

M1056：5，黑色。体轻薄。三弦纽，无纽座，三角形窄素缘。背面有一周凸弦纹。直径10.3、缘厚0.15厘米（图四三一，2）。

D型　1件。折叠菱形纹镜。

M1014：2，背面青色，正面银白色，三弦纽，花叶纹纽座，窄素缘。主题纹饰为方连菱形纹；菱形纹空间靠缘边等列四个叶片纹，中间部位为四叶片的团花纹；主纹饰下为羽状地纹。直径11.75、缘厚0.3厘米（图四三二；彩版二八，2；图版一〇一，2）。

E型　1件。变形龙凤纹镜。

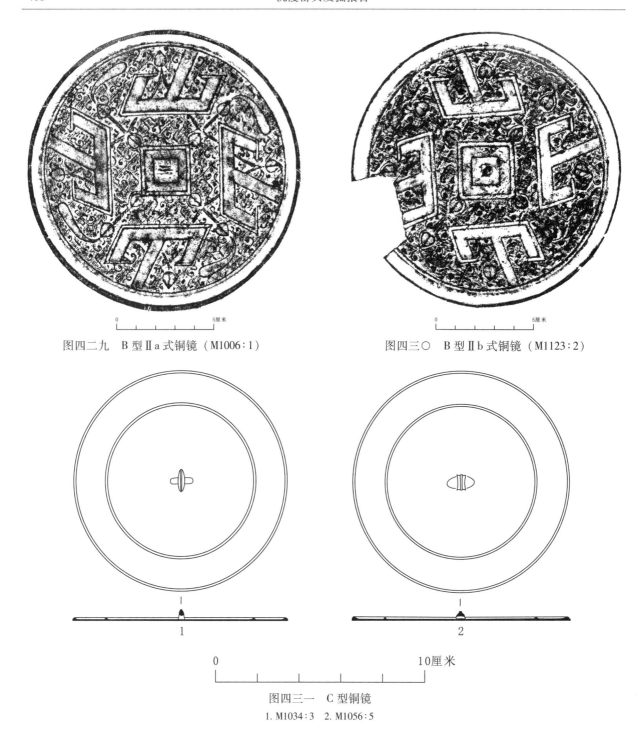

图四二九　B型Ⅱa式铜镜（M1006：1）　　　　　图四三〇　B型Ⅱb式铜镜（M1123：2）

图四三一　C型铜镜
1. M1034：3　2. M1056：5

　　M1047：1，黑色，三弦纽，圆纽座，窄素缘。纽座外有两周装饰纹带，第一周为云纹，第二周为叶脉纹；主题纹饰为图案化的变形龙凤纹，或称蟠螭纹；羽状地纹。直径11.65、缘厚0.45厘米（图四三三；图版一〇二，1）。

六　玻璃璧

　　2件。分二型。

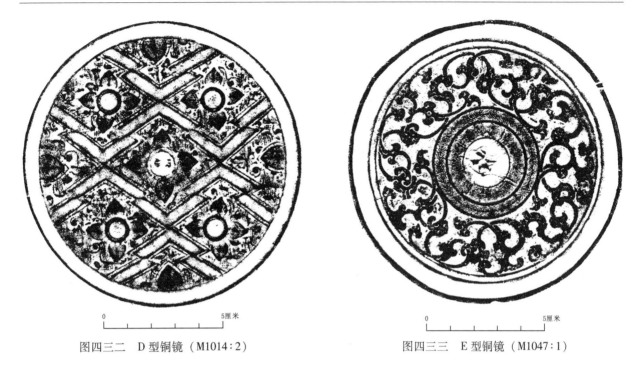

图四三二　D型铜镜（M1014∶2）　　　　　　　　图四三三　E型铜镜（M1047∶1）

A型　1件。

M1050∶10，奶黄色。无廓，正面饰谷纹。肉径8.2、好径3.35、厚0.25厘米（图四三四，1）。

B型　1件。

M1014∶1，粉白色。双面均有纹饰，纹饰相同。肉、好有廓，廓内刻菱形网格，网格内刻涡纹。肉径15、好径4.4、厚0.35厘米（图四三四，2）。

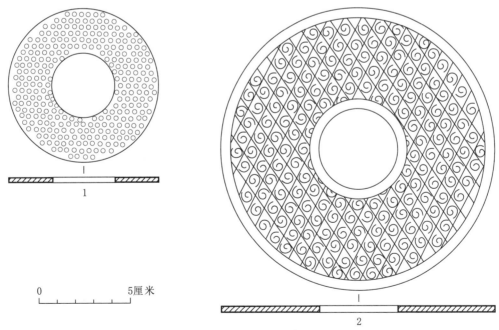

图四三四　玻璃璧

1. A型（M1050∶10）　2. B型（M1014∶1）

第五章　墓葬年代与分期

第一节　随葬品组合及序列

一　仿铜陶礼器组合及序列

在仿铜陶礼器组合中，鼎、壶、敦、豆是基本形态。极少数墓中出双耳壶，双耳壶在沅水中下游的东周墓中多与日用陶器形成组合。部分墓中外加盘、勺、匜、匕，但多仅出其中 1~2 件。在部分较早的墓中出有小口鼎、浴缶、簠；少数墓中出有簋；个别晚期墓中出盒。

该类组合的墓葬较多，包括 A 组墓中的三大类五小类，共 101 座，占东周至秦代墓葬的比例将近 60%。器物形态变化多端，在 81 座代表性墓葬中，几无组合形态及器物型式完全相同者（表一八）。其基本组合形态有 10 种：

表一八　　　　　　　　　　　仿铜陶礼器组合登记表

组列	鼎	壶	敦	小口鼎	簠	盘	勺	匜	匕	豆	其他	墓例
1	A	A		Ⅰ	Ⅰ	AⅠ			√	高√		M1244
2	BⅠa	A	√			BⅠ		AⅠ	A	高BⅠ		M1245
3	BⅠb	√	√							√		M1195
4	CaⅠ	BⅠ	A							高CⅠa		M1138
5	√	BⅡ	A	Ⅱ	Ⅱ			AⅡ			浴缶√	M1248
6	√	BⅢ	√	√						高√	浴缶√	M1165
7	CaⅠ	BⅢ	A							高CⅡ	浴缶√	M1243
8	CaⅠ	BⅢ	BⅠ									M1237

续表一八

组列	鼎	壶	敦	小口鼎	簠	盘	勺	匜	匕	豆	其他	墓例
9	CaⅠ	√	√							√		M1210
10	DⅠ	BⅠ	A							矮CⅠ		M1105
11	DⅠ									高√	双耳壶AⅡ，簋Ⅰ	M1039
12	BⅡ	BⅣ	DbⅡ							高CⅢ		M1247
13	BⅢ	EⅡb	C									M1213
14	CaⅡ	EⅡb	C									M1161
15	Cb	CⅠa	DbⅠ							矮DⅠ		M1010
16	Cb		C								双耳壶AⅢ	M1020
17	Cb	EⅠ	C							高CⅡ、CⅢ		M1198
18	DⅡ	EⅡa	DaⅠ			CⅠ		BⅠ		高F		M1053
19	DⅢ	DⅠ	√							高EⅠ		M1067
20	√	DⅠ	DbⅡ			√				高F		M1066
21	√	√	C							√		M1152
22	DⅢ、FⅠ	CⅠa	DbⅠ			AⅡ		AⅢ		高F，矮DⅠ		M1036
23	EⅠ	CⅠb	DbⅠ									M1184
24	BⅢ	CⅡ	√			AⅡ						M1301
25	BⅢ	DⅡ	DbⅡ							高GⅠ		M1073
26	BⅢ	DⅡ	DbⅡ							高GⅡ	束颈罐Ⅱ	M1028
27	BⅢ	√	DcⅡ							高√，矮EⅠ		M1030
28	BⅣ	DⅡ	DaⅢ							高EⅢ，矮√		M1032
29	BⅣ	DⅡ	DbⅡ							高GⅡ		M1027
30	CaⅢ	DⅡ									盂BⅣ	M1025
31	DⅢ	DⅡ	DbⅢ							高F	高领罐AⅣ	M1037
32	DⅢ	DⅡ	√							高GⅡ		M1080
33	DⅢ	DⅡ	DbⅡ							矮BⅡb		M1004
34	DⅢ	DⅢ	DaⅡ									M1034
35	DⅢ	FⅠb	DaⅢ			√	AⅠ	BⅠ		高GⅡ，矮BⅡa		M1050
36	DⅣ	CⅡ	DbⅢ							高EⅢ		M1035
37	DⅣ	DⅡ	DbⅢ							高GⅠ		M1013
38	DⅣ	DⅡ	DcⅠ							高GⅡ		M1007
39	DⅣ	DⅡ	DcⅠ									M1022
40	DⅣ	DⅢ	DbⅡ							高DⅠ		M1023
41	EⅡ	DⅡ	DbⅢ							高F		M1084

续表一八

组列	鼎	壶	敦	小口鼎	簠	盘	勺	匜	匕	豆	其他	墓例
42	EⅢa	DⅡ	√							高GⅡ，矮BⅡa		M1019
43	EⅢa	DⅢ	DaⅡ				BⅠ			高√		M1009
44	EⅢa	FⅠa	DaⅡ			CⅡ		AⅣ				M1016
45	√	DⅡ	DbⅡ							高EⅢ		M1071
46	√	DⅡ	√							高AⅡ，矮BⅣ		M1086
47	√	DⅢ	DbⅢ							√		M1083
48	√	√	DcⅠ									M1116
49	CaⅣ	EⅢ	√							高BⅡ、CⅢ		M1115
50	DⅤ	FⅡa	BⅡ			√		√			灯擎	M1234
51	DⅤ	FⅡc								高EⅢ		M1082
52	DⅤ	GⅠ	DaⅢ							高EⅣ		M1102
53	DⅥ	CⅢ	DbⅢ					CⅠ		高AⅢ	斗	M1052
54	DⅥ		DbⅢ							高√	高领罐BⅢ，盂BⅤ	M1069
55	DⅥ	CⅢ	DcⅡ			AⅢ	AⅡ	√		高AⅡ，矮√	高领罐AⅣ	M1057
56	DⅥ	FⅡc								高CⅣa	簠Ⅲ	M1006
57	EⅢa	DⅢ	DaⅢ							高GⅠ，矮EⅡ		M1227
58	EⅢa	FⅡa	DbⅢ							高GⅡ		M1078
59	EⅢb	FⅡa	DbⅢ DcⅡ			BⅢ		BⅡ		高√	熏AⅠ	M1051
60	EⅢb	FⅡa	√							矮BⅡa		M1017
61	EⅣ	EⅢ	DaⅣ							高GⅡ		M1236
62	EⅣ	FⅡb	DaⅣ							高EⅢ、GⅡ		M1123
63	EⅣ	√	√							√		M1090
64	FⅡ	EⅢ	√							√	高领罐AⅣ	M1151
65	GⅠ	FⅡc	DbⅢ							高F，矮BⅡa		M1056
66	√	FⅡa	√							矮BⅡa		M1003
67	√	FⅡa								高√		M1044
68	DⅥ	CⅢ	√			AⅣa		AⅤ		√		M1118
69	DⅥ	CⅣ	DcⅢ			AⅢ				矮BⅤ		M1026
70	DⅥ	DⅣ	DbⅢ					√	C	高AⅢ，矮BⅢ		M1001
71	DⅥ	DⅣ	√							高CⅣb		M1230
72	DⅥ	FⅢa	DbⅣ						B	高√		M1253
73	DⅥ	FⅢb	DaⅣ							高GⅢ	熏B	M1029

续表一八

组列	鼎	壶	敦	小口鼎	簠	盘	勺	匜	匕	豆	其他	墓例
74	D Ⅵ	F Ⅲ c	Dc Ⅲ			A Ⅳ a		C Ⅱ		矮 D Ⅱ	瓮	M1058
75	E Ⅴ	G Ⅱ b	Dc Ⅲ			A Ⅳ a A Ⅳ b				矮 B Ⅲ	熏 A Ⅱ， 高领罐 C Ⅱ	M1014
76	E Ⅴ	H	Dc Ⅲ			B Ⅲ				高√，矮 B Ⅳ		M1048
77	G Ⅱ	C Ⅳ								矮 B Ⅲ	盒	M1061
78	G Ⅱ	F Ⅲ c	Dc Ⅲ			A Ⅳ a		C Ⅰ		√		M1222
79	G Ⅱ											M1047
80	G Ⅲ	G Ⅱ a				A Ⅳ a				高 E Ⅳ		M1049
81	√	F Ⅲ a									高领罐 A Ⅴ	M1087

1. 鼎、敦、壶、豆＋小口鼎、浴缶或簠（4座）：

M1165、M1243、M1244、M1248

2. 鼎、壶、敦、豆＋盘、勺、匜、匕的不完整组合（20座）：

M1001、M1009、M1016、M1017、M1026、M1036、M1048、M1049、M1050、M1051、M1052、M1053、M1057、M1058、M1066、M1118、M1222、M1234、M1245、M1301

3. 鼎、壶、敦、豆＋日用器熏、罐、盂中的一或两种（7座）：

M1014、M1028、M1029、M1037、M1069、M1087、M1151

4. 鼎、壶、敦、豆（35座）：

M1003、M1004、M1007、M1010、M1013、M1019、M1023、M1027、M1030、M1032、M1035、M1056、M1067、M1071、M1073、M1078、M1080、M1083、M1084、M1086、M1090、M1102、M1105、M1115、M1123、M1138、M1152、M1195、M1198、M1210、M1227、M1230、M1236、M1247、M1253

5. 鼎、壶（或双耳壶）、敦（8座）：

M1020、M1022、M1034、M1116、M1161、M1184、M1213、M1237

6. 鼎、壶（或双耳壶）、簠、豆（2座）：

M1006、M1039

7. 鼎、壶、盒、豆（1座）：

1061

8. 鼎、壶、盂（1座）：

M1025

9. 鼎、壶、豆（2座）：

M1044、M1082

10. 鼎（1座）：

M1047

在10种组合当中，根据器物形态的阶段性演变规律分为六大组：

第一组：鼎 A、B Ⅰ a，壶 A，小口鼎 Ⅰ，簠 Ⅰ（1、2列）；

第二组：鼎 BⅠb、CaⅠ、DⅠ，壶 BⅠ、BⅡ、BⅢ，敦 A、BⅠ，小口鼎Ⅱ，簋Ⅱ（3～11 列）；

第三组：鼎 BⅡ、BⅢ、CaⅡ、Cb、DⅡ、DⅢ、EⅠ、FⅠ，壶 BⅣ、CⅠa、CⅠb、CⅡ、DⅠ、EⅠ、EⅡa、EⅡb，敦 C、DaⅠ、DbⅠ、DbⅡ（12～24 列）；

第四组：鼎 BⅢ、BⅣ、CaⅢ、DⅢ、DⅣ、EⅡ、EⅢa，壶 CⅡ、DⅡ、DⅢ、FⅠa、FⅠb，敦 DaⅡ、DaⅢ、DbⅡ、DbⅢ、DcⅠ、DcⅡ（25～48 列）；

第五组：鼎 CaⅣ、DⅤ、DⅥ、EⅢa、EⅢb、EⅣ、FⅡ、GⅠ，壶 CⅢ、DⅢ、EⅢ、FⅡa、FⅡb、FⅡc、GⅠ，敦 BⅡ、DaⅢ、DaⅣ、DbⅢ、DcⅡ（49～67 列）；

第六组：鼎 DⅥ、EⅤ、GⅡ、GⅢ，壶 CⅢ、CⅣ、DⅣ、FⅢa、FⅢb、FⅢc、GⅡa、GⅡb、H，敦 DaⅣ、DbⅣ、DcⅢ（68～81 列）。

以上六大组代表着仿铜陶礼器墓葬的六个发展阶段。

二　日用陶器组合及序列

日用陶器的基本器形为罐、鬲、盂、豆，然而鬲的数量较少，罐、盂、豆为大宗器类和基本组合。罐分为长颈罐、矮领罐、束颈罐、双耳罐、高领罐；还有双耳壶也主要是与日用陶器形成组合，应属罐的范畴。各种罐在组合中一般只出现其中一种，两种罐共存一墓的情况极少。豆有高柄和矮柄两种，部分罐和豆的具体形态不清（表一九）。

表一九　　　　　　　　　　　　日用陶器组合登记表

组列	长颈罐	矮领罐	束颈罐	双耳罐	高领罐	双耳壶	鬲	盂	簋	豆	其他	代表墓葬
1		AⅠ										1149
2			Ⅰ					AⅠ				1059
3								AⅡa				1155
4	Ⅰ							AⅡa		高 AⅠ		1238
5	Ⅱ							AⅡb		矮 AⅠ、BⅠa		1108
6	Ⅱ							AⅡb				1191
7	Ⅱ							AⅡb		矮√		1251
8				AⅠ								1089
9				AⅠ				√			纺轮	1103
10				BⅠ			Ⅰ	AⅢ				1079
11				BⅠ				AⅣ		高 DⅠ		1060
12								AⅣ		矮 BⅠb		1002
13	Ⅲ							√		矮 AⅡ		1205
14	Ⅳ							√			盖豆	1134
15				BⅠ				√		高√		1239
16		BⅠ					Ⅱ			矮 BⅡa		1043
17									Ⅰ	√		1085
18			CⅠ							√		1218
19				AⅡ				BⅠ		高 AⅡ		1008
20					AⅠ	Ⅱ						1041
21					AⅢ							1015
22			B							高 GⅡ		1018
23					BⅠ			AⅤ				1114

续表一九

组列	长颈罐	矮领罐	束颈罐	双耳罐	高领罐	双耳壶	鬲	盂	簋	豆	其他	代表墓葬
24					BⅡ			AⅤ		高GⅠ		1228
25					AⅡ					√		1170
26					AⅢ			BⅡ		矮BⅡa		1011
27		AⅡ					Ⅲ	BⅢ		矮BⅡa		1040
28					D							1065
29							Ⅳ	BⅢ				1206
30							Ⅳ			√	罐	1226
31					AⅢ			BⅣ		高DⅡ、F		1068
32		BⅡ										1077
33								BⅡ	√	高EⅡ、矮AⅢ、BⅡa		1101
34								BⅡ	BⅣ	矮BⅢ		1235
35					AⅢ							1180
36				AⅢ						高GⅡ		1046
37					AⅣ				Ⅱ			1042
38					AⅣ							1081
39					AⅣ			BⅤ				1031
40					C							1021
41		BⅢ								矮AⅢ		1221
42					AⅣ					矮√	盆	1055
43		BⅣ	CⅡ					√		√		1224

该类组合存在于 57 座 B 组丁类墓中。在 43 座代表性墓葬中，极少组合形态及器物型式完全相同者。从组合形态分大致有 16 种：

1. 罐、鬲、盂、豆（1 座）：

1040

2. 罐、鬲、盂（1 座）：

1079

3. 罐、鬲、豆（2 座）：

1043、1226

4. 罐、簋、豆（1 座）：

1085

5. 罐、盂、豆（10 座）：

1008、1011、1060、1108、1205、1224、1228、1238、1239、1251

6. 罐、盂、盖豆（1 座）：

1134

7. 罐、盂（4 座）：

1031、1059、1103、1191

8. 罐、豆（5 座）：

1018、1046、1170、1218、1221

9. 罐（6座）：

1065、1077、1081、1089、1149、1180

10. 双耳壶、鬲（1座）：

1041

11. 双耳壶、盂（或盆）、豆（4座）：

1055、1068、1101、1235

12. 双耳壶、盂（1座）：

1114

13. 双耳壶、簋（1座）：

1042

14. 双耳壶（2座）：

1015、1021

15. 鬲、盂（1座）：

1206

16. 盂、豆（2座）：

1002、1155

以上16种组合形态根据器物形态的阶段性演变规律也可归并为七大组：

第一组：长颈罐Ⅰ、Ⅱ，矮领罐AⅠ，束颈罐Ⅰ，盂AⅠ、AⅡa、AⅡb（1～7列）；

第二组：长颈罐Ⅲ、Ⅳ，双耳罐AⅠ，高领罐AⅠ、BⅠ，鬲Ⅰ，盂AⅢ、AⅣ（8～15列）；

第三组：矮领罐BⅠ，双耳罐AⅡ，高领罐CⅠ，双耳壶AⅠ，鬲Ⅱ，盂BⅠ，簋Ⅰ（16～20列），在仿铜陶礼器墓中还伴出有双耳壶AⅡ；

第四组：矮领罐AⅡ，双耳罐B，高领罐AⅡ、AⅢ、BⅡ、D，双耳壶AⅢ、BⅠ，鬲Ⅲ，盂AⅤ、BⅡ、BⅢ（21～28列）；

第五组：矮领罐BⅡ，双耳罐AⅢ，高领罐AⅢ，双耳壶AⅢ、AⅣ、BⅡ，鬲Ⅳ，盂BⅢ、BⅣ，簋Ⅱ（29～37列），在仿铜陶礼器墓中还伴出有高领罐AⅣ，束颈罐Ⅱ；

第六组：高领罐AⅣ，双耳壶C，盂BⅤ（38～40列），在仿铜陶礼器墓中还伴出有高领罐BⅢ和簋Ⅲ；

第七组：矮领罐BⅢ、BⅣ，高领罐CⅡ，双耳壶AⅣ及盆（41～43列），在仿铜陶礼器墓中还伴出有高领罐AⅤ和瓮。

以上七大组代表着日用陶器墓葬的七个发展阶段。

第二节　断代及分期

以上分析表明，仿铜陶礼器与日用陶器的发展并不对等，仿铜陶礼器的发展序列为六大组，而日用陶器的发展序列为七大组。该墓地墓葬中没有发现可资准确断代的纪年材料，因而其分期断代只能依据类型学的原理与其他断代依据较为充分的墓葬资料进行分析比对，以做出较为客观的推断。我们主要选取《江陵雨台山楚墓》和《沅水下游楚墓》两部发掘报告进行比对[①]，这主要是出于以下两个方面的考虑：其一是因江陵地区属楚国的畿辅之地，其所反映的文化面貌代表纯粹的楚文化，时代特征也很鲜明。其二，沅水下游的常德地区与沅水中、下游交汇地带的沅陵窑头处于相同的地理单元，距离很近，东周时期的文化面貌差别较小。两部报告所报道墓葬的年代与窑头东周墓的年代相差无几。同时，也适当参考其他墓地材料。但虽然如此，也不能做到一一对应。这是因为，战国中期以后，沅水流域楚墓中的器形和江陵楚器出现分化，愈行愈远，到后来已基本没有可比性。而墓葬形制也存在若干差异，到晚期沅水楚墓中又融入了多种外来因素，诸如秦、越、巴蜀、夜郎以及蛮濮等土著文化因素。即便和沅水下游的常德楚墓相比也有若干差异。因此，有时还得综合各种因素加以考量。

一　仿铜陶礼器墓的年代

第一组的典型器物形态有 A 型、B 型 Ⅰ b 式鼎，A 型壶和 Ⅰ 式小口鼎。代表墓葬有 M1244 和 M1245 两座。该组墓仿铜气息浓厚，造型厚重大气，具有正统楚器特色，与江陵同时期楚器如出一辙，是纯粹的仿铜陶礼器。其中 A 型鼎、A 型壶和 Ⅰ 式小口鼎分别与江雨（即江陵雨台山楚墓，下同）M183 中的一型Ⅲ式鼎、一型Ⅱ式壶和Ⅱ式环耳鼎形态相同或接近；又 B 型 Ⅰ a 式鼎与沅下（即沅水下游楚墓，下同）M1323 中的 A 型Ⅱ式鼎同；A 型壶与沅下 M942 中的 C 型Ⅱ式壶同；Ⅰ式小口鼎则介乎沅下 A 型 Ⅰ 式和 B 型 Ⅰ 式小口鼎的形态之间。以上对比资料中江雨属四期，沅下属三期四段，均属战国中期前段的器形，其时代特征高度一致，因而本组两座墓的时代应属战国中期前段。这是目前所见沅水中下游地区最早的楚国中低等贵族的墓葬。

第二组的典型器物形态有 B 型 Ⅰ b 式、Ca 型 Ⅰ 式和 D 型 Ⅰ 式鼎；B 型 Ⅰ 、Ⅱ 、Ⅲ 式壶；A 型和 B 型 Ⅰ 式敦以及 Ⅱ 式小口鼎。代表墓葬有 M1039、M1105、M1138、M1165、M1195、M1210、M1237、M1243 和 M1248 九座。该组器物和第一组相比仿铜气息有所减弱，墓数激增。出现了平底鼎，并出现"回"字形鼎耳。敦的形态尚较单一，均为抽象的立兽形纽，口微敛，上下相合呈瘪球体。壶均为粗颈，颈一般较短，矮圈足。有仿尊缶形态，但仅存其形而已。其形态与江陵楚墓相比，明显出现分化，但组合仍保留了楚国礼器墓的精髓。其中 Ca 型 Ⅰ 式鼎与江雨二型Ⅱ式（245：7）和沅下 B 型Ⅲa 式（M217：4）、B 型Ⅲb 式鼎（M949：6）的特征一致；D 型 Ⅰ 式鼎与沅下 C 型Ⅱa 式鼎（M268：34，M897：2）相似；B 型 Ⅰ 、Ⅱ 式壶与江雨一型Ⅳ式壶（M176：14）的时代特征吻合；B 型Ⅲ式壶与江雨二型Ⅳ式（M245：6）和沅下 B 型Ⅱa 式壶（M897：1）形态接近；A 型敦则与沅下 A 型Ⅱ式和 A 型Ⅲ式敦（M1300：7，M909：3）类似。以上对比资料中江雨属第五期，沅下属三期五段，均属战国中期后段。

第三组的典型器物中鼎有 B 型Ⅱ式、B 型Ⅲ式、Ca 型Ⅱ式、Cb 型、D 型Ⅱ式、D 型Ⅲ式、E 型 Ⅰ 式和 F 型 Ⅰ 式；壶有 B 型Ⅳ式、C 型 Ⅰ a 式、C 型 Ⅰ b 式、C 型Ⅱ式、D 型 Ⅰ 式、E 型 Ⅰ 式、

---

① a：湖北省荆州地区博物馆：《江陵雨台山楚墓》，文物出版社，1984 年。b：湖南省常德市文物局等：《沅水下游楚墓》，文物出版社，2010 年。本节下文所引材料出此两部报告者不再加注。

E 型 Ⅱa 式和 E 型 Ⅱb 式；敦有 C 型、Da 型 Ⅰ 式、Db 型 Ⅰ 式和 Db 型 Ⅱ 式。代表墓葬有 M1010、M1020、M1036、M1053、M1066、M1067、M1152、M1161、M1184、M1198、M1213、M1247 和 M1301，共十三座。本组器形进一步分化，仿铜气息也进一步弱化，只有部分器物的仿铜气息尚差强人意，大多数器形都已偏离铜器形态的神韵。

组合中的基本器形只剩下鼎、敦、壶，其他诸如小口鼎、簠和浴缶都已不见。平底鼎成为主流形态；壶颈变长，圈足变高；敦上下相合呈球形，兽形钮、足进一步抽象为"S"形扁曲形。大多数器身都饰有宽带状白彩，少数有红彩图案。其中 D 型 Ⅱ 式、Ⅲ 式鼎与沅下 C 型 Ⅱa 式鼎形态相同；Cb 型鼎与江雨二型 Ⅲ 式鼎（M231∶1）形态接近，也同沅下 B 型 Ⅴa 式鼎（M269∶22，M1493∶2）；E 型 Ⅰ 式鼎与沅下 D 型 Ⅰ 式（M1125∶2）时代特征相同，只是后者底微内凹；而 B 型 Ⅲ 式鼎与包山 2 号墓中的铜方耳卧牛钮鼎（M2∶127）形态一致，只有圜底和平底的差异，但时代可能较之略晚[1]。C 型 Ⅱ 式壶与沅下 B 型 Ⅳb 式壶（M1424∶4）略似，但后者呈喇叭状圈足，时代应略晚；D 型 Ⅰ 式壶与沅下 B 型 Ⅲ 式壶（M389∶4）相似但稍有差异。以上对比资料中江雨属第六期，沅下多属四期六段，而包山 2 号墓属战国中期晚段。综合以上因素分析判断，仿铜陶礼器墓第三组的时代应属战国晚期早段，其下限当在公元前 278 年前后。

但有一个问题需要指出，本组 M1053∶10 陶壶（E 型 Ⅱa 式）的形态与荆州高台秦汉墓中的 B 型陶壶（M17∶2）无论器形和纹饰都极为相似[2]，高台 M17 的时代为西汉早期前段是没有疑问的，而窑头 M1053 从同墓所出 D 型 Ⅱ 式鼎和 Da 型 Ⅰ 式敦的形态分析，则绝不可能跳出战国的范围，这其中是否有原始记录误置尚存疑。

第四组的典型器物中鼎有 B 型 Ⅳ 式、Ca 型 Ⅲ 式、D 型 Ⅳ 式、E 型 Ⅱ 式和 E 型 Ⅲa 式；壶有 D 型 Ⅱ 式、D 型 Ⅲ 式、F 型 Ⅰa 式和 F 型 Ⅰb 式；敦有 Da 型 Ⅱ 式、Da 型 Ⅲ 式、Db 型 Ⅲ 式、Dc 型 Ⅰ 式和 Dc 型 Ⅱ 式。代表墓葬有 M1004、M1007、M1009、M1013、M1016、M1019、1022、M1023、M1025、M1027、M1028、M1030、M1032、M1034、M1035、M1037、M1050、M1071、M1073、M1080、M1083、M1084、M1086、M1116，共二十四座。本组和第三组相比，主要变化在于：鼎腹开始变浅，平底化趋势进一步扩展，鼎足高挑；壶颈有细化趋向，但不突出，壶口呈喇叭状，出现折颈，圈足外撇；敦腹变深，上下相合呈椭球体，足、钮细挑。饰白色彩带和红色彩绘的现象趋多。其中 D 型 Ⅲ 式鼎、D 型 Ⅳ 式鼎和 E 型 Ⅲa 式鼎分别与沅下 C 型 Ⅱd 式鼎（M1414∶10）、C 型 Ⅴ 式鼎（M189∶1）和 D 型 Ⅲa 式鼎（M1296∶4，M1304∶4）形态相同；Da 型 Ⅱ 式敦应与沅下 E 型 Ⅲ 式敦年代接近。本组与江雨楚墓基本没有可比性，只 M1016 中所出 E 型 Ⅲa 式鼎和 Da 型 Ⅱ 式敦与江陵马山 1 号墓中所出铜环耳鼎和陶敦形态接近[3]。以上对比材料中，沅下为四期七段，属战国晚期中段；马山 1 号楚墓的年代原报告断为战国晚期早段，而本组年代应略晚。综合判断，仿铜陶礼器墓第四组的年代以定为战国晚期中段为宜。

第五组的典型器物中鼎有 Ca 型 Ⅳ 式、D 型 Ⅴ 式、D 型 Ⅵ 式、E 型 Ⅲb 式、E 型 Ⅳ 式、F 型 Ⅱ 式和 G 型 Ⅰ 式；壶有 C 型 Ⅲ 式、E 型 Ⅲ 式、F 型 Ⅱa 式、F 型 Ⅱb 式、F 型 Ⅱc 式和 G 型 Ⅰ 式；敦

---

[1] 湖北省荆沙铁路考古队：《包山楚墓》第 101 页，文物出版社，1991 年。

[2] 湖北省荆州博物馆：《荆州高台秦汉墓》第 67 页，科学出版社，2000 年。

[3] 湖北省荆州地区博物馆：《江陵马山一号楚墓》第 72、76 页，文物出版社，1985 年。

有 B 型 Ⅱ 式。代表墓葬有 M1003、M1006、M1017、M1044、M1051、M1052、M1056、M1057、M1069、M1078、M1082、M1090、M1102、M1115、M1123、M1151、M1227、M1234、M1236，共十九座墓。本组器物明显小型化，器形也趋于简化，仿铜意味则名存实亡。鼎腹更浅，鼎耳变小，鼎足直立或呈棱柱状，鼎盖平坦，其上凸圈如圈状提手，呈盒盖状，这应是秦文化因素影响的产物；壶颈明显细化，壶盖或浅平或呈斗笠状；敦纽、足变小，弱化，敦体开始变矮，有的上下相合略呈橄榄形。其中 Ca 型 Ⅳ 式鼎、E 型 Ⅳ 式鼎、F 型 Ⅱ 式鼎和 G 型 Ⅰ 式鼎分别与沉下 B 型 Ⅶ 式鼎（M465∶4）、C 型 Ⅳ 式鼎（M1453∶4）、D 型 Ⅱ 式鼎（M578∶28）和 E 型 Ⅲa 式鼎（M709∶2）的时代特征一致；F 型壶应属沉下 E 型壶系列，但壶颈不如沉下的壶颈细长，器身、圈足都较之宽放；敦则很难与沉下楚墓对应比较。本组与江陵楚墓之间没有可资比较的因素，而与沉下楚墓之间也貌合神离。综合评判，本组仿铜陶礼器墓的时代应为战国晚期晚段，其下限到秦统一之前。

第六组的典型器物有鼎 D 型 Ⅵ 式、E 型 Ⅴ 式、G 型 Ⅱ 式和 G 型 Ⅲ 式；壶 C 型 Ⅳ 式、D 型 Ⅳ 式、F 型 Ⅲa 式、F 型 Ⅲb 式、F 型 Ⅲc 式、G 型 Ⅱa 式、G 型 Ⅱb 式和 H 型；敦 Db 型 Ⅳ 式和 Dc 型 Ⅲ 式。代表墓葬有 M1001、M1014、M1026、M1029、M1047、M1048、M1049、M1058、M1061、M1087、M1118、M1222、M1230、M1253，共十四座。本组陶器在第五组的基础上进一步小化和简单化，鼎、敦腹都变得特浅，鼎身、盖相合呈盒形，敦身、盖相合呈橄榄形。鼎足纤细，鼎耳更小，耳孔呈"回"字形或平板无孔；敦纽、足聚于顶、底；壶的形态进一步分化，但壶颈普遍较细。本组还出土了一件秦式盒（M1061∶3，仅存盒身），其与西安尤家庄秦墓中 Ba 型盒的形态相同而圈足稍高[1]。G 型 Ⅱ 式鼎和 G 型 Ⅲ 式鼎分别与沉下 E 型 Ⅲb 式鼎（M1138∶2）和 E 型 Ⅱ 式鼎（M26∶6）的形态相同；D 型 Ⅵ 式鼎的盖基本上都作圈状捉手的盒盖状。壶有沉下 E 型 Ⅴ 式壶的形态（状如"玉壶春"瓶），如 F 型 Ⅲa 式壶（M1087∶4），但不如沉下壶的形态特征鲜明。秦文化因素的影响在壶中反映得最为突出，如细颈化趋势即应是受秦式细颈壶影响的产物（塔儿坡秦墓）。F 型 Ⅲb 式壶为盂形口，细颈，则有可能是受秦式蒜头壶影响的器形[2]；C 型 Ⅳ 式壶的形态同云梦睡虎地秦墓 M14 所出壶[3]、F 型 Ⅲc 式壶与陕县秦至汉初墓所出 Ⅲ 式壶（M3408∶2）高度相似[4]，又与荆州高台秦汉墓中的 A 型 Ⅱ 式壶（M18∶16）的器形和纹饰接近[5]；H 型壶则与陕西陇县店子秦墓中的 J 型壶（M257∶3）形态接近[6]，其下部形态又同西安尤家庄秦墓中的 A 型蒜头壶下部高度一致[7]。从以上对比资料分析，本组仿铜陶礼器墓葬的年代应为秦代，个别器形有汉初特征，但综合评判似不出秦祚。

二　日用陶器墓的年代

第一组的典型器形有 Ⅰ、Ⅱ 式长颈罐，A 型 Ⅰ 式矮领罐，Ⅰ 式束颈罐，A 型 Ⅰ 式、A 型 Ⅱa 式和 A 型 Ⅱb 式盂。代表墓葬有 M1059、M1108、M1149、M1155、M1191、M1238 和 M1251 七

---

① 陕西省考古研究院：《西安尤家庄秦墓》第 212 页，陕西科学技术出版社，2008 年。
② 咸阳市文物考古研究所：《塔儿坡秦墓》第 102 页，三秦出版社，1998 年。
③ 《云梦睡虎地秦墓》编写组：《云梦睡虎地秦墓》第 49 页，文物出版社，1981 年。
④ 中国社会科学院考古研究所：《陕县东周秦汉墓》第 122 页，科学出版社，1994 年。
⑤ 湖北省荆州博物馆：《荆州高台秦汉墓》第 67 页，科学出版社，2000 年。
⑥ 陕西省考古研究所：《陇县店子秦墓》第 76 页，三秦出版社，1998 年。
⑦ 陕西省考古研究院：《西安尤家庄秦墓》第 218 页，陕西科学技术出版社，2008 年。

座墓。其中Ⅰ式长颈罐略与沅下Ⅱa式长颈罐同，A型Ⅰ式矮领罐与沅下A型Ⅱ式矮领罐（M179∶1）形态接近，A型Ⅰ式盂和A型Ⅱa式盂分别同于江雨Ⅲ式盂（M64∶1）和沅下A型Ⅲb式盂（M916∶4）。日用陶器中和江陵楚墓可比较因素较少，本组器形不具有江雨第二期和沅下一期一段（春秋晚期）的特征，所比较资料均属战国早期器形特征，因而本组统属战国早期，因墓葬较少，不予分段。

　　第二组的典型器形有Ⅲ、Ⅳ式长颈罐，A型Ⅰ式双耳罐，A型Ⅰ式和B型Ⅰ式高领罐，Ⅰ式鬲，A型Ⅲ、Ⅳ式盂。代表墓葬有M1002、M1060、M1079、M1089、M1103、M1134、M1205和M1239，共八座墓。本组与第一组器形和组合都有较大差异。器形方面平底化趋向比较明显，形态变化也较大。组合方面新出现鬲、双耳罐和高领罐。Ⅰ式鬲与江雨B型Ⅱ式鬲（M539∶3）和沅下A型Ⅱ式鬲（M130∶1）的时代特征相同；A型Ⅰ式双耳罐与沅下A型Ⅲ式双耳罐（M1382∶4）应为同时期物，但形态有差异；A型Ⅰ式高领罐和B型Ⅰ式高领罐的形态相差无几，只是一为圜底一为平底，一饰绳纹一饰弦纹。其中B型Ⅰ式高领罐与江雨Ⅲ式小壶（M189∶1）同，又与沅下B型Ⅱ式高领罐（M476∶1）形态接近。以上对比材料除鬲略早外，多属战国中期前段，总体而言，本组日用陶器墓的时代应属战国中期前段。

　　第三组的典型器形有B型Ⅰ式矮领罐，A型Ⅱ式双耳罐，C型Ⅰ式高领罐，A型Ⅰ式双耳壶，Ⅱ式鬲，B型Ⅰ式盂和Ⅰ式簋。代表墓葬有M1008、M1041、M1043、M1085和M1218五座墓。本组与第二组相比变化较明显，长颈罐已消失，新增器形有双耳壶和簋。双耳壶在沅水下游楚墓中作为壶的一种纳入仿铜陶礼器中，但后来发现，该型壶无论在沅水下游楚墓还是窑头楚墓中都主要是与日用陶器形成组合，而在里耶麦茶墓地所出16件D型双耳壶或单出或与日用陶器形成组合，竟无一出自仿铜陶礼器墓中①。因而判断其应为日用陶器之一种。双耳壶与仿铜陶礼器形成组合，应视为仿铜陶礼器的变通形态，是礼崩乐坏的产物。在江陵楚墓中无此现象，其也不是尊缶演变的结果。这可能是沅水中下游地区本地的因素。故本报告将其纳入日用陶器组合中。本组柱足鬲裆变宽，其形态略同沅下B型鬲（M460∶1）；A型Ⅰ式双耳壶与沅下D型Ⅰ式假圈足双耳壶（M268∶38）外形接近；Ⅰ式簋与沅下簋形器属同类器，但年代应略晚；C型Ⅰ式高领罐略与沅下Ⅰb式小壶（M413∶2）同。该组器物与江陵楚墓之间可比较因素不多。其与沅下三期五段日用陶器特征多所相似，应属战国中期晚段。

　　第四组的典型器形有A型Ⅱ式矮领罐；B型双耳罐；A型Ⅱ式、Ⅲ式，B型Ⅱ式和D型高领罐；A型Ⅲ式和B型Ⅰ式双耳壶；Ⅲ式鬲；A型Ⅴ式、B型Ⅱ式和B型Ⅲ式盂。代表墓葬有M1011、M1015、M1018、M1040、M1065、M1114、M1170和M1228，共八座墓。本组基本器类和第三组相同，但形态分化较明显。A型Ⅴ式盂与沅下A型Ⅵ式盂，B型Ⅱ、Ⅲ式盂与沅下F型Ⅱ、Ⅲ式盂的时代特征分别相同；Ⅲ式鬲与江陵九店A型Ⅳa式鬲（M711∶9）形态接近②；A型Ⅲ式高领罐同沅下A型Ⅴb式罐（M269∶24）；而A型Ⅱ式矮领罐与陕西陇县店子秦墓中的直口圆腹罐形态相似，应是受其影响的产物③。该组器物中秦文化影响因素已显端倪。对比显示，该组应属战国晚期早段。

---

① 湖南省文物考古研究所：《里耶发掘报告》，岳麓书社，2006年。
② 湖北省文物考古研究所：《江陵九店东周墓》第187页，科学出版社，1995年。
③ 陕西省考古研究所：《陇县店子秦墓》第98页，三秦出版社，1998年。

第五组的典型器形有 B 型 II 式矮领罐，II 式束颈罐，A 型 III 式双耳罐，A 型 III 式、IV 式高领罐，A 型 III 式、IV 式及 B 型 II 式双耳壶，IV 式鬲，B 型 III、IV 式盂及 II 式簋。代表墓葬有 M1042、M1046、M1068、M1077、M1101、M1180、M1206、M1226、M1235，共九座墓。本组鬲腹特浅而宽扁，柱足直立，宽裆；盂只有平底一种。A 型 IV 式高领罐弧领、口外侈、肩略有折的形态与沅下 A 型 VIIa 式高领罐（M4：2）相似，但颈较之粗短，年代应略早。值得一提的是 B 型 II 式矮领罐和 II 式束颈罐分别与云梦睡虎地秦墓 M7 所出 B 型 I 式陶小罐和 B 型 I 式陶釜高度相似。而睡虎地 M7 是一座有明确纪年的秦墓，为秦昭王五十一年（前 256 年），时值战国晚期中段（如两段划分法则属战国晚期晚段）[1]。这就为我们对该组墓葬的年代推断提供了一个标尺形的参考依据。同时 B 型 IV 式矮领罐又与西安尤家庄属于战国晚期晚段（两段分法）的 A 型大口陶小罐（00 明珠 13#M36：1）形态接近[2]。综合分析，该组墓葬的年代应属战国晚期中段。

第六组的典型器物形态有 A 型 IV 式和 B 型 III 式高领罐，C 型双耳壶，B 型 V 式盂和 III 式簋。代表墓葬有 M1021、M1031 和 M1081 三座。本组和前几组相比墓葬数和器物类别都急遽减少，表明僭礼现象的蔓延和平民化已经登峰造极。本组主流器形为高领罐，其中 A 型 IV 式高领罐与沅下四期七段至四期八段的同类器形态接近；B 型 III 式则与沅下 C 型 I 式高领罐（M1523：2）时代特征相同；C 型假圈足双耳壶也与沅下 D 型 III 式壶大致相同。该组器形整体上要晚于第五组，因而我们将其定为战国晚期晚段，下限至秦统一之前。

第七组的典型器物有 B 型 III、IV 式矮领罐，C 型 II 式和 A 型 V 式高领罐，A 型 IV 式双耳壶以及瓮、盆等。代表墓葬也只有三座，M1055、M1221 和 M1224。本组日用陶器组合及形态进一步衰落，许多都附于仿铜陶礼器墓中。本组秦文化因素尤为突出，已很难与楚式传统形态对应，而与秦代墓中同类器多所相似。如 B 型 III 式和 B 型 IV 式矮领罐就与云梦睡虎地秦墓中的 A 型 II 式小陶罐（M14：15）形态一致[3]；陶瓮则与秦墓中的瓮棺形态接近[4]，又与荆门子陵岗汉初墓葬 M49 所出瓮相似，而后者有矮圈足，器身有附加堆纹，其时代应略晚[5]；A 型 V 式高领罐则有秦墓中大口罐的基因[6]；又与属于西汉早期的沅陵虎溪山 1 号墓所出陶罐（M1N：124）的形态接近，只是后者腹更宽[7]。以上对比资料反映，该组的年代应为秦代。

三 分期

以上对仿铜陶礼器墓和日月陶器墓各组年代的推断表明，仿铜陶礼器墓的年代自战国中期至秦代，日用陶器墓的年代自战国早期至秦代。日用陶器墓较仿铜陶礼器墓要早一个时期，即日用陶器墓的第一组。而日用陶器的第二组至第七组则分别与仿铜陶礼器墓的第一组至第六组对应。根据两类墓葬各组间的对应关系，我们将窑头墓葬划分为四期七段（图四三五~四三九；表二〇、二一），其对应关系如下：

① 《云梦睡虎地秦墓》编写组：《云梦睡虎地秦墓》第 48、52 页，文物出版社，1981 年。
② 陕西省考古研究院：《西安尤家庄秦墓》第 234 页，陕西科学技术出版社，2008 年。
③ 《云梦睡虎地秦墓》编写组：《云梦睡虎地秦墓》第 48 页，文物出版社，1981 年。
④ 咸阳市文物考古研究所：《塔儿坡秦墓》第 78 页，三秦出版社，1998 年。
⑤ 荆门市博物馆：《荆门子陵岗》第 144 页，文物出版社，2008 年。
⑥ 陕西省考古研究所：《陇县店子秦墓》第 95 页，三秦出版社，1998 年。
⑦ 湖南省文物考古研究所等：《沅陵虎溪山一号汉墓发掘简报》，《文物》2003 年第 1 期。

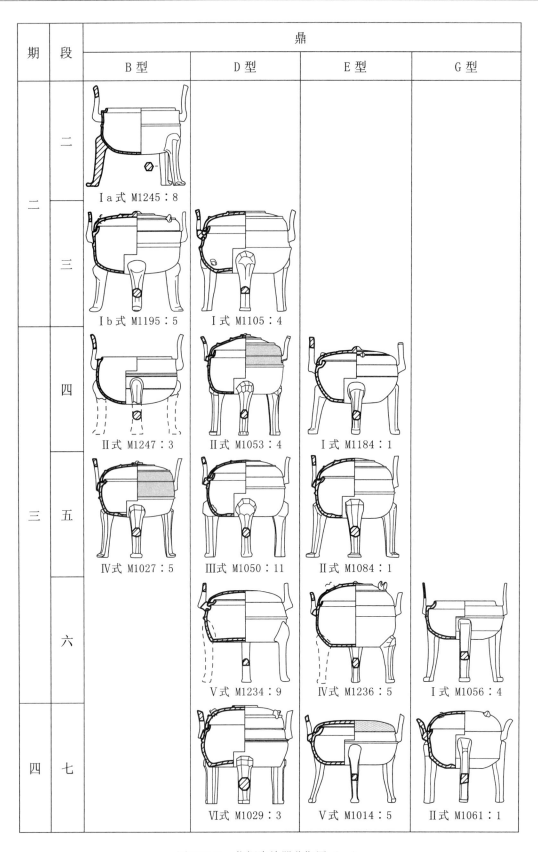

图四三五　仿铜陶礼器分期图（一）

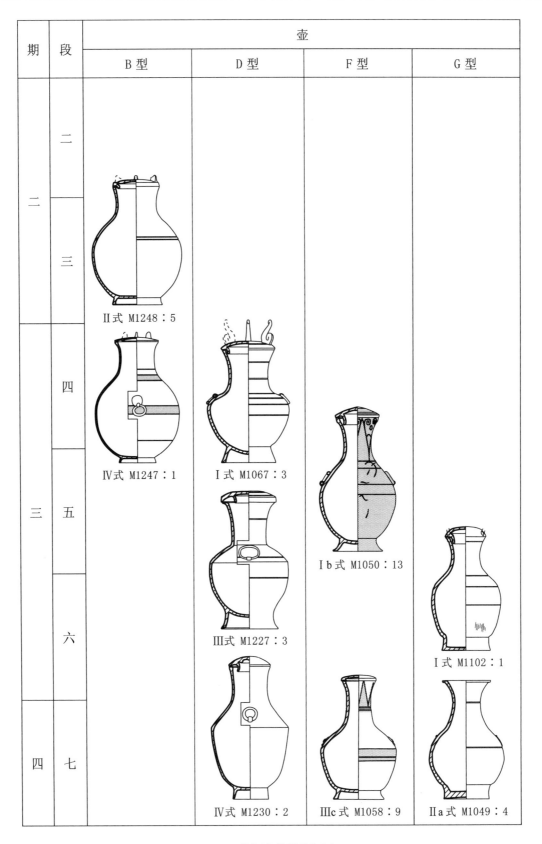

图四三六　仿铜陶礼器分期图（二）

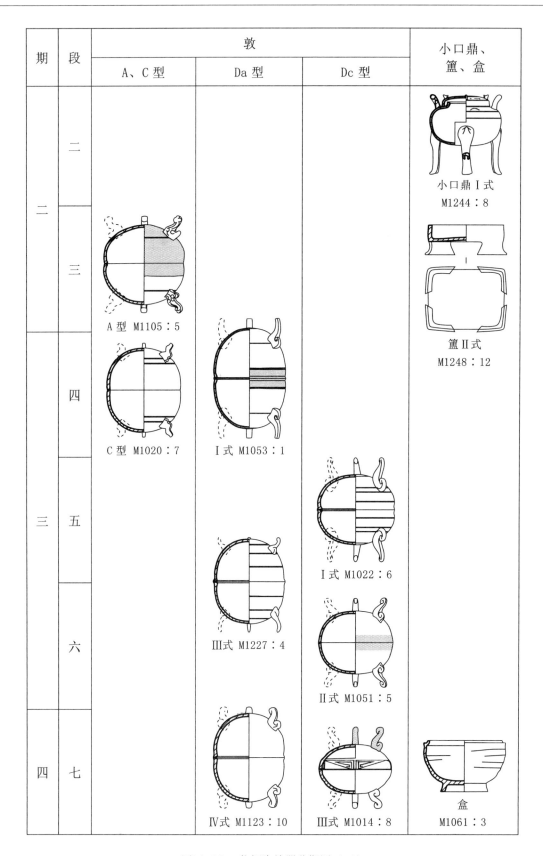

图四三七　仿铜陶礼器分期图（三）

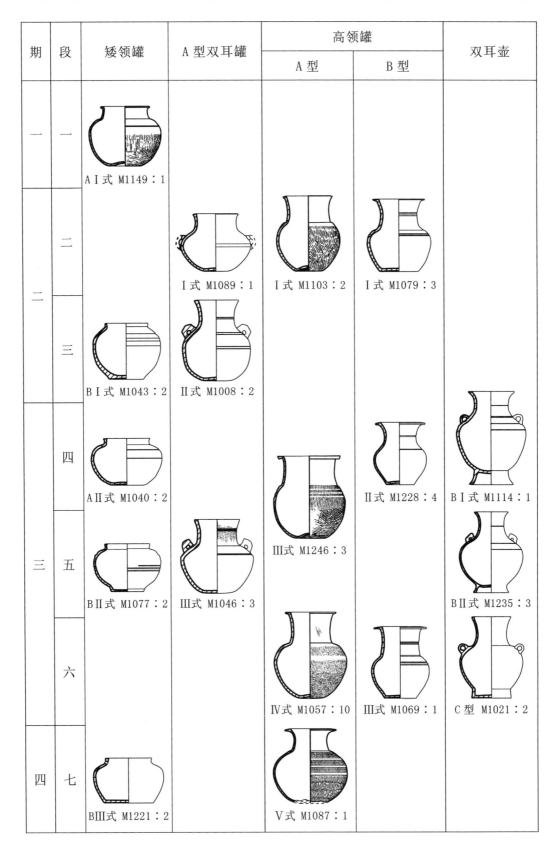

图四三八　日用陶器分期图（一）

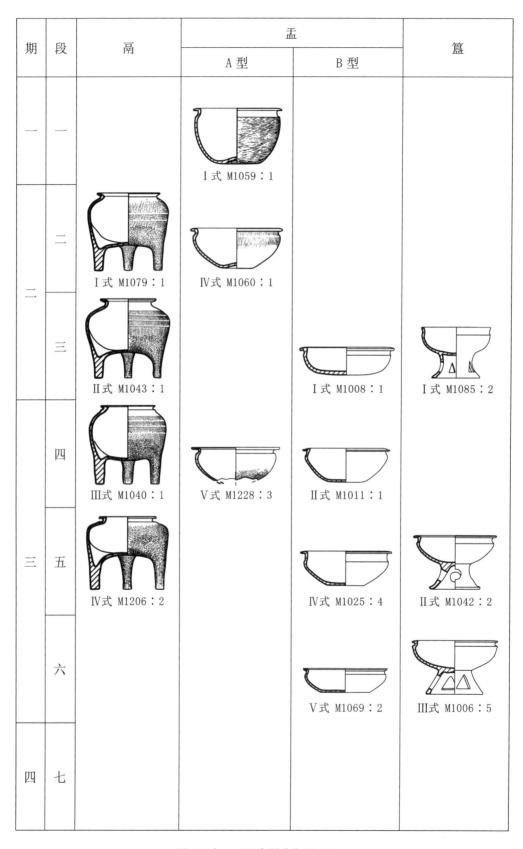

图四三九　日用陶器分期图（二）

仿铜陶礼器墓	日用陶器墓	期	段
	一	一	一
一	二	二	二
二	三	二	三
三	四	三	四
四	五	三	五
五	六	三	六
六	七	四	七

表二〇　　　　　　　　　　仿铜陶礼器分期表

期	段	鼎	壶	敦
二	二	A、BⅠa	A	
	三	BⅠb、CaⅠ、DⅠ	BⅠ、BⅡ、BⅢ	A、BⅠ
三	四	BⅡ、BⅢ、CaⅡ、Cb、DⅡ、DⅢ、EⅠ、FⅠ	BⅣ、CⅠa、CⅠb、CⅡ、DⅠ、EⅠ、EⅡa、EⅡb	C、DaⅠ、DbⅠ、DbⅡ
	五	BⅢ、BⅣ、CaⅢ、DⅢ、DⅣ、EⅡ、EⅢa	CⅡ、DⅡ、DⅢ、FⅠa、FⅠb	DaⅡ、DaⅢ、DbⅡ、DbⅢ、DcⅠ、DcⅡ
	六	CaⅣ、DⅤ、DⅥ、EⅢa、EⅢb、EⅣ、FⅡ、GⅠ	CⅢ、DⅢ、EⅢ、FⅡa、FⅡb、FⅡc、GⅠ	BⅡ、DaⅢ、DaⅣ、DbⅢ、DcⅡ
四	七	DⅥ、EⅤ、GⅡ、GⅢ	CⅢ、CⅣ、DⅣ、FⅢa、FⅢb、FⅢc、GⅡa、GⅡb、H	DaⅣ、DbⅣ、DcⅢ

表二一　　　　　　　　　　日用陶器分期表

期	段	长颈罐	矮领罐	束颈罐	双耳罐	高领罐	双耳壶	鬲	盂	簋
一	一	Ⅰ、Ⅱ	AⅠ	Ⅰ					AⅠ、AⅡa、AⅡb	
二	二	Ⅲ、Ⅳ			AⅠ	AⅠ、BⅠ		Ⅰ	AⅢ、AⅣ	
	三		BⅠ		AⅡ	CⅠ	AⅠ、AⅡ	Ⅱ	BⅠ	Ⅰ
三	四		AⅡ		B	AⅡ、AⅢ、BⅡ、D	AⅢ、BⅠ	Ⅲ	AⅤ、BⅡ、BⅢ	
	五		BⅡ	Ⅱ	AⅢ	AⅢ、AⅣ	AⅢ、AⅣ、BⅡ	Ⅳ	BⅢ、BⅣ	Ⅱ
	六					AⅣ、BⅢ	C		BⅤ	Ⅲ
四	七		BⅢ、BⅣ			AⅤ、CⅡ	AⅣ			

综合以上论述，我们将窑头东周及秦代墓各期、段的年代范围归纳如下：

第一期第一段：战国早期；

第二期第二段：战国中期前段；

第二期第三段：战国中期后段；

第三期第四段：战国晚期早段；

第三期第五段：战国晚期中段；

第三期第六段：战国晚期晚段；

第四期第七段：秦代。

沅陵窑头发掘报告

——战国至汉代城址及墓葬 （下）

湖南省文物考古研究所　编著

文物出版社

北京·2015

Excavation Report of the Yaotou Site in Yuanling:

the Walled City and the Cemetery of the Warring States to Han period

(II)

(with an English abstract)

Edited by

Hunan Provincial Institute of Archaeology and Cultural Relics

Cultural Relics Press

Beijing · 2015

第三部分
汉代墓葬

第一章　墓葬概述

（墓葬分布见第二部分第一章）

一　墓坑类型

本章收入44座墓。按战国墓的分类法均属宽坑墓，没有窄坑和狭长坑墓。墓坑长宽差距较小，均较宽大，有的接近正方形，应为合葬墓。墓底尺寸最宽的为445厘米（M1232），最窄的为190厘米（M1154）。最长的为550厘米（M1187），最短的为300厘米（M1154）。墓底长宽比例最大的为M1131，约1.8∶1，接近2∶1；最小的为M1143和M1220，约1.1∶1，基本上呈正方形。墓坑略倾斜，一般经修整光滑。从几组与战国墓打破关系的情况看，汉墓一般较战国墓浅，多未打穿战国墓的墓底，与墓坑长宽尺寸成反比。墓葬结构较单一，除墓道和枕木沟以外，极少其他附加结构。只有M1178墓道后端与墓室交接处有一器物坑，器物坑呈长方形，坑长140、宽70、深50厘米。

M1156和M1159明确为两座异穴合葬墓。两墓横向并列平齐，均为普通长方形宽坑墓。M1159位于M1156的北侧，相邻两壁之间仅有一道宽40厘米的隔梁。方向一致，均为112°。

二　墓坑方向

墓中人骨架均不存，葬具也腐朽殆尽，头向的确定主要参照墓道朝向以及随葬品所在位置、放置方法等因素而定。与战国墓同，墓葬分八个方向，顺时针依次为：北、东北、东、东南、南、西南、西、西北，每个方向45°。北向自338°始，依此类推。八个方向的分配情况如下：

北向（338°～22°）：2座；占4.55%。

东北向（23°～67°）：1座；占2.27%。

东向（68°～112°）：19座；占43.18%。

东南向（113°～157°）：4座；占9.09%。

南向（158°～202°）：10座；占22.73%。

西南向（203°～247°）：5座；占11.36%。

西向（248°～292°）：2座；占4.55%。

西北向（293°～337°）：1 座。占 2.27%。

由各方向的分配比例看，以东向和南向的为主，东向的墓占到将近半数，而且方向较正，多为正东左右 10°，方向朝向南半部的则占到 86%。

三　墓道

汉墓的墓道多未发掘，因而对墓道的形态无法作较精细的统计。总体而言，墓道均较低，几与墓室底平；平底墓道和斜坡墓道都有，但斜坡墓道的坡度一般较小。

带墓道的墓共 21 座，将近半数，墓道设于墓坑一端的正中。墓道均设于南半部，其中向东的 11 座，超过带墓道的墓的半数；向东南的 2 座；向南的 4 座；向西南的 4 座。

从以上墓坑方向和墓道方向看，窑头汉墓的方向以东向为主，次为南向。其方向选择具有一定的规律性。

四　封土及填土

保存有封土堆的墓有四座，但因 M1129、M1169 和 M1187 三座墓处于同一封土堆下，实际上封土堆只有两个。M1129、M1169 和 M1187 三墓的封土堆呈不规则圆形，封土为带黏性的黄砂土夯筑。封土高约 400、底径约 1400～1500 厘米。M1158 的封土堆呈圆形，残高约 250、底径约 700 厘米。

墓坑中填土一般为五花土或洗砂土，都是从本坑中挖出的土经捣碎后回填，颜色驳杂，填土多未经夯筑。部分墓的墓底填有青膏泥或白膏泥。

五　葬具、葬式、随葬品

葬具多已腐朽不存，只有 M1187 一座墓的墓底残存有椁底板，有四座墓底部残存有棺椁灰痕。但许多墓的墓底都有枕木沟，因而都应是有棺椁的。枕木沟均位于墓底两端，一座墓只头部一端有枕木沟。

人骨架均朽不存，因而其葬式不明。

因墓葬多被盗，随葬品扰乱严重。在保存较好的墓中，随葬品多位于墓底两侧或一侧，少数呈曲尺形摆放，应是椁室的两边厢和头厢位置。滑石璧多放于头端的中间。

第二章　墓葬资料

汉代墓葬共44座，其中有10座墓葬的随葬器物或被盗殆尽，或有随葬品而残碎太甚，墓葬形制也较单一，墓葬登记表足以反映其面貌。因而对这些墓葬不做详细介绍。这10座墓葬分别是：M1154，M1168，M1176，M1183，M1186，M1187，M1188，M1208，M1216，M1250。除此以外的34座墓葬按墓号顺序逐一介绍如下。

墓葬一五五　M1119

一　墓葬形制

宽长方形土坑竖穴带墓道。方向95°。墓道位于墓室东端中间。墓道口宽222、墓道底宽188厘米；墓道底距墓口深325、距墓底高仅15厘米。因墓道未发掘，形态及其余数据不清。墓室头端宽足端窄，平面呈梯形。墓壁倾斜，两端斜度较两侧大。墓口长520、头端宽450、足端宽412厘米，墓底长420、头端宽400、足端宽364厘米，墓深340厘米。随葬器物主要分布于墓底右侧，头端有少量分布。墓有被盗迹象。葬具及人骨架不存。墓底头端尚可辨椁木朽痕，中部有木棺朱漆印痕。墓中填洗砂土（图四四〇）。

二　出土器物

29件（套）。有陶器、硬陶器、铜器、滑石器和钱币。

（一）陶器

13件。有仿铜礼器、生活用器和模型器。

1. 锺　2件。形态各异。

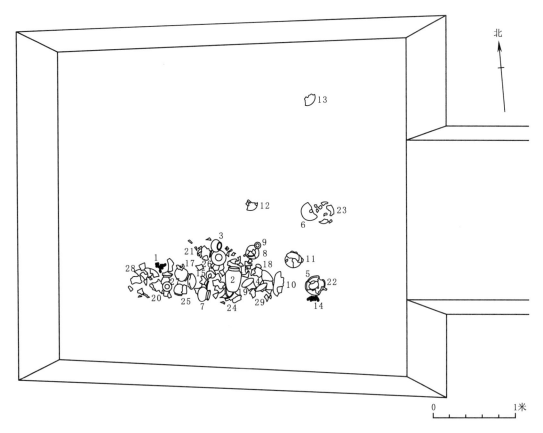

图四四○ M1119 随葬器物分布图

1. 铜钱币 2~4、15、17、21、25~27. 硬陶罐 5. 陶熏 6、12、13. 滑石璧 7、19. 陶锺 8、9. 陶鼎 10. 铜洗 11. 铜鋈 14. 泥钱币 16. 陶灶 18. 陶井 20、24. 陶钫 22. 陶罐 23、28、29. 陶器盖

M1119:7，盘口，长弧颈较细，鼓腹较浅，平底。矮圈足外撇。腹饰两组凹凸相间弦纹及对称铺首。口径 14.2、腹径 19、高 24.4 厘米（图四四一，2）。

M1119:19，盘状敞口，弧颈细长，斜肩，扁鼓腹，圜底。矮圈足较宽，略外撇。肩、腹各有三周凹凸相间弦纹。弦纹间有对称简化铺首。口径 17.3、腹径 25.9、高 26 厘米（图四四一，1）。

2. 鼎 2 件。形制、大小相同。

标本 M1119:8，子母口内敛，窄肩承盖。上腹直，下腹斜收，腹有一周凸弦纹。底残。蹄形足纤细，上部有兽面纹。方附耳外侈，耳沿平折，耳孔呈"回"字形。一耳与一足在一条垂直线上。弓弧形盖顶有一梯形扁纽。口径 18、通宽 28、通高 19.8 厘米（图四四一，4）。

3. 钫 2 件。形制、大小相同。

标本 M1119:24，敞口斜直，方唇，束颈，长鼓腹。高圈足斜直。上腹有对称简化铺首。盝顶形盖。口径 9、腹径 17.6、通高 38.6 厘米（图四四一，5）。

4. 罐 1 件。

M1119:22，弇口，斜折沿，斜折肩，斜弧腹，小平底微凹。口径 10、腹径 17.6、高 10.6 厘米（图四四一，3）。

　　5. 器盖　3件。形态各异。

　　M1119：23，浅斜壁盖，平顶。口径8.8、高1.6厘米（图四四一，6）。

　　M1119：28，弓弧形盖。口径14.8、高3厘米（图四四一，7）。

　　M1119：29，弓弧形盖，口外有一周凹圈。口径19.6、高4.4厘米（图四四一，8）。

　　6. 熏　1件。

　　M1119：5，尖顶高熏罩，罩面周围穿插分布三层叶脉状凸纹。熏盏及盘残，仅存残托柱。熏罩直径12.6、高7.2厘米（图四四一，9）。

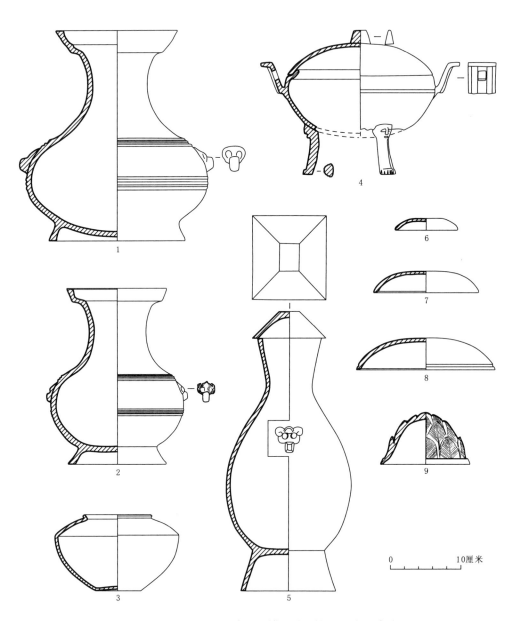

0　　　　　　　　　10厘米

图四四一　M1119出土陶锺、罐、鼎、钫、器盖、熏罩

1、2. 锺（19、7）　3. 罐（22）　4. 鼎（8）　5. 钫（24）　6～8. 器盖（23、28、29）　9. 熏罩（5）

7. 灶　1 件。

M1119：16，平面长方形，灶体一挡壁下方的中间有一个弧形火门，面上有两个釜洞，与火门对应的一挡的面上有矮挡风板，釜洞上分别置一釜。长 17.8、宽 14.8、通高 8.6 厘米（图四四二，1）。

8. 井　1 件。

M1119：18，平折沿，井沿上有对称小圆孔。弧颈，坠腹，近底斜折，平底。底边削棱，底有轮刮同心涡纹。口径 11.2、高 13 厘米。井内有汲缶。高 4.5 厘米（图四四二，2）。

（二）硬陶罐

9 件。有六种形态。器身拍印麻布纹。

标本 M1119：2，斜直口微凹弧，沿外斜，唇外凸，口内有三周瓦楞状弦纹。溜肩，深弧腹，平底微凹。下底似有钤印。口至肩施釉，脱落。肩部饰一周弦纹，器身拍印麻布纹。口径 16.4、腹径 23.4、高 31.4 厘米（图四四二，5）。

标本 M1119：3，直口，唇微凸，口内有瓦楞状弦纹。圆肩，斜直腹微弧，平底微凹。肩部饰

图四四二　M1119 出土陶灶、井，硬陶罐
1. 陶灶（16）　2. 陶井（18）　3~8. 硬陶罐（15、3、2、4、17、21）

一周弦纹，器身拍印中麻布纹。口径 10.4、腹径 15、高 14.2 厘米（图四四二，4）。

标本 M1119：4，敞口斜直，斜肩，斜直腹略弧，平底。肩部饰两周弦纹，器身拍印中麻布纹。口径 10.6、腹径 15.2、高 17 厘米（图四四二，6）。

标本 M1119：15，平沿，唇外凸，口凹弧呈盘状，口内有瓦楞状弦纹。斜肩，深弧腹，平底。口至肩施墨绿釉。肩部饰两周弦纹，器身拍印中麻布纹。口径 15.7、腹径 22.8、高 33.8 厘米（图四四二，3）。

标本 M1119：17，直口微凹弧，圆肩，深弧腹，平底较小。肩部饰一周弦纹，器身拍印中麻布纹。口径 11.4、腹径 15.8、高 16.8 厘米（图四四二，7）。

标本 M1119：21，直口略斜，唇外凸，口内有瓦楞状弦纹。斜肩，斜直腹微弧，平底。肩部饰一周弦纹，器身拍印中麻布纹。口径 12、腹径 15.8、高 16 厘米（图四四二，8）。

另有三件同 M1119：21。

（三）铜器

2 件。

1. 鉴　1 件。

M1119：11，残甚，不能修复。敞口，宽折沿，束颈，鼓腹，圈底较平。上腹有两周弦纹及对称圆环耳，耳外铸绳索纹。器身布满沿焱。

2. 洗　1 件。

M1119：10，残甚。

（四）滑石璧

3 件。正面肉、好均刻廓线，廓内刻菱形网格线，菱格交叉点上刻圈点纹。

M1119：6，廓线及菱形网格纤细，网格较稀疏，圈点纹深峻。素背。肉径 22.7、好径 1.5、厚 0.5 厘米（图四四三，1）。

M1119：12，好廓斜面，小圈点纹。素背。肉径 23、好径 1.1、厚 0.4 厘米（图四四三，2）。

M1119：13，网格较稀疏。背面无廓线，菱格纹与圈点纹大致与正面同，但圈点纹有大、小两种。肉径 20.6、好径 1.6、厚 0.6 厘米（图四四三，3）。

（五）钱币

有铜钱和泥钱两种，以 2 件计。

1. 铜钱　58 枚。

M1119：1，有"五铢"钱 54 枚，"大泉五十"钱 4 枚（图版一〇二，2）。

"五铢"：主要为普通五铢，少数磨廓五铢。普通五铢按字体分又有宽体和窄体两种，均为正面有肉廓无好廓，背面肉、好均有廓。另有四枚五铢钱正面穿上有横廓，五枚穿下有一星。肉径 2.5～2.7、好径 0.9～1.1、缘厚 0.11～0.18 厘米（图四四三，4、5）。

"大泉五十"：正、背均有廓，正面为对读的"大泉五十"四字。肉径 2.7～2.8、好径 0.8～0.9、缘厚 0.16～0.27 厘米（图四四三，6、7）。

2. 泥钱　数枚。

M1119：14，为"五铢"钱，残甚。

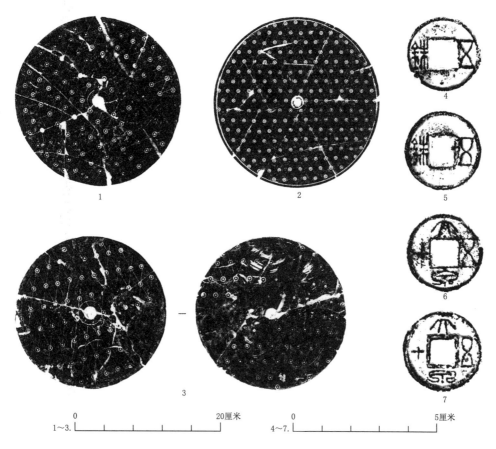

图四四三　M1119 出土滑石璧，铜钱

1~3. 滑石璧（6、12、13）　4~7. 铜钱（1）

墓葬一五六　M1127

一　墓葬形制

普通宽长方形土坑竖穴。方向 20°。墓上部被破坏。该墓从一侧打破战国墓 M1128，且打穿墓底（图二二五）。墓壁垂直，长 340、宽 260、残深 100 厘米。随葬器物主要位于墓底足端，只两件玉璧位于头端。葬具及人骨架不存。墓中填五花土。现墓口以上有厚约 50 厘米表土（图四四四）。

二　出土器物

共 12 件（套）。有陶器、滑石器和钱币。

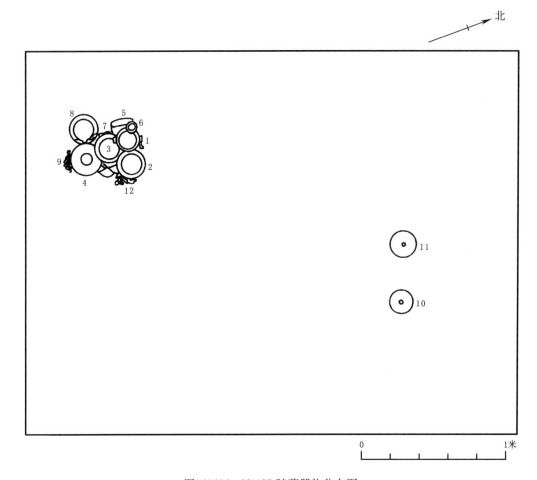

图四四四　M1127 随葬器物分布图

1. 陶鼎　2、3、7、8. 陶罐　4. 陶盒　5. 陶灶　6. 陶井　9. 滑石小明器　10、11. 滑石璧　12. 铜钱币

（一）陶器

8件。有仿铜礼器、生活用器和模型器。

1. 罐　4件。3件残。

标本 M1127：7，弇口，圆唇，肩残。弧腹上部有一周台棱状突出。平底。口径 10、腹径 18.6、高 15 厘米（图四四五，13）。

2. 井　1件。

M1127：6，井底残片。汲缶直口，扁腹，小平底。底边削棱。高 3.7 厘米（图四四五，12）。

还有鼎、盒、灶各 1 件，均残甚。

（二）滑石器

3件（套）。有璧和明器。

1. 璧　2件。形制、大小相同。

标本 M1127：11，正面有肉廓无好廓，廓线纤细。廓内刻划较稀疏的菱形格线，菱格交叉点上刻圈点纹。好径较小。素背。肉径 20.6、好径 0.6、厚 0.6 厘米（图四四五，14）。

2. 明器　一套（11 小件）。

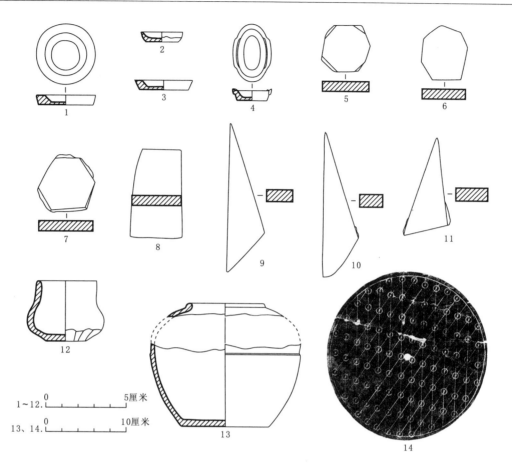

图四四五　M1127 出土滑石明器、璧，陶汲缶、罐

1~11. 滑石明器（9）　12. 陶汲缶（6）　13. 陶罐（7）　14. 滑石璧（11）

M1127：9，有耳杯、盘、长方块、三角块、多边形块等 10 余件。其中盘 3 件，口径 2.6 ~ 3.6、高 0.6 厘米；耳杯 1 件，长 3.5、宽 2.4、高 0.7 厘米；多边形块 3 件，有六边形和七边形两种，径 2.9 ~ 3.5、厚 0.6 厘米；长方块 1 件，长 5.4、宽 3.3、后 0.6 厘米；三角块 3 件，长 5.9 ~ 9、宽 2.3 ~ 3、厚 0.7 ~ 0.8 厘米（图四四五，1 ~ 11；图版一〇三，1）。另有残块数件。

（三）铜"货泉"钱　17 枚（以 1 件计）。

M1127：12，多锈结一团。肉、好双面均有廓。肉径 2.33 ~ 2.35、好径 0.53 ~ 0.68、缘厚 0.2 ~ 0.24 厘米（图版一〇三，2）。

墓葬一五七　M1129

一　墓葬形制

宽长方形土坑竖穴带平底墓道。方向 200°。墓口以上残存有封土堆，封土堆呈不规则圆形，

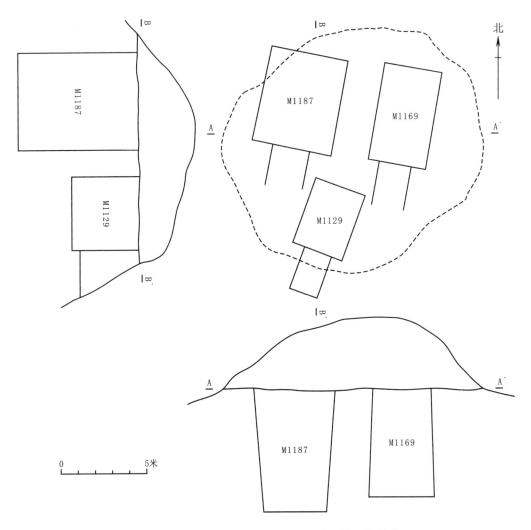

图四四六　M1129、M1169、M1187 平、剖面关系图

封土为带黏性的黄砂土夯筑。封土高约 400、底径约 1400～1500 厘米。封土堆下共有三座墓葬，除此墓外还有 M1169 和 M1187。三墓呈品字形分布，都是带墓道的墓，墓道都朝南（图四四六）。M1129 墓道位于墓室南端中间，墓道壁垂直，长 250、宽 170 厘米，墓道底距墓口高 340、距墓底高 50 厘米。墓室壁垂直，长 395、宽 305、深 390 厘米。随葬器物分布于墓底头端。葬具及人骨架不存。墓中填五花土（图四四七）。

二　出土器物

13 件。有陶器、硬陶器和滑石璧。

（一）陶器

5 件。有仿铜礼器和生活用器。

1. 锤　1 件。

M1129：13，颈以上残，溜肩，扁鼓腹，底残。矮圈足较直。肩、腹各有三周凹凸相间弦纹。弦纹间有对称简化铺首。腹径 26.4、残高 23.2 厘米（图四四八，1）。

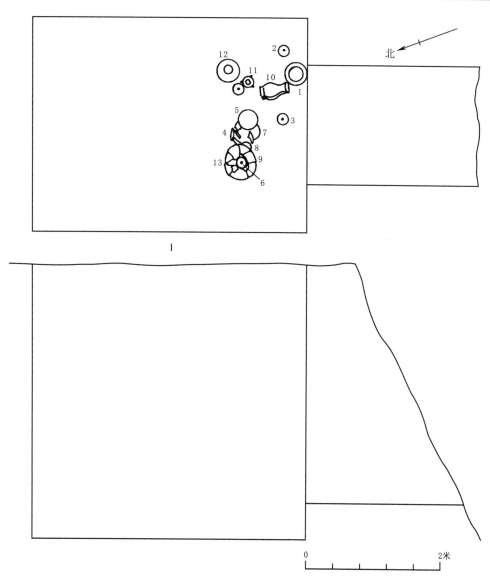

图四四七　M1129 平、剖面及随葬器物分布图

1. 陶罐　2、3、6~9. 滑石璧　4、12. 硬陶罐　5. 陶盘　10. 陶钫　11. 陶镳壶　13. 陶锺

2. 钫　1 件。

M1129:10，直口，方唇，粗短颈，长鼓腹。圈足较直，上部呈假圈足。上腹有对称简化铺首。盝顶形盖。口径 10.6、腹径 20.2、通高 36 厘米（图四四八，6）。

3. 罐　1 件。

M1129:1，小口，矮立领，圆耸肩，斜直腹微弧，小平底。肩及上腹各饰两周细弦纹。口径 9.5、腹径 18.4、高 10 厘米（图四四八，3）。

4. 盘　1 件。

M1129:5，敞口，平沿，斜折壁，小平底。口径 18.6、高 3.6 厘米（图四四八，7）。

5. 镳壶　1 件。

M1129:11，卷沿，圆唇，溜肩，扁圆腹，平底。矮蹄形足。腹部呈 90° 位置装一假流和一鋬。

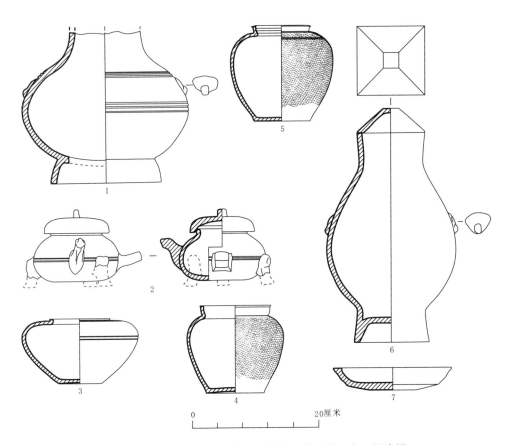

图四四八　M1129 出土陶锤、镳壶、罐、钫、盘；硬陶罐

1. 陶锤（13）　2. 陶镳壶（11）　3. 陶罐（1）　4、5. 硬陶罐（4、12）　6. 陶钫（10）　7. 陶盘（5）

腹有两周弦纹。浅平盖边缘较直。盖顶有一扁立纽。口径8.4、柄侧通宽18.4、通高11 厘米（图四四八，2）。

（二）硬陶罐

2 件。直口微凹弧，圆肩，弧腹，平底。器身拍印中麻布纹。

M1129：4，平底微凹。口径11.2、腹径15.2、高13.4 厘米（图四四八，4）。

M1129：12，口内有瓦楞状弦纹，肩部饰一周弦纹，口径9.2、腹径16、高14.7 厘米（图四四八，5）。

（三）滑石璧

6 件。菱形网格线，菱格交叉点上刻圈点纹。

M1129：2，双面肉、好均刻深廓线。廓内刻纤细的菱形网格线，正面所有菱格交叉点和背面部分菱格交叉点上刻圈点纹。肉径8.3、好径0.8、厚0.5 厘米（图四四九，1）。

M1129：6，正面斜面缘，好无廓。素背。肉径21.1、好径0.95、厚0.8 厘米（图四四九，4）。

M1129：7，正面肉、好均刻深廓线，背面有肉廓无好廓；双面廓内均刻菱形网格线，背面无圈点纹。肉径8、好径0.9、厚0.45 厘米（图四四九，3）。

M1129：8，基本同 M1129：7。正面肉廓削作斜面。肉径8、好径0.8、厚0.5 厘米（图四四九，2）。

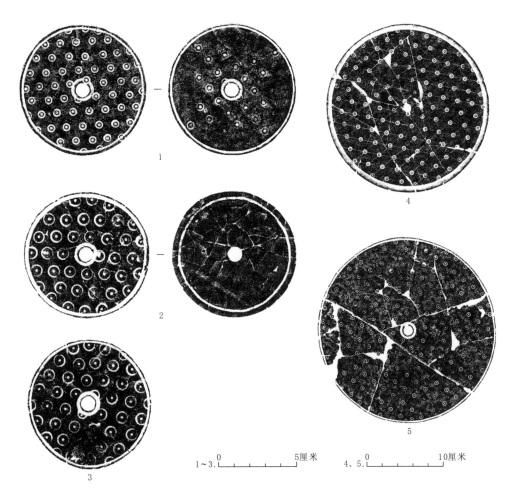

图四四九　M1129 出土滑石璧
1. 1129:2　2. 1129:8　3. 1129:7　4. 1129:6　5. 1129:9

　　M1129:9，正面肉、好均刻深廓线，菱形网格线纤细稀疏。素背。肉径 23.2、好径 1.1、厚 0.6 厘米（图四四九，5）。

　　M1129:3 与 M1129:9 同。

墓葬一五八　M1131

一　墓葬形制

　　宽长方形土坑竖穴带墓道。方向 80°。墓上部被破坏。墓道位于墓室西端中间。因墓道未发掘，形态及相关数据不清。墓室壁垂直，长 390、宽 215、残深 136 厘米。随葬器物分布于墓底头端及右侧。随葬器物所体现的头端方向与墓道所在方向相反。葬具及人骨架不存。墓中填五花土（图四五〇）。

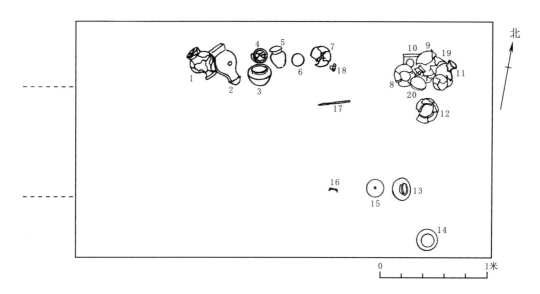

图四五〇　M1131 随葬器物分布图

1、11. 陶锺　2. 陶钫　3. 陶盒　4. 陶熏　5、8、9、12～14. 陶罐　6. 陶盘　7. 陶盆　10. 陶灶

15. 滑石璧　16. 铁棺钉　17. 铁刀　18. 铜五铢钱　19. 陶井　20. 陶鼎

二　出土器物

共 20 件（套）。有陶器、铁器、滑石器和钱币。

（一）陶器

16 件。有仿铜礼器、生活用器和模型器。

1. 锺　2 件。形制、大小相同。

标本 M1131：1，盘口较直，长弧颈，斜肩，扁鼓腹，圈底。矮圈足外撇，圈足呈台棱状转折。肩、腹各有三周凹凸相间弦纹。弦纹间有对称简化铺首。下腹隐见绳纹。口径 13、腹径 21.2、高 25.8 厘米（图四五一，1）。

2. 罐　6 件。异口，斜折沿，沿内微凹，方唇。圆肩，平底。

标本 M1131：13，鼓腹，平底微凹。口径 10.3、腹径 20.2、高 13 厘米（图四五一，2）。

标本 M1131：14，弧腹。口径 10.4、腹径 19.6、高 12 厘米（图四五一，3）。M1131：8 与之同。

另有 2 件残甚，形态不明。

3. 盆　1 件。

M1131：7，敞口，短折沿微坠，斜直壁，圈底，底边折转。口径 19.8、高 6 厘米（图四五一，4）。

4. 盘　1 件。

M1131：6，敞口，浅斜壁，小平底。口径 10.8、高 1.8 厘米（图四五一，5）。

5. 熏　1 件。

M1131：4，熏盏与熏托连为一体，上为倒臼形熏罩。熏盏为钵状，子母口，窄凹肩承盖。盏下短托柱连接托盘。托柱中空至盘底。托盘为平折沿，斜折壁，平底。熏罩为三层山峰纹收尖，熏孔呈元宝形或腰圆形。盏口径 8、托盘口径 10.2、通高 17.3 厘米（图四五一，6）。

6. 灶　1 件。

M1131：10，残甚，存附件小釜和小盆各 1 件。釜：敛口，折壁，小平底，底边削棱。高 4.5 厘米。盆：敞口，折沿，弧壁，平底。高 3.7 厘米（图四五一，7）。

还有鼎、盒、钫各 1 件，均残。

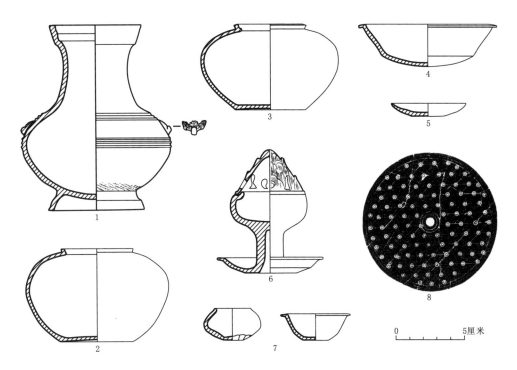

图四五一　M1131 出土陶锺、罐、盆、盘、熏、灶附件，滑石璧

1. 陶锺（1）　2、3. 陶罐（13、14）　4. 陶盆（7）　5. 陶盘（6）　6. 陶熏（4）　7. 陶灶附件（10）　8. 滑石璧（15）

（二）铁器

2 件。刀、棺钉各 1 件，均残甚。

（三）滑石璧

1 件。M1131：15，正面肉、好均刻双廓线，廓内刻菱形格线，菱格交叉点上刻圈点纹。体极薄。素背。肉径 20.5、好径 1.2、厚 0.25 厘米（图四五一，8）。

（四）钱币

铜“五铢”钱数枚（以 1 件计），残甚。

墓葬一五九　M1135

一　墓葬形制

宽长方形土坑竖穴带墓道。方向 85°。墓上部被破坏。墓道位于墓室东端中间，宽 123 厘米；

墓道下端距墓口深 82、距墓底高 28 厘米。因墓道未发掘，形态及其余数据不清。墓室壁垂直，长 340、宽 250、残深 110 厘米。随葬器物沿头端及左侧壁分布。墓具及人骨架不存。墓中填五花土夹杂膏泥，黏性较大。现墓口以上有厚 20～30 厘米表土（图四五二）。

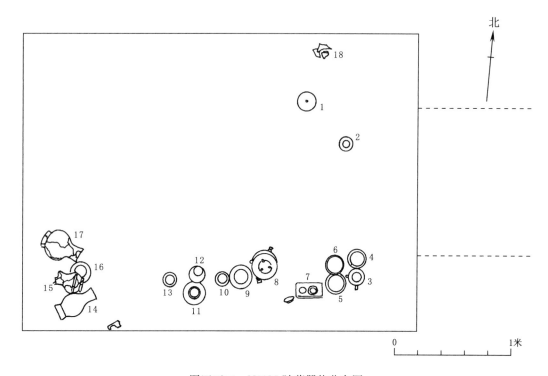

图四五二　M1135 随葬器物分布图

1、18. 滑石璧　2. 陶熏　3. 陶鐎壶　4. 陶灯　5. 陶井　6. 陶盒　7. 陶灶　8. 陶鼎　9. 铁釜
10～13. 陶罐　14. 陶钫　15～17. 陶锺

二　出土器物

共 18 件。有陶器、铁器和滑石器。

（一）陶器

15 件。有仿铜礼器、生活用器和模型器。

1. 锺　3 件。

标本 M1135：16，颈以上残，溜肩，鼓腹，圜底。矮圈足较直。肩有三周凹凸相间弦纹。弦纹下有对称简化铺首。腹径 25.2、残高 28.4 厘米。另一件形态不明（图四五三，1）。

标本 M1135：17，直口，口外有宽出边呈盘口状，粗颈斜直，扁鼓腹略有折，圜底。矮圈足直折。肩、腹各有三周凹凸相间弦纹。弦纹间有对称简化铺首。口径 13、腹径 20.2、高 24.2 厘米（图四五三，2）。

2. 钫　1 件。

M1135：14，直口，方唇，口外饰一周弦纹。粗短直颈，长鼓腹。高圈足较直。上腹有对称铺首。口径 10.2、腹径 20、高 33 厘米（图四五三，3）。

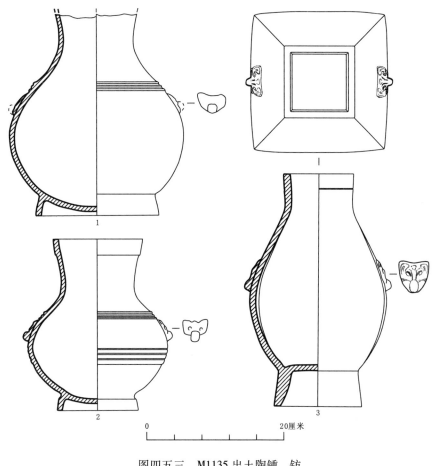

图四五三　M1135 出土陶锺、钫
1、2. 锺（16、17）　3. 钫（14）

3. 罐　4 件。矮直领，平底。

M1135：10，窄斜肩，深弧腹。口径 9.8、腹径 14、高 12.2 厘米（图四五四，1）。

M1135：11，厚圆唇，斜肩，斜直腹下部折收，小平底。口径 10.6、腹径 19、高 15.4 厘米（图四五四，4）。

M1135：12，溜肩，圆弧腹，下腹削棱。口径 10.4、腹径 14、高 11 厘米（图四五四，3）。

M1135：13，斜肩，斜直腹，大平底。口径 7.6、腹径 14.8、高 10.2 厘米（图四五四，2）。

4. 鐎壶　1 件。

M1135：3，敛口，扁圆腹，平底。矮蹄形足残。腹部呈90°位置装一假流和一鋬。腹有两周弦纹。盖失。口径 7、柄侧通宽 17.4、残高 7.4 厘米（图四五四，6）。

5. 灶　1 件。

M1135：7，平面长方形，一侧壁为两个火门，面上对应两个釜洞，后有挡风板及两个烟囱。釜洞上各置一釜。长 23.8、宽 13、通高 10.8 厘米（图四五四，7）。

6. 井　1 件。

M1135：5，短厚折沿，弧颈，腹斜直，平底。汲缶不存。口径 14、高 10.6 厘米（图四五四，5）。

还有鼎、盒、熏、灯各 1 件，残甚。

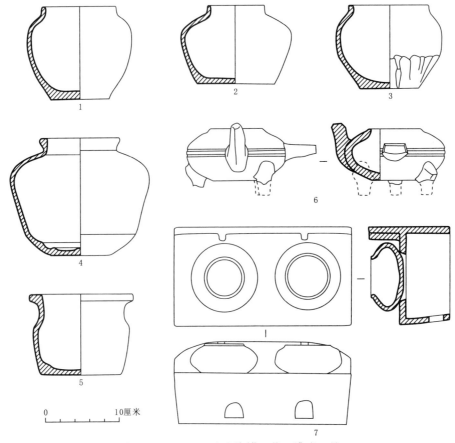

图四五四　M1135 出土陶罐、井、镰壶、灶

1~4. 罐（10、13、12、11）　5. 井（5）　6. 镰壶（3）　7. 灶（7）

（二）铁釜

1 件。M1135∶9，锈蚀碎块，形态不辨。

（三）滑石璧

2 件。形态不明。

墓葬一六〇　M1136

一　墓葬形制

宽长方形土坑竖穴带斜坡墓道。方向 75°。墓上部已被破坏。墓道位于墓室东端偏向南侧，坡度 25°。墓道壁略斜，墓道残长 120、墓道口宽 136 厘米，墓道下端宽 128 厘米，墓道下端距墓口深 150、距墓底高 30 厘米。墓室壁垂直，修整光滑。墓长 360、宽 250、残深 180 厘米。随葬器物位于头端及中部纵向一线，有盗扰迹象。葬具及人骨架不存。墓中填五花土，黏性较大。现墓口以上有厚 10~20 厘米表土（图四五五、四五六）。

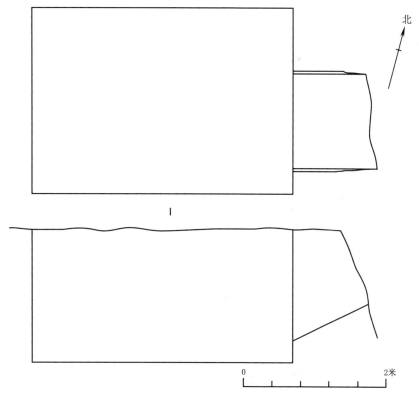

图四五五　M1136 平、剖面图

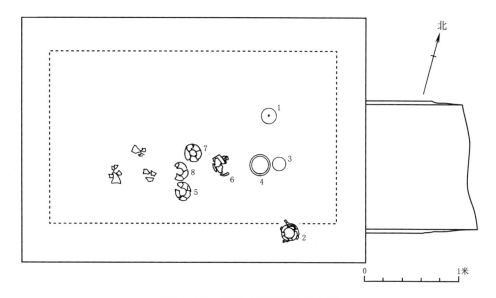

图四五六　M1136 随葬器物分布图
1. 滑石璧　2. 陶鼎　3. 铜卮　4. 铜洗　5、7. 陶罐　6. 硬陶罐　8. 陶甑

二　出土器物

共 8 件。有陶器、硬陶器、铜器和滑石器。

（一）陶器

4件。有仿铜礼器、生活用器和模型器。

1. 鼎　1件。

M1136：2，子母口内敛，凹窄肩承盖。弧腹，小平底，腹、底圆转。矮蹄形足，上部有兽面纹。方附耳较小，耳面模印网格纹。口径15.4、通宽20.7、通高14厘米（图四五七，1）。

2. 罐　2件。形态相同。

标本M1136：7，矮直领，窄圆肩，深弧腹，平底。肩有两周弦纹。口径10、腹径16.4、高14厘米（图四五七，2）。

3. 甑　1件。

M1136：8，陶灶附件。灶已残。敞口，折沿微坠，斜壁深直，平底。底有五个圆箅孔，器腹饰六周弦纹。高6.4厘米（图四五七，3）。

（二）硬陶罐

1件。残甚。

（三）铜器

2件。洗和卮各1件，均不见实物。

（四）滑石璧

1件。M1136：1，正面肉有宽廓线，好无廓，好径极小。廓内刻划菱形格线，菱格交叉点上刻圈点纹。素背。肉径22.1、好径0.75、厚0.85厘米（图四五七，4）。

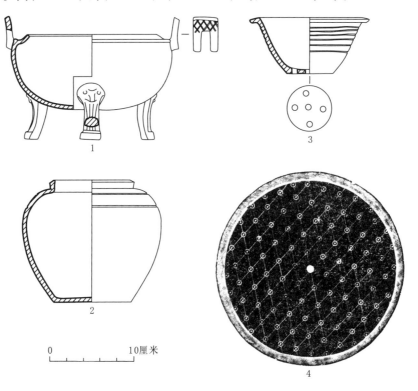

图四五七　M1136出土陶鼎、罐、甑，滑石璧

1. 陶鼎（2）　2. 陶罐（7）　3. 陶甑（8）　4. 滑石璧（1）

墓葬一六一　　M1139

一　墓葬形制

普通宽长方形土坑竖穴。方向105°。墓上部已被破坏。墓坑头端较足端略宽，平面略呈梯形。墓壁垂直，长410、头端宽260、足端宽250、残深180厘米。随葬器物主要位于墓室右侧，头端较少。墓有盗扰迹象。葬具及人骨架不存。墓中填黏性较大的五花土。现墓口以上有厚20～50厘米表土（图四五八）。

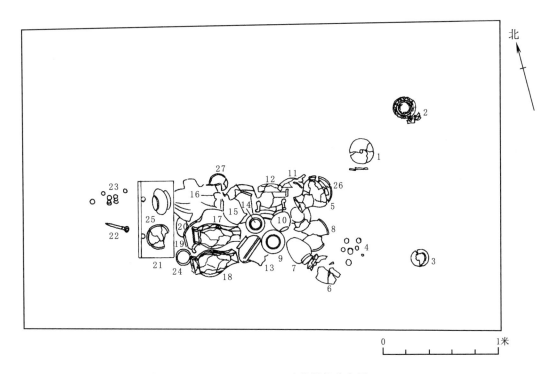

图四五八　M1139 随葬器物分布图

1. 滑石璧　2. 陶熏　3、6、7、9、10、27. 硬陶罐　4. 泥金饼　5、13、15、16. 陶锺　8、26. 陶盒　11、12. 陶鼎　14、19、25. 陶罐　17、18. 陶钫　20. 陶镶壶　21. 陶灶　22. 铁刀　23. 铜钱　24. 陶井

二　出土器物

共27件。有陶器、硬陶器、铁器、滑石器和钱币。

（一）陶器

17件。有仿铜礼器、生活用器和模型器。

1. 锺　4件。有大、小两种，各2件，形态、大小分别相同。

标本 M1139:5，敞口，口外有窄出边。弧颈，溜肩，扁鼓腹，圜底。矮圈足外撇。肩、腹各有三周凹凸相间弦纹，两组弦纹间有对称简化铺首。口径 12.4、腹径 22.2、高 27 厘米（图四五九，2）。

标本 M1139:16，形态大致同 M1139:5 而较大。斜肩。腹以下残。肩部饰两周瓦楞状宽弦纹，腹饰四周凹凸相间弦纹。两组弦纹间有对称简化铺首。下腹饰斜粗绳纹。口径 16.2、腹径 30.8、残高 30.5 厘米（图四五九，1）。

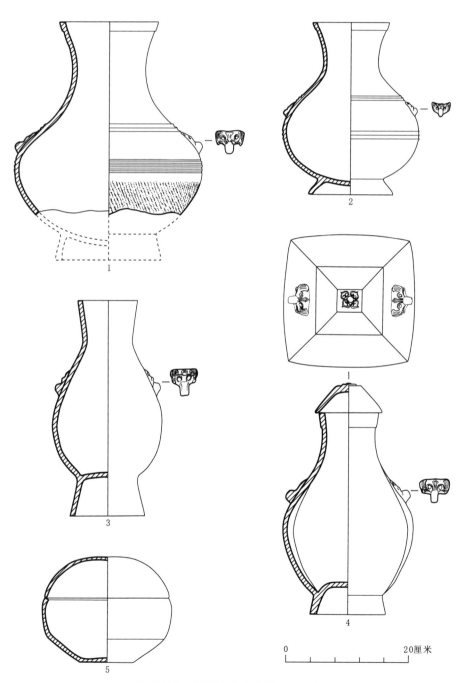

图四五九　M1139 出土陶锺、钫、盒
1、2. 锺（16、5）　3、4. 钫（17、18）　5. 盒（8）

2. 盒 2 件。形态、大小相同。

标本 M1139：8，口微敛，沿内斜，上腹弧直，下腹斜收，腹较深，平底。拱弧形深盖，盖顶较平。口径 20.4、通高 16.8 厘米（图四五九，5）。

3. 钫 2 件。形态略异。肩部有对称简化铺首。

M1139：17，敞口斜直，方唇，长鼓腹。高圈足斜直。口径 9.8、腹径 18、高 34.2 厘米（图四五九，3）。

M1139：18，口较直，方唇，口外有宽出边。弧颈，鼓腹，腹呈弧边方形，底内凹，矮圈足斜直。盝顶形盖，盖顶有柿蒂形纹。口径 9.6、腹径 21.2、通高 36.6 厘米（图四五九，4；彩版二九，1）。

4. 罐 3 件。一件形态不明，另两件形态略异。均弇口，斜折沿，尖唇，圜底。

标本 M1139：19，弧腹外鼓，腹、底圆弧形转折。中腹有两周瓦楞状弦纹。口径 11.4、腹径 20.2、高 12.8 厘米（图四六〇，1）。

标本 M1139：25，斜肩，弧腹较直，下腹折收。腹有两周弦纹。口径 11.4、腹径 21、高 13.9 厘米（图四六〇，2）。

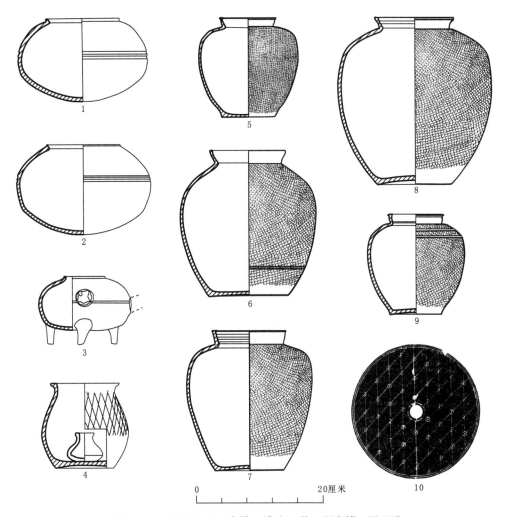

图四六〇　M1139 出土陶罐、镳壶、井，硬陶罐，滑石璧

1、2. 陶罐（19、25）　3. 陶镳壶（20）　4. 陶井（24）　5~9. 硬陶罐（3、6、27、7、10）　10. 滑石璧（1）

5. 镳壶　1件。

M1139：20，小口，短颈，圆肩，扁圆腹，平底。矮锥柱足残。腹部呈90°位置装一假流和一錾，均残。腹饰一周弦纹。盖失。口径6.4、腹径14.4、残高10.4厘米（图四六〇，3）。

6. 井　1件。

M1139：24，短平折沿，短弧颈，筒形弧腹，中腹呈圆弧形转折，平底微凹。上腹刻划一周网格纹。口径10.8、高13厘米。井内有汲缶。高4.4厘米（图四六〇，4）。

还有鼎2件，熏、灶各1件形态不明。

（二）硬陶罐

6件。器身拍印麻布纹。

M1139：3，斜直口微凹，颈微束，圆肩较平，弧腹，近底微凹，平底。器身拍印细麻布纹。口径9、腹径15.7、高15.3厘米（图四六〇，5）。

M1139：6，敞口凹弧，束颈，斜肩，圆弧腹，平底微凹。下腹饰两周弦纹，器身拍印细麻布纹。口径12、腹径21.4、高22.4厘米（图四六〇，6）。

M1139：9，同M1139：6。

M1139：7，敞口斜直，凹沿，口内有瓦楞状弦纹。宽斜肩，深弧腹，平底内凹。器身拍印中麻布纹。口径12.7、腹径24.6、高25.8厘米（图四六〇，8）。

M1139：10，直口微凹，唇外凸，颈微缩，圆肩，弧腹，平底微凹。肩部饰两周弦纹，器身拍印中麻布纹。口径9.2、腹径15.6、高15.4厘米（图四六〇，9）。

M1139：27，直口略斜，口内饰三周瓦楞状弦纹。圆肩，深弧腹，平底微凹。上腹有淡绿薄釉，脱落。器身拍印细麻布纹。口径11.5、腹径19.8、高21.6厘米（图四六〇，7）。

（三）铁刀

1件。形态不明。

（四）滑石璧

1件。M1139：1，正面肉、好均有廓线，肉为双廓线，廓内刻划稀疏的菱形格线，菱格交叉点上刻圈点纹。素背。肉径21、好径2、厚0.8厘米（图四六〇，10）。

（五）钱币

有铜钱币和泥金饼，形态不明。

墓葬一六二　M1140

一　墓葬形制

普通宽长方形土坑竖穴。方向90°。墓上部被破坏。墓壁略斜，现墓口长440、宽260厘米，墓底长360、宽235、深235厘米。随葬器物分布于墓底两侧壁边。陶器散碎，有盗扰迹象。葬具及人骨架不存。墓中填五花土（图四六一）。

图四六一　M1140 随葬器物分布图

1、11. 陶锺　2. 陶钫　3、5、6、13. 硬陶罐　4. 陶鼎　7. 陶井　8. 陶灶　9. 陶镳壶　10. 陶盒　12. 陶熏

二　出土器物

共 13 件。为陶器和硬陶器。

（一）陶器

9 件。有仿铜礼器、生活用器和模型器。

1. 盒　1 件。

M1140：10，直口，卷沿，上腹较直，下腹弧收，腹较浅，平底。拱弧形深盖，顶有小平面。口径 19.2、通高 12.6 厘米（图四六二，1）。

2. 熏　1 件。

M1140：12，熏罩已失。盏作敛口，深弧壁。盏下连接细托柱，托柱又与托盘连为一体。托盘为平折沿，曲弧壁，平底微凹。盏口径 10、托盘口径 17.8、残高 13.4 厘米（图四六二，2）。

3. 井　1 件。

M1140：7，短厚折沿，弧颈，腹较浅，平底。口径 11.2、高 9 厘米。井内有汲缶。高 3.9 厘米（图四六二，3）。

还有锺 2 件，鼎、钫、镳壶、灶各 1 件，形态不明。

（二）硬陶罐

4 件。器身拍印麻布纹。

M1140：3，敞口微弧，束颈，斜肩，筒形弧腹，平底微凹。器身拍印细麻布纹。口径 11.8、腹径 19.4、高 21.8 厘米（图四六二，4）。

M1140:13，同 M1140:3。

M1140:5，斜直口微弧，束颈，圆肩，弧腹，平底。肩部有对称双系及一周弦纹，器身拍印中麻布纹。口径 10.2、腹径 15.2、高 14 厘米（图四六二，5）。

M1140:6，直口凹弧，束颈，斜肩，弧腹，平底。口径 10.3、腹径 15.6、高 14.2 厘米（图四六二，6）。

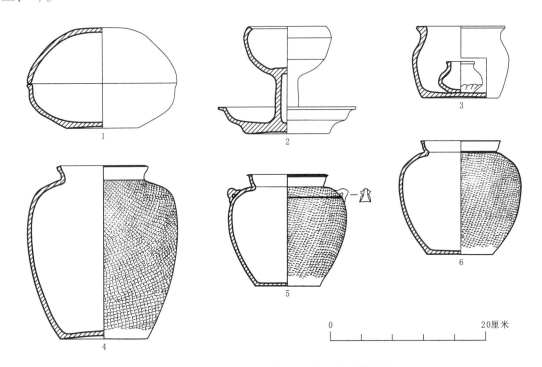

图四六二　M1140 出土陶盒、熏、井，硬陶罐

1. 陶盒（10）　2. 陶熏（12）　3. 陶井（7）　4～6. 硬陶罐（3、5、6）

墓葬一六三　M1141

一　墓葬形制

普通宽长方形土坑竖穴。方向 90°。墓上部被破坏。该墓从北侧打破战国墓 M1144，但尚未打穿墓底（图二三七）。墓壁垂直，长 460、宽 360、深 290 厘米。随葬器物分布于墓底两侧。器物已散碎，有盗扰迹象。葬具及人骨架不存。墓中填五花土（图四六三）。

二　出土器物

共 20 件。有陶器、硬陶器、铜器、滑石器和钱币。

（一）陶器

11 件。有仿铜礼器、生活用器和模型器。

1. 钫　2 件。形制、大小相同。

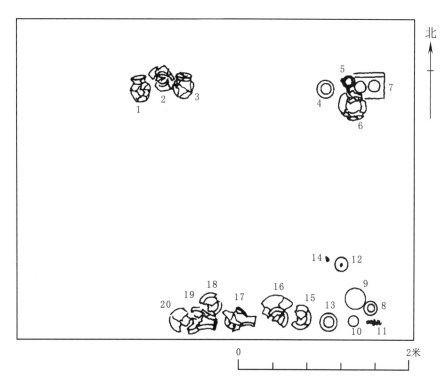

图四六三　M1141 随葬器物分布图

1～3、13. 硬陶罐　4. 铜壶　5. 陶镳壶　6、16、18、20. 陶锺　7. 陶灶　8. 陶熏　9. 陶盘　10. 铜镜
11. 铜钱　12. 滑石璧　14. 铜簪　15. 陶罐　17、19. 陶钫

标本 M1141：17，敞口斜直，方唇，口外饰一周弦纹。鼓腹，腹呈弧边方形，矮圈足斜直。肩部有对称简化铺首。口径 9.8、腹径 20.6、高 32.4 厘米（图四六四，1）。

2. 镳壶　1 件。

M1141：5，小口，短颈，圆肩，圆弧腹，下腹削棱，小平底。矮柱状足。腹部呈 90°位置装一假流和一鋬，均残。腹有两周弦纹。浅平盖边缘较直。盖顶有一扁纽。口径 7、腹径 13.4、通高 11.8 厘米（图四六四，3）。

3. 灶　1 件。

M1141：7，平面长方形，一侧壁为两个火门，面上对应两个釜洞，后有挡风板，挡风板前有与釜洞对应的两个烟囱。釜洞上存釜、甑、盆各一。长 24.2、宽 16.8、通高 14.4 厘米（图四六四，2）。

还有锺 4 件，罐、盘、熏各 1 件，残甚。

（二）硬陶罐

4 件。形态明确的 3 件，形态各异。器身拍印麻布纹。

标本 M1141：1，盘状口，束颈，圆肩，筒形弧腹，平底微凹。肩部刻一"八"字，器身拍印

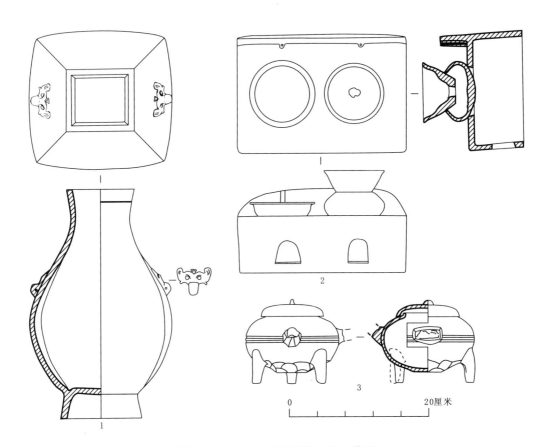

图四六四　M1141 出土陶钫、灶、镳壶
1. 钫（17）　2. 灶（7）　3. 镳壶（5）

中麻布纹。口径 12.8、腹径 22.4、高 21.6 厘米（图四六五，1）。

标本 M1141：2，敞口微弧，束颈，斜肩，深弧腹，大平底微凹。腹以上有淡绿薄釉，脱落。器身拍印粗麻布纹。口径 12、腹径 21.2、高 22.7 厘米（图四六五，2）。

标本 M1141：13，敞口凹弧，内外凸唇，束颈，斜肩，圆弧腹，平底有出边。肩部饰四周弦纹，器身拍印中麻布纹。口径 9.9、腹径 16、高 15.7 厘米（图四六五，3）。

（三）铜器

3 件。壶、镜、簪各 1 件，其中壶和簪不见实物。

镜　1 件。

M1141：10，黑色，圆形，宽素缘，半球形纽，联珠纹纽座。纽座外饰八连弧纹；缘内有一圈铭文，铭文共 20 字："内清之以昭明光之象夫日月心忽扬之塞而不泄"。直径 10.1、缘厚 0.4 厘米（图四六五，4；彩版二九，2）。

（四）滑石璧

1 件。形态不明。

（五）铜钱

数枚，残甚。

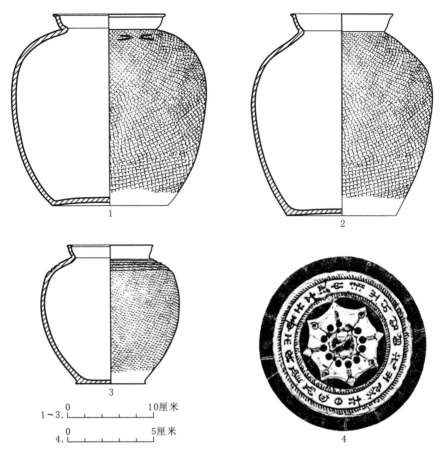

图四六五　M1141 出土硬陶罐，铜镜
1~3. 硬陶罐（1、2、13）　4. 铜镜（10）

墓葬一六四　M1143

一　墓葬形制

宽长方形土坑竖穴带墓道。方向 90°。墓上部被破坏。墓道位于墓室东端中间，因墓道未发掘，形态和相关数据不清。墓坑宽大，近正方形，墓室壁倾斜，呈覆斗形。现墓口长 480、宽 420 厘米，墓底长 400、宽 370、深 290 厘米。随葬器物主要位于墓底头端的一侧。葬具及人骨架不存。墓中填五花土（图四六六）。

二　出土器物

共 22 件。有陶器、硬陶器、铁器、滑石器和钱币（彩版三〇，1；图版一〇四，1）。

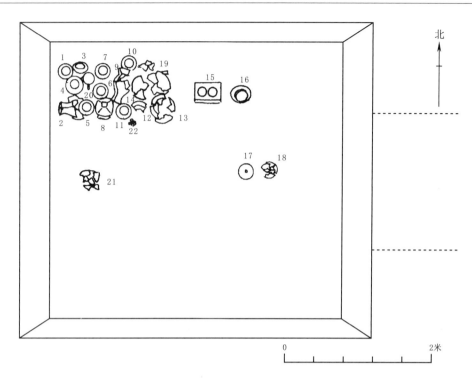

图四六六　M1143 随葬器物分布图

1、2、4、5. 陶锺　3、6、12、16、20. 硬陶罐　7. 陶井　8、9. 陶钫　10、11. 陶罐　13、14. 陶鼎
15. 陶灶　17. 滑石璧　18. 陶熏　19. 残铁器　21. 残陶器　22. 铜钱

（一）陶器

14 件。有仿铜礼器、生活用器和模型器。

1. 锺　4 件。有大、小两种，各 2 件，形态大致相同。

标本 M1143：4，盘状口较深而斜直。粗弧颈较短，溜肩，圆腹。圈底。矮圈足外撇。肩、腹各有两周瓦楞状弦纹，两组弦纹间有对称简化铺首。弓弧形盖。口径 13.2、腹径 20.6、通高 27.6 厘米（图四六七，2）。

标本 M1143：2，形态大致同 M1143：4 而较大。弧腹呈圆弧形转折。口径 16.2、腹径 28.4、高 35 厘米（图四六七，1）。

2. 鼎　2 件。

标本 M1143：13，凹沿承盖。圆弧腹，圈底。矮蹄形足下端略残。方附耳直立，耳沿斜折，沿略残，耳孔很小。弓弧形盖顶有一扁纽，纽有一小孔。口径 20.2、通宽 22.4、通高约 19.3 厘米（图四六七，5）。

3. 钫　2 件。形态、大小相同。

标本 M1143：9，直口略斜，方唇，短直颈，长鼓腹，腹呈弧边方形，圈足高直。肩部有对称简化铺首。口径 10、腹径 19.8、高 34.6 厘米（图四六七，6）。

4. 罐　2 件。

M1143：10，矮直领，方唇，斜折肩，弧腹斜直，平底微凹。口径 9.6、腹径 16.2、高 12 厘米（图四六七，3）。

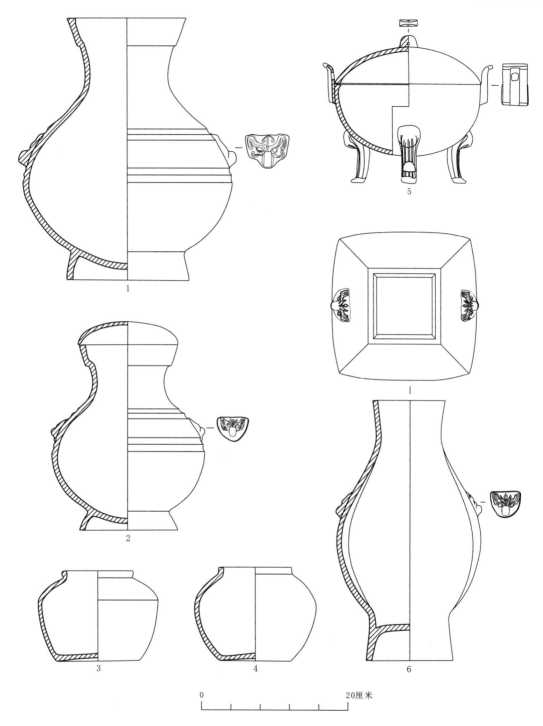

图四六七 M1143 出土陶锺、罐、鼎、钫

1、2. 锺（2、4） 3、4. 罐（10、11） 5. 鼎（13） 6. 钫（9）

M1143：11，矮直领，方唇，圆溜肩，斜弧腹，平底微凹。口径 10、腹径 16.4、高 12.4 厘米（图四六七，4）。

5. 熏 1 件。

M1143：18，熏盏与熏托连为一体，上为倒臼形熏罩。熏盏为钵状，子母口，窄凹肩承盖。盏下短托柱连接托盘。托柱中空至盘底。托盘为平折沿，斜弧壁，平底。熏罩为三层山峰纹收尖，熏孔呈圆形或腰圆形。盏口径9.6、托盘口径17.8、通高16.5厘米（图四六八，1）。

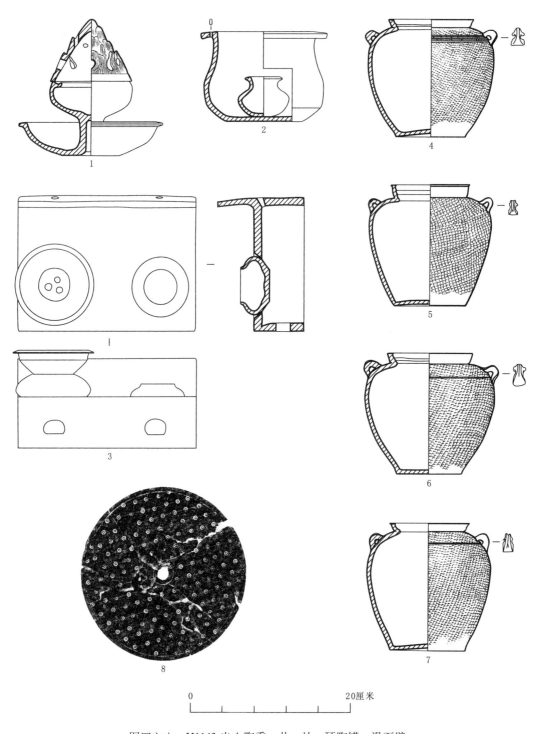

0   20厘米

图四六八　M1143 出土陶熏、井、灶，硬陶罐，滑石璧

1. 陶熏（18）　　2. 陶井（7）　　3. 陶灶（15）　　4～7. 硬陶罐（6、12、16、20）　　8. 滑石璧（17）

6. 灶　1 件。

M1143：15，平面长方形，一侧壁为两个火门，面上对应两个釜洞，后有挡风板，挡风板后壁有与釜洞对应的两个圆洞象征烟囱。釜洞上存两釜一甑。长 22.4、宽 16.2、通高 12 厘米（图四六八，3）。

7. 井　1 件。

M1143：7，平折沿微凹，口沿有对称长条形孔。弧颈，腹较浅，下腹斜折，平底。口径 15.6、高 10.7 厘米。井内有汲缶。高 4.8 厘米（图四六八，2）。

还有残陶器 1 件。

（二）硬陶罐

5 件。敞口斜直，口内有瓦楞状弦纹。束颈，圆肩，肩部有对称双系。弧腹，平底。

M1143：6，凹沿，平底内凹。肩部有三周弦纹，器身拍印中麻布纹。口径 10.4、腹径 15.4、高 14.2 厘米（图四六八，4）。

M1143：12，斜直腹微弧，平底微凹。器身拍印细麻布纹。口径 9.6、腹径 15、高 14.6 厘米（图四六八，5）。

M1143：16，肩部有一周弦纹，器身拍印中麻布纹。口径 10.4、腹径 16、高 14.6 厘米（图四六八，6）。

M1143：3，同 M1143：16。

M1143：20，口内微凹弧，平底微凹。肩部有一周弦纹，器身拍印中麻布纹。口径 9.8、腹径 15.2、高 15.4 厘米（图四六八，7）。

（三）铁器

1 件。为残铁器。

（四）滑石璧

1 件。M1143：17，边缘厚，中间薄。正面肉、好均有廓线，廓内刻划较密集的菱形格线，菱格交叉点上刻圈点纹。素背。肉径 21.1、好径 1.45、厚 0.65 厘米（图四六八，8）。

（五）铜钱

数枚，形态不明。

墓葬一六五　　M1146

一　墓葬形制

宽长方形土坑竖穴带墓道。方向 90°。墓上部被破坏。墓道位于墓室东端中间，一端被挖毁，形态及相关数据不清。该墓从足端打破战国墓 M1148，但尚未打穿墓底（图二四二）。墓室壁垂直，长 490、宽 284、深 270 厘米。随葬器物主要位于墓底足端一侧。墓被盗，在填土中出有滑石璧残片及铁棺环。葬具及人骨架不存。墓中填五花土，颜色驳杂（图四六九）。

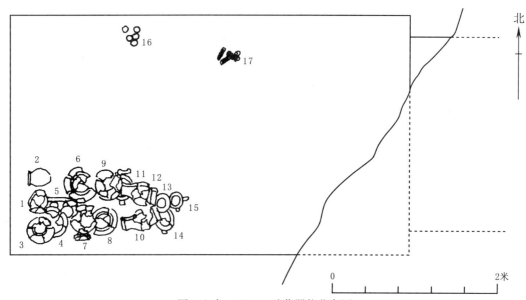

图四六九　M1146 随葬器物分布图

1、2、6、8. 硬陶罐　3、4、7、9. 陶锺　5. 陶灶　10、12. 陶钫　11、14. 陶鼎　13. 陶井　15. 陶熏　16. 泥金饼　17. 铜钱

二　出土器物

共 17 件。有陶器、硬陶器和钱币。

（一）陶器

11 件。有仿铜礼器、生活用器和模型器。

1. 锺　4 件，只见 2 件。形态、大小相同。

标本 M1146：7，浅盘状小口斜直。细弧颈，溜肩，圆坠腹呈悬胆形，底较平。圈足较小，外斜。颈至腹饰七周弦纹，上腹有对称简化铺首。弧形盖边缘斜折。口径 12.4、腹径 25.6、通高 36 厘米（图四七〇，1）。

2. 熏　1 件。

M1146：15，熏盏与熏托连为一体，上为倒臼形熏罩。熏盏为钵状，口微敛，凹沿，弧壁。盏下实心托柱连接托盘。托盘为平沿，斜壁，小平底。熏罩为三层山峰纹收尖，熏孔呈圆形。盏口径 10.8、托盘口径 16、通高 18.8 厘米（图四七〇，2；彩版三〇，2）。

3. 灶　1 件。

M1146：5，灶残甚。残存陶小釜 1 件，小口，扁腹，平底。底边削棱。高 3.6 厘米。

4. 井　1 件。

M1146：13，平折沿，高弧颈，颈、腹呈台棱状转折，斜弧腹，平底微凹。通体刻划网格纹。口径 12.8、高 13.5 厘米。井内有汲缶。高 5.4 厘米（图四七〇，3）。

还有鼎、钫各 2 件，形态不明。

（二）硬陶罐

4 件。形态各异。器身拍印麻布纹。

M1146：1，敞口斜直，口内有瓦楞状弦纹。斜肩，弧腹，平底微凹。肩部刻"九囗"二字，口径 10、腹径 15.2、高 14 厘米（图四七〇，5）。

M1146：2，敞口斜直，口内有瓦楞状弦纹。斜肩，弧腹，平底微凹。肩部刻"□□"二字，器身拍印粗麻布纹。口径 10.8、腹径 17.6、高 18.4 厘米（图四七〇，7）。

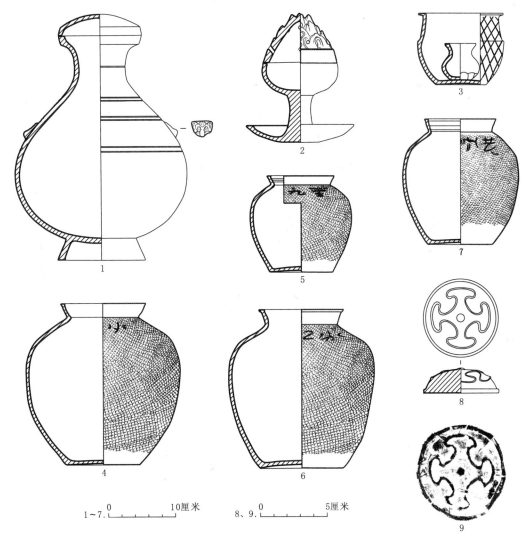

图四七〇　M1146 出土陶锺、熏、井，硬陶罐，泥金饼
1. 陶锺（7）　2. 陶熏（15）　3. 陶井（13）　4～7. 硬陶罐（8、1、6、2）　8、9. 泥金饼（16）

M1146：6，敞口斜直，斜肩微凹，筒形弧腹，平底微凹。肩部刻"乙□"二字，器身拍印中麻布纹。口径 12.6、腹径 21.7、高 23.2 厘米（图四七〇，6）。

M1146：8，敞口微凹弧，宽斜肩，弧腹略有折，平底微凹。肩部刻一"水"字，器身拍印中麻布纹。口径 12.6、腹径 23、高 23.6 厘米（图四七〇，4）。

（三）钱币

1. 泥金饼　7 枚（以 1 件计），形态、大小相同。

M1146：16，下平上隆，圆饼形。顶中有一圆凸，面上饰突出的四出抽象柿蒂纹。直径 5.7、高 1.85 厘米（图四七〇，8、9；彩版三一，1；图版一〇三，3）。

2. 铜钱　数枚，残甚。

墓葬一六六　M1147

一　墓葬形制

普通宽长方形土坑竖穴。方向92°，墓上部被破坏。墓底两端各有一条枕木沟，沟宽18～22、深5厘米。墓壁垂直，长400、宽280、深250厘米。随葬器物主要分布于头端的右侧和足端的左侧。墓有被盗迹象。葬具及人骨架不存。墓中填黏性较大的五花土。现墓口以上有厚约20厘米表土（图四七一）。

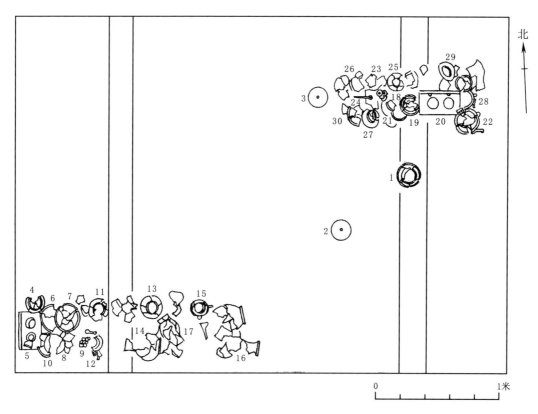

图四七一　M1147随葬器物分布图

1、23. 陶熏　2、3、8. 滑石璧　4、19. 陶井　5、20. 陶灶　6、7. 陶盒　9、18. 铜钱　10、12、22、28. 陶鼎　11、13、21、26、27、29. 硬陶罐　14、16. 陶锺　15、25. 陶镳壶　17、30. 陶钫　24. 铁削

二　出土器物

共30件。有陶器、硬陶器、铁器、滑石器和钱币。

（一）陶器

18件。有仿铜礼器、生活用器和模型器。

1. 镳壶　2件。形态略异。小口，短颈，溜肩，平底。腹部呈90°位置装一假流和一錾。

M1147：15，扁圆腹，乳突状款足。假流和錾均残。盖失。口径7.5、腹径14.2、残高8.6厘米（图四七二，1）。

M1147：25，圆弧腹，矮柱状足。錾残。腹有两周弦纹。浅平盖边缘较直。口径6.4、腹径13.8、通高10.8厘米（图四七二，2）。

2. 熏　2件。仅见1件。

标本M1147：1，熏盏与熏托连为一体，上为倒臼形熏罩。熏盏为敛口钵状，子母口，窄肩承盖，深弧壁。盏下细托柱连接托盘。托柱中空至盘底。托盘为平折沿，曲弧壁，平底。熏罩为三层山峰纹收尖，圆形小熏孔。盏口径8.4、托盘口径18、通高20.6厘米（图四七二，3）。

3. 灶　2件。形态略异。

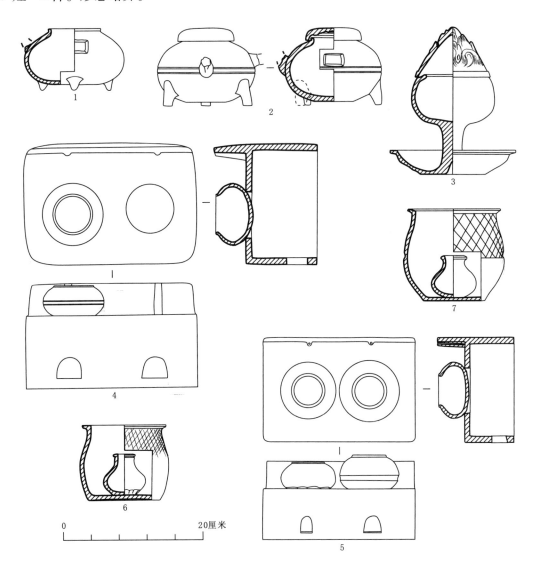

图四七二　M1147出土陶镳壶、熏、灶、井

1、2. 镳壶（15、25）　3. 熏（1）　4、5. 灶（20、5）　6、7. 井（4、19）

M1147：20，平面长方形，一侧壁为两个火门，面上对应两个釜洞，后有挡风板及两个烟囱。釜洞上存一釜。长24.5、宽16.8、通高14.6厘米（图四七二，4）。

M1147：5，形态基本同M1147：20。烟囱上有钻孔。釜洞上存二釜。长21.8、宽14.6、通高11厘米（图四七二，5）。

4. 井　2件。形态略异。筒形弧腹，平底。上腹刻划网格纹。

M1147：4，短平折沿，弧颈。口径12、高10.6厘米。井内有汲缶。高5.7厘米（图四七二，6）。

M1147：19，斜折沿。中腹有一周凹圈。口径13.2、高14.4厘米。井内有汲缶。高6厘米（图四七二，7）。

还有鼎4件，锺、盒、钫各2件，残甚，形态不明。

（二）硬陶罐

6件。形态各异。器身拍印麻布纹。

M1147：11，敞口斜直，圆肩，筒形弧腹，平底微凹。口径11.2、腹径19.2、高20.7厘米（图四七三，1）。

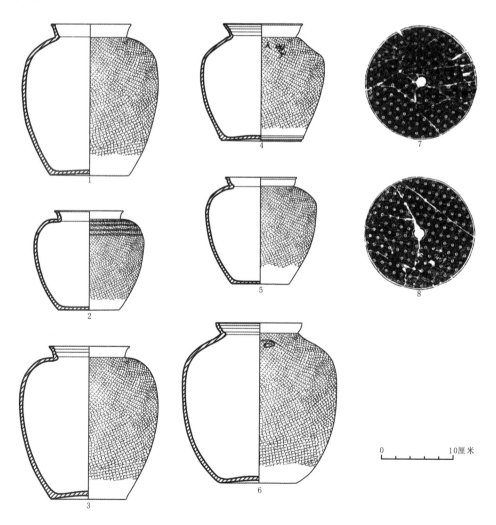

图四七三　M1147出土硬陶罐，滑石璧

1～6. 硬陶罐（11、13、26、21、27、29）　　7、8. 滑石璧（2、3）

M1147：13，直口微侈，束颈，耸肩，弧腹，平底。肩部饰四周弦纹，器身拍印细麻布纹。口径9.7、腹径15.6、高13.6厘米（图四七三，2）。

M1147：21，敞口，口内饰数周瓦楞状弦纹。束颈，斜肩，弧腹，大平底微凹。肩部刻"人□"二字，器身拍印中麻布纹。口径11.1、腹径17.4、高16厘米（图四七三，4）。

M1147：26，敞口斜直，口内饰三周瓦楞状弦纹。束颈，肩微耸，筒形弧腹，平底微凹。器身拍印细麻布纹。口径11.3、腹径19.6、高21.2厘米（图四七三，3）。

M1147：27，口凹弧呈盘状，唇外凸，束颈，斜肩，弧腹，平底。器身拍印细麻布纹。口径10、腹径15.6、高14.6厘米（图四七三，5）。

M1147：29，敞口凹弧呈盘状，口内饰三周瓦楞状弦纹。束颈，斜肩微凹，筒形弧腹，平底微凹。肩部刻一"百"（或为"酒"）字，器身拍印粗麻布纹。口径12.2、腹径21.8、高22厘米（图四七三，6）。

（三）铁削

1件。形态不明。

（四）滑石璧

3件，存2件。正面刻划菱形格线，菱格交叉点上刻圈点纹。素背。

标本M1147：2，正面边缘削出低缘，好有廓线。肉径15.6、好径1.4、厚0.65厘米（图四七三，7）。

标本M1147：3，正面肉、好均有廓线。肉径15.7、好径1.3、厚0.5厘米（图四七三，8）。

（五）钱币

铜钱和泥钱数枚，形态不明。

墓葬一六七　　M1150

一　墓葬形制

宽长方形土坑竖穴带墓道。方向75°。墓上部被破坏。墓道位于墓室东端中间，宽116厘米。因墓道未发掘，形态和其余数据不清。墓室壁略斜，现墓口长420、宽340厘米，墓底长390、宽325厘米，残深140厘米。随葬器物分布于头端及右侧，有盗扰迹象。葬具及人骨架不存。墓中填五花土。现墓口以上有厚约70厘米表土（图四七四）。

二　出土器物

共27件。有陶器、硬陶器、铜器、铁器和滑石器。

（一）陶器

17件。有仿铜礼器、生活用器和模型器。

1. 锺　4件。有大、小两种，各2件，形态大致相同。

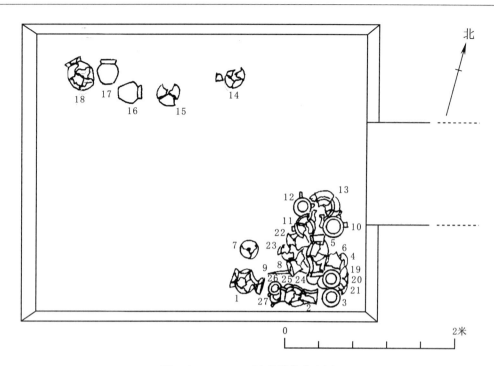

图四七四　M1150 随葬器物分布图

1、6、8、13. 陶锺　2、5. 陶钫　3、4、14、16~18. 硬陶罐　7、15. 滑石璧　9. 铜剑　10、11. 陶鼎
12、27. 陶鐎壶　19、26. 陶盒　20. 陶灶　21. 残铁器　22~24. 陶壶　25. 陶井

标本 M1150：1，浅盘状敞口，粗弧颈，溜肩，弧腹略扁，中腹弧折，圜底较平。矮圈足斜折。肩、腹各有三周凹凸相间弦纹，两组弦纹间有对称简化铺首。弓弧形盖。口径 11.8、腹径 18.5、通高 24.2 厘米（图四七五，2）。

标本 M1150：6，形态大致同 M1150：1 而较大。口外出边呈盘口状。圆弧腹，矮圈足斜直。口径 13、腹径 22.4、通高 29.7 厘米（图四七五，1）。

2. 钫　2 件。形态、大小相同。

标本 M1150：5，敞口斜直，方唇，粗短颈，鼓腹，腹呈弧边方形。平底，高直圈足。肩部有对称铺首。口径 11、腹径 22.6、高 36.8 厘米（图四七五，3）。

3. 鐎壶　2 件。形态略异。腹部呈 90° 位置装一假流和一錾，均残。

M1150：12，小口，圆唇，斜肩，扁圆腹，底微凹。足残。盖失。口径 6、腹径 11.8、残高 6.6 厘米（图四七五，4）。

M1150：27，小口，短颈，圆溜肩，圆弧腹，平底。矮柱状足。腹有两周弦纹。浅平盖边缘较直。口径 7、腹径 12.5、通高 9.7 厘米（图四七五，5）。

4. 灶　1 件。

M1150：20，平面长方形，一侧壁有两个火门，面上对应两个釜洞，后有挡风板及两个烟囱，烟囱有钻孔。釜洞上存一釜。长 22.5、宽 13.6、通高 12.1 厘米（图四七六，1）。

5. 井　1 件。

M1150：25，平折沿微坠，筒形腹折转，平底微凹。口径 11.2、高 10.6 厘米。井内有汲缶。高 3.6 厘米（图四七五，6）。

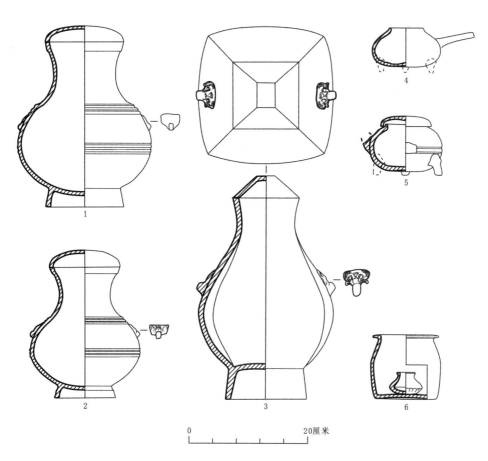

图四七五　M1150 出土陶锺、钫、镳壶、井

1、2. 锺（6、1）　　3. 钫（5）　　4、5. 镳壶（12、27）　　6. 井（25）

还有鼎、盒各 2 件，壶 3 件，形态不明。

（二）硬陶罐

6 件。器身拍印麻布纹。

M1150：3，敞口凹弧呈盘状，斜肩，筒形弧腹，平底微凹。器身拍印细麻布纹。口径 12、腹径 18.6、高 20.6 厘米（图四七六，2）。

M1150：18，同 M1150：3。

M1150：4，直口微弧，斜沿微凹，唇外凸，口内饰三周瓦楞状弦纹。束颈，圆肩，斜直腹微弧，平底较小。肩部有对称双系及三周弦纹，器身拍印细麻布纹。口径 10.1、腹径 15.4、高 13.9 厘米（图四七六，3）。

M1150：17，同 M1150：4。

M1150：14，直口微弧，内外凸唇，口内有瓦楞状弦纹。窄斜肩，筒形腹微弧，大平底。器身拍印细麻布纹。口径 11.4、腹径 17.8、高 20.8 厘米（图四七六，5）。

M1150：16，直口略斜，口内饰三周瓦楞状弦纹。斜肩，弧腹，平底。肩部饰一周弦纹，器身拍印细麻布纹。口径 9.2、腹径 14、高 14.8 厘米（图四七六，4）。

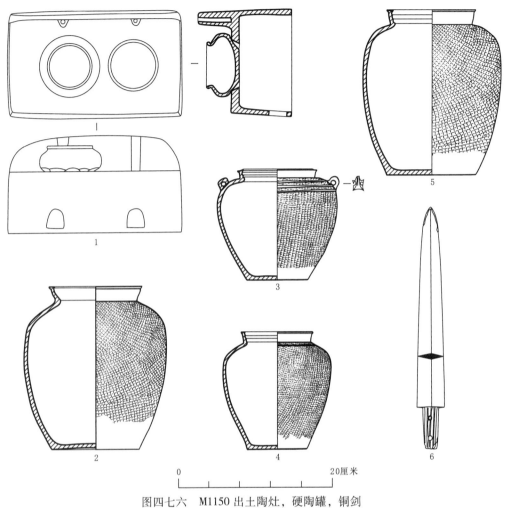

图四七六　M1150 出土陶灶，硬陶罐，铜剑

1. 陶灶（20）　　2～5. 硬陶罐（3、4、16、14）　　6. 铜剑（9）

（三）铜剑

1 件。M1150：9，青绿色。扁茎，茎上有五道竖棱及两个方孔。剑身有纵脊，断面呈菱形。前锋略残。残长 32 厘米（图四七六，6）。

（四）铁器

1 件。为残铁器。

（五）滑石璧

2 件。形态不明。

墓葬一六八　M1156、M1159

一　墓葬形制

两墓为并列异穴合葬墓。两墓横向并列平齐，M1159 位于 M1156 的北侧，相邻两壁之间仅有

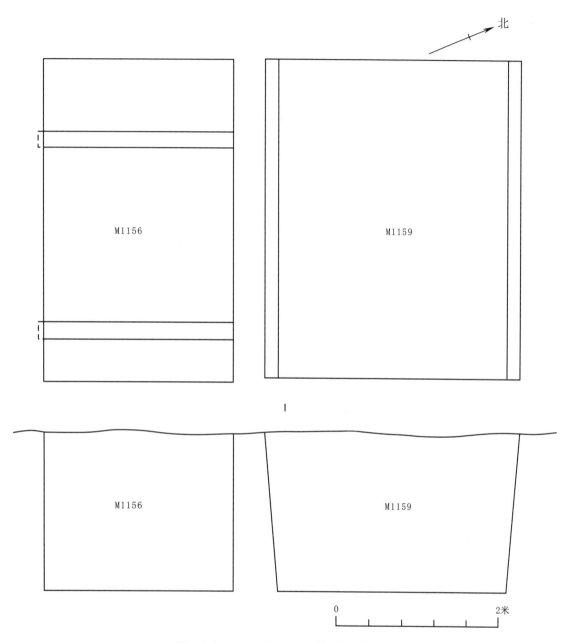

图四七七　M1156、M1159平、剖面关系图

一道宽40厘米的隔梁。两墓均为普通宽长方形土坑竖穴墓。方向一致，均为112°。墓上部被破坏（图四七七）。

M1156：墓底两端各有一条枕木沟，沟一端伸入墓壁略7厘米；沟宽20、深5厘米。墓壁垂直，长380、宽230、残深185厘米。随葬器物分布于墓底靠北侧壁一线。葬具及人骨架不存。墓中填黏性较大的五花土。现墓口以上有厚10～25厘米表土（图四七八）。

M1159：墓较M1156宽。墓壁两端垂直，两侧略斜。现墓口长375、宽310厘米，墓底长375、宽280厘米，墓残深185厘米。随葬器物主要分布于墓底靠近北侧壁一线，头端和南侧壁有少量分布。填土及表土与M1156同（图四七九）。

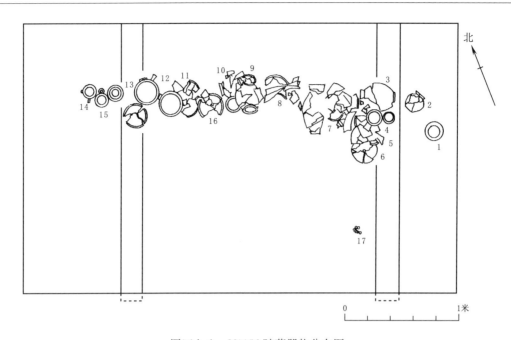

图四七八　M1156 随葬器物分布图

1~3、5、16. 硬陶罐　4. 陶熏　6. 滑石璧　7、8. 陶钫　9、10. 陶锺　11、12. 陶鼎
13. 陶罐　14. 陶镛壶　15. 陶井　17. 铜钱

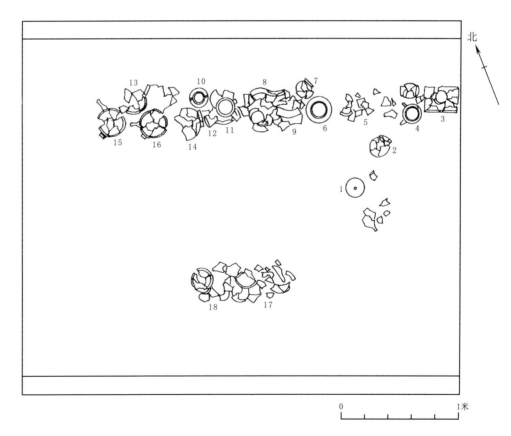

图四七九　M1159 随葬器物分布图

1. 滑石璧　2. 陶熏　3. 陶灶　4. 陶镛壶　5~7、10. 陶罐　8、9. 陶钫　11、12. 陶锺
13、14. 陶盒　15、16. 陶鼎　17、18. 残陶器

二　出土器物

M1156：

共17件。有陶器、硬陶器、滑石器和钱币（图版一〇四，2）。

（一）陶器

10件。有仿铜礼器、生活用器和模型器。

1. 鼎　2件。形态、大小相同。

标本M1156：11，子母口内敛，窄肩承盖。上腹直，下腹斜收，圜底。矮蹄形足外撇。方附耳残。弧形隆盖上有三穿孔扁纽。口径19.5、通高19.6厘米（图四八〇，1）。

2. 镰壶　1件。

M1156：14，小口，短颈，溜肩，扁腹，平底。矮柱足直立。腹部呈90°位置装一假流和一鋬，均残。盖失。口径6、腹径11.2、残高8厘米（图四八〇，5）。

还有锺、钫各2件，罐、熏、井各1件形态不明。

（二）硬陶罐

5件。器身拍印麻布纹。

M1156：1，盘状口，束颈，圆肩，圆弧腹，平底。器身拍印中麻布纹。口径10.3、腹径16.4、高14.3厘米（图四八〇，2）。

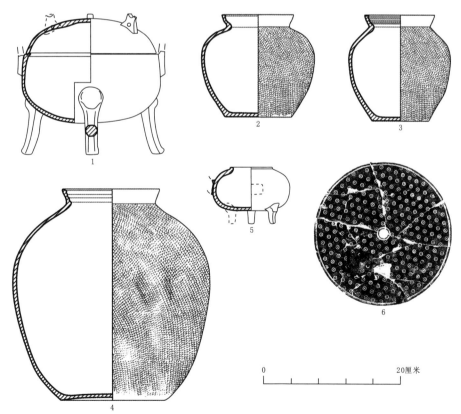

图四八〇　M1156出土陶鼎、镰壶，硬陶罐，滑石璧
1. 陶鼎（11）　2~4. 硬陶罐（1、2、16）　5. 陶镰壶（14）　6. 滑石璧（6）

M1156：3 与 M1156：5 同 M1156：1。

M1156：2，敞口微凹，凹沿，口内有数周弦纹。溜肩，弧腹，平底。器身拍印中麻布纹。口径 10.3、腹径 15、高 14.9 厘米（图四八〇，3）。

M1156：16，敞口斜直，口内饰三周瓦楞状弦纹。宽圆肩，筒形弧腹，平底微凹。器身拍印中麻布纹。口径 14、腹径 28.6、高 29.6 厘米（图四八〇，4）。

（三）滑石璧

1 件。M1156：6，正面肉、好均有廓线，廓内刻划较密集的菱形格线，菱格交叉点上刻圈点纹。素背。肉径 20.5、好径 1.4、厚 0.45 厘米（图四八〇，6）。

（四）铜钱

数枚，形态不明。

M1159：

共 18 件。有陶器和滑石器。

（一）陶器

17 件。有仿铜礼器、生活用器和模型器。

1. 锤　2 件。形态、大小相同。

标本 M1159：11，敞口呈盘状，弧颈。腹残。圈足直立略斜。弓弧盖。口径 14、复原通高 37.4 厘米（图四八一，1）。

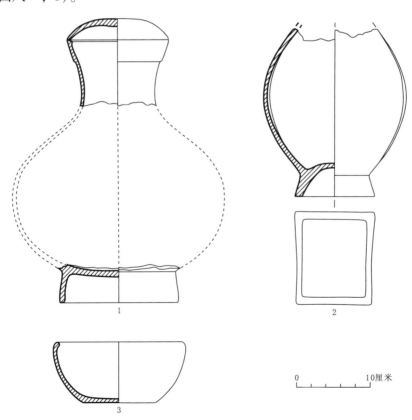

图四八一　M1159 出土陶锤、钫、盒

1. 锤（11）　2. 钫（9）　3. 盒（13）

2. 钫　2 件。形态、大小相同。

标本 M1159:9，口及颈部残。鼓腹，底内凹。圈足斜直略呈长方形。腹径 19.2、残高 22 厘米（图四八一，2）。

3. 盒　2 件。形态、大小相同。

标本 M1159:13，仅存一半。敛口，圆唇，弧壁，平底。口径 17.2、高 8 厘米（图四八一，3）。

还有鼎 2 件，罐 4 件，熏、镳壶、灶各 1 件以及残陶器 2 件，形态不明。

（二）滑石璧

1 件。形态不明。

墓葬一六九　　M1157

一　墓葬形制

宽长方形土坑竖穴带平底墓道。方向 85°。墓上部被破坏。墓道位于墓室东端中间，墓道壁垂直，长 400、宽 196 厘米，墓道底距墓口深 140、距墓底高 40 厘米。墓室壁垂直，长 420、宽 280、残深 180 厘米。随葬器物位于墓底头端及右侧。器物散碎，有盗扰迹象。葬具及人骨架不存。墓中填土颜色驳杂不纯（图四八二、四八三）。

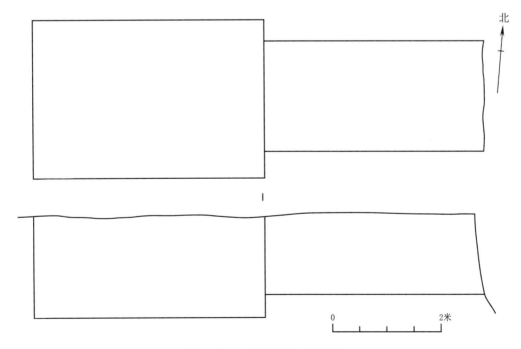

图四八二　M1157 平、剖面图

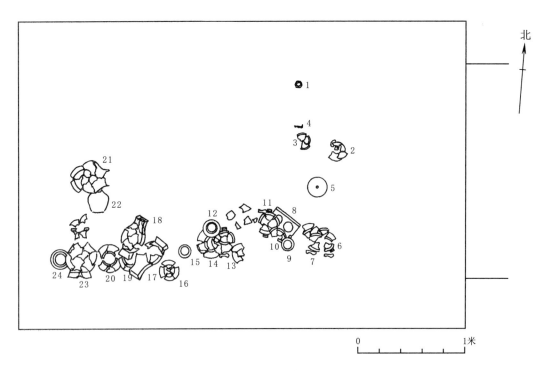

图四八三　M1157随葬器物分布图

1. 铁环　2、5. 滑石璧　3、10. 陶盘　4. 铁棺钉　6、7、11、13. 陶鼎　8. 陶灶　9. 陶镳壶　12. 陶井
14、20、21、23. 陶锺　15. 陶器盖　16. 陶熏　17、18. 陶钫　19、22、24. 硬陶罐

二　出土器物

24件。有陶器、硬陶器、铁器和滑石器（图版一〇五，1）。

（一）陶器

17件。有仿铜礼器、生活用器和模型器。

1. 锺　4件。2件形态相同，另2件残。

标本M1157：20，盘状口，粗弧颈，扁鼓腹，圜底。矮圈足略外撇。腹饰两组凹凸相间弦纹及对称铺首。碟状浅盖，边缘直折。口径15、腹径27.8、通高34厘米（图四八四，1）。M1157：21，同M1157：20。

2. 鼎　4件。形制相同。

标本M1157：11，子母口内敛，窄肩承盖。弧腹，圜底。矮蹄形足。方附耳残。腹饰一周弦纹。弧形盖高隆。盖面有三个扁方纽。口径16.8、通宽20.4、通高15.4厘米（图四八四，2）。

3. 盘　2件。形态略异。敞口，折壁，平底。

M1157：3，圆唇上翘，沿微凹，弧折壁。口径17、高4厘米（图四八四，5）。

M1157：10，尖圆唇，沿面凸起一周。口径16、高3.4厘米（图四八四，4）。

4. 器盖　1件。

M1157：15，弧形盖，边缘圆折。盖顶一扁方纽。口径10.2、高2.8厘米（图四八四，6）。

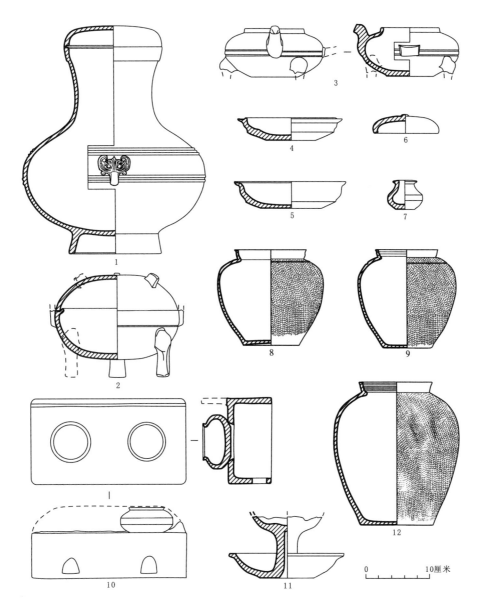

图四八四　M1157 出土陶锺、鼎、镳壶、盘、器盖、汲缶、灶、熏，硬陶罐

1. 陶锺（20）　2. 陶鼎（11）　3. 陶镳壶（9）　4、5. 陶盘（10、3）　6. 陶器盖（15）
7. 陶汲缶（12）　8、9、12. 硬陶罐（19、22、24）　10. 陶灶（8）　11. 陶熏（16）

5. 镳壶　1件。

M1157：9，矮直领，溜肩，扁鼓腹，平底。矮蹄形足残。腹部呈 90° 位置装一流和一鋬，鋬残。腹饰两周弦纹。口径 9、腹径 15、高 7.6 厘米（图四八四，3）。

6. 熏　1件。

M1157：16，熏罩已失，盏口亦残。熏盏下连矮托柱，托柱又与托盘相连，托柱中空至盘底。托盘为平折沿，弧壁，平底。托盘口径 17.3、残高 9.2 厘米（图四八四，11）。

7. 灶　1件。

M1157：8，平面长方形，一侧壁为两个火门，面上对应两个釜洞，后有挡风板，挡风板残。一釜洞上存有一釜。长 23.6、宽 12.8、复原通高 10.7 厘米（图四八四，10）。

8. 井　1 件。

M1157：12，井残，汲缶尚保存。高 4.3 厘米（图四八四，7）。

还有钫 2 件，残甚。

（二）硬陶罐

3 件。形态略异。器身拍印麻布纹。

M1157：19，直口微弧，唇微外凸，束颈，圆肩，弧腹，平底微凹。肩部饰一周弦纹，器身拍印中麻布纹。口径 10.8、腹径 16.1、高 14 厘米（图四八四，8）。

M1157：22，口斜直，口内饰数周瓦楞状弦纹。圆肩，弧腹，平底。肩部饰一周弦纹，器身拍印细麻布纹。口径 9.6、腹径 15、高 14.4 厘米（图四八四，9）。

M1157：24，口斜直，口内凹弧，有数周弦纹。溜肩，深弧腹，平底。器身拍印细麻布纹。口径 11.2、腹径 19.2、高 21 厘米（图四八四，12）。

（三）铁器

2 件。铁环和铁棺钉各 1 件。均残。

（四）滑石璧

2 件。形态、大小略异。

M1157：2，正面肉、好均有廓线，边缘略斜。廓内刻划菱形格线，菱格交叉点上刻圈点纹。背面局部刻有菱格纹及一个圈点纹。肉径 18.4～18.8、好径 1.1、厚 1.3 厘米（图四八五，1）。

M1157：5，正面肉刻双廓线，边缘略斜，好残。廓内刻划较稀疏的菱形格线，菱格交叉点上刻圈点纹。素背。肉径 21～21.2、厚 0.55 厘米（图四八五，2）。

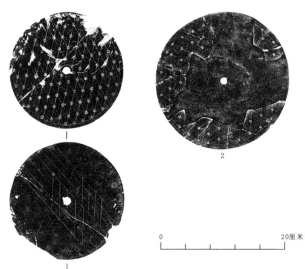

图四八五　M1157 出土滑石璧
1. M1157：2　2. M1157：5

墓例一七〇　M1158

一　墓葬形制

宽长方形土坑竖穴带墓道。方向 95°。墓道位于墓室东端中间，宽 260 厘米，墓道底距墓口深 400、距墓底高 45 厘米。因墓道未发掘，形态和其余数据不清。墓室壁略斜，墓口长 550、宽 410 厘米，墓底长 510、宽 356 厘米，墓深 445 厘米。随葬器物位于墓底头端及两侧。器物散乱，墓被盗扰。葬具及人骨架不存，但尚可辨棺椁灰痕。椁分布范围长 430、宽 276 厘米，棺分布范

围长 304、宽 110 厘米。椁分头厢、南边厢、北边厢和棺厢。随葬器物位于头厢和两边厢内。墓
中填五花土。墓口以上残留封土堆，封土堆呈圆形，残高约 250、底径约 700 厘米（图四八六、
四八七）。

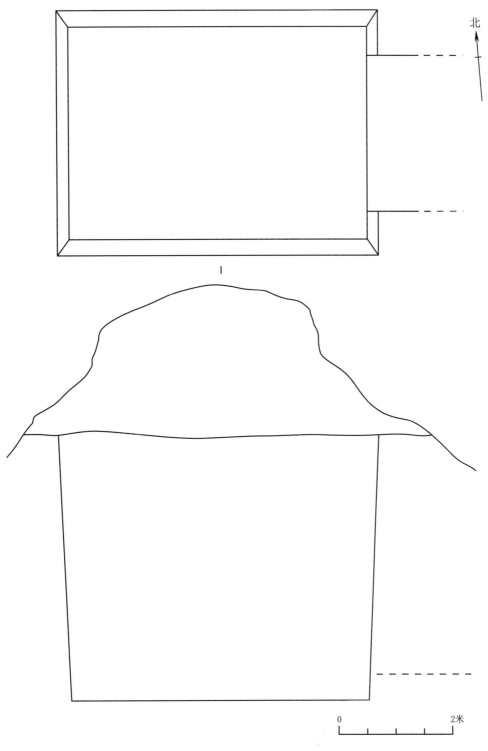

图四八六　M1158 平、剖面图

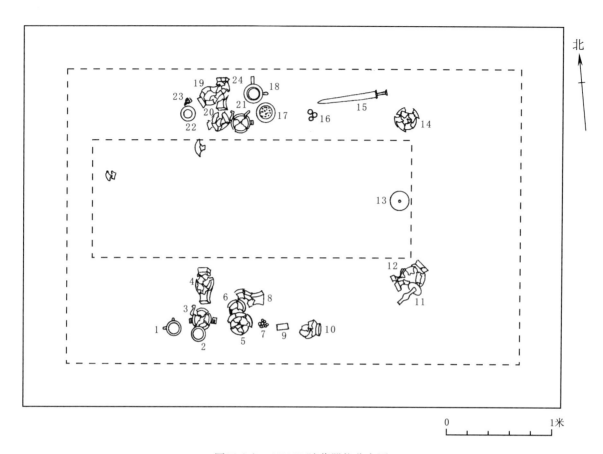

图四八七　M1158 随葬器物分布图

1. 陶镳壶　2. 陶井　3. 陶鼎　4、8. 陶钫　5. 陶盒　6、10. 硬陶罐　7. 铜钱　9. 石黛板　11. 铜灯　12. 陶锤　13. 滑石璧　14. 残铜器　15. 铜剑　16. 鎏金铜饼　17. 铜熏　18. 铜镳壶　19. 铜壶　20、24. 铜钫　21. 铜鼎　22. 釉陶壶　23. 残铁器

二　出土器物

24 件。有陶器、硬陶器、釉陶器、铜器、铁器、滑石器和钱币（图版一〇五，2）。

（一）陶器

7 件。有仿铜礼器、生活用器和模型器。

镳壶　1 件。

M1158:1，小口，矮领，溜肩，弧腹微坠，平底微弧。三矮柱足。腹部呈 90° 位置装一流和一錾。均残。腹以白彩绘条带纹。口径 7.8、腹径 12.7、高 9.5 厘米（图四八八，1）。

井　1 件。

M1158:2，折沿微坠，弧颈，弧腹，平底微凹。底边削棱。井内有汲缶。井口径 12、高 11.6 厘米。汲缶高 4.9 厘米（图四八八，5）。

其余锤、鼎、盒各 1 件，钫 2 件均残甚。

（二）硬陶罐

2 件。形态各异。敞口凹弧，圆弧腹，平底微凹。器身拍印中麻布纹。

M1158:6，口内数周弦纹，斜肩微凹。口径 12.2、腹径 20.8、高 22.5 厘米（图四八八，3）。

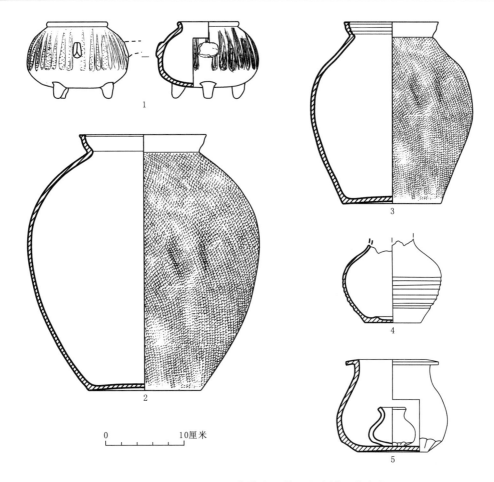

图四八八　M1158 出土陶镶壶、井，硬陶罐，釉陶壶
1. 陶镶壶（1）　　2、3. 硬陶罐（10、6）　　4. 釉陶壶（22）　　5. 陶井（2）

M1158：10，唇微内凸，束颈，溜肩。口径 16.1、腹径 29.6、高 31.6 厘米（图四八八，2）。

（三）釉陶壶

1 件。M1158：22，口及颈部残。斜肩，鼓腹，平底。腹有数周凹凸相间弦纹。器表施淡绿色薄釉，脱落殆尽。腹径 12.8、高 10.4 厘米（图四八八，4）。

（四）铜器

9 件。有容器、日用器和兵器。

1. 壶　1 件。

M1158：19，残存圈足及环、铜片等。底内外均有范铸的阳文"‖ ‖ ×"。圈足直径 12.7、残高 3.3 厘米。

2. 钫　2 件。

M1158：20、M1158：24，残甚，仅有器底、铺首、铜环及铜片数片。见有两个钫壶底，因而应有两件钫壶。两件钫壶底内外分别有范铸的阳文"二〇"、"三〇"。

3. 熏　1 件。

M1158：17，残甚，根据残部件复原。盏为子母口，弧壁，细托柱，喇叭状圈座。圈座底部中心有一圆柱。弧壁盖，盖顶鼻纽衔环。盖有花式熏孔，残甚。熏盏下部有柿蒂纹，圈座有山峰纹。口径 11.8、复原通高约 17 厘米（图四八九，3；图版一〇六，1）。

4. 灯　1 件。

M1158：11，翠绿色。残甚。灯盘残，灯芯尚存，呈乳突状。灯柱分两段，上段为圆柱形，下段呈宝瓶形。圈足亦残。残高 18.5 厘米（图四八九，4）。

5. 剑　1 件。

M1158：15，黑色。璧形首，圆茎前实后空，"一"字形格。剑身菱形脊，刃缘有斜坡边。刃略崩损。长 45.3 厘米（图四八九，1）。

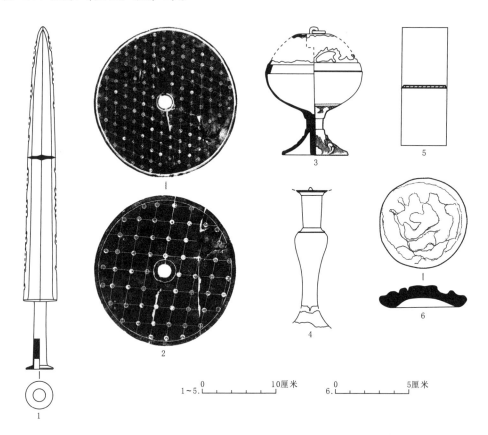

图四八九　M1158 出土铜剑、熏、灯，滑石璧，石黛板，鎏金铜饼
1. 铜剑（15）　2. 滑石璧（13）　3. 铜熏（17）　4. 铜灯（11）　5. 石黛板（9）　6. 鎏金铜饼（16）

还有鼎、镳壶及残铜器各 1 件，形态不明。

（五）铁器

1 件。为残铁器。形态不明。

（六）滑石器、石器

2 件。

1. 滑石璧　1 件。

M1158：13，双面肉、好有廓，斜缘，双面刻划菱形格线，菱格交叉点上刻圈点纹。菱格斜度小，背面几近正方格。正面菱格及圈点纹较背面密集。肉径 19.9、好径 1.9、厚 0.7 厘米（图四八九，2；彩版三一，2）。

2. 石黛板　1 件。

M1158：9，仅见黛板，研已失。青色变质岩。黛板呈长方平板状，正面光滑，背面略毛糙。长 15.6、宽 6.05、厚 0.3 厘米（图四八九，5）。

（七）钱币

有鎏金铜饼和铜"五铢"钱两种。

1. 鎏金铜饼　2 枚（以 1 件计）。

M1158：16，为铜质明器金饼。圆饼形，一面凸一面凹。凸面凹凸不平。鎏金脱落。直径 6、厚 1.4 厘米（图四八九，6）。

2. 铜"五铢"钱　45 枚（以 1 件计）。残甚（图版一〇六，2）。

墓葬一七一　M1162

一　墓葬形制

普通宽长方形土坑竖穴。方向 20°。墓上部被破坏。墓底两端各有一条枕木沟，沟宽 18、深 5 厘米。墓壁垂直，长 410、宽 240、残深 280 厘米。随葬器物位于墓底头、足两端和左侧。器物残碎，有盗扰迹象。葬具及人骨架不存。填土驳杂，颜色不纯（图四九〇）。

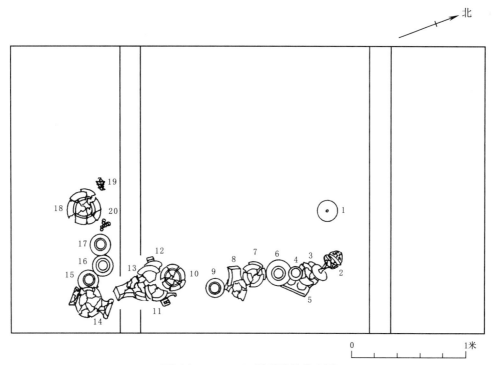

图四九〇　M1162 随葬器物分布图

1. 滑石璧　2. 陶熏　3. 残陶器　4. 陶镶壶　5. 陶灶　6、7. 陶盒　8、13. 陶钫　9. 陶灯　10、15～17. 陶罐　11、12. 陶鼎　14、18. 陶锺　19. 残铁器　20. 泥钱

二 出土器物

20 件。有陶器、铁器、滑石器和钱币。

（一）陶器

17 件。有仿铜礼器、生活用器和模型器。

1. 锤 2 件，存 1 件。

标本 M1162：14，直口，口外有一周凸圈，粗弧颈，腹残。圜底。圈足外撇。颈饰一周弦纹。口径 13、腹径 21.8、复原高约 30 厘米（图四九一，2）。

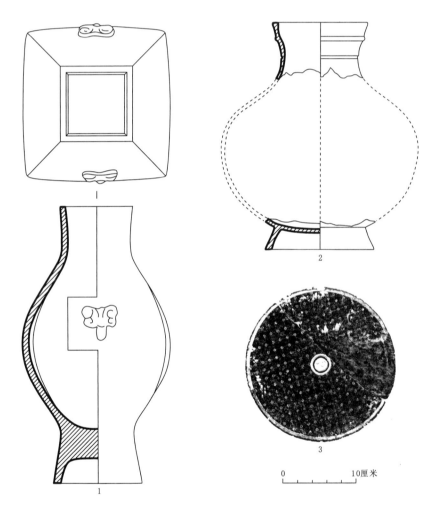

图四九一 M1162 出土陶钫、锤，滑石璧
1. 陶钫（13） 2. 陶锤（14） 3. 滑石璧（1）

2. 钫 2 件。形态、大小相同。

标本 M1162：13，直口，方唇，粗弧颈，长鼓腹。高圈足微外撇。上腹有对称铺首。口径 10、腹径 20.4、高 36.6 厘米（图四九一，1）。

3. 灯 1 件。

M1162：9，残甚。仅见高柱状灯柱。

还有鼎、盒各 2 件，罐 4 件，镶壶、熏、灶以及形态不明的残陶器各 1 件。

（二）铁器

1 件。为残铁器。M1162：19，形态不明。

（三）滑石璧

1 件。M1162：1，正面肉、好均有深廓线，廓内刻划纤细的网格线，网格近正方形而略呈菱形，网格交叉点上刻小圈点纹。素背。肉径 20.6、好径 1.7、厚 0.9 厘米（图四九一，3）。

（四）泥"五铢"钱

数枚。M1162：20，残甚。

墓葬一七二　M1164

一　墓葬形制

普通宽长方形土坑竖穴。方向 130°。墓上部被破坏。墓底足端及中部偏向头端的位置各有一条枕木沟，沟宽 22~30、深 5 厘米。墓壁两侧垂直，两端略斜。现墓口长 480、宽 270 厘米，墓底长 452、宽 270、深 270 厘米。随葬器物位于墓底靠近头端。葬具及人骨架不存。填土驳杂，颜色不纯（图四九二）。

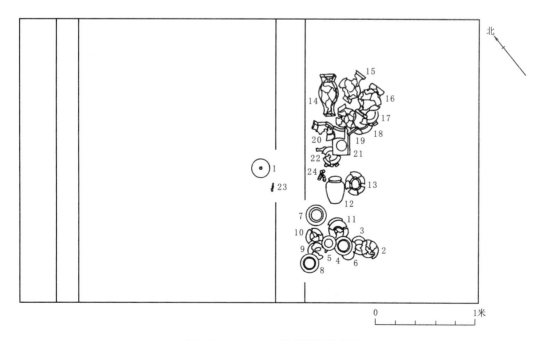

图四九二　M1164 随葬器物分布图

1. 滑石璧　2~4、8、10. 陶罐　5. 陶镶壶　6. 陶器盖　7. 陶井　9. 陶熏　11、13. 陶盒　12. 硬陶罐
14、20. 陶钫　15、16、18、19. 陶锤　17、22. 陶鼎　21. 陶灶　23. 铁棺钉　24. 铜钱

二 出土器物

24 件。有陶器、硬陶器、铁器、滑石器和钱币（彩版三一，3；图版一〇七，1）。

（一）陶器

20 件。有仿铜礼器、生活用器和模型器。

1. 锺　4 件。2 件形态相同，另 2 件形态不明。

标本 M1164:16，敞口，口外宽出边呈盘口状，粗弧颈，斜肩，扁鼓腹，圜底。矮圈足外撇。上腹有对称铺首。肩有三周凸弦纹。弓弧形盖。口径 13.6、腹径 22.6、通高 29.2 厘米（图四九三，1）。

2. 鼎　2 件。形态、大小相同。

标本 M1164:22，直口，内凸唇，弧腹，小平底。矮蹄形足。方附耳外张，耳沿平折。腹饰一周弦纹。弧形隆盖。盖面有三个扁纽。口径 19.4、通宽 26.6、通高 18.8 厘米（图四九三，2）。

3. 盒　2 件。形态、大小相同。

标本 M1164:11，平口微内斜，唇微内凸，弧腹较深，平底微凹。拱弧形深盖，盖顶有小平面。口径 20.2、通高 15.6 厘米（图四九三，3；彩板三二，1）。

4. 钫　2 件。形态、大小相同。

标本 M1164:14，敞口，弧颈，鼓腹。高圈足外撇。肩有对称铺首。盝顶形盖略呈长方形。口径 10.8、腹径 22.5、通高 36.3 厘米（图四九三，7）。

5. 罐　5 件。形态相同，大小略异。矮领，卷沿，斜肩略有折，斜直腹微弧，平底。

M1164:2，平底微凹。口径 8.8、腹径 15.4、高 12.2 厘米（图四九四，1）。

M1164:3，同 M1164:2。

M1164:4，口径 9.6、腹径 16.6、高 12.4 厘米（图四九四，2）。

M1164:8，口径 9.2、腹径 17.8、高 15.3 厘米（图四九四，4）。

M1164:10，平底微凹。口径 10.4、腹径 16.2、高 13.2 厘米（图四九四，3）。

6. 器盖　1 件。

M1164:6，弓弧形盖。口径 17、高 4.6 厘米（图四九三，6）。

7. 镳壶　1 件。

M1164:5，小口，矮领，溜肩，扁圆腹，小平底。矮蹄形足。腹部呈 90°位置装一流和一鋬。鋬残。腹有两周弦纹。弧形盖边缘较直。盖顶有一扁纽。口径 8、腹径 14、通高 13.6 厘米（图四九三，8；彩板三二，2）。

8. 熏　1 件。

M1164:9，熏罩已失，托盘亦残。熏盏为子母口，弧壁较深呈球形。矮托柱中空至底。盏口径 10.6、残高 12 厘米（图四九三，4）。

9. 灶　1 件。

M1164:21，平面长方形，一侧壁为两个火门，面上对应两个釜洞，后有挡风板及两个烟囱。釜洞上各置一釜，釜上分别置甑、盆各一。长 22.7、宽 13、通高 13.8 厘米（图四九四，6；彩板三二，3）。

10. 井　1 件。

M1164:7，平折沿，方唇，颈与肩弧形相连，肩、腹圆转。斜腹微弧，平底。颈、肩刻划一

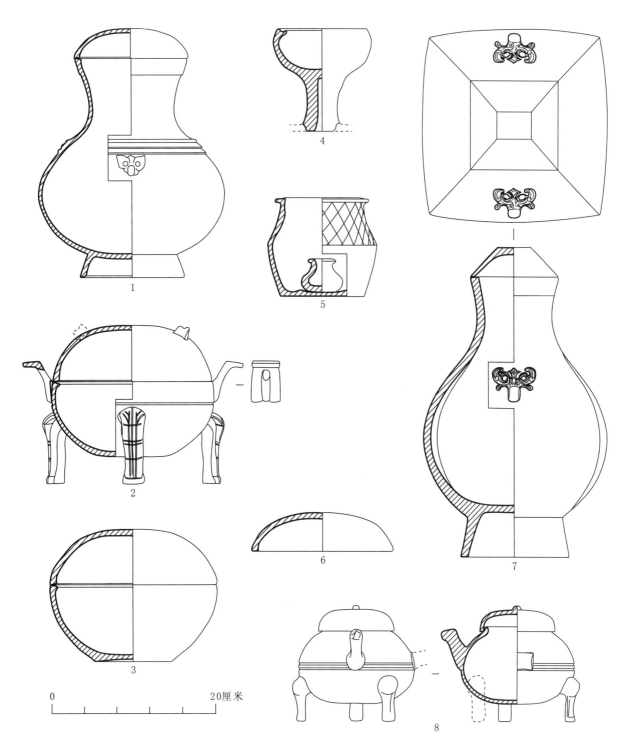

图四九三　M1164 出土陶锺、鼎、盒、熏、井、器盖、钫、镶壶
1. 锺（16）　2. 鼎（22）　3. 盒（11）　4. 熏（9）　5. 井（7）　6. 器盖（6）　7. 钫（14）　8. 镶壶（5）

周网格纹。口径 11.2、高 11.6 厘米。井内有汲缶。高 4 厘米（图四九三，5）。

（二）硬陶罐

1 件。M1164：12，敞口凹弧，斜沿，束颈，溜肩，鼓腹，平底微凹。肩部刻一"九"字，器

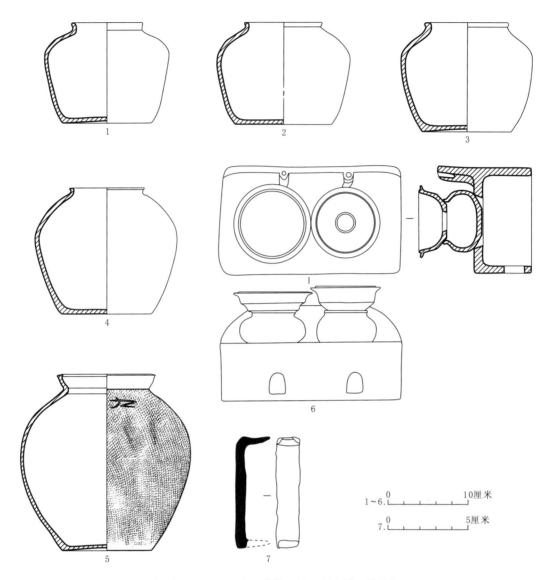

图四九四　M1164 出土陶罐、灶，硬陶罐，铁棺钉

1~4. 陶罐（2、4、10、8）　5. 硬陶罐（12）　6. 陶灶（21）　7. 铁棺钉（23）

身拍印中麻布纹。口径 12.2、腹径 21.4、高 21.4 厘米（图四九四，5）。

（三）铁棺钉

1 件。M1164：23，宽扁，为两端弯曲的抓钉（图四九四，7）。

（四）滑石璧

1 件。M1164：1，正面肉、好均刻深廓，廓内刻划正方形格线，方格交叉点上刻圈点纹。背面刻一汉隶“周”字及“V”形符号。肉径 20.4、好径 1.5、厚 0.7 厘米（图四九五；彩版三三，1、2）。

（五）铜“五铢”钱

约 13 枚（以 1 件计）。M1164：24，多残碎，多为普通五铢。正面有肉廓无好廓，背面肉、好均有廓；字体较工整，“五”字上下呈弹头形，“铢”字金旁上部呈组头形。肉径 2.55~2.62、好径 0.9~0.97、缘厚 0.14~0.18 厘米。

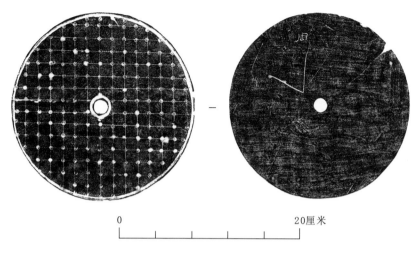

0　　　　　　　　　　　　　　　　20厘米

图四九五　M1164 出土滑石璧（M1164：1）

墓葬一七三　M1166

一　墓葬形制

宽长方形土坑竖穴带墓道。方向 120°。墓道位于墓室东南端中间，宽 180 厘米；墓道下端距墓口深 300、距墓底高 30 厘米。因墓道未发掘，形态和其余数据不清。墓底两端各有一条枕木沟，沟宽 10、深约 5 厘米。墓室壁垂直，长 430、宽 304、深 330 厘米。随葬器物散布于墓室底部，系盗扰所致。葬具及人骨架不存。填土驳杂，颜色不纯（图四九六）。

二　出土器物

33 件。有陶器、硬陶器、铜器、铁器、滑石器和钱币（图版一〇七，2）。

（一）陶器

11 件。有仿铜礼器、生活用器和模型器。

1. 盘　2 件。形态相同。

标本 M1166：18，敞口，折沿，颈下一周凸棱呈窄肩状。弧壁，平底，内底边凸起。口径 22、高 9.1 厘米（图四九七，1）。

2. 灶　1 件。

M1166：20，平面长方形，一侧壁有两个火门，面上对应两个釜洞，后有挡风板及两个烟囱。釜、甑已失。长 25.6、宽 15.5、通高 13.8 厘米（图四九七，7）。

3. 井　1 件。

M1166：21，折沿，弧颈，肩以一周凹弦纹为分界。斜直腹以下残。肩有刻划网格纹。口径 14、残高 7.4 厘米。井内有汲缶。高 5.2 厘米（图四九七，3）。

还有锺 3 件，鼎、钫、熏及残陶器各 1 件，

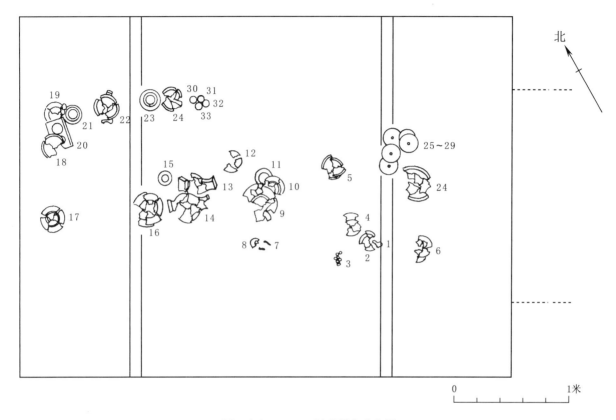

图四九六　M1166 随葬器物分布图

1. 滑石勺　2. 滑石熏　3. 铜钱　4. 残陶器　5、18. 陶盘　6. 陶熏　7. 铁棺钉　8. 铜镜　9、14、16. 陶锺
10、17、19、23. 硬陶罐　11. 滑石盒　12. 滑石器盖　13. 陶钫　15. 滑石灯　20. 陶灶　21. 陶井　22. 陶鼎
24. 铜洗　25～29. 滑石璧　30. 泥金饼　31～33. 滑石金饼

（二）硬陶罐

4 件。器身拍印中麻布纹。

M1166：10，敞口斜直，唇微外凸，圆肩，上腹鼓，下腹斜收，平底微凹。肩部刻一"九"字，口径 10.8、腹径 21.6、高 21.5 厘米（图四九七，4）。

M1166：17，敞口，口内饰三周瓦楞状弦纹。斜肩微凹，深弧腹，平底。肩部有刻划符号，不识。口径 12、腹径 21.2、高 22 厘米（图四九七，2）。

M1166：23 与 M1166：19，同 M1166：17。

（三）铜器

2 件。洗、镜各 1 件，残甚。

（四）铁棺钉

1 件。形态不明。

（五）滑石器

10 件。有妆饰器、容器和日用器。

1. 璧　5 件。形态、大小略异。正面肉、好均刻有深廓线，廓内刻划菱形格线，菱格交叉点上刻圈点纹。素背。

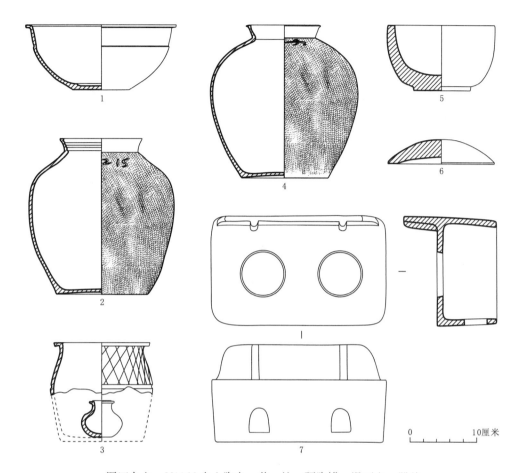

图四九七 M1166 出土陶盘、井、灶，硬陶罐，滑石盒、器盖

1. 陶盘（18） 2、4. 硬陶罐（17、10） 3. 陶井（21） 5. 滑石盒（11） 6. 滑石器盖（12） 7. 陶灶（20）

M1166：25，菱格斜度较小。肉径15、好径1.8、厚0.9厘米（图四九八，1）。

M1166：26，肉径17.2、好径2、厚0.6厘米（图四九八，2）。

M1166：27，菱形格线较密集，肉径24.2、好径2、厚0.4厘米（图四九八，5）。

M1166：28，肉径15.8、好径1.9、厚0.5厘米（图四九八，3）。

M1166：29，肉径14、好径1.8、厚0.5厘米（图四九八，4）。

2. 盒 1件。

M1166：11，仅存一半。直口，方唇，弧壁，矮假圈足，平底。口径15.8、高9.2厘米（图四九七，5）。

3. 器盖 1件。

M1166：12，弓弧形盖。盖径15.6、高3.6厘米（图四九七，6）。

4. 熏 1件。

M1166：2，熏盏作斜壁浅盘形，下有托柱以榫铆插入熏盏中心的圆孔中。托柱有一宽一窄两道凸箍。托座下部残。托盘呈浅平盘状，中心有圆孔，托柱下端应插在圆孔中。熏罩两圈连峰纹，每圈六连峰。在第二圈连峰间镂有熏孔，峰面及顶部有圈点纹。熏盏口径7.6、托盘直径12.8、复原通高13.7厘米（图四九九，1；图版一〇六，3）。

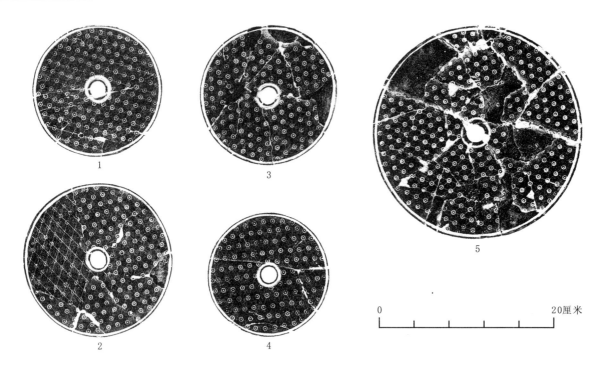

图四九八　M1166 出土滑石璧
1. M1166：25　2. M1166：26　3. M1166：28　4. M1166：29　5. M1166：27

图四九九　M1166 出土滑石熏、金饼，泥金饼
1. 滑石熏（2）　　2~4. 滑石金饼（31~33）　　5. 泥金饼（30）

还有灯 1 件，形态不明；勺 1 件，残。

（六）钱币

5 件。

1. 铜"五铢"钱　13 枚（以 1 件计）。残甚。

2. 泥金饼　1 件。

M1166：30，下平上隆，圆饼形。顶中一圆窝，边缘饰两周不规则弦纹。直径 6.5、高 2.4 厘米。（图四九九，5）

3. 滑石金饼　3 件。底平面拱圆饼形。面上四等分刻四出如意纹（图版一〇八，1、2）。

M1166：31，直径 5.7、高 2.5 厘米（图四九九，2）。

M1166：32，直径 5.6、高 2.45 厘米（图四九九，3）。

M1166：33，直径 5.7、高 2.7 厘米（图四九九，4）。

墓葬一七四　　M1167

一　墓葬形制

普通宽长方形土坑竖穴。方向 120°。墓底两端各有一条枕木沟，沟宽 22、深 5 厘米。墓壁垂直，长 434、宽 232、深 295 厘米。随葬品分布于墓底头、足两端及一侧。位置较分散，有盗扰迹象。葬具及人骨架不存。墓中填五花土。墓口以上有厚 10～30 厘米表土（图五〇〇）。

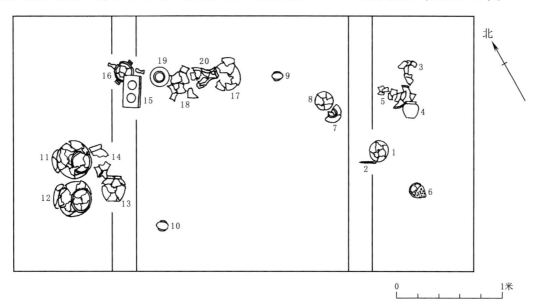

图五〇〇　M1167 随葬器物分布图

1. 滑石璧　2. 铁刀　3. 滑石灯　4、5、7、13. 硬陶罐　6. 陶熏　8. 陶盒　9、10. 滑石耳杯　11、12、
14、18. 陶锺　15. 陶灶　16. 陶鼎　17. 残陶器　19. 滑石盒　20. 陶钫

二 出土器物

20 件。有陶器、硬陶器、铁器和滑石器。

（一）陶器

10 件。有仿铜礼器、生活用器和模型器。

1. 锺 4 件。有大、小两种，各 2 件，形态分别相同。

标本 M1167:11，敞口，弧颈较细，溜肩，鼓腹，圜底。圈足外撇。圈足外有一周凸圈。上腹有对称铺首衔环。口、肩、腹饰四周弦纹。口径 12.9、腹径 30、高 36.9 厘米（图五〇一，1）。

标本 M1167:18，较标本 M1167:11 小。敞口略呈盘状，口外有一周凸圈，长弧颈，溜肩，鼓腹，圜底。矮圈足略斜，圈足外有一周凸圈。肩有对称简化铺首衔环。肩、腹各有两周弦纹。口径 11、腹径 20、高 29 厘米（图五〇一，2）。

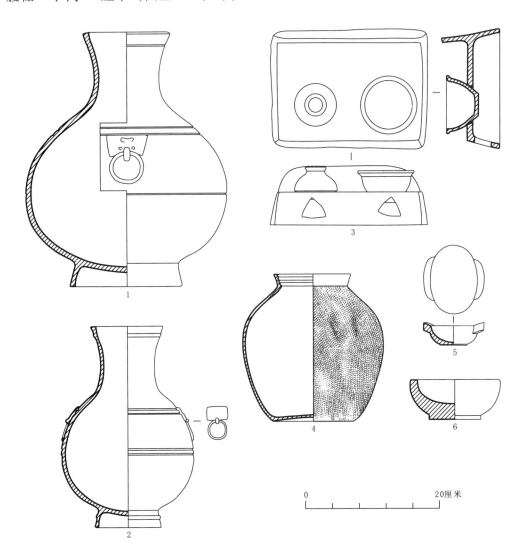

0   20厘米

图五〇一　M1167 出土陶锺、灶，硬陶罐，滑石耳杯、盒
1、2. 陶锺（11、18）　3. 陶灶（15）　4. 硬陶罐（4）　5. 滑石耳杯（9）　6. 滑石盒（19）

2. 灶　1 件。

M1167：15，平面长方形，灶壁略斜，上小下大，一侧壁为两个三角形火门，面上对应两个釜洞，后有挡风板。釜洞上分别置一釜一盆。长 23.2、宽 17.2、通高 8.6 厘米（图五〇一，3）。

还有鼎、钫、盒、熏及残陶器各 1 件，残甚，形态不明。

（二）硬陶罐

4 件。形态相同。

标本 M1167：4，敞口斜直，口内饰四周瓦楞状弦纹。斜肩微凹，筒形弧腹，平底微凹。器身拍印中麻布纹。口径 11.3、腹径 21、高 21.2 厘米（图五〇一，4）。

（三）铁刀

1 件。残甚。

（四）滑石器

5 件。

1. 盒　1 件。

M1167：19，敞口，弧壁，矮假圈足，平底。口径 13.5、高 5.8 厘米（图五〇一，6）。

2. 耳杯　2 件。形态、大小相同。

标本 M1167：9，椭圆形杯，敞口，弧壁，平底略呈假圈足状。口部两侧有月牙形耳。口径 7～9.9、两耳宽 9、高 3.3 厘米（图五〇一，5）。

还有璧、灯各 1 件，形态不明。

墓葬一七五　M1169

一　墓葬形制

方形土坑竖穴带墓道。方向 190°。墓口以上有封土保存，与 M1129、M1187 为同一座封土堆。封土堆呈不规则圆形，高约 400、底径 1400～1500 厘米。M1169 墓道位于墓室南端，略偏向西侧壁，宽 190 厘米；墓道底距墓口深 565、距墓底高 50 厘米。因墓道未发掘，形态及其余数据不清。墓底两端各有一条枕木沟，沟宽 20～25、深 5 厘米。墓室两端墓壁向内斜，而两侧向外斜，故两侧口小底大。墓口长 560、宽 340 厘米，墓底长 463、宽 390 厘米，墓深 615 厘米。随葬器物散布于墓底两侧，陶器碎片堆积，严重被盗。葬具及人骨架不存。墓中填土驳杂，颜色不纯（图五〇二）。

二　出土器物

13 件。有陶器、铜器、滑石器和钱币。

（一）陶器

有锺、鼎、钫、罐、盘、镬壶、熏、灶、井等残片若干，均未修复，仅熏 1 件计数，亦不见

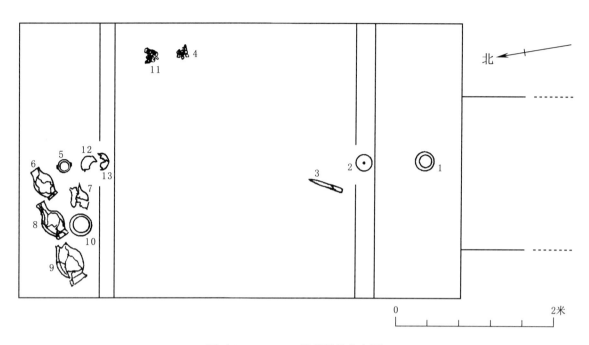

图五〇二　M1169 随葬器物分布图
1. 陶熏　2. 滑石璧　3. 铜剑　4. 泥钱　5、10. 滑石鼎　6、7. 滑石壶　8、9. 滑石钫　11. 铜钱　12、13. 滑石盏

器物。

（二）铜剑

1 件。M1169:3，墨绿色。窄扁茎，茎后部有一孔残，"凹"字形格。剑身狭长，菱形脊，刃缘有斜坡边。刃及前锋残。残长 60.8 厘米（图五〇三，5）。

（三）滑石器

9 件。

1. 鼎　2 件。形态、大小相同。

标本 M1169:5，耳残，盖失。敛口，内斜沿，折壁，圜底。底边有三矮蹄形足，口外对称有方附耳。一足与一耳大致在一条垂直线上。口径 13.5、通宽 16.4、高 8.5 厘米（图五〇三，1）。

2. 壶　2 件。形态、大小相同。

标本 M1169:6，颈以上残。长弧腹，假圈足外撇，平底。圆饼状盖面微弧。腹径 13.7、残高 17.4 厘米，盖径 9.2、高 1.1 厘米（图五〇三，2）。

3. 钫　2 件。形态、大小相同。

标本 M1169:8，敞口有宽出边，弧颈，长鼓腹，圈足高直。口内中空直颈部。盝顶形方实心盖。口径 10.2、腹径 15.9、高 32.7 厘米（图五〇三，4）。

4. 盏　2 件。形态、大小相同。

标本 M1169:12，敞口，弧壁，矮假圈足，平底。口径 13.1、高 5 厘米（图五〇三，3）。

还有璧 1 件，形态不明。

（四）钱币

有铜钱币和泥钱币，均不见实物。

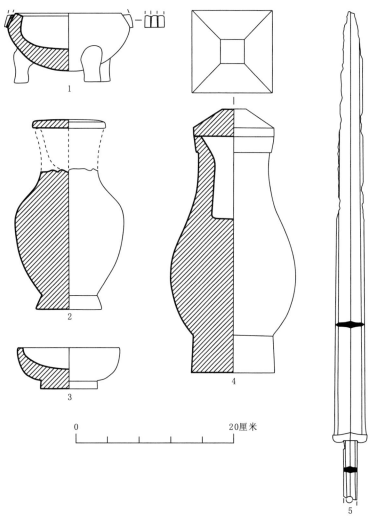

图五〇三　M1169 出土滑石鼎、壶、盏、钫，铜剑

1. 滑石鼎（5）　2. 滑石壶（6）　3. 滑石盏（12）　4. 滑石钫（8）　5. 铜剑（3）

墓葬一七六　M1177

一　墓葬形制

普通宽长方形土坑竖穴。方向190°。墓底两端各有一条枕木沟，沟宽24、深约5厘米。墓壁垂直，长415、宽240、深300厘米。随葬器物位于墓底头端及两侧，器物散碎，墓被盗。葬具及人骨架不存。但墓底中部尚可辨木棺漆痕，分布范围长约180、宽约80厘米。墓中填黏性较大的五花土，经夯筑。墓口以上有厚30~40厘米表土（图五〇四）。

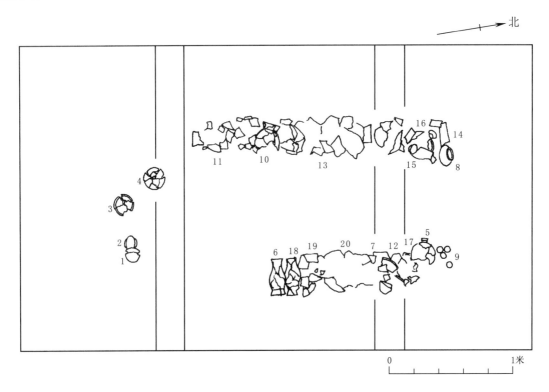

图五〇四　M1177 随葬器物分布图

1. 铜镜　2、15. 滑石耳杯　3、16. 滑石盘　4. 滑石璧　5、17. 滑石鼎　6、18. 滑石钫　7、12. 陶鼎
8. 陶罐　9. 泥钱　10、11. 陶钫　13. 陶锺　14. 陶灶　19、20. 滑石壶

二　出土器物

20 件。有陶器、铜器、滑石器和钱币。

（一）陶器

7 件。有锺、罐、灶各 1 件，鼎、钫各 2 件，均不见实物。

（二）铜镜

1 件。M1177：1，黑色，圆形，十六连弧形缘，连峰纹纽，圆纽座。纽座外有一周小连弧纹圈带；其外一周列四个乳丁纹，乳丁纹间列山峰纹，乳丁纹与山峰纹间以弧线相连。直径 11.2、缘厚 0.5 厘米（图五〇五，5；彩版三四，1）。

（三）滑石器

11 件。

1. 鼎　2 件。形态、大小相同。

标本 M1177：5，敛口，窄肩承盖，弧腹，腹有一周凸圈，圜底。矮柱状足；方附耳直立，耳孔呈“回”字形。弧形盖，盖面有三个五棱边扁方纽，纽上部刻重圈纹。口径 13.2、通宽 17.2、通高 11.2 厘米（图五〇五，1）。

2. 钫　2 件。形态、大小相同。

标本 M1177：6，敞口有宽出边，粗弧颈，长鼓腹，圈足外撇，足边有出边。略呈扁方体。腹面微弧。腹中部有两个对称鼻纽。口径 5.8～8.6、腹径 12～12.4、高 24 厘米（图五〇五，2）。

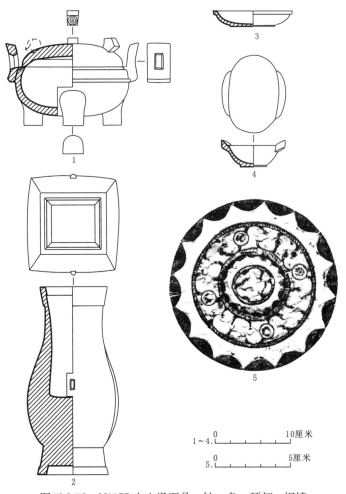

图五〇五 M1177 出土滑石鼎、钫、盘、耳杯，铜镜

1. 滑石鼎（5）   2. 滑石钫（6）   3. 滑石盘（3）   4. 滑石耳杯（2）   5. 铜镜（1）

3. 盘 2 件。形态、大小相同。

标本 M1177:3，窄平折沿，浅弧壁，平底略出边。口径 10.4、高 2 厘米（图五〇五，3）。

4. 耳杯 2 件。形态、大小相同。

标本 M1177:2，椭圆形杯，敞口，弧壁，平底略呈假圈足状。口部两侧有月牙形耳。口径 6.6~9.9、两耳宽 8.4、高 3.5 厘米（图五〇五，4）。

还有璧 1 件及壶 2 件，形态不明。

（四）泥钱

数枚。形态不明。

墓葬一七七 M1178

一 墓葬形制

宽长方形土坑竖穴带平底墓道及器物坑。方向 124°。墓上部被破坏。墓道位于墓室东南端中

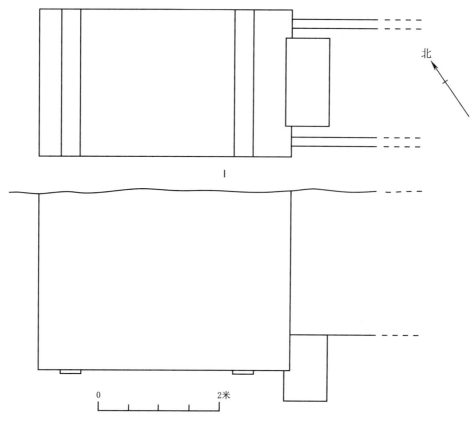

图五〇六　M1178 平、剖面图

间。墓道较宽，略窄于墓室宽度。墓道前部未发掘，长度不明。墓道壁略斜，墓道口宽200、墓道底宽172厘米，墓道底距墓口深224、距墓底高56厘米。墓道与墓室相接处有一器物坑，坑长140、宽70、深50厘米。墓底两端各有一条枕木沟，沟宽32、深10厘米。墓室壁垂直，长410、宽230、深280厘米。随葬器物主要置于器物坑内，少部分置于墓底头端。葬具及人骨架不存。墓中填土驳杂，颜色不纯（图五〇六、五〇七）。

二　出土器物

29件。有陶器、铜器、铁器、滑石器、石器和钱币。

（一）陶器

17件。有仿铜礼器、生活用器和模型器。

1. 锤　4件，仅见2件。

标本 M1178：20，喇叭形口略呈盘状，弧颈，溜肩，鼓腹，圜底。圈足略外撇。上腹部有对称简化铺首。肩、腹各有两周瓦棱状弦纹。口径15.6、腹径28.6、高34.5厘米（图五〇八，2）。

标本 M1178：18，形态基本同 M1178：20。口外有宽出边呈盘口状，颈略细。下腹有斜绳纹。口径13.8、腹径29、通高34.8厘米（图五〇八，1）。

2. 钫　2件，形态、大小相同。

标本 M1178：17，口斜直，方唇，口外略有出边。短弧颈，鼓腹，腹呈弧边方形。矮直圈足

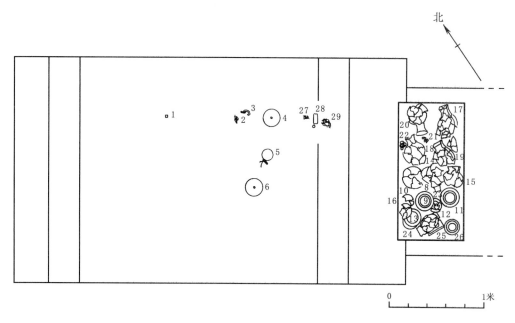

图五○七　M1178 随葬器物分布图

1. 铜印章　2. 铁剑格　3、27、29. 残铁器　4、6. 滑石璧　5. 铜镜　7. 铁棺钉　8、9、14. 陶罐　10. 陶盒　11、15、18、20. 陶锺
12. 陶盘　13、24. 陶鼎　16. 陶镱壶　17、19. 陶钫　21. 铜钱　22. 泥金饼　23. 陶熏　25. 陶灶　26. 陶井　28. 石黛板、研

略外斜。肩有对称铺首。口径 10.4、腹径 21.6、高 32.2 厘米（图五○八，3）。

3. 盘　1 件。

M1178：12，敞口，斜折沿，弧壁，平底。口径 19.7、高 6 厘米（图五○八，4）。

4. 井　1 件。

M1178：26，直口，宽平沿，沿面微凹。斜肩，直腹，近底折收，底微凹。肩部刻划网格纹。汲缶不存。口径 11.6、高 13 厘米（图五○九，1）。

还有鼎 2 件，盒、镱壶、熏、灶各 1 件以及罐 3 件形态不明。

（二）铜器

2 件。

1. 镜　1 件。

M1178：5，黑色，圆形，宽素缘，半球形纽，圆纽座。缘内有双重波折纹及锯齿纹各一周；纽座外与缘内主题纹饰为高浮雕的二龙与一虎纹，龙虎纹间补以星云纹。直径 11.4、缘厚 0.7 厘米（图五○九，4；彩版三四，2）。

2. 印章　1 件。

M1178：1，粉绿色。正方块状，有横向通孔。双面有白文印文，为私印，一面为"龚登"二字，另一面为"臣登"二字。印章为水平翻转顺读，与绳孔相对应。边宽 2.1、厚 1.05 厘米（图五○九，9；彩版三五，1、2）。

（三）铁器

5 件。

1. 剑格　1 件。

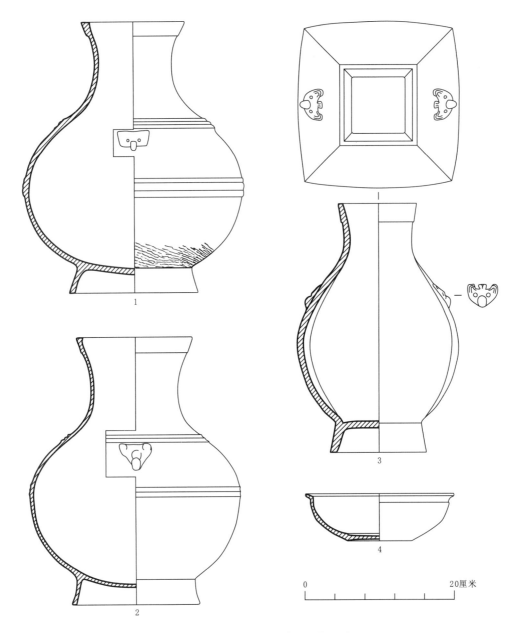

图五〇八　M1178 出土陶锺、钫、盘

1、2. 锺（18、20）　3. 钫（17）　4. 盘（12）

M1178：2，扁宽"一"字形格。平面呈菱形，残存一半。复原长 6.8、宽约 2.7、高 0.8 厘米（图五〇九，6）。

2. 棺钉　1 件。

3. 残铁器　3 件。形态不明。

（四）滑石器、石器

3 件。

1. 滑石璧　2 件。正面廓内刻划菱形格线，菱格交叉点上刻圈点纹。素背。

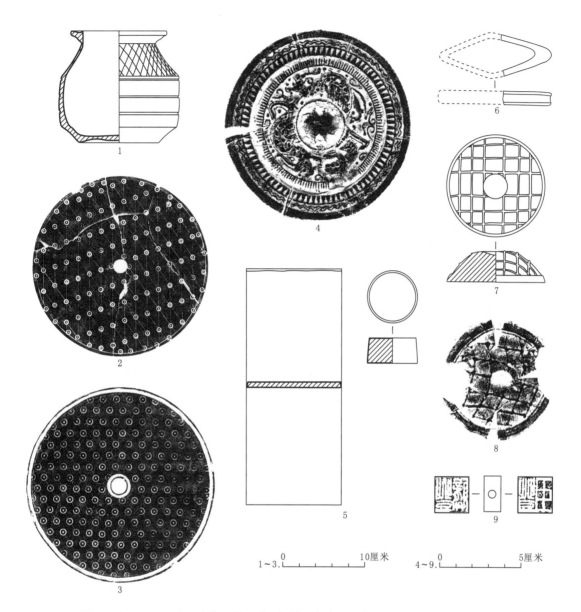

图五〇九　M1178 出土陶井，滑石璧，铜镜、印章，石黛板及研，铁剑格，泥金饼
1. 陶井（26）　　2、3. 滑石璧（4、6）　4. 铜镜（5）　5. 石黛板及研（28）　6. 铁剑格（2）
7、8. 泥金饼（22）　9. 铜印章（1）

M1178：4，正面肉有细廓线，好无廓。菱形格线较稀疏。肉径 21.3、好径 1.4、厚 1 厘米（图五〇九，2）。

M1178：6，正面肉、好均刻有深廓线。肉径 22.9、好径 1.7、厚 0.75 厘米（图五〇九，3）。

2. 石黛板及研　1 套（2 小件）。

M1178：28，青色变质岩。黛板呈长方平板状，正面光滑，背面略毛糙。研呈圆饼状。黛板长 13.8、宽 5.7、厚 0.3 厘米，研直径 3、厚 1.5 厘米（图五〇九，5；图版一〇八，3）。

（五）钱币

1. 泥金饼　2 枚（以 1 件计）。

M1178：22，下平上隆，圆饼形。顶中一圆窝，周围压印凸方格。直径6、高1.8厘米（图五〇九，7、8；图版一〇八，4）。

2. 铜"五铢"钱　数枚。残甚。

墓葬一七八　M1181

一　墓葬形制

普通宽长方形土坑竖穴。方向195°。该墓打破战国墓M1191整个后半截，且打穿墓底（图二八六）。墓底两端各有一条枕木沟，沟宽20、深约3厘米。墓壁略斜，墓口长400、宽280厘米，墓底长395、宽240厘米，墓深300厘米。随葬器物位于墓底头端及足端的一侧。葬具及人骨架不存。墓中填土驳杂，颜色不纯（图五一〇）。

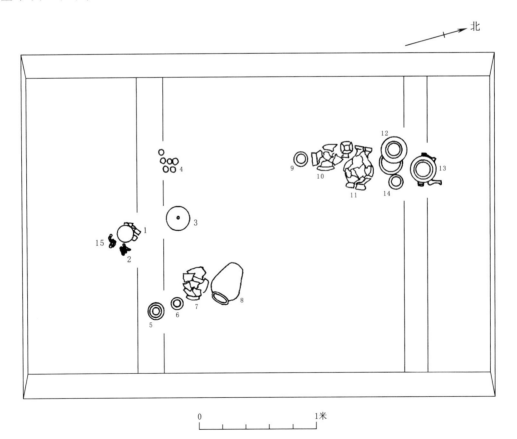

图五一〇　M1181 随葬器物分布图

1. 陶熏　2. 铜五铢钱　3. 滑石璧　4. 泥金饼　5. 陶井　6. 陶小釜　7、8. 硬陶罐　9、14. 陶器盖
10. 陶钫　11. 陶锺　12. 陶盒　13. 陶鼎　15. 泥五铢钱

二 出土器物

15 件。有陶器、硬陶器、滑石器和钱币（彩版三五，3；图版——〇，1）。

（一）陶器

9 件。有仿铜礼器、生活用器和模型器。

1. 锺 1 件。

M1181：11，敞口较直，方唇，口外宽出边呈盘口状，弧颈，溜肩，鼓腹，底内凹。矮圈足外撇。上腹有对称铺首。颈、腹各有两周弦纹。口径 10.7、腹径 21.3、高 26.9 厘米（图五——，1）。

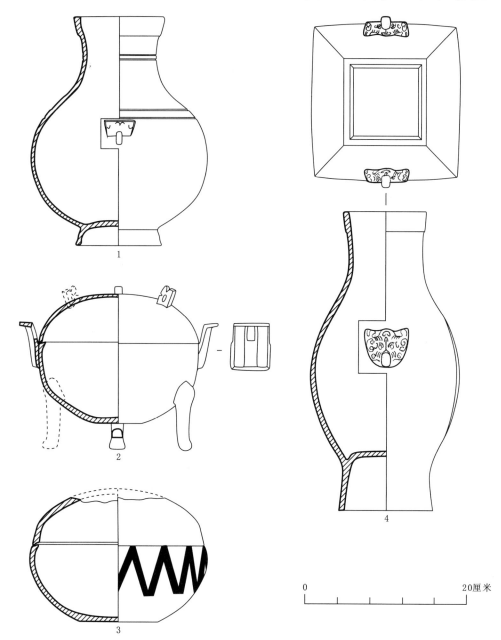

0   20厘米

图五—— M1181 出土陶锺、鼎、盒、钫
1. 锺（11） 2. 鼎（13） 3. 盒（12） 4. 钫（10）

2. 鼎　1件。

M1181:13，敛口略呈子母口，窄肩承盖。上腹较直，下腹斜收，小平底。矮蹄形足。方附耳外斜，耳沿平伸。弓弧形盖较深。盖上有三个穿孔扁纽。口径18、通宽24、通高19.2厘米（图五一一，2；彩版三六，1）。

3. 盒　1件。

M1181:12，敛口，弧壁，平底。黑衣上施白色底彩，口部绘一周橙红色三角折纹。盖为敞口，弧壁有折。顶残。口径19.7、复原通高15.7厘米（图五一一，3）。

4. 钫　1件。

M1181:10，直口，方唇，口外有出边。粗直颈，长鼓腹。高圈足略外撇。腹有对称铺首。盖失。口径10.2、腹径18.3、高35厘米（图五一一，4）。

5. 器盖　2件。

M1181:9，弓弧形浅盖，顶有圆纽。纽有两周凸圈及一周圆圈纹。口径15.6、高4厘米（图五一二，1）。

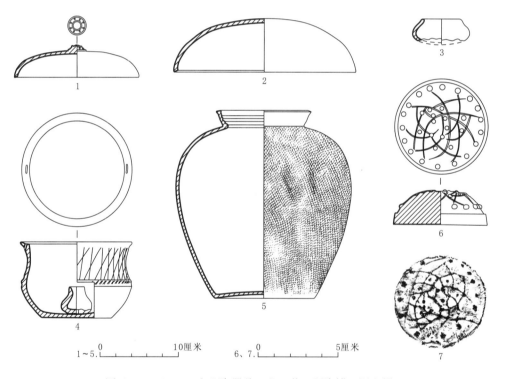

图五一二　M1181出土陶器盖、釜、井，硬陶罐，泥金饼
1、2. 陶器盖（9、14）　3. 陶小釜（6）　4. 陶井（5）　5. 硬陶罐（7）　6、7. 泥金饼（4）

M1181:14，弓弧形盖。口径22.7、高6.5厘米（图五一二，2）。

6. 小釜　1件。

M1181:6，陶灶附件。弇口，扁腹，底残。残高2.6厘米（图五一二，3）。

7. 井　1件。

M1181:5，斜折沿微凹，口沿有对称长条形孔。弧颈，颈、肩以一周凸箍为界。斜弧腹较浅，平底。颈部刻一周网格纹，凸箍上有一周指甲纹。口径13.9、高9.3厘米。井内有汲缶。高3.8

厘米（图五一二，4；彩版三六，2）。

还有熏1件，形态不明。

（二）硬陶罐

2件。形态相同。标本M1181:7，敞口斜直，口内三周瓦楞状弦纹。圆肩，深弧腹，平底微凹。器身拍印中麻布纹。口径11.8、腹径22、高22.8厘米（图五一二，5）。

（三）滑石璧

1件。形态不明。

（四）钱币

有铜"五铢"钱、泥"五铢"钱和泥金饼，各以1件计。

1. 铜"五铢"钱　2枚（以1件计）。

M1181:2，正面有肉廓无好廓，穿上一横，背肉、好均有廓。"五铢"两字窄缩。肉径2.6、好径0.9、缘厚0.15厘米。

2. 泥"五铢"钱　约10枚（以1件计）。残甚。

3. 泥金饼　6枚（以1件计）。

M1181:4，下平上隆，圆饼形。隆背面上有乳丁纹及凸起的弧线纹。直径5.8、高2.2厘米（图五一二，6、7）。

墓葬一七九　　M1190

一　墓葬形制

宽长方形土坑竖穴带斜坡墓道。方向205°。墓上部被破坏。该墓打破战国墓M1199，但尚未打穿墓底（图二九六）。墓道位于墓室西南端中间，坡度24°。墓道壁垂直，残长100、宽212厘米；墓道下端距墓口深260、距墓底高30厘米。墓底两端各有一条枕木沟，沟宽22～24、深5～8厘米。墓室壁垂直，长470、宽315、残深290厘米。随葬器物主要分布于墓底足端的两侧，两件滑石璧横向位于墓底中腰。有被盗迹象。葬具及人骨架不存，但尚可辨棺椁灰痕。随葬器物所在位置应为椁室的两边厢和棺的头端。墓中填黏性较大的五花土。现墓口以上有厚10～20厘米表土。该墓各种器物除铜镜外均为两套，而且分两边放置，应为夫妻合葬墓（图五一三、五一四）。

二　出土器物

34件。有陶器、硬陶器、铜器、滑石器和钱币。

（一）陶器

24件。有仿铜礼器、生活用器和模型器。

1. 锺　4件。形态、大小相同。

标本M1190:13，浅盘状口，弧颈较细，溜肩，鼓腹略坠，圜底。圈足外撇。肩部弦纹下方有对称铺首。肩、腹各有两周弦纹。口径13.6、腹径23.2、高29.4厘米（图五一五，1）。

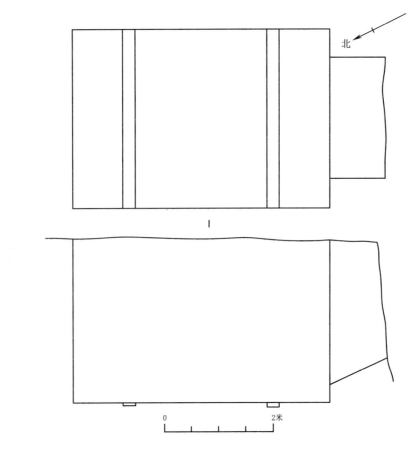

图五一三　M1190 平、剖面图

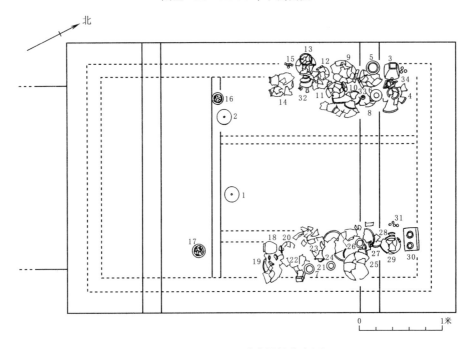

图五一四　M1190 随葬器物分布图

1、2. 滑石璧　3、4、8、22、23. 陶钫　5、29. 陶井　6、13、20、21. 陶锺　7、34. 陶镶壶　9、25、26. 陶罐
10、27、28、32. 陶鼎　11、12、14、18、19. 硬陶罐　15、31. 泥钱　16、17. 陶熏　24. 铜镜　30、33. 陶灶

2. 钫　5件。形态、大小相同。

标本 M1190∶3，口较直，口外有宽出边。长弧颈，长鼓腹。高圈足外斜。肩有对称铺首。盝顶形盖。口径9.4、腹径19、通高40.7厘米（图五一五，2）。

3. 镳壶　2件。

M1190∶7，尖凸唇，圆肩，扁鼓腹，平底微凹。上腹部呈90°位置装一流和一錾。口径6、腹

图五一五　M1190 出土陶锺、钫、灶、小釜、熏、镳壶
1. 锺（13）　2. 钫（3）　3. 灶（30）　4. 小釜（33）　5. 熏（16）　6、7. 镳壶（7、34）

径 13.4、高 9 厘米（图五一五，6；彩版三六，3）。

M1190：34，敛口，圆唇，圆肩，鼓腹，底残。三乳足。流残。錾上扬平折，扁方体。口径 5、腹径 12.4、高 8.6 厘米（图五一五，7）。

4. 熏　2 件。存 1 件。

标本 M1190：16，熏盏与熏托连为一体，上为山峰形熏罩。熏罩为敛口钵状，盏下托柱连接托盘。熏罩为四层山峰收尖，每层四连峰，有腰圆形熏孔。盏口径 10.6、托盘口径 15.6、通高 16.8 厘米（图五一五，5；彩板三六，4）。

5. 灶　2 件。

M1190：30，平面长方形，一侧壁为两个火门，面上对应两个釜洞，釜洞上分别置一釜一甑。后有弧形挡风板，长 21.8、宽 14、通高 12.8 厘米（图五一五，3）。

M1190：33，灶残，仅存陶小釜 1 件。弇口，扁腹，平底。底边削棱。高 3.8 厘米（图五一五，4）。

6. 井　2 件。存 1 件。

标本 M1190：5，折沿，方唇，沿面呈子口状。束颈，折腹，平底微凹。沿面有两个对称的长孔。上腹刻划一周大网格纹，中腹有一道凹圈。口径 11.3、高 13.6 厘米。井内有汲缶。高 4.2 厘米（图五一六，1；彩版三七，1）。

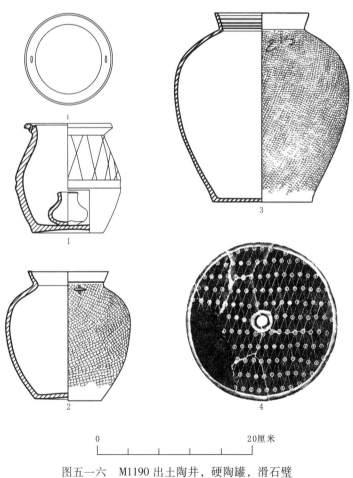

图五一六　M1190 出土陶井，硬陶罐，滑石璧

1. 陶井（5）　2、3. 硬陶罐（11、19）　4. 滑石璧（1）

还有鼎 4 件、罐 3 件，形态不明。

（二）硬陶罐

5 件。存 2 件。器身拍印中麻布纹。

标本 M1190：11，敞口凹弧，斜肩，弧腹，平底。肩部刻划一"七"字。口径 10.4、腹径 16.4、高 16 厘米（图五一六，2）。

标本 M1190：19，敞口斜直，口内数周弦纹。圆肩，深弧腹，平底。肩部刻有铭文，似"乙山"二字。口径 12.2、腹径 22.4、高 23.3 厘米（图五一六，3）。

（三）铜镜

1 件。形态不明。

（四）滑石璧

2 件。存 1 件。标本 M1190：1，正面肉、好均刻深廓线，斜缘。廓内刻划菱形格线，菱格较斜长，菱格交叉点上刻圈点纹。素背。肉径 19.8、好径 1.2、厚 0.6 厘米（图五一六，4）。

（五）泥钱币

数枚（以 2 件计）。形态不明。

墓葬一八〇 M1194

一 墓葬形制

普通宽长方形土坑竖穴。方向 194°。墓底两端各有一条枕木沟，沟宽 20、深约 5 厘米。墓壁垂直，长 430、宽 255、深 320 厘米。随葬器物位于墓底两侧。有盗扰迹象。葬具及人骨架不存。墓中填土驳杂（图五一七）。

二 出土器物

21 件。有陶器、铜器、滑石器和钱币。

（一）陶器

17 件。有仿铜礼器、生活用器和模型器。

1. 鼎　3 件。形态相同。

标本 M1194：18，敛口，窄肩承盖。直壁，圜底。底部三扁蹄形足直立。腹上下各饰两周弦纹。方附耳略张，耳孔呈"回"字形。盖失。口径 18.6、通宽 25.2、通高 20.4 厘米（图五一八，1）。

2. 盒　2 件。形态各异。

M1194：15，由两个陶盆扣合在一起，形制、大小相同。平折沿，斜折壁，平底。口径 15.6、通高 11.6 厘米（图五一八，3）。

M1194：20，盒身子母口，上腹直，下腹斜收，平底微凹。上腹饰两周弦纹。钵形盖，斜壁，弧

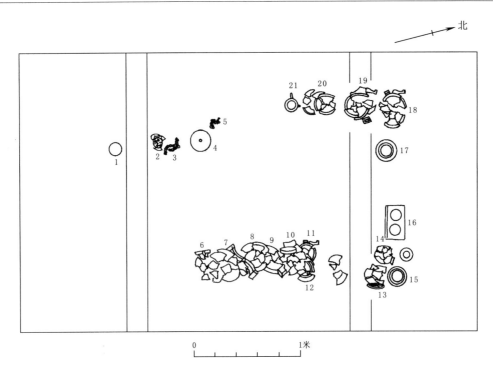

图五一七　M1194 随葬器物分布图

1. 铜镜　2. 陶熏　3. 铜钱　4. 滑石璧　5. 泥五铢　6、8、10. 陶锺　7、9. 陶钫　11、18、19. 陶鼎
12～14. 陶罐　15、20. 陶盒　16. 陶灶　17. 陶井　21. 陶镳壶

顶。顶面有一矮圈状捉手。口径18.4、腹径22.8、通高18.9厘米（图五一八，2；彩版三七，2）。

3. 钫　2件。形态相同。

标本M1194：9，直口，方唇，口外有出边。短弧颈，长鼓腹。圈足外撇。上腹有对称铺首。口径10.6、腹径21.4、高35.2厘米（图五一八，6）。

4. 灶　1件。

M1194：16，灶残甚，未能修复，存陶灶附件小釜。短折沿，尖唇，扁鼓腹，小平底。腹中饰一周弦纹。高5.7厘米（图五一八，4）。

5. 井　1件。

M1194：17，宽平沿，口外敞内直。束颈，斜肩，筒腹，平底。口径13.2、高17.6厘米。井内有汲缶。高8厘米（图五一八，5）。

还有锺、罐各3件，镳壶、熏各1件，形态不明。

（二）铜镜

1件。形态不明。

（三）滑石璧

1件。形态不明。

（四）钱币

1. 铜"五铢"钱　约30枚（以1件计）。

M1194：3，正面有肉廓无好廓，部分钱穿上有横廓，穿下一星；背面肉、好均有廓。钱文有宽、狭两种，宽体较窄体略少，多残碎。肉径2.55～2.6、好径0.85～0.97、缘厚0.15～0.2厘米。

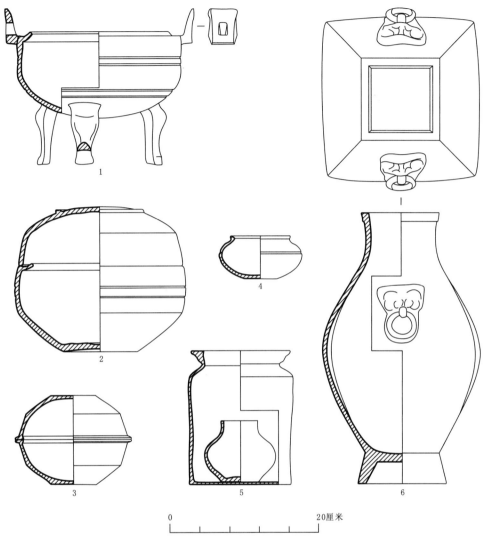

图五一八　M1194 出土陶鼎、盒、小釜、井、钫

1. 鼎（18）　2、3. 盒（20、15）　4. 小釜（16）　5. 井（17）　6. 钫（9）

2. 泥"五铢"钱　数枚（以1件计），形态不明。

墓葬一八一　M1196

一　墓葬形制

普通宽长方形土坑竖穴。方向45°。墓上部被破坏。墓西南端因有农田尚有一小段未发掘到头。该墓打破战国墓 M1198，但尚未将墓底打穿（图二九三）。墓壁垂直，现发掘长度355、宽270、残深190 厘米。随葬器物散布于墓底头端，为盗扰所致。葬具及人骨架不存。墓中填五花土（图五一九）。

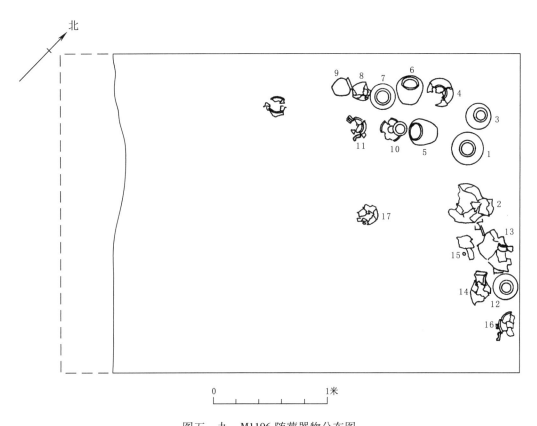

图五一九　M1196 随葬器物分布图

1~3. 陶锺　4~9、12. 硬陶罐　10. 陶熏　11、16. 陶鼎　13、14. 陶钫　15. 铜钱　17. 滑石璧

二　出土器物

17 件。有陶器、硬陶器、滑石器和钱币。

（一）陶器

8 件。有仿铜礼器和生活用器。

锺　3 件。浅盘状口。圆肩，鼓腹。

M1196：1，口较直，粗直颈，圜底。圈足外撇较甚。上腹有对称铺首衔环。口径 14、腹径 29.4、高 33 厘米（图五二〇，1）。

M1196：2，细颈较直，腹以下残。肩有对称铺首衔环。肩、腹饰三周弦纹。口径 14、腹径 30.9、残高 26.2 厘米（图五二〇，2）。

M1196：3，直颈略弧，圜底外凸。圈足外撇。圈足下部残。口径 10.8、腹径 22.6、复原高 26 厘米（图五二〇，3）。

还有鼎、钫各 2 件，熏 1 件，形态不明。

（二）硬陶罐

7 件。存 5 件。形态各异。

标本 M1196：4，敞口微凹弧，口内隐见瓦楞状弦纹。圆肩，筒形深弧腹，平底微凹。肩部刻划一省笔的"百"字（或为"酒"），器身拍印粗麻布纹。口径 12.4、腹径 21.6、高 23.6 厘米

（图五二〇，4）。

标本 M1196：5，敞口斜直，凹沿，口内饰数周瓦楞状弦纹。斜肩，筒形深弧腹，平底微凹。肩部刻划一"百"（或为"酒"）字。肩以上有淡绿薄釉，脱落。器身拍印粗麻布纹。口径 11.6、腹径 21.8、高 24.2 厘米（图五二〇，6）。

标本 M1196：6，敞口斜直，口内有瓦楞状弦纹，宽斜肩，弧腹，平底微凹。肩部刻划一"百"（或为"酒"）字。口至上腹施淡绿色薄釉。器身拍印中麻布纹。口径 11.5、腹径 23.5、高 22.3 厘米（图五二〇，5）。

标本 M1196：7，敞口斜直，口内有瓦楞状弦纹，斜肩微凹，深弧腹略有折，平底微凹。肩部刻划一"八"字。淡绿色薄釉脱落。器身拍印中麻布纹。口径 12.7、腹径 22.6、高 24.2 厘米（图五二〇，7）。

标本 M1196：9，口凹弧呈盘状，束颈，斜肩，弧腹，平底。肩部刻划"九十"二字。器身拍印中麻布纹。口径 11、腹径 16、高 15.9 厘米（图五二〇，8）。

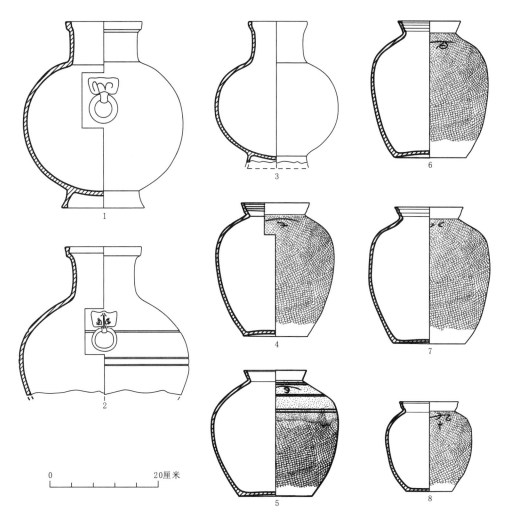

图五二〇 M1196 出土陶锺，硬陶罐

1~3. 陶锺（1、2、3） 4~8. 硬陶罐（4、6、5、7、9）

（三）滑石璧

1 件。形态不明。

（四）铜钱

数枚（以 1 件计）。形态不明。

墓葬一八二　M1197

一　墓葬形制

宽长方形土坑竖穴带斜坡墓道。方向 95°。墓道位于墓室东端中间，坡度 32°。墓道前端已毁。墓道壁垂直，残长 86、宽 124 厘米，墓道下端距墓口深 265、距墓底高 35 厘米。墓底两端各有一条枕木沟，沟宽 25～28、深 8～10 厘米。墓室壁垂直，长 420、宽 255、深 300 厘米。随葬器物大部分位于墓底南侧边。墓被盗。葬具及人骨架不存。墓中填黏性较大的五花土。墓口以上有厚 40～60 厘米表土（图五二一、五二二）。

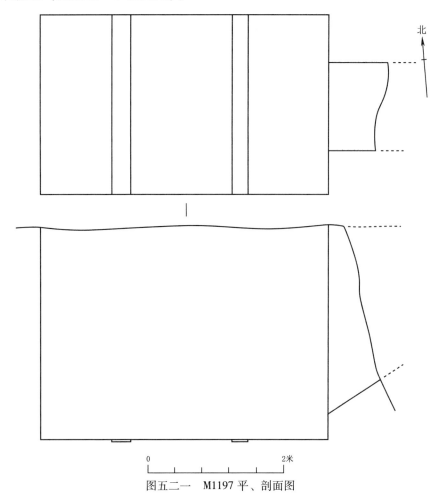

图五二一　M1197 平、剖面图

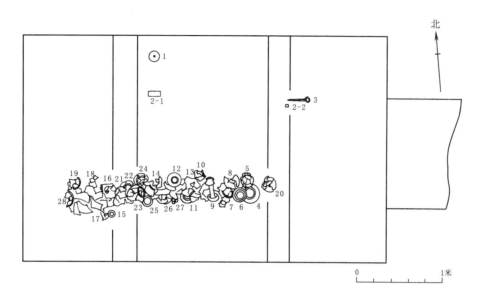

图五二二　M1197 随葬器物分布图

1. 铜镜　2. 石黛板、研　3. 铁钎　4. 陶锺　5、7、10、11、13、14、21～23、28. 硬陶罐　6. 陶熏　8. 残铜器　9. 滑石灯
12. 釉陶壶　15. 陶镶壶　16. 陶灶　17、18. 陶钫　19、26. 陶盒　20. 滑石璧　24. 陶壶　25. 陶井　27. 泥金饼

二　出土器物

28 件。有陶器、硬陶器、釉陶器、铜器、铁器、滑石器、石器和钱币（彩版三八，1；图版一一〇，2）。

（一）陶器

10 件。有仿铜礼器、生活用器和模型器。

1. 锺　1 件。

M1197：4，敞口，口外宽出边呈盘口状，弧颈，斜肩，宽扁鼓腹，圜底。矮圈足外撇。上腹有对称铺首。肩、腹各有三周凹凸相间弦纹。弓弧形盖。口径 15.8、腹径 28.4、通高 35.8 厘米（图五二三，1）。

2. 盒　2 件。形态相同。

标本 M1197：19，仅存一半。口微敛，弧壁，平底。口径 19.3、高 6.8 厘米（图五二三，3）。

3. 壶　1 件。

M1197：24，直口，颈长且直，圆肩，鼓腹，圜底。盖状矮圈足。肩有对称鼻纽。颈、腹饰七周弦纹。浅平盘状盖，高子母口。盖面有三扁纽。口径 10.8、腹径 16.8、通高 19.4 厘米（图五二三，4；图版一〇八，5）。

4. 镶壶　1 件。

M1197：15，小口，矮领，圆肩，扁腹，底微凹。三蹄形足外撇。腹部呈 90° 位置装一流和一鋬。均残。弧壁浅盖，盖顶鼻纽及四出柿蒂纹。口径 6.3、腹径 12.4、高 10.5 厘米（图五二三，2）。

5. 熏　1 件。

M1197：6，熏罩已失。盏作敛口弧壁钵状，下连细托柱，托柱又与托盘相连接。托柱中空至

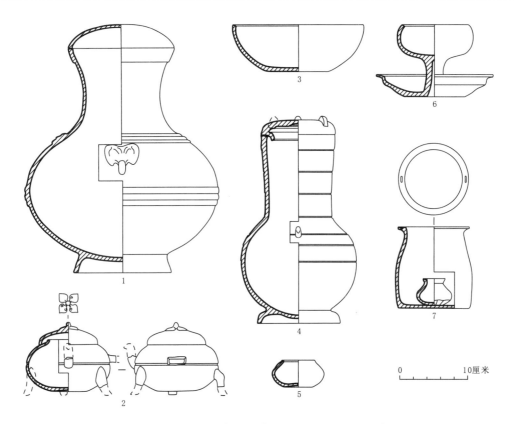

图五二三　M1197 出土陶锺、镶壶、盒、壶、小釜、熏、井
1. 锺（4）　2. 镶壶（15）　3. 盒（19）　4. 壶（24）　5. 小釜（16）　6. 熏（6）　7. 井（25）

底。托盘为斜折沿，斜折壁，平底。盏口径9.8、托盘口径17、残高10.3厘米（图五二三，6）。

6. 小釜　2件（以1件计）。形态相同。

M1197:16，陶灶附件。灶残甚，未能修复。敛口，尖唇，扁腹，平底微凹。高3.9厘米（图五二三，5）。

7. 井　1件。

M1197:25，平折沿，弧颈，筒形腹，平底。井沿上有对称长方孔。口径10.5、高11.6厘米。井内有汲缶。高3.8厘米（图五二三，7）。

还有钫2件，残甚，形态不明。

（二）硬陶罐

10件。器身拍印麻布纹。

M1197:5，直口，凹沿，圆肩，筒形深弧腹，平底微凹。器身拍印中麻布纹。口径11、腹径19.8、高21.8厘米（图五二四，1）。

M1197:7，敞口凹弧，唇外凸，束颈，圆肩，筒形深弧腹，平底。肩部饰一周弦纹，器身拍印麻布纹。口径12.3、腹径20、高22厘米（图五二四，2）。

M1197:10，直口略斜，圆肩，弧腹，小平底微凹。器身拍印细麻布纹。口径9.5、腹径15.3、高15.4厘米（图五二四，3）。

M1197:11，直口，凸唇，凹沿，口内有瓦楞状弦纹。圆肩，筒形深弧腹，平底微凹。器身拍印中麻布纹。口径11.5、腹径20.4、高22.6厘米（图五二四，4）。

M1197：13，敞口微弧，凸唇，束颈，圆肩，深弧腹，平底微凹。器身拍印中麻布纹。口径12、腹径20、高21.7厘米（图五二四，5）。

M1197：14，敞口凹弧呈盘状，斜凹沿，外凸尖唇，束颈，圆肩，弧腹，平底。肩部饰一周弦纹，器身拍印中麻布纹。口径11.5、腹径15.7、高14.5厘米（图五二四，7）。

M1197：21，敞口凹弧呈盘状，凹沿，凸唇，束颈，圆肩，弧腹，平底。器身拍印中麻布纹。口径9.7、腹径15.4、高14.8厘米（图五二四，8）。

M1197：23，形制大小同M1197：21。

M1197：22，直口微斜，唇微凸，斜肩较平，弧腹，平底。肩有一周弦纹，器身拍印中麻布纹。口径9.7、腹径15.3、高14.5厘米（图五二四，9）。

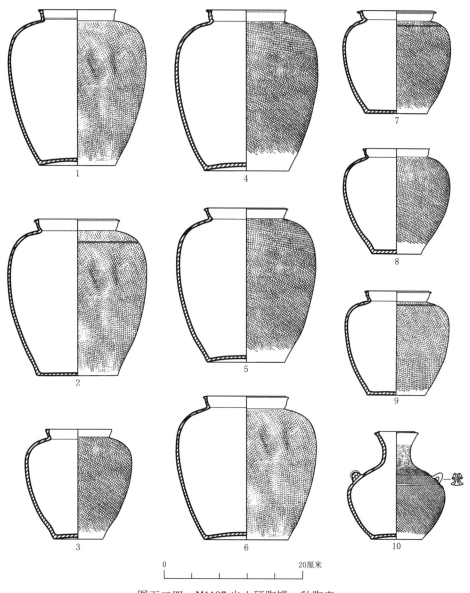

图五二四　M1197出土硬陶罐，釉陶壶

1～9. 硬陶罐（5、7、10、11、13、28、14、21、22）　10. 釉陶壶（12）

　　M1197：28，直口略斜，唇微凸，圆肩，深弧腹，底内凹。器身拍印中麻布纹。口径12.2、腹径20.3、高20厘米（图五二四，6）。

　　（三）釉陶壶

　　1件。M1197：12，敞口，细弧颈，宽斜肩，斜直腹，平底微凹。肩有对称双系。系上下各饰一周弦纹，颈、腹饰麻布纹。器表施棕褐色釉，脱落殆尽。口径6.4、腹径14.4、高15厘米（图五二四，10；彩版三七，3）。

　　（四）铜镜

　　1件。M1197：1，黑色，圆形，宽素缘，半球形纽，圆纽座。纽座外至缘内依次为：素圈带纹，八连弧圈带纹，栉齿纹，铭文带，栉齿纹；连弧纹至纽座间有两圈装饰性符号"川"、"／"、"—"等；铭文内容为："＋内而清而以昭明光而象夫而日之月今日而已"。共19字，前"＋"号为起始记号。直径10.85、缘厚0.55厘米（图版一○九，1）。

　　还有残铜器1件，形态不明。

　　（五）环首铁钎

　　1件。M1197：3，环首，扁长茎，无刃，残长28.8厘米（图五二五，1；图版一○九，2）。

　　（六）滑石器和石器

　　1.滑石灯　1件。

　　M1197：9，灯盏为直壁，平底，盏中有灯芯。高灯柱，饼状灯座。口径9.4、高22.3厘米（图五二五，2）。

　　2.石黛板及研　1套（2小件）。

　　M1197：2，青色变质岩。黛板呈长方平板状，正面光滑，背面略毛糙。黛板上见有红彩。研

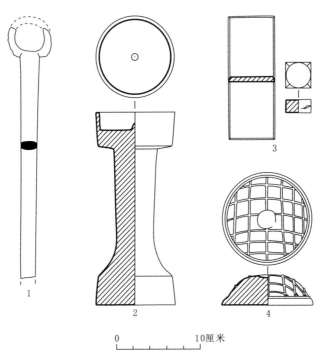

0　　　　　　　　　10厘米

图五二五　M1197出土铁钎，滑石灯，石黛板、研，泥金饼
1.铁钎（3）　2.滑石灯（9）　3.石黛板、研（2）　4.泥金饼（27）

上圆下方，圆为方的内切圆。黛板长 14.1、宽 5.5、厚 0.6 厘米；研边宽及直径均为 3、厚 1.5 厘米（图五二五，3；图版一〇九，3）。

还有滑石璧 1 件，形态不明。

（七）泥金饼

1 枚。M1197：27，下平上隆，圆饼形。顶中有一圆窝，周围压印凸方格。直径 5.4、高 1.8 厘米（图五二五，4）。

墓葬一八三　M1212

一　墓葬形制

宽长方形土坑竖穴带斜坡墓道。方向 90°。墓上部被破坏。墓道位于墓室西壁中间，坡度 20°。只发掘墓道后部一段，长度不清。墓道壁垂直，宽 150 厘米，墓道下端距墓口深 80、距墓底高 40 厘米。墓室壁垂直，长 355、宽 250、残深 120 厘米，随葬器物位于与墓道相对的墓底一端，应为头端。有盗扰迹象。葬具及人骨架不存。墓中填五花土。现墓口以上有厚约 20 厘米表土（图五二六、五二七）。

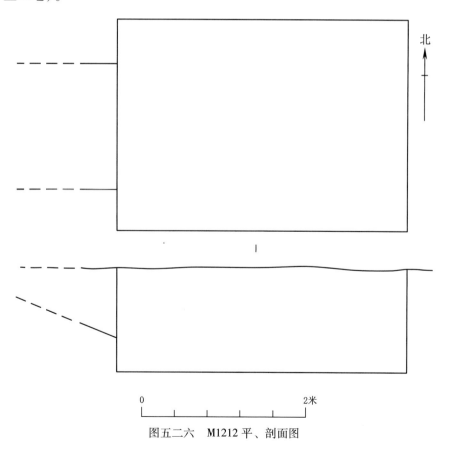

图五二六　M1212 平、剖面图

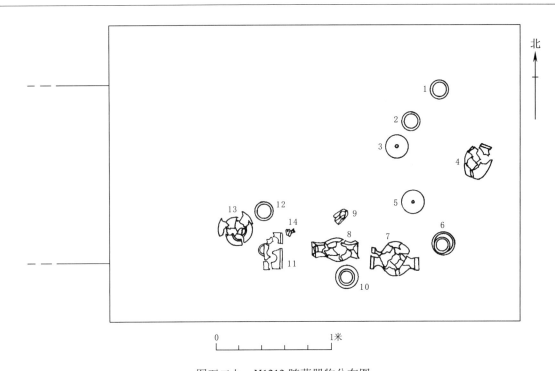

图五二七　M1212 随葬器物分布图

1、4. 硬陶罐　2、12. 陶器盖　3、5. 滑石璧　6. 陶熏　7、13. 陶锺　8. 陶钫　9. 残铁器

10. 陶盒　11. 陶灶　14. 铜"大布黄千"钱

二　出土器物

共 14 件。有陶器、硬陶器、铁器、滑石器和钱币（图版一一一，1）。

（一）陶器

8 件。有仿铜礼器、生活用器和模型器。

1. 锺　2 件。形态相同，1 件残。

标本 M1212：7，敞口，口外宽出边呈盘口状，粗弧颈，斜肩，扁鼓腹，圈底。大圈足外撇。上腹有对称铺首。肩、腹各有三周凹凸相间弦纹。口径 13.8、腹径 24.8、高 28.5 厘米（图五二八，1）。

2. 盒　1 件。

M1212：10，存一半。口微敛，方唇，深弧腹，平底。口径 17.3、高 8.8 厘米（图五二八，2）。

3. 钫　1 件。

M1212：8，方唇，直颈，长鼓腹，平底。高圈足外撇。上腹有对称铺首。口外饰一周弦纹。盖失。口径 10、腹径 18.5、高 32.3 厘米（图五二八，8）。

4. 器盖　2 件。

M1212：2，弓弧盖边缘内折，盖面三组饰已残。口径 17.3、高 4.1 厘米（图五二八，4）。

M1212：12，碟状浅盖，边缘斜折，面微弧。口径 12.2、高 2.2 厘米（图五二八，5）。

5. 熏　1 件。

M1212：6，熏罩已失。盏作敛口，深弧壁，平底。盏下连接亚腰形托柱，托柱又与托盘相连。

托柱中空至底。托盘为斜折沿，斜折壁，平底。盏口径 10.5、托盘口径 14.6、通高 10.6 厘米（图五二八，3）。

6. 灶 1 件。

M1212：11，残甚。

（二）硬陶罐

2 件。形态大致相同。直口，矮弧领，圆肩，弧腹，平底。器身拍印麻布纹。

M1212：1，平底微凹。肩部饰四周弦纹。口径 10.7、腹径 15、高 15.6 厘米（图五二八，6）。

M1212：4，肩部饰一周弦纹。口径 12、腹径 16.4、高 16 厘米（图五二八，7）。

（三）铁器

1 件。为残铁器。

（四）滑石璧

2 件。形态、大小基本相同。正面有肉廓无好廓，肉廓为斜坡缘。缘内刻划菱形格线，菱格交叉点上刻圈点纹。素背。

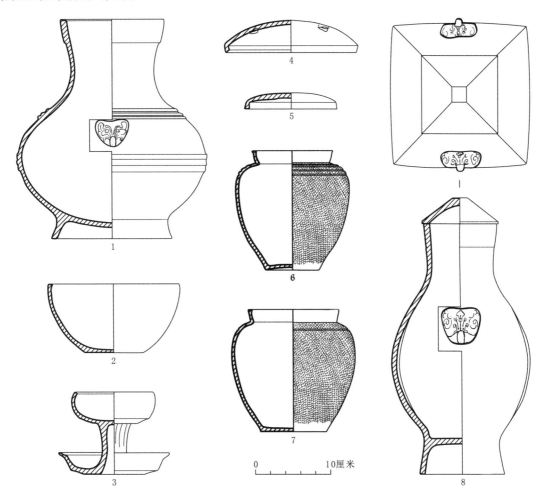

图五二八 M1212 出土陶锤、盒、熏、器盖、钫，硬陶罐

1. 陶锤（7） 2. 陶盒（10） 3. 陶熏（6） 4、5. 陶器盖（2、12） 6、7. 硬陶罐（1、4） 8. 陶钫（8）

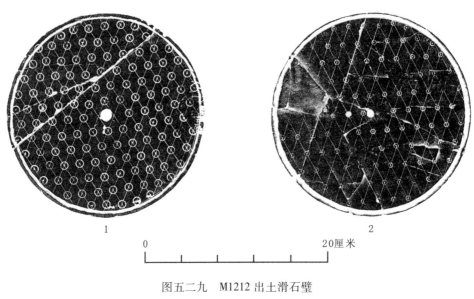

图五二九　M1212 出土滑石璧
1. M1212：3　2. M1212：5

M1212：3，肉径 22、好径 1.2、厚 0.9 厘米（图五二九，1）。

M1212：5，较 M1212：3 薄。菱形格线及圈点纹较稀疏。中间有并列双好孔，好径较小。肉径 22、好径 0.6~0.8、厚 0.6 厘米（图五二九，2）。

（五）铜"大布黄千"钱

1 枚。M1212：14，残甚。布形币，"大布黄千"四字可辨（图版一一二，1）。

墓葬一八四　M1220

一　墓葬形制

宽近正方形土坑竖穴。方向 215°。墓上部已被破坏。墓壁垂直，长、宽尺寸接近。长 380、宽 350、残深 130 厘米。随葬器物分两组放置于墓底两侧。从随葬品分布情况推断，此墓成为同穴合葬墓。墓已被盗。葬具及人骨架不存。墓中填黏性较大的五花土（图五三〇）。

二　出土器物

共 15 件。有陶器、硬陶器、釉陶器、滑石器和钱币。

（一）陶器

11 件。有仿铜礼器、生活用器和模型器。

1. 钫　2 件。形态相同。

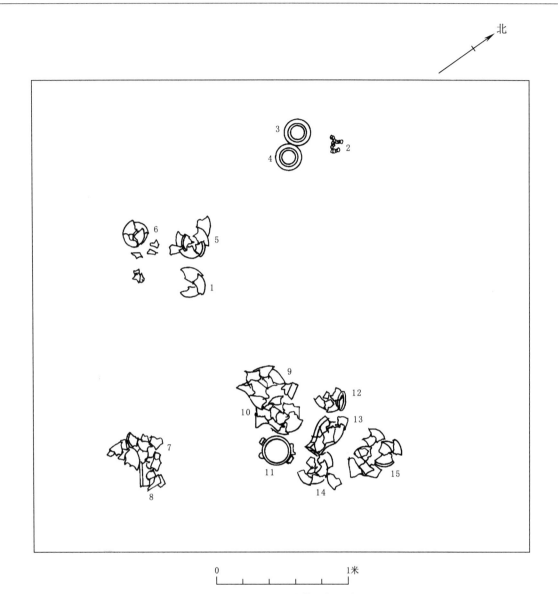

图五三〇 M1220 随葬器物分布图

1. 滑石璧 2. 铜钱 3. 陶井 4. 陶罐 5. 釉陶壶 6. 陶熏 7、9、10、15. 陶锺 8. 陶灶

11. 陶鼎 12. 硬陶罐 13. 陶钫 14. 陶壶

标本 M1220：13，敞口，斜直颈，长鼓腹。上腹有对称铺首。腹以下残。盖失。口径 10.8、腹径 16、残高 27 厘米（图五三一，1）。

2. 灶 1 件。

M1220：8，灶已残，存陶小釜 2 件、小盆 1 件。釜 1：敞口，束颈，扁腹，小平底。高 3 厘米。釜 2：弇口，扁折腹，圜底。高 4.1 厘米。盆：敞口，弧壁，小平底微凹。高 3.5 厘米（图五三一，3~5）。

3. 井 1 件。

M1220：3，口残。斜肩，筒形腹，平底。残高 14.2 厘米。井内有汲缶。高 4.5 厘米（图五三一，2）。

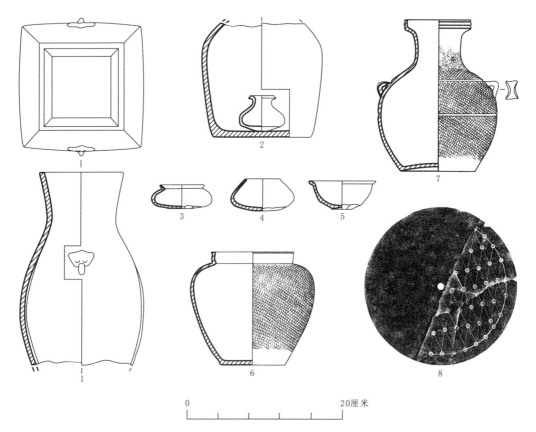

图五三一　M1220 出土陶钫、井、小釜、小盆，硬陶罐，釉陶壶，滑石璧

1. 陶钫（13）　2. 陶井（3）　3、4. 陶小釜（8−1、8−2）　5. 陶小盆（8−3）
6. 硬陶罐（12）　7. 釉陶壶（5）　8. 滑石璧（1）

还有锺 4 件，鼎、罐、熏各 1 件，形态不明。

（二）硬陶罐

1 件。M1220：12，直口，凸唇，窄圆肩，弧腹，平底。器身拍印中麻布纹。口径 10.8、腹径 16、高 14 厘米（图五三一，6）。

（三）釉陶壶

1 件。M1220：5，盘状口，弧颈，圆肩，弧腹，平底微凹。肩有对称双系。口外饰三周凹凸相间弦纹，腹饰麻布纹。器表施棕褐色釉，脱落殆尽。口径 8.4、腹径 15.2、高 18.8 厘米（图五三一，7；彩版三七，4）。

（四）滑石璧

1 件。M1220：1，残存一半，好残。正面肉有细廓线，廓内刻划较稀疏的菱形格线，菱格斜长，菱格交叉点上刻圈点纹。素背。肉径 20、好径 0.8、厚 0.7 厘米（图五三一，8）。

（五）铜钱

8 枚（以 1 件计）。M1220：2，"五铢"和"大泉五十"钱各 4 枚（图版一一二，2）。

"五铢"：正面有肉廓无好廓，背肉、好均有廓。其中一枚正面穿下一星。"五"字如对顶弹头形，"铢"字左右对称，"朱"字旁上下相等。肉径 2.56～2.64、好径 1、缘厚 0.13～0.2 厘米。

"大泉五十"：残缺不全。双面肉、好均有廓。肉径 2.68、好径 0.83、缘厚 0.2～0.25 厘米。

墓葬一八五 M1232

一 墓葬形制

宽近正方形土坑竖穴带墓道。方向215°。墓上部已毁。墓道位于墓室西南端中间，宽270厘米。因墓道未发掘，形态及其余数据不清。墓室壁垂直，长宽尺寸差别不大，长490、宽445、残深95厘米。随葬器物主要分布于头端，足端也有分布。葬具及人骨架不存。墓中填土驳杂（图五三二）。

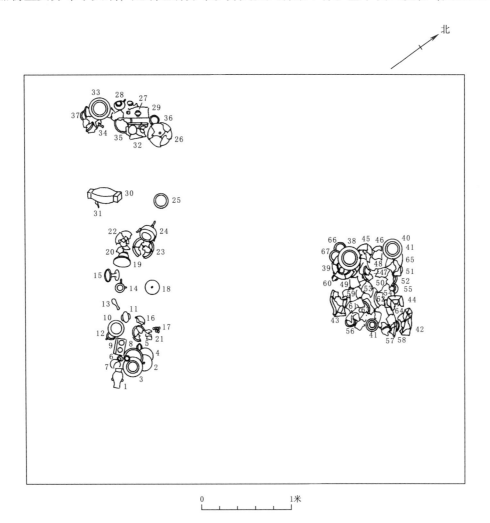

图五三二 M1232 随葬器物分布图

1、41、65. 滑石壶 2、4、26. 滑石璧 3、38、45~48. 陶壶 5、27、60. 滑石耳杯 6. 铜釜 7. 铜甑 8、37. 陶盘 9. 滑石灶 10、11、23、64. 滑石盘 12、28. 陶镳壶 13、31. 滑石勺 14. 滑石镳壶 15. 滑石灯 16. 滑石匕 17. 铜钱 18. 铜镜 19. 铜碗 20. 铜耳杯 21. 陶熏 22、33、40、49. 陶锤 24. 铜小口鼎 25. 铜卮 29. 滑石案 30. 铜钫 32. 陶灶 34. 铜镳壶 35. 铜盘 36. 滑石盒 39. 陶罐 42. 滑石钫 43、44. 陶钫 50、54. 陶盒 51~53、63. 硬陶罐 55. 陶井 56. 滑石熏 57、58. 陶器盖 59、61、62. 陶鼎 66、67. 滑石卮

二　出土器物

共 67 件。有陶器、硬陶器、铜器、滑石器和钱币（彩版三八，2；图版一一二，3）。

（一）陶器

27 件。有仿铜礼器、生活用器和模型器。

1. 锺　4 件。有大、小两种，各 2 件，形态分别相同。

标本 M1232：33，盘口，长弧颈，溜肩，扁鼓腹，圜底。大圈足外撇。腹有对称铺首。上下腹各有三周凸弦纹，下腹有横条纹。口径 14.6、腹径 19.8、高 24.6 厘米（图五三三，2；彩版三九，1）。

标本 M1232：49，形态大致同 M1232：33 而较大。斜肩，扁鼓腹较宽。高圈足外撇内收呈盖状。口径 14.8、腹径 25.8、高 30.2 厘米（图五三三，1）。

2. 鼎　3 件。形态、大小相同。

标本 M1232：61，子母口内敛，窄肩承盖。弧腹，平底。上腹有一周凸箍。耳、足残。弓弧形盖。口径 15.2、通宽 18.2、残高 11 厘米（图五三三，5）。

3. 盒　2 件。形态、大小相同。

标本 M1232：50，仅存一半。直口，弧腹较深，平底。口径 18、高 9 厘米（图五三三，6）。

4. 罐　1 件。

M1232：39，矮立领，方唇，圆肩，圆弧腹，平底微凹。口径 9、腹径 18.8、高 11.8 厘米（图五三三，3）。

5. 盘　2 件。形态、大小相同。

标本 M1232：37，斜折沿，斜折壁，平底。口径 22、高 4.6 厘米（图五三三，4）。

6. 器盖　2 件。形态、大小相同。

标本 M1232：57，敞口，浅弧壁。口径 19.4、高 3 厘米（图五三三，7）。

7. 镳壶　2 件。形态、大小相同。

标本 M1232：12，敛口，斜肩，扁腹，平底微弧。三乳足。腹部呈 90°位置装一流和一鋬。口径 6.8、腹径 12.8、通高 7.4 厘米（图五三三，10）。

8. 熏　1 件。

M1232：21，熏盏子母口内敛，窄肩承盖，弧壁，平底。盏下连接细托柱，托柱下托座残。连峰纹聚尖熏罩。盏口径 10、残高 17.8 厘米（图五三三，8）。

9. 灶　1 件。

M1232：32，平面长方形，一侧壁有两个火门，面上对应两个釜洞，釜洞后有对应的烟囱孔。釜洞上置一釜一甑。后有挡风板。长 21.4、宽 19.8、通高 12 厘米（图五三三，11；彩版四〇，1）。

10. 井　1 件。

M1232：55，平折沿，弧颈，坠腹，近底斜折，平底微凹。汲缶不存。口径 11.4、高 13.2 厘米（图五三三，9）。

还有壶 6 件、钫 2 件，形态不明。

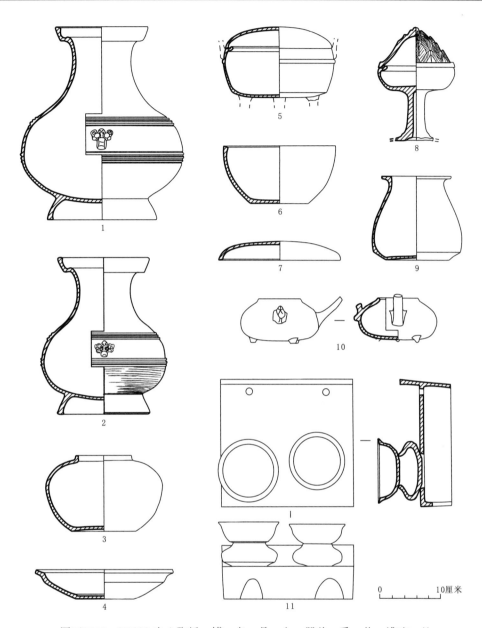

图五三三　M1232 出土陶锺、罐、盘、鼎、盒、器盖、熏、井、鐎壶、灶

1、2. 锺（49、33）　3. 罐（39）　4. 盘（37）　5. 鼎（61）　6. 盒（50）　7. 器盖（57）
8. 熏（21）　9. 井（55）　10. 鐎壶（12）　11. 灶（32）

（二）硬陶罐

4 件。有两种形态，各 2 件，形态分别相同。

标本 M1232：51，口凹弧呈盘口状，平沿内外微凸，束颈，窄圆肩微耸，弧腹，平底。肩饰一周弦纹，器身拍印中麻布纹。口径 10.6、腹径 15、高 14.8 厘米（图五三四，1）。

标本 M1232：52，直口微凹弧，沿内外微凸。颈微束，窄圆肩，筒形弧腹，平底。肩有四周弦纹。器身拍印中麻布纹。口径 11、腹径 15、高 16.5 厘米（图五三四，2）。

（三）铜器

10 件。有容器和妆饰器。

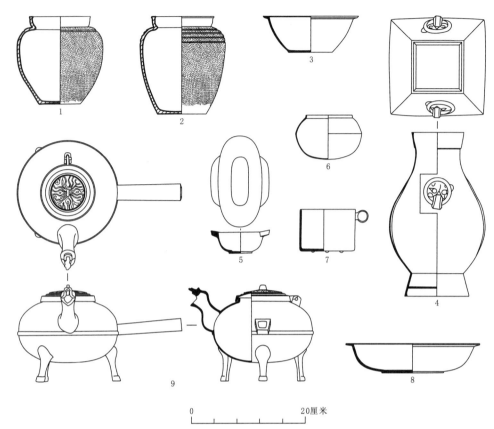

图五三四　M1232 出土硬陶罐，铜碗、钫、耳杯、釜、卮、盘、镰壶

1、2. 硬陶罐（51、52）　3. 铜碗（19）　4. 铜钫（30）　5. 铜耳杯（20）　6. 铜釜（6）

7. 铜卮（25）　8. 铜盘（35）　9. 铜镰壶（34）

1. 小口鼎　1件。

M1232：24，严重残破变形。小口，矮直领，溜肩，鼓腹，圜底。底边三蹄形足较纤细。肩部对称环耳。其中一耳与一足在一条垂直线上。上腹有一周凸圈。鼎内原有一勺，已失。口径约9、腹径约15.8、通高约15厘米（图版一一三，1）。

2. 钫　1件。

M1232：30，敞口，口外有宽出边，粗弧颈，弧腹。高圈足外撇，圈足上段为假圈足，平底，下段真圈足较浅。上腹有对称铺首衔环。肩有对称双系。口外饰三周凹凸相间弦纹，腹饰麻布纹。器表施棕褐色釉，脱落殆尽。口径9、腹径16.6、高27.6厘米（图五三四，4；彩版三九，2）。

3. 碗　1件。

M1232：19，平折沿，斜壁微弧，腹较深，平底。口径16.5、高6.2厘米（图五三四，3；图版一一三，2）。

4. 釜　1件。

M1232：6，矮领，直口微敛，溜肩，鼓腹折转，圜底较平。口径8、腹径11.5、高7.5厘米（图五三四，6；图版一一三，3）。

5. 卮　1件。

M1232：25，略残，变形。直壁，平底。底边有三乳足。口部有一环形鋬。口径9.6、高7.3

厘米（图五三四，7；图版一一三，4）。

6. 耳杯　1 件。

M1232：20，残破变形。椭圆形杯，弧壁，平底。口两侧有月牙形耳。口径 7.6～15.4、通宽 10.2、高 3.9 厘米（图五三四，5；图版一一三，5）。

7. 盘　1 件。

M1232：35，宽平折沿，弧壁，平底略呈假圈足状。口径 23.2、高 5 厘米（图五三四，8；图版一一三，6）。

8. 镳壶　1 件。

M1232：34，小口，矮直领，圆肩，鼓腹，圜底较平。三蹄形足。腹部呈 90°位置装一流和一鋬，流作鸡首形，流嘴有盖，已残。直鋬略上翘，断面呈梯形，中空。折壁盘状盖，盖面边缘呈三级梯状。顶中有一扁纽。顶面铸火焰纹。盖与器身以活动销栓相连。口径 8.5、腹径 17.6、通高 16.2 厘米（图五三四，9；彩版四〇，2；图版一一四，1、2）。

还有甑和镜各 1 件，形态不明。

（四）滑石器

25 件。有妆饰器和容器。

1. 璧　3 件。正面刻划菱形格线，菱格交叉点上刻圈点纹。

M1232：2，正面有肉廓，肉廓窄且深峻。好残。好径应较小。廓内刻划稀疏的菱形格线。素背。肉径 20、厚 0.45 厘米（图五三五，2）。

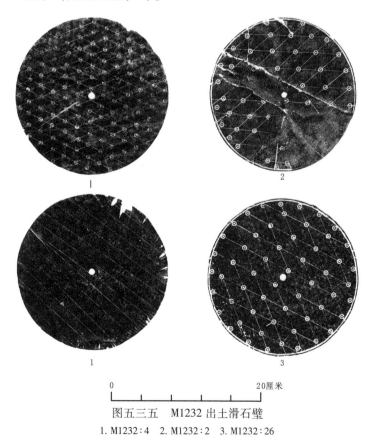

图五三五　M1232 出土滑石璧

1. M1232：4　2. M1232：2　3. M1232：26

M1232：4，肉径大，好径小。肉、好均无廓，背面刻纤细平行线纹和一个圈点纹。肉径20.4、好径0.8、厚0.9厘米（图五三五，1；彩版四〇，3）。

M1232：26，正面有肉廓无好廓，好径极小。廓内刻划极稀疏的菱形格线。素背。肉径20.4、好径0.7、厚0.8厘米（图五三五，3）。

2. 壶　3件。形态各异。

M1232：1，假折壁平顶盖。口外有宽出边，直颈，斜肩，直腹，假圈足外撇，平底。肩有对称双系，系上下有宽箍。顶径6.2、腹径11.3、高20.4厘米（图五三六，1；彩版三九，3）。

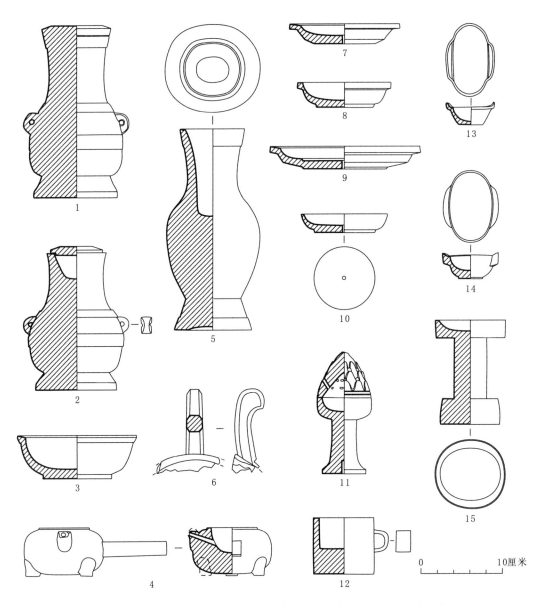

图五三六　M1232出土滑石壶、盒、镳壶、匕、盘、熏、卮、耳杯、灯

1、2、5. 壶（1、41、65）　3. 盒（36）　4. 镳壶（14）　6. 匕（16）　7～10. 盘（10、11、23、64）
11. 熏（56）　12. 卮（67）　13、14. 耳杯（5、27）　15. 灯（15）

M1232：41，方唇，口内凿浅窝，颈略弧，鼓腹，假圈足外撇，平底。肩、腹各有一周凸箍，两周凸箍间饰对称竖耳。盖呈子母口状，斜面，平顶。口径 7.3、腹径 11.5、通高 17 厘米（图五三六，2；彩版三九，4）。

M1232：65，敞口，口外有出边，沿面有一周凹槽。长弧颈，长鼓腹，高假圈足外撇，足有宽出边。下底略凹象征圈足。器身略呈椭圆形。口径 7.5～8、腹径 10.3～11.6、高 23.8 厘米（图五三六，5）。

3. 盒　1 件。

M1232：36，斜折沿，弧壁，矮假圈足，平底。口径 14.6、高 5.2 厘米（图五三六，3）。

4. 卮　2 件。形态、大小相同。

标本 M1232：67，方唇，筒形腹，平底。腹中有半环形单把。口径 7.4、高 6.7 厘米（图五三六，12；彩版四一，1）。

5. 耳杯　3 件。椭圆形杯，敞口，弧壁，平底。口部两侧有月牙形耳。

M1232：5，出土时置于滑石方案上。口径 4.5～8.6、两耳宽 5.8、高 2.6 厘米（图五三六，13）。

M1232：27，矮假圈足。口径 5.4～8.6、两耳宽 6.8、高 3.2 厘米（图五三六，14）。

M1232：60，同 M1232：27。

6. 盘　4 件。形态各异。

M1232：10，宽平折沿，弧壁，平底。底中心有一圆孔。口径 13.3、高 2.4 厘米（图五三六，7）。

M1232：11，窄平沿，浅弧壁，矮假圈足，平底。口径 11.3、高 2.9 厘米（图五三六，8）。

M1232：23，平折沿，折壁，矮假圈足，平底。口径 18.2、高 2.6 厘米（图五三六，9）。

M1232：64，敞口，浅弧壁，矮假圈足，平底。底中心有一圆孔。口径 10.6、高 2.2 厘米（图五三六，10）。

7. 匕　1 件。

M1232：16，匕部残。柄横断面呈八边形，头端弯曲。残高 10 厘米（图五三六，6）。

8. 案　1 件。

M1232：29，平面长方形，周边有矮沿。浅平盘，案底四角有曲尺形矮足。长 40.1、宽 24.5、高 4.1 厘米（图五三七，1；彩版四一，2）。

9. 镳壶　1 件。

M1232：14，短颈，圆肩，弧腹，平底。矮蹄形足。腹部呈 90° 位置装一流和一鋬。口径 6.2、柄侧通宽 17.6、高 5.7 厘米（图五三六，4；彩版四一，3）。

10. 熏　1 件。

M1232：56，熏盏作浅壁盘形，盏与托柱、托座连为一体，整体呈豆形。底座中心有一圆孔。熏罩三圈连峰纹收顶，顶略残。每圈九连峰，两周熏孔，每周 9 孔。口径 6.6、通高 14.4 厘米（图五三六，11；彩版四二，1）。

11. 灯　1 件。

M1232：15，灯盏外直内弧，平底。柱状灯柱，饼状灯座。整体略呈椭圆形。口径 8.2～8.7、高 12.3 厘米（图五三六，15；图版一一四，3）。

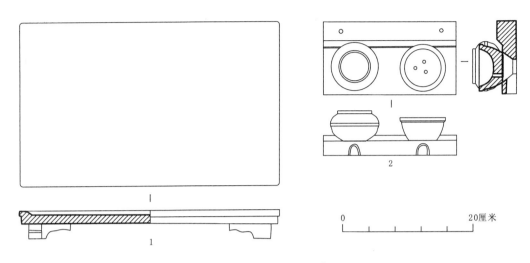

图五三七　M1232 出土滑石案、灶
1. 案（29）　　2. 灶（9）

12. 灶　1 件。

M1232：9，长方平板状，一侧有双火门，面上对应双釜洞，后有两个烟囱孔及挡风板。长 20.2、宽 10.9、高 3 厘米。釜洞上置一釜一甑。釜为方唇，短颈，圆腹，口内凿浅窝，矮假圈足，平底。腹中有一道凸箍。高 4.7 厘米。甑为短平折沿，斜壁，平底，底有三个透孔。高 3.6 厘米（图五三七，2；彩版四二，2）。

还有钫 1 件、勺 2 件，形态不明。

（五）铜钱

9 枚（以 1 件计）。M1232：17，其中 6 枚较完整，有"五铢"钱 2 枚，"货泉"钱 4 枚（图版一一四，4）。

"五铢"：为左右对读。正面有肉廓无好廓，背面肉、好均有廓。其中一枚正面穿下一星。书体相同。"五"字交笔较直，"铢"金字旁上如三角镞头，朱字旁上下直折。肉径 2.51～2.56、好径 0.9～0.95、缘厚 0.15 厘米。

"货泉"：亦为左右对读，有"玉箸体"、"悬针体"二种版式。正面有肉廓无好廓，背肉、好均有廓。肉径 2.23～2.3、好径 0.65～0.7、缘厚 0.15～0.2 厘米。"悬针"钱较"玉箸"钱稍大稍厚。"玉箸"钱穿上有一星。

墓葬一八六　M1242

一　墓葬形制

宽长方形土坑竖穴带墓道。方向 180°。墓上部已毁。该墓打破战国墓 M1243，但尚未打穿墓

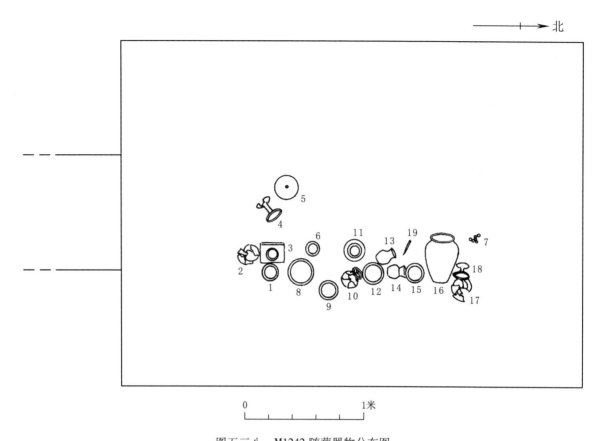

图五三八　M1242 随葬器物分布图

1、2、9、10、12～14. 陶罐　3. 陶灶　4、18. 陶灯　5. 滑石璧　6. 滑石卮　7. 铜钱　8. 铜洗
11、15、16. 硬陶罐　17. 陶熏　19. 铁削

底（图三四四）。墓道位于墓室南端中间，较窄，宽 94 厘米。因墓道未发掘，形态和其余数据不清。墓室壁垂直，长 390、宽 280、残深 160 厘米。随葬器物主要位于墓底东侧。葬具及人骨架不存。墓中填五花土（图五三八）。

二　出土器物

共 19 件。有陶器、硬陶器、铜器、铁器、滑石器和钱币（图版一一五，1）。

（一）陶器

11 件。有生活用器和模型器。

1. 罐　7 件。存 6 件。

标本 M1242：2，奓口，圆唇，圆肩，斜弧腹，平底。肩有对称泥片纽。碟状折壁平顶低盖。口径 9、腹径 14.6、通高 10 厘米（图五三九，1）。

标本 M1242：9，瓶形敞口，平沿，高弧领，窄斜肩，深腹略斜，平底微凹。肩部有麻布纹。口径 12.8、腹径 13.3、高 17.7 厘米（图五三九，5）。

标本 M1242：10，斜折沿，束颈，斜肩，圆折腹，平底微凹。上腹有一周凹槽，腹饰麻布纹。口径 10.6、腹径 15.8、高 11 厘米（图五三九，7）。

　　标本 M1242：12，弇口，筒形直腹，下腹斜收。平底。口径 9.8、腹径 13.7、高 10.6 厘米（图五三九，6）。

　　标本 M1242：14，浅盘状口，高弧领，斜肩，斜直腹，平底微凹。口径 11.6、腹径 13.6、高 15.5 厘米（图五三九，2）。

　　M1242：13，同 M1242：14。

　　2. 熏　1 件。

　　M1242：17，熏罩已失，熏盏为弇口，鼓腹。熏盏下连弧形托柱有削棱。托柱下托座残。盏口径 5.3、残高 12.9 厘米（图五三九，8）。

　　3. 灯　2 件。平底，弧形细高柄，喇叭状圈足。柄及圈足有削棱。

　　M1242：4，盘残。折壁。残高 13.8 厘米（图五三九，3）。

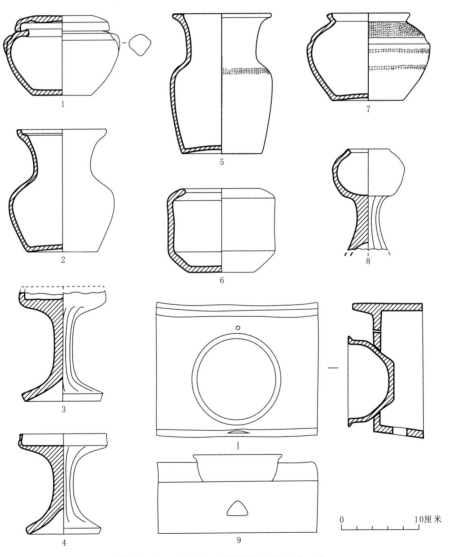

图五三九　M1242 出土陶罐、灯、熏、灶
1、2、5~7. 罐（2、14、9、12、10）　3、4. 灯（4、18）　8. 熏（17）　9. 灶（3）

M1242：18，直壁，浅盘。口径11.3、高12.6厘米（图五三九，4）。

4. 灶　1件。

M1242：3，平面长方形，一侧壁有一个三角形火门，面上对应一个釜洞，釜洞上置一盆。后有挡风板。长21、宽16.6、通高9厘米（图五三九，9；彩版四三，1）。

（二）硬陶罐

3件。盘状口，束颈，圆肩，弧腹，底微凹。器身拍印中麻布纹。

M1242：11，肩部刻一"九"字。口径13.4、腹径17.5、高15.7厘米（图五四〇，1）。

M1242：15，口径13、腹径17.4、高15.4厘米（图五四〇，2）。

M1242：16，深弧腹。口径14.9、腹径25.6、高27.2厘米（图五四〇，3）。

（三）铜洗

1件。M1242：8，敞口，斜折沿，上腹直，下腹圆转，平底略呈假矮圈足状。底边三乳足。腹有三周凸圈及对称铺首衔环，环失。口径25、高10.6厘米（图五四〇，4）。

（四）铁削

1件。M1242：19，单边刃，锈蚀严重。残长16.2、宽1.8厘米（图五四〇，5）。

（五）滑石器

1. 卮　1件。

M1242：6，筒形腹，平底。腹有上下两个横孔，应为安装把手的装置，也可能只是一种象征。口径7.8、高6厘米（图五四〇，6）。

2. 璧　1件。形态不明。

（六）铜钱币

数枚（以1件计）。形态不明。

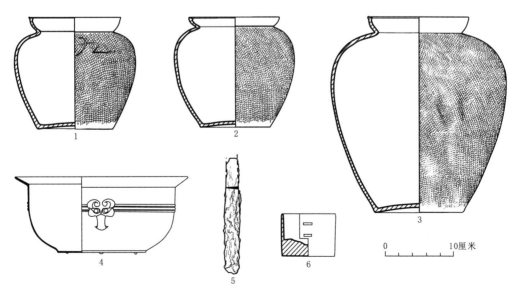

图五四〇　M1242出土硬陶罐，铜洗，铁削，滑石卮

1～3. 硬陶罐（11、15、16）　4. 铜洗（8）　5. 铁削（19）　6. 滑石卮（6）

墓葬一八七　　M1254

一　墓葬形制

普通宽长方形土坑竖穴。方向195°。墓上部被破坏。墓壁略斜，墓口长470、宽285厘米，墓底长390、宽230厘米，墓深250厘米。随葬器物主要位于墓底一侧边，其他部位散布少量碎陶片。墓被盗扰。葬具及人骨架不存。墓中填土驳杂（图五四一）。

二　出土器物

共20件。有陶器、硬陶器、铁器和滑石器（彩版四四；图版一一五，2）。

（一）陶器

15件。有仿铜礼器、生活用器和模型器。灰白陶，器表施灰黑衣。

1. 锺　4件。有大、小两种，各2件，形态分别相同。

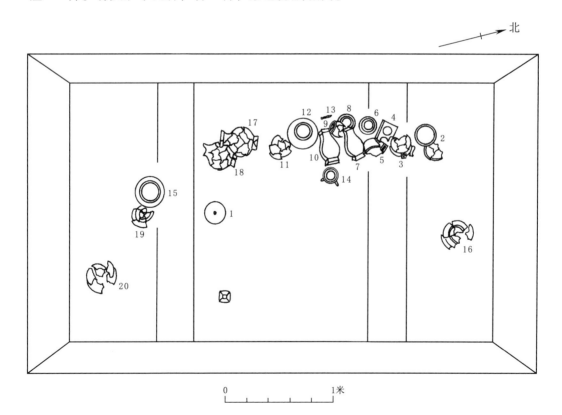

图五四一　M1254随葬器物分布图

1. 滑石璧　2、20. 陶盒　3、5. 陶鼎　4. 陶灶　6. 陶井　7、10. 陶钫　8、9、12. 硬陶罐
11. 残陶器　13. 铁棺钉　14. 陶镳壶　15～18. 陶锺　19. 陶熏

标本 M1254：15，盘状口，弧颈，溜肩，鼓腹，高圈足外撇。上腹有对称铺首衔环，环残失。颈至腹饰五周弦纹，圈足上饰两周凹凸相间弦纹。口径 13.4、腹径 27.6、高 35 厘米（图五四二，1；彩版四三，2）。

标本 M1254：17，形态大致同 M1254：15 而较小。颈较直，鼓腹微坠，底较平。肩、腹饰四周弦纹，圈足上有一道凸箍。盘状盖上有三个乳突纽。口径 11.6、腹径 22.6、高 31.8 厘米（图五四二，2）。

2. 鼎　2 件。形制、大小相同。

标本 M1254：3，子母口，窄肩承盖。上腹斜直，下腹折收，圜底。矮蹄形足直立。附耳外折。盖失。口径 16.8、通宽 26、通高 15.8 厘米（图五四二，6；彩版四三，3）。

3. 盒　2 件。仅存盒身。形态相同。

标本 M1254：2，子母口，上腹较直，下腹弧收，平底。盖失。口径 18.2、腹径 20.4、高 9.7

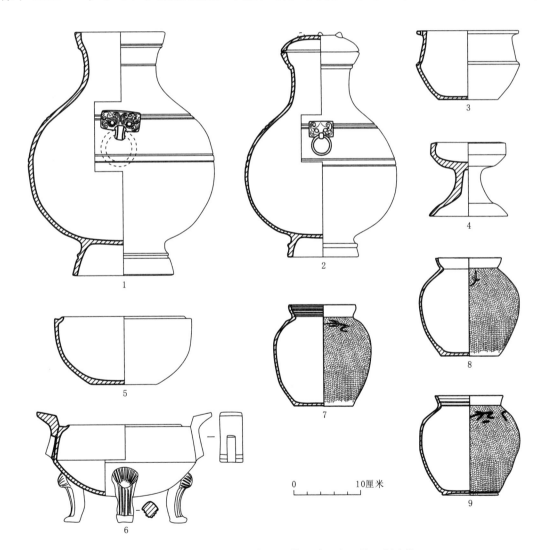

图五四二　M1254 出土陶锺、井、熏、盒、鼎，硬陶罐

1、2. 陶锺（15、17）　3. 陶井（6）　4. 陶熏（19）　5. 陶盒（2）　6. 陶鼎（3）　7～9. 硬陶罐（8、9、12）

厘米（图五四二，5）。

4. 钫　2件。形制、大小相同。

标本 M1254：7，敞口，平沿，口外有宽出边。弧颈，弧腹，平底。高圈足略外撇。上腹有对称铺首衔环。盝顶形盖。口径 10.6、腹径 20、通高 37.7 厘米（图五四三，1；彩版四三，4）。

5. 镳壶　1件。

M1254：14，小口，矮领，圆肩，鼓腹，小圜底微凹。底有三乳足。肩部呈 90°位置装一流和一鋬。盖失。口径 6.4、腹径 13.6、高 9.3 厘米（图五四三，3）。

6. 熏　1件。

M1254：19，熏罩已失。盏为直口，折壁。盏下连接矮托柱，托柱下为盖状大圈座。盏口径 9.4、座径 11.8、高 10.7 厘米（图五四二，4）。

7. 灶　1件。

M1254：4，平面长方形，一侧壁有两个火门，面上对应两个釜洞。釜洞上甑、釜已残。后有

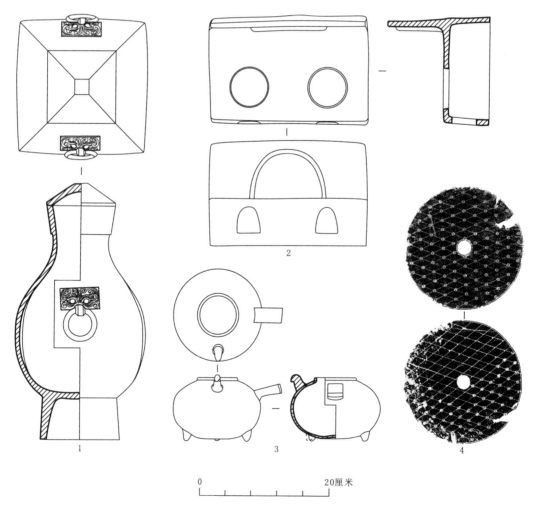

图五四三　M1254 出土陶钫、灶、镳壶，滑石璧

1. 陶钫（7）　2. 陶灶（4）　3. 陶镳壶（14）　4. 滑石璧（1）

挡风板，挡风板上有半环形装饰。长24.2、宽16、通高15.6厘米（图五四三，2）。

8. 井　1件。

M1254:6，平折沿，粗颈外斜，壁折收，平底。口沿及肩、腹转折处有对称圆孔。口径15.2、高10厘米（图五四二，3）。

还有残陶器1件。

（二）硬陶罐

3件。形态略异。器身拍印中麻布纹。

M1254:8，敞口凹弧，口内饰数周弦纹。溜肩，弧腹，平底。肩部刻一"九"字。口径10、腹径14.6、高14.5厘米（图五四二，7）。

M1254:9，敞口凹弧，束颈，溜肩，圆弧腹，平底。肩部刻一"十"字。口径10、腹径15、高14.1厘米（图五四二，8）。

M1254:12，敞口斜直，口内饰数周瓦楞状弦纹。斜肩，弧腹略有折，平底微凹。底边有凹圈，肩部刻"九□"铭文。口径10.2、腹径15、高14.4厘米（图五四二，9）。

（三）铁棺钉

1件。已残。

（四）滑石璧

1件。M1254:1，正面肉、好均有细廓线，背面只有肉廓而无好廓。双面刻划较稀疏的菱形格线，菱格交叉点上刻圈点纹。背面只有一半菱格上刻圈点纹。肉径18.4、好径2.1、厚0.8厘米（图五四三，4）。

第三章 部分出土器物型式分析

在 44 座汉代墓葬中，共出土器物 823 件。按质地分有陶、硬陶、釉陶、铜、铁、滑石器等；按组合类别及功用分有仿铜陶礼器、日用器、模型器、兵器、妆饰器、工具、货币等；按器形分则有 75 种（残器和性质不明的只计件数，不计种数）。

1. 陶器 469 件，16 种：

锺 88 件；鼎 58 件；盒 28 件；钫 58 件；壶 10 件；罐 68 件；盘 13 件；豆 3 件；器盖 13 件；镶壶 23 件；熏 32 件；灯 5 件；灶 31 件；井 24 件；小釜 1 件；小瓿 2 件；还有残陶器 12 件。

2. 硬陶器和釉陶器 107 件，3 种：

硬陶罐 103 件；釉陶壶 3 件；釉陶器盖 1 件。

3. 铜器 44 件，20 种：

鼎 3 件；小口鼎 1 件；钫 3 件；壶 3 件；洗 4 件；釜 1 件；瓿 1 件；卮 2 件；耳杯 1 件；碗 1 件；盘 2 件；镶壶 1 件；熏 1 件；灯 2 件；铃 1 件；削 2 件；剑 3 件；镜 8 件；印章 1 件；簪 1 件；还有残铜器 2 件。

4. 铁器 19 件，7 种：

釜 1 件；削 1 件；钎 1 件；刀 1 件；环 1 件；剑格 1 件；棺钉 7 件；还有残铜器 6 件。

5. 滑石器 123 件（含石黛板及研 3 件），19 种：

鼎 4 件；盒 3 件；壶 7 件；钫 5 件；盏 4 件；盘 5 件；耳杯 10 件；卮 5 件；器盖 1 件；勺 1 件；匕 1 件；案 1 件；镶壶 1 件；熏 2 件；灯 5 件；灶 1 件；小型明器 1 件；璧 63 件；另有石黛板及研 3 件。

6. 钱币 61 件（除泥金饼和滑石金饼外，同墓所出同类钱币以 1 件计），10 种：

铜"半两"钱 1 件；铜"五铢"钱 11 件；铜"大泉五十"钱 2 件；铜"货泉"钱 2 件；铜"大布黄千"钱 1 件；鎏金铜饼 2 件；泥"半两"钱 1 件；泥"五铢"钱 8 件；泥金饼 19 件；滑石金饼 3 件；还有钱文不明的铜钱 11 件。

在 75 种器形中，可进行型式区分的只有 13 种，主要为陶器，有：锺、鼎、盒、钫、罐、盘、镶壶、熏、灶、井，此外还有硬陶罐、釉陶壶及滑石璧。下面仅对这 13 种器形予以型式分析描述。

一 陶锺

形态明确的 57 件。主要依据口、颈、腹等部位的差异分三型。

A 型 18 件。弧颈较细长,腹微坠。分四式。

Ⅰ 式 2 件。均出自 M1146。

标本 M1146:7,浅盘状小口斜直。细弧颈,溜肩,圆坠腹呈悬胆形,底较平。圈足较小,外斜。颈至腹饰七周弦纹,上腹有对称简化铺首。弧形盖边缘斜折。口径12.4、腹径25.6、通高36厘米(图五四四,1;图版一一六,1)。

Ⅱ 式 4 件。均出自 M1167。

标本 M1167:11,敞口,颈较 Ⅰ 式略粗,溜肩,鼓腹,圜底。圈足外撇。圈足外有一周凸圈。上腹有对称铺首衔环。口、肩、腹饰四周弦纹。口径12.9、腹径30、高36.9厘米(图五四四,2;图版一一六,2)。

Ⅲ 式 4 件。均出自 M1190。

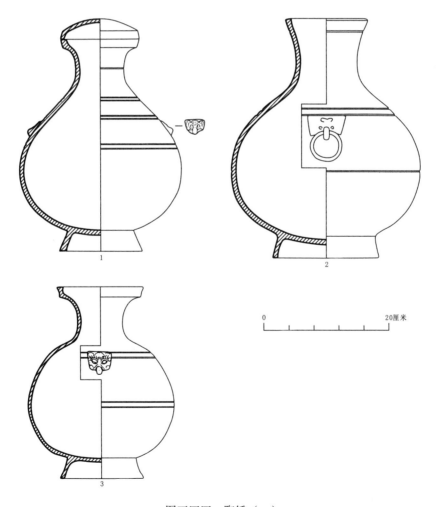

图五四四 陶锺(一)

1. A 型 Ⅰ 式(M1146:7) 2. A 型 Ⅱ 式(M1167:11) 3. A 型 Ⅲ 式(M1190:13)

标本 M1190：13，浅盘状口，弧颈较细，溜肩，鼓腹略坠，圜底。圈足外撇。肩部弦纹下方有对称铺首。肩、腹各有两周弦纹。口径 13.6、腹径 23.2、高 29.4 厘米（图五四四，3）。

Ⅳ式　8 件。盘状口，颈较长，扁鼓腹。

标本 M1119：19，扁鼓腹，圜底。矮圈足较宽，略外撇。肩、腹各有三周凹凸相间弦纹。弦纹间有对称简化铺首。口径 17.3、腹径 25.9、高 26 厘米（图五四五，1）。

标本 M1131：1，盘口较直，斜肩，圜底。矮圈足外撇，圈足呈台棱状转折。肩、腹各有三周凹凸相间弦纹。弦纹间有对称简化铺首。下腹隐见绳纹。口径 13、腹径 21.2、高 25.8 厘米（图五四五，2；图版一一六，3）。

标本 M1232：33，盘口，长弧颈，溜肩，扁鼓腹，圜底。大圈足外撇。腹有对称铺首。上下腹各有三周凸弦纹，下腹有横条纹。口径 14.6、腹径 19.8、高 24.6 厘米（图五四五，3；彩版三九，1）。

标本 M1232：49，体型较 M1232：33 大。扁鼓腹较宽，圜底。高圈足外撇内收呈盖状。腹有对称铺首。上下腹各有三组凹凸相间弦纹。口径 14.8、腹径 25.8、高 30.2 厘米（图五四五，4；图版一一

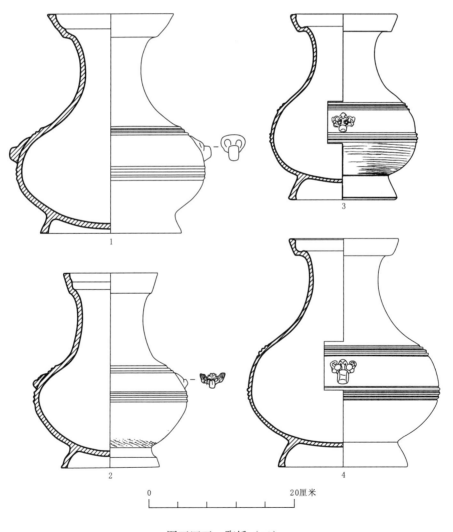

图五四五　陶锤（二）
1~4. A 型Ⅳ式（M1119：19，M1131：1，M1232：33，M1232：49）

六，4）。

B型 36件。弧颈较粗，鼓腹。分五式。

Ⅰ式 2件。均出自M1254。

标本M1254：17，盘状口，颈较直，溜肩，鼓腹微坠，底较平。上腹有对称铺首衔环。肩、腹饰四周弦纹，圈足上有一道凸箍。盘状盖上有三个乳突纽。口径11.6、腹径22.6、高31.8厘米（图五四六，1；图版一一七，1）。

Ⅱ式 8件。颈较Ⅰ式粗短，腹圆鼓。

标本M1164：16，敞口，口外宽出边呈盘口状，粗弧颈，斜肩，扁鼓腹，圜底。矮圈足外撇。上腹有对称铺首。肩有三周凸弦纹。弓弧形盖。口径13.6、腹径22.6、通高29.2厘米（图五四六，2；图版一一七，2）。

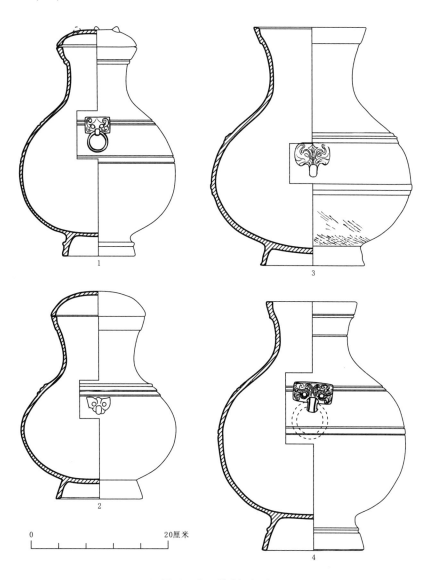

图五四六 陶锺（三）
1.B型Ⅰ式（M1254：17） 2~4.B型Ⅱ式（M1164：16，M1168：1，M1254：15）

　　　　标本 M1168：1，敞口，口外宽出边呈盘口状，弧颈，斜肩，扁鼓腹，圜底。矮圈足外撇。腹中部有对称铺首。上腹有三道、下腹有两道箍状圈带，下腹隐见斜绳纹。口径 16.5、腹径 29、高 33.6 厘米（图五四六，3）。

　　　　标本 M1254：15，盘状口，弧颈，溜肩，鼓腹，高圈足外撇。上腹有对称铺首衔环，环残失。颈至腹饰五周弦纹，圈足上饰两周凹凸相间弦纹。口径 13.4、腹径 27.6、高 35 厘米（图五四六，4；彩版四三，2；图版一一七，3）。

　　　　Ⅲ式　5 件。腹略扁。

　　　　标本 M1139：13，敞口，口外有窄出边。弧颈，溜肩，扁鼓腹，圜底。矮圈足外撇。肩、腹各有三周凹凸相间弦纹，两组弦纹间有对称简化铺首。口径 13、腹径 22.5、高 27.8 厘米（图五四七，1）。

　　　　标本 M1139：16，敞口，口外有窄出边。弧颈，斜肩，扁鼓腹。腹以下残。肩部饰两周瓦楞状宽弦纹，腹饰四周凹凸相间弦纹。两组弦纹间有对称简化铺首。下腹饰斜粗绳纹。口径 16.2、腹径 30.8、残高 30.5 厘米（图五四七，2；图版一一七，4）。

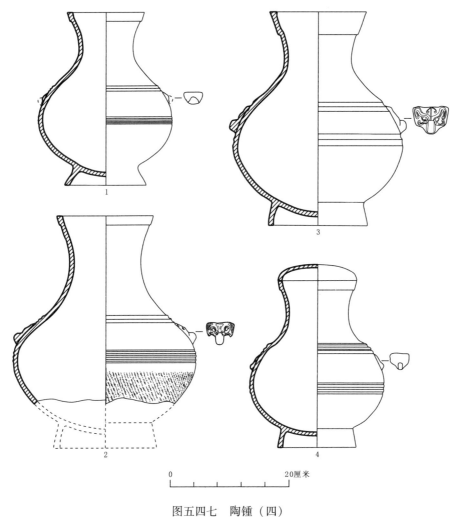

0　　　　　　　　20厘米

图五四七　陶锺（四）

1、2. B 型Ⅲ式（M1139：13，M1139：16）　3、4. B 型Ⅳ式（M1143：2，M1150：6）

Ⅳ式　9件。盘口明显，颈粗短。

标本 M1143∶2，盘状口较深而斜直。粗弧颈较短，溜肩，弧腹呈圆弧形转折。圜底。矮圈足较直。肩、腹各有两周瓦楞状弦纹，两组弦纹间有对称简化铺首。口径 16.2、腹径 38.4、高 35厘米（图五四七，3；图版一一八，1）。

标本 M1150∶6，口外出边呈盘口状。粗弧颈，溜肩，圆弧腹，圜底较平。矮圈足斜直。肩、腹各有三周凹凸相间弦纹，两组弦纹间有对称简化铺首。弓弧形盖。口径 13、腹径 22.4、通高29.7厘米（图五四七，4）。

Ⅴ式　12件。扁鼓腹。

标本 M1157∶20，盘状口，粗弧颈，扁鼓腹，圜底。矮圈足略外撇。腹饰两组凹凸相间弦纹及对称铺首。碟状浅盖，边缘直折。口径 15、腹径 27.8、通高 34厘米（图五四八，1）。

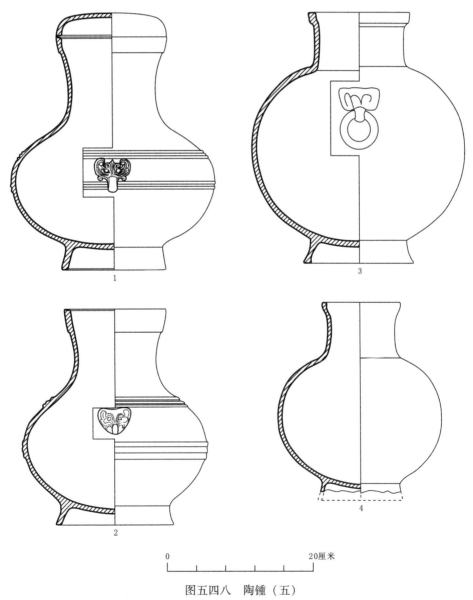

图五四八　陶锺（五）

1、2. B 型Ⅴ式（M1157∶20，M1212∶7）　　3、4. C 型（M1196∶1，M1196∶3）

标本 M1212:7，敞口，口外宽出边呈盘口状，粗弧颈，斜肩，扁鼓腹，圜底。大圈足外撇。上腹有对称铺首。肩、腹各有三周凹凸相间弦纹。口径 13.8、腹径 24.8、高 28.5 厘米（图五四八，2；图版一一八，2）。

C 型　3 件。均出自 M1196。口略呈浅盘状，粗直颈，球形腹，矮圈足。

标本 M1196:1，圈足外撇较甚。上腹有对称铺首衔环。口径 14、腹径 29.4、高 33 厘米（图五四八，3）。

标本 M1196:3，直颈略弧，圜底外凸。圈足外撇。圈足下部残。口径 10.8、腹径 22.6、复原高 26 厘米（图五四八，4；图版一一八，3）。

二　陶鼎

形态明确的 21 件。根据腹、底差异分三型。

A 型　7 件。主要特征为圜底。分四式。

I 式　2 件。均出自 M1254。体较矮，腹有折。

标本 M1254:3，子母口，窄肩承盖。上腹斜直，下腹折收，圜底。矮蹄形足直立。附耳外折。盖失。口径 16.8、通宽 26、通高 15.8 厘米（图五四九，1；彩版四三，3；图版一一八，4）。

II 式　2 件。均出自 M1156。腹较 I 式深，转折不明显，足较高。

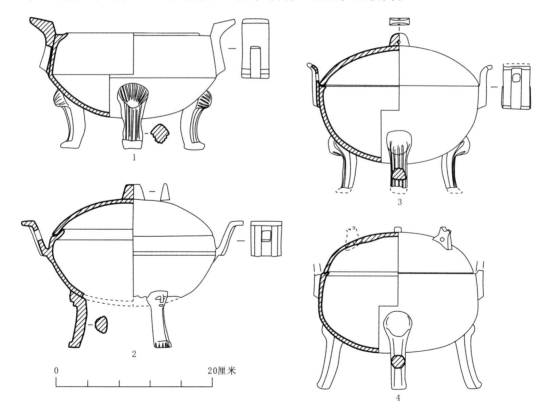

图五四九　陶鼎（一）

1. A 型 I 式（M1254:3）　2. A 型 IV 式（M1119:8）　3. A 型 III 式（M1143:13）　4. A 型 II 式（M1156:11）

标本 M1156：11，子母口内敛，窄肩承盖。上腹直，下腹斜收，圜底。矮蹄形足外撇。方附耳残。弧形隆盖上有三穿孔扁纽。口径 19.5、通高 19.6 厘米（图五四九，4；图版一一九，1）。

Ⅲ式　1件。

M1143：13，凹沿承盖。圆弧腹，圜底。矮蹄形足下端略残。方附耳直立，耳沿斜折，沿略残，耳孔很小。弓弧形盖顶有一扁纽，纽有一小孔。口径 20.2、通宽 22.4、通高约 19.3 厘米（图五四九，3；图版一一九，2）。

Ⅳ式　2件。均出自 M1119。腹较浅，耳、足纤细。

标本 M1119：8，子母口内敛，窄肩承盖。上腹直，下腹斜收，腹有一周凸弦纹。底残。蹄形足纤细，上部有兽面纹。方附耳外侈，耳沿平折，耳孔呈"回"字形。一耳与一足在一条垂直线上。弓弧形盖顶有一梯形扁纽。口径 18、通宽 28、通高 19.8 厘米（图五四九，2；图版一一九，3）。

B型　11件。主要特征为小平底。分三式。

Ⅰ式　3件。腹较深，略有折。

标本 M1164：22，直口，内凸唇，弧腹，小平底。矮蹄形足。方附耳外张，耳沿平折。腹饰一周弦纹。弧形隆盖。盖面有三个扁纽。口径 19.4、通宽 26.6、通高 18.8 厘米（图五五〇，1；图版一一九，4）。

标本 M1181：13，敛口略呈子母口，窄肩承盖。上腹较直，下腹斜收，小平底。矮蹄形足。方附耳外斜，耳沿平伸。弓弧形盖较深。盖上有三个穿孔扁纽。口径 18、通宽 24、通高 19.2 厘米（图五五〇，2；彩版三六，1；图版一二〇，1）。

Ⅱ式　4件。均出自 M1157。浅腹，足较矮。

标本 M1157：11，子母口内敛，窄肩承盖。弧腹，圜底。矮蹄形足。方附耳残。腹饰一周弦纹。弧形盖高隆。盖面有三个扁方纽。口径 16.8、通宽 20.4、通高 15.4 厘米（图五五〇，3）。

Ⅲ式　4件。矮蹄形足有人面装饰。

标本 M1136：2，子母口内敛，凹窄肩承盖。弧腹，小平底，腹、底圆转。矮蹄形足，上部有兽面纹。方附耳较小，耳面模印网格纹。口径 15.4、通宽 20.7、通高 14 厘米（图五五〇，4；图版一二〇，3、4）。

C型　3件。均出自 M1194。直壁，圜底，三足直立于底部。

标本 M1194：18，敛口，窄肩承盖。直壁，圜底。底部三扁蹄形足直立。腹上下各饰两周弦纹。方附耳略张，耳孔呈"回"字形。盖失。口径 18.6、通宽 25.2、通高 20.4 厘米（图五五〇，5；图版一二〇，2）。

三　陶盒

形态明确的 17 件。根据口部差异分三型。

A型　3件。主要特征为子母口。分二亚型。

Aa型　2件。均出自 M1157。弧壁。

标本 M1254：2，仅存一半。子母口，上腹较直，下腹弧收，平底。口径 18.2、腹径 20.4、高 9.7 厘米（图五五一，1；图版一二一，1）。

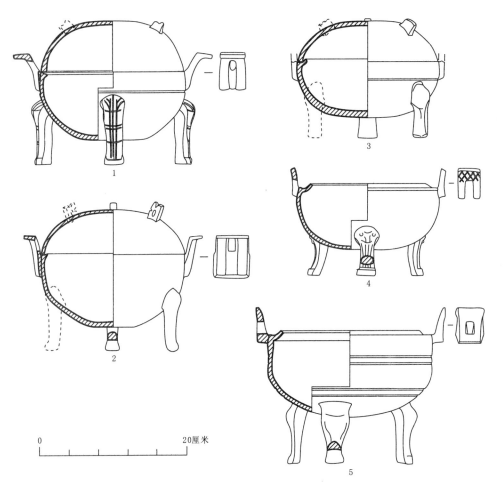

图五五〇　陶鼎（二）

1、2.B 型 I 式（M1164：22，M1181：13）　3.B 型 II 式（M1157：11）　4.B 型 III 式（M1136：2）　5.C 型（M1194：18）

Ab 型　1 件。折壁。

M1194：20，盒身子母口，上腹直，下腹斜收，平底微凹。上腹饰两周弦纹。钵形盖，斜壁，弧顶。顶面有一矮圈状捉手。口径 18.4、腹径 22.8、通高 18.9 厘米（图五五一，2；彩版三七，2；图版一二一，2）。

B 型　13 件。主要特征为直口或微敛。

I 式　7 件。小平底，腹较深。分二亚式。

I a 式　5 件。弧壁。

标本 M1164：11，平口微内斜，唇微内凸，弧腹较深，平底微凹。拱弧形深盖，盖顶有小平面。口径 20.2、通高 15.6 厘米（图五五一，3；彩版三二，1；图版一二一，3）。

标本 M1181：12，敛口，弧壁，平底。黑衣上施白色底彩，口部绘一周橙红色三角折纹。盖为敞口，弧壁有折。顶残。口径 19.7、复原通高 15.7 厘米（图五五一，4）。

I b 式　2 件。折壁。

标本 M1139：8，口微敛，沿内斜，上腹弧直，下腹斜收，腹较深，平底。拱弧形深盖，盖顶较平。口径 20.4、通高 16.8 厘米（图五五一，5；图版一二一，4）。

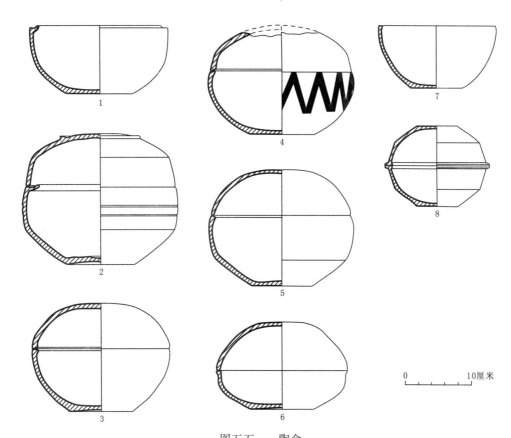

图五五一　陶盒

1. Aa 型（M1254∶2）　2. Ab 型（M1194∶20）　3、4. B 型 Ⅰa 式（M1164∶11，M1181∶12）　5. B 型 Ⅰb 式（M1139∶8）　6. B 型 Ⅱ式（M1140∶10）　7. B 型Ⅲ式（M1212∶10）　8. C 型（M1194∶15）

Ⅱ式　3 件。浅腹，底较宽。

标本 M1140∶10，直口，卷沿，上腹较直，下腹弧收，腹较浅，平底。拱弧形深盖，顶有小平面。口径 19.2、通高 12.6 厘米（图五五一，6；图版一二一，5）。

Ⅲ式　3 件。整器变小，腹较深。

标本 M1212∶10，仅存一半。口微敛，方唇，深弧腹，平底。口径 17.3、高 8.8 厘米（图五五一，7；图版一二一，6）。

C 型　1 件。为异型。

M1194∶15，由两个陶盆扣合在一起，形制、大小相同。平折沿，斜折壁，平底。口径 15.6、通高 11.6 厘米（图五五一，8；图版一二二，1）。

四　陶钫

形态明确的 28 件。根据腹部差异分三型。

A 型　14 件。主要特征为长腹，高圈足。分二式。

Ⅰ式　6 件。

标本 M1181∶10，直口，方唇，口外有出边。粗直颈，长鼓腹。高圈足略外撇。腹有对称铺首。盖失。口径 10.2、腹径 18.3、高 35 厘米（图五五二，1）。

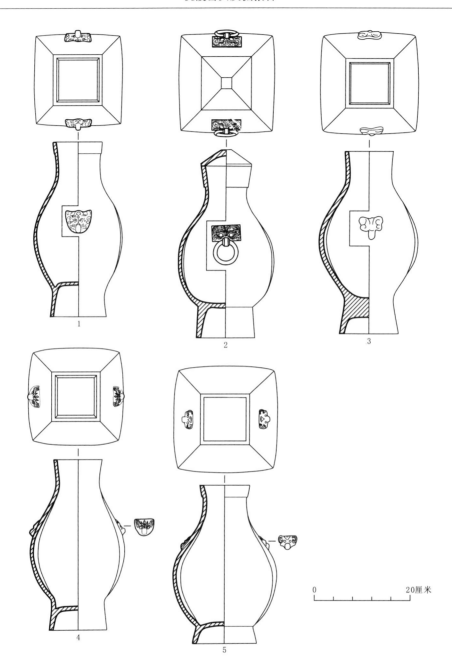

图五五二　陶钫（一）

1、2. A 型 I 式（M1181：10，M1254：7）　3、4. A 型 II 式（M1162：13，M1143：9）　5. B 型 I 式（M1178：19）

标本 M1254：7，敞口，平沿，口外有宽出边。弧颈，弧腹，平底。高圈足略外撇。上腹有对称铺首衔环。盝顶形盖。口径 10.6、腹径 20、通高 37.7 厘米（图五五二，2；彩版四三，4；图版一二二，2）。

II 式　8 件。颈较 I 式短。

标本 M1143：9，直口略斜，方唇，短直颈，长鼓腹，腹呈弧边方形，圈足高直。肩部有对称简化铺首。口径 10、腹径 19.8、高 34.6 厘米（图五五二，4；图版一二二，3）。

标本 M1162：13，直口，方唇，粗弧颈，长鼓腹。高圈足微外撇。上腹有对称铺首。口径 10、腹径 20.4、高 36.6 厘米（图五五二，3；图版一二二，4）。

B 型　13 件。主要特征为圆鼓腹，圈足较矮。分二式。

Ⅰ式　9 件。

标本 M1139：18，口较直，方唇，口外有宽出边。弧颈，鼓腹，腹呈弧边方形，底内凹，矮圈足斜直。肩部有对称简化铺首。盝顶形盖，盖顶有柿蒂形纹。口径 9.6、腹径 21.2、通高 36.6 厘米（图五五三，1；彩版二九，1；图版一二三，1）。

标本 M1178：19，口斜直，方唇，口外略有出边。短弧颈，鼓腹，腹呈弧边方形。矮直圈足略外斜。肩有对称铺首。口径 10.3、腹径 21.6、高 32.1 厘米（图五五二，5；图版一二三，2）。

Ⅱ式　4 件。颈较Ⅰ式短。

标本 M1194：9，直口，方唇，口外有出边。短弧颈，长鼓腹。圈足外撇。上腹有对称铺首。口径 10.6、腹径 21.4、高 35.2 厘米（图五五三，2；图版一二三，3）。

C 型　1 件。

M1119：24，敞口斜直，方唇，束颈细长，长鼓腹。大圈足外撇。上腹有对称简化铺首。盝顶

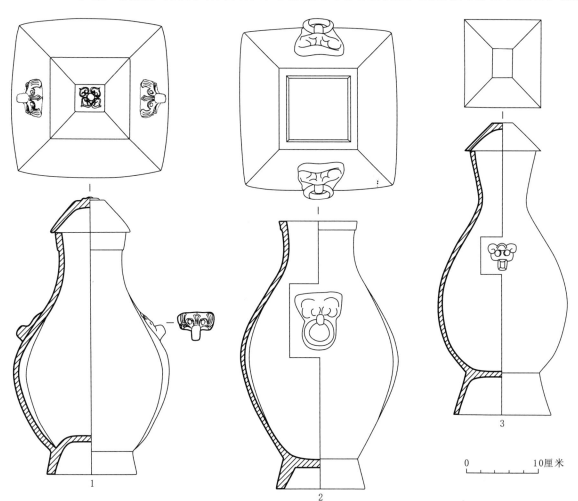

图五五三　陶钫（二）

1. B 型Ⅰ式（M1139：18）　2. B 型Ⅱ式（M1194：9）　3. C 型（M1119：24）

形盖。口径9、腹径17.6、通高38.6厘米（图五五三，3；图版一二三，4）。

五　陶罐

形态明确的30件。根据各部位差异分十一型。

A型　6件。主要特征为短颈，圆肩，平底。

标本M1135：12，矮直领，溜肩，圆弧腹，下腹削棱，平底。口径10.4、腹径14、高11厘米（图五五四，1；图版一二四，1）。

标本M1136：7，矮直领，窄圆肩，深弧腹，平底。肩有两周弦纹。口径10、腹径16.4、高14厘米（图五五四，2；图版一二四，2）。

标本M1143：11，矮直领，方唇，圆溜肩，斜弧腹，平底微凹。口径10、腹径16.4、高12.4厘米（图五五四，3）。

B型　8件。主要特征为短颈，折肩，平底。

标本M1135：13，矮直领，斜肩，斜直腹，大平底。口径7.6、腹径14.8、高10.2厘米（图五五四，4；图版一二四，3）。

标本M1143：10，矮直领，方唇，斜折肩，弧腹斜直，平底微凹。口径9.6、腹径16.2、高12厘米（图五五四，5）。

标本M1164：8，矮领，卷沿，斜肩略有折，斜直腹微弧，平底。口径9.2、腹径17.8、高15.3厘米（图五五四，6）。

C型　2件。均出自M1139。主要特征为敛口，扁腹，圜底。

标本M1139：19，敛口，斜折沿，尖唇，斜肩，弧腹外鼓，腹、底圆弧形转折。圜底。腹有两周瓦楞状弦纹。口径11.4、腹径20.2、高12.8厘米（图五五四，7；图版一二四，4）。

D型　5件。主要特征为短颈，圆肩，平底。分二式。

Ⅰ式　4件。均出自M1131。束颈。

标本M1131：14，敛口，斜折沿，沿内微凹，方唇。圆肩，弧腹，平底。口径10.4、腹径19.6、高12厘米（图五五四，8；图版一二四，5）。

Ⅱ式　1件。短直颈。

M1232：39，矮立领，方唇，圆肩，圆弧腹，平底微凹。口径9、腹径18.8、高11.8厘米（图五五四，9；图版一二四，6）。

E型　2件。主要特征为短颈，宽肩，小平底。分二式。

Ⅰ式　1件。耸肩。

M1129：1，小口，矮立领，圆耸肩，斜直腹微弧，小平底。肩及上腹各饰两周细弦纹。口径9.5、腹径18.4、高10厘米（图五五四，10；图版一二五，1）。

Ⅱ式　1件。折肩。

M1119：22，敛口，斜折沿，斜折肩，斜弧腹，小平底微凹。口径10、腹径17.6、高10.6厘米（图五五四，11；图版一二五，2）。

F型　1件。主要特征为矮直领，折腹，平底。

M1135：11，斜直腹下部折收，小平底。口径10.6、腹径19、高15.4厘米（图五五五，1；

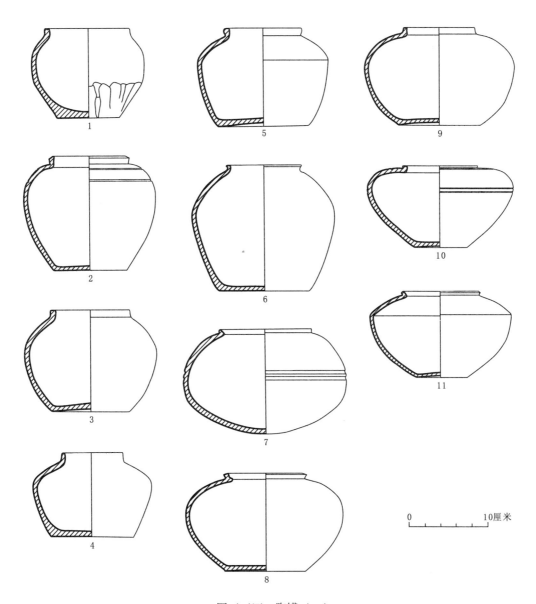

图五五四　陶罐（一）

1~3. A 型（M1135：12，M1136：7，M1143：11）　　4~6. B 型（M1135：13，M1143：10，M1164：8）　　7. C 型（M1139：19）
8. D 型 I 式（M1131：14）　　9. D 型 II 式（M1232：39）　　10. E 型 I 式（M1129：1）　　11. E 型 II 式（M1119：22）

图版一二五，3）。

G 型　1 件。主要特征为束颈，圆肩，平底。

M1242：10，斜折沿，圆折腹，平底微凹。上腹有一周凹槽，腹饰麻布纹。口径 10.6、腹径 15.8、高 11 厘米（图五五五，2；图版一二五，4）。

H 型　2 件。均出自 M1242。主要特征为敞口，高弧领，平底。

标本 M1242：14，浅盘状口，高弧领，斜肩，斜直腹，平底微凹。口径 11.6、腹径 13.6、高 15.5 厘米（图五五五，3；图版一二五，5）。

J 型　1 件。主要特征为粗高领，筒腹，平底。

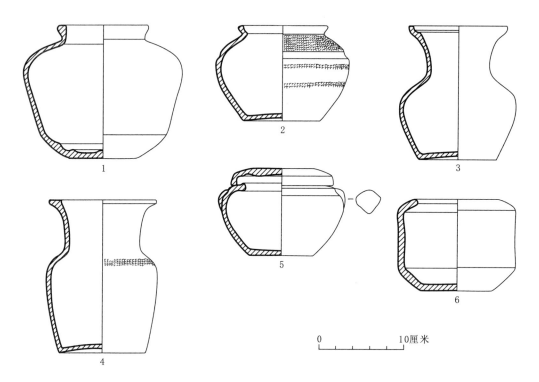

图五五五　陶罐（二）

1. F 型（M1135:11）　　2. G 型（M1242:10）　　3. H 型（M1242:14）　　4. J 型（M1242:9）

5. K 型（M1242:2）　　6. L 型（M1242:12）

M1242:9，瓶形罐。敞口，窄斜肩，平底微凹。肩部有麻布纹。口径 12.8、腹径 13.3、高 17.7 厘米（图五五五，4；图版一二五，6）。

K 型　1 件。主要特征为弇口，圆肩，斜弧腹，平底。

M1242:2，肩有对称泥片纽。碟状折壁平顶低盖。口径 9、腹径 14.6、通高 10 厘米（图五五五，5；图版一二六，1）。

L 型　1 件。主要特征为弇口，折肩，筒腹，平底。

M1242:12，口径 9.8、腹径 13.7、高 10.6 厘米（图五五五，6；图版一二六，2）。

六　陶盘

形态明确的 9 件。根据各部位差异分三型。

A 型　7 件。主要特征为短折沿，斜折壁，平底。分三式。

Ⅰ 式　3 件。盘较深。

标本 M1166:18，敞口，折沿，颈下有一周凸棱呈窄肩状。弧壁，平底，内底边凸起。口径 22、高 9.1 厘米（图五五六，1；图版一二六，3）。

标本 M1178:12，敞口，斜折沿，弧壁，平底。口径 19.7、高 6 厘米（图五五六，2；图版一二六，4）。

Ⅱ 式　2 件。均出自 M1157。凹沿，浅盘，折壁有棱。

M1157:3，敞口，圆唇上翘，沿微凹，弧折壁，平底。口径 17、高 4 厘米（图五五六，3）。

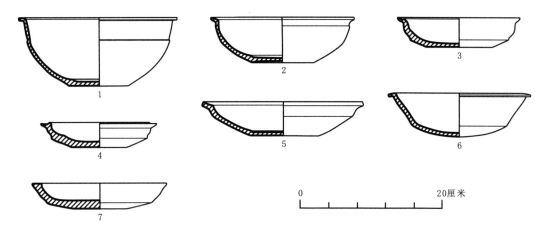

图五五六 陶盘

1、2. A 型 I 式（M1166：18，M1178：12）   3、4. A 型 II 式（M1157：3，M1157：10）

5. A 型 III 式（M1232：37）   6. B 型（M1131：7）   7. C 型（M1129：5）

M1157：10，敞口，尖圆唇，沿面凸起一周，折壁，平底。口径 16、高 3.4 厘米（图五五六，4；图版一二六，5）。

III 式 2 件。均出自 M1232。斜折沿，浅盘。

标本 M1232：37，斜折沿，斜折壁，平底。口径 22、高 4.6 厘米（图五五六，5；图版一二六，6）。

B 型 1 件。主要特征为折沿，斜直壁有折，圜底。

M1131：7，敞口，短折沿微坠。口径 19.8、高 6 厘米（图五五六，6；图版一二七，1）。

C 型 1 件。主要特征为敞口，折壁浅盘，小平底。

M1129：5，口径 18.6、高 3.6 厘米（图五五六，7；图版一二七，2）。

七 陶镳壶

形态明确的 18 件。主要根据足的差异分四型。

A 型 7 件。主要特征为足呈乳突状。分三式。

I 式 2 件。圆腹较深。

标本 M1254：14，小口，矮领，圆肩，鼓腹，小圜底微凹。底有三乳足。肩部呈 90° 位置装一流和一鋬。盖失。口径 6.4、腹径 13.6、高 9.3 厘米（图五五七，1；图版一二七，3、4）。

II 式 3 件。扁腹较浅。

标本 M1158：1，小口，矮领，溜肩，弧腹微坠，平底微弧。三矮柱足。腹部呈 90° 位置装一流和一鋬。均残。腹以白彩绘条带纹。口径 7.8、腹径 12.7、高 9.5 厘米（图五五七，2；图版一二七，5）。

标本 M1190：34，敛口，圆唇，圆肩，鼓腹，底残。三乳足。腹部呈 90° 位置装一流和一鋬。流残。鋬上扬平折，扁方体。口径 5、腹径 12.4、高 8.6 厘米（图五五七，3）。

III 式 2 件。均出自 M1232。足仅存遗形。

标本 M1232：12，敛口，斜肩，扁腹，平底微弧。三乳足。腹部呈 90° 位置装一流和一鋬。口

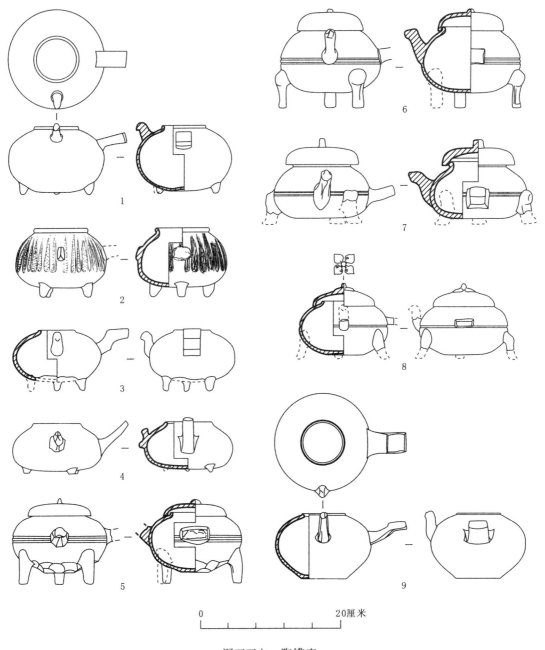

图五五七　陶鐎壶

1. A 型 I 式（M1254∶14）　　2、3. A 型 II 式（M1158∶1，M1190∶34）　　4. A 型 III 式（M1232∶12）　　5. B 型（M1141∶5）
6. C 型 I 式（M1164∶5）　　7、8. C 型 II 式（M1129∶11，M1197∶15）　　9. D 型（M1190∶7）

径 6.8、腹径 12.8、通高 7.4 厘米（图五五七，4；图版一二八，1、2）。

B 型　5 件。柱状矮足。

标本 M1141∶5，小口，短颈，圆肩，圆弧腹，下腹削棱，小平底。矮柱状足。腹部呈 90°位置装一假流和一鋬，均残。腹有两周弦纹。浅平盖边缘较直。盖顶一扁钮。口径 7、腹径 13.4、通高 11.8 厘米（图五五七，5；图版一二八，3）。

C 型　5 件。蹄状足。分二式。

Ⅰ式 1件。圆腹较深。

M1164：5，小口，矮领，溜肩，扁圆腹，小平底。矮蹄形足。腹部呈90°位置装一流和一鋬。鋬残。腹有两周弦纹。弧形盖边缘较直。盖顶有一扁纽。口径8、腹径14、通高13.6厘米（图五五七，6；彩版三二，2；图版一二八，4）。

Ⅱ式 4件。扁腹较浅，足更矮。

标本M1129：11，卷沿，圆唇，溜肩，扁圆腹，平底。矮蹄形足。腹部呈90°位置装一假流和一鋬。腹有两周弦纹。浅平盖边缘较直。盖顶有一扁立纽。口径8.4、柄侧通宽18.4、通高11厘米（图五五七，7；图版一二九，1、2）。

标本M1197：15，小口，矮领，圆肩，扁腹，底微凹。三蹄形足外撇。腹部呈90°位置装一流和一鋬。均残。弧壁浅盖，盖顶鼻纽及四出柿蒂纹。口径6.3、腹径12.4、高10.5厘米（图五五七，8；图版一二九，3）。

D型 1件。圆腹，平底。

M1190：7，尖凸唇，圆肩，扁鼓腹，平底微凹。上腹部呈90°位置装一流和一鋬。口径6、腹径13.4、高9厘米（图五五七，9；彩版三六，3；图版一三〇，1、2）。

八 陶熏

形态明确的14件。根据各部位的差异分三型。

A型 1件。主要特征为浅直壁盏，喇叭形大圈足。

M1254：19，熏罩已失。上为盏，盏下连接矮托柱，托柱下为圈足。盏口径9.4、座径11.8、残高10.7厘米（图五五八，1；图版一二九，4）。

B型 12件。主要特征为浅子母口盏，托柱下为托盘。倒臼形熏罩。分五式。

Ⅰ式 6件。盏较深，托柱较高。

标本M1131：4，盏为钵状，子母口，窄凹肩承盖。托柱中空至盘底。托盘为平折沿，斜折壁，平底。熏罩为三层山峰纹收尖，熏孔呈元宝形或腰圆形。盏口径8、托盘口径18.2、通高17.3厘米（图五五八，2）。

标本M1146：15，熏盏为钵状，口微敛，凹沿，弧壁。盏下实心托柱连接托盘。托盘为平沿，斜壁，小平底。熏罩为三层山峰纹收尖，熏孔呈圆形。盏口径10.8、托盘口径16、通高18.8厘米（图五五八，3；彩版三〇，2；图版一三〇，3）。

Ⅱ式 3件。盏变浅，托柱变矮。

标本M1143：18，盏为钵状，子母口，窄凹肩承盖。托柱中空至盘底。托盘为平折沿，斜弧壁，平底。熏罩为三层山峰纹收尖，熏孔呈圆形或腰圆形。盏口径9.6、托盘口径17.8、通高16.5厘米（图五五八，4；图版一三〇，4）。

标本M1212：6，熏罩已失。盏作敛口，深弧壁，平底。亚腰形托柱，托柱中空至底。托盘为斜折沿，斜折壁，平底。盏口径10.5、托盘口径14.6、残高10.6厘米（图五五八，5；图版一三一，1）。

Ⅲ式 1件。盏较深，托柱更矮，托盘浅平。

M1190：16，熏罩为四层山峰收尖，每层四连峰，有腰圆形熏孔。盏口径10.6、托盘口径15.6、通高16.8厘米（图五五八，6；彩版三六，4；图版一三一，2）。

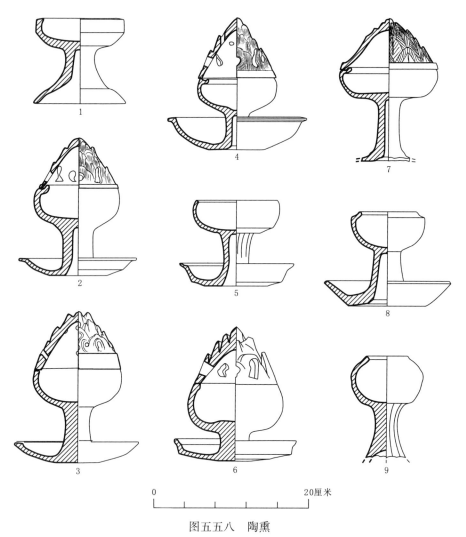

图五五八　陶熏

1. A 型（M1254：19）　　2、3. B 型Ⅰ式（M1131：4，M1146：15）　　4、5. B 型Ⅱ式（M1143：18，M1212：6）
6. B 型Ⅲ式（M1190：16）　　7. B 型Ⅳ式（M1232：21）　　8. B 型Ⅴ式（M1208：1）　　9. C 型（M1242：17）

Ⅳ式　1 件。浅盏，托柱细高。

M1232：21，熏盏子母口内敛，窄肩承盖，弧壁，平底。托盘残。连峰纹聚尖熏罩。盏口径
10、残高 17.8 厘米（图五五八，7；图版一三一，3）。

Ⅴ式　1 件。托柱较粗，斜直壁托盘。

M1208：1，熏罩已失。盏子母口内敛，深弧腹。托柱中空至底。托盘为敞口，斜直壁，平底。
盏口径 7.4、托盘口径 16.4、残高 11.8 厘米（图五五八，8；图版一三一，4）。

C 型　1 件。盂形盏，高托柱有削棱。

M1242：17，熏罩已失，熏盏为弇口，鼓腹。托座残。盏口径 5.3、残高 12.9 厘米（图五五
八，9；图版一三二，1）。

九　陶灶

形态明确的 13 件。根据各部位的差异分三型。

A 型　11 件。主要特征为长方体，双釜洞，一侧双火门。分三式。

Ⅰ式　7 件。挡风板上有凸起的烟囱。分二亚式。

Ⅰa 式　6 件。柱状双烟囱。

标本 M1135:7，釜洞上各置一釜。长 23.8、宽 13、通高 10.8 厘米（图五五九，1；图版一三二，2）。

标本 M1164:21，釜洞上各置一釜，釜上分别置甑、盆各一。长 22.7、宽 13、通高 13.8 厘米（图五五九，2；彩版三二，3；图版一三二，3、4）。

Ⅰb 式　1 件。半环形烟囱。

M1254:4，釜洞上甑、釜已残。长 24.2、宽 16、通高 15.6 厘米（图五五九，3；图版一三三，1）。

Ⅱ式　2 件。烟囱为双孔。分二亚式。

Ⅱa 式　1 件。灶体后侧双孔。

M1143:15，挡风板后壁有与釜洞对应的两个圆洞象征烟囱。釜洞上存两釜一甑。长 22.4、宽 16.2、通高 12 厘米（图五五九，4；图版一三三，3、4）。

Ⅱb 式　1 件。挡风板前双孔。

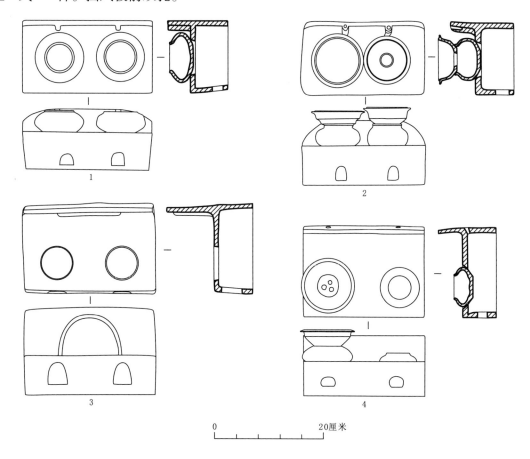

0　　　　　　　　20厘米

图五五九　陶灶（一）

1、2. A 型Ⅰa 式（M1135:7，M1164:21）　　3. A 型Ⅰb 式（M1254:4）　　4. A 型Ⅱa 式（M1143:15）

　　M1232：32，釜洞上置一釜一甑。长 21.4、宽 19.8、通高 12 厘米（图五六〇，1；图版一三三，2）。

　　A Ⅲ　2 件。无烟囱。

　　标本 M1167：15，灶壁略斜，上小下大，一侧壁有两个三角形火门，釜洞上分别置一釜一盆。长 23.2、宽 17.2、通高 8.6 厘米（图五六〇，2；图版一三四，1）。

　　B 型　1 件。主要特征为长方体，无烟囱，灶体一端有单火门。

　　M1119：16，灶体一挡壁下方的中间有一个弧形火门，面上有两个釜洞，与火门对应一挡的面上有矮挡风板，釜洞上分别置一釜。长 17.8、宽 14.8、通高 8.6 厘米（图五六〇，3；图版一三四，2）。

　　C 型　1 件。主要特征为正方体，单釜洞，单火门，面上单烟囱。

　　M1242：3，一侧壁有一个三角形火门，釜洞上置一盆。后有挡风板。长 21、宽 16.6、通高 9 厘米（图五六〇，4；彩版四三，1；图版一三四，3）。

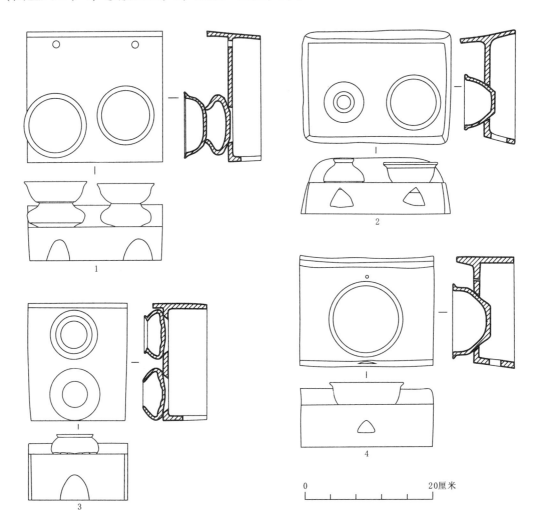

图五六〇　陶灶（二）

1. A 型Ⅱb式（M1232：32）　2. A 型Ⅲ式（M1167：15）　3. B 型（M1119：16）　4. C 型（M1242：3）

一〇　陶井

形态明确的 20 件。根据腹部差异分四型。

A 型　9 件。主要特征为浅腹。分三式。

Ⅰ式　5 件。粗弧颈，折肩，浅斜腹。

标本 M1146：13，平折沿，高弧颈，颈、腹呈台棱状转折，斜弧腹，平底微凹。通体刻划网格纹。口径 12.8、高 13.5 厘米。井内有汲缶。高 5.4 厘米（图五六一，1；图版一三四，4）。

标本 M1181：5，斜折沿微凹，口沿有对称长条形孔。弧颈，颈、肩以一周凸箍为界。斜弧腹较浅，平底。颈部刻一周网格纹，凸箍上有一周指甲纹。口径 13.9、高 9.3 厘米。井内有汲缶。高 3.8 厘米（图五六一，2；彩版三六，2；图版一三五，1）。

Ⅱ式　2 件。圆溜肩，扁弧腹。

M1143：7，平折沿微凹，口沿有对称长条形孔。弧颈，腹较浅，下腹斜折，平底。口径 15.6、高 10.7 厘米。井内有汲缶。高 4.8 厘米（图五六一，3；图版一三五，3、4）。

M1158：2，折沿微坠，弧颈，弧腹，平底微凹。底边削棱。井内有汲缶。井口径 12、高 11.6 厘米。汲缶高 4.9 厘米（图五六一，4；图版一三五，2）。

Ⅲ式　2 件。坠腹较深。

M1119：18，平折沿，井沿上有对称小圆孔。弧颈，坠腹，近底斜折，平底。底边削棱，底有轮刮同心涡纹。口径 11.2、高 13 厘米。井内有汲缶。高 4.5 厘米（图五六一，5；图版一三六，1、2）。

M1232：55，平折沿，弧颈，坠腹，近底斜折，平底微凹。汲缶不存。口径 11.4、高 13.2 厘米（图五六一，6；图版一三六，3）。

B 型　9 件。主要特征为深腹。分二式。

Ⅰ式　6 件。折腹或弧腹。

标本 M1147：4，短平折沿，弧颈，筒形弧腹，平底。上腹刻划一周网格纹。口径 12、高 10.6 厘米。井内有汲缶。高 5.7 厘米（图五六一，7；图版一三六，4）。

标本 M1190：5，折沿，方唇，沿面呈子口状。束颈，折腹，平底微凹。沿面有两个对称的长孔。上腹刻划一周大网格纹，中腹有一道凹圈。口径 11.3、高 13.6 厘米。井内有汲缶。高 4.2 厘米（图五六一，8；彩版三七，1；图版一三七，1）。

Ⅱ式　3 件。腹较深直。

标本 M1150：25，平折沿微坠，筒形腹折转，平底为凹。口径 11.2、高 10.6 厘米。井内有汲缶。高 3.6 厘米（图五六一，9；图版一三七，2）。

标本 M1197：25，平折沿，弧颈，筒形腹，平底。井沿上有对称长方孔。口径 10.5、高 11.6 厘米。井内有汲缶。高 3.8 厘米（图五六一，10；图版一三七，3）。

C 型　1 件。主要特征为折腹。

M1178：26，直口，宽平沿，沿面微凹。斜肩，直腹，近底折收，底微凹。肩部刻划网格纹。汲缶不存。口径 11.6、高 13 厘米（图五六一，11；图版一三七，4）。

D 型　1 件。主要特征为筒形腹。

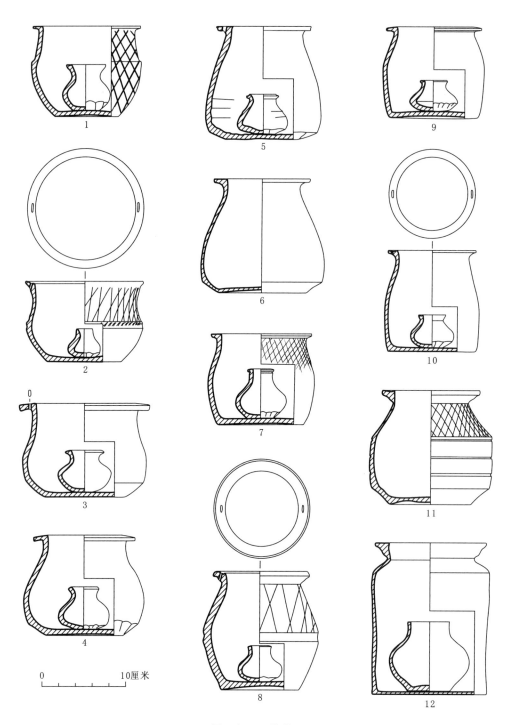

图五六一　陶井

1、2. A 型 I 式（M1146:13，M1181:5）　　3、4. A 型 II 式（M1143:7，M1158:2）　　5、6. A 型 III 式（M1119:18，M1232:55）　　7、
8. B 型 I 式（M1147:4，M1190:5）　　9、10. B 型 II 式（M1150:25，M1197:25）　　11. C 型（M1178:26）　　12. D 型（M1194:17）

　　M1194:17，宽平沿，口外敞内直。束颈，斜肩，筒腹，平底。口径 13.2、高 17.6 厘米。井内有汲缶。高 8 厘米（图五六一，12；图版一三八，1）。

一一　硬陶罐

硬陶罐数量最多，共 103 件。许多硬陶罐的肩部刻有文字，文字一般只有一个，少数有两个或三个，多为数字，有"七"、"八"、"九"、"十"以及"九十"等，而以"九"字为多。还有一似"百"字，又似"酉"（酒）字的也有一定数量。还有"水"字。也有一些字因太过潦草，无法识读（图五六二、五六三）。

形态明确的硬陶罐有 93 件。根据各部位差异分六型。

A 型　12 件。主要特征为凹口，圆肩。小罐。分二式。

Ⅰ式　9 件。圆腹较浅。

标本 M1156:1，盘状口，束颈，圆肩，圆弧腹，平底。器身拍印中麻布纹。口径 10.3、腹径 16.4、高 14.3 厘米（图五六四，1；图版一三八，2）。

标本 M1190:11，敞口凹弧，斜肩，弧腹，平底。肩部刻划一"七"字，器身拍印中麻布纹。口径 10.4、腹径 16.4、高 16 厘米（图五六四，2）。

Ⅱ式　3 件。弧腹较深。

标本 M1146:2，敞口斜直，口内有瓦楞状弦纹。斜肩，弧腹，平底微凹。肩部刻二字，不识。器身拍印粗麻布纹。口径 10.8、腹径 17.6、高 18.4 厘米（图五六四，3；图版一三八，3、4）。

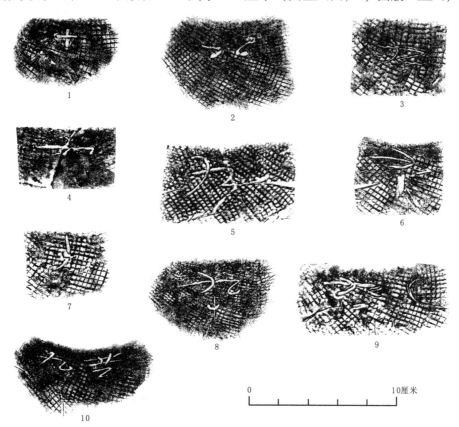

图五六二　硬陶罐肩部刻划文字（一）

1. "七"（M1190:11）　2. "八"（M1196:7）　3~6. "九"（M1164:12, M1166:10, M1242:11, M1254:8）
7. "十"（M1254:9）　8. "九十"（M1196:9）　9. "九□"（M1254:12）　10. "九□"（M1146:1）

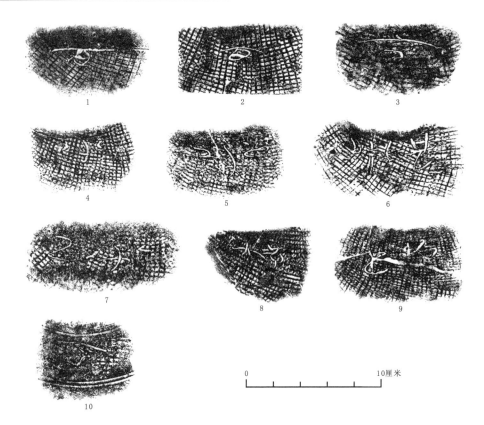

图五六三　硬陶罐肩部刻划文字（二）

1～3. "百"（或"酉"、"酒"）（M1196∶5，M1147∶29，M1196∶4）　　4～5. "水"（M1146∶8，失号）

6～10. 其他（M1146∶2，M1146∶6，M1147∶21，M1190∶19，M1196∶8）

标本 M1196∶9，口凹弧呈盘状，束颈，斜肩，弧腹，平底。肩部刻划"九十"二字。器身拍印中麻布纹。口径 11、腹径 16、高 15.9 厘米（图五六四，4）。

B 型　10 件。主要特征为耸肩，束颈。小罐。分三式。

Ⅰ式　1 件。口微侈。

M1141∶13，直口微侈，束颈，耸肩，弧腹，平底。肩部饰四周弦纹，器身拍印细麻布纹。口径 9.7、腹径 15.6、高 13.6 厘米（图五六四，5；图版一三九，1）。

Ⅱ式　5 件。口微凹，唇微凸。

标本 M1197∶14，敞口凹弧呈盘状，斜凹沿，外凸尖唇，束颈，圆肩，弧腹，平底。肩部饰一周弦纹，器身拍印中麻布纹。口径 11.5、腹径 15.7、高 14.5 厘米（图五六四，6；图版一三九，2）。

Ⅲ式　4 件。盘状口较深，弧腹斜直且扁深。

标本 M1232∶51，口凹弧呈盘口状，平沿内外微凸，束颈，窄圆肩微耸，弧腹，平底。肩饰一周弦纹，器身拍印中麻布纹。口径 10.6、腹径 15、高 14.8 厘米（图五六四，8；图版一三九，3）。

标本 M1242∶11，盘状口，束颈，圆肩，弧腹，平底微凹。肩部刻一"九"字，器身拍印中麻布纹。口径 13.4、腹径 17.5、高 15.7 厘米（图五六四，7）。

图五六四 硬陶罐（一）

1、2. A 型I式（M1156：1，M1190：11） 3、4. A 型II式（M1146：2，M1196：9） 5. B 型I式（M1141：13） 6. B 型II式（M1197：14）
7、8. B 型III式（M1242：11，M1232：51） 9、10. C 型I式（M1129：4，M1146：1） 11、12. C 型II式（M1119：17，M1232：52）

C 型 20 件。口斜直。小罐。分二式。

I 式 8 件。弧腹较浅。

标本 M1129：4，直口微凹弧，圆肩，弧腹，平底微凹。器身拍印中麻布纹。口径 11.2、腹径 15.2、高 13.4 厘米（图五六四，9）。

标本 M1146：1，敞口斜直，口内有瓦楞状弦纹。斜肩，弧腹，平底微凹。肩部刻"九□"二字，器身拍印中麻布纹。口径 10、腹径 15.2、高 14 厘米（图五六四，10；图版一四〇，1、2）。

Ⅱ式　12 件。斜直腹较深。

标本 M1119：17，直口微凹弧，圆肩，深弧腹，平底较小。肩部饰一周弦纹，器身拍印中麻布纹。口径 11.4、腹径 15.8、高 16.8 厘米（图五六四，11）。

标本 M1232：52，直口微凹弧，沿内外微凸。颈微束，窄圆肩，筒形弧腹，平底。肩有四周弦纹。器身拍印中麻布纹。口径 11、腹径 15、高 16.5 厘米（图五六四，12；图版一三九，4）。

D 型　7 件。主要特征为双系小罐。

标本 M1140：5，斜直口微弧，束颈，圆肩，弧腹，平底。肩部有对称双系及一周弦纹，器身拍印中麻布纹。口径 10.2、腹径 15.2、高 14 厘米（图五六五，1；图版一四〇，3）。

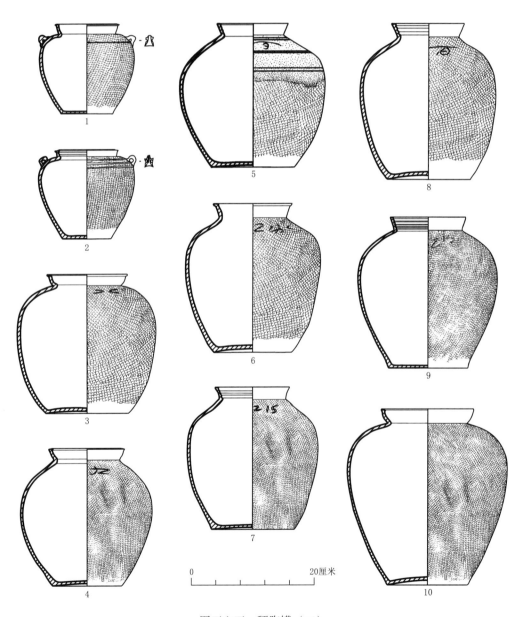

图五六五　硬陶罐（二）

1、2. D 型（M1140：5，M1150：4）　3～5. E 型Ⅰ式（M1141：1，M1164：12，M1196：6）　6～9. E 型Ⅱ式（M1146：6，M1166：17，M1196：5，M1190：19）　10. E 型Ⅲ式（M1242：16）

标本 M1150：4，直口微弧，内外凸唇，口内有瓦楞状弦纹。窄斜肩，筒形腹微弧，大平底。器身拍印细麻布纹。口径 11.4、腹径 17.8、高 20.8 厘米（图五六五，2；图版一四〇，4）。

E 型　33 件。主要特征为口斜直或微凹，弧腹。大罐。分三式。

Ⅰ式　6 件。圆肩，圆弧腹，较矮胖。

标本 M1141：1，盘状口，束颈，圆肩，筒形弧腹，平底微凹。肩部刻一"八"字，器身拍印中麻布纹。口径 12.8、腹径 22.4、高 21.6 厘米（图五六五，3；图版一四一，1、2）。

标本 M1164：12，敞口凹弧，斜沿，束颈，溜肩，鼓腹，平底微凹。肩部刻一"九"字，器身拍印中麻布纹。口径 12.2、腹径 21.4、高 21.4 厘米（图五六五，4）。

标本 M1196：6，敞口斜直，口内有瓦楞状弦纹，宽斜肩，弧腹，平底微凹。肩部刻划一"百"（或为"酒"）字。口至上腹施淡绿色薄釉。器身拍印中麻布纹。口径 11.5、腹径 23.5、高 22.3 厘米（图五六五，5）。

Ⅱ式　26 件。深弧腹，体较Ⅰ式高。

标本 M1146：6，敞口斜直，斜肩微凹，筒形弧腹，平底微凹。肩部刻"乙□"二字，器身拍印中麻布纹。口径 12.6、腹径 21.7、高 23.2 厘米（图五六五，6；图版一四一，3、4）。

标本 M1166：17，敞口，口内饰三周瓦楞状弦纹。斜肩微凹，深弧腹，平底。肩部有刻划符号，不识，器身拍印中麻布纹。口径 12、腹径 21.2、高 22 厘米（图五六五，7）。

标本 M1190：19，敞口斜直，口内饰数周弦纹。圆肩，深弧腹，平底。肩部刻有铭文，似"乙山"二字，器身拍印中麻布纹。口径 12.2、腹径 22.4、高 23.3 厘米（图五六五，9；图版一四二，1）。

标本 M1196：5，敞口斜直，凹沿，口内有数周瓦楞状弦纹。斜肩，筒形深弧腹，平底微凹。肩部刻划一"百"（或为"酒"）字。肩以上有淡绿薄釉，脱落。器身拍印粗麻布纹。口径 11.6、腹径 21.8、高 24.2 厘米（图五六五，8）。

Ⅲ式　1 件。深腹更瘦高。

M1242：16，盘状口，束颈，圆肩，底内凹。器身拍印中麻布纹。口径 14.9、腹径 25.6、高 27.2 厘米（图五六五，10；图版一四二，2）。

F 型　11 件。主要特征为口较直，铜形腹斜直。大罐。分三式。

Ⅰ式　7 件。圆肩微耸。

标本 M1147：26，敞口斜直，口内有三周瓦楞状弦纹。束颈，肩微耸，筒形弧腹，平底微凹。器身拍印细麻布纹。口径 11.3、腹径 19.6、高 21.2 厘米（图五六六，1）。

标本 M1197：28，直口略斜，唇微凸，圆肩，深弧腹，底内凹。器身拍印中麻布纹。口径 12.2、腹径 20.3、高 20 厘米（图五六六，2；图版一四二，3）。

Ⅱ式　2 件。窄圆肩，弧腹深直。

标本 M1150：14，直口微弧，斜沿微凹，唇外凸，口内有三周瓦楞状弦纹。束颈，圆肩，斜直腹微弧，平底较小。肩部有对称双系及三周弦纹，器身拍印中麻布纹。口径 10.1、腹径 15.4、高 13.9 厘米（图五六六，3；图版一四二，4）。

Ⅲ式　2 件。沿微凹，斜肩，腹更深。

标本 M1119：15，平沿，唇外凸，口凹弧呈盘状，口内有瓦楞状弦纹。斜肩，深弧腹，平底。

口至肩施墨绿釉。肩部饰两周弦纹，器身拍印中麻布纹。口径 15.7、腹径 22.8、高 33.8 厘米（图五六六，4；图版一四三，1）。

一二　釉陶壶

共 3 件。分二式。

Ⅰ式　2 件。腹较浅。

M1158:22，口及颈部残。斜肩，鼓腹，平底。腹有数周凹凸相间弦纹。器表施淡绿色薄釉，脱落殆尽。腹径 12.8、高 10.4 厘米（图五六六，5）。

M1197:12，敞口，细弧颈，宽斜肩，斜直腹，平底微凹。肩有对称双系。系上下各饰一周弦纹，颈、腹饰麻布纹。器表施棕褐色釉，脱落殆尽。口径 6.4、腹径 14.4、高 15 厘米（图五六六，6；彩版三七，3；图版一四三，2）。

Ⅱ式　1 件。腹较深。

M1220:5，盘状口，弧颈，圆肩，弧腹，平底微凹。肩有对称双系。口外饰三周凹凸相间弦纹，腹饰麻布纹。器表施棕褐色釉，脱落殆尽。口径 8.4、腹径 15.2、高 18.8 厘米（图五六六，

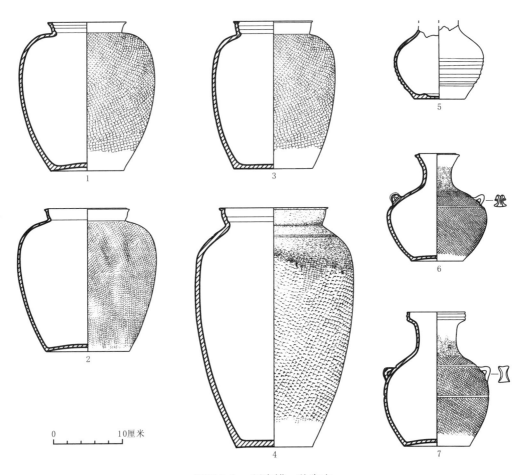

图五六六　硬陶罐、釉陶壶

1、2. F 型Ⅰ式硬陶罐（M1147:26，M1197:28）　3. F 型Ⅱ式硬陶罐（M1150:14）　4. F 型Ⅲ式硬陶罐
（M1119:15）　5、6. Ⅰ式釉陶壶（M1158:22，M1197:12）　7. Ⅱ式釉陶壶（M1220:5）

7；彩版三七，4；图版一四三，3）。

一三　滑石璧

形态明确的 36 件。根据各部位差异分三型。

A 型　4 件。主要特征为网格近正方形，圈点较小。

标本 M1147：2，正面边缘削出低缘，好有廓线，廓内刻菱形格线，菱格交叉点上刻圈点纹。素背。肉径 15.6、好径 1.4、厚 0.65 厘米（图五六七，1）。

标本 M1158：13，双面肉、好有廓，斜缘，双面刻划菱形格线，菱格交叉点上刻圈点纹。菱格斜度小，背面几近正方格。正面菱格及圈点纹较背面密集。肉径 19.9、好径 1.9、厚 0.7 厘米（图五六七，2；彩版三一，2；图版一四四，1、2）。

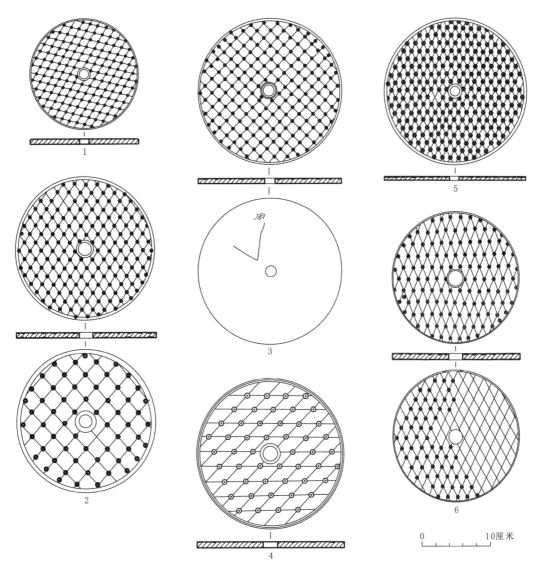

图五六七　滑石璧（一）

1～3. A 型（M1147：2，M1158：13，M1164：1）　4～6. B 型 I 式（M1139：1，M1156：6，M1254：1）

标本 M1164：1，正面肉、好均刻深廓，廓内刻划正方形格线，方格交叉点上刻圈点纹。背面刻一汉隶"周"字及"V"形符号。肉径20.4、好径1.5、厚0.7厘米（图五六七，3；彩版三三，1、2；图版一四四，3、4）。

B 型 29件。主要特征为菱形网格。分二式。

Ⅰ式 20件。好径稍大。

标本 M1139：1，正面肉、好均有廓线，肉为双廓线，廓内刻划稀疏的菱形格线，菱格交叉点上刻圈点纹。素背。肉径21、好径2、厚0.8厘米（图五六七，4；图版一四三，4）。

标本 M1156：6，正面肉、好均有廓线，廓内刻划较密集的菱形格线，菱格交叉点上刻圈点纹。素背。肉径20.5、好径1.4、厚0.45厘米（图五六七，5；图版一四五，1）。

标本 M1254：1，正面肉、好均有细廓线，背面只有肉廓而无好廓。双面刻划较稀疏的菱形格线，菱格交叉点上刻圈点纹。背面只有一半菱格上刻圈点纹。肉径18.4、好径2.1、厚0.8厘米（图五六七，6；图版一四五，2、3）。

Ⅱ式 9件。好径较小。

标本 M1136：1，正面肉有宽廓线，好无廓，好径极小。廓内刻划菱形格线，菱格交叉点上刻圈点纹。素背。肉径22.1、好径0.75、厚0.85厘米（图五六八，1）。

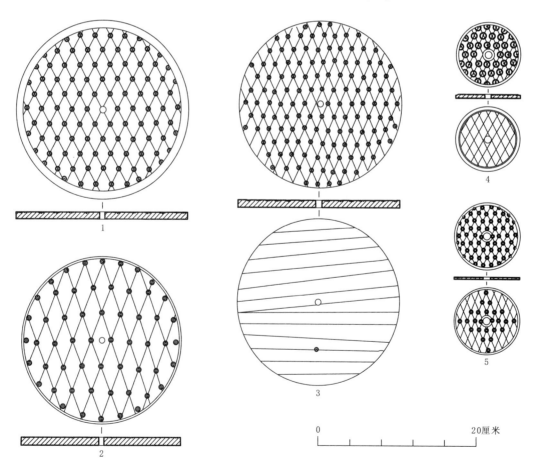

图五六八 滑石璧（二）
1~3. B 型Ⅱ式（M1136：1，M1232：26，M1232：4） 4、5. C 型（M1129：8，M1129：2）

标本 M1232：4，肉径大，好径小。肉、好均无廓，正面刻划菱形格线，菱格交叉点上刻圈点纹。背面刻纤细平行线纹和一个圈点纹。肉径 20.4、好径 0.8、厚 0.9 厘米（图五六八，3；彩版四〇，3；图版一四六，1、2）。

标本 M1232：26，正面有肉廓无好廓，好径极小。廓内刻划极稀疏的菱形格线，菱格交叉点上刻小圈点纹。素背。肉径 20.4、好径 0.7、厚 0.8 厘米（图五六八，2）。

C 型 3 件。为双面刻纹的小滑石璧。

标本 M1129：8，正面肉、好均刻深廓线，背面有肉廓无好廓，正面肉廓削作斜面。双面廓内均刻菱形网格线，正面菱格交叉点上刻圈点纹。肉径 8、好径 0.8、厚 0.5 厘米（图五六八，4；图版一四六，3、4）。

标本 M1129：2，双面肉、好均刻深廓线。廓内刻纤细的菱形网格线，正面所有菱格交叉点和背面部分菱格交叉点上刻圈点纹。肉径 8.3、好径 0.8、厚 0.5 厘米（图五六八，5）。

第四章　分期及年代

第一节　墓葬分期

在汉墓中，器物演变轨迹较为清楚的器形主要有陶锺、鼎、盒、钫、罐、镶壶、熏、灶、井；硬陶罐；滑石璧及铜钱币。由于墓葬被盗和扰乱的缘故，其组合多不完整或器物形态不清，能够参与分期排队的墓葬有32座（表二二）。

32座墓葬根据器物演变规律和出土铜钱币情况可分为三大组：

第一组：共十二座墓（1~12列），为M1139、M1141、M1146、M1147、M1156、M1164、M1166、M1167、M1168、M1178、M1181、M1254。器物形态有陶锺A型Ⅰ式、A型Ⅱ式、B型Ⅰ式、B型Ⅱ式、B型Ⅲ式，鼎A型Ⅰ式、A型Ⅱ式、B型Ⅰ式，盒Aa型、B型Ⅰa式、B型Ⅰb式，钫A型Ⅰ式、B型Ⅰ式，罐A型、B型、C型，镶壶A型Ⅰ式、B型、C型Ⅰ式，熏A型、B型Ⅰ式，灶A型Ⅰa式、A型Ⅰb式，井A型Ⅰ式、B型Ⅰ式、C型；硬陶罐A型Ⅰ式、A型Ⅱ式、B型Ⅰ式、C型Ⅰ式、E型Ⅰ式、E型Ⅱ式、F型Ⅰ式；滑石璧A型、B型Ⅰ式；铜五铢钱。

第二组：共十三座墓（13~25列），为M1129、M1131、M1135、M1140、M1143、M1150、M1157、M1158、M1159、M1162、M1190、M1196、M1197。器物形态有陶锺A型Ⅲ式、A型Ⅳ式、B型Ⅲ式、B型Ⅳ式、B型Ⅴ式、C型，鼎A型Ⅲ式、B型Ⅱ式，盒B型Ⅰa式、B型Ⅱ式，钫A型Ⅰ式、A型Ⅱ式、B型Ⅰ式、B型Ⅱ式，罐A型、B型、D型Ⅰ式、E型Ⅰ式、F型，镶壶A型Ⅱ式、B型、C型Ⅱ式、D型，熏B型Ⅰ式、B型Ⅱ式、B型Ⅲ式，灶A型Ⅰa式、A型Ⅱa式、A型Ⅲ式，井A型Ⅰ式、A型Ⅱ式、B型Ⅰ式、B型Ⅱ式；硬陶罐A型Ⅰ式、A型Ⅱ式、B型Ⅱ式、C型Ⅰ式、C型Ⅱ式、D型、E型Ⅰ式、E型Ⅱ式、F型Ⅱ式；滑石璧A型、B型Ⅰ式、B型Ⅱ式、C型；铜五铢钱。

表二二　　　　　　　　　　　汉墓组合登记表

组列	锺	鼎	盒	钫	罐	镶壶	熏	灶	井	硬陶罐	滑石璧	铜钱币	墓例
1	AI	√		√			BI	√	AI	AII、CI、EI、EII		√	M1146
2	AII	√	√	√			√	AIa		EII	√		M1167
3	BI、BII	AI	Aa	AI		AI	A	AIb	AI	AI	BI		M1254
4	√	√	√	√		AI、B	BI	AIa	BI	AI、BI、CI、EI、FI	A、BI	√	M1147
5	√			BI	√	B	√	AIa		AI、EI、EII	√	√	M1141
6	√	AII		√	√	B	√		√	AI、AII、EII	BI	√	M1156
7	BII	BI	BIa	AI			√		AI	EII	√	五铢	M1181
8	BII	BI	BIa	BI	B	CI	BI	AIa	BI	EI	A	五铢	M1164
9	BII	√		√	√		√	√			√	√	M1168
10	BII	√	√	BI	√	√	√	√	C		BI	五铢	M1178
11	BIII	√	BIb	AI	A、C	B	√	√	BI	CI、EI、FI	BI	√	M1139
12	√	√		√			√	AIa	BI	EII	BI	五铢	M1166
13	AIII	√		AI	√	AII、D	BIII	√	BI	AI、EII	BI		M1190
14	AIV	√	√	√	DI		BI	√	√		BI	五铢	M1131
15	BIII、BIV	√	√	AII	A、B、F	CII	√	AIa	AI		√		M1135
16	BIV	AIII		AII	B		BII	AIIa	AII	D	BI	√	M1143
17	BIV	√	√	BI		AII、B		AIII	BII	CII、D、EII、FII	BI		M1150
18	BV			AII	EI	CII				CI	BI、BII、C		M1129
19	BV	√	√	AII	√	√	√	√			A	五铢	M1162
20	BV	BII		√		CII	BI		√	CI、EII	BI		M1157
21	BV	√	BIa	BII	√	√	√	√			√		M1159
22	BV		BII	√		CII	BII		BII	BII、FII	√		M1197
23	C	√		√			√			AII、EI、EII	√	√	M1196
24	√	√	BII	√			BI	√	AI	AI、D、EII			M1140
25	√	√	√	√		AII			AII	EII	A	五铢	M1158
26	AIV	BIII	BIII	√	DII	AIII	BIV	AIIb	AIII	BIII、CIII	BII	五铢、货泉	M1232
27	AIV	AIV		C	EII		√	B	AIII	CII、FII	BI	五铢、大泉五十	M1119
28	BV		BIII	AII			BII	√		CII	BII	大布黄千	M1212
29		BIII			√					√	BII		M1136
30	√	√		AII	√		√	√	BII	CII	√	五铢、大泉五十	M1220
31		√	√		√			√	√		BII	货泉	M1127
32							BV	AIII					M1208

第三组：共七座墓（26～32 列），为 M1119、M1127、M1136、M1208、M1212、M1220、M1232。器物形态有陶锺 A 型Ⅳ式、B 型Ⅴ式，鼎 A 型Ⅳ式、B 型Ⅲ式，盒 B 型Ⅲ式，钫 A 型Ⅱ式、C 型，罐 D 型Ⅱ式、E 型Ⅱ式，镶壶 A 型Ⅲ式，熏 B 型Ⅱ式、B 型Ⅳ式、B 型Ⅴ式，灶 A 型Ⅱb 式、A 型Ⅲ式、B 型，井 A 型Ⅲ式、B 型Ⅱ式；硬陶罐 B 型Ⅲ式、C 型Ⅱ式、C 型Ⅲ式、F 型Ⅱ式；滑石璧 B 型Ⅰ式、B 型Ⅱ式；铜五铢、货泉、大泉五十、大布黄千钱。

以上三大组代表着窑头汉墓的三个发展阶段，也即三期。

第二节　墓葬年代

在进行本报告编写的同时，编者作为常德市文物局《沅水下游汉墓》考古报告编写顾问组成员参与了沅水下游汉墓的分期排队工作，由于沅水下游汉墓的资料非常丰富，终西汉一朝从汉初至新莽时期的序列清楚，共分为四期七段，四期即西汉早、中、晚三期和新莽时期，其中早期三段，中期两段，晚期和新莽时期各一段。由于沅陵窑头和常德相距不远，且同处沅水中下游流域，汉代墓葬的文化面貌高度一致。在沅水下游汉墓分期的基础上，编者与高成林先生一道又对窑头汉墓进行了分期断代，经过反复推敲分为三期。在窑头汉墓中基本不见西汉早期墓葬。则窑头汉墓的三期分别为西汉中、晚期和新莽时期。

第一期的典型器物有 A 型Ⅰ、Ⅱ式和 B 型Ⅰ、Ⅱ、Ⅲ式陶锺；A 型Ⅰ、Ⅱ式和 B 型Ⅰ式鼎；A 型Ⅰ式和 C 型Ⅰ式镶壶；A 型熏；A 型Ⅰa 式和 A 型Ⅰb 式灶；A 型Ⅰ式和 B 型Ⅰ式井。所出钱币为五铢钱。代表墓葬主要为 M1164 和 M1254 两座。在西汉中期，邻近地区没有纪年墓葬可资比较，而在西汉早期则有马王堆汉墓和虎溪山 1 号墓有精确的年代资料。其中马王堆 2 号墓为吕后二年（前 186 年）；马王堆 3 号墓为汉文帝前元十二年（前 168）[1]；虎溪山 1 号墓的墓主人吴阳死于文帝后元二年（前 162 年），均属西汉早期[2]。将窑头汉墓第一期与之比较，有些相似因素，但也有明显差异。相比而言，与虎溪山 1 号墓的相似因素更多，如 B 型Ⅱ式陶锺与沅虎 M1T：1 陶锺极为相似，只是圈足略高而已；盒的形态也与沅虎 M1T：3 一致。所异者如沅虎 M1 所出陶钫盖有子母口，而窑头汉墓的钫均无子母口；A 型熏虽然承袭早期形态，但圈足很高，且出现了 B 型带盘状托座的熏；西汉早期墓中少见灶、井等模型器。当然这其中可能有等级因素，但也与时代不无关系。再说，窑头第一期墓中所出钱币为"五铢"，则决定了这批墓葬不可能早于武帝元狩五年（前 118 年），故将这一期墓葬的年代定为西汉中期是没有问题的。其年代范围大致为武、昭两代（图五六九）。

再说第三期。第三期墓葬时代较为明确的只有七座，这期墓葬的标志形器物便是新莽钱币。七座墓中有五座出有新莽钱币，分别有货泉、大泉五十和大布黄千。毫无疑义，本期墓葬的年代

① 湖南省博物馆、湖南省文物考古研究所：《长沙马王堆二、三号汉墓》，文物出版社，2004 年。
② 湖南省文物考古研究所等：《沅陵虎溪山一号汉墓发掘简报》，《文物》2003 年第 1 期。

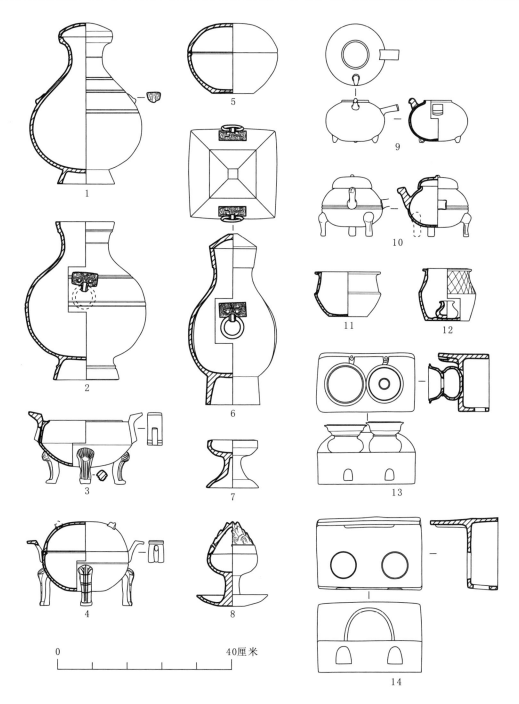

图五六九 窑头汉墓第一期代表性陶器

1. A 型 I 式陶锺（M1146：7） 2. B 型 II 式陶锺（M1254：15） 3. A 型 I 式陶鼎（M1254：3） 4. B 型 I 式陶鼎（M1164：22） 5. B 型 I a 式陶盒（M1164：11） 6. A 型 I 式陶钫（M1254：7） 7. A 型陶熏（M1254：19） 8. B 型 I 式陶熏（M1146：15） 9. A 型 I 式陶镳壶（M1254：14） 10. C 型 I 式陶镳壶（M1164：5） 11. A 型 I 式陶井（M1254：6） 12. B 型 I 式陶井（M1164：7） 13. A 型 I a 式陶灶（M1164：21） 14. A 型 I b 式陶灶（M1254：4）

上限不会超过王莽践祚后更造新钱的居摄二年（公元 7 年）[1]。该期最具代表意义的墓葬有 M1119

① 朱学西、张绍勋、张习礼：《中国历史大事编年》第一卷第 558 页，北京出版社，1987 年。

和 M1232。钱币以外的典型器物则有 A 型Ⅳ式陶锺；A 型Ⅳ式陶鼎；A 型Ⅱb 式和 B 型陶灶；A
型Ⅲ式陶井等。与第一期相比，其组合形式没有根本变化，器物形态也演变有序。A 型Ⅳ式鼎有
大、小两种，形态完全一样，在窑头汉墓中相同形态的锺多为大、小两套，且各为两件；鼎更轻
薄，足根部出现人面纹（或兽面纹）；盒的形态和第一期几无区别；灶的挡风板变矮，烟囱变为
挡风板前扎两孔或无烟囱，B 型灶则将挡风板和火门分别置于两端。从各种特征分析，第三期汉
墓年代的下限应不会晚至东汉时期（图五七一）。

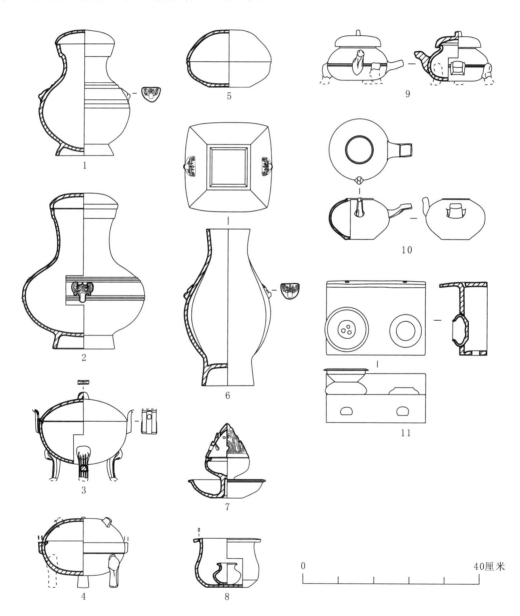

图五七○　窑头汉墓第二期代表性陶器

1. B 型Ⅳ式陶锺（M1143：4）　　2. B 型Ⅴ式陶锺（M1157：20）　　3. A 型Ⅲ式陶鼎（M1143：13）
4. B 型Ⅱ式陶鼎（M1157：11）　　5. B 型Ⅱ式陶盒（M1140：10）　　6. A 型Ⅱ式陶钫（M1143：9）
7. B 型Ⅱ式陶熏（M1143：18）　　8. A 型Ⅱ式陶井（M1143：7）　　9. C 型Ⅱ式陶镳壶（M1129：11）
10. D 型陶镳壶（M1190：7）　　11. A 型Ⅱa 式陶灶（M1143：15）

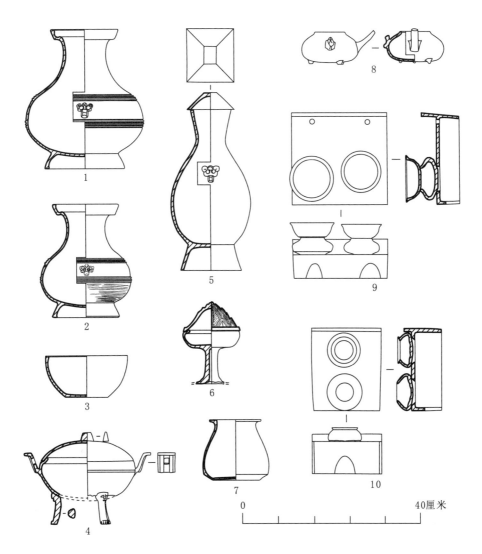

图五七一　窑头汉墓第三期代表性陶器

1、2. A 型Ⅳ式陶锺（M1232：49，M1232：33）　　3. B 型Ⅲ式陶盒（M1212：10）　　4. A 型Ⅳ式陶鼎（M1119：8）
5. C 型陶钫（M1119：24）　6. B 型Ⅳ式陶熏（M1232：21）　7. A 型Ⅲ式陶井（M1232：55）　8. A 型Ⅲ式陶鐎壶
（M1232：12）　9. A 型Ⅱb 式陶灶（M1232：32）　10. B 型陶灶（M1119：16）

确定了第一期墓葬和第三期墓葬的年代范围，则第二期墓葬的年代自然便是西汉晚期。其年代范围为宣帝至王莽摄政之前。本期墓葬共十三座，具有代表性的墓葬则有 M1143、M1150、M1157 等几座。其器物特征上承第一期，下启第三期（图五七○）。

窑头墓地没有发现西汉早期墓葬，并不能认为该处没有这一时期的墓葬，应是发掘地点和墓葬数所局限，所发掘墓数仅为该地点墓葬总数的一小部分。至于西汉以后墓葬的多少和有无则另当别论。

余　论

第一节　战国至秦代墓葬与周边地区同期墓葬的比较研究

　　这里所谓的周边地区是指北至楚都江陵地区，南至长沙地区的这一大片区域。没有包括湖北宜昌和河南、安徽的楚墓。因为宜昌楚墓的年代普遍较早，缺乏可比性，而河南、安徽的晚期楚墓与窑头战国墓葬的差异太大，也不便比较。

　　窑头战国至秦代墓葬与周边地区的同时期墓葬相比有同也有异，其差异体现在墓葬的各方面。周边邻近地区资料报道比较详实的有江陵雨台山[①]、九店[②]；澧水下游的临澧、澧县、津市[③]；沅水中下游的龙山里耶[④]、常德[⑤]；资水下游的益阳[⑥]以及湘江下游的长沙[⑦]等。湖南其他地区的楚墓资料则比较零散。下面按区域或墓地分别进行比较。

一　与江陵楚墓比较

　　江陵楚墓的中小型墓葬以《江陵雨台山楚墓》和《江陵九店东周墓》两部报告所报道的墓葬为代表。

　　江陵楚墓的墓葬结构较沅水中下游东周墓的结构相对简单一些。带墓道的墓只有斜坡墓道一种，较大型的墓有台阶，这和窑头墓地一样。壁龛主要为高头龛，此外还有少量低头龛、边龛、

① 湖北省荆州地区博物馆：《江陵雨台山楚墓》，文物出版社，1984年。
② 湖北省文物考古研究所：《江陵九店东周墓》，科学出版社，1995年。
③ 谭远辉：《澧水下游楚墓论述》，《湖南考古2002·下》，岳麓书社，2004年。
④ 湖南省文物考古研究所：《里耶发掘报告》，岳麓书社，2006年。
⑤ 常德市文物局等：《沅水下游楚墓》，文物出版社，2010年。
⑥ 益阳市文物管理处等：《益阳楚墓》，文物出版社，2008年。
⑦ a.中国科学院考古研究所：《长沙发掘报告》，科学出版社，1957年。b.湖南省博物馆等：《长沙楚墓》，文物出版社，2000年。

足龛和双龛，没有平头龛。带二层台的墓很少，而且只有封闭性的二层台一种，没有壁龛与二层台共存的现象。在九店也见有秦式洞式墓。

在随葬器物的组合和形态方面，两地的差异都较大。江陵楚墓所代表的是正统的楚文化，而窑头楚墓则是夹杂着较多本土和外来因素的墓葬。江陵楚墓的仿铜陶礼器大件主要有鼎、敦、簠、小口鼎、镳壶、罍、尊缶、壶、钫和少量的盒；小型陶礼器中，盘和匜稍多，勺、匕、斗则较少。江陵楚墓中出土铜容器的种类和数量都较多，而且还有越式铜鼎出土。出土铜兵器中最显著的差异就是江陵楚墓中极少出扁茎短剑。江陵楚墓中出有较多漆木器、竹器及丝织品等有机物质则是由墓葬自然和人为保存条件所决定。江陵楚墓中日用陶器有鬲、盂、长颈罐、高领罐、小罐、盖豆、豆等，不见簠，也少见双耳罐、束颈罐和矮领罐。鬲的数量较多，且以大口鬲为主。盂绝大多数为圜底，少见平底，也少有绳纹。而长颈罐的形态较窑头墓地的长颈罐特征鲜明。江陵楚墓的年代上限较沅水中下游楚墓为早，至春秋中期；而战国晚期墓葬相对较少。

二　与澧水下游楚墓比较

澧水自石门以下属下游地区，石门县发掘东周墓葬较少，情况不明。临澧、澧县、津市三县（市）所发掘东周楚墓墓地数十处，墓葬数百座。见于报道的资料有临澧九里①、太山庙②；澧县丁家岗③、皇山④、新洲1号墓⑤；津市金鱼岭⑥、花山寺⑦、邵家嘴等⑧。《澧水下游楚墓论述》一文对这一地区的楚墓进行了较系统的研究⑨。总体而言，这一地区的楚墓与楚都江陵的楚墓从年代和内涵上都多有相似，因这一带紧邻江陵，是楚文化南渐最早到达的地区。

澧水下游墓葬结构及比例分配情况都和窑头墓葬相差无几，墓有宽坑和窄坑之别；墓道仅斜坡一种；壁龛墓仅头龛一种，绝大多数为高头龛，极少平头龛；二层台的情况也与窑头相当，但二层台与壁龛共存的极少。澧水下游没有如沅水中下游地区东周墓那种在宽大墓坑中仅随葬1~2件铜兵器的现象（被盗除外）。也就是说，澧水下游东周墓基本上都是楚墓，当然不排除有部分外来因素。

两地楚墓的随葬器物组合差别不大，但形态上有些差异。在仿铜陶礼器中最显著的差异就是澧水下游楚墓中基本不见细颈壶。当然这也与时代因素有关，因为澧水下游楚墓中极少战国末期的墓葬，目前所知仅在津市花山寺发现两座属于战国末期或秦代的随葬仿铜陶礼器的墓葬（津花M4；津花M8）⑩。其组合为鼎、盒、壶。盒为由楚式敦演变而来的平底平顶的钵形盒，同沅水下游楚墓中的B型Ⅱa式；壶的形态也与沅水下游楚墓中的E型Ⅴ式壶形态接近，属细颈壶系列⑪。

①　湖南省博物馆：《临澧九里楚墓》，《湖南考古辑刊》第3集。

②　常德地区文物队：《临澧太山庙楚墓》，《湖南文物》第3集。

③　湖南省博物馆：《澧县东田丁家岗新石器时代遗址》，《湖南考古辑刊》第1集。

④　澧县博物馆：《湖南澧县皇山楚墓发掘报告》，《湖南考古辑刊》第7集。

⑤　湖南省博物馆等：《湖南澧县新洲一号墓发掘简报》，《考古》1988年第5期。

⑥　津市文管所：《津市市金鱼岭东周楚墓》，《湖南考古辑刊》第5集。

⑦　津市文管所：《湖南津市花山寺战国西汉墓清理简报》，《江汉考古》2006年第1期。

⑧　津市文管所：《津市邵家嘴楚墓发掘报告》，《湖南考古·2002》。

⑨　谭远辉：《澧水下游楚墓论述》，《湖南考古2002·下》第561页，岳麓书社，2004年。

⑩　津市文管所：《湖南津市花山寺战国西汉墓清理简报》，《江汉考古》2006年第1期。

⑪　常德市文物局等：《沅水下游楚墓》，文物出版社，2010年。

澧水下游楚墓与沅水中下游楚墓还有一个显著差异就是澧水下游楚墓中极少出小型陶礼器盘、勺、匜、匕。在日用陶器中，澧水下游楚墓出鬲的概率远高于沅水中下游楚墓，而且是以大口鬲为主，区别于沅水中下游楚墓以小口鬲为主；澧水下游楚墓中的盂自始至终以绳纹圜底为主；罐的种类和数量不如沅水中下游楚墓多，基本不见长颈罐，平底化趋势也不明显。澧水下游楚墓也出扁茎短剑，但数量没有沅水中下游楚墓多，均与楚器共存。澧水下游楚墓还时常可见出越式铜鼎、刮刀以及硬陶罐等。

从年代上讲，澧水下游楚墓的年代早于沅水中下游楚墓，最早可达春秋中期，而窑头楚墓只能早到战国早期，常德的沅水中下游楚墓也只能早到春秋晚期；但是到战国末期至秦代两地的情况则相反，即沅水中下游楚墓中这一时期的墓葬相当多，而在澧水下游则相当少。

三　与里耶麦茶楚墓比较

麦茶墓地位于湘西龙山里耶古城东北方向约 2 千米处的山头上，南临沅水最大支流西水。1988、2002、2004 及 2005 年分别对该墓地进行了发掘，以 2005 年发掘为主，共发掘墓葬 236 座，编入《里耶发掘报告》中。原报告称为"麦茶战国墓地"，实际有一部分墓葬的时代应至秦代，少数墓葬的出土器物甚至有汉初的印记，报告将"圜底内凹绳纹罐"作为苗蛮文化的代表器形也实难苟同。麦茶墓地实为一处战国中晚期至秦代（少数墓可能达汉初）以楚文化为主体的墓地①。麦茶墓地报道的墓葬略多于窑头墓地。从墓葬规模和年代范围两方面看，两处墓地都约略相当。

墓葬形制方面：麦茶墓地和窑头墓地相差无几。如墓葬以普通长方形竖穴为主，普通长方形竖穴墓在麦茶墓地占近 75%，在窑头楚墓中约占 68%；壁龛墓以头龛为主，而麦茶墓地更是仅头龛一种，头龛以龛底高于墓底的高头龛占绝对优势，窑头墓地的平头龛比例较麦茶墓地的高，但麦茶墓地头龛墓占所有墓葬的比例较之窑头墓地要高出约 30%。麦茶墓地，带二层台的墓葬很少，仅 10 余座。几种形态的二层台都有，但以封闭形的二层台为主。带墓道的墓很少，均为斜坡墓道，这与窑头墓地相同。麦茶墓地无论宽坑墓还是窄坑墓墓壁都略倾斜，而窑头楚墓中窄坑墓的墓壁多垂直。

随葬品方面：麦茶墓地仿铜陶礼器有两种基本组合形式——早期为鼎、敦、壶，晚期出现鼎、盒、壶，而在窑头则基本只有鼎、敦、壶一种。但因年代因素，麦茶墓地没有小口鼎、浴缶、簠等器形。日用陶器组合的基本形态为罐、盂（簋）、豆或壶、盂（簋）、豆。簋的数量较窑头墓地为多，而且形态也有差异。簋在墓地绝不与盂（钵）同出，说明簋在墓中应是盂的替身，一般与日用陶器同出或与壶形成组合。窑头墓地中簋虽不多，但似乎也有这一趋向。麦茶墓地的盂从早到晚只有凹圜底绳纹盂一种，没有向平底化发展的趋势；豆则以矮柄豆为主流形态，而高柄豆较少，这与窑头墓地恰好相反。麦茶墓地的日用陶器墓不出鬲，也不出长颈罐，而所出双耳壶则全部以日用陶器的身份呈现，这更加印证了我们对于双耳壶为日用陶器的认识。麦茶墓地中随葬兵器的墓极少，在 236 座墓中仅 12 座墓出土 11 件兵器（其中一件铜剑分两截放入两座墓中），而剑仅出 4 件，其中扁茎剑 1 件，形态比较特殊。窑头墓地的墓葬数少于麦茶墓地，但仅铜

---

① 湖南省文物考古研究所：《里耶发掘报告》，岳麓书社，2006 年。

剑一种就有 55 件之多，而扁茎剑也有 10 余件，这应该不完全是年代因素。

四　与沅水下游楚墓比较

沅水下游主要为常德市的桃源县至汉寿县一带，这一带发掘楚墓多达 3000 座以上①。将沅水下游楚墓与窑头战国至秦代墓葬相比有较多共同点，也有若干差异。

墓葬形制方面：两地的墓葬结构形态和比例分配大抵相当，但可能受墓葬数量的限制，沅水下游楚墓中一部分墓葬形态在窑头没有。如分段式墓道、阶梯式墓道以及龛底低于墓底的低龛墓等。分段式墓道和低龛在沅水下游楚墓中是一种突出特征。

随葬器物方面：沅水下游楚墓中战国晚期仿铜陶礼器组合形态除鼎、敦、壶外，还有鼎、盒、壶和鼎、钫、壶，并且总是有一套小型器皿——盘、勺、匜、匕与仿铜陶礼器相伴而出。其共存概率约占 60%。鼎、盒、壶的组合形态在窑头仅一见，而鼎、钫、壶的组合形态则没有。小型礼器盘、勺、匜、匕与之共存的概率也较低，而且器类多不齐全。沅水下游楚墓中细颈壶的颈特细，另有一种特殊器形——鼎形鬲在窑头也不见。沅水下游楚墓中的高柄小壶颇有特色，陕西陇县店子属于战国早期的秦墓所出 H 型壶（M99∶3）与之形态接近，因而，该器形可能是受秦文化因素影响②。在日用陶器中，窑头所出长颈罐接近高领罐的形态，不如沅水下游楚墓出土的典型。窑头墓地出鬲的概率则较沅水下游墓地要高，在不到 200 座墓中出鬲 6 件，而沅水下游 1600 座墓中仅出 7 件。鬲均为小口罐形鬲。

两地出土铜兵器的情况较一致，而且都有一种以随葬铜兵器为主的墓，这类墓的随葬品都少，多仅 1~2 件铜兵器或加 1~2 件日用陶器罐或豆；另一共同点就是墓坑普遍较宽大，有的还有墓道、台阶和椁室。其墓葬规模与随葬品数量极不对等，而且也不能简单归咎于被盗因素，与楚墓的一般特征相悖。这应是本地土著文化的墓葬，其代表器形就是一种装有宽格的扁茎短剑。

五　与益阳楚墓比较

益阳楚墓主要分布在益阳市区周围约 20 千米范围内的近郊，《益阳楚墓》一书集中报道楚墓资料 653 座③。益阳属资水下游，墓葬分布于资水两岸，距沅水下游的常德仅有数十千米。资、沅二水的下游相隔很近，之间也没有高山大阜为天然屏障，按理说应该是一个地理单元。但从考古学文化的面貌看，两地差别却很大。

当然益阳楚墓与沅水中下游楚墓的共性还是大于其他地区。如墓葬形制除普通长方形土坑竖穴外，宽坑墓或带有墓道，极个别带有台阶；狭长坑墓带二层台和壁龛的现象比较普遍。随葬器物主要为仿铜陶礼器和日用陶器，其组合、器类、器形都与窑头墓葬多所相似。仿铜陶礼器主要为鼎、敦、壶、盘、勺、匜、匕，其他器类较少；日用陶器主要为罐、盂（钵），鬲很少，且都是小口鬲；豆在两类组合中都充当着主要配角。铜器主要为兵器，有剑、戈、矛、镞；其他有铜镜、带钩、砝码、铃形器。玻璃器主要有璧、珠等。

益阳楚墓也有其自身特征，与沅水中下游楚墓之间的差异较明显。主要体现在随葬器物方

---

①　常德市文物局等：《沅水下游楚墓》，文物出版社，2010 年。

②　陕西省考古研究所：《陇县店子秦墓》第 76 页，三秦出版社，1998 年。

③　益阳市文物管理处等：《益阳楚墓》，文物出版社，2008 年。

面，墓葬形制方面的差异不甚明显。益阳楚墓中出有体现越文化精髓的"越式"铜鼎 8 件，而从里耶到常德的沅水中下游楚墓中一件未出。在仿铜陶礼器中，益阳楚墓的细颈壶多呈盘口状，不见沅水中下游的"玉壶春"式壶。益阳楚墓中扁茎短剑少出，较为典型的只有一件（原报告称匕首），且不见活动宽格，剑身形态也与沅水下游所出不同，为脊两侧有深血槽的形态，状如矛。相比之下益阳楚墓与沅水下游的常德楚墓共性还是要多一些。

益阳楚墓与沅水中下游地区楚墓最大的差异在于益阳楚墓的越文化因素尤为彰显，而且在益阳还有越人的专属墓地。20 世纪 80 年代末至 90 年代初，在益阳桃江腰子仑发掘了 113 座春秋时期的越人墓葬，原报告将一部分出陶鬲的墓定为楚墓，笔者不认同这一观点①。因为无论从墓葬形制还是随葬器物的组合及器物形态等方面分析，这些墓葬都与楚墓的整体特征天差地别，仅凭有鬲与否而判定其是否为楚墓实在有失偏颇。须知鬲不过是一件日用炊器，并不是楚人的专"利（鬲）"。还须知，两种地域相邻的文化遗存之间因为交流与融合的因素总有一些共性特征，因此，碰到出鬲的墓还得从文化因素分析的角度并结合环境因素进行综合考察，以确定其文化属性。

六　与长沙楚墓比较

长沙楚墓中壁龛墓比较普遍，窄坑墓中绝大多数都有壁龛，和沅水下游楚墓一样各种形态的壁龛都有，但不同形态壁龛的比例分配却有所不同，平头龛占绝对优势，约占所有壁龛墓的70%，有一定数量的边龛墓。其他结构及比例则与沅水中下游楚墓接近。

长沙仿铜陶礼器楚墓中的横耳小口鼎、尊缶为窑头墓葬所无，在整个沅水中下游地区也少见。日用陶器中盂多为平底，有少量硬陶罐。铜扁茎短剑较少，且没有窑头墓葬所出的典型。长沙楚墓随葬铜镜的现象较普遍，有接近四分之一的墓随葬铜镜。

《长沙楚墓》一书报道了楚墓 2000 余座，器物类别丰富齐全，这是窑头战国至秦代墓葬所无法比拟的。

通过以上比较可以得出以下认识：沅水中下游三处墓地的文化面貌较为一致，其间只有细微差别，窑头墓地处于中间地带，兼容上下流域两处墓地的文化特征而显现一定的地方特色。窑头战国至秦代墓葬与澧水下游和资水下游的同期墓葬比有较大差异，这些差异反映在地域、时代、族属以及外来影响因素的大小和侧重等方面。澧水下游与楚都江陵平原相接，其地入楚的年代基本与江陵同时，其入秦的年代也与郢都同时，因而其楚墓的特征与江陵楚墓高度一致。而沅水流域入楚与入秦的年代都要晚于澧水下游，到战国末期则基本属于楚国南境的一座孤岛，名楚实秦，这一现象在墓葬中都得到了充分反映②。资水下游的益阳因其楚之先的族群为越人，所以，楚墓中也夹杂有很多越文化因素。江陵地区为楚国都城所在地，其楚文化正统纯粹；而长沙则为楚国南境的另一政治文化中心，却又受百越文化影响深远，因而其文化构成较为复杂。即有反映正统楚文化的楚国中高等贵族的墓葬，如 71 浏城桥 1 号墓、92 马益顺巷 1 号墓等；也有楚文化特色并不纯粹的平民墓葬。

---

① 益阳市文物管理处：《湖南桃江腰子仑春秋墓》，《考古学报》2003 年第 4 期。
② 谭远辉：《论"江旁十五邑"的孤岛文化》，《楚文化研究论集》第九集，上海古籍出版社，2011 年。

第二节　战国至秦代墓葬的文化因素分析

毫无疑问，窑头战国至秦代墓葬的主体文化因素为楚文化，虽然其内涵不如江陵及澧水下游楚墓纯粹，但在墓葬形制、随葬品组合、器物形态等方面都还是具备楚墓的基本要素。但其外来因素的影响较为复杂，本地土著传统文化因素尤为彰显。

外来因素方面，最为明显的莫过于秦文化因素的影响或者渗透，而且时代逾晚逾强烈。如罐、盂等的平底化趋势，细颈壶、盒、簠等形态都有秦文化因素的影响。这里我想重点介绍一下其中的一座洞室墓。洞室墓的编号为 M1054，其结构是在竖井式墓道一条长壁的底部横向掏一面积略小于墓道的墓室，这种结构称为"偏洞室墓"，这种墓葬并不是南方墓葬的传统形制，而在中原秦墓中较常见，如陕西陇县店子[①]、塔儿坡[②]、尤家庄[③]、半坡[④]等地的秦墓。洞室墓在南方也时有发现，如江陵九店东周墓地即发现五座洞室墓[⑤]；沅水下游的常德德山莲花池德郊酒厂1987 年 1 号墓也是一座洞室墓，由于该墓洞顶被推土机推毁，所以在编写报告时并未作为洞室墓介绍[⑥]；1956 年在长沙烈士公园也曾发现一座洞室墓[⑦]。这些洞室墓除长沙烈士公园 M18 为直线式洞室墓外，其余都是偏洞室墓。两者的区别是前者在墓道的一端掏洞，而后者是在墓道的一侧掏洞。洞室墓中除空墓外，随葬器物多为日用陶器和铜镜等，其组合也多不类楚墓，只一座随葬楚式仿铜陶礼器鼎、敦、壶。可以认为，南方所出这些洞室墓应是受秦文化影响，或者本来就是秦人墓。

沅水中下游地区在楚入主之先，当地即存在着渊源久远的土著民族传统文化，至于土著民族的属性是蛮？是濮？是䍧？还是百越？这是很难说清的历史问题，姑且不论。伴随着楚国的政治势力对这一带占领后的文化入侵，试图在短期内改变这一带的传统文化习俗，但是这种强制改造遇到了当地传统势力的抵制，虽然这种抵制总是处在下风，但是也往往能给强势文化的推行制造一些麻烦。在东周墓葬中，除楚墓外还同时并存一种与楚墓特征判然有别的非楚性质的墓葬便是这种守旧势力存在的明证。而且这种传统因素虽最终与楚文化因素合流，但在楚墓中，其影响依然不绝如缕。其标志物便是一种带活动宽格的扁茎短剑，这种剑与楚剑的区别不惟剑的形制，主要还是两者使用方法上有着本质区别。两种常制的楚剑——双箍剑与空首剑均属短兵器，而土著民族的扁茎短剑我们从沅水下游楚墓 A 型 Ⅱb 式扁茎剑中获得证据，其应为安装木柄的长兵器

① 陕西省考古研究所：《陇县店子秦墓》，三秦出版社，1998 年。
② 咸阳市文物考古研究所：《塔儿坡秦墓》，三秦出版社，1998 年。
③ 陕西省考古研究院：《西安尤家庄秦墓》，陕西科学技术出版社，2008 年。
④ 金学山：《西安半坡的战国墓葬》，《考古学报》1957 年第 3 期。
⑤ 湖北省文物考古研究所：《江陵九店东周墓》，科学出版社，1995 年。
⑥ 湖南省常德市文物局等：《沅水下游楚墓》，文物出版社，2010 年。
⑦ 罗敦静：《湖南长沙发现战国和六朝的洞室墓》，《考古通讯》1958 年第 2 期。

（沅下 M1604：1）①。木柄装于剑茎部位，以销钉固定在剑首端，并以宽格箍住木柄使其与剑体套牢。因木柄腐烂而剑格与剑身出现较大间隙而称活动格。楚与土著不同制式和使用方法的剑应反映了两种兵器有着不同的适用范围。楚人除短兵器剑外，还另有长兵器戈与矛、戟以及远程兵器弩机与镞等。而土著民族似乎主要为一种长兵器——扁茎剑。楚人入主沅水流域后，其文化传统发生碰撞。经过一段不适应期，最后在趋于统一的总趋势下，分别为对方所接纳，因此，我们不但在非楚东周墓中可以见到楚式兵器，我们也能在楚墓中见到土著兵器——扁茎短剑。

沅水中下游地区与百越地区紧邻，甚至在楚之先与越唇齿相依，纠合错杂。益阳桃江的腰子仑曾发掘过一批非常典型的春秋越人墓，共 113 座②。报告的作者认为墓地中存在楚、越两种文化性质的墓葬，有研究者支持这种观点③。但我们认为 113 座墓都应属越人墓（在此不讨论这一问题）。我们只想说明，越人的领地与沅水中下游近在咫尺，至于沅水中下游是否可以纳入百越的范畴，目前尚无证据。但越族的典型器物——越式鼎在澧水下游地区的楚墓中都时有出土，奇怪的是，在沅水中下游三处主要墓区近 2000 座东周至秦代墓葬中竟无一件越式鼎出土。这实在有点匪夷所思。但其他百越文化因素在沅水下游楚墓中还是存在的，其主要体现在兵器上。如扁茎短剑在越墓中也有大量出土，剑身的形态与窑头所出无二致，只是前者一般无剑格，而后者以具有活动的宽格而特征突出。骹两侧有单鼻或二连鼻或三连鼻，叶后部两侧有深血槽的矛在越墓中占主导地位④。

形成窑头战国至秦代墓葬文化多元性的导因主要是特殊的地理位置和特定的历史背景。这一带楚之先属蛮濮之地，其传统文化根深蒂固，民风剽悍，桀骜难驯，军事占领并不能主导心灵的同化，移风易俗并非一蹴而就。这样就形成了一种复线发展，优胜劣汰或曰强胜弱汰的文化发展态势。同时，这一带又与古越族的领域接壤，因而难免会产生相互影响与渗透，这种影响与渗透便会体现在精神与物质方面。至于秦文化因素主要是导源于战争。从战国中晚期之际开始，秦国对楚国发动了强大攻势，加上楚国积弱难返，江河日下。终至公元前 278 年，秦将白起攻破郢都，烧毁夷陵，顷襄王偕百官徙都于陈。公元前 277 年秦人占领楚黔中。但《史记》中另一条记载却因交代不清，令后人争讼至今。《史记·楚世家》："二十三年，襄王乃收东地兵，得十余万，复西取秦所拔我江旁十五邑以为郡，距秦。"⑤ 楚顷襄王二十三年即公元前 276 年，也即秦取楚黔中的第二年，对于"江旁十五邑"的地望，学界有多种认识，或曰指黔中地。有学者则反对说："如在黔中郡，则与楚境不相接，成为飞地，何以收复？"认为应在鄂东、赣北一带⑥。近年在湘西里耶出土的大量纪年秦简应该可以给这一争讼定谳。在 36000 多枚简牍中有近千枚纪年简，其所纪年份的范围集中在秦始皇二十五年（前 222 年）至秦二世二年（前 208 年）⑦。即始于秦灭楚的次年，终于秦灭亡的上一年，前后共 15 年时间，一年不缺，平均每年有 50 枚左右的纪年简。

① 湖南省常德市文物局等：《沅水下游楚墓》附录一，文物出版社，2010 年。
② 益阳市文物管理处：《湖南桃江腰子仑春秋墓》，《考古学报》2003 年第 4 期。
③ 高至喜：《越楚墓混葬和越器楚用》，《楚文化研究论集》第七集，岳麓书社，2007 年。
④ 何纪生、何介钧：《古代越族的青铜文化》，《湖南考古辑刊》第 3 集。李龙章：《湖南两广青铜时代越墓研究》，《考古学报》1995 年第 3 期。
⑤ （汉）司马迁：《史记》卷四十《楚世家》，第 1735 页，中华书局，1963 年。
⑥ 张正明：《楚史》，湖北教育出版社，1995 年。
⑦ 湖南省文物考古研究所：《里耶发掘报告》，岳麓书社，2006 年。

在如此多的纪年简中，竟没有一枚超过公元前 222 年，年代如此精准，说明秦接管里耶城（迁陵县）、经营"洞庭郡"（楚黔中郡）是在楚亡国之后。也就是说，在秦拔郢（前 278 年）至灭楚（前 223 年）的 50 多年里，黔中一带都在楚国的版图中，秦有"黔中"（"洞庭"）仅仅 15 年而已。这些材料以无可辩驳的事实表明，"江旁十五邑"非黔中莫属。但是对于"飞地"说，我们还是可以认同的。楚黔中虽然与楚国并未完全隔绝，但其联络的便捷顺畅的通道已经切断了，要往东济湖涉江，才能进入楚国的腹地。正是由于这种特殊的形势，在从公元前 276 年至前 223 年的 56 年时间里，楚黔中的"江旁十五邑"便造就了一种"孤岛文化"。这就是为什么沅水中下游晚期楚墓与正统的楚墓总是貌合神离，异大于同的根源所在。在这 56 年时间的任何时候，秦要复取楚黔中都如囊中探物，但秦一直对其不屑一顾是有着更大的谋略，历史的发展已经证明了这一点。秦对这一带主要是采用的文化攻势，心灵同化，使秦国的思想文化在这一带潜移默化，而让人们逐渐淡忘故国文化，这一谋略虽由于楚人的仇秦心理而收效甚微，但还是给纯粹的楚文化添加了一些杂质。

第三节　西汉墓葬与周边地区同期墓葬比较

周边地区可资比较的汉墓资料比较少，资料报道较零散。比较详实的资料只有荆州高台秦汉墓[1]，里耶清水坪、大板汉墓[2]、长沙汉墓等[3]；另津市肖家湖[4]、花山寺[5]、桃源狮子山[6]、二里岗[7]、沅陵虎溪山[8]，大庸城区（今张家界市）[9] 等也有部分汉墓资料报道。汉墓资料最为丰富的当属目前正在编写的《沅水下游汉墓》，因本人曾参与该报告的器物分期排队，对该地区的汉墓的内涵有大致了解。下以这些资料为依托，与窑头汉墓作一大致比较。

我们大抵可以将这些汉墓按所在地区分为北区、中区和南区，澧水下游以北属北区，沅水中下游属中区，长沙属南区。澧水下游在秦汉时期虽与沅水流域辖属相同，即秦属黔中郡（洞庭郡），汉属武陵郡，但澧水下游紧临南郡，其传统文化及汉文化都和江陵地区接近甚至相同，而与沅水中下游汉墓有较大差异。墓葬形制方面的差异似乎不甚明显，但在沅水下游的常德发现较

[1]　湖北省荆州博物馆：《荆州高台秦汉墓》，科学出版社，2000 年。
[2]　湖南省文物考古研究所：《里耶发掘报告》，岳麓书社，2006 年。
[3]　a. 中国科学院考古研究所：《长沙发掘报告》，科学出版社，1957 年。b. 湖南省博物馆、中国科学院考古研究所：《长沙马王堆一号汉墓》，文物出版社，1973 年。c. 湖南省博物馆、湖南省文物考古研究所：《长沙马王堆二、三号汉墓》，文物出版社，2004 年。d. 宋少华：《西汉长沙国（临湘）中小型墓葬分期概论》，何介钧主编：《考古耕耘录——湖南中青年考古学者论文选集》，岳麓书社，1999 年。
[4]　常德市文物工作队，津市市文物管理所：《津市肖家湖十七号汉墓》，《湖南考古辑刊》第六集，《求索》杂志社，1994 年。
[5]　津市文管所：《湖南津市花山寺战国西汉墓清理简报》，《江汉考古》2006 年第 1 期。
[6]　湖南省文物考古研究所等：《桃源县狮子山汉墓发掘报告》，《湖南考古辑刊》第五集，《求索》杂志社，1989 年。
[7]　常德市文物工作队：《湖南桃源县二里岗战国西汉墓葬发掘报告》，《江汉考古》1995 年第 2 期。
[8]　湖南省文物考古研究所：《沅陵虎溪山一号汉墓发掘简报》，《文物》2003 年第 1 期。
[9]　湖南省文物考古研究所等：《1986—1987 大庸城区西汉墓发掘报告》，《湖南考古辑刊》第五集，《求索》杂志社，1989 年。

多的土墩墓，目前在澧水流域及江陵地区尚未发现，在窑头、里耶及长沙地区也未发现。这可能存在一个认识问题，我们认为，至少在沅陵一带是应该有的。在随葬器物方面，窑头汉墓与北区汉墓存在较大差异。因北区在公元前278年以后即被秦人占领，而沅水流域直到公元前222年才被秦人占领。也就是说，北区属秦的时间要比中区早56年。至秦朝灭亡，北区被秦统治的时间为71年，而中区仅15年时间，如过眼云烟①。反映在墓葬随葬品方面，则北区汉墓中的秦文化影响远较中区强烈。如荆州高台汉墓所出铜蒜头壶和陶茧形壶；平底的陶矮领罐，小口瓮②。澧水下游秦文化影响较江陵弱。沅水汉墓中滑石器的品种较多，基本上所见铜器和陶器中的器形在滑石器中都可见到，而铜器和陶器中没有的器形滑石器中也有，如傩面。滑石器的数量和种类越往北越少，澧水流域基本上只有滑石璧一种，而江陵汉墓中则极少见滑石器出土。北区汉墓中也不见出泥金饼。

澧水上游的大庸（今张家界市）距沅陵更近，而距澧水下游更远，东周及秦汉时期都与沅水中下游地区为相同的行政区属，因而汉墓的文化面貌也更为接近，墓葬形制、器物的类别都大致相当，只是各种器物的数量比例分配有所差异。大庸城区墓葬中出陶仓，在窑头汉墓中则无；大庸城区汉墓中除滑石璧外也有其他一些滑石器皿，但种类和数量不如窑头汉墓多。大庸城区汉墓的年代较窑头汉墓普遍要早③。

沅水中下游地区，除窑头以外，见于报道的汉墓资料主要有龙山里耶和桃源狮子山、二里岗，沅陵虎溪山1号墓因年代较早和规格较高不好比较。里耶清水坪和大板墓地分别位于西水南北两侧，《里耶发掘报告》报道清水坪墓地发掘墓葬255座，年代为西汉早期至新莽时期；大板墓地发掘墓葬72座，年代较清水坪墓地晚，为西汉晚期至东汉早期（下统称"里耶汉墓"）。从西汉中期至新莽时期的墓葬来看，里耶汉墓与窑头汉墓的特征相差无几，墓葬基本上为宽坑，带墓道的墓墓道很低，有斜坡也有平底，斜坡墓道的坡度一般较小。里耶汉墓因数量较窑头汉墓多出数倍，因而器类更为丰富，相同器类的形态差别不大，但里耶汉墓所出铜鍪、镀、甑、提梁盉、扁壶等不见于窑头汉墓，也无同类的仿铜陶器；印文硬陶器和釉陶器的类别窑头汉墓也不如里耶汉墓丰富；但里耶汉墓出土滑石器的种类却远不如窑头汉墓丰富，基本上也是滑石璧独领风骚，其他只有钫、盘、耳杯共5件④。出土滑石器最为丰富的要数沅水下游汉墓，无论数量和种类都堪称翘楚，不仅有各种礼器、日用器，还有镜、傩面等。其他特色器物还有陶泡菜罐，大量的釉陶器和青瓷器（包括礼器、日用器和模型器等）。沅水下游汉墓在墓葬形制方面则有独具特色的土墩墓。这些形态和特征就目前的发现而言，窑头汉墓都不具有⑤。桃源狮子山和二里岗属于沅水下游汉墓范畴。

长沙地区在汉代属长沙国，目前在这一带发掘的汉代墓葬已是汗牛充栋，但所报道的资料却很零散，较集中的只有《长沙发掘报告》⑥。目前正在编撰的大型考古报告《长沙汉墓》尚未终稿。而马王堆汉墓属于西汉早期高等级的墓葬。另宋少华先生撰写的《西汉长沙国（临湘）中小

① 谭远辉：《论"江旁十五邑"的孤岛文化》，《楚文化研究论集》第九集，上海古籍出版社，2011年。
② 湖北省荆州博物馆：《荆州高台秦汉墓》，科学出版社，2000年。
③ 湖南省文物考古研究所等：《1986—1987大庸城区西汉墓发掘报告》，《湖南考古辑刊》第五集，《求索》杂志社，1989年。
④ 湖南省文物考古研究所：《里耶发掘报告》，岳麓书社，2006年。
⑤ 湖南省常德市文物局等：《沅水下游汉墓》，文物出版社即将出版。
⑥ 中国科学院考古研究所：《长沙发掘报告》，科学出版社，1957年。

型墓葬分期概论》一文对长沙地区历年所发掘的中小型墓葬进行了较详细的论述①。《长沙发掘报告》报道西汉墓葬65座，分为前、后两期，前期从汉初至景帝时期；后期自武帝至新莽。分期线条较粗。宋少华将长沙中小型墓葬分为四期较为合理，第一期自汉初至文景之际；第二期自文景之际至武帝元狩五年之前；第三期自武帝元狩五年至元成之际；第四期自元成之际至新莽时期。第三、四期的年代范围与窑头汉墓的年代范围相同。墓葬方面：长沙汉墓中带墓道的墓流行阶梯式墓道，墓道下端一段为平底，往上则修出若干级台阶。墓道下端或与墓室底平，或略高于墓室底。晚期墓葬有在墓室底四周和墓道两侧等距离的立有木柱，木柱已朽，剩下柱洞，应是模仿地面建筑。随葬器物方面：长沙汉墓中有较多岭南地区南越国式的硬釉陶器，其类别和器形均高度一致，应是直接从岭南地区输入。有泥金版随葬的现象。但长沙汉墓出土的滑石器不如沅水中下游汉墓出土的丰富。以上所述，都是两地汉墓的显著差异，细微的差异还有很多，不赘述。

---

① 宋少华：《西汉长沙国（临湘）中小型墓葬分期概论》，何介钧主编：《考古耕耘录——湖南中青年考古学者论文选集》，岳麓书社，1999年。

附表一　　　　　　　　　　　战国至秦代墓葬分期总表

期	段	墓号	组	类	墓葬型式	期	段	墓号	组	类	墓葬型式
一	一	1059	B	丁Ⅰ	AⅠ	三	四	1010	A	丙Ⅰ	AⅠ
一	一	1108	B	丁Ⅰ	AⅠ	三	四	1011	B	丁Ⅱ	BⅠ
一	一	1149	B	丁Ⅰ	AⅠ	三	四	1015	B	丁Ⅰ	AⅠ
一	一	1155	B	丁Ⅰ	AⅠ	三	四	1018	B	丁Ⅱ	BⅠ
一	一	1191	B	丁Ⅱ	BⅥa	三	四	1020	A	乙	AⅡ
一	一	1238	B	丁Ⅰ	AⅠ	三	四	1036	A	乙	AⅢ
一	一	1251	B	丁Ⅰ	AⅠ	三	四	1040	B	丁Ⅰ	AⅥa
二	二	1002	B	丁Ⅱ	CⅧa	三	四	1053	A	乙	AⅠ
二	二	1060	B	丁Ⅲ	CⅧb	三	四	1065	B	丁Ⅱ	BⅠ
二	二	1079	B	丁Ⅱ	BⅥa	三	四	1066	A	乙	AⅠ
二	二	1089	B	丁Ⅲ	CⅧb	三	四	1067	A	丙Ⅱ	BⅠ
二	二	1103	B	丁Ⅰ	AⅠ	三	四	1114	B	丁Ⅲ	CⅠ
二	二	1134	B	丁Ⅲ	CⅥa	三	四	1152	A	乙	AⅠ
二	二	1205	B	丁Ⅱ	BⅥa	三	四	1161	A	丙Ⅰ	AⅠ
二	二	1239	B	丁Ⅲ	CⅥa	三	四	1170	B	丁Ⅰ	AⅠ
二	二	1244	A	丙Ⅰ	AⅠ	三	四	1184	A	丙Ⅱ	BⅠ
二	二	1245	A	乙	AⅢ	三	四	1198	A	丙Ⅰ	AⅠ
二	三	1008	B	丁Ⅲ	CⅧb	三	四	1213	A	乙	AⅡ
二	三	1039	A	丙Ⅱ	BⅤa	三	四	1228	B	丁Ⅲ	CⅥc
二	三	1041	B	丁Ⅱ	BⅥa	三	四	1247	A	丙Ⅰ	AⅠ
二	三	1043	B	丁Ⅱ	BⅥb	三	四	1301	A	甲	AⅢ
二	三	1085	B	丁Ⅰ	AⅠ	三	五	1004	A	丙Ⅰ	AⅠ
二	三	1105	A	丙Ⅰ	AⅠ	三	五	1007	A	丙Ⅰ	AⅠ
二	三	1138	A	乙	AⅠ	三	五	1009	A	乙	AⅠ
二	三	1165	A	乙	AⅢ	三	五	1013	A	丙Ⅰ	AⅠ
二	三	1195	A	乙	AⅠ	三	五	1016	A	甲	AⅠ
二	三	1210	A	乙	AⅠ	三	五	1019	A	丙Ⅱ	BⅠ
二	三	1218	B	丁Ⅲ	CⅥc	三	五	1022	A	乙	AⅦ
二	三	1237	A	丙Ⅰ	AⅠ	三	五	1023	A	丙Ⅰ	AⅠ
二	三	1243	A	乙	AⅠ	三	五	1025	A	丙Ⅰ	AⅠ
二	三	1248	A	乙	AⅡ	三	五	1027	A	乙	AⅡ

续附表一

期	段	墓号	组	类	墓葬型式	期	段	墓号	组	类	墓葬型式
三	五	1028	A	丙Ⅱ	BⅥa	三	六	1052	A	乙	AⅠ
三	五	1030	A	丙Ⅰ	AⅠ	三	六	1056	A	丙Ⅰ	AⅠ
三	五	1032	A	丙Ⅱ	BⅠ	三	六	1057	A	乙	AⅠ
三	五	1033	其他		AⅡ	三	六	1069	A	丙Ⅱ	BⅤb
三	五	1034	A	乙	AⅡ	三	六	1078	A	丙Ⅰ	AⅠ
三	五	1035	A	乙	AⅢ	三	六	1081	B	丁Ⅲ	CⅥa
三	五	1037	A	丙Ⅰ	AⅠ	三	六	1082	A	丙Ⅲ	CⅧb
三	五	1042	B	丁Ⅱ	BⅦ	三	六	1090	A	丙Ⅱ	BⅠ
三	五	1046	B	丁Ⅱ	BⅠ	三	六	1102	A	丙Ⅱ	BⅠ
三	五	1050	A	乙	AⅠ	三	六	1115	A	丙Ⅰ	AⅠ
三	五	1068	B	丁Ⅰ	AⅠ	三	六	1123	A	乙	AⅠ
三	五	1071	A	丙Ⅱ	BⅠ	三	六	1151	A	乙	AⅠ
三	五	1073	A	丙Ⅰ	AⅠ	三	六	1227	A	丙Ⅰ	AⅠ
三	五	1077	B	丁Ⅱ	BⅠ	三	六	1234	A	甲	AⅢ
三	五	1080	A	丙Ⅱ	BⅠ	三	六	1236	A	甲	AⅠ
三	五	1083	A	乙	AⅠ	四	七	1001	A	丙Ⅱ	BⅥa
三	五	1084	A	丙Ⅰ	AⅠ	四	七	1014	A	乙	AⅠ
三	五	1086	A	乙	AⅡ	四	七	1026	A	丙Ⅱ	BⅥa
三	五	1101	B	丁Ⅲ	CⅧb	四	七	1029	A	丙Ⅱ	BⅥa
三	五	1116	A	丙Ⅰ	AⅠ	四	七	1047	A	丙Ⅱ	BⅠ
三	五	1180	B	丁Ⅱ	BⅥa	四	七	1048	A	丙Ⅰ	AⅠ
三	五	1206	B	丁Ⅱ	BⅠ	四	七	1049	A	丙Ⅱ	BⅠ
三	五	1226	B	丁Ⅲ	CⅥc	四	七	1054	偏洞室墓		
三	五	1235	B	丁Ⅲ	CⅧb	四	七	1055	B	丁Ⅱ	BⅠ
三	五	1246	C		AⅠ	四	七	1058	A	乙	AⅥa
三	六	1003	A	丙Ⅱ	BⅠ	四	七	1061	A	丙Ⅰ	AⅥa
三	六	1006	A	丙Ⅱ	BⅤc	四	七	1087	A	丙Ⅰ	AⅥa
三	六	1012	B	丁Ⅰ	AⅡ	四	七	1118	A	丙Ⅰ	AⅤa
三	六	1017	A	乙	AⅠ	四	七	1221	B	丁Ⅲ	CⅥc
三	六	1021	B	丁Ⅰ	AⅠ	四	七	1222	A	丙Ⅱ	BⅠ
三	六	1031	B	丁Ⅲ	CⅧb	四	七	1224	B	丁Ⅲ	CⅥc
三	六	1044	A	丙Ⅱ	BⅠ	四	七	1230	A	丙Ⅱ	BⅠ
三	六	1051	A	乙	AⅠ	四	七	1253	A	乙	AⅠ

续附表一

期	段	墓号	组	类	墓葬型式	期	段	墓号	组	类	墓葬型式
战国		1045	A	丙Ⅰ	AⅡ	战国		1163	B	丁Ⅲ	CⅥa
战国		1062	B	丁Ⅱ	BⅥc	战国		1171	C		AⅣ
战国		1064	其他		BⅠ	战国		1173	A	丙Ⅰ	AⅠ
战国		1070	B	丁Ⅱ	BⅠ	战国		1174	B	丁Ⅱ	BⅠ
战国		1072	B	丁Ⅱ	BⅠ	战国		1175	C		AⅠ
战国		1075	A	丙Ⅱ	BⅥa	战国		1182	A	丙Ⅰ	AⅠ
战国		1076	A	丙Ⅰ	AⅠ	战国		1185	A	丙Ⅰ	AⅠ
战国		1091	A	丙Ⅱ	BⅠ	战国		1189	C		AⅤb
战国		1104	A	丙Ⅰ	AⅠ	战国		1192	A	丙Ⅰ	AⅠ
战国		1111	B	丁Ⅱ	BⅠ	战国		1193	A	丙Ⅰ	AⅠ
战国		1113	B	丁Ⅱ	BⅠ	战国		1199	C		AⅠ
战国		1121	A	丙Ⅰ	AⅠ	战国		1207	A	丙Ⅰ	AⅠ
战国		1125	A	丙Ⅰ	AⅠ	战国		1209	B	丁Ⅲ	CⅠ
战国		1128	B	丁Ⅱ	BⅠ	战国		1211	A	丙Ⅰ	AⅡ
战国		1130	B	丁Ⅱ	BⅥa	战国		1214	A	丙Ⅰ	AⅠ
战国		1132	B	丁Ⅰ	AⅠ	战国		1215	A	乙	AⅠ
战国		1133	C		AⅣ	战国		1217	B	丁Ⅲ	CⅥc
战国		1137	C		AⅠ	战国		1219	A	丙Ⅲ	CⅤb
战国		1142	A	丙Ⅰ	AⅠ	战国		1223	B	丁Ⅲ	CⅧc
战国		1144	C		AⅠ	战国		1225	A	丙Ⅱ	BⅠ
战国		1145	B	丁Ⅲ	CⅥa	战国		1231	A	丙Ⅰ	AⅠ
战国		1148	C		AⅠ	战国		1233	其他		AⅠ
战国		1153	C		AⅢ	战国		1249	C		AⅠ
战国		1160	C		AⅠ						

附表二　　　　　　　　　　　　　　　　　　　　战国至秦代墓葬登记表　　　　　　　　　　　　　　　　尺寸单位：厘米

墓号	方向	墓葬类别	墓坑尺寸（长×宽-深）	墓坑结构、葬具等	出土器物 陶器	出土器物 其他	期	段	备注
1001	320°	丙II	口:270×130 底:270×110-295	高头龛	鼎D型VI式1、壶D型IV式1、敦Db型III式1、匜1、匕C型1、高柄豆A型III式1、矮柄豆B型III式1		四	七	
1002	210°	丁II	口:246×126 底:206×86-210	高头龛，封闭二层台	盂A型IV式1、矮柄豆B型Ib式2		二	二	
1003	338°	丙II	口:284×128 底:280×116-245		鼎1、壶F型IIa式1、敦1、矮柄豆B型IIa式3	铜砝码1(2枚)	三	六	墓被盗
1004	324°	丙I	口:300×150 底:280×145-355		鼎D型III式1、壶D型II式1、敦Db型II式1、矮柄豆B型IIb式2	铜镜B型II式1	三	五	
1006	345°	丙II	口:250×95 底:238×95-240	一端二层台	鼎D型VI式1、壶F型IIc式1、簋III式1、高柄豆C型IVa式1	铜镜B型I式1	三	六	
1007	220°	丙I	口:320×182 底:320×158-370		鼎D型IV式1、壶D型II式1、敦Dc型I式1、高柄豆G型II式2	铜镜B型I式1、带钩1	三	五	
1008	225°	丁III	口:255×110 底:235×76-294	平头龛，半封闭二层台	双耳罐A型I式1、盂B型I式1、高柄豆A型II式1		二	三	
1009	220°	乙	286×150-340		鼎E型IIIa式2、壶D型III式2、敦Da型II式2、勺I型B型I式1、高柄豆2	铁臿2	三	五	
1010	?	丙I	口:320×200 底:300×150-380		鼎Cb型1、壶C型Ia式2、敦Db型I式1、矮柄豆D型I式1	铜剑B型I式1、剑1、戈C型1	三	四	
1011	126°	丁II	口:270×110 底:290×125-240	一端有枕木沟	高颈罐A型III式1、盂B型II式1、矮柄豆B型IIa式2		三	四	
1012	307°	丁I	口:327×236 底:307×204-510	斜坡墓道，墓底两侧有枕木槽	矮柄豆C型III式1		三	六	墓被盗，头端端盗洞
1013	285°	丙I	口:320×165 底:286×146-255	两端有枕木沟	鼎D型IV式1、壶D型II式1、高柄豆G型I式1、敦Db型III式1	铜带钩1	三	五	

续附表二

墓号	方向	墓葬类别	墓坑尺寸（长×宽－深）	墓坑结构、葬具等	出土器物		期	段	备注
					陶器	其他			
1014	220°	乙	口:290×175 底:280×165－220		鼎E型V式2，壶G型IIb式2，敦Dc型III式2，熏A型II式1，盘A型IVb式1，高领罐C型II型IVa型IVb式1，矮柄豆B型III式4	铜镜D型1，蟠形器1（4枚），铃形器1（4枚）；玻璃璧B型1	四	七	
1015	236°	丁I	口:300×180 底:292×146－290		双耳壶A型III式1		三	四	
1016	230°	甲	320×180－500	棺椁朽痕，一椁一棺	鼎E型III式a4，壶F型Ia式4，敦Da型II式，盘C型II式1，匜A型III式1	铜砝码1（5枚），乳钉形器25；铁镢1，镭1	三	五	
1017	232°	乙	300×160－190		鼎E型IIIb式2，壶F型IIa式2，敦2，矮柄豆B型IIa式1		三	六	
1018	140°	丁II	口:385×250 底:350×125－125		双耳罐B型1，高柄豆G型II式1		三	四	
1019	43°	丙II	314×140－280		鼎E型D型II式1，敦1，高柄豆G型II式1，矮柄豆B型IIa式1		三	五	
1020	220°	乙	口:340×230 底:315×185－350	斜坡墓道	鼎Cb型3，双耳壶A型III式2，敦C型2	铜剑B型1，戈1	三	四	
1021	243°	丁I	口:290×160 底:284×142－340		双耳壶C型2	铜剑B型1	三	六	
1022	55°	乙	口:300×160 底:300×154－305	高边龛	鼎D型IV式2，壶D型II式2，敦Dc型I式1	铜剑C型1	三	五	
1023	230°	丙I	口:300×160 底:280×142－280		鼎D型IV式1，壶D型III式1，高柄豆D型I式1，敦Db型II式1		三	五	
1025	315°	丙I	口:330×210 底:300×160－420		鼎Ca型III式1，壶D型II式1，盂B型IV式1	铜剑B型1；铁剑1	三	五	

续附表二

墓号	方向	墓葬类别	墓坑尺寸（长×宽-深）	墓坑结构、葬具等	出土器物 陶器	出土器物 其他	期	段	备注
1026	150°	丙Ⅱ	250×120-300	高头龛	鼎D型Ⅵ式1,壶C型Ⅳ式1,敦Dc型Ⅲ式1,勺A型Ⅲ式1,矮柄豆B型Ⅴ式1		四	七	
1027	225°	乙	326×190-450	斜坡墓道,墓底残存一块梓底板	鼎B型Ⅳ式2,壶D型Ⅱ式1,敦Db型Ⅱ式2,高柄豆G型Ⅱ式4	铜剑C型1,戈D型1,戈镈A型1	三	五	
1028	206°	丙Ⅱ	口:278×147 底:246×125-234	高头龛	鼎B型Ⅲ式1,壶D型Ⅱ式1,敦Db型Ⅱ式1,束颈罐Ⅱ式1,高柄豆G型Ⅱ式2		三	五	
1029	148°	丙Ⅱ	口:310×145 底:280×132-258	高头龛	鼎D型Ⅵ式1,壶F型Ⅱ式1,敦Da型Ⅳ式1,熏B型1,高柄豆G型Ⅲ式2	铜镜A型Ⅱ式1,带钩1	四	七	
1030	295°	丙Ⅰ	口:350×200 底:295×155-345		鼎B型Ⅲ式1,敦Dc型Ⅱ式1,高柄豆Ⅰ式1,矮柄豆E型Ⅰ式1		三	五	
1031	122°	丁Ⅲ	口:240×125 底:210×60-130	平头龛,封闭三层台	高领罐A型Ⅳ式1,盂B型Ⅴ式1		三	六	
1032	120°	丙Ⅱ	口:300×180 底:290×130-260		鼎B型Ⅳ式1,壶D型Ⅱ式1,敦Da型Ⅳ式1,高柄豆E型Ⅲ式2,矮柄豆1		三	五	
1033	152°	其他	口:300×240 底:285×168-395	斜坡墓道	盘B型Ⅱ式1,高柄豆F型8	铜剑B型1,戈D型1,戈镈1,镞1（10支）	三	五	
1034	150°	乙	口:310×195 底:300×175-450	斜坡墓道,一级台	鼎D型Ⅳ式2,壶Da型Ⅱ式2	铜镜C型1,玉璧1,玻璃珠1	三	五	
1035	344°	乙	口:530×380 底:370×210-540	斜坡墓道,一级台阶	鼎D型Ⅳ式2,壶C型Ⅱ式2,敦Db型Ⅲ式2,高柄豆E型Ⅲ式2	铜剑C型1,戈D型1,戈镈B型1,戈镈1	三	五	
1036	325°	乙	口:540×460 底:380×240-734	斜坡墓道,一级台阶,封土堆残高100	鼎D型Ⅲ式1,F型Ⅰ式1,壶C型Ⅰa式2,盘Ⅰ式2,敦Db型Ⅰ式1,匜A型Ⅲ式1,矮柄豆D型Ⅰ式3,高柄豆F型2	铁雨1	三	四	
1037	258°	丙Ⅰ	280×215-308	墓底中部有一条纵向浅槽	鼎D型Ⅲ式1,高领罐Db型Ⅱ式1,敦Db型Ⅳ式1,高柄豆F型2	铁雨1	三	五	

续附表二

墓号	方向	墓葬类别	墓坑尺寸（长×宽-深）	墓坑结构、葬具等	出土器物 陶器	出土器物 其他	期	段	备注
1039	314°	丙Ⅱ	口:285×130 底:285×110-250	平行二层台,两端枕木沟	鼎D型Ⅰ式1,双耳壶A型Ⅱ式1,簋Ⅰ式1,高柄豆1	铜戈D型1,带钩1;铁铲1	二	三	
1040	205°	丁Ⅰ	口:320×195 底:285×165-232	高头龛	高Ⅲ式1,矮领罐A型Ⅱ式1,盂B型Ⅲ式1,矮柄豆B型Ⅱa式2		三	四	
1041	317°	丁Ⅱ	口:270×150 底:245×130-250	高头龛	高Ⅱ式1,双耳壶A型Ⅰ式1		二	三	
1042	116°	丁Ⅱ	口:255×130 底:235×115-210	高边龛	双耳壶A型Ⅳ式1,簋Ⅱ式1		三	五	
1043	290°	丁Ⅱ	口:240×140 底:230×130-150	并列双高头龛	高Ⅱ式1,矮领罐B型Ⅰ式1,矮柄豆B型Ⅱa式1		二	三	
1044	320°	丙Ⅱ	口:255×130 底:200×120-270		鼎1,壶F型Ⅰa式1,高柄豆1		三	六	
1045	225°	丙Ⅰ	口:295×275 底:270×160-485	斜坡墓道,两端枕木沟	鼎1,残陶器1,	铜剑B型1	战国		
1046	219°	丁Ⅱ	300×135-180		双耳罐A型Ⅲ式1,高柄豆G型Ⅱ式2		三	五	
1047	338°	丙Ⅱ	262×110-230		鼎G型Ⅱ式1	铜镜E型1	四	七	
1048	338°	丙Ⅰ	口:270×165 底:264×155-230		鼎E型Ⅴ式1,壶H型Ⅰ式1,敦Dc型Ⅲ式1,盘B型Ⅲ式1,高柄豆B型Ⅳ式1		四	七	
1049	341°	丙Ⅱ	265×123-275		鼎G型Ⅲ式1,壶A型Ⅱa式1,盘A型Ⅳa式1,高柄豆E型Ⅳ式2		四	七	
1050	332°	乙	306×196-350	两端有枕木沟	鼎D型Ⅲ式2,壶F型Ⅰb式2,敦Da型Ⅲ式2,盘1,匜B型Ⅰ式1,勺A型Ⅰ式1,高柄豆G型Ⅱ式6,矮柄豆B型Ⅱa式1,矮柄豆1	铜剑C型1,剑1,戈D型1,戈镦C型1,矛1,矛镦1,砝码1(6枚),带钩1,残铜器1;玉环1;玻璃璧A型1;铁矛锤2,铁块1	三	五	

续附表二

墓号	方向	墓葬类别	墓坑尺寸（长×宽-深）	墓坑结构、葬具等	出土器物		期	段	备注
					陶器	其他			
1051	330°	乙	325×220-435		鼎E型Ⅲb式2，壶F型Ⅱa式2，敦Db型Ⅲ式1，敦A型Ⅰ式1，盘B型Ⅲ式1，匜B型Ⅲ式1，高柄豆2		三	六	
1052	345°	乙	口:285×200 底:282×198-450		鼎D型Ⅵ式2，壶C型Ⅲ式2，敦Db型Ⅲ式2，匜C型Ⅰ式1，斗1，高柄豆A型Ⅲ式2	铜剑C型1，戈D型1，戈铸B型1	三	六	
1053	335°	乙	口:370×230 底:290×270-430	墓底残存两块梓底板	鼎D型Ⅱ式2，敦E型Ⅰ式1，匜B型Ⅰ式1，盘Da型Ⅰ式2，高柄豆C型Ⅱ式1，高柄豆F型4	铜剑B型1，戈C型1，戈铸1	三	四	
1054	(37°)		洞室:210×80-80	竖穴平底墓道:275×100-145			四	七	偏洞室墓
1055	270°	丁Ⅱ	200×114-40(残)		双耳壶A型Ⅳ式1，盆1，矮柄豆1		四	七	
1056	335°	丙Ⅰ	口:320×172 底:306×150-365		鼎G型Ⅰ式1，壶F型Ⅱc式1，敦Db型Ⅲ式1，高柄豆F型1，矮柄豆B型Ⅰ式1	铜镜C型1	三	六	
1057	160°	乙	300×180-440		鼎D型Ⅵ式2，壶C型Ⅲ式2，敦Dc型Ⅲ式1，匜1，盘A型Ⅲ式2，高柄豆A型Ⅳ式2，高领罐A型1，勺A型Ⅱ式1，高柄豆A型1		三	六	
1058	345°	乙	口:320×200 底:320×180-390	高头龛	鼎D型Ⅵ式2，壶F型Ⅲc式2，敦Dc型Ⅲ式2，盘A型Ⅰ式1，匜C型Ⅱ式1，瓮1，矮柄豆D型1	铜戈铸B型1，残铜器1；玉璧1	四	七	
1059	290°	丁Ⅰ	250×150-160	平头龛，封闭二层台	束颈罐Ⅰ式1，盂A型Ⅰ式1		一	一	
1060	108°	丁Ⅲ	口:255×125 底:199×65-240		高领罐B型Ⅰ式1，盂A型Ⅳ式1，高柄豆D型Ⅰ式2		二	二	
1061	220°	丙Ⅰ	300×150-250	高头龛	鼎G型Ⅰ式1，壶C型Ⅳ式1，盒1，矮柄豆B型Ⅲ式1	漆樽铜环1	四	七	

续附表二

墓号	方向	墓葬类别	墓坑尺寸（长×宽－深）	墓坑结构、葬具等	出土器物		期	段	备注
					陶器	其他			
1062	307°	丁Ⅱ	230×90－170	平头龛	高柄豆G型Ⅱ式1		战国		
1064	130°	其他	230×90－60（残）			残铜器1	战国		
1065	125°	丁Ⅱ	284×140－235		高领罐D型1		三	四	墓被盗
1066	295°	乙	口:310×220 底:284×144－440		鼎2,壶D型Ⅰ式2,敦Db型Ⅱ式2,盘1,高柄豆F型2	铜剑B型1,剑1,戈C型1,戈镈1,镜A型1,铁削1	三	四	
1067	301°	丙Ⅱ	口:340×160 底:300×135－270		鼎D型Ⅲ式1,壶D型Ⅰ式1,敦E型Ⅰ式2,高柄豆E型Ⅰ式1		三	四	
1068	40°	丁Ⅰ	280×144－200	两端有枕木沟	双耳壶A型Ⅲ式1,盂B型Ⅳ式1,高柄豆D型Ⅱ式1,F型2		三	五	
1069	122°	丙Ⅱ	口:260×210 底:207×134－267	两级封闭二层台	鼎D型Ⅵ式1,敦Db型Ⅲ式1,高领罐B型Ⅲ式1,盂B型Ⅴ式1,高柄豆2		三	六	
1070	132°	丁Ⅱ	口:300×152 底:285×140－265		罐1,盂,豆3	铜带钩1,环1;石片1	战国		
1071	63°	丙Ⅱ	口:320×175 底:290×135－300		鼎1,壶D型Ⅱ式1,敦Db型Ⅱ式1,高柄豆E型Ⅲ式4	铁镶1	三	五	
1072	245°	丁Ⅱ	260×120－160		罐1,豆1		战国		
1073	132°	丙Ⅰ	320×145－240		鼎B型Ⅲ式1,壶D型Ⅱ式1,敦Db型Ⅱ式1,高柄豆G型Ⅱ式2	铜剑格1	三	五	
1075	125°	丙Ⅱ	265×120－205	高头龛	鼎1,壶1,敦1,豆1		战国		
1076	330°	丙Ⅰ	口:330×250 底:265×186－400		鼎1,壶1,敦1,盘1,豆2		战国		墓被盗
1077	225°	丁Ⅱ	290×115－150		矮领罐B型Ⅱ式1,罐1		三	五	

续附表二

墓号	方向	墓葬类别	墓坑尺寸（长×宽-深）	墓坑结构、葬具等	出土器物		期	段	备注
					陶器	其他			
1078	60°	丙Ⅰ	口:325×180 底:320×160-325		鼎E型Ⅲa式1,壶F型Ⅱa式1,敦Db型Ⅲ式1,高柄豆G型Ⅱ式2		三	六	
1079	235°	丁Ⅱ	260×135-230	高头龛	鬲Ⅰ式1,高领罐B型Ⅰ式1,盂A型Ⅲ式1		二	二	
1080	240°	丙Ⅱ	口:310×160 底:290×138-300		鼎D型Ⅲ式1,壶D型Ⅱ式1,敦1,高柄豆G型Ⅱ式2		三	五	
1081	52°	丁Ⅲ	口:240×90 底:230×80-115	高头龛	高领罐A型Ⅳ式1		三	六	
1082	130°	丙Ⅲ	口:250×120 底:215×70-190	平头龛台	鼎D型Ⅴ式1,壶F型Ⅱc式1,高柄豆E型Ⅲ式2		三	六	
1083	40°	乙	口:370×200 底:330×182-400		鼎2,壶D型Ⅲ式2,敦Db型Ⅱ式1,豆1		三	五	
1084	310°	丙Ⅰ	口:310×165 底:300×145-330		鼎E型Ⅱ式1,壶D型Ⅱ式1,敦Db型Ⅲ式1,高柄豆F型2		三	五	
1085	120°	丁Ⅰ	330×152-230		罐1,盏Ⅰ式1,豆2		二	三	
1086	125°	乙	口:320×240 底:320×160-450	斜坡墓道	鼎2,壶D型Ⅱ式2,敦2,高柄豆A型Ⅱ式1,镂柄豆B型Ⅳ式1	铜剑首1,戈镡1	三	五	墓被盗
1087	135°	丙Ⅰ	口:300×190 底:284×170-290	高头龛	鼎1,壶F型Ⅲa式1,高领罐A型Ⅴ式1		四	七	
1089	120°	丁Ⅲ	口:220×100 底:192×60-182	平头龛,封闭二层台	双耳罐A型Ⅰ式1		二	二	
1090	115°	丙Ⅱ	300×140-222		鼎E型Ⅳ式1,壶1,敦1,豆1	铜带钩1	三	六	
1091	310°	丙Ⅱ	口:320×150 底:300×140-320		鼎1		战国		

续附表二

墓号	方向	墓葬类别	墓坑尺寸（长×宽×深）	墓坑结构、葬具等	出土器物 陶器	出土器物 其他	期	段	备注
1101	110°	丁Ⅲ	口:252×100 底:222×68－142	平头龛,封闭二层台	双耳壶B型Ⅱ式1,盂1,高柄豆E型Ⅱ式1,矮柄豆A型Ⅲ式1,B型Ⅱa式1		三	五	
1102	110°	丙Ⅱ	298×123－170		鼎D型V式1,壶G型Ⅰ式1,敦Da型Ⅲ式1,高柄豆E型Ⅳ式1	铜镜B型Ⅱb式1	三	六	
1103	275°	丁Ⅰ	口:400×285 底:306×176－246	两端有枕木沟	高领罐A型Ⅰ式1,盂1,纺轮1		二	三	
1104	190°	丙Ⅰ	口:340×185 底:340×168－170		鼎1,高柄豆C型Ⅲ式1		战国		墓被盗
1105	360°	丙Ⅰ	口:350×230 底:320×190－260	两端有枕木沟	鼎D型Ⅰ式1,壶B型Ⅰ式1,敦A型Ⅰ式1,矮柄豆C型Ⅰ式2	铜剑Ab型1,镦1(4支)	二	三	
1108	290°	丁Ⅰ	283×162－207		长颈罐Ⅱ式1,盂A型Ⅱb式1,矮柄豆A型1,B型Ⅰa式1	铜剑Aa型1,矛Aa型1	一	一	
1111	213°	丁Ⅱ	240×110－70(残)		高领罐1		战国		
1113	130°	丁Ⅱ	230×100－130		豆1		战国		
1114	335°	丁Ⅲ	182×60－80(残)		双耳壶B型Ⅰ式1,盂A型V式1		三	四	
1115	35°	丙Ⅰ	260×180－200	两端有枕木沟	鼎Ca型Ⅳ式1,壶E型Ⅲ式1,敦1,高柄豆B型Ⅱ式1,C型Ⅲ式2	铜剑B型1,矛Ab型1	三	六	
1116	300°	丙Ⅰ	口:334×180 底:290×150－230	平行二层台	鼎1,壶1,敦Dc型Ⅰ式1	铜镜1	三	五	
1118	110°	丙Ⅰ	350×200－360		鼎D型Ⅵ式1,壶C型Ⅲ式1,敦1,盘A型Ⅳa式1,匜A型V式1,豆1		四	七	
1121	115°	丙Ⅰ	284×150－100		鼎1,器盖1,勺B型Ⅱb式1,残陶器1		战国		
1123	196°	乙	口:280×176 底:270×160－280		鼎E型Ⅳ式2,壶F型Ⅱb式2,敦Da型Ⅳ式2,高柄豆E型Ⅲ式1,G型Ⅱ式3	铜剑Ab型1,镜B型Ⅱb式1	三	六	

续附表二

墓号	方向	墓葬类别	墓坑尺寸（长×宽-深）	墓坑结构、葬具等	出土器物 陶器	出土器物 其他	期	段	备注
1125	180°	丙I	口:310×190 底:280×156-210		鼎1,壶1,敦1,豆1		战国		
1128	105°	丁II	260×100-80（残）		矮柄豆B型II式1		战国		被汉墓M1127打破
1130	160°	丁II	250×140-170	高头龛	盂1,豆2		战国		
1132	145°	丁I	口:340×200 底:300×170-260	两端有枕木沟	壶1,罐1		战国		
1133	75°	C	口:500×400 底:290×200-340	一级台阶,两端有枕木沟		铜剑B型1,矛1	战国		
1134	65°	丁III	口:220×100 底:200×80-180	高头龛	长颈罐IV式1,盂1,盖豆1		二	二	
1137	100°	C	口:400×285 底:295×165-245	两端有枕木沟		铜剑Aa型2,矛2	战国		
1138	252°	乙	口:430×340 底:320×200-300	两端有枕木沟	鼎Ca型I式2,壶B型I式2,敦A型2,高柄豆C型IIa式2		二	三	
1142	90°	丙I	320×200-430		鼎1,壶1,敦1,高柄豆C型III式2		战国		
1144	275°	C	口:420×330 底:275×180-350		高柄豆C型Ib式2	铜剑Aa型1,戈A型1,矛1	战国		被汉墓M1141打破
1145	210°	丁III	口:300×150 底:220×80-180	高头龛	矮柄豆A型II式2		战国		
1148	275°	C	270×166-320	两端有枕木沟	矮领罐C型I式1	铜剑Ab型1,矛1	战国		被汉墓M1146打破
1149	70°	丁I	口:460×340 底:345×194-330	两端有枕木沟			一	一	
1151	264°	乙	口:380×320 底:295×180-280	两端有枕木沟	鼎F型II式2,壶E型III式2,敦2,高领罐A型IV式1,罐2,豆4		三	六	

续附表二

墓号	方向	墓葬类别	墓坑尺寸（长×宽-深）	墓坑结构,葬具等	出土器物 陶器	出土器物 其他	期	段	备注
1152	255°	乙	口:400×310 底:300×200-310	两端有枕木沟	鼎2,壶2,敦C型2,豆3	铜剑B型1,戈Ab型2,矛Ab型2	三	四	
1153	85°	C	口:570×540 底:310×200-415	斜坡墓道,一级台阶		铜剑Aa型1,C型1,矛B型1	战国		
1155	190°	丁I	口:396×250 底:320×194-300		盂A型IIa式1,豆2		一	一	被汉墓M1154打破
1160	110°	C	口:380×220 底:340×190-210			铜剑Aa型1,环2	战国		
1161	185°	丙I	口:330×250 底:290×200-210	两端有枕木沟	鼎Ca型II式1,壶E型IIb式1,敦C型1	铜剑C型1,矛Aa型1,漆樽铜件1(4小件)	三	四	
1163	280°	丁III	口:250×100 底:210×85-100	高头龛	罐1,豆3		战国		
1165	275°	乙	口:480×390 底:340×230-480	斜坡墓道,一级台阶,两端有枕木沟,残存厚壁板、底板及枕木	鼎2,壶B型III式2,敦2,小口鼎1,洗缶1,器盖1,高柄豆2	铜剑B型1,戈B型2,C型2,矛B型3,镞1(5支)	二	三	被汉墓M1183、M1188打破
1170	280°	丁I	310×196-265		高领罐A型II式1,罐2,豆1	铜剑Aa型1,矛Aa型1;石斧1	三	四	墓被盗
1171	200°	C	口:488×450 底:243×254-465	一级台阶		铜剑B型1,戈2	战国		同穴合葬墓
1173	70°	丙I	275×180-240	两端有枕木沟	鼎1,罐1,豆2	铜剑B型1	战国		
1174	80°	丁II	220×114-130		高柄豆C型III式1		战国		
1175	90°	C	口:410×310 底:320×180-305	两端有枕木沟	高领罐A型III式1	铜剑C型1	战国		
1180	195°	丁II	240×102-203	高头龛	高领罐A型III式1		三	五	被汉墓M1168打破

续附表二

墓号	方向	墓葬类别	墓坑尺寸（长×宽-深）	墓坑结构、葬具等	出土器物 陶器	出土器物 其他	期	段	备注
1182	90°	丙Ⅰ	口:430×350 底:325×222-410	两端有枕木沟	鼎1,壶1,敦1,豆3	铜矛Aa型1,B型1,铜首铁剑1;铁雷1	战国		
1184	290°	丙Ⅱ	284×138-350		鼎E型Ⅰ式1,壶C型Ⅰb式1,敦Db型Ⅰ式1	铜剑B型1,戈C型1,戈镈A型1	三	四	
1185	195°	丙Ⅰ	口:330×290 底:294×175-290	两端有枕木沟	鼎1,壶1,敦1	铜矛Aa型1,残铜器1	战国		
1189	87°	C	口:430×370 底:274×193-310	封闭二层台,两端有枕木沟		铜剑Aa型1,矛Aa型1	战国		
1191	195°	丁Ⅱ	88(残)×94-240	高头龛	长颈罐Ⅱ式1,盂A型Ⅱb式1	铜带钩1	一	一	被汉墓M1181打破
1192	116°	丙Ⅰ	口:340×200 底:274×155-360	两端有枕木沟	鼎1,壶1,敦1,豆2		战国		
1193	280°	丙Ⅰ	口:310×185 底:300×170-320	两端有枕木沟	鼎1,壶1,敦1	铜剑B型1,矛1,削1	战国		
1195	270°	乙	口:400×340 底:310×206-410	两端有枕木沟	鼎B型Ⅰb式2,壶2,敦2,豆2	铜剑B型1,戈2,矛1	二	三	
1198	163°	丙Ⅰ	口:310×190 底:300×170-360	两端有枕木沟	鼎Cb型1,壶E型Ⅰ式1,敦C型1,高柄豆C型Ⅱ式1,C型Ⅲ式1	铜剑C型1	三	四	被汉墓M1196打破
1199	99°	C	口:300×180 底:270×140-310	两端有枕木沟		铜剑Aa型1,矛Aa型1	战国		被汉墓M1190打破
1205	210°	丁Ⅱ	250×102-80(残)	高头龛	长颈罐Ⅲ式1,盂1,矮柄豆A型Ⅱ式1	铜剑B型1	二	二	
1206	215°	丁Ⅱ	270×140-70(残)		高Ⅳ式1,盂B型Ⅲ式1		三	五	
1207	245°	丙Ⅰ	302×170-270		鼎1,壶1,敦1,豆1		战国		
1209	170°	丁Ⅲ	210×80-134		罐1,盂1,豆1	残铁器1	战国		

续附表二

墓号	方向	墓葬类别	墓坑尺寸（长×宽－深）	墓坑结构、葬具等	出土器物 陶器	出土器物 其他	期	段	备注
1210	175°	乙	310×174－320	两端有枕木沟	鼎 Ca 型 I 式 2,壶 2,敦 2,豆 1		二	三	
1211	260°	丙 I	口:470×360 底:310×210－340	斜坡墓道,两端有枕木沟,残存撑底板	鼎 1,壶 2,豆 2		战国		
1213	275°	乙	口:390×330 底:330×230－400	斜坡墓道,两端有枕木沟	鼎 B 型 III 式 2,壶 E 型 IIb 式 2,敦 C 型 1		三	四	
1214	190°	丙 I	310×170－320	两端有枕木沟	鼎 1,壶 1,敦 1	铜剑 1,矛 B 型 1	战国		
1215	80°	乙	口:460×300 底:335×245－360		鼎 2,壶 2,敦 2	铜剑 Aa 型 1,戈 1,矛 B 型 1	战国		
1217	100°	丁 III	215×66－75(残)	平头龛	盂 1,豆 1		战国		
1218	95°	丁 III	215×80－76(残)	平头龛	高领罐 C 型 I 式 1,豆 2	铜剑 Aa 型 1	二	三	
1219	90°	丙 III	口:290×145 底:234×73－290	封闭二层台	鼎 1,壶 1,敦 1,豆 2		战国		
1221	200°	丁 III	180×60－50	平头龛	矮领罐 B 型 III 式 1,矮柄豆 B 型 II 式 1		四	七	
1222	200°	丙 II	口:278×140 底:275×140－220		鼎 G 型 II 式 1,壶 F 型 III 式 1,敦 Dc 型 III 式 1,盘 A 型 IVa 式 1,匜 C 型 III 式 2,豆 1		四	七	
1223	95°	丁 III	口:266×120 底:220×70－180	平头龛,平足龛,封闭二层台	矮柄豆 C 型 V 式 1		战国		
1224	110°	丁 III	210×70－90(残)	平头龛	矮领罐 B 型 II 式 1,高领罐 C 型 II 式 1,盂 1,豆 1		四	七	
1225	190°	丙 II	276×140－300	两端有枕木沟	鼎 1,壶 1,敦 1	铜镜 1	战国		
1226	200°	丁 III	154×52－100(残)	平头龛	高 IV 式 1,罐 1,豆 1		三	五	
1227	200°	丙 I	296×162－245		鼎 E 型 IIIa 式 1,壶 D 型 III 式 1,敦 Da 型 III 式 1,高柄豆 G 型 I 式 3,矮柄豆 E 型 II 式 1		三	六	
1228	185°	丁 III	215×82－100(残)	平头龛	高领罐 B 型 III 式 1,盂 A 型 V 式 1,高柄豆 G 型 I 式 2		三	四	

续附表二

墓号	方向	墓葬类别	墓坑尺寸（长×宽-深）	墓坑结构、葬具等	出土器物 陶器	出土器物 其他	期	段	备注
1230	92°	丙Ⅱ	280×130-230		鼎D型Ⅵ式1,壶D型Ⅳ式1,敦1,高柄豆C型Ⅳb式2		四	七	
1231	200°	丙Ⅰ	270×150-290	两端有枕木沟	鼎1,壶1,豆2		战国	战国	
1233	103°	其他	300×154-290	两端有枕木沟		铜镜B型Ⅱb式1	战国	战国	
1234	93°	甲	口:680×540 底:330×200-530	斜坡墓道,一级台阶,封土残高120	鼎D型Ⅴ式4,壶F型Ⅱa式4,敦B型Ⅱ式2,盘1,匜1,灯擎2	铜剑C型1,镜1	三	六	
1235	110°	丁Ⅲ	口:240×100 底:206×60-258	平头龛,封闭二层台	双耳壶B型Ⅳ式1,盂B型Ⅳ式1,矮柄豆B型Ⅲ式1	铜剑格1；滑石剑具1(2小件)	三	五	
1236	100°	甲	305×216-470		鼎E型Ⅳ式4,壶E型Ⅲ式2,敦Da型Ⅳ式1,高柄豆G型Ⅲ式4	铜镜1	三	六	
1237	290°	丙Ⅰ	275×160-200		鼎Ca型Ⅰ式1,壶B型Ⅲ式1,敦B型Ⅰ式1	铜铃形器1	二	三	
1238	70°	丁Ⅰ	275×155-190		长颈罐A型Ⅰ式1,盂1,高柄豆A型Ⅰ式1		一	一	
1239	100°	丁Ⅲ	187×75-85(残)	高头龛	高颈罐B型Ⅰ式1,盂1,高柄豆1		二	三	
1243	185°	乙	口:340×245 底:284×190-350		鼎Ca型Ⅰ式2,壶B型Ⅲ型Ⅰ式1,敦A型Ⅰ式1,浴缶1,钵1,高柄豆C型Ⅱ式2	铜剑C型1,戈C型1,戈铸A型1,镞1(5支)	二	三	
1244	165°	丙Ⅰ	330×210-270		鼎A型1,壶A型1,小口鼎1,盘1,盒A型1,匕1,簋Ⅰ式1,高柄豆1	铜轴套3	二	三	
1245	177°	乙	口:440×375 底:320×200-470	斜坡墓道,一级台阶,两端有枕木沟	鼎B型Ⅰa式2,壶A型Ⅰ式1,匜1,钵A型Ⅰ式1,匕A型1,簋B型Ⅰ式1,盘2,敦2,盘B型Ⅰ式1,高柄豆B型Ⅰ式2	残铜器1；玻璃珠1	二	三	被汉墓M1242打破
1246	95°	C	260×200-330		高领罐A型Ⅲ式1	铜剑Aa型1,矛1	三	五	
1247	200°	丙Ⅰ	口:390×350 底:295×190-250		鼎B型Ⅱ式1,壶B型Ⅳ式1,敦Db型Ⅱ式1,高柄豆C型Ⅲ式2		三	四	

续附表二

墓号	方向	墓葬类别	墓坑尺寸（长×宽－深）	墓坑结构、葬具等	出土器物 陶器	出土器物 其他	期	段	备注
1248	335°	乙	380×240－350	斜坡墓道	鼎2,壶B型Ⅱ式2,簠Ⅱ式1,敦A型2,浴缶1,小口鼎Ⅱ式1,匜A型Ⅱ式1	铜剑B型1,戈A型2,矛B型2	二	三	
1249	100°	C	口:440×310 底:300×185－320	两端有枕木沟		铜剑Aa型1,戈B型1,矛Ab型1	战国		
1251	195°	丁Ⅰ	280×170－340		长颈罐Ⅱ式1,盂A型Ⅱb式1,矮柄豆2		一	一	
1253	295°	乙	260×180－330		鼎D型Ⅵ式2,壶F型Ⅲa式2,敦Db型Ⅳ式2,匕B型1,高柄豆4	铜剑C型1,镜1	四	七	
1301	80°	甲	口:1360×1160 底:450×305－620	斜坡墓道,三级台阶,封土残高170	鼎B型Ⅲ式4,壶C型Ⅱ式4,敦2,盘A型Ⅱ式1		三	四	墓严重被盗

注：墓坑宽度尺寸有差异者取最小数值；个别墓的最小值因正处在分类的节点上，则该墓的墓底宽度尺寸取中间数值。

附表三　汉代墓葬登记表

尺寸单位:厘米

墓号	方向	墓坑尺寸（长×宽-深）	墓坑结构、葬具等	出土器物		期	备注
				陶器	其他		
1119	95°	口:520×412 底:420×364-340	墓道（未发掘）	锺A型IV式2,鼎A型IV式2,钫C型2,罐E型2,罐E型II式1,器盖3,甑1,灶1,井A型III式1,硬陶罐C型II式1,F型II式2	铜洗1,釜1;滑石璧B型I式3;铜"五铢"钱54枚,"大泉五十"钱4枚;泥钱	三	被盗
1127	20°	340×260-100（残）		鼎1,盒1,罐A型2,罐2,灶1,井1	滑石璧B型II式2,小明器1（一套）;铜"货泉"钱17枚	三	打破战国墓M1128
1129	200°	395×305-390	封土堆高约400,平底墓道	锺B型V式1,钫A型II式1,罐E型I式1,盘,盒C型1,甑,镶壶C型1,硬陶罐C型I式2	滑石璧B型I式1,B型II式1,C型3,滑石璧1	二	与M1169,M1187共封土堆
1131	80°	390×215-136（残）	墓道（未发掘）	锺A型IV式2,鼎1,盒1,罐1,罐D型I式4,罐2,盘B型I式1,甑,熏B型I式1,灶1,井1	铁刀1,棺钉1;滑石璧B型I式1;铜"五铢"钱	二	
1135	85°	340×250-110（残）	墓道（未发掘）	锺B型1,B型IV式2,B型II式1,F型型1,罐A型2,B型1,灯1,灶A型Ia式1,井A型1	铁釜1;滑石璧2	二	
1136	75°	360×250-180（残）	斜坡墓道	鼎B型III式1,罐A型1,瓿1,甑1,硬陶罐1	铜洗1,卮1;滑石璧B型I式1	三	被盗
1139	105°	410×250-180（残）		锺B型III式4,鼎2,盒B型Ib式1,钫A型I式1,罐2,C型2,镶壶B型1,灶1,井B型I式1,硬陶罐C型1	铁刀1;滑石璧B型I式1;铜钱;泥金饼1	一	被盗
1140	90°	口:440×260 底:360×235-235		锺2,鼎1,盒1,罐2,镶壶1,熏B型B型II式1,钫A型I式1,井A型I式1,D型1,E型II式2,硬陶罐A型B型		二	被盗
1141	90°	460×360-290		锺4,钫B型I式2,罐1,盘,镶壶B型1,熏B型I式1,灶1,硬陶罐A型I式1,E型I式1,E型II式1,硬陶罐1	铜壶1,簪1,镜1;滑石璧1;铜钱	一	打破战国墓M1144,被盗

续附表三

墓号	方向	墓坑尺寸（长×宽-深）	墓坑结构 葬具等	出土器物 陶器	出土器物 其他	期	备注
1143	90°	口:480×420 底:400×370-290	墓道（未发掘）	锺B型IV式4,鼎A型III式2,钫A型II式2,罐B型2,熏B型2,灶II式1,井A型II式1,残陶器1,硬陶罐D型5	残铁器;滑石璧B型I式1;铜钱	二	
1146	90°	490×284-270	墓道（未发掘）	锺A型I式2,鼎2,钫2,熏B型B型I式1,灶A型I式1,井A型I式1,C型I式1,E型I式1,E型II式1	铜钱币;泥金饼7	一	打破战国墓M1148,被盗
1147	92°	400×280-250	两端有枕木沟	锺2,鼎4,钫2,镶壶A型I式1,B型I式1,熏B型1,灶A型I a式2,井B型I式2,C型I式2,硬陶罐A型I式1,E型I式1,F型I式1	铁刀;滑石璧A型1,B型I型1,滑石璧1;铜钱;泥钱	一	被盗
1150	75°	口:420×340 底:390×325-140（残）	墓道（未发掘）	锺B型IV式4,鼎2,盒2,钫B型I式2,壶3,镶壶A型I式3,灶I式1,B型I式1,井B型II式1,硬陶罐C型II式1,D型I式,E型II式2,F型II式2	铜剑1;残铁器1;滑石璧B型I式1,滑石璧1	二	被盗
1154	120°	300×190-150（残）	两端有枕木沟	锺1,鼎1,盒1,钫1,罐1,瓿1	泥"半两"钱,泥金饼	汉	打破战国墓M1155,被盗
1156	112°	380×230-185（残）	平底墓道	锺2,鼎A型II式2,钫2,罐2,镶壶B型1,熏B型1,井1,灶A型I式1,硬陶罐A型II式1,E型II式1,硬陶罐1	滑石璧B型I式1;铜钱	一	与M1159为异穴合葬墓
1157	85°	420×280-180（残）		锺B型V式4,鼎B型II式4,钫2,盘A型II式2,器盖1,镶壶C型II式1,熏B型I式1,灶1,井1,硬陶罐C型I式1,E型II式1	铁环1,棺钉1;滑石璧B型I式1,滑石璧1	二	被盗
1158	95°	口:550×410 底:510×356-445	封土堆高约250,墓道（未发掘）	锺1,鼎1,盒1,钫2,镶壶A型II式1,井A型II式1,灶1,井1,硬陶罐E型II式1,硬陶罐1,釉陶壶I式1	铜鼎1,壶1,剑1,残铜器1;残铁器,灯1,钫1;石黛板1;鎏金铜饼1,"五铢"钱45枚,	二	被盗

续附三

墓号	方向	墓坑尺寸（长×宽×深）	墓坑结构、葬具等	出土器物		期	备注
				陶器	其他		
1159	112°	口:375×310 底:375×280-185（残）		锺B型V式2,鼎2,盒B型Ia式2,钫B型II式2,罐4,灶1,薰1,镶壶1,残陶器2	滑石璧1	二	与M1156为异穴合葬墓
1162	20°	410×240-280	两端有枕木沟	锺B型V式2,鼎2,盒A型II式2,钫II式2,罐4,镶壶1,灶1,薰1,灯1,残陶器1	残铁器1;滑石璧A型1;泥"五铢"钱1	二	被盗
1164	130°	口:480×270 底:452×270-270	两端有枕木沟	锺B型II式2,钫B型I式2,盒B型5,器盖1,罐B型2,镶壶C型I式1,薰B型I式1,灶1,井B型Ia式1,硬陶罐E型I式1	铁棺钉1;滑石璧A型1;铜"五铢"钱13枚	一	
1166	120°	430×304-330	墓道（未发掘）,两端有枕木沟	锺3,鼎1,钫1,盘A型1,器盖1,薰1,灶1,钫A型Ia式1,井B型Ia式1,残陶器1,硬陶罐E型II式4	铜洗1,镜1,铁棺钉1;滑石璧B型I式5,盒1,器盖1,薰1,灯1,铜"五铢"钱13枚,泥金饼1;滑石金饼3	一	被盗
1167	120°	434×232-295	两端有枕木沟	锺A型II式4,鼎1,钫1,盒1,薰1,灶A型I式Ia式1,残陶器1,硬陶罐E型II式4	铜刀1;滑石璧1,盒1,耳杯2,灯1	一	被盗
1168	200°	360×240-180（残）	两端有枕木沟	锺B型II式1,鼎1,钫2,盘1,罐2,薰1,灶1	铁刀1;滑石璧1;铜钱1	一	打破战国墓
1169	190°	口:560×340 底:463×390-615	封土堆高约400,墓道（未发掘）,两端有枕木沟	薰1,另锺,鼎,钫,罐等残片若干		汉	与M1129,M1187共封土堆,被盗
1176	110°	380×270-260		鼎1,钫1,罐2,盘1	滑石璧2	汉	被盗
1177	190°	415×240-300	两端有枕木沟	锺1,鼎2,罐1,灶1	铜镜1;滑石璧1,鼎1,盒2,壶2,盘2,耳杯2;泥钱	汉	被盗
1178	124°	410×230-280	平底墓坑,有器物坑,两端有枕木沟	锺B型II式2,盘A型I式1,薰1,灶1,井C型1	铜镜1,印章1;铁剑格1,棺钉1,残铁器3;滑石璧B型II式2,石研1,黛板1,铜"五铢"钱1;泥金饼2枚	一	

续附表三

墓号	方向	墓坑尺寸（长×宽）（深-深）	墓坑结构、葬具等	出土器物 陶器	出土器物 其他	期	备注
1181	195°	口:400×280 底:395×240-300	两端有枕木沟	镶B型Ⅱ式1,钫B型Ⅱ式1,盒B型Ⅰa式1,钫A型Ⅰ式1,器盖2,小釜1,熏1,井A型Ⅰ式1,硬陶罐E型Ⅱ式2	滑石璧1;铜"五铢"钱2枚;泥"五铢"钱2枚,泥金饼6枚	一	打破战国墓M1191
1183	210°	260（残）×218-130（残）		器盖1,残陶器1	滑石璧1;铜钱币1	汉	打破战国墓M1165,被挖毁
1186	210°	口:580×390 底:460×310-380	墓道（未发掘），两端有枕木沟	镶、鼎、钫、罐等残片若干	滑石璧1;铜"五铢"钱130枚,鎏金铜饼1	汉	被盗严重
1187	192°	口:550×450 底:550×355-700	封土堆高约400，墓道（未发掘），残存椁底板	镶、鼎、钫、罐等残片若干	滑石璧1	汉	与M1129、M1169共封土堆,被盗严重
1188	270°	350×270-260		陶器残片若干	铜镜1,滑石璧1	汉	打破战国墓M1165,被盗严重
1190	205°	470×315-290	斜坡墓道,两端有枕木沟	镶A型Ⅲ式4,鼎A型4,钫A型Ⅰ式2,罐3,镶壶A型Ⅰ式1,D型1,熏B型Ⅰ式1,井B型Ⅰ式1,E型Ⅱ式1,硬陶罐A型Ⅰ式1,硬陶罐3	铜镜1,滑石璧B型Ⅰ式1,滑石璧1;泥钱1	二	打破战国墓M1199,被盗
1194	194°	430×255-320	两端有枕木沟	镶3,鼎C型3,盒Ab型1,C型1,罐2,镶壶3,熏1,灶1,井D型1	铜镜1;滑石璧1;铜"五铢"钱30枚;泥钱	汉	被盗
1196	45°	355×270-190（残）		镶C型3,鼎2,钫2,熏2,镶壶A型Ⅰ式1,E型Ⅰ式1,E型Ⅱ式3,硬陶罐2	滑石璧1;铜钱	二	打破战国墓M1198,被盗
1197	95°	420×255-300	斜坡墓道,两端有枕木沟	镶B型Ⅴ式1,盒B型Ⅱ式2,钫1,罐2,镶壶C型B型Ⅱ式1,井B型Ⅰ式1,熏B型Ⅱ式5,F型Ⅱ式1,硬陶罐B型Ⅱ式1,釉陶壶Ⅰ式1	铜镜1,残铜器1;铁钎1;滑石璧1,灯1,石黛板,砚1;泥金饼1	二	被盗
1208	270°	340×200-90（残）		熏B型Ⅴ式1,灶A型Ⅲ式1,残陶器2	铜壶1,盘1;滑石耳杯1	三	头端挖断

续附表三

墓号	方向	墓坑尺寸（长×宽-深）	墓坑结构、葬具等	出土器物 陶器	出土器物 其他	期	备注
1212	90°	355×250-120（残）	斜坡墓道	锺B型V式2,盒B型A型III式1,钫A型II式1,灶1,器盖2,器盖B型II式1,硬陶罐C型II式1,硬陶罐1	残铁器1;滑石璧B型II式2;铜"大布黄千"钱1	三	被盗
1216	162°	430×330-255	斜坡墓道	豆3,熏,残陶器2	铜灯1,削1,铃1;铁棺钉1;滑石璧1,卮1,耳杯2,盘1,灯1;铜"五铢"钱1	汉	被盗
1220	215°	380×350-130（残）		锺4,鼎1,钫A型II式2,罐1,熏1,灶1,井B型II式1,硬陶罐C型III式1,釉陶壶B型II式1	滑石璧1;铜"五铢"钱4,"大泉五十"钱4	三	同穴合葬墓,被盗严重
1232	215°	490×445-95（残）	墓道（未发掘）	锺A型IV式4,鼎B型III式3,盒B型III式2,钫A型III式2,壶2,钫6,罐2,灶A型II式1,盘A型III式1,器盖D型III式1,镶壶B型III式2,熏B型IV式2,井A型IIb式1,井A型III式2,C型III式2	铜小口鼎1,钫1,卮1,甑1,碗1,盘1,镶壶1,镜1;滑石璧B型III式3,壶3,卮2,耳杯3,盒2,卮1,案1,镶壶1,勺2,匕1,灯1,灶1;铜"五铢"钱1,"货泉"钱4	三	被盗
1242	180°	390×280-160（残）	墓道（未发掘）	罐G型1,H型2,J型1,K型1,L型1,罐1,熏C型1,灯2,灶C型1,硬陶罐B型III式2,E型III式1	铜洗1;铁削1;滑石璧1,卮1;铜钱	汉	打破战国墓M1243
1250	100°	口:420×260 底:410×240-300		锺1,钫1,灶1,残陶罐2,硬陶罐1,釉陶器盖1	滑石璧1	汉	被盗严重
1254	195°	口:470×285 底:390×230-250		锺B型I式2,B型II式2,鼎A型I式2,盒Aa型2,钫A型I式2,熏A型1,灶A型Ib式1,镶壶A型I式1,井A型I式1,残陶器1,硬陶罐A型I式3	铁棺钉1;滑石璧B型I式1	一	被盗

附表四　　　　　　　　　空墓登记表　　　　　　　　　单位：厘米

墓号	方向	型式	墓坑尺寸（长×宽-深）	二层台、墓道等	备注
1005	(320°)	A I	口：370×274 底：339×166-300		花果山墓区
1024	(40°)	B I	口：285×140 底：339×130-300		花果山墓区
1038	(302°)	B II b	口：265×130 底：230×90-220	封闭二层台	花果山墓区
1063	(340°)	C II b	口：2600×110 底：200×80-180	封闭二层台	花果山墓区
1074	(320°)	A I	口：380×300 底：350×290-280		近正方形，花果山墓区
1088	(310°)	B I	275×120-274		花果山墓区
1092	320°	A II	口：420×270 底：335×205-290	斜坡墓道	花果山墓区
1106	?	A I	口：370×230 底：280×180-365	两端有枕木沟	木马岭墓区
1107	?	A I	240（残）×175-110		一端挖毁，庙路口墓区
1109	(55°)	B I	260×108-60（残）		庙路口墓区
1110	(35°)	B I	250×90-120		庙路口墓区
1112	(297°)	B I	235×95-50（残）		庙路口墓区
1120	?	C II a	口：230×100 底：230×60-144	平行二层台	庙路口墓区
1124	?	B I	280×90-120		庙路口墓区
1172	(90°)	A I	口：340×300 底：270×190-260		木马岭墓区
1179	?	A I	口：250×240 底：260×145-300		木马岭墓区
1201	(90°)	A I	260×160-88（残）		庙路口墓区
1202	(90°)	C I	222×83-66（残）		庙路口墓区
1203	(360°)	B I	234×100-60（残）		庙路口墓区
1204	(90°)	B I	240×115-140		庙路口墓区
1229	(300°)	B I	口：280×160 底：260×125-215		庙路口墓区
1252	(90°)	A I	口：410×280 底：300×170-340		蔬菜基地墓区

注：除带墓道的墓以外，方向的数值不代表确切的头向。东西向者取东端数值；南北向者取北端数值；西北—东南向者取西北端
　　数值；东北—西南向者取东北端数值。加括弧以区别之。"?"为原始记录不详。
　　花果山墓区 M1054 也是一座空墓，但为秦人的偏洞室墓，列入"战国至秦代墓葬登记表"中。

附録一

《里耶秦簡》〔壹〕中"沅陵"地名簡摘錄

說明：

1. 本文以繁體橫排。層位號為里耶古城内發掘的一號井中簡牘的出土層位。釋文一般頂格排印。原簡文提行書寫的，釋文也分行排列；簡文轉行的，釋文連排，在轉行處加標"/"符號。簡文分欄書寫的，在每一欄釋文末加括號注明欄別。簡牘正、背面都有文字的，則在釋文後加括弧注明，只一面有文字者不注。

2. 簡文殘泐無法辨認的字，釋文用"□"表示，一"□"代表一字；無法確定殘泐字數者則用省略號"……"表示；存疑的字外加"□"，如"図"；簡殘斷處，釋文以"☑"表示。

3. 簡文間留有空白，如果語意相連，釋文連排，語意不相連的，不論空白多少，釋文一律只空出一個字的位置。

4. 不識之字照原樣摹寫，少數異體字為了排印便利，以通行字釋出；簡文所用符號，釋文儘量保留，如"·"、"└"、"ノ"等，簿籍類文書所條列的單項後多有符號"ノ"，有長有短，或直或曲，釋文皆以"ノ"表示，佔一字空位。

5. 釋文體例基本遵照《里耶秦簡》的體例，只個別地方根據版式的差異略有區別，如轉行符號，因《里耶秦簡》為竪排版，用"┗┛"號，此處則用"/"號。

第六層

1. 簡四：
□年四月□□朔己卯遷陵守丞敦弧告船官/□令史憼儺律令沅陵其假船二樓勿/留

2. 簡二四：
□沅陵□□

第八層

3. 簡一四五：
☑……（第一欄）
☑……図└叚└邰

七人市工用

八人與吏上計

一人為□劇

九人上省

二人病復卯

一人當[傳]西陽（第二欄）

□□□人

□□十三人

隸妾擊舂八人

隸妾居貲十一人

受倉隸妾七人

·凡八十七人

其二人付畜官

廿四人付田官

二人除道沅陵

四人徒養枼瘥帶[圂]（第三欄）

二人取芒阮道

一人守船遏

三人司寇□頪款

二人付都鄉

三人付尉

一人付臣

二人付少内

七人取□繪林嬈粲鮮夜[圂]

六人捕羽刻綽卑□娃變

二人付啟陵

三人付倉

二人付庫（第四欄）

二人傳徒西陽

一人為笥齊

一人為席婞

三人治枭酸梜兹緣

五人擊婢般橐南儋

二人上書

一人作廟

一人作務青

一人作園夕（第五欄）

·小城旦九人

其一人付少内

六人付田官

一人捕羽強

一人與吏上計

·小春五人

其三人付田官

一人徒養姊

一人病□（第六欄）（正）

☑□圂敢言之寫上敢言之ノ痤手（背）

4.　簡一八六：

☑□沅陵獄史治所

5.　簡二四四：

☑三人除道沅陵

☑一人門

☑一人乾井（第一欄）

四人繕官

二人為匴

一人徒養（第二欄）

6.　簡二五五：

覆獄沅陵獄佐

已治所遷陵傳洞庭

7.　簡二六五：

覆獄沅陵獄佐已治

在所洞庭

8.　簡四七二：

尉敬敢再拜謁丞公∟校長裹☑

□陽□壐舩□沅陵□□凶舩□☑

9.　簡四九二：

覆獄沅陵獄佐已治在所洞庭☑

10.　簡六四七：

☑□酉陽守丞⊠敢告遷陵丞主令史曰令佐莫邪自言上造

☑□遺莫邪衣用錢五百未到遷陵問莫邪衣用錢已到

☑問之莫邪衣用未到酉陽已騰書沅陵敢告主（正）

☑刻隸妾少以來ノ朝手　彼死手（背）

11.　簡九四〇：

□沅陵獄史治所☑

12. 简一〇五八：

傳舍沅陵獄史治☐

13. 简一四二六：

☐☐食沅陵　獄☐

☐☐☐　　☐

14. 简一六一八：

☐☐沅陵輸遷陵粟二千石書

15. 简一七二九：

覆獄沅陵獄佐　　已

治所發

16. 简一八九七：

覆獄沅陵獄☐☐

治所發

17. 简二二二一：

☐甲寅到沅陵乚☐

18. 简二四三六：

☐☐☐☐

☐縣界中者☐

☐☐☐☐☐（正）

☐☐☐☐

☐☐☐☐☐☐

☐☐沅陵☐（背）

附录二

沅陵楚墓新近出土铭文砝码小识

郭 伟 民

1990 年秋，在湖南五强溪水电站淹没区沅陵太常乡的考古抢救性发掘中，在第 1016 号楚墓内出土了一套带有铭文的砝码。该墓葬的基本情况已有专文介绍[1]，这里仅就砝码内容作一简要报道，并拟对其涉及的相关问题谈一点个人的认识，不妥之处，敬请指正。

砝码一共 5 枚，呈圆环形，铜质，除第 4 号外其余器表皆鎏金而呈淡黄色。按其重量及形体大小排列，各数量单位如下表。

序号	1	2	3	4	5
重量（克）	1	2.55	5.1	6.5	19.2
内径（厘米）	0.9	0.8	1.1	0.7	1.9
外径（厘米）	1.5	1.7	2.4	1.95	3.3

其中第 3 号与第 4 号砝码重量与大小并不对称，第 4 号砝码形体明显小于比之更轻的第 3 号砝码，其整体虽亦为圆环形，但截面却近乎直角梯形，且表面留有明显的人工磨琢痕迹，色玄黑。可知其外形、成色与制作均有异于其余四枚砝码，推测应是一件替代品。

这五枚砝码中，第五枚个体最大，在其圆环表面阴刻三字，下文试作考释。

一 铭文的考释

三字铭文字体粗放，笔画草率。据刻铭字形分析，可初步判读为"分细益"三字。

分释为分，断无疑义。《说文》曰："分，别也，从八从刀，刀以分别物也"。"分"之整体形态从甲骨文到金文的演变历程，无太大的变化，字义亦基本相同，作动词，即是用刀以别物。

由初释为由。《说文》："由，象形，鬼头也"。《中国历代货币大系》亦将由释为由。如是解释，则其象征意义也就非常明了，说明它是与丧俗有关的一种随葬冥器，是死人在阴间使用的砝码。但这套青铜砝码还应该是实用器具，因为若作为随葬品，可不必以青铜为铸，更不会磨琢出第 4 号砝码来。之所以如此，就是表明其下葬前曾作为实用器使用过。湖南几十年来的考古材料还没有发现过作为冥器的青铜砝码。故此，⊕似应作他解。笔者曾仔细审视砝码上的文字，不难发现三字并不在同一平面，如若单从第二字观察，⊕之形近似于⊕，那么，则可直释为囟。另据《说文》云："囟，古囟字"。可知囟可以从"十"而不必从"×"，徐中舒在《汉语古文字字形表》中也释⊕为囟②。《说文》："囟，头会脑盖也"。清桂馥在《说文解字义证》中说："囟，头会脑盖也，象形，凡囟之属皆从囟。……细、思等字从之"。又据《说文》："洇，水出汝南新郪，入颍，从水，囟声"。《义证》曰："水出汝南新郪者，或借细字"。《汉书·地理志·第八上》载有汝南郡细阳条，颜师古注曰："居细水之阳，故曰细阳，细水本出新郪"。洇水即细水。是知细、囟可通假。《说文》："细，微也，从系，囟声"。也说明了这一点。细之义有微小、细密、精美、琐碎、分量轻等多种解释。

　　坌释为益。通镒。益在甲骨金文中都有记载。

　　《说文》无镒字。战国晚期两件"平安君鼎"铭文中的"益"，分别写作坌（三十二年）及坌（二十八年）③。此两鼎年代都属于卫孝襄侯时期，二十八年即公元前 297 年。又陕西武功出土的魏器"信安君鼎"铭文中的益作坌④。楚地文字与中原文字的差异比较明显，同见于楚青铜砝码上的"益"字形态在湖南长沙出土过一件，写作坌⑤。与沅陵楚墓出土的砝码铭文又有一定的差异。据 1016 号墓随葬物形态及组合关系，此墓的相对年代已属战国后期。砝码文字的出土，对于研究楚国文字的结构演变具有一定的意义。在古文字中，益与溢、镒互通。通为镒，为一重量单位，《战国策·秦策一》："黄金万镒"即是指；通为溢，为一容量单位，《仪礼·丧服》："朝一溢米，夕一溢米"，即是指。明方以智《通雅四十·算数》云："二十四两为镒，因一溢而名也"⑥。

二　砝码铭文所反映的楚国衡制

　　楚国带有铭文的砝码，曾在安徽有过出土，但标明一定衡制内容的铭文砝码，除解放前在长沙出土过外，迄今为止，经科学发掘而得的，就只沅陵出土的这一组了。我们认为，它的发现的意义远不止对三字铭文的考释，更重要的是它所代表的那种衡制内容。"分细益"关键在于文字和砝码本身的关系。战国时期的黄金单位，有斤、镒两种，楚与列国同样如此。《吕氏春秋·异宝》云："荆国之法，得五员者，爵执圭，禄万檐，金千益"。而在《战国策·楚策二》中则有"郑袖亦以金五百斤"的记载。

　　前人对于镒的重量单位有多种解释，《孟子·公孙丑下》："馈七十镒而受"。赵岐注："古者以一镒为一金，一镒是为二十四两也"。《仪礼·丧服》："朝一溢米，夕一溢米"。郑注曰："二十两为益"。据研究，秦、楚、汉在度量衡制度上是相当接近的⑦。《汉书·律历志》则云："权者，铢、两、斤、钧、石也，二十四铢为两，十六两为斤，三十六斤为钧、四钧为石"。《汉书·张良传》："赐良金百溢"。颜注曰："秦以溢名金，若汉之论斤也"。若按秦、汉之制，则楚地一镒相当一斤，为十六两。这一点，为考古资料所证实。

　　楚国出土的青铜砝码所反映的衡制，经丘光明、高至喜等先生的分析，已有明确的结论。即楚国衡制符合汉制中的斤、两、铢制度，它们之间的换算关系是：

　　1 斤 = 16 两 ≈ 250 克

1 两 = 24 铢 ≈ 15.6 克

1 铢 ≈ 0.69 克[⑧]。

1954 年湖南长沙左家公山出土一套九枚砝码，个体数以倍数递增，分别为一铢、二铢、三铢、六铢、十二铢、一两、二两、半斤，最大一枚第 9 号为一百二十五克，合半斤之数。解放前长沙近郊出土过一套"钧益"砝码，一共十枚，各个体之间的重量数成倍数递增，这是迄今为止发现的一套最为完整的砝码，虽历久经年，但仍未氧化。它所能称量的最大单位是二斤（五百克）。"钧益"二字刻在第 9 枚砝码上，此砝码为一百二十四点四克，约为半斤的重量[⑨]。"钧"同"均"，均益，就是平均分割黄金的量值[⑩]。

然而，沅陵这套新出土的砝码不具有个体重量上的递增倍数关系。这是我们所要研究的问题。

就目前我们所掌握的材料来看，楚地出土的砝码大致可以分为两类，一类像"钧益"砝码那样，数量较多，重量较大而且各个体之间都存在一定的重量比例关系，为两倍或一点五倍的递进比例[⑪]。另一类是以"分细益"砝码为代表，数量少、重量轻而且各个体之间不一定有完整的比例关系。如溆浦江口 M8，五枚砝码全部重量合计不到 19 克[⑫]，55 长扫新 M2 与 64 长九电 M24 也是这种情况[⑬]，在沅陵楚墓第 1003 号也仅发现两枚总量不及 10 克的砝码[⑭]。这就引发了一个令人深思的问题，那就是"分细益"类砝码到底是因随葬品的随意性还是因为它有别样的衡制内容。我们认为，如果单从文字上理解，"分细益"本身可能有如下两种含义。第一，"分细益"作为"动词＋形容词＋量词"组成联合词组，意思可理解为分割小份黄金单位。"细益"则不及一益之重，比一益要小，此类砝码是用来称量小于一益的黄金量的。第二，"益"可理解为名词。吴承洛说："凡一制度之名有二，一曰法名，即其为制度之单位名称，二曰器名，指其为器用之名。凡度制量制衡制，均有法名与器名二种"[⑮]。例如古代有尺为尺寸之名，有斛、斗、升为量器之名，则"分细益"可理解为称量小份黄金的权器。不过，第一种理解更能说明问题。"分细益"砝码各个体之间虽然不似"钧益"砝码那样成一定倍数递增，但仔细审查，也有某些适应"钧益"衡制的内容。第 1、2、3、4 号个体相加约为 15.5 克，这大体相当一两，也就是楚制中的 0.06 斤，第 3、4、5 号砝码相加为 30.18 克，大致为 0.12 斤。第 1 号砝码为 1 克，合"钧益"砝码的 1.5 铢，第 2、3、4 号砝码相应为 4 铢、8 铢、10 铢。在第 2、3 号砝码之间还有可能有一枚砝码表示 6 铢，而第 1 号砝码即使在"钧益"类砝码中也不是最小单位，则推测在第 1 号砝码之前，应起码有一枚重 0.69 克左右的砝码表示 1 铢或更小的单位。

根据上述推断，我们认为，在楚国的黄金称量上，可能有两类天平砝码，一类即如"钧益"砝码那一种，用来称量较重的黄金，即一斤以上的大份黄金称量，另一类像"分细益"砝码这一种，用于小分量黄金的称量，所以它的砝码个体轻，个数少。至于它们为何在各个体重量数上不成比例关系，我们推测，既然用作权器，它们的个体重量就必然要存在某种关系，否则是难于称量的。既然个体极小，丧葬活动中就极有可能出现脱漏，包括有意的或无意的，个别楚墓中出现的这种情况亦在情理之中。当然，这只是猜度而已，个中复杂因素，也不是本文所能解决的，还有待我们去深入探讨。

注　释

① 见本报告正文。

② 徐中舒:《汉语古文字字形表》406 页,四川辞书出版社,1985 年。

③ 三十二年鼎见上海市博物馆编《商周青铜器铭文选》511 页,文物出版社,1990 年。二十八年鼎见《河南沁阳秦墓》,《文物》1980 年第 9 期。

④ 罗昊:《武功县出土平安君鼎》,《考古与文物》1981 年第 2 期 20 页。

⑤ 国家计量总局:《中国古代度量衡图集》105 页,文物出版社,1980 年。

⑥ 方以智:《方以智全书》下册,1221 页,上海古籍出版社,1988 年。

⑦ 安志敏:《金版与金饼——楚汉金币及其有关问题》,《考古学报》1973 年第 2 期 70 页。

⑧ a. 高至喜:《湖南楚墓出土的天平与砝码》,《考古》1972 年第 4 期 44 页。b. 丘光明:《试论战国衡制》,《考古》1982 年第 5 期 518 页。

⑨ 同 8a。

⑩ 刘和惠:《郢爰与战国黄金通货》,《楚文化研究论文集》第一集 128 页,荆楚书社,1987 年。

⑪ 黄德馨:《楚爰金研究》52 页,光明日报出版社,1991 年。

⑫ 溆浦县文化局:《溆浦江口战国西汉墓》,《湖南考古辑刊》第 3 集 116 页,岳麓书社,1986 年。

⑬ 同 8a。

⑭ 见本报告正文。

⑮ 吴承洛:《中国度量衡史》109 页,上海书店,1984 年。

原载《考古》1994 年第 8 期

后　记

　　本报告的编撰由谭远辉负责，谭远辉并完成所有文字撰写、插图和图版的编排、全书的整合等。参与本报告器物修复、绘图、照相的人员以及协助工作的人员有十余人之多，应该说，该报告的完成并出版是集体劳动的结晶。

　　本所所长、研究员郭伟民对本报告的编写工作给予了高度关注及全力支持，他将所有原始发掘资料及相关辅助资料收集齐全后交给编撰者，并在报告编写期间经常过问工作的进展情况。他还主动与沅陵县博物馆负责人联系，请他们对我们的工作给予配合与协助，使工作得以顺利进行。郭所长并拨冗为本报告撰写了序言。本所研究员、所长助理高成林对资料整理工作进行了具体指导，并实际参与了窑头汉墓的分期排队工作。张春龙研究员也进行了相关指导。文物保管室的张婷婷则为器物绘图及照相提供了便利。在沅陵县工作期间得到了沅陵县博物馆馆长杨宁、书记向新才的积极配合，廉清浪、张云霞、张文华等则参与了具体工作。承中国社会科学院考古研究所乔玉翻译英文提要。本报告能在较短时间内完成与他们的支持和协助是分不开的。

　　器物修复：向开进、杨建华、陈山鹰、汪华英、朱元妹、龚辉群、付林英、易万春、杜林慧；绘图：谭远辉、张涛、唐赛波、向树青、朱俊明；器物照相：杨盯；拓片：唐赛波、向树青、付林英、易万春；电脑描图、排版：唐赛波、胡重。

编　者

Excavation Report of the Yaotou Site in Yuanling

(Abstract)

The Yaotou 窑头 site, which consists of an Eastern Zhou period walled city and a Warring States to Han period cemetery, is located between the Yaotou and Mumaling 木马岭 Villages, Taichang 太常 Township, Yuanling 沅陵 County, Hunan 湖南 Province. Hunan Provincial Institute of Archaeology and Cultural Relics conducted a salvage excavation at the site in the early 1990s and yielded some important archaeological data.

I. The Walled City

Facing to the north, the walled city is located on the southern bank of the Yuan River. The southern wall is relatively well preserved. Part of the western wall had been destroyed. Some traces of the eastern wall had been recognized. The northern wall had totally disappeared, probably being smashed by flood. The city is in the shape of a irregular rectangular, about 450 m from east to west, 250 m from south to north, and 11 ha in size. A surrounding ditch had been found outside the walls, which is 5.5 m in width on the top, 4 m in width at the bottom and 1 to 1.5 in depth.

Artifacts unearthed in the excavation include plank tiles, half-cylinder tiles, tile ends, ceramic li 鬲 tripods, basins, pots, urns, dou 豆 stemmed plates and net sinkers, iron cha 臿 spades, hoes and ploughs, stone spades, bronze arrow heads and a bronze stamp (probably use for ironing marks on horses) with inscriptions of two Chinese characters "Yun Ling".

These artifacts indicate that the city was established in middle Warring States period and abandoned in early Han Dynasty.

II. Burials of the Warring States and Qin Dynasty

The cemetery is located on a terrace west of the walled city. Totally 241 burials had been unearthed, including 175 Warring States to Qin Dynasty burials, 44 Han Dynasty burials and 22 empty burials.

Some 1019 pieces of burial offering had been found in the 175 Warring States to Qin Dynasty burials. They include ceramic copy of bronze ritual vessels such as the ding 鼎 tripods, hu 壶 vessel, dun 敦 vessel, fu 簠 vessel, small – mouth ding tripods, gui 簋 vessel, fou 缶 vessel, box, burner, plate, yi 匜 vessel, shao 勺 spoon, bi 匕 spoon and dou 斗 spoon; ceramic vessels and objects of everyday use such as the long neck pot, short neck pot, narrow lack pot, double handles pot, high neck pot, double handles hu vessel, li tripods, yu 盂 vessel, high dou stemmed plate, short dou stemmed plate, basin, bo 钵 bowl, urn, lamp and spindle wheel; bronze objects such as the sword, ge 戈 dagger, zun 鐏 shaft decoration of ge, spear, arrowhead, mirror, belt hook and weight; iron objects such as the sward, cha spade, hoe and rammer; jade bi 璧 disks and rings; speckstone sward decorations, and glass bi disks and beads.

The style of these artifacts is the combination of the Chu culture, local culture and Qin culture.

These burials can be divided into four periods or seven phases:

Period I or phase I: Early Warring States

Period II or phase II: early Middle Warring States

Period II or phase III: late Middle Warring States

Period III or phase IV: early Late Warring States

Period III or phase V: middle Late Warring States

Period III or phase VI: late Late Warring States

Period IV or phase VII: Qin Dynasty

III. Burials of the Han Dynasty

Han burials are smaller and simpler than the Warring States and Qin burials. Most of them have no attached structures except for a passage. Some 823 pieces of offering were found in these burials. They include ceramic zhong 锺 measuring vessel, ding tripods, box, fang 钫 vessel, hu vessel, guan 罐 pot, plate, dou stemmed plate, lid, jiaohu 鐎壶 pot, burner, lamp, hearth model and well model; hardware or glazed ware guan pot, hu vessel and lid; bronze ding tripods, small mouth ding tripods, fang vessel, hu vessel, xi 洗 vessel, fu 釜 pot, zeng 甑 steam basin, zhi 卮 cup, eared cup, bowl, plate, jiaohu pot, burner, lamp, bell, xiao 削 knife, sward, mirror, stamp and hairpin; iron fu pot, xiao knife, knife, qian 钎 drill rod, ring and sward guard; speckstone ding tripods, box, hu vessel, fang vessel, zhan 盏 shallow plate, plate, eared cup, zhi cup, lid, shao spoon, bi spoon, desk, jiaohu pot, burner, lamp, hearth model and bi disk. Bronze coins with the inscription "banliang 半两", "wuzhu 五铢", "daquanwushi 大泉五十", "huoquan 货泉" and "dabuhuangqian 大布黄千", clay coins with the inscription "banliang" and "wuzhu", and gold and speckstone coins were also found in the burials.

These burials can be divided into three periods:

Period I: Middle Western Han Dynasty

Period II: Late Western Han Dynasty

Period III: XinMang 新莽 Preriod

彩版·图版

1. 五强溪水库蓄水前的沅陵县城（南—北）

2. 窑头遗址及墓地全貌（东—西）

五强溪水库蓄水前的沅陵县城、窑头遗址及墓地全貌

1. 鬲（90T1③a：10）

2. 盆（90T1③a：5）

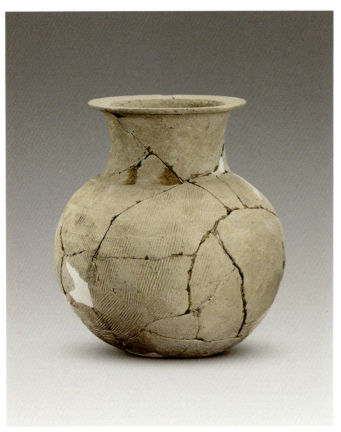

3. 高领罐（90T1③a：3）

4. 三足盘（91H2：4）

陶鬲、盆、高领罐、三足盘

1. 陶双耳罐（91H2：1）

2. 板瓦（03T2⑤：12）

3. 铜"元陵"印章（03T4⑤：5）正视

4. 铜"元陵"印章（03T4⑤：5）印面

5. 铜"元陵"印章（03T4⑤：5）顶视

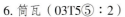

6. 筒瓦（03T5⑤：2）

7. 瓦当（03T5⑨：2）

陶双耳罐，板瓦，筒瓦，瓦当，铜"元陵"印章

墓葬发掘现场

1. 墓葬发掘现场

2. 战国墓M1006出土陶器

墓葬发掘现场，战国墓M1006出土陶器

1. 战国墓M1007出土陶器

2. 秦代墓M1014出土器物

战国墓M1007、秦代墓M1014出土器物

1. 战国墓M1016出土器物

2. 铜砝码（M1016：15）

3. "分细益"铜砝码（M1016：15-5）

战国墓M1016出土器物

1. M1028出土陶器

2. M1040出土陶器

战国墓M1028、M1040出土陶器

1. M1050出土陶器

2. M1052出土陶器

战国墓M1050、M1052出土陶器

1. M1058出土陶器

2. M1061出土陶器

秦代墓M1058、M1061出土陶器

1. M1073出土陶器

2. M1079出土陶器

3. M1108出土陶器

战国墓M1073、M1079、M1108出土陶器

1. M1217

2. M1218

3. M1219

战国墓M1217、M1218、M1219

1. M1234出土陶器

2. M1235出土器物

战国墓M1234、M1235出土器物

1. 战国墓M1238出土陶器

2. 铜轴套（M1244：1）正面

3. 铜轴套（M1244：1）侧面

战国墓M1238出土陶器，铜轴套

1. M1244：9

2. M1244：10

铜轴套

1. A型鼎（M1244：5）

2. B型Ⅲ式鼎（M1301：3）

3. E型Ⅲa式鼎（M1016：5）

4. E型Ⅲa式鼎盖（M1016：5）

陶鼎

1. E型V式鼎（M1014：5）

2. G型Ⅲ式鼎（M1049：1）

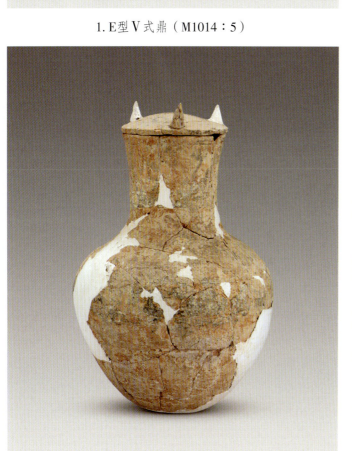

3. A型壶（M1245：7）

4. C型Ⅱ式壶（M1301：2）

陶鼎、壶

1. F型Ⅱa式壶（M1234：14）

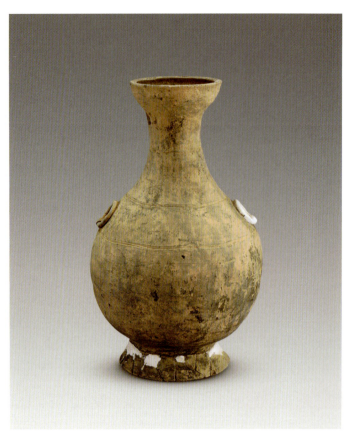

2. F型Ⅲb式壶（M1029：6）

3. H型壶（M1048：1）

4. A型敦（M1248：1）

陶壶、敦

1. Da型Ⅱ式（M1016：7）

2. Da型Ⅱ式（M1016：7）局部

3. Db型Ⅱ式（M1028：3）

4. Dc型Ⅲ式（M1014：8）

陶敦

1. Ⅱ式簠（M1248：12）

2. Ⅰ式小口鼎（M1244：8）

3. A型Ⅱ式熏（M1014：13）

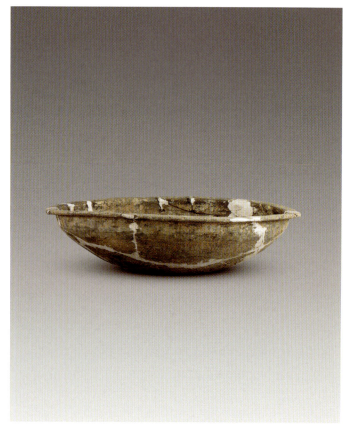

4. A型Ⅱ式盘（M1301：1）

陶簠、小口鼎、熏、盘

1. Ⅰ式长颈罐（M1238：1）

2. Ⅱ式长颈罐（M1191：1）

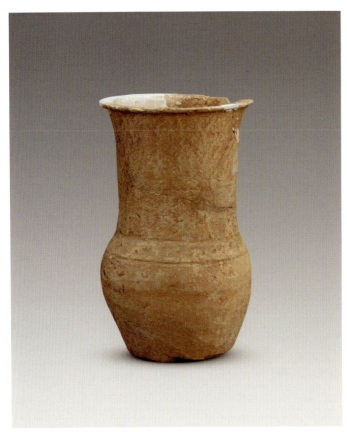

3. Ⅳ式长颈罐（M1134：1）

4. B型Ⅱ式矮领罐（M1077：2）

陶长颈罐、矮领罐

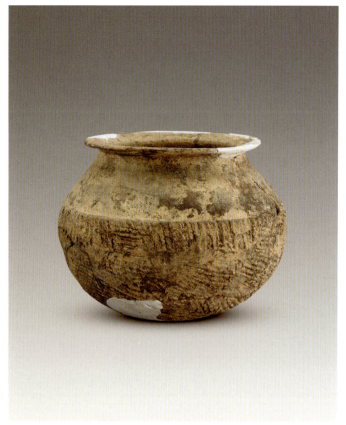

1. Ⅱ式束颈罐（M1028：5）

2. A型Ⅰ式双耳罐（M1089：1）

3. A型Ⅱ式双耳罐（M1008：2）

4. A型Ⅱ式高领罐（M1170：4）

陶束颈罐、双耳罐、高领罐

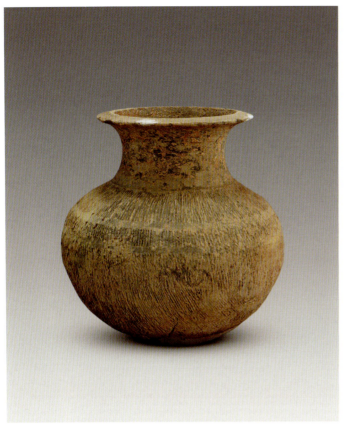

1. A型Ⅴ式高领罐（M1087：1）

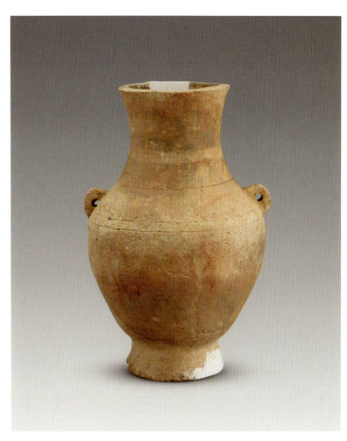

2. A型Ⅱ式双耳壶（M1039：6）

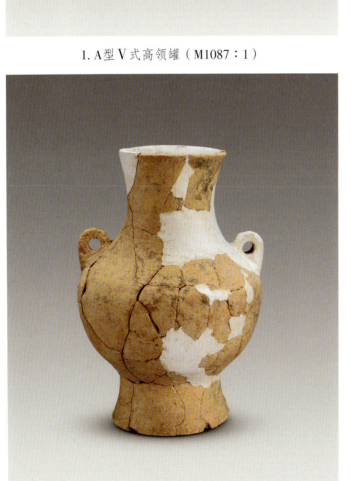

3. A型Ⅲ式双耳壶（M1068：3）

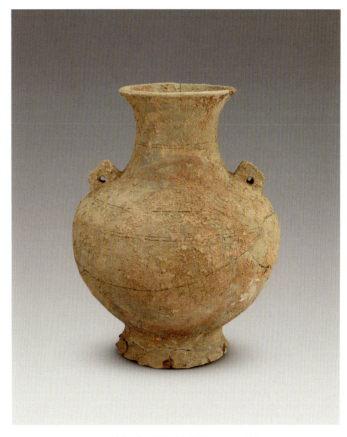

4. B型Ⅱ式双耳壶（M1235：3）

陶高领罐、双耳壶

1. Ⅱ式鬲（M1043：1）

2. Ⅳ式鬲（M1206：2）

3. Ⅰ式簋（M1039：5）

4. Ⅲ式簋（M1006：5）

陶鬲、簋

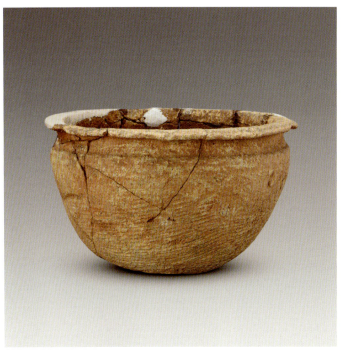

1. A型Ⅰ式陶盂（M1059：1）　　　　　　　　2. B型Ⅳ式陶盂（M1235：5）

3. Aa型铜剑（M1144：2）正面　　　4. Aa型铜剑（M1144：2）背面　　　5. B型铜剑（M1053：14）

陶盂，铜剑

1. B型剑（M1165：19）　　　　2. C型剑（M1022：1）　　　　3. D型剑及套箍（征集：1）

4. D型戈（M1033：6）　　　　　　　　　5. D型戈（M1050：3）

铜剑、戈

1. A型Ⅰ式（M1066：8）

2. A型Ⅱ式（M1029：1）

铜镜

1. B型Ⅱa式（M1006：1）

2. D型（M1014：2）

铜镜

1. B型Ⅰ式陶钫（M1139：18）

2. 铜镜（M1141：10）

陶钫，铜镜

1. 汉墓M1143出土陶器

2. B型 I 式陶熏（M1146∶15）

汉墓M1143出土陶器，陶熏

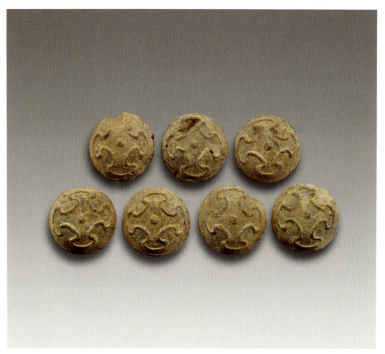

1. 泥金饼（M1146：16）

2. A型滑石璧（M1158：13）

3. 汉墓M1164出土器物

泥金饼，滑石璧，汉墓M1164出土器物

1. B型Ⅰa式陶盒（M1164：11）

2. C型Ⅰ式陶镳壶（M1164：5）

3. A型Ⅰa式陶灶（M1164：21）

陶盒、镳壶、灶

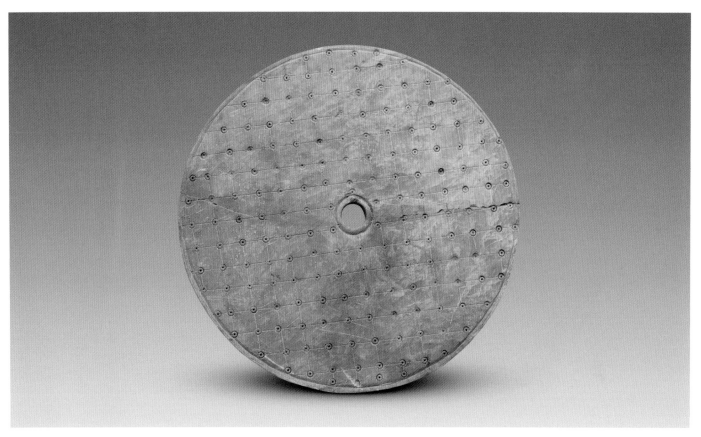

1. 正面

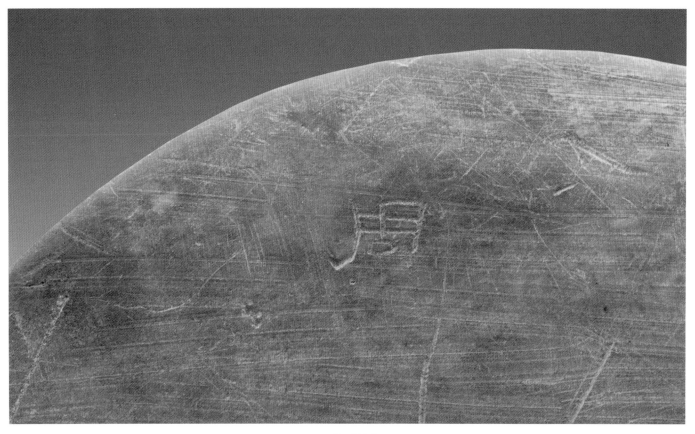

2. 背面刻字

A型滑石璧（M1164：1）

1. M1177：1

2. M1178：5

铜镜

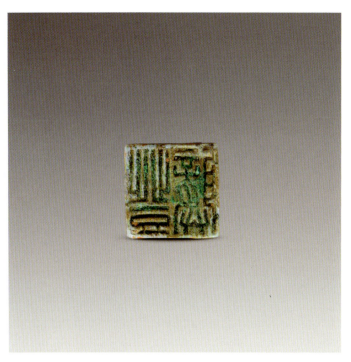

1. 铜印章（M1178：1）A面

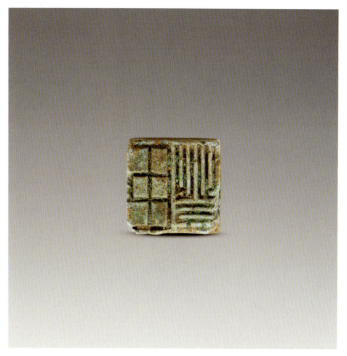

2. 铜印章（M1178：1）B面

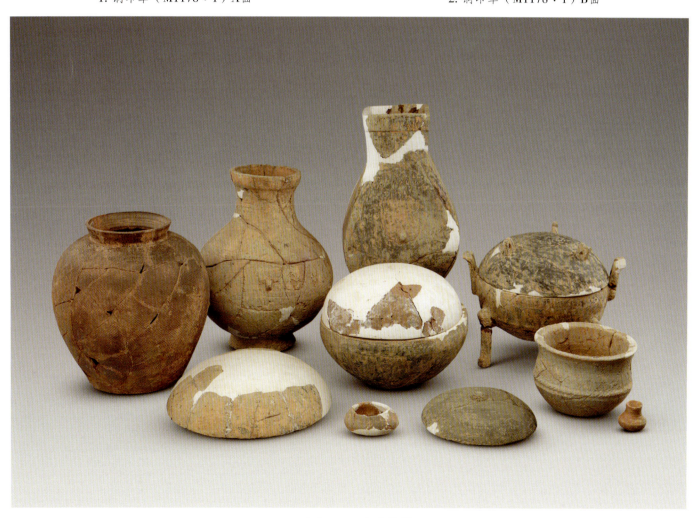

3. 汉墓M1181出土陶器

铜印章，汉墓M1181出土陶器

1. B型Ⅰ式鼎（M1181：13）

2. A型Ⅰ式井（M1181：5）

3. D型鐎壶（M1190：7）

4. B型Ⅲ式熏（M1190：16）

陶鼎、井、鐎壶、熏

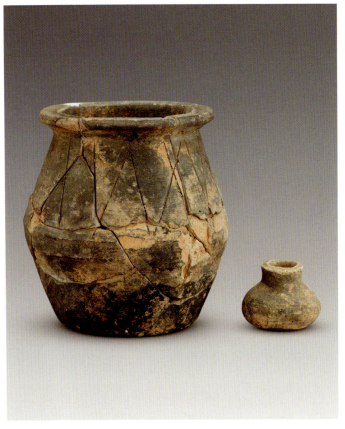

1. B型Ⅰ式陶井（M1190：5）

2. Ab型陶盒（M1194：20）

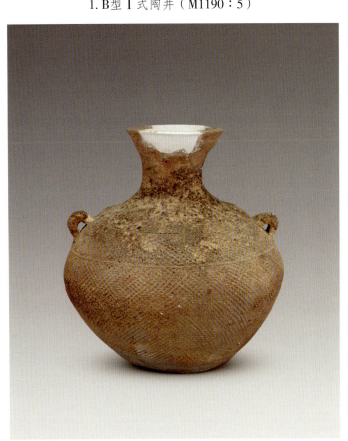

3. Ⅰ式釉陶壶（M1197：12）

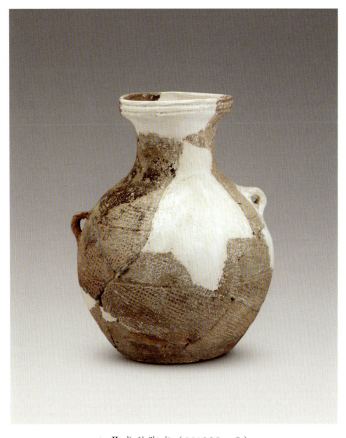

4. Ⅱ式釉陶壶（M1220：5）

陶井、盒，釉陶壶

1. M1197出土器物

2. M1232出土器物

汉墓M1197、M1232出土器物

1. A型Ⅳ式陶锺（M1232：33）

2. 铜钫（M1232：30）

3. 滑石壶（M1232：1）

4. 滑石壶（M1232：41）

陶锺，铜钫，滑石壶

1. A型Ⅱb式陶灶（M1232：32）

2. 铜鐎壶（M1232：34）

3. B型Ⅱ式滑石璧（M1232：4）

陶灶，铜鐎壶，滑石璧

1. 卮（M1232：67、M1232：68）

2. 案（M1232：29）

3. 鐎壶（M1232：14）

滑石卮、案、鐎壶

1. 熏（M1232：56）

2. 灶（M1232：9）

滑石熏、灶

1. C型灶（M1242：3）

2. B型Ⅱ式锺（M1254：15）

3. A型Ⅰ式鼎（M1254：3）

4. A型Ⅰ式钫（M1254：7）

陶灶、锺、鼎、钫

汉墓M1254出土器物

窑头古城发掘现场

窑头古城发掘现场

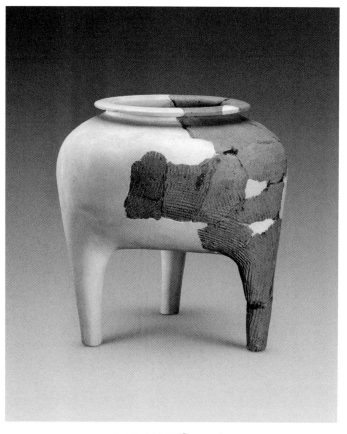

1. 鬲（90T1③a：4）

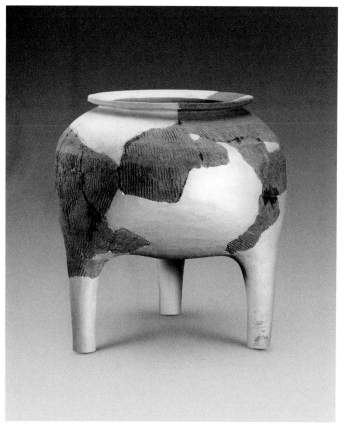

2. 鬲（90T1③a：4）

3. 鬲（90T1③a：10）

4. 盆（90T1③a：5）

陶鬲、盆

1. 高领罐（90T1③a：3）

2. 高领罐（90T1③a：22）

3. 豆（90T1③a：18）

4. 三足盘（91H2：4）

陶高领罐、豆、三足盘

1. 双耳罐（91H2：1）

2. 双耳罐（91H2：1）

3. 高领罐（91H2：6）

4. 高领罐（91H2：10）

5. 盆（03T2⑧：2）

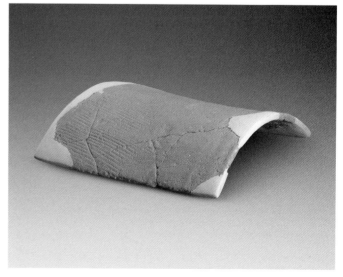

6. 板瓦（03T2⑤：12）

陶双耳罐、高领罐、盆，板瓦

1. 铜"元陵"印章（03T4⑤：5）正视　　2. 铜"元陵"印章（03T4⑤：5）印面　　3. 铜"元陵"印章（03T4⑤：5）顶视

4. 陶高领罐（03T5⑤：8）　　　　　　　　　　　5. 筒瓦（03T5⑤：2）

铜"元陵"印章，陶高领罐，筒瓦

1. 筒瓦（03T5⑦：1）

2. 筒瓦（03T5⑨：8）

3. 瓦当（03T5⑨：2）

筒瓦、瓦当

墓葬发掘现场

墓葬发掘现场

1. M1006出土陶器

2. M1007出土陶器

战国墓M1006、M1007出土陶器

1. M1014出土器物

2. 铜璜形器（M1014∶15）

3. 铜铃形器（M1014∶14）

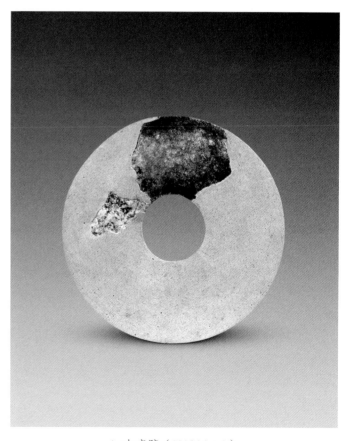

4. 玻璃璧（M1014∶1）

秦代墓M1014出土器物

1. M1016出土器物

2. M1017出土陶器

战国墓M1016、M1017出土器物

1. 陶鼎

2. 陶壶

3. 陶敦

战国墓M1016出土陶鼎、壶、敦

1. M1019出土陶器

2. M1020出土陶器

战国墓M1019、M1020出土陶器

1. M1022出土陶器

2. M1023出土陶器

战国墓M1022、M1023出土陶器

1. 战国墓M1025出土陶器

2. 秦代墓M1026出土陶器

战国墓M1025、秦代墓M1026出土陶器

1. 战国墓M1028出土陶器

2. 战国墓M1031出土陶器

3. 玉璧（M1034：9）

战国墓M1028、M1031出土陶器，玉璧

1. M1034出土陶器

1. M1035出土陶器

战国墓M1034、M1035出土陶器

1. M1036出土陶器

1. M1040出土陶器

战国墓M1036、M1040出土陶器

1. M1044

2. M1046出土陶器

战国墓M1044，M1046出土陶器

1. M1048 出土陶器

2. M1049 出土陶器

秦代墓M1048 、M1049 出土陶器

1. M1050出土陶器

2. M1050出土陶壶

战国墓M1050出土陶器

1. M1051出土陶器

2. M1052出土陶器

战国墓M1051、M1052出土陶器

1. M1056出土陶器

2. M1057出土陶器

战国墓M1056、M1057出土陶器

1. 秦代墓M1058出土陶器

2. 战国墓M1059出土陶器

秦代墓M1058、战国墓M1059出土陶器

1. 秦代墓M1061出土陶器

2. 战国墓M1069出土陶器

秦代墓M1061、战国墓M1069出土陶器

1. M1071出土陶器

2. M1073出土陶器

战国墓M1071、M1073出土陶器

1. M1079出土陶器

2. M1084出土陶器

战国墓M1079、M1084出土陶器

1. M1102出土陶器

2. M1105出土陶器

战国墓M1102、M1105出土陶器

图版三〇

1. M1108出土陶器

2. M1114出土陶器

3. M1205出土陶器

战国墓M1108、M1114、M1205出土陶器

1. M1138出土陶器

2. M1198出土陶器

战国墓M1138、M1198出土陶器

1. M1217

3. M1218

2. M1217壁龛

战国墓M1217、M1218

1. M1219

2. M1219随葬器物

战国墓M1219

1. 秦代墓M1222出土陶器

2. 战国墓M1227出土陶器

秦代墓M1222、战国墓M1227出土陶器

1. 战国墓M1228出土陶器

2. 秦代墓M1230出土陶器

3. 铜镜（M1233：1）

战国墓M1228、秦代墓M1230出土器物，铜镜

1. M1234出土陶器

2. M1234出土陶鼎

战国墓M1234出土陶器

1. M1234出土陶壶

2. M1235出土器物

战国墓M1234、M1235出土器物

1. M1236出土陶器

2. M1236出土陶鼎

战国墓M1236出土陶器

1. M1237出土陶器

2. M1238出土陶器

3. M1239出土陶器

战国墓M1237、M1238、M1239出土陶器

1. M1243出土器物

2. M1244出土器物

战国墓M1243、M1244出土器物

1. M1245出土陶器

2. M1247出土陶器

3. M1248出土器物

战国墓M1245、M1247、M1248出土器物

1. 战国墓M1251出土陶器

2. 秦代墓M1253出土陶器

战国墓M1251、秦代墓M1253出土陶器

1. A型（M1244：5）

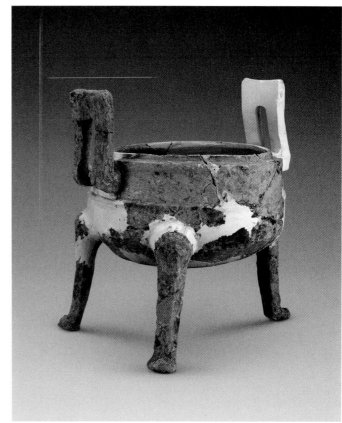

2. B型Ⅰa式（M1245：8）

3. B型Ⅰb式（M1195：5）

4. B型Ⅱ式（M1247：3）

陶鼎

1.B型Ⅲ式（M1028：1）

2.B型Ⅲ式（M1028：1）局部

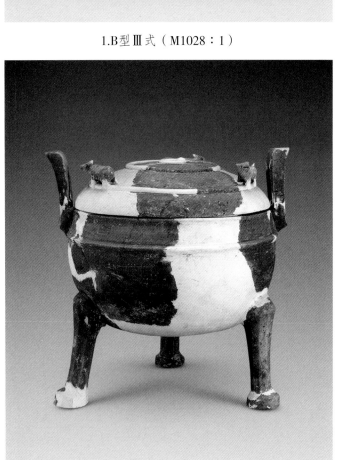

3.B型Ⅲ式（M1301：3）

4.B型Ⅳ式（M1027：5）

陶鼎

1. B型Ⅳ式（M1032：1）

2. Ca型Ⅰ式（M1138：6）

3. Ca型Ⅰ式（M1237：2）

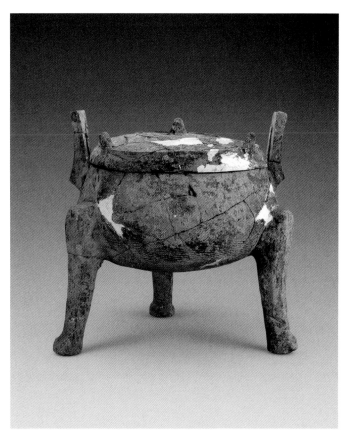

4. Ca型Ⅱ式（M1161：1）

陶鼎

1.Ca型Ⅲ式（M1025：5）

2.Ca型Ⅳ式（M1115：7）

3.Cb型（M1010：6）

4.Cb型（M1020：5）

陶鼎

1. D型Ⅰ式（M1105：4）

2. D型Ⅱ式（M1053：4）

3. D型Ⅲ式（M1036：11）

4. D型Ⅲ式（M1050：11）

陶鼎

1. D型Ⅳ式（M1007：3）

2. D型Ⅳ式（M1035：9）

3. D型Ⅴ式（M1234：9）

4. D型Ⅵ式（M1026：2）

陶鼎

1. D型Ⅵ式（M1029：3）

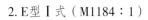

2. E型Ⅰ式（M1184：1）

3. E型Ⅱ式（M1084：1）

4. E型Ⅲa式（M1016：5）

陶鼎

1. E型Ⅲb式（M1017：5）

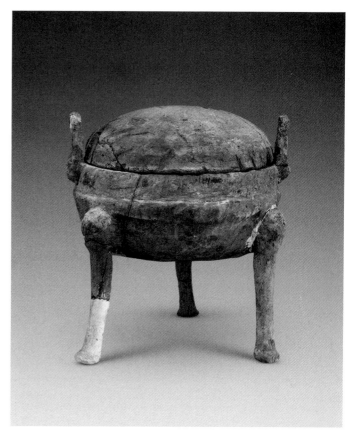

2. E型Ⅲb式（M1051：4）

3. E型Ⅳ式（M1236：5）

4. E型Ⅴ式（M1014：5）

陶鼎

1. F型 I 式（M1036：12）

2. F型 II 式（M1151：9）

3. G型 I 式（M1056：4）

4. G型 II 式（M1061：1）

陶鼎

1. G型Ⅲ式鼎（M1049：1）

2. A型壶（M1245：7）

3. B型Ⅰ式壶（M1105：3）

4. B型Ⅱ式壶（M1248：5）

陶鼎、壶

1. B型Ⅲ式（M1243：4）

2. B型Ⅳ式（M1247：1）

3. C型Ⅰa式（M1036：4）

4. C型Ⅰb式（M1184：3）

陶壶

1. C型Ⅱ式（M1301：2）

2. C型Ⅲ式（M1118：4）

3. C型Ⅳ式（M1061：2）

4. D型Ⅰ式（M1067：3）

陶壶

1. D型Ⅱ式（M1086：4）

2. D型Ⅳ式（M1001：6）

3. D型Ⅲ式（M1009：5）

4. D型Ⅲ式（M1009：5）局部

陶壶

1. E型Ⅰ式（M1198：4）

2. E型Ⅱb式（M1161：3）

3. E型Ⅲ式（M1115：6）

4. E型Ⅲ式（M1236：9）

陶壶

1. F型Ⅰa式（M1016：11）

2. F型Ⅱa式（M1078：4）

3. F型Ⅰb式（M1050：13）

4. F型Ⅰb式（M1050：13）局部

陶壶

1. F型Ⅱa式（M1234：14）

2. F型Ⅱb式（M1123：11）

3. F型Ⅱc式（M1006：3）

4. F型Ⅲa式（M1087：4）

陶壶

1. F型Ⅲb式（M1029：6）

2. F型Ⅲc式（M1058：9）

3. G型Ⅰ式（M1102：1）

4. G型Ⅱb式（M1014：4）

陶壶

1. H型壶（M1048：1）

2. A型敦（M1105：5）

3. B型Ⅰ式敦（M1237：3）

4. C型敦（M1198：3）

陶壶、敦

1. C型（M1213：3）

2. Da型Ⅰ式（M1053：1）

3. Da型Ⅱ式（M1016：7）

4. Da型Ⅲ式（M1050：23）

陶敦

1. Da型Ⅳ式（M1123：10）

2. Db型Ⅰ式（M1010：4）

3. Db型Ⅱ式（M1028：3）

4. Db型Ⅲ式（M1013：1）

陶敦

1. Dc型Ⅰ式（M1022：6）

2. Dc型Ⅱ式（M1030：4）

3. Dc型Ⅱ式（M1051：5）

4. Dc型Ⅲ式（M1014：8）

陶敦

1. Dc型Ⅲ式敦（M1048：2）

2. Ⅰ式簠（M1244：7）

3. Ⅱ式簠（M1248：12）

4. Ⅰ式小口鼎（M1244：8）

5. A型Ⅰ式熏（M1051：11）

陶敦、簠、小口鼎、熏

1. A型Ⅱ式（M1014：13）

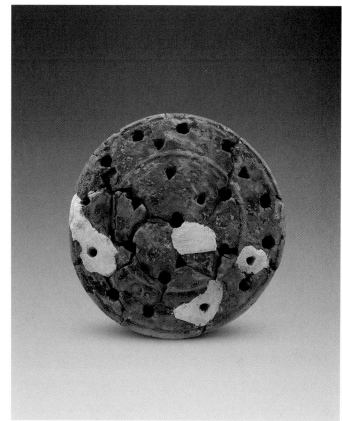

2. A型Ⅱ式（M1014：13）俯视

3. B型（M1029：7）

4. B型（M1029：7）俯视

陶熏

1. A型Ⅰ式（M1244：6）

2. A型Ⅱ式（M1301：1）

3. A型Ⅲ式（M1057：4）

4. A型Ⅳb式（M1014：11）

5. B型Ⅰ式（M1245：11）

6. B型Ⅱ式（M1033：2）

陶盘

1. B型Ⅲ式盘（M1051：9）

2. C型Ⅰ式盘（M1053：11）

3. C型Ⅱ式盘（M1016：9）

4. A型Ⅰ式匜（M1245：12）

5. A型Ⅱ式匜（M1248：15）

6. A型Ⅲ式匜（M1036：8）

陶盘、匜

1. A型Ⅳ式匜（M1033：1）

2. A型Ⅴ式匜（M1118：7）

3. B型Ⅰ式匜（M1050：26）

4. C型Ⅰ式匜（M1052：13）

5. C型Ⅱ式匜（M1058：14）

6. A型Ⅰ式勺（M1050：27）

陶匜、勺

1. A型Ⅲ式勺（M1026：5）

2. B型Ⅰ式勺（M1009：11）

3. A型匕（M1245：13）

4. B型匕（M1253：13）

陶勺、匕

1. Ⅰ式（M1238：1）

2. Ⅱ式（M1108：4）

3. Ⅱ式（M1191：1）

4. Ⅱ式（M1251：1）

陶长颈罐

1. Ⅳ式长颈罐（M1134：1）

2. A型Ⅰ式矮领罐（M1149：1）

3. A型Ⅱ式矮领罐（M1040：2）

4. B型Ⅰ式矮领罐（M1043：2）

陶长颈罐、矮领罐

1. B型Ⅱ式矮领罐（M1077：2）

2. B型Ⅳ式矮领罐（M1224：4）

3. Ⅰ式束颈罐（M1059：2）

4. Ⅱ式束颈罐（M1028：5）

陶矮领罐、束颈罐

1. A型 I 式（M1089：1）

2. A型 II 式（M1008：2）

3. A型 III 式（M1046：3）

4. B型（M1018：1）

陶双耳罐

1. A型 I 式（M1103：2）

2. A型 II 式（M1170：4）

3. A型 III 式（M1246：3）

4. A型 IV 式（M1037：1）

陶高领罐

1. A型Ⅳ式（M1057：10）

2. A型Ⅴ式（M1087：1）

3. B型Ⅰ式（M1060：4）

4. B型Ⅰ式（M1079：3）

1. B型Ⅱ式（M1228：4）

2. B型Ⅲ式（M1069：1）

3. C型Ⅰ式（M1218：2）

4. C型Ⅱ式（M1224：1）

陶高领罐

1. D型高领罐（M1065：1）

2. A型 I 式双耳壶（M1041：2）

3. A型 II 式双耳壶（M1039：6）

4. A型 III 式双耳壶（M1068：3）

陶高领罐、双耳壶

1. A型Ⅳ式（M1042：1）

2. B型Ⅰ式（M1114：1）

3. B型Ⅱ式（M1235：3）

4. C型（M1021：2）

陶双耳壶

1. Ⅰ式（M1079：1）

2. Ⅱ式（M1041：1）

3. Ⅱ式（M1043：1）

4. Ⅲ式（M1040：1）

陶鬲

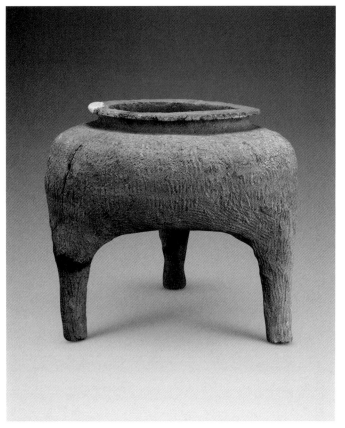

1. IV式鬲（M1206：2）

2. IV式鬲（M1226：1）

3. I式簋（M1039：5）

4. I式簋（M1085：2）

陶鬲、簋

1. Ⅱ式簋（M1042：2）

2. Ⅲ式簋（M1006：5）

3. A型Ⅰ式盂（M1059：1）

4. A型Ⅱa式盂（M1238：2）

5. A型Ⅱb式盂（M1108：5）

6. A型Ⅱb式盂（M1191：2）

陶簋、盂

1. A型Ⅲ式（M1079：2）

2. A型Ⅳ式（M1002：2）

3. A型Ⅳ式（M1060：1）

4. A型Ⅴ式（M1228：3）

5. B型Ⅰ式（M1008：1）

6. B型Ⅱ式（M1011：1）

陶盂

1. B型Ⅲ式（M1040：5）

2. B型Ⅲ式（M1206：1）

3. B型Ⅳ式（M1025：4）

4. B型Ⅳ式（M1068：1）

5. B型Ⅳ式（M1235：5）

6. B型Ⅴ式（M1069：2）

陶盂

1. A型Ⅰ式（M1238：3）

2. A型Ⅱ式（M1057：11）

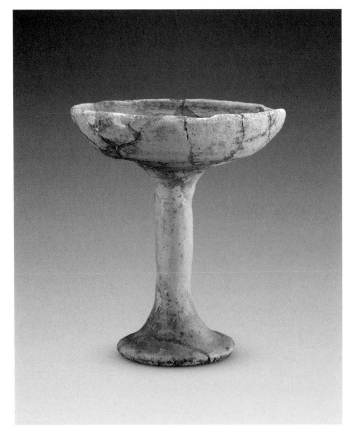

3. A型Ⅲ式（M1001：1）

4. B型Ⅰ式（M1245：6）

陶高柄豆

1. B型Ⅱ式（M1115：2）

2. C型Ⅰa式（M1138：7）

3. C型Ⅱ式（M1243：2）

4. C型Ⅲ式（M1247：2）

陶高柄豆

1. C型Ⅳa式（M1006：2）

2. D型Ⅰ式（M1060：3）

3. E型Ⅰ式（M1067：5）

4. E型Ⅱ式（M1101：2）

陶高柄豆

1. E型Ⅲ式（M1035：4）

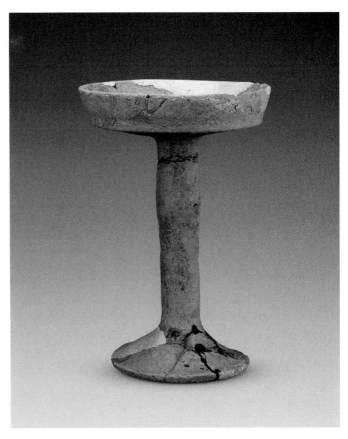

2. E型Ⅲ式（M1071：1）

3. E型Ⅳ式（M1049：3）

4. F型（M1037：4）

陶高柄豆

1. G型Ⅰ式高柄豆（M1013：3）

2. G型Ⅱ式高柄豆（M1019：3）

3. G型Ⅲ式高柄豆（M1029：5）

4. A型Ⅰ式矮柄豆（M1108：3）

陶高柄豆、矮柄豆

1. A型Ⅱ式（M1221：1）

2. A型Ⅲ式（M1101：3）

3. B型Ⅰa式（M1108：6）

4. B型Ⅱa式（M1003：3）

5. B型Ⅲ式（M1235：4）

6. B型Ⅳ式（M1048：5）

陶矮柄豆

1. B型V式（M1026：3）

2. C型I式（M1105：6）

3. D型I式（M1010：5）

4. D型II式（M1058：6）

陶矮柄豆

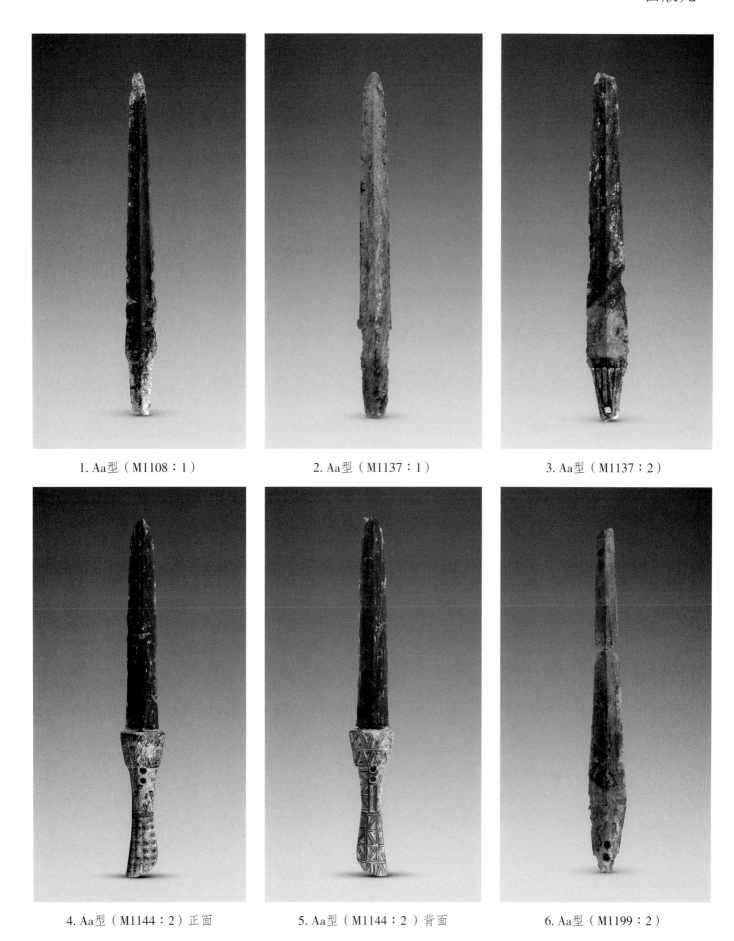

1. Aa型（M1108∶1）　　　　2. Aa型（M1137∶1）　　　　3. Aa型（M1137∶2）

4. Aa型（M1144∶2）正面　　5. Aa型（M1144∶2）背面　　6. Aa型（M1199∶2）

铜剑

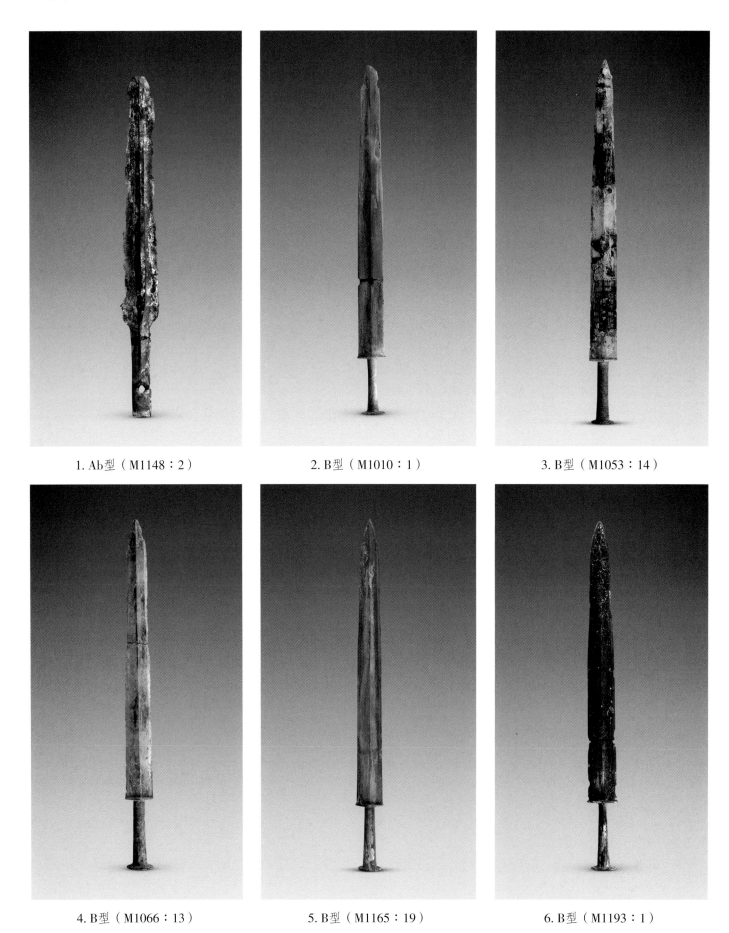

1. Ab型（M1148：2）   2. B型（M1010：1）   3. B型（M1053：14）

4. B型（M1066：13）   5. B型（M1165：19）   6. B型（M1193：1）

铜剑

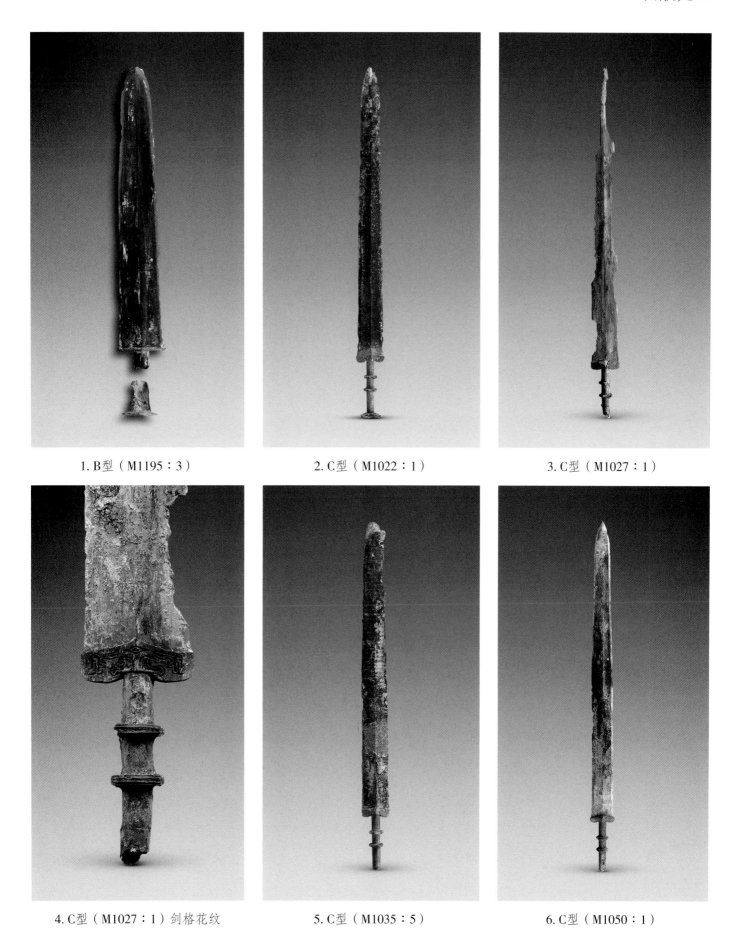

1. B型（M1195：3）　　　2. C型（M1022：1）　　　3. C型（M1027：1）

4. C型（M1027：1）剑格花纹　　　5. C型（M1035：5）　　　6. C型（M1050：1）

铜剑

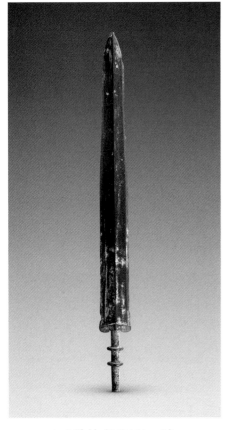

1. C型剑（M1161：5）

2. C型剑（M1175：1）

3. D型剑（征集：1）

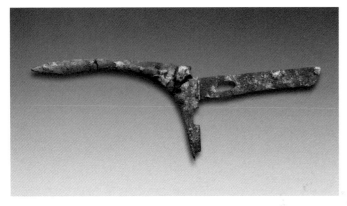

4. A型戈（M1144：4）

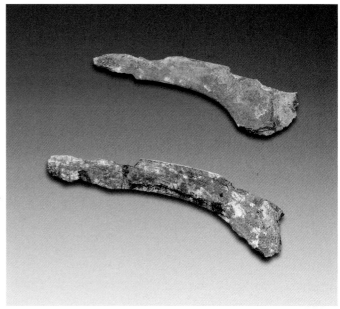

5. A型戈（M1248：9、M1248：10）

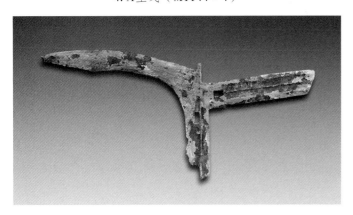

6. B型戈（M1165：1）

铜剑、戈

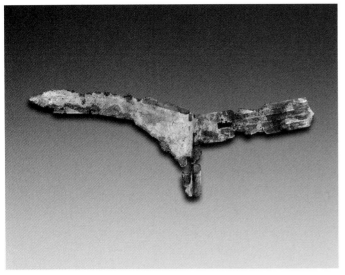

1. B型（M1249：3）

2. C型（M1066：10）

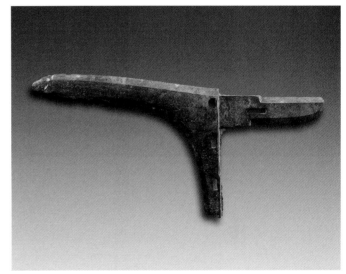

3. C型（M1165：17、M1165：18）

4. D型（M1033：6）

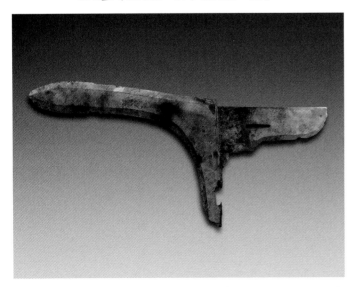

5. D型（M1035：6）

6. D型（M1039：2）

铜戈

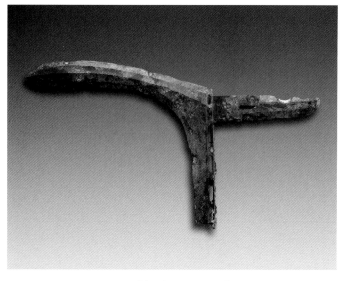

1. D型戈（M1050：3）

2. D型戈（M1052：1）

3. A型戈镈（M1243：9）

4. B型戈镈（M1035：12）

5. B型戈镈（M1052：9）

6. B型戈镈（M1058：11）

7. C型戈镈（M1050：28）

铜戈、戈镈

1. Aa型（M1161：4）　　　　2. Aa型（M1189：2）　　　　3. Aa型（M1199：1）

4. Ab型（M1115：8）　　　　5. B型（M1153：3）　　　　6. B型（M1165：3）

7. B型（M1182：7）　　　　8. B型（M1215：2）　　　　9. B型（M1248：8）

铜矛

1. A型 I 式（M1066：8）

2. A型 II 式（M1029：1）

铜镜

1. B型 I 式（M1004：1）

2. B型 I 式（M1007：1）

铜镜

1. B型Ⅱa式（M1006：1）

2. B型Ⅱb式（M1123：2）

铜镜

1. C型（M1034：3）

2. D型（M1014：2）

铜镜

1. E型镜（M1047：1）

2. 钱（M1119：1）

铜镜、钱

1. 滑石器（M1127：9）

2. 铜钱（M1127：12）

3. 泥金饼（M1146：16）

滑石器，铜钱，泥金饼

1. M1143出土器物

2. M1156出土器物

汉墓M1143、M1156出土器物

1. M1157出土器物

2. M1158出土器物

汉墓M1157、M1158出土器物

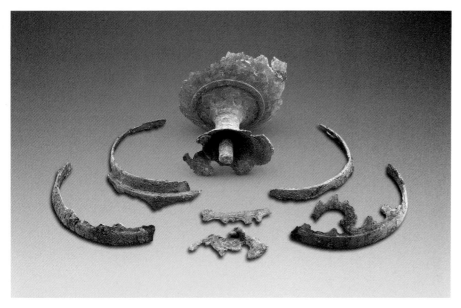

1. 铜熏（M1158：17）

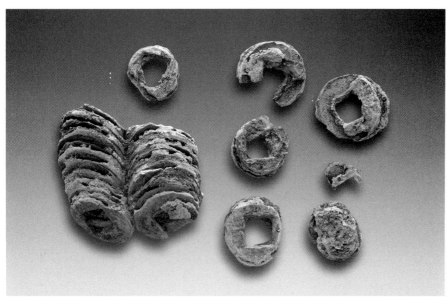

2. 铜钱（M1158：7）

3. 滑石熏（M1166：2）

铜熏、钱，滑石熏

1. M1164出土器物

2. M1166出土器物

汉墓M1164、M1166出土器物

1. 滑石金饼（M1166：31、M1166：32）

4. 泥金饼（M1178：22）

2. 滑石金饼（M1166：31、M1166：32）

3. 石黛板、研（M1178：28）

5. 陶壶（M1197：24）

滑石金饼，石黛板、研，泥金饼，陶壶

1. 铜镜（M1197：1）

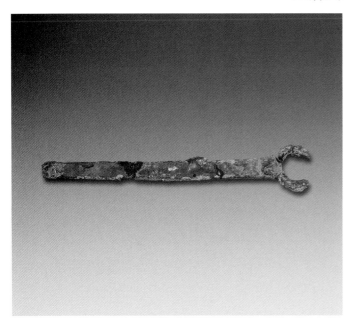

2. 环首铁钎（M1197：3）

3. 石黛板、研（M1197：2）

铜镜，环首铁钎，石黛板、研

1. M1181出土器物

2. M1197出土器物

汉墓M1181、M1197出土器物

1. M1212出土器物

2. M1220出土器物

汉墓M1212、M1220出土器物

1. 铜钱（M1212：14）

2. 铜钱（M1220：2）

3. M1232出土器物

铜钱，汉墓M1232出土器物

1. 小口鼎（M1232：24）

2. 碗（M1232：19）

3. 釜（M1232：6）

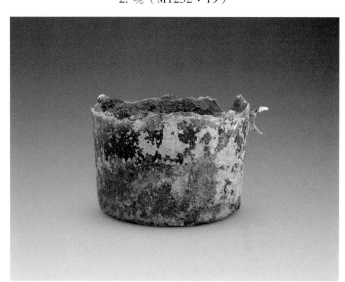

4. 卮（M1232：25）

5. 耳杯（M1232：20）

6. 盘（M1232：35）

铜小口鼎、碗、釜、卮、耳杯、盘

1. 铜鐎壶（M1232：34）

2. 铜鐎壶（M1232：34）俯视

3. 滑石灯（M1232：15）

4. 铜钱（M1232：17）

铜鐎壶、钱，滑石灯

1. M1242出土器物

2. M1254出土器物

汉墓M1242、M1254出土器物

1. A型 I 式（M1146：7）

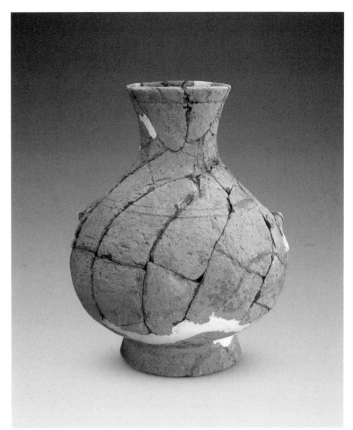

2. A型 II 式（M1167：11）

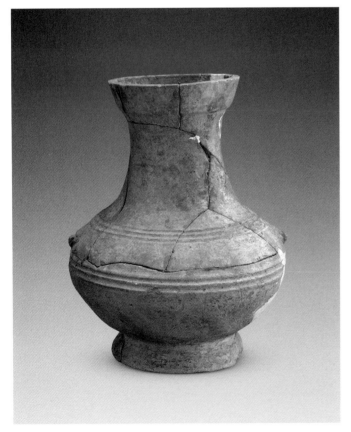

3. A型 IV 式（M1131：1）

4. A型 IV 式（M1232：49）

陶锺

1. B型Ⅰ式（M1254：17）

2. B型Ⅱ式（M1164：16）

3. B型Ⅱ式（M1254：15）

4. B型Ⅲ式（M1139：16）

陶锺

1.B型Ⅳ式锺（M1143：2）

2.B型Ⅴ式锺（M1212：7）

3.C型锺（M1196：3）

4.A型Ⅰ式鼎（M1254：3）

陶锺、鼎

1. A型Ⅱ式（M1156：11）

2. A型Ⅲ式（M1143：13）

3. A型Ⅳ式（M1119：8）

4. B型Ⅰ式（M1164：22）

陶鼎

1. B型Ⅰ式（M1181：13）

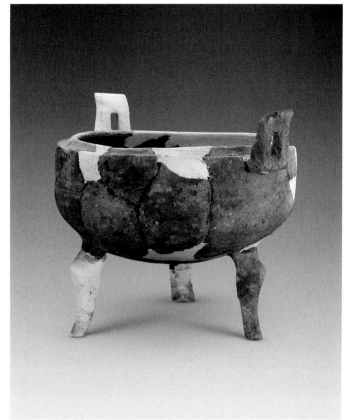

2. C型（M1194：18）

3. B型Ⅲ式（M1136：2）

4. B型Ⅲ式（M1136：2）鼎耳花纹

陶鼎

1. Aa型（M1254：2）

2. Ab型（M1194：20）

3. B型Ⅰa式（M1164：11）

4. B型Ⅰb式（M1139：8）

5. B型Ⅱ式（M1140：10）

6. B型Ⅲ式（M1212：10）

陶盒

1. C型盒（M1194：15）

2. A型 I 式钫（M1254：7）

3. A型 II 式钫（M1143：9）

4. A型 II 式钫（M1162：13）

陶盒、钫

1. B型Ⅰ式（M1139：18）

2. B型Ⅰ式（M1178：19）

3. B型Ⅱ式（M1194：9）

4. C型（M1119：24）

陶钫

1. A型（M1135：12）

2. A型（M1136：7）

3. B型（M1135：13）

4. C型（M1139：19）

5. D型Ⅰ式（M1131：14）

6. D型Ⅱ式（M1232：39）

陶罐

1. E型Ⅰ式（M1129：1）

2. E型Ⅱ式（M1119：22）

3. F型（M1135：11）

4. G型（M1242：10）

5. H型（M1242：14）

6. J型（M1242：9）

陶罐

1. K型罐（M1242：2）

2. L型罐（M1242：12）

3. A型Ⅰ式盘（M1166：18）

4. A型Ⅰ式盘（M1178：12）

5. A型Ⅱ式盘（M1157：10）

6. A型Ⅲ式盘（M1232：37）

陶罐、盘

1. B型盘（M1131：7）

2. C型盘（M1129：5）

3. A型Ⅰ式镳壶（M1254：14）正面

5. A型Ⅱ式镳壶（M1158：1）

4. A型Ⅰ式镳壶（M1254：14）侧面

陶盘、镳壶

1. A型Ⅲ式（M1232：12）正面　　　　2. A型Ⅲ式（M1232：12）侧面

3. B型（M1141：5）　　　　　　　4. C型Ⅰ式（M1164：5）

陶镳壶

1. C型Ⅱ式镳壶（M1129：11）

2. C型Ⅱ式镳壶（M1129：11）俯视

3. C型Ⅱ式镳壶（M1197：15）

4. A型熏（M1254：19）

陶镳壶、熏

1. D型镛壶（M1190：7）

2. D型镛壶（M1190：7）俯视

3. B型Ⅰ式熏（M1146：15）

4. B型Ⅱ式熏（M1143：18）

陶镛壶、熏

1. B型Ⅱ式（M1212：6）

2. B型Ⅲ式（M1190：16）

3. B型Ⅳ式（M1232：21）

4. B型Ⅴ式（M1208：1）

陶熏

1. C型熏（M1242：17）

2. A型Ⅰa式灶（M1135：7）

3. A型Ⅰa式灶（M1164：21）

4. A型Ⅰa式灶（M1164：21）组件

陶熏、灶

1. A型Ⅰb式（M1254：4）

2. A型Ⅱb式（M1232：32）

3. A型Ⅱa式（M1143：15）正视

4. A型Ⅱa式（M1143：15）背视

陶灶

1. A型Ⅲ式灶（M1167：15）

2. B型灶（M1119：16）

3. C型灶（M1242：3）

4. A型Ⅰ式井（M1146：13）

陶灶、井

1. A型Ⅰ式（M1181∶5）

2. A型Ⅱ式（M1158∶2）

3. A型Ⅱ式（M1143∶7）

4. A型Ⅱ式（M1143∶7）俯视

陶井

1. A型Ⅲ式（M1119：18）

2. A型Ⅲ式（M1119：18）俯视

3. A型Ⅲ式（M1232：55）

4. B型Ⅰ式（M1147：4）

陶井

1. B型Ⅰ式（M1190∶5）

2. B型Ⅱ式（M1150∶25）

3. B型Ⅱ式（M1197∶25）

4. C型（M1178∶26）

陶井

1. D型陶井（M1194：17）

2. A型 I 式硬陶罐（M1156：1）

3. A型 II 式硬陶罐（M1146：2）

4. A型 II 式硬陶罐（M1146：2）肩部刻文

陶井，硬陶罐

1. B型 I 式（M1141：13）

2. B型 II 式（M1197：14）

3. B型 III 式（M1232：51）

4. C型 II 式（M1232：52）

硬陶罐

1. C型 I 式（M1146：1）

2. C型 I 式（M1146：1）肩部刻文

3. D型（M1140：5）

4. D型（M1150：14）

硬陶罐

1. E型Ⅰ式（M1141：1）

2. E型Ⅰ式（M1141：1）肩部刻文

3. E型Ⅱ式（M1146：6）

4. E型Ⅱ式（M1146：6）肩部刻文

硬陶罐

1. E型Ⅱ式（M1190：19）

2. E型Ⅲ式（M1242：16）

3. F型Ⅰ式（M1197：28）

4. F型Ⅱ式（M1150：14）

硬陶罐

1. F型Ⅲ式硬陶罐（M1119：15）

2. Ⅰ式釉陶壶（M1197：12）

3. Ⅱ式釉陶壶（M1220：5）

4. B型Ⅰ式滑石璧（M1139：1）

硬陶罐，釉陶壶，滑石璧

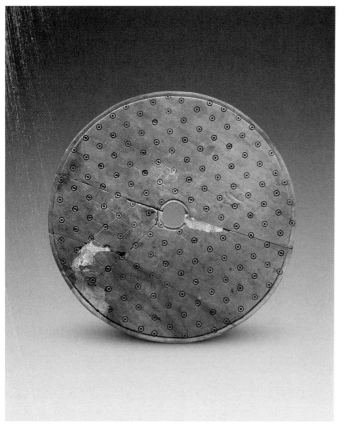

1. A型（M1158：13）正面

2. A型（M1158：13）背面

3. A型（M1164：1）正面

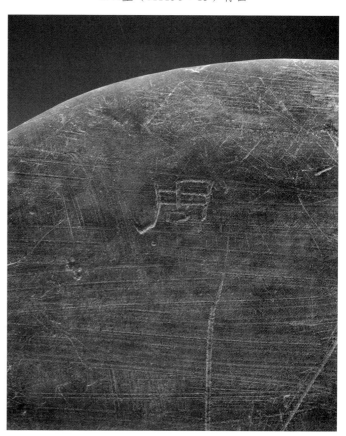

4. A型（M1164：1）背面刻字

滑石璧

1. B型Ⅰ式（M1156：6）

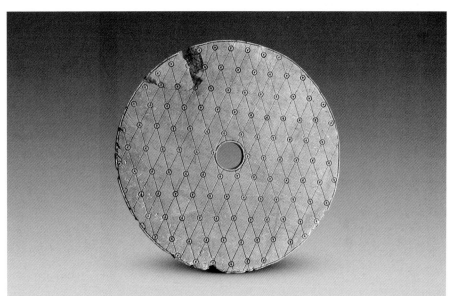

2. B型Ⅰ式（M1254：1）正面

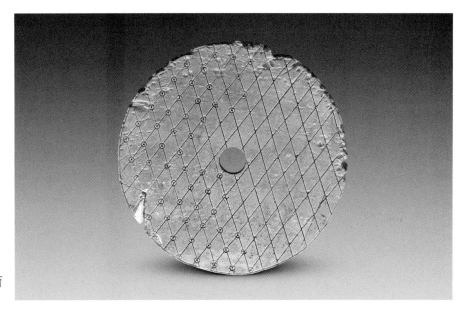

3. B型Ⅰ式（M1254：1）背面

滑石璧

1. B型Ⅱ式（M1232：4）正面

2. B型Ⅱ式（M1232：4）背面

3. C型（M1129：8）正面

4. C型（M1129：8）背面

滑石璧